Cyclades

KALOS IRTHATE !

Les voyageurs ne s'y trompent pas : avec 800 000 visiteurs en 2019, le nombre de touristes internationaux dans les Cyclades a encore battu des records, approchant le cap du million de vacanciers pour un archipel d'à peine 120 000 habitants. En dix ans, la fréquentation a doublé. Bien sûr, la crise sanitaire est passée par là en 2020. Mais les touristes reviendront, les Grecs le savent bien ! Beaucoup de Français connaissent déjà le pays et ont souvent déjà goûté au charme de ses îles. Mais la Grèce figure en effet parmi ces contrées d'où l'on revient… en se disant qu'on y retournera forcément. Impossible de dire qu'on a « fait » la Grèce, ni même les Cyclades, tant chaque territoire et chaque île sont différents. Car l'archipel ne se limite pas aux dômes bleus de Santorin accrochés à la caldeira, ni au patrimoine de Delos classé à l'Unesco ni aux plages sublimes de Paros. Par où commencer ? En haute saison, mieux vaut planifier un peu. Mais sinon, laissez-vous porter par la destination. La devise des Grecs est de ne rien précipiter : *siga, siga* ! Détendez-vous, offrez-vous des moments de rêve dans des paysages chargés d'émotions, profitez d'un coucher de soleil sur une plage, d'une nuit étoilée au son des cigales... Asseyez-vous quelques heures à la terrasse d'un café et observez les Grecs jouer au tavli, cette variante du backgammon dont ils raffolent. Laissez-vous surprendre par les saveurs cuisinées par les *yayas* (grands-mères) dans les tavernes. Vous serez étonné de voir qu'on a tous quelque chose de grec en nous…

PEFC
10-31-1895
Certifié PEFC
Ce produit est issu de forêts gérées durablement et de sources contrôlées.
pefc-france.org

SOMMAIRE

4 INSPIRER

Par où commencer ? De Mykonos à Santorin, en passant par Andros ou les « petites Cyclades », laissez-vous surprendre et porter par les contrées et le rythme grecs.

35 DÉCOUVRIR

De l'Antiquité à la Grèce contemporaine, en passant par les arts, la philosophie et bien sûr la mythologie, l'histoire des Cyclades et de la Grèce nous parle.

99 CYCLADES OCCIDENTALES

Côté ouest, des îles échappent encore aux circuits « habituels » de la mer Egée. Entre Milos et Sifnos et d'autres, on plonge d'emblée dans un grand embarras pour choisir.

183 CYCLADES CENTRALES

Leur popularité leur vaut d'être très bien desservies et idéales pour des vacances à la carte, sur les plages de Paros et Naxos ou à Syros, la capitale des Cyclades.

263 CYCLADES ORIENTALES

Un coucher de soleil sur la caldeira, à Santorin, ou une escapade sur le site archéologique de Delos ne se refusent pas. Ici encore, chaque île cultive sa différence.

365 PETITES CYCLADES DE L'EST

Baignées de mythologie, ces petites îles cachées au sud-est de l'imposante Naxos sont un havre de paix pour le visiteur désireux de découvrir les Cyclades autrement.

379 ORGANISER SON SÉJOUR

Partir seul ou en voyage organisé, peu importe l'option que vous retiendrez vous trouverez ici toutes les infos nécessaires pour bien penser votre voyage dans les Cyclades.

GAVRIO
ANDROS
MESARIA
ANDROS CHORA
KORTHION
PANORMOS
ISTERNIA
KARDIANI
AETOFOLIA
SMARDAKITO
LOUTRA
VOLAX
KTIKADOS
KIONIA
XINARA
TINOS
IRAKLIA
KRONISSOS
OTZIAS
KÉA
IOULIDA CHORA
ISSES
KOUNDOUROS
GYÁROS
SYROS
ANO SYROS
KINI
GALISSAS
FINIKAS
POSEIDONIA
VARI
MEGA GIALOS
ERMOUPOLI
AGHIOS STEFANOS
PANORMOS
FTELIAS
ANO MERA
KALAFATIS
AGRARI
ELIA
RHÉNÉE
PLATYS GIALOS
PSAROU
MYKONOS
DELOS
LOUTRA
KYTHNOS
MERICHAS
DRYOPIDA
KANALA
AGHIA ANNA
NAXOS
NAOUSA
MELANES
PAROS
NAXOS
ANO POTAMIA
SÉRIFOS
AGHIOS PROKOPIOS
AMBELAS
DRYMALIA
KORONOS
DONOUSSA
PAROIKIA
KOSTOS
APEIRANTHOS
MARPISSA
MOUTSOUNA
ANTIPAROS – KASTRO
PUNTA
FILOTI
CHERONISSOS
LEFKES
HALKI
RTEMONAS
AGIOS GEORGIOS
KASTRAKI
SANGRI
ALYKI
PLAKA
PANORMOS
POLLONIA
SIFNOS
DRIOS
KALANDOS
KASTRO
PLATYS GIALOS
KOUFONISSIA
FAROS
VATHY
GOLDEN BEACH
KEROS
AEGIALI
CHRYSOPIGI
IRAKLIA
AMORGOS
ANTIPAROS
POTAMOS
AGHIOS GEORGIOS
KATAPOLA
CHORIO
KIMOLOS
SCHOINOÚSSA
ARKESINI
NTIMILOS
POLYAIGOS
PLAKA
KLIMA
ADAMAS
IOS
MILO
ALOPRONOIA
MYLOPOTAS
MANGANARI
SIKINOS
PANO MERIA
FOLÉGANDROS
KARAVOSTASIS
OIA
SANTORIN
KARTERADOS
MESSARIA
MEGALOCHORI
KAMARI
ANAFI
EMBORIO
35 KM

QUAND
Y ALLER

JANVIER

12° / 13°

FÊTE DE LA SAINT BASILE
Durant la Saint Basile (Agios Vassilis, le père Noël grec) le 1er janvier, les enfants grecs font le tour des maisons en chantant des kalanda.

FÊTE DE LA DÉCOUVERTE DE L'ICÔNE
A Tinos, une grande célébration religieuse tous les ans le 31 janvier pour marquer la découverte de l'icône miraculeuse.

$

FÉVRIER

13° / 14°

CARNAVAL DE GRÈCE
Le carnaval en Grèce se nomme Apokries et commence partout trois semaines avant le début du carême, 40 jours avant Pâques.

$

MARS

15° / 16°

FÊTE NATIONALE
Le 25 mars, la fête nationale grecque commémore la révolution du 25 mars 1821, qui libéra la Grèce de l'Empire turc (ottoman).

LUNDI PUR
Le Katheri Deftera (ou lundi pur), premier lundi du carême orthodoxe, les enfants lancent des cerfs-volants dans le ciel.

$

JUILLET

25° / 27°

PAROS-ANTIPAROS À LA NAGE
Pour les 10-60 ans, une course annuelle de 1 453 m entre Paros et Antiparos qui se termine toujours par une grande fête.

$ $ $

AOÛT

25° / 27°

DORMITION
Cette très grande fête chez les orthodoxes se célèbre chez les catholiques sous le nom de l'Assomption de la Vierge Marie.

MESSE À LA CAVE DE SAINT-JEAN
A Iraklia, les fidèles se rendent à Panaghia en procession à la cave de Saint-Jean où une messe annuelle est célébrée le 28 août.

$ $ $

SEPTEMBRE

24° / 26°

DIONYSIA FESTIVAL
A Naxos, sur l'île de Dionysos – le dieu du vin – on honore par un grand festival ce dieu du panthéon antique avec enthousiasme.

FÊTE DE PANAGHIA KALAMIOTISSA
A Anafi, le 8 septembre, on célèbre la fête de Panaghia Kalamiotissa avec de la viande aux macaronis pour tout le monde.

$ $ $

Ici, les fêtes religieuses rythment l'année dans un pays où la religion reste très importante. Le 15 août, les villages organisent des panygiria, des fêtes traditionnelles, avec de grands banquets accompagnés d'orchestres qui jouent des musiques à base de bouzouki. Pâques reste également la fête centrale de l'orthodoxie. Mais les Cyclades sont aussi un espace de culture et de fêtes tournées vers la gastronomie. Partout elles s'organisent dans des sites à couper le souffle !

AVRIL

16° / 17°

PÂQUES

© GTS - SHUTTERSTOCK.COM

La plus grande fête religieuse de l'année, célébrée dans tous les villages des Cyclades, marque le début de la saison estivale.

$ $

MAI

19° / 22°

FÊTE DES MUSÉES

C'est le jour où arpenter les musées en toute tranquillité, ou presque. Concrètement, l'entrée partout est gratuite le 18 mai.

FÊTE DU PRINTEMPS

On célèbre la journée internationale du travail - et un jour férié - mais c'est aussi la fête du printemps et de la nature.

$ $

JUIN

23° / 25°

FÊTE DE LA VIERGE DE CHRISSOPIGI

La plus grande fête de Sifnos a lieu 40 jours après Pâques en célébration de la Vierge miraculeuse de Chrissopigi.

$ $ $

OCTOBRE

20° / 22°

JOUR DU NON

© BESTRAVELVIDEO - SHUTTERSTOCK.COM

Le 28 octobre, le Jour du Non est la fête nationale célébrée en l'honneur de la résistance face aux fascistes italiens en 1940.

$ $

NOVEMBRE

18° / 19°

PRÉSENTATION DE LA VIERGE À AMORGOS

© GEORGE TSITOURAS PHOTOS - SHUTTERSTOCK.COM

Une grande célébration a lieu à Amorgos, au monastère d'Hozoviotissa, le 21 novembre, pour la Présentation de la Vierge.

$

DÉCEMBRE

15° / 16°

NOËL

© PHOTO_STELLA - ISTOCKPHOTO.COM

Même si le père Noël passe plutôt le 31, c'est l'occasion de partager des gourmandises comme les melomakarona et les kourabiedes.

$ $

LES BONNES RAISONS D'Y ALLER

© PATRYK KOSMIDER - SHUTTERSTOCK.COM

UNE DESTINATION VARIÉE

Mosaïque de paysages et d'ambiances, les Cyclades semblent inépuisables.

UN PATRIMOINE CULTUREL UNIQUE

Face à des ruines antiques ou à un kafeneion, l'histoire est omniprésente.

© VIVOOO - SHUTTERSTOCK.COM

© SVEN HANSCHE - SHUTTERSTOCK.COM

SOLEIL ET CLIMAT DE L'OLIVIER

Sa belle douceur vous bercera, avec 3 000 heures d'ensoleillement par an.

© ANDRONOS HARIS - SHUTTERSTOCK.COM

DES PLAGES PROPRES ET SOMPTUEUSES

Les Cyclades abritent certaines des plus belles de Grèce et d'Europe.

© GIOVANNI RINALDI - SHUTTERSTOCK.COM

UN PARADIS POUR SPORTS NAUTIQUES

Vous pourrez pratiquer ici la plongée comme la planche à voile.

© LEANNE VORRIAS - SHUTTERSTOCK.COM

LA FETE AU QUOTIDIEN

Toute occasion est bonne pour écouter de la musique et danser.

© AHIRAO_PHOTO - ISTOCKPHOTO.COM

LES PLAISIRS DE LA TABLE

Poulpe grillé, feuilles de vigne, tzatziki, et tellement plus...

LES BONNES RAISONS D'Y ALLER

LE PARADIS LOIN DES FOULES

Beaucoup d'îles vous préserveront du tourisme de masse, surtout en moyenne saison.

© F9PHOTOS - ISTOCKPHOTO.COM

© SOTIRIS PAPADIMAS - SHUTTERSTOCK.COM

LA MYTHOLOGIE À CIEL OUVERT

Qui ne connaît pas Zeus et Aphrodite ? Ils sont nés ici et vous baladeront d'île en île…

© TRAVNIKOVSTUDIO - SHUTTERSTOCK.COM

UNE DESTINATION TRÈS SÛRE

Les Cyclades sont parmi les destinations les plus sûres d'Europe.

MES CYCLADES

Céline Jury, auteure

Interview

Céline arpente les routes de la Grèce depuis quinze ans pour le *Petit Futé*. Journaliste, elle a été correspondante à Athènes avant de décider, il y a cinq ans, de se poser à Thessalonique pour continuer d'explorer le pays et ses îles autrement. Entre les îles des Cyclades, son cœur balance forcément, même si elle a un faible pour Tinos. Ne lui demandez pas de choisir et laissez-vous embarquer !

DISTANCES

TEMPS DE TRAJET

	AMORGOS	ATHÈNES	FOLE-GANDROS	KÉA	KOUFOUNISS
AMORGOS		317 KM ⛵ 9h30	139 KM ⛵ 7h	365 KM ⛵ 11h	
ATHÈNES	317 KM ⛵ 9h30		243 KM ⛵ 7h15	104 KM ⛵ 2h30	✈ 1h
FOLEGANDROS	139 KM ⛵ 7h	243 KM ⛵ 7h15		188 KM ⛵ 6h	
KÉA	365 KM ⛵ 11h	104 KM ⛵ 2h30	188 KM ⛵ 6h		✈ 1h
KOUFOUNISSI		✈ 1h		✈ 1h	
IOS	152 KM ⛵ 6h30	275 KM ⛵ 8h45	40 KM ⛵ 2h	222 KM ⛵ 7h45	
MYKONOS	145 KM ⛵ 5h	184 KM ⛵ 5h	119 KM ⛵ 5h	235 KM ⛵ 6h30	
NAXOS	99 KM ⛵ 3h45	223 KM ⛵ 6h	74 KM ⛵ 4h	273 KM ⛵ 7h30	
PAROS	134 KM ⛵ 5h	229 KM ⛵ 6h	109 KM ⛵ 5h15	161 KM ⛵ 7h30	
SANTORIN	93 KM ⛵ 6h	300 KM ⛵ 8h30 ✈ 45mn	64 KM ⛵ 1h30	245 KM ⛵ 7h30	
SIFNOS	208 KM ⛵ 9h	193 KM ⛵ 5h45	75 KM ⛵ 2h30	138 KM ⛵ 4h30	
SYROS	188 KM ⛵ 7h	188 KM ⛵ 4h15	162 KM ⛵ 7h30	238 KM ⛵ 6h	

Evidemment, le bateau est le moyen idéal pour voguer entre les îles de l'archipel. Rien qu'avec la compagnie-phare « Blue Star », vous pourrez, à partir du port du Pirée, à Athènes, rejoindre Syros en 4h15, ou Santorin en 8h30 en ferry, voire moins en hydroglisseur (mais plus confiné et plus cher). Et si ce a vous parait encore long, prévoyez des escales. La bateau permet aussi de définir son voyage au fil de l'eau. Mais n'oubliez pas l'avion, d'Athènes, qui peut vous permettre de commencer votre périple de très nombreuses îles aussi.

IOS	MYKONOS	NAXOS	PAROS	SANTORIN	SIFNOS	SYROS
152 KM 6h30	145 KM 5h	99 KM 3h45	134 KM 5h	93 KM 6h	208 KM 9h	188 KM 7h
275 KM 8h45	184 KM 5h	223 KM 6h	229 KM 6h	300 KM 8h30 45mn	193 KM 5h45	188 KM 4h15
40 KM 2h	119 KM 5h	74 KM 4h	109 KM 5h15	64 KM 1h30	75 KM 2h30	162 KM 7h30
222 KM 7h45	235 KM 6h30	273 KM 7h30	161 KM 7h30	245 KM 7h30	138 KM 4h30	238 KM 6h
	102 KM 4h15	56 KM 3h	92 KM 4h30	54 KM 2h	109 KM 4h15	145 KM 6h30
102 KM 4h15		49 KM 1h30	84 KM 2h45	150 KM 6h	187 KM 7h30	46 KM 3h
56 KM 3h	49 KM 1h30		38 KM 1h30	104 KM 4h45	141 KM 6h	91 KM 3h30
92 KM 4h30	84 KM 2h45	38 KM 1h30		140 KM 6h	97 KM 5h30	54 KM 2h
54 KM 2h	150 KM 6h	104 KM 4h45	140 KM 6h		132 KM 3h45	193 KM 8h
109 KM 4h15	187 KM 7h30	141 KM 6h	97 KM 5h30	132 KM 3h45		151 KM 7h45
145 KM 6h30	46 KM 3h	91 KM 3h30	54 KM 2h	193 KM 8h	151 KM 7h45	

IDÉES DE SÉJOUR

Pas le temps de tout faire, c'est évident. La Grèce en général et les Cyclades en particulier sont de celles-là : de ces contrées d'où l'on revient en se disant qu'on y retournera forcément. En effet, impossible de dire qu'on a « fait » les îles grecques, tant chaque île, même sur le même archipel, est différente. Ses amateurs savent bien que les Cyclades ne se limitent pas aux falaises de Santorin ni à ses maisons blanchies à la chaux. D'Andros à Mykonos, en passant par Folégandros, l'archipel offre bien d'autres facettes : des sites archéologiques et monuments classés à l'Unesco, mais également des paysages d'une nature sauvage à couper le souffle. Encore méconnues des touristes, certaines îles excentrées comme Anafi ou les « petites Cyclades de l'Est » ont su rester authentiques et pleines de surprises. Partout, mer et nature vivent en parfaite harmonie, permettant d'allier l'exercice de la randonnée au plaisir de la baignade !

L'ESSENTIEL DES CYCLADES EN UNE SEMAINE

Leur nom vient des nymphes que l'irritable Poséidon a transformées en rochers. Mais il pourrait aussi provenir du mot *kuklos* ou « cercle », puisqu'elles dessinent une auréole autour de l'île sacrée de Délos ★★★★. Seules 25 d'entre elles sont habitées… tt sont une destination idéale pour des vacances farniente, sportives et gourmandes.

› Athènes

Visite de l'Acropole et déjeuner à Plaka. Balade dans l'Agora, le temple de Zeus, et remontée vers la place du Parlement en passant par les Jardins nationaux. Un coup d'œil à la relève de la garde et café sur la place Kolonaki. L'après-midi, ascension au mont Lycabette et dîner à Psiri ou Gazi, dans les nouveaux quartiers branchés d'Athènes.

© LIL_SCHWARMER - SHUTTERSTOCK.COM

Site d'Akrotiri.

› Départ pour Santorin

Départ en avion (30 minutes) ou en bateau, du Pirée (entre 5 et 7 heures). Arrivée spectaculaire sur cette île ★★★★ rocheuse, modelée par les convulsions du volcan, avec ses maisons blanches à flanc de falaises. Balade à Fira mais dormez à Oia.

› Oia

Du lever au coucher du soleil sur le Caldeira. Excursion possible vers l'île voisine de Thirassia, l'« antithèse » préservée de Santorin ★★★★, séparée de l'île suite à une explosion volcanique.

› Excursion sur le volcan

Baignade dans les eaux chaudes du volcan. Dans l'après-midi, visite du site d'Akrotiri ★★★ (p.344), la « Pompéi » grecque, et promenade sur la Red Beach, quelques centaines de mètres plus bas.

› Tinos

Visite de l'église de la Vierge miraculeuse (p.336) et balade jusqu'au village de Triantaros à 5 km.

› Excursion à Délos

Visite de la célèbre île musée ★★★★ en plein air, témoignage d'un monde disparu. Retour vers Athènes.

› Athènes

Visite du Musée archéologique. Déjeuner dans le quartier d'Exarhia. Dernier tour à Plaka pour les souvenirs et café au musée Frissiras.

15 JOURS POUR UN SÉJOUR SPORT ET CULTURE

Si les journées *farniente* à la plage vous fatiguent au bout de 24 heures, optez pour des vacances actives et culturelles avec cet itinéraire.

› Andros (3 jours)

Ferry pour Andros ★★★ depuis Rafina. Découverte de l'île la plus verte des Cyclades et de ses sentiers de randonnées. Visite du musée d'Art moderne Goulandris à Chora.

› Tinos (3 jours)

Ferry pour Tinos ★★★ et trois jours de découverte patrimoniale avec la Panaghia dans Chora, mais également les villages traditionnels (Kardiani, Isternia, région d'Exobourgo, Pyrgos). Journée surf sur la plage de Kolimbithra ou randonnée dans les terres.

› Syros

Ferry pour Syros ★★ et visite d'Ermoupoli, capitale culturelle des Cyclades.

› Paros (2 jours)

Ferry pour Paros ★★★. Visite de la vieille ville de Parikia et de l'église aux mille portes. Une journée d'excursion à Antiparos et à la cave de Saint-Jean. Une journée de sport nautique (voile, plongée, kite-surf ou planche à voile).

› Sifnos

Visite d'**Apollonia** ★★★ (p.131), Artemonas, Chrisopighi, Cheronissos. Journée de randonnée dans les terres. Découverte des églises et traditions locales. Dernière journée baignade avant retour en ferry à Athènes ou à Milos pour prendre l'avion.

15 JOURS POUR DÉCOUVRIR LES CYCLADES CACHÉES DE L'EST

Pour éviter les foules et découvrir les trésors cachés des Cyclades, cet itinéraire alternatif devrait vous combler.

› Naxos (3 jours)

Vol pour Naxos ★★★★. Visite de la Chora, des villages du nord et du centre (Halki, Apeiranthos). Journée plage sur la côte ouest. Découverte des églises byzantines et traditions culinaires locales.

› Iraklia (2 jours)

Ferry pour Iraklia ★★. Journée plage et journée randonnée vers la cave de Polyphème.

› Koufounissi (2 jours)

Ferry pour **Koufounissi** ★★★ (p.374). Journée plage et vie de village à Chora. Excursion à la journée à Kato Koufounissi.

› Anafi (2 jours)

Ferry pour Anafi ★★★. Journée plage et vie de village. Randonnée jusqu'au cap Kalamos.

› Santorin

Ferry pour Santorin ★★★★ et retour en avion.

TROIS SEMAINES POUR DÉCOUVRIR LES CYCLADES

En trois semaines, vous aurez le temps de faire quelques-unes des îles de l'archipel. Selon vos centres d'intérêt, vous choisirez des îles différentes. Les itinéraires que nous vous suggérons ici permettent de couvrir différents types d'activités, entre patrimoine, farniente à la plage et incontournables de l'archipel.

› Mykonos

Arrivée à Mykonos ★★★ en avion. Profitez en journée d'une balade dans le vieux port et la Petite Venise et d'un temps farniente sur la plage.

› Délos

Excursion à **Délos** ★★★★ (p.312), l'île musée. Départ le matin avec le premier bateau, retour avec le dernier bateau pour en profiter un maximum. Soirée festive à Mykonos.

› Tinos (3 jours)

Prenez le ferry pour Tinos ★★★ et prévoyez trois jours de découverte de l'île dont la Chora mais également les villages de la côte sud et du nord. Plongée dans une île traditionnelle et rurale.

› Syros

Ferry pour Syros et visite d'**Ermoupoli** ★★★ (p.191), la capitale des Cyclades.

› Sérifos (2 jours)

Ferry pour Sérifos ★★. Prenez le temps de visiter la Chora de Sérifos, mais aussi Mega Livadi et les plages.

› Sifnos (3 jours)

Ferry pour Sifnos ★★★. Le programme est bien rempli avec la découverte d'Apollonia, Artemonas, Chrisopighi, Cheronissos. Pensez aussi à prévoir une journée de randonnée dans les terres et de vous intéresser aux églises et traditions locales. La dernière journée sera consacrée à la baignade.

› Milos (3 jours)

Ferry pour Milos ★★. Visite des villages de la côte nord (Plaka, Firopotamos, Klima, Mandraki) et de Sarakiniko. Journée plage sur la côte sud. Excursion à la journée à Kimolos ou tour de Milos en bateau.

› Folegandros

Ferry pour **Folegandros** ★★★ (p.172). Visite de la Chora et de la Panaghia.

› Santorin

Ferry pour Santorin. Visite de **Thira** ★★★★ (p.324), Oia et la caldeira. Retour en avion.

PRATIQUE

SE REPÉRER / SE DÉPLACER

DE L'AÉROPORT AU CENTRE-VILLE

Vous arriverez en général en Grèce par l'aéroport international d'Athènes. La capitale propose des navettes en bus très économiques (6 €) vers les ports du Pirée ou de Rafina pour embarquer ensuite vers les Cyclades. Il existe aussi une liaison en métro vers la capitale et Le Pirée (10 € l'aller simple). Les taxis affichent aussi des forfaits (à partir de 38 € en journée) vers le Pirée. A Athènes, le site Athens transport (www. athens-transport.com) contient des informations intéressantes en anglais.

Six îles des Cyclades disposent d'un aéroport : Milos, Mykonos, Naxos, Paros, Santorin et Syros. Si vous calculez bien, vous trouverez une correspondance le jour de votre arrivée à Athènes. Autre option : au départ de la France, Mykonos et Santorin sont aussi desservies en haute saison par des vols charter ou low-cost, vous permettant d'accéder aux Cyclades en évitant une correspondance. Ces aéroports régionaux sont rarement loin des villes et facilement accessibles en taxi à des prix modérés.

ARRIVÉE EN BATEAU

Arriver en Grèce par la mer est possible à partir de l'Italie. Les bateaux, de Bari ou Ancône, arrivent à Igoumenitsa en Epire ou Patras dans le Péloponnèse (voir les liaisons sur www.minoan.gr). Mais pour rejoindre les Cyclades, vous embarquerez plutôt au Pirée, au port de Rafina, voire de Lavrio. Vous pouvez aussi poursuivre ou rêver votre itinéraire en Grèce en ligne (www.gtp.gr) et réserver vos billets à l'avance, toujours par Internet (http ://www.openseas.gr) ou auprès des agences de voyage du Pirée.

TRANSPORTS EN COMMUN

Très développé, le bus est un moyen de transport souple (avec souvent de nombreux départs quotidiens) et bon marché. Les îles des Cyclades ont toutes un réseau Ktel régional (voir www.ktel-santorini.gr ou https ://ktelparou.gr par exemple). On achète son billet avant le départ dans les gares routières ou auprès des petits kiosques qui jouxtent les arrêts principaux.

VÉLO, TROTTINETTE & CO

Partout dans les îles, l'usage du vélo se développe. Cependant, côté « deux roues », ce sont encore les motos et les scooters qui ont la côté. Quoi qu'il en soit, n'imitez pas les locaux et portez le casque... sur la tête ! Les routes ne sont pas forcément bien entretenues, le vent souffle fort et un accident est vite arrivé : sans casque, l'assurance ne vous prendra pas en charge. Beaucoup de loueurs n'insistent pas sur le port du casque, demandez donc expressément à en avoir un. Autre information importante : le permis B classique français intégrait la conduite de scooters jusqu'à (mais sans inclure) les scooters 125cc. Pourtant certains loueurs refuseront de vous laisser un scooter (même un 50cc) si vous n'avez pas un permis moto/scooter spécial ou que vous ne pouvez pas prouver que vous avez suivi la formation deux-roues dorénavant obligatoire en France. Là encore, en cas d'accident, l'assurance grecque pourrait ne pas vous couvrir.

AVEC UN CHAUFFEUR

Les taxis pratiquent dans la capitale et les îles des tarifs sensiblement moins élevés qu'ailleurs en Europe. Les tarifs pratiqués par les taxis sont normalement forfaitaires et établis tous les ans par l'administration nationale, ce qui signifie que tout trajet correspond à un tarif préétabli et fixe en fonction du kilométrage effectué. La plupart des villes, même petites, ont généralement des chauffeurs de taxi, bien qu'ils ne soient pas forcément en nombre suffisant. C'est notamment la raison - et il ne faut pas être surpris - pour laquelle la plupart des chauffeurs n'hésiteront pas à prendre en cours de route d'autres passagers allant dans la même direction que vous...

EN VOITURE

Certains clichés ont la vie dure. Il n'empêche : si vous louez une voiture dans les îles, sachez que les Grecs ont leurs usages bien à eux. Les limitations de vitesse sont rarement respectées et il est courant de rouler sur la bande d'arrêt d'urgence par exemple. Se garer est difficile et souvent anarchique, et laisser sa voiture en double file avec un numéro de téléphone sur le pare-brise est courant. Porter sa ceinture est optionnel et téléphoner au volant, une liberté individuelle, semble-t-il. Malgré tout, la voiture reste sans doute le moyen de locomotion le plus efficace pour découvrir la Grèce. Nous vous recommandons simplement la plus grande prudence au volant. Sur les îles, les routes sont souvent mal entretenues et étroites, donc vous n'aurez pas vraiment le choix et serez obligé de limiter votre vitesse.

ACCESSIBILITÉ

Le sort des personnes à mobilité réduite et des poussettes n'est malheureusement pas une priorité en Grèce, loin s'en faut. Il en résulte une accessibilité réduite, notamment dans tous les transports publics, les trains et les bus locaux. A Athènes, des accès ont toutefois le mérite d'exister enfin dans les stations de métro les plus récentes et sur certains sites touristiques importants comme l'Acropole. Côté mer, les ferries et autres bateaux ne sont pas toujours très accessibles non plus : sur les grands ferries, l'accès est théoriquement assuré pour tous, mais dans la pratique c'est une autre histoire (les escalators mis en route pour monter dans le bateau sont ainsi désactivés quand il s'agit de débarquer...). Des ascenseurs sont prévus mais ne desservent pas nécessairement tous les étages des ferries.

LES ATTRAPE-TOURISTES

A part un classique universel (en taxi, surveiller l'allumage du compteur ou vérifier son forfait de l'aéroport), pas grand-chose à signaler...

LES PHRASES CLÉS

Bonjour, comment puis-je me rendre à...
Παρακαλώ, πώς θα *μ*πορούσα να πάω στο...

Est-ce loin à pied ? Y a-t-il le métro ou un bus... pour y aller ?
Είναι *μ*ακρυά *μ*ε τα πόδια; Μπορώ να πάρω το *μ*ετρό ή το λεωφορείο για να πάω εκεί;

Pouvez-vous me montrer cet endroit sur la carte s'il vous plait ?
Μπορείτε να *μ*ου δείξετε το *μ*έρος αυτό στον χάρτη;

Où puis-je acheter les tickets de transport ? Est-ce que je peux payer en carte de crédit ?
Πού *μ*πορώ να αγοράσω εισιτήρια για τα *μ*έσα *μ*αζικής *μ*εταφοράς; Μπορώ να πληρώσω *μ*ε πιστωτική κάρτα;

Où est la sortie ? A gauche, à droite ou tout droit ?
Πού είναι η έξοδος Αριστερά, δεξιά ή ευθεία;

Je suis perdu et je suis en retard, s'il vous plait, aidez-moi ! Merci beaucoup !
Χάθηκα και έχω καθυστερήσει, βοηθήστε *μ*ε σας παρακαλώ ! Σας ευχαριστώ πολύ !

PRATIQUE

A VOIR / A FAIRE

HORAIRES

En haute saison, les horaires des principaux sites et musées nationaux sont généralement harmonisés. Entre le 1er avril et le 31 octobre, ils sont ouverts dès 8h et ferment vers 20h. Le reste de l'année, ils ferment souvent dès 16h. Quoi qu'il en soit, et surtout en été, on ne saurait trop vous recommander d'être à l'ouverture pour éviter la foule. Mais dans d'autres lieux de visite, notamment dans des musées de moindre importance ou dans des lieux de culte, les horaires sont une source régulière d'angoisse pour les auteurs de guides sur la Grèce : ils changent constamment, parfois plusieurs fois par an, et souvent, surtout, ils n'existent même pas réellement. Une seule chose à retenir donc : restez flexible ! Un musée fermé aux horaires d'ouverture est monnaie courante, notamment dans les plus petites îles où l'affluence est limitée. Donc tentez votre chance en vous basant sur les indications données dans ce guide ou appelez avant de passer : ce sera plus sûr ! Hors saison, partez du principe que les sites et musées sont fermés mais qu'en tombant sur le bon vieux du village, on vous donnera peut-être les clefs... Pour le reste, les musées sont fermés les jours fériés.

A RÉSERVER

Pour éviter la file d'attente à l'entrée, essayez de réserver certaines entrées en ligne (https://etickets.tap.gr). C'est surtout possible à Athènes pour l'Acropole ou l'ancienne Agora. Mais la digitalisation se développe ailleurs. Vous pouvez ainsi réserver votre entrée au musée d'art contemportain de la Fondation Goulandris d'Andros (https ://goulandris.gr/en/tickets/monimi-syllogi-kai-periodikes).

BUDGET / BONS PLANS

Votre budget musée sera souvent divisé par deux (à l'image du prix de beaucoup d'entrées) si vous voyagez entre novembre et fin mars. Sinon, guettez sur les sites les jours de gratuité des sites : le 6 mars (journée « Melina Mercouri »), le 5 juin (journée de l'Environnement), le 18 avril (journée des Monuments historiques), le 18 mai (journée des Musées), le dernier week- end de septembre (journée de l'Héritage européen) et surtout le premier dimanche de chaque mois, entre le 1er novembre et le 31 mars. Autre « plan » intéressant si vous avez une correspondance à Athènes : il existe un billet groupé (30 € en haute saison sinon 15 € le reste de l'année), valable 5 jours, pour visiter l'Acropole et le Parc archéologique. Sachez enfin que beaucoup de sites majeurs, aux billets assez onéreux, sont gratuits pour les moins de 18 ans.

LES ÉVÉNEMENTS

Pâques (en avril ou mai selon les années) est sans doute la fête populaire grecque la plus marquante et chaleureuse, et qui donne une autre dimension à bien des monuments religieux qui s'animent avec des cérémonies. Il faut aussi guetter, à Athènes et dans les îles, les nombreux festivals surtout les célébrations religieuses, même si l'on n'est pas croyant.

© FOKKE BAARSSEN-SHUTTERSTOCK.COM

VISITES GUIDÉES

La Grèce, et Athènes en particulier, propose de plus en plus de visites en dehors des sentiers battus (voir www. alternativeathens.com/fr/ par exemple). Pour bénéficier des services d'un guide privé francophone vous pouvez vous adresser à l'Association des guides diplômés (+30 210 32 20 090, www.tourist-guides.gr). Elle compte 1 500 membres qui officient dans toute la Grèce et couvrent 28 langues, dont le français. Enfin, on ajoute un coup de cœur pour Panagiotis Grigoriou, ethnologue et historien, qui propose aussi de découvrir Athènes autrement grâce à l'association La Grèce autrement (https :// greceautrement.fr).

LES ATTRAPE-TOURISTES

Les risques sont réduits car les faux guides, s'ils sont contrôlés sans accréditation, encourent de très lourdes amendes.

LES PHRASES CLÉS

Bonjour, puis-je avoir deux entrées adultes et un enfant s'il vous plait ?
Θα ήθελα δύο εισιτήρια για ενήλικες και δύο για παιδιά παρακαλώ.

Le tarif enfant est jusqu'à quel âge ? Et pour les seniors, est-ce qu'il y a une réduction ?
Μέχρι ποια ηλικία θεωρείται κανείς παιδί; Υπάρχει έκπτωση για τους συνταξιούχους;

Est-ce qu'il y a des visites guidées en français ou un audioguide ?
Υπάρχει ξενάγηση στα γαλλικά ή ηχητική ξενάγηση;

Combien de temps faut-il pour faire la visite ?
Πόσο διαρκεί η επίσκεψη;

J'ai du mal à monter les escaliers, avez-vous un ascenseur ?
Οι σκάλες με δυσκολεύουν, υπάρχει ασανσέρ;

Excusez-moi, pouvez-vous me dire où sont les toilettes ? Merci beaucoup.
Με συγχωρείτε, πού είναι οι τουαλέτες; Σας ευχαριστώ πολύ.

PRATIQUE

SE RÉGALER

HORAIRES

Le déjeuner se déroule vers 14h, et le dîner rarement avant 21h ou 22h. Mais il n'est pas rare qu'un établissement serve aussi des cafés et collations à partir de 9h. En été, les restaurateurs et propriétaires des tavernes et ouzeries des régions les plus touristiques savent qu'ils doivent assurer la saison : ils sont donc ouverts tous les jours, du matin au soir, en service continu. Les heures de service durent en moyenne 15 heures, parfois plus, et on ferme souvent avec le dernier client... A Athènes et dans les îles, certains restaurants un peu plus haut de gamme ne sont ouverts que le soir, pour le dîner, ou s'offrent le luxe de fermer un ou deux jours en semaine. Dans les îles, la plupart des établissements ferment entre fin octobre et Pâques. Mais d'autres - et c'est souvent un gage de qualité - restent ouverts toute l'année pour satisfaire leur clientèle locale.

BUDGET / BONS PLANS

Si les restaurants (estiatório) sont légèrement plus chers que les tavernes ou les ouzeries, se restaurer reste très abordable en Grèce continentale. A moins d'aller dans un restaurant branché ou très chic (à Mykonos, par exemple...), il faudra compter environ 15 euros par personne pour un repas complet avec une carafe de vin local ou de raki/ouzo. Une seule exception cependant : le poisson frais, vendu au kilo, est toujours cher. Pour éviter les mauvaises surprises au moment de l'addition, allez choisir votre poisson en cuisine et demandez le prix avant de le commander car la note monte rapidement. Dans les tavernes, le dessert (tranches de pastèque, assiette de halva, gâteau...) est souvent offert. Malgré la crise, les Grecs ne dérogent toujours pas à cette agréable tradition. Mais ce n'est pas un dû : dans les lieux les plus touristiques, comme à Santorin, vous pouvez toujours attendre !

EN SUPPLÉMENT

Certaines tavernes et restaurants appliquent un supplément d'environ 1 € pour le couvert et le pain, qui n'est pas systématiquement proposé. L'eau en carafe est gratuite mais, dans certains restaurants plus haut de gamme, on vous servira souvent d'office une bouteille d'eau minérale. Ce ne sont pas de gros frais, mais mieux vaut le savoir avant de contester l'addition ! Enfin, au moment de payer, prévoyez toujours des espèces car la carte bleue n'est pas acceptée partout. Et laissez un pourboire d'environ 10 %.

C'EST TRÈS LOCAL

Le service peut être très long : rien ne sert de s'énerver mais prévoyez large et n'attendez pas d'être affamé pour vous attabler, notamment avec des enfants. A noter également : les plats arrivent au fur et à mesure de la préparation donc ne comptez pas manger d'abord une entrée puis un plat. Les plats qui arrivent se partagent, et les convives piochent souvent dans le même plat. Autre signe d'hospitalité : un petit dessert ou un verre de liqueur est bien souvent offert en fin de repas. Mais en Grèce on ne vous mettra jamais la pression pour quitter la table ou recommander une fois votre repas terminé. A moins que vous ne demandiez l'addition, on vous laissera tranquillement en profiter, sans nécessairement débarrasser la table. Et s'il y a beaucoup de restes sur la table et que vous êtes en location, n'hésitez pas à demander un « paqueto » (un « doggy bag ») pour prolonger l'expérience à la maison...

A ÉVITER

La cuisine grecque, généreuse, se partage. Dans les tavernes, évitez de commander un plat par personne à la française. Et si vous allez au restaurant avec des Grecs, payez la note ou faites-vous offrir le repas, mais évitez de faire le décompte de ce que chacun a mangé pour payer uniquement votre part. Cette pratique n'est pas répandue, voire carrément impolie. A savoir également : si vous célébrez votre anniversaire au restaurant pendant votre séjour, ce sera à vous d'inviter et non l'inverse.

ENFANTS

Les enfants sont rois en Grèce. L'avantage est qu'ils sont les bienvenus partout et bien accueillis. Ici, on ne sépare pas les générations, on ne cherche pas à faire taire les enfants trop bruyants ou à leur imposer de rester assis. Les enfants sont conviés à la table des adultes et mènent leur train (souvent avec un téléphone portable), sans chercher à se contenir et sans que les adultes les contiennent. Ce qui donne un joyeux – parfois bruyant ! – brouhaha. Et le soir, lorsque le dîner s'éternise, ils peuvent jouer dans les rues jusqu'à bien après minuit, le temps que les parents finissent tranquillement leur ouzo.

FUMEURS

La loi anti-tabac dans les espaces publics existe depuis 2008 mais n'a jamais été respectée. Kyriakos Mitsotakis, le nouveau Premier ministre conservateur élu en juillet 2019, a promis que la loi serait dorénavant respectée. Depuis son élection, des amendes ont été mises en place pour faire payer à la fois les établissements et les clients qui ne respecteraient pas la loi. A voir si cela se concrétise enfin dans la pratique...

LES ATTRAPE-TOURISTES

Disons juste que, comme partout, c'est rarement dans les établissements avec un rabatteur à l'entrée que l'on mange le mieux...

LES PHRASES CLÉS

Bonjour, je voudrais réserver une table pour deux personnes pour ce midi ou ce soir.
Γεια σας, θα ήθελα να κλείσω ένα τραπέζι για δύο σήμερα το μεσημέρι ή το απόγευμα

Avez-vous un menu en français ou en anglais ?
Υπάρχει μενού στα Γαλλικά ή τα Αγγλικά;

Je suis végétarien, y a t-il des plats sans viande ?
Είμαι *vegetarian*, έχετε πιάτα χωρίς κρέας;

Je n'ai vraiment plus faim mais avez-vous une carte des desserts ?
Έχω χορτάσει αλλά θα ήθελα να δω το μενού με τα επιδόρπια.

Puis-je avoir l'addition s'il vous plait ? Je peux payer par carte ou en espèces ?
Τον λογαριασμό παρακαλώ. Μπορώ να πληρώσω με κάρτα ή μόνο μετρητά;

C'était très bon, nous reviendrons. Merci et à bientôt.
Ήταν πεντανόστιμα, θα έρθουμε ξανά. Ευχαριστούμε πολύ, εις το επανιδείν.

FAIRE UNE PAUSE

HORAIRES

Ils sont rarement affichés (ou fiables), mais il n'est pas rare qu'un établissement ouvre pour le petit-déjeuner et ferme tard dans la nuit... Dans les régions touristiques, les tenanciers et propriétaires des bars et cafés doivent assurer la saison estivale pour survivre toute l'année : ils sont donc ouverts tous les jours, du matin au soir, et les horaires dépendent de l'affluence. Certains bars de nuit n'ouvrent qu'à partir de 18h-19h et restent ouverts jusqu'au petit matin. Certains kafeneio traditionnels ouvrent tôt le matin et à nouveau vers 18h mais ferment quelques heures après le déjeuner. Mais la plupart du temps ces lieux sont ouverts en continu : en été, les serveurs attendent simplement que le dernier client parte pour fermer. Cette flexibilité peut se prolonger hors saison, surtout en fin de semaine, dans les établissements qui restent ouverts. En Grèce, on ne vous mettra jamais la pression pour quitter un établissement ou recommander, une fois votre boisson terminée. A moins que vous ne demandiez l'addition, on vous laissera tranquillement en profiter, sans nécessairement débarrasser la table. Il faut malgré tout raison garder : si vous voyez que vous êtes les derniers et que les serveurs sont épuisés, il est peut-être temps de libérer votre place !

BUDGET / BONS PLANS

Boire le café est une institution en Grèce : vous pourrez rester des heures avec un freddo ou un frappé pour quelques euros, sans avoir à renouveler votre commande. Attention cependant : les cafés ne sont pas donnés. A 4 € le frappé, parfois on comprend que certains clients s'éternisent...

A PARTIR DE QUEL ÂGE

Au niveau de la loi, il n'y a pas d'âge légal pour consommer de l'alcool en privé en Grèce. Pour boire et consommer de l'alcool dans un café ou un lieu public, il faut avoir 18 ans mais cette loi n'est pas très suivie et personne ne demandera de carte d'identité à un jeune qui commande un verre d'alcool.

C'EST TRÈS LOCAL

Le café traditionnel, le kafeneio, est bien souvent le cœur de la vie locale dans les îles. Plus exactement, c'est bien souvent le cœur de la vie publique et donc de la vie masculine... En effet, les femmes vivent encore largement au sein du foyer pendant que les hommes se retrouvent au café pour se tourner les pouces et refaire le monde, bien campés dans leurs fauteuils... Le kafeneio ouvre tôt le matin, on vient y prendre son premier café pour voir le village qui se réveille doucement. Parfois, il reste ouvert pour le déjeuner mais habituellement, il ferme entre midi et 17h, pour la sieste. Il rouvre sur les coups de 18h pour un dernier café ou un jeu de tavli de fin de journée. Plus tard, il se transforme en ouzerie, où l'on boit ouzo, bière et raki en partageant de petits plats, les mezzedes, sur fond de rebetiko, la musique populaire grecque par excellence.

ENFANTS

Les enfants sont acceptés partout, accompagnés de leurs parents. Comme dans les restaurants, ils sont les bienvenus. Les enfants sont rois en Grèce et leur niveau sonore est très bien toléré !

FUMEURS

Le beau temps et les terrasses limitent le problème en été. Il faut toutefois concéder que la loi anti-tabac dans les espaces publics existe depuis 2008 mais n'a jamais été vraiment respectée. Kyriakos Mitsotakis, le nouveau Premier ministre conservateur élu en juillet 2019, a promis que la loi serait dorénavant appliquée. Depuis son élection, des amendes ont été mises en place pour faire payer à la fois les établissements et les clients qui ne respecteraient pas la loi. A voir si cela se concrétise enfin dans la pratique...

LES ATTRAPE-TOURISTES

Rien à signaler à part éviter les établissements qui ont besoin de rabatteurs. C'est souvent de mauvais augure !

LES PHRASES CLÉS

Bonjour, quelle est la spécialité de la maison ? Nous voulons découvrir.
Γεια σας, ποια είναι η σπεσιαλιτέ σας; Θέλουμε να τη δοκιμάσουμε.

Avez-vous de la place en terrasse ?
Έχετε δωμάτιο στην αυλή;

Quel est votre nom ? Je m'appelle... Ravi de vous rencontrer !
Πώς λέγεστε; Το όνομά μου είναι... Χάρηκα πολύ που σας γνώρισα!

A votre santé ! Zut, j'ai renversé mon verre... pouvez-vous m'aider ?
Στην υγειά μας! Ωχ, έχυσα το ποτό μου, μπορείτε να με βοηθήσετε;

C'était très bon. Nous allons reprendre la même chose s'il vous plait.
Ήταν νοστιμότατο. Θέλουμε άλλο ένα παρακαλώ.

PRATIQUE

(SE) FAIRE PLAISIR

HORAIRES

Les commerces sont généralement ouverts du lundi au samedi, de 8h à 20h, avec une période de fermeture à l'heure du déjeuner. Toutefois, les horaires s'adaptent à la fréquentation touristique : il n'est pas rare qu'un magasin ferme à 22h, voire plus tard, durant la saison haute. Hors saison, c'est généralement l'inverse, avec de nombreux magasins touristiques tout simplement fermés dans les îles.

BUDGET / BONS PLANS

Vous trouverez des articles moins chers dans les marchés ou les coopératives où vont les locaux. La carte bleue est généralement acceptée dans tous les magasins. Enfin, sans être fumeurs, nous nous sentons obligés de rappeler que le prix d'un paquet de cigarettes varie autour de 4 à 5 € seulement en Grèce, soit deux fois moins cher qu'en France...

SOLDES

Les périodes (de plus en plus fréquentes) et habitudes sont les mêmes qu'ailleurs en Europe, « Black Friday » y compris ! Néanmoins, les grandes périodes de soldes sont en janvier et février puis à nouveau en juillet mais les îles ne suivent pas nécessairement ces calendriers, notamment en haute saison quand il s'agit de gagner de quoi assurer le reste de l'année. Résultat : vous ferez surtout de bonnes affaires dans les grandes villes qui ne dépendent pas que de la saison touristique.

Boutique dans les rues d'Amorgos.

C'EST TRÈS LOCAL

Le marchandage n'est pas franchement de rigueur en Grèce. Mais une ristourne est parfois proposée si vous payez en liquide... Au quotidien, vous pourrez aussi acheter toutes sortes de produits locaux dans les épiceries, boulangeries et supérettes des îles. En dehors des villes, quelques agriculteurs vendent parfois l'excédent à l'arrière de leurs camionnettes. Quant à la pêche, sur les littoraux, elle va souvent directement aux tavernes et restaurateurs. Mais certains pêcheurs accepteront de vous vendre ce qu'il reste. Il suffit de demander gentiment.

LES ATTRAPE-TOURISTES

Beaucoup d'articles vendus dans les lieux touristiques ne sont pas fabriqués en Grèce. Attention aux faux souvenirs locaux : bracelets contre le mauvais œil, éponges, pierres ponces, reproductions d'icônes ou de statuettes antiques sont rarement de production grecque. Optez toujours pour un artisan plutôt que pour les boutiques de souvenirs *made in China*, qui inondent les rues de Santorin notamment. Et, où que vous soyez, attention aux contrefaçons : la douane, à l'arrivée, sera impitoyable si vous vous faites prendre !

LES PHRASES CLÉS

Bonjour, c'est superbe, mais combien ça coûte ?
Αυτό είναι πολύ όμορφο, πόσο κοστίζει ;

Vous auriez ma taille ? Où se trouvent les cabines d'essayage ?
Το έχετε στο *μέγεθός μου* ; Πού είναι τα δοκι*μ*αστήρια ;

Est ce que je pourrai vous le rapporter et l'échanger si ça ne va pas ?
Εάν δεν *μ*ου κάνει *μ*πορώ να το επιστρέψω ;

J'ai trop dépensé aujourd'hui, pouvez-vous me faire une réduction sympa ?
Έχω ξοδέψει πολλά ση*μ*ερα, θα *μ*πορούσατε να *μ*ου κάνετε έκπτωση ;

Je prendrai celui-ci. Pouvez-vous me faire un paquet cadeau ?
Θα πάρω αυτό. Θα *μ*ου το τυλίξετε για δώρο ;

Vous prenez la carte de crédit ? Où puis-je trouver un distributeur de billets ?
Δέχεστε πιστωτικές κάρτες ; Πού *μ*πορώ να βρω ATM ;

BUDGET / BONS PLANS

Si les activités gratuites sont rares et compliquées dans les grandes villes, les Cyclades, à l'inverse, vous offrent mille possibilités sur terre et en mer. La majorité des activités de plein air ne vous coûteront pas un centime, que ce soit la nage ou la randonnée. Pour la plongée, le kite, le canoë ou le VTT, à moins de venir équipé, il faudra louer le matériel : de nombreux magasins et associations proposent du matériel de qualité à la location, mais souvent assez onéreux en saison.

C'EST TRÈS LOCAL

La danse est pratiquée par tous au cours des grandes célébrations qui rythment la vie nationale : vous pourrez apprendre quelques pas traditionnels en rentrant dans la ronde à l'occasion de ces panigyri. Les célébrations du Lundi pur, 40 jours avant la Pâques orthodoxe, vous réservera bien des surprises : les Grecs mangent des plats de jeûne pour marquer le début du carême et se retrouvent ensuite en ville ou sur le port, où des chants et danses populaires prolongent la fête. À cette occasion, la tradition veut aussi que de grands concours de cerfs-volants soient organisés.

VOS PAPIERS SVP

Les piscines publiques ne sont pas forcément faciles d'accès : beaucoup demandent des certificats médicaux. Sur le littoral, le permis bateau est obligatoire pour louer un voilier ou un bateau à moteur en Grèce : normalement, le permis côtier est suffisant pour le seul capitaine mais certains loueurs demanderont une garantie supplémentaire, avec une deuxième personne sachant naviguer à bord. La plongée sous-marine est réglementée pour éviter le pillage des épaves antiques notamment : toute trouvaille archéologique doit être signalée aux autorités portuaires ou à la police. La plongée en solo est interdite, ainsi que la chasse sous-marine (même si vous verrez des locaux le harpon à la main). Enfin, la pratique du windsurf et du kitesurf est normalement interdite aux enfants de moins de 16 ans, sans l'accord d'un parent.

Exploration d'épaves sous-marines.

À RÉSERVER

Si vous voulez participer à des manifestations emblématiques comme la traversée annuelle à la nage entre Paros et Antiparos en juillet, surveillez les dates et ne ratez pas le délai d'inscription. Ailleurs, sur le littoral, pour tous les cours de plongée ou de kitesurf, il vous faudra réserver à l'avance dans les lieux les plus touristiques. Nul besoin de s'y prendre des semaines avant votre séjour, mais la haute saison peut être vite remplie.

LES ÉVÉNEMENTS

Des festivals culturels prestigieux sont organisés tout l'été en Grèce. Impossible de tous les citer ! Rien que dans la capitale, le Festival d'Athènes accueille des spectacles de juin à septembre dans le théâtre en plein air de l'Hérode Atticus pendant que d'autres représentations sont données au théâtre du Lycabette et dans d'autres espaces de la ville. Les Cyclades organisent aussi des festivals de qualité. Mais surtout, tout au long de l'année, surveillez les célébrations religieuses avec des processions et une ferveur populaire souvent spectaculaires.

LES ATTRAPE-TOURISTES

Certaines pratiques sportives peuvent s'avérer dangereuses. C'est le cas notamment pour la plongée sur le littoral. Il est donc primordial de s'adresser à des écoles et loueurs professionnels.

LES PHRASES CLÉS

Bonjour, comment puis-je me rendre à… ? Est-ce loin ?
Παρακαλώ, πώς θα μπορούσα να πάω στο… ; - Είναι μακρυά ;

J'aimerais aller courir. Il y a un coin sympa pour cela dans la ville ?
Θα ήθελα να πάω για τρέξιμο. Υπάρχει κάποιο όμορφο μέρος για τρέξιμο στην πόλη ;

J'adore cuisiner. Savez-vous où je peux trouver des cours de cuisine ?
Μου αρέσει η μαγειρική. Πού θα μπορούσα να παρακολουθήσω μαθήματα μαγειρικής ;

Vous pourriez m'indiquer une salle de sport pas très loin ?
Μπορείτε να μου πείτε πού είναι το πιο κοντινό δημόσιο γυμναστήριο ;

Quel est le sport national ?
Ποιο είναι το εθνικό άθλημα ;

Pensez-vous que nous pourrions voir cela ou même participer ?
Θα μπορούσαμε να το παρακολουθήσουμε ή να το δοκιμάσουμε ;

HORAIRES

Les Grecs sortent tard, souvent le vendredi et le samedi, et généralement à partir de 22h... pour évidemment rentrer tôt le matin. Le soir, on vit au rythme de la lune ! Les cinémas d'été, en plein air, proposent habituellement une seconde séance autour de 22h-23h car il faut qu'il fasse nuit noire pour la projection. Les clubs et boîtes de nuit ouvrent vers minuit et restent ouverts jusqu'au petit matin, autour de 5h-6h et selon l'affluence.

BUDGET / BONS PLANS

Sortir n'est pas forcément onéreux. Beaucoup d'étudiants (entre autres) prennent une boisson à emporter et occupent joyeusement le trottoir des établissements qui donnent des concerts. Pour les cinémas d'été, il faudra compter entre 5 et 8 € la séance, selon le jour. Le tarif réduit est généralement appliqué le lundi.

A RÉSERVER

A part les spectacles des festivals, les places de cinéma et de concerts se réservent généralement en ligne au préalable.

TRANSPORTS NOCTURNES

Dans les îles, tout est généralement accessible à pied. Sinon, il est parfois possible (et généralement pas très onéreux) de rentrer en taxi à son hôtel.

A PARTIR DE QUEL ÂGE

Les enfants sont souvent les bienvenus (et même présents) dans les soirées et cinémas en plein air par exemple. Question boisson, il n'y a pas d'âge légal pour consommer de l'alcool en privé en Grèce. Pour boire et consommer de l'alcool dans un café ou un lieu public, il faut avoir 18 ans mais cette loi n'est pas très suivie et personne ne demandera de carte d'identité à un jeune qui commande un verre d'alcool.

La Petite Venise à Mykonos.

C'EST TRÈS LOCAL

Il n'y a pas de « dress code » imposé dans les lieux de sortie, mais vous remarquerez vite que beaucoup de Grecs, très chics, aiment s'habiller pour sortir, que ce soit pour une exposition, un concert ou dans un club. Ailleurs, dans les bars et tavernes, les Grecs ont le sens de la fête et toute occasion est bonne pour se rassembler et danser jusqu'au bout de la nuit. Et si jamais vous tombez sur un baptême ou un mariage, vous verrez souvent toutes les générations manger, boire, danser et chanter jusqu'au bout de la nuit.

FUMEURS

Plus dix ans après son vote, l'interdiction de fumer à l'intérieur des établissements n'est pas toujours strictement appliquée. La loi anti-tabac dans les espaces publics existe depuis 2008 mais n'a jamais été respectée dans les bars, les clubs et les cinémas en plein air. On fumait partout, sans restriction, malgré la loi. Kyriakos Mitsotakis, le Premier ministre conservateur élu en juillet 2019, a promis que la loi serait dorénavant respectée. Depuis son élection, des amendes ont été mises en place pour faire payer à la fois les établissements et les clients qui ne respecteraient pas la loi. A voir si cela se concrétise enfin dans la pratique.

LES ATTRAPE-TOURISTES

Rien à signaler à part les recommandations d'usage - et relativement internationales - dans les bars. Autrement dit, faire attention à ce que l'on boit si l'on se fait offrir un verre...

LES PHRASES CLÉS

Bonsoir, comment puis-je me rendre à...
Καλησπέρα, πώς *μ*πορώ να πάω στο...

Est ce que cet endroit est tranquille ? Il n'y a pas de problème de sécurité ?
Είναι ήσυχο *μ*έρος; Υπάρχουν θέματα ασφαλείας;

J'aimerais voir un spectacle typique ! Qu'est-ce qu'il y a en ce moment ?
Θα ήθελα πολύ να δω *μ*ια παραδοσιακή παράσταση! Ποιες παραστάσεις ανεβαίνουν τώρα;

Je ne comprends pas... pouvez-vous répéter s'il vous plait ? Merci.
Δεν σας κατάλαβα, *μ*πορείτε να επαναλάβετε; Σας ευχαριστώ.

Est-ce que je peux vous offrir un verre ? Quel est le meilleur cocktail de la maison ?
Θα *μ*πορούσα να σας κεράσω ένα ποτό; Ποιο είναι το καλύτερο κοκτέιλ σας;

J'ai la gueule de bois, auriez-vous quelque chose pour que j'aille mieux ?
Έχω πολύ δυνατό πονοκέφαλο, έχετε να *μ*ου δώσετε κάτι που θα *μ*ε βοηθήσει;

SE LOGER

BUDGET / BONS PLANS

Le meilleur plan, quand on a le choix, est toujours de voyager en juin ou en septembre, quand les prix fondent ou avant l'inflation estivale (qui peut, dans certains endroits, varier du simple au triple...). A Athènes, en revanche, les prix ne changent guère et restent assez élevés, sauf si l'on négocie en amont au moment de la réservation (et si la période est creuse). Sans être une spécificité grecque, il faut savoir que la plateforme Airbnb s'est énormément développée, y compris dans les îles les plus touristiques. La concurrence est rude pour l'hôtellerie traditionnelle car ce sont souvent des appartements loués à des fins touristiques, donc bon marché et assez bien équipés. Enfin, sachez aussi que beaucoup d'hôteliers continuent de proposer des réductions contre un paiement en liquide. Nous essayons d'éviter, mais cela existe.

A RÉSERVER

Il est souvent impératif de réserver entre le 15 juillet et la fin août, du moins dans les régions les plus touristiques. D'une semaine sur l'autre, certains prix varient du simple au double, voire plus... Et, surtout, il est des endroits, notamment sur le littoral, où l'on peut se retrouver sans rien !

C'EST TRÈS LOCAL

Elles restent surtout une spécificité des îles : vous trouverez encore quelques pensions familiales et surtout des *domatia* (chambres) chez des particuliers. Certains hôtes attendent à la descente des ferries avec leurs pancartes. Outre des tarifs plus avantageux que dans la plupart des hôtels, c'est souvent l'occasion de lier connaissance et de nouer de jolies relations. Si vous y logez, regardez autour de vous et vous repérerez sans doute vite des habitués !

POUR LES GOURMANDS

Les petits déjeuners sont rarement les points forts de la gastronomie grecque. Parmi les erreurs à ne pas commettre, attention avec le mot « toast » qui signifiera souvent « croque-monsieur » et non « pain grillé » pour votre interlocuteur... En revanche, goûtez sans modération aux yaourts arrosés de miel (artisanal si possible) ou de confitures maison, ou prenez des fruits. Le paradis se niche souvent dans ces petits détails.

© OLGA GAVRILOVA - SHUTTERSTOCK.COM

FUMEURS

Après des années de laxisme caractérisé, la Grèce commence à appliquer la législation anti-tabac dans les restaurants, ou au moins à l'annoncer. Dans les hôtels, veillez à scrupuleusement respecter les interdictions de fumer dans les chambres. Mais pour le plus grand bonheur des fumeurs, beaucoup de chambres ont des balcons (voire des vues, ce qui rend l'effort de sortir nettement plus tolérable).

LES ATTRAPE-TOURISTES

Vous pouvez être tenté de suivre un particulier avec une pancarte à l'effigie d'une pension, voire d'une chambre. Ce n'est pas forcément un mauvais plan, mais demandez bien des photos, le prix et surtout la distance de cet hébergement avant de monter dans un véhicule.

LES PHRASES CLÉS

Bonjour, avez-vous de la disponibilité pour une chambre double pour ce soir ou demain soir ?
Γεια σας, υπάρχει διαθέσιμο δίκλινο δωμάτιο για σήμερα ή αύριο;

Avez-vous un code wifi… les enfants ne tiendront pas sans !
Έχετε κωδικό για το *Wi-Fi*, αλλιώς τα παιδιά μου θα τρελαθούν !

C'est bruyant, est ce que je peux changer de chambre ?
Το δωμάτιό μου έχει θόρυβο, μπορώ να μετακινηθώ σε άλλο;

Jusqu'à quelle heure est-ce que nous pouvons aller à la salle de sport et à la piscine ?
Τι ώρα κλείνουν η πισίνα και το γυμναστήριο;

Est-ce que je peux laisser mon bagage et revenir plus tard le récupérer ?
Μπορώ να αφήσω τις αποσκευές μου και να τις πάρω αργότερα;

Est-ce que vous pouvez nous appeler un taxi ? Merci beaucoup.
Μπορείτε να μας καλέσετε ένα ταξί; Σας ευχαριστώ πολύ.

ALLO ?

Pour appeler de la Grèce vers la France, composez le +33 suivi du numéro de votre correspondant sans le 0. Pour appeler de France vers la Grèce, composez le +30, suivi du numéro. Depuis juin 2017, lorsque vous utilisez votre téléphone portable français dans un pays membre de l'Union européenne, vous ne payez pas la communication, que vous émettiez l'appel ou que vous le receviez. De même, le roaming (Internet sur votre téléphone) est gratuit dans l'UE.

ACCESSIBILITÉ

A part les constructions récentes, il y a peu d'infrastructures adaptées aux personnes handicapées. Les trottoirs, souvent étroits, sont aussi souvent difficilement praticables pour les poussettes et plus encore pour les fauteuils roulants. Le sort des personnes à mobilité réduite et des poussettes n'est malheureusement pas une priorité en Grèce, loin s'en faut. Il en résulte une accessibilité réduite, notamment dans tous les transports publics, les trains et les bus locaux. Il n'y a guère qu'à Athènes que des accès ont toutefois le mérite d'exister (et encore…) dans les stations de métro les plus récentes et sur certains sites touristiques importants comme l'Acropole.

SANTÉ

Si le Covid est encore d'actualité lors de votre voyage, surveillez bien sur le site de l'ambassade les conditions d'entrée sur le territoire et éventuels tests nécessaires. Malgré un nombre de cas relativement bas par rapport au reste de l'Europe, la Grèce a pris l'épidémie très au sérieux, faute d'avoir autant de lits en réanimation que d'autres pays. Pour le reste, la Grèce ne présente aucun risque majeur sur le plan sanitaire. Faites juste attention aux piqûres de moustiques, d'oursins et aux brûlures du soleil. Il faut aussi surveiller les risques d'hydrocution quand le soleil tape. Globalement, il est important de bien s'hydrater en été et de toujours partir avec une bouteille d'eau sur sci. Si aucun risque particulier n'est à signaler, partez quand même avec votre Carte européenne d'assurance maladie pour être soigné si nécessaire.

URGENCES SUR PLACE

Appelez le 112 (comme dans le reste de l'Europe) pour les urgences. Vous pouvez aussi aller dans les hôpitaux avec votre Carte européenne d'assurance maladie. Vous trouverez aussi des listes de médecins francophones sur le site de l'ambassade de France (https ://gr.ambafrance.org/Liste- de-medecins-et-pharmacies-francophones).

SÉCURITÉ

A part les précautions d'usage dans certains quartiers comme Omonia, tard le soir, à Athènes, et les vols dans les zones touristiques, les risques sont faibles. Pendant votre voyage, vous entendrez peut-être juste dans le métro athénien, comme dans d'autres capitales, des annonces familières préviennent les voyageurs que des pickpockets « sont susceptibles d'agir dans le wagon »…

LGBTQ

Sans être trop ouvertement, poids de la religion oblige, en faveur de l'homosexualité, la Grèce reste un pays très tolérant, surtout envers les touristes. Mykonos ne célèbre-t-elle pas l'homosexualité masculine alors que Lesbos (d'où vient quand même l'adjectif « lesbien ») reste la patrie de la poétesse Sappho ? Globalement, les voyageurs LGBTQ pourront visiter le pays en toute quiétude, sans rencontrer d'hostilité particulière, à part peut-être quelques regards étonnés chez certains aînés…

© EVA BLANCO-ISTOCKPHOTO.COM

AMBASSADE ET CONSULATS

La France (https ://gr.ambafrance.org) dispose comme la Belgique ou la Suisse d'une ambassade et de différentes représentations consulaires. L'ambassade de France est située dans le centre d'Athènes (7, avenue Vassilis Sofias - +30 21033 91000 – www.ambafrance-gr.org – ouvert du lundi au jeudi de 8h45 à 18h et le vendredi jusqu'à 14h45). Vous pourrez aussi contacter le consulat d'Athènes (+30 210 339 12 00) par téléphone pour tout souci concernant la perte ou le vol de vos papiers d'identité, des questions de rapatriement ou des problèmes graves de santé. Il existe également quelques consuls honoraires listés sur le site de l'ambassade de France.

POSTE

On reconnaît les bureaux de poste grecs à leur panneau jaune ELTA, avec un profil du dieu Hermès. Ils sont généralement ouverts du lundi au vendredi, de 7h30 à 14h. Un timbre pour une carte postale envoyée dans un pays de l'UE coûte 0,90 € : vous trouverez les boîtes aux lettres peintes en jaune à l'extérieur des bureaux de poste.

MÉDIAS LOCAUX

Vous trouverez encore toute la presse internationale à Athènes et dans certains ports des Cyclades avec un jour d'écart, mais la couverture Internet étant bonne et le wifi courant, vous préfèrerez sans doute les versions électroniques de vos journaux. Pour des actualités sur la Grèce en français, consultez aussi l'édition grecque du Petit Journal (https ://lepetitjournal.com/athenes). Sinon, de nombreux hôtels reçoivent les chaînes francophones TV5 monde et France 24, ainsi que les canaux internationaux de la BBC et de CNN. Pour la presse locale, sachez que l'on trouve quelques médias grecs anglophones en Grèce, notamment le grand quotidien Kathimerini qui publie une version anglaise synthétique de ses articles du jour. Sinon, quelques sites Internet locaux restent pratiques comme le très beau site officiel de l'office de tourisme grec (www.visitgreece.gr). Disponible uniquement en anglais ou en grec, il regorge d'informations sur le pays. Le site officiel du ministère de la Culture (odysseus.culture.gr) est disponible en anglais et liste tous les sites archéologiques de Grèce, avec descriptif détaillé et informations pratiques, particulièrement utile pour pister les nombreux changements d'horaires des grands sites historiques.

LES PHRASES CLÉS

Bonjour, mon téléphone ne fonctionne pas, pouvez-vous m'aider s'il vous plait ?
Γειά σας, το τηλέφωνό μου δεν λειτουργεί, μπορείτε να με βοηθήσετε;

Je ne me sens pas bien, pouvez-vous m'amener à l'hôpital le plus proche ?
Δεν νιώθω καλά, μπορείτε να με πάτε στο πιο κοντινό νοσοκομείο;

Est-ce que vous avez un médecin qui parle français ?
Υπάρχει γιατρός που να μιλάει γαλλικά;

Je viens de me faire voler mes papiers, où est le poste de Police le plus proche ?
Μόλις μου έκλεψαν το διαβατήριο, πού είναι το πιο κοντινό αστυνομικό τμήμα;

Est-ce un quartier dangereux ou je peux y aller sans crainte ?
Αυτή η περιοχή είναι επικίνδυνη ή μπορώ να κάνω βόλτα χωρίς να ανησυχώ;

Avez-vous des timbres pour une carte postale à envoyer en France ? C'est combien ?
Έχετε γραμματόσημα για τη Γαλλία; Πόσο κοστίζουν;

DÉCOUVRIR

Elles tiendraient leur nom des nymphes que l'irritable Poséidon aurait transformées en rochers. Mais il pourrait aussi provenir du mot *kuklos* ou « cercle », puisqu'elles dessinent une auréole autour de l'île sacrée de Délos. Les Cyclades sont au nombre de 39, entourées d'innombrables îlots, mais seules 24 d'entre elles accueillent des touristes et sont présentées ici. Mais nous sommes ici en Grèce, pas de doute là-dessus. Cet archipel est baigné de mythologie. De son histoire, on ne retient souvent que l'Antiquité mais l'archipel a lui aussi traversé toutes les étapes de l'histoire du pays. Difficile de « survoler » un pays aussi riche et complexe. A bien des égards, il reste très oriental. La religion y occupe une place prépondérante, à double titre : orthodoxe et catholique. Sans oublier sa culture qui est aussi la nôtre : avec les arts, les sciences, la philosophie, la mythologie constitue l'un des piliers du patrimoine…

L'ORTHODOXIE À LA GRECQUE

Bien qu'aujourd'hui rattachée à l'Occident (en étant membre de l'Union européenne ou de l'Otan), la Grèce appartient culturellement à l'Orient chrétien. Comme la Russie ou la Serbie, la Grèce est de culture « orthodoxe ». L'orthodoxie, c'est la « droite » *(orthos)* « opinion » *(doxa)* : la foi la plus respectueuse de la tradition chrétienne, par opposition au catholicisme et au protestantisme qui sont perçus par les orthodoxes comme « déviants » ou « hérétiques ». Cette vision est renforcée par trois faits historiques : la Grèce fut la première terre christianisée d'Europe, le grec fut une langue chrétienne avant le latin et Constantinople fut la première capitale de la chrétienté. Décryptage de ce qu'est aujourd'hui l'orthodoxie en Grèce.

Organisation du monde orthodoxe

Les 260 millions de chrétiens orthodoxes sont organisés par ethnies, par langues et/ou par pays. Chaque communauté possède sa propre Église, dirigée par un patriarche ou un métropole (archevêque) : le patriarcat de Moscou s'étend à tous les orthodoxes russes à travers le monde, l'archevêché d'Albanie à tous les orthodoxes albanais, etc. Chaque communauté possède sa langue liturgique, mais toutes suivent le rite byzantin fixé au Moyen Âge. Il n'existe pas d'autorité suprême comme le pape chez les catholiques, l'égalité est la règle. Les Églises orthodoxes reconnaissent toutefois une primauté d'honneur au patriarcat de Constantinople, dit « œcuménique » (« de l'ensemble du monde connu »). Dirigé par des Grecs, celui-ci se trouve à Istanbul, en Turquie. Il est l'héritier du patriarcat byzantin qui dominait la chrétienté avant 1054. Il administre des diocèses et des monastères en Turquie, en France, en Asie ou en Amérique et même en Grèce, où restent sous sa juridiction les territoires acquis par le pays en 1912, comme la Macédoine et le mont Athos. Ainsi, selon la région où ils habitent, les Grecs dépendent soit du patriarcat d'Athènes, soit du patriarcat de Constantinople. En tout, on compte environ 23 millions d'orthodoxes grecs, principalement en Grèce, à Chypre, en Australie et en Amérique du Nord. Ceux-ci sont en minorité face aux 140 millions d'orthodoxes russes, mais ils occupent une place toujours prépondérante : du fait de l'histoire, les Grecs contrôlent en effet la « tête » (le patriarcat de Constantinople) et le « cœur » (le mont Athos) de l'orthodoxie.

© ANNA DAVIDOVSKAYA- SHUTTERSTOCK.COM

Les icônes sont très importantes dans la religion orthodoxe.

Le poids de l'orthodoxie en Grèce

La vaste majorité des Grecs, 98 %, sont des chrétiens orthodoxes. De moins en moins pratiquants, ils restent cependant très attachés à leurs églises et à leurs monastères qu'ils fréquentent en nombre pour les grandes cérémonies religieuses… et civiles. L'Église orthodoxe grecque et l'État grec ne sont toujours pas séparés et les prêtres sont rémunérés en tant que fonctionnaires. Si l'orthodoxie n'est plus la religion officielle, l'Église demeure un acteur incontournable en Grèce. Alors qu'elle est le plus riche propriétaire foncier du pays, ses relais dans les cercles du pouvoir font qu'elle échappe toujours aux impôts. Plus symboliquement, c'est aux prélats que l'on demande d'organiser la cérémonie d'investiture de chaque Premier ministre. À ce jour, un seul chef de gouvernement, athée et de gauche, a refusé de prêter serment sur la Bible : Alexis Tsipras, en 2015.

Les principales différences avec les catholiques

Les différences théologiques entre les catholiques et les orthodoxes sont très faibles. Cela tient au fait que toutes les Églises chrétiennes reconnaissent les sept conciles œcuméniques comme la base de leurs dogmes respectifs. Entre le IVe et le VIIe siècle, ces réunions ecclésiastiques convoquées par les empereurs byzantins ont permis de codifier à peu près tous

Cérémonie orthodoxe.

les aspects de la vie des chrétiens. Toutefois, des divergences apparaissent progressivement à partir du VIIe siècle. Et la séparation devient définitive après la grande trahison de l'Occident : la prise de Constantinople par les croisés en 1204.

Pape. Les orthodoxes ne reconnaissent ni l'autorité ni l'indépendance du pape qu'ils considèrent comme un « patriarche » parmi d'autres. En 325, le concile œcuménique de Nicée organise la chrétienté en cinq patriarcats : Rome, Constantinople, Alexandrie, Antioche et Jérusalem. En théorie, une primauté honorifique est reconnue à Rome. En réalité, c'est le patriarche de Constantinople qui dirige les chrétiens. Mais à partir du VIIe siècle, du fait de l'éloignement et de pressions politiques, le patriarche de Rome (le pape) conteste l'autorité de Constantinople jusqu'à se déclarer indépendant en 1054.

Eucharistie. Nommé « divine liturgie » par les orthodoxes, le sacrement de l'eucharistie occupe la même place centrale dans les deux confessions : le pain partagé est le symbole du corps du Christ. La seule variante, c'est la levure. Traditionnellement, les chrétiens d'Occident prennent leurs repas avec du pain à pâte levée et réservent le pain sans levure (l'ostie) au culte. En Orient, c'est le contraire : pain azyme (sans levure) à table, pâte levée dans l'église. Cette différence n'a rien de théologique, elle est culturelle. C'est pourtant ce prétexte qui fut utilisé par les légats du pape pour prononcer l'excommunication du patriarche et de l'empereur de Constantinople en 1054, déclenchant ainsi le Schisme, la séparation entre orthodoxes et catholiques.«

Mariage des prêtres. Les conciles œcuméniques ont notamment fixé « l'interdiction d'interdire le mariage des prêtres ». Une règle complètement bafouée par les catholiques. Chez les orthodoxes, le célibat est uniquement requis pour les moines, les évêques et le patriarche. Ainsi, en Grèce, personne ne prête attention au pope (prêtre) se promenant avec son *sticharion* (robe noire) et son *kamilavkion* (chapeau cylindrique) accompagné de sa femme et de leurs enfants.

Filioque. En 800, Charlemagne est le premier souverain européen à reprendre le titre romain d'empereur d'Occident. Pour s'affirmer face aux empereurs romains d'Orient (les Byzantins), il introduit une mini-transformation du dogme : le *Filioque*. Ce terme latin signifie « et le Fils ». Il porte sur la nature de l'Esprit saint. Pour les conciles œcuméniques, l'Esprit saint « procède de Dieu », c'est-à-dire que Dieu occupe la première place, qu'il est « source de divinité ». Avec le *Filioque*, les Occidentaux disent désormais qu'il procède « de Dieu et du Fils », plaçant le Christ à l'égal de Dieu. C'est la seule véritable différence théologique entre catholiques et orthodoxes. C'est aussi une arme : Charlemagne oblige les évêques d'Occident à reconnaître le *Filioque*, marquant ainsi son autorité sur le pape de Rome qui accepte de le sacrer empereur. Malgré les protestations de Constantinople, Charlemagne et ses successeurs ont désormais un clergé à leurs ordres.

Culte des icônes. La vénération des images s'est développée à partir du VIe siècle en Orient. Si elle surprend voire choque les catholiques, elle a aussi fait débat chez les orthodoxes. Pendant deux siècles, l'Empire byzantin s'est déchiré pour savoir s'il fallait accepter ou non les représentations humaines dans les églises. En 843, l'impératrice Théodora met fin à cette « crise iconoclaste ». Dès lors, il est reconnu aux icônes un caractère sacré : ces images sont considérées par les orthodoxes comme une manifestation des personnages saints qu'elles représentent. En Occident, les fresques, tableaux et vitraux des églises ont uniquement un but illustratif.

GÉOGRAPHIE

C'est à leur géographie que les Cyclades doivent leur réputation : des îles aux mille plages de sable blanc facilement accessibles d'Athènes en bateau ou même de Paris ou de Stockholm en avion. Occupant une position stratégique en mer Égée, elles ont été le berceau de la première grande société humaine en Europe, la civilisation cycladique, il y a 5 000 ans. Car, malgré un manque d'eau, ces îles arides disposaient de ressources rares comme le marbre blanc de Paros et de Naxos et l'obsidienne de Milos. Des richesses qui s'expliquent par une complexité géologique sans égale en Méditerranée. Formant un immense cratère en partie immergé, le mini-archipel de Santorin rappelle en effet les origines volcaniques des Cyclades. Les secousses sismiques demeurent constantes et une nouvelle éruption majeure à Santorin n'est pas exclue. Mais c'est un autre danger qui menace à présent les Cyclades : celui du surtourisme.

Généralités

Situées en mer Égée, les Cyclades doivent leur nom aux Grecs de l'Antiquité qui pensaient qu'elles étaient disposées en « cercle » (*kyklos* en grec) autour de l'île-sanctuaire de Délos. En fait, la forme de l'archipel évoque davantage un triangle qui pointe en direction de l'Eubée et de l'Attique au nord et bordé par la mer de Crète au sud. S'étendant sur 132 000 km² d'espace maritime, les Cyclades comptent 220 îles, dont 24 sont occupées. Elles totalisent 120 000 habitants, 2 572 km² de terres émergées et 15 000 km de côtes. Depuis 2011, elles font partie de la périphérie de l'Égée-Méridionale (310 000 habitants), l'une des treize régions administratives grecques, qui regroupe également les îles du Dodécanèse (Rhodes, Patmos, Leros…). La ville d'Ermoupoli (12 000 habitants), à Syros, constitue la capitale de cet ensemble. Les Cyclades font partie des 8 archipels de la Grèce moderne, au même titre que les deux grandes îles de Crète et d'Eubée et leurs îlots, les îles Ioniennes, les Sporades, le Dodécanèse, les îles septentrionales de la mer Égée et les îles Saroniques.

© SVEN HANSCHE - SHUTTERSTOCK.COM

L'île de Mykonos.

Se repérer

Au centre de l'archipel, près de l'île-musée de Délos (p.312) (3,5 km²), à 4-5h de ferry du Pirée, se trouvent les trois îles touristiques de Mykonos (86 km², 10 000 habitants), Naxos (p.232) (429 km², 19 000 habitants) et Paros (196 km², 13 700 habitants) ainsi que l'île-capitale de Syros (102 km², 21 500 habitants), toutes dotées d'un aéroport. Naxos côtoie les Petites Cyclades qui regroupent moins de mille habitants sur quatre îles (Iraklia, Schinoussa, Donoussa et Koufounissi). Au nord-est, près de l'Eubée et du port de Rafina, se trouvent Tinos (195 km², 8 600 habitants) et Andros (379 km², 9 200 habitants). En dessous d'Athènes se succèdent les Cyclades occidentales : Kéa (131 km², 2 500 habitants), puis Kythnos (p.119) (100 km², 1 500 habitants), Sérifos (75 km², 1 400 habitants), Sifnos (74 km², 2 600 habitants), Kilomos (35 km², 700 habitants) et Milos (160 km², 5 000 habitants). À l'est de cette dernière se trouvent Folegandros (32 km², 750 habitants), puis Sikinos (41 km², 270 habitants), Ios (109 km², 2 000 habitants) et Amorgos (121 km², 2 000 habitants). Au sud, à 8h30 en ferry d'Athènes (ou moins d'une heure en avion), Santorin (76 km², 19 000 habitants) forme un mini-archipel avec notamment Thira comme île principale et l'îlot volcanique de Nea Kameni. Enfin, Anafi (38 km², 270 habitants) est la plus isolée, à 1h de ferry à l'est de Santorin.

Géologie

Les Cyclades constituent les sommets du massif immergé de l'Égéide qui s'est formé il y a environ 5 millions d'années au contact des plaques tectoniques eurasienne, anatolienne et africaine. L'archipel appartient lui-

Le village d'Oia sur le sommet de la caldeira de Santorin.

même à la micro-plaque de la mer l'Égée qui comprend aussi le Péloponnèse, la côte occidentale de la Turquie et la Crète. L'avancée par subduction de la plaque africaine vers le nord-est (2,15 cm/ an) a donné naissance entre 120 000 et 10 000 av. J.-C. à ce qu'on appelle l'arc égéen : un ensemble de volcans allant des îles Saroniques au Dodécanèse en passant par les Cyclades. Des six volcans principaux, seuls ceux de Nyssiros (Dodécanèse) et de Santorin sont encore actifs. Célèbre pour son immense caldeira (cratère) immergée et cernée de falaises rougeoyantes, Santorin a connu sa dernière irruption en 1925. Elle est aujourd'hui formée de plusieurs îles nées d'une explosion vers 1600 av. J.-C. Toujours dans les Cyclades, Milos conserve quant à elle des eaux thermales et des fumerolles sortant des plages de la côte sud.

Paysages et ressources

Les Cyclades se caractérisent par des paysages vallonnés, arides et couverts de garrigue. Malgré la présence de sources, les rivières sont asséchées la plus longue partie de l'année et l'eau doit être importée du continent ou dessalée sur place pour les besoins du tourisme. Partout sauf à Naxos. C'est la plus vaste, la plus montagneuse et la seule île à être autosuffisante en eau. Elle possède le point culminant de l'archipel avec le mont Zas (Zeus) qui atteint 1 004 m d'altitude ainsi que trois fleuves côtiers sur la côte orientale. On trouve aussi des zones de verdure à Amorgos, à Paros, à Andros ou à Kéa, qui fut le berceau de la culture de la soie en Europe durant l'Antiquité. Quant aux plages, elles sont le plus souvent composées de sable fin et blanc. Mais à Santorin, les baigneurs profitent d'une petite plage de sable rouge et d'une grande plage de sable noir. Il s'agit de l'héritage de la grande irruption du XVIIe siècle av. J.-C. Grâce à leur passé volcanique, les Cyclades ont profité de nombreuses ressources comme le marbre blanc de Paros et Naxos, réputé depuis le Néolithique et toujours exploité, l'obsidienne de Milos, pierre vitreuse qui permettait de polir les statues, ou encore les mines d'or et d'argent aujourd'hui abandonnées de Sifnos et Sérifos. Les terres volcaniques de Santorin donnent quant à elles des vins blancs incomparables grâce à des cépages uniques, l'assyrtiko, l'athiri et l'aidini : la vigne pousse ici au ras du sol et survit uniquement grâce à la rosée du matin.

Tremblements de terre

Dans les Cyclades, l'activité sismique est intense, mais souvent sans conséquence, d'autant que les maisons sont bien conçues pour faire face à ce genre de risque. On enregistre en permanence de petits tremblements de terre dans l'archipel et à travers tout le pays. Le sud des Balkans constitue en effet la plus importante zone sismique d'Europe avec des secousses meurtrières à Skopje en 1963, à Thessalonique en 1978, à Athènes et à Istanbul en 1999 et, plus récemment, à Tirana en 2019. Dans les Cyclades, le dernier grand tremblement de terre remonte au 9 juillet 1956 : Amorgos fut victime d'un violent séisme d'une magnitude de 7,5 qui provoqua un tsunami jusqu'en Crète, entraîna d'importantes destructions et causa la mort de 53 personnes à Santorin, à Anafi, à Naxos et à Paros. Avec son volcan calme mais toujours actif et sa position, au croisement de deux lignes volcaniques sous-marines, Santorin fait l'objet d'un suivi constant de la part des activités. Depuis 2012, des « essaims sismiques » (secousses répétées) sont y fréquemment enregistrés, faisant craindre l'approche d'une forte éruption volcanique.

© MIRC3A - ISTOCKPHOTO.COM

Ferry inter-îles.

En cas de séisme

Voici les principaux conseils donnés par les ambassades. Avant de partir, préparez et conservez à portée de main un « kit d'urgence » : lampe de poche, piles, trousse de premiers secours, bouteilles d'eau, barres énergétiques, pastilles désinfectantes pour l'eau, moyens de paiement, sifflet en métal, etc. Lors du séisme, si vous êtes dans un bâtiment : demeurez à l'intérieur, abritez-vous sous un meuble lourd (table, bureau, lit) ou, sinon, éloignez-vous des portes et fenêtres, et accroupissez-vous le long d'un mur. Si vous êtes dans un ascenseur : appuyez sur les boutons de chaque étage et sortez dès que vous le pouvez. Si vous êtes dans la rue : demeurez à l'extérieur, réfugiez-vous dans un endroit dégagé, à l'écart des immeubles et de la foule. Si vous êtes en voiture : arrêtez-vous à l'écart des immeubles et des ponts sans bloquer la route, demeurez à l'intérieur du véhicule, écoutez la radio pour connaître les consignes des autorités, ne sortez pas de votre véhicule et attendez que l'on vous porte secours si des fils électriques sont tombés sur votre voiture. Si vous êtes dans un autobus : demeurez assis jusqu'à ce qu'il s'arrête, réfugiez-vous ensuite dans un endroit protégé ou restez assis, penchez-vous vers l'avant et protégez votre tête.

Comment s'y rendre

La quasi-totalité des îles habitées des Cyclades est reliée en ferry ou en hydroglisseur au Pirée, le principal port d'Athènes. Là, les bateaux partent surtout des portes E6, E7, E9 et E10 (en face et au sud de la station de métro). Kéa et Kythnos ne sont pas desservies du Pirée, mais du port du Lavrio, près du cap Sounion, accessible en bus de la gare routière Pedion tou Areos, dans le centre d'Athènes. En été, des hydroglisseurs partent également de Lavrio pour Sérifos, Sifnos et Milos. Toujours dans l'Attique, le port de Rafina est très pratique, puisque situé près de l'aéroport d'Athènes. Il dessert les îles voisines d'Andros et de Tinos, ainsi que Mykonos, Naxos, Paros, Ios et Santorin. Les liaisons inter-îles sont nombreuses, mais ce sont Syros, Mykonos, Paros et Naxos qui profitent du plus grand choix. On peut aussi rejoindre certaines îles avec les ferries reliant Le Pirée à la Crète ou au Dodécanèse. Côté avion, Naxos, Paros, Syros, Mykonos, Santorin et Milos disposent d'un aéroport avec des liaisons nationales (Athènes, Thessalonique...) et avec l'Europe en saison, notamment Mykonos qui est la mieux desservie au départ de la France (Paris, Bordeaux...).

Les effets du tourisme

Depuis un siècle, les Cyclades ont été transformées par le développement du tourisme, devenu la première ressource de l'archipel à partir des années 1960. Cela a entraîné un recul d'activités ancestrales telles que l'artisanat, l'agriculture et la pêche. Ainsi, par exemple, on constate l'abandon de l'agriculture en terrasse qui avait marqué les paysages des Cyclades depuis l'Antiquité. Les ports ont été aménagés pour recevoir ferrys, navires de croisière et bateaux de plaisance. L'habitat s'est quant à lui concentré sur le littoral. Résultat, les villages créés dans les terres pour échapper aux pirates depuis le Moyen Âge sont désormais désertés. Sur les côtes, les maisons en pierres sèches ont été remplacées par des habitations blanchies à la chaux : une mesure imposée par les dictateurs grecs pour des raisons d'hygiène, mais surtout depuis les années 1970 à des fins esthétiques. Les îles les plus touristiques de Mykonos (2 millions de visiteurs en 2018), Santorin, Paros, Antiparos et Ios sont ainsi atteintes d'une véritable « rougeole blanche » avec la prolifération chaotique d'hôtels et villas privées depuis les années 2000. Les mêmes îles sont aujourd'hui les plus touchées par le manque d'eau, l'érosion des côtes et la pollution engendrée par la forte affluence en été.

NATURE

Championne européenne de la biodiversité, la Grèce réserve bien des surprises pour ce qui est de sa faune et de sa flore. Ainsi, les Cyclades, réputées arides, comptent des prairies immenses. Celles-ci sont sous-marines mais captent davantage de carbone que la forêt amazonienne. Sur terre, de méconnues zones humides attirent quant à elles d'immenses colonies d'oiseaux migrateurs venus d'Asie et d'Afrique. On s'étonnera aussi de la présence de « dragons » et autres gros lézards, mais aussi de la capacité des chats cycladiques à savoir pêcher. Déception en revanche pour les fans du *Grand Bleu* : les dauphins sont rares, même à Amorgos, lieu du tournage du film en 1987. Ils sont présents dans tous les archipels grecs, mais boudent les Cyclades. Vous risquez aussi de déchanter en découvrant que les poissons servis dans les tavernes proviennent le plus souvent d'élevages du Péloponnèse ou de l'Eubée.

Un riche écosystème marin

Présente à quelques mètres du rivage des Cyclades depuis l'ère des dinosaures, la posidonie de Méditerranée *(Posidonia oceanica)* n'est pas une algue, mais une plante à fleurs marine qui est la clé de voûte d'un écosystème unique. Bien moins connue que l'olivier, c'est pourtant l'autre plante emblématique de Méditerranée. Constituée de touffes vertes recouvrant le sable, elle forme de vastes prairies sous-marines. Ces « herbiers de posidonie » jouent non seulement un rôle déterminant dans la séquestration du carbone (plus important que la forêt amazonienne), mais ils abritent les lieux de ponte de nombreuses espèces de poissons et de crustacés. C'est particulièrement le cas dans le nord des Cyclades, où la posidonie prospère, de Sérifos à Andros, avec, à l'autre bout de la chaîne alimentaire, la présence d'une espèce carnivore particulièrement rare et menacée : le phoque moine de Méditerranée *(Monachus monachus)*. Avec environ 600 individus répartis entre la Grèce et la Turquie, ce mammifère disparu de Corse dans les années 1970 a principalement trouvé refuge sur les côtes de Sérifos, Syros, Andros et, surtout, sur l'île inhabitée de Gyaros (17 km^2). Cette dernière, située au nord de Syros, abrite la plus importante colonie de ces phoques qui peuvent peser jusqu'à 300 kg. Gyaros est aussi la plus vaste des 35 zones classées Natura 2000 dans les Cyclades (26 000 ha).

Très rares dauphins et baleines

Les eaux chaudes de la Méditerranée orientale sont le terrain de jeu des cétacés. Mais si l'on recense 5 espèces de dauphins et 7 espèces de baleines en Grèce, celles-ci boudent les Cyclades. Le dauphin commun *(Delphinus delphis)* ou le rorqual commun *(Balaenoptera physalus)* préfèrent les eaux profondes et abondent dans presque tous les autres archipels grecs. Ils se concentrent le long de la « fosse hellénique » : cette faille, la plus profonde de Méditerranée, descend à plus 5 000 m sous le niveau de la mer et relie les îles Ioniennes au Dodécanèse en passant par le sud de la Crète.

Poulpes séchant au soleil.

Laurier rose.

Toutefois, le cétacé le plus répandu en Grèce, le dauphin bleu et blanc (*Stenella coeruleoalba*), est parfois présent dans les Cyclades. On a plus de chances de le rencontrer au large, au nord de l'archipel, près des îles Saroniques, et au sud, entre Paros et Amorgos. Pour cela, il faut se placer à l'étrave du bateau, puisqu'il aime jouer avec les vagues (mais redoute les remous à l'arrière des embarcations) et peut accompagner ferrys et voiliers pendant plusieurs minutes.

De la mer à l'assiette

Nous vous indiquons ici les produits de la mer locaux que l'on retrouve le plus souvent au menu des restaurants avec, entre parenthèses, leur nom scientifique ainsi qu'en grec et en anglais. La star des Cyclades est bien sûr le poulpe, pêché dans les criques rocheuses et mis à sécher au soleil devant chaque *psarotaverna* (« taverne à poisson »). Il s'agit de la pieuvre commune (*Octopus vulgaris, chtapodi, octopus*), préparée au vinaigre, grillée ou en sauce. Autres céphalopodes prisés : la seiche (*Sepiida, soupia, cuttlefish*) et le calamar (*Doryteuthis, kalamari, squid*). Ce dernier est proposé frit en morceaux, entier à la poêle ou farci à la feta. Mais attention, il est souvent surgelé et peut arriver de très loin comme le calamar de Patagonie (*Doryteuthis gahi*). Côté poissons locaux, le rouget de roche (*Mullus surmuletus, koutsomoura, striped red mullet*), le rouget de vase (*Mullus barbatus, barbouni, red mullet*), la rascasse brune (*Scorpaena porcus, mavroskorpios, scorpion fish*), la dorade royale (*Sparus aurata, tsipoura, silver seabream*) et le denté (*Dentex dentex, sinagrida, red snapper*) sont en général servis grillés. Les anchois (*Engraulis encrasicolus, gavros, anchovy*) sont quant à eux proposés en petite friture. Plus rares sont le thon rouge de Méditerranée (*Thunnus thynnus, erythros tonos, bluefin tuna*), menacé d'extinction, et l'espadon (*Xiphias gladius, xifias, swordfish*). On trouve en revanche fréquemment la langouste rouge (*Palinurus elephas*), dont les noms en grec (*astakos*) et en anglais (*lobster*) se confondent avec celui du homard, pourtant quasi inexistant ici.

Surpêche et espèces invasives

Avec 800 000 visiteurs pour 120 000 habitants en 2019 dans les Cyclades, le tourisme pèse lourdement sur l'environnement. C'est particulièrement le cas en mer où les réserves naturelles de poissons ont fortement diminué avec le doublement du nombre de touristes depuis 2010. Résultat, les pêcheurs sont contraints d'aller plus loin pour remplir leurs filets et les restaurants se fournissent de plus en plus à l'extérieur de l'archipel. Des poissons comme le denté et la daurade royale proviennent ainsi aujourd'hui presque exclusivement de fermes d'élevage du Péloponnèse ou de l'Eubée. L'effet inattendu de cette crise est que, depuis 2020, la pisciculture grecque occupe la première place au sein de l'UE et la troisième au niveau mondial. Autant dire que le poisson sauvage des Cyclades est devenu rare et très cher. Autre conséquence : depuis les années 2010, des espèces invasives venues de l'océan Indien par le canal de Suez prolifèrent et menacent l'écosystème du sud de l'archipel comme le poisson-lapin à queue tronquée (*Siganus luridus*) et la magnifique mais dangereuse rascasse volante (*Pterois volitans*). Ainsi, à Santorin et à Amorgos, une campagne a été lancée pour encourager la pêche et la consommation de ces espèces invasives.

Garrigue et maquis

Côté terre, la Grèce est la championne européenne de la biodiversité. Rapporté à sa taille, c'est le pays qui compte le plus grand nombre d'espèces végétales : environ 6 600. C'est un peu plus qu'en France métropolitaine, pourtant quatre fois plus grande. À elles seules, les Cyclades concentrent 1 768 espèces végétales, dont 161 sont endémiques, c'est-à-dire qu'elles ne se trouvent que dans l'archipel. Pourtant, avec leur climat semi-aride (cinq mois sans pluie par an), les Cyclades sont surtout dominées par des paysages de garrigue et de maquis agrémentés de lauriers-roses, d'oliviers (domestiques et sauvages) et de figuiers. Le calycotome épineux (*Calycotome villosa*) aux fleurs jaunes, l'arbre au mastic (*Pistacia lentiscus*), le chêne des garrigues (*Quercus coccifera*), qui peut atteindre 9 m de hauteur, et le genévrier de Phénicie (*Juniperus phoenicea*) constituent les buissons du maquis. Dans les zones plus arides, la garrigue se compose de thym à têtes (*Thymus capitatus*) aux fleurs mauves en été, de genêt à branches épineuses (*Genista acanthoclada*), typique de la Grèce et du Moyen-Orient (fleurs jaunes), de différents types de ciste (*Cistus*) et de pimprenelle épineuse (*Sarcopoterium spinosum*) aux piquants entrelacés et aux petites fleurs rouges (au printemps).

Verdoyantes Andros et Naxos

Les deux plus grandes îles de cet archipel rocailleux font figure d'exception : Naxos et Andros possèdent les paysages les plus verts et les plus variés des Cyclades. Après l'île désertique de Gyaros, ce sont aussi celles qui disposent des plus vastes surfaces classées Natura 2000 : 20 000 ha répartis sur deux zones à Naxos et deux autres zones à Andros totalisant 29 000 ha. Proche de l'Eubée et du continent, et profitant de pluies abondantes, Andros se distingue avec des arbres absents du reste de l'archipel : aulne glutineux (*Alnus glutinosa*), châtaignier (*Castanea sativa*), saule blanc (*Salix alba*) et peuplier blanc (*Populus alba*). Quant à la plus grande et à la plus montagneuse île, Naxos, elle est la seule à être autosuffisante en eau. Sa flore est particulièrement variée avec environ un millier d'espèces, dont une cinquantaine ne se trouvent qu'ici. Parmi ces dernières se concentrent les 12 fleurs endémiques de l'archipel (céraiste, aspérule, campanule et perce-neige) et 4 autres fleurs que l'on ne trouve que sur l'île, comme le vélar de Naxos (*Erysimum naxense*) et la consoude de Naxos (*Symphytum naxicola*), qui poussent sur les pentes du mont Zas, point culminant des Cyclades (1 004 m d'altitude).

Zones humides et oiseaux migrateurs

Les Cyclades constituent l'une des principales étapes pour les oiseaux migrateurs arrivant d'Asie et d'Afrique vers l'Europe au printemps. Car l'archipel possède quelques zones humides aussi méconnues que précieuses. C'est surtout le cas à Naxos et à Andros où des marais, lacs et marécages forment des lieux de nidification importants pour les oiseaux. Ces zones humides, avec d'autres plus petites à Milos, Sérifos, Paros et Antiparos, attirent les rapaces tels le faucon d'Éléonore (*Falco eleonorae*), l'aigle de Bonelli (*Aquila fasciata*) et le faucon pèlerin (*Falco peregrinus*), mais aussi des oiseaux de mer comme le cormoran huppé (*Phalacrocorax aristotelis*), le puffin cendré (*Calonectris borealis*) et le plus rare puffin de Méditerranée (*Puffinus yelkouan*). Une fois encore, c'est Naxos qui se classe en tête, accueillant le plus grand nombre d'oiseaux de l'archipel : 278 espèces sur 442 référencées dans toute la Grèce.

Sur les îles de Naxos ou d'Andros, il est possible d'observer l'aigle de Bonelli.

Batraciens, lézards et serpents

Les zones humides et petites forêts des Cyclades accueillent plusieurs espèces de batraciens, y compris au sud, sur Amorgos, où un petit crapaud, le sonneur à ventre jaune (*Bombina variegata*), survit dans les flaques de boue en plein été. Mais le climat est surtout propice aux reptiles avec de nombreuses espèces de serpents. Ceux-ci sont en général très discrets, et seules deux sortes de vipères sont dangereuses pour l'homme (lire ci-après). Vous croiserez plus sûrement le « dragon peint » : il s'agit de l'agame strié (*Stellagama stellio*), un gros lézard trapu et épineux de 30 cm de longueur typique de la Méditerranée orientale qui a ses habitudes jusque près des plages. Immanquable également : le grand et magnifique lézard vert des Balkans (*Lacerta trilineata*). On trouve ainsi quantité de lézards et geckos à travers toutes les îles. Mais une espèce endémique atteignant 20 cm de longueur ne se trouve qu'à Milos et à Kimolos : le lézard des murailles de Milos (*Podarcis milensis*).

Le chat, roi des mammifères

Si la Grèce posséda sa propre espèce de lions jusqu'au Ier siècle de notre ère, c'est aujourd'hui un autre félin qui domine le pays : le chat de l'Égée. Quémandant aux terrasses des tavernes et ornant les cartes postales, c'est une sous-catégorie récemment identifiée du chat domestique. Originaire des Cyclades, il se distingue par sa capacité à pêcher, par son pelage comportant au minimum deux couleurs, et par ses yeux presque toujours verts. En revanche, les autres espèces de mammifères terrestres sont peu nombreuses dans les Cyclades. Aux côtés du lapin, du lièvre et du hérisson, on ne compte que quatre sortes de petits rongeurs, dont le lérotin (*Dryomys nitedula*), un minuscule cousin asiatique du loir d'Europe qui vit surtout dans les forêts d'Andros. Encore mal connues, les espèces de chauves-souris seraient au nombre de 23, parmi lesquelles le grand rhinolophe (*Rhinolophus ferrumequinum*) et la vespère de Savi (*Pipistrellus savii*) surtout étudiées à Syros. Parmi les prédateurs, on ne compte que deux espèces sauvages. Tout d'abord la fouine (*Martes foina*), présente à Andros, Naxos, Syros, Sérifos, Kithnos et Santorin. Très discrète, elle chasse la nuit mais aime vivre près des hommes. Il y a aussi le blaireau (*Meles meles*), mustélidé au museau blanc et noir qui peut peser jusqu'à 17 kg. Rare, on ne le trouve presque qu'à Tinos ainsi qu'à Andros et à Sifnos. Quant aux espèces domestiques, façonnées par l'homme depuis l'Antiquité, elles tendent à disparaître au profit d'animaux venus du continent. On distingue encore le cochon de Kéa, la vache de Tinos et l'âne de Syros. Ce dernier connaît des jours sombres à transporter les touristes débarquant au port de Santorin. Quant à l'ancienne île-prison de Gyaros, elle a perdu sa colonie de lamas importés d'Amérique du Sud au XXe siècle. Mais l'autre île inhabitée d'Antimilos (20 km au nord-ouest de Milos) abrite toujours la chèvre sauvage d'Eri-

Le lézard des murailles de Milos est une espèce endémique aux îles de Milos et Kimolos.

© FOTYMA - SHUTTERSTOCK.COM

DÉCOUVRIR

momilos *(Capra Aegagrus Pictus)*, une sous-espèce de la kri-kri, célèbre chèvre sauvage de Crète.

Espèces dangereuses en mer

Si l'on compte 47 espèces de requins en Grèce, ceux-ci ne présentent guère de danger pour l'homme : la dernière attaque meurtrière a eu lieu en 1963 et les eaux grecques sont considérées comme les plus sûres au monde face aux requins. La seule espèce potentiellement à risque est le grand requin blanc de Méditerranée. Cette sous-catégorie du redoutable requin blanc *(Carcharodon carcharias)* d'Australie ou d'Amérique se distingue par son dos de couleur marron clair. Mais avec seulement 300 spécimens pour toute la Méditerranée, sa présence est considérée comme « occasionnelle » dans le sud de la France et encore plus « rare » en Grèce, où il n'a été aperçu que près des côtes continentales et celles de Corfou (îles Ioniennes) et de Thassos (îles septentrionales de la mer Égée). Il faut davantage se méfier de la méduse pélagique *(Pelagia noctiluca)*. Localement appelée *tsouchtra*, c'est la seule méduse qui soit dangereuse pour l'homme en Grèce : mesurant 5 cm de diamètre, de couleur marron (femelles) ou violette (mâles), elle est phosphorescente la nuit et ne présente un risque que quand le courant l'amène jusqu'au rivage. Elle n'est pas mortelle, mais urticante, avec des démangeaisons, des lésions cutanées, des allergies à la clé. Le souci pour les baigneurs, c'est que le choc de la piqûre peut causer un affolement et une noyade.

Espèces dangereuses sur terre

On recense 5 espèces de vipères en Grèce dont le venin peut être mortel pour l'homme. Deux sont présentes dans les Cyclades : la vipère ammodyte ou cornue *(Vipera amodytes)* et la vipère de Milos *(Macrovipera schweizeri)*. Pour ce qui est des scorpions, la Grèce est le pays qui compte le plus d'espèces en Europe : 32 identifiées à ce jour. Leur piqûre est souvent douloureuse, mais leur venin ne présente pas de risque pour des adultes en bonne santé. Seule exception avec le scorpion gibbeux *(Mesobuthus gibbosus)*, jaune-marron, de 7 cm de longueur et présent sur la plupart des îles. Il peut entraîner des complications cardiaques et s'avérer mortel en cas d'allergie. On ne recense toutefois pas d'accident grave ces dernières années, ni avec lui ni avec des vipères. En fait, de tous les animaux de Grèce, le moustique commun (*Culex* pipiens) est de loin l'espèce la plus dangereuse, puisqu'il est le principal vecteur du virus du Nil occidental, à qui l'on attribue le décès de 50 personnes dans le pays en 2018. Comme il n'existe pas de traitement, il convient de prendre des précautions : vêtements longs et de couleur claire en soirée, produit insecticide, moustiquaire aux fenêtres.

CLIMAT

Sans surprise, le climat dans les Cyclades est typiquement méditerranéen : fort ensoleillement, étés secs et chauds, hivers tempérés et humides. Et malgré le réchauffement climatique, les saisons restent encore très marquées. On peut donc organiser ses vacances en sachant à l'avance quel temps il va faire. Toutefois, si le pays est largement bordé par la Méditerranée, le climat méditerranéen connaît des variantes importantes selon les régions et archipels. Globalement, sur l'année, la température moyenne des Cyclades oscille autour de 18,4 °C et ses précipitations sont en moyenne de 419,9 mm. A titre de comparaison, c'est à peine plus qu'à Athènes, la capitale. Cet archipel se caractérise par son climat semi-aride chaud avec de faibles précipitations en mer Égée. Les étés sont chauds et les hivers doux. A part pendant janvier et février - sauf si l'on aime les vacances décalées et pluvieuses -, chaque saison conserve un certain charme…

Été : chaleur et meltem

De juin à août, l'été dans l'archipel des Cyclades est marqué par la sécheresse : il pleut en moyenne un ou deux jours pendant trois mois, le plus souvent lors d'épisodes orageux violents. Avec un ensoleillement de 12 à 14 heures par jour, les températures moyennes oscillent de 28 à 30 °C, avec des pointes fréquentes à 35 ou 40 °C et des records à 45 °C battus ou égalés chaque été. C'est surtout le cas en juillet et août. Il est alors recommandé d'éviter de s'exposer directement au soleil entre 12h et 16h. La mer affiche quant à elle des températures moyennes de 23 °C en juin et de plus de 25 °C en juillet et août. La sensation de chaleur est atténuée par le meltem, un puissant vent du nord-est soufflant sur toute la mer Égée en juillet et août. S'il est propice à la pratique du kitesurf (largement pratiqué avec des plages dédiées à Naxos ou Paros), il peut devenir désagréable puisqu'il souffle parfois jusqu'à une semaine d'affilée à 80 km/h, allant jusqu'à perturber le trafic maritime. Si vous avez un avion à prendre, prévoyez une marge en rentrant de Folégandros par exemple. Cependant, les effets du meltem sont en général moins sensibles sur les côtes des Cyclades occidentales. Autres inconvénients de l'été : les tarifs des hôtels et la fréquentation touristique, partout au maximum.

L'automne, une splendide arrière-saison

De septembre à novembre, l'automne grec est encore très chaud. L'été se prolonge partout jusqu'à fin septembre avec des températures similaires à celles de juin (de 25 à 28 °C). Dans les Cyclades orientales, on profite d'une splendide arrière-saison jusqu'à la fin octobre : il fait encore 24 °C en moyenne, avec la mer affichant une température de 25 °C en septembre, un mois vraiment idéal où les prix et la fréquentation touristique tombent plus vite que les températures ! Novembre marque le début de la saison des pluies. Au final, septembre constitue le meilleur mois pour des vacances au bord de l'eau avec des températures très proches de celles de juillet et août, une eau encore chaude pour la baignade et nettement moins de vent en mer Égée. Toutefois, beaucoup d'établissements ferment dès la mi-septembre.

Hiver : des îles dépeuplées sous la pluie

De décembre à février, certaines îles n'ont plus aucun hôtel ouvert et les liaisons maritimes sont maintenues au minimum. Pour avoir tenté Mykonos en février, l'île est triste et pluvieuse. Vous aurez ses plages mythiques pour vous, mais sans pouvoir vous baigner… Toute une partie des habitants profite aussi de cette saison creuse pour aller se reposer ou travailler sur le continent. Pour autant, les îles offrent des conditions de vie plutôt agréables. Si les précipitations sont importantes (de 11 à 17 jours de pluie par mois), les températures restent clémentes : de 12 à 15 °C. D'ailleurs, il n'est pas rare de voir les îliens se baigner y compris en janvier et février. Il neige presque chaque hiver sur certaines îles proches du continent. C'est le cas à Andros et Tinos où il n'est pas rare d'apercevoir quelques flocons.

Printemps : douceur et floraison

De mars à mai, on assiste à la métamorphose des îles. A Andros ou à Sifnos, la nature en floraison est superbe. Si l'eau est encore un peu fraîche - et encore, elle a ses adeptes -, le printemps est surtout le moment idéal pour le tourisme culturel : on peut arpenter le sanctuaire de Délos, la caldeira de Santorin ou la Petite Venise de Mykonos sans craindre de coup de soleil. C'est aussi économique, sachant que la saison ne commence véritablement qu'avec la Pâques orthodoxe (date variable), entre le 4 mars et le 8 mai. Mai peut même être propice à la baignade avec partout des températures de 20 à 25 °C et des eaux à déjà plus de 20 °C.

ENVIRONNEMENT

Décrites depuis l'Antiquité, les îles grecques conservent un charme infini. Le climat, la géologie et l'histoire ont façonné des paysages de toute beauté, que des millions de visiteurs viennent contempler chaque année. L'autre visage de ce paradis terrestre est une situation environnementale préoccupante. La gestion des déchets est sans doute le problème le plus visible. A cela s'ajoutent la pollution plastique de la Méditerranée et la difficile préservation des écosystèmes. Le manque de volonté politique et de conscience environnementale est une caractéristique de ces territoires, qui font également face à une situation de crise économique. Le sujet le plus brûlant demeure le réchauffement climatique déjà en œuvre et plus marqué en Méditerranée. Si rien n'est fait, les conditions de vie dans les îles pourraient être gravement affectées d'ici la fin du siècle.

Risques naturels et pression anthropique

Les îles grecques sont soumises à des risques naturels : tremblements de terre, sécheresse, inondations. Situées sur des plaques tectoniques, elles sont en effet sujettes à des séismes, dont l'épicentre est souvent localisé dans la mer. Les îles sont également soumises au risque de sécheresse et d'inondation. Ces risques naturels sont accentués par les activités humaines. L'artificialisation des sols et les défrichements accélèrent notamment les phénomènes d'érosion et rendent ainsi le territoire plus vulnérable. La Grèce et les îles ont connu des records de fréquentation touristique en 2017 et 2018 (plus de 30 millions de visiteurs dans le pays en 2018). Le tourisme, principale activité économique, engendre un certain nombre de pressions sur les espaces contraints des îles.

Dessaler l'eau de mer pour fournir de l'eau potable

Les îles ont dû déployer des systèmes pour alimenter durablement leur territoire en eau, tant pour les besoins du tourisme que pour l'irrigation agricole. Une usine de dessalement flottante a ainsi vu le jour en mer Égée. Celle-ci fonctionne grâce à de l'énergie éolienne et solaire qui transforme l'eau de mer en eau potable et produit également de l'électricité, mais aussi des données scientifiques. Le processus ne nécessite pas de produits chimiques et ne rejette donc pas d'effluents toxiques.

Paros : première île méditerranéenne sans plastique ?

Certains territoires ont décidé de prendre à bras le corps la pollution plastique en traitant le problème à la source. Le programme « Clean Blue Paros » est une déclinaison du programme « Clean Blue Alliance », porté par des entreprises locales, la municipalité, des ONG, l'Université d'Égée et des bailleurs de fonds (Fonds de préservation des Cyclades, Fonds mondial pour la Grèce). La première étape du projet a consisté à l'interdiction des pailles en plastique à l'été 2020, accompagnée de la sensibilisation de la population locale et des visiteurs. L'idée est de poursuivre la démarche et de supprimer à terme le plastique de l'île.

Vers une indépendance énergétique des îles

L'approvisionnement des Cyclades en électricité fait l'objet d'un projet de raccordement de celles-ci au réseau électrique du continent. Le déploiement, en cours, est prévu sur la période 2017-2024. La sécurisation des approvisionnements est assurée grâce à des câbles sous-marins reliant le continent aux îles. Ils permettent de remplacer les vieux générateurs diesel présents sur les îles par du gaz naturel ou de l'énergie éolienne.

Initiatives et perspectives pour un tourisme durable

Des initiatives voient le jour dans certaines îles. Santorin, à l'instar de Venise, a adopté des mesures pour lutter contre la massification du tourisme et ses effets délétères sur la biodiversité (limitation des débarquements quotidiens dans l'île). Préserver les milieux naturels et limiter les pollutions sont des actions nécessaires au maintien de la biodiversité. Réduire les émissions de gaz à effet de serre est également une condition sine qua non pour sauvegarder des conditions nécessaires à la vie humaine. Si voyager autrement est nécessaire, cela peut aussi constituer un retour à plus d'authenticité, en adéquation avec la frugalité que de nombreux îliens ont su conserver au fil des siècles. Vivre chez l'habitant et consommer local. Retrouver un autre rapport au temps – et à soi –« est l'un des bienfaits du voyage lent, tant vanté par l'écrivain-voyageur Jacques Lacarrière, par exemple dans son récit *L'Été grec*. Enfin sachez qu'il est tout à fait possible de voyager en train, par exemple de Paris à Athènes. Plus nombreuse est la communauté des cyclotouristes qui pédalent en Europe et s'élancent notamment vers la Grèce (avec des itinéraires cyclables tels que les eurovélos :« https ://fr.eurovelo.com/greece).

HISTOIRE

Depuis plus de dix mille ans, les Cyclades ont été façonnées par l'homme avec leurs collines taillées en terrasses agricoles, leurs carrières qui ont assuré la renommée de la sculpture grecque et leurs villages cachés pour échapper à la vue des pirates. Plus récemment, elles se sont parées de maisons blanches aux volets bleus pour attirer les touristes. Mais l'archipel conserve aussi certains des plus importants sites de l'histoire méditerranéenne comme l'île-sanctuaire de Délos ou la ville préhistorique d'Akrotiri, à Santorin. Car si l'eau est ici une denrée rare, le marbre de Paros, l'obsidienne de Milos et l'or de Syros ont permis la naissance de la première grande société organisée d'Europe : la civilisation cycladique. Réputée pour ses marchands aventuriers et ses idoles finement sculptées, celle-ci a aujourd'hui pour héritiers les armateurs d'Andros et les fashionistas de Mykonos.

VERS 8 700 AV. J.-C

L'arrivée d'Homo sapiens

C'est sur le site archéologique de Maroulas, près du village de Loutra, au nord-est de l'île de Kithnos, que se trouvent les plus anciennes preuves d'un peuplement humain découvertes à ce jour dans les Cyclades : des traces d'habitations, des sols dallés et des tombes mis au jour en 2001-2003 et datés entre 8 800 et 8 600 av. J.-C. Il s'agit d'un peuplement récent au regard de celui de la Grèce continentale, où *Homo sapiens* a tenté une première implantation il y a 210 000 ans, avant de s'installer durablement vers 40 000 av. J.-C. Pour autant, les premiers habitants de l'archipel bénéficient d'une avancée technologique considérable : venus du Proche-Orient, ils profitent des grandes inventions (agriculture, métallurgie...) du Croissant fertile (zone comprise entre l'Iran à l'Égypte actuels). Trait d'union entre deux mondes, les Cyclades vont ainsi donner naissance à la première véritable civilisation européenne.

3 200-1 050 AV. J.-C

La civilisation cycladique

Société préhistorique de paysans, sculpteurs, marins et marchands, la « culture » ou « civilisation cycladique » a dominé l'archipel à partir de l'âge du bronze. Encore mal connue, elle n'a laissé aucun témoignage écrit, mais on retrouve sa trace du Portugal à la Serbie. Elle est surtout célèbre pour ses sculptures raffinées : des statuettes de marbre blanc aux traits émaciés. Admirez ces idoles au musée d'Art cycladique, à Athènes. Le secret de leur beauté tient la nature volcanique de l'archipel. Les Cyclades abritent non seulement des carrières de marbre exceptionnelles, comme à Naxos et à Paros, mais aussi de l'obsidienne, principalement à Milos. Cette roche volcanique vitreuse extrêmement dure permet d'obtenir un polissage parfait du marbre. Elle a assuré la richesse des Cyclades pendant des millénaires. En témoigne la plus ancienne statuette de marbre grecque, appelée la Grosse dame de Saliagos (vers 5 000 av. J.-C.), qui est présentée au Musée archéologique de Paros.

Statuettes d'art cycladique.

VERS 1 600 AV. J.-C

L'explosion volcanique de Santorin

Au sud des Cyclades, en direction de la Crète, Santorin offre des paysages à la beauté singulière qui sont le résultat de la dislocation de l'île lors d'une éruption volcanique entre 1 628 et 1 600 av. J.-C. Longtemps, on a pensé que l'événement avait eu d'énormes répercussions climatiques en Méditerranée, et qu'il serait à l'origine d'un effondrement de la civilisation cycladique, voire des Minoens et des Mycéniens (lire ci-après). Cette explosion serait même pour certains à l'origine de mythes comme celui de l'Atlantide. Dans les faits, l'éruption a surtout eu pour conséquence l'ensevelissement pendant 3 500 ans d'une grande ville au sud de Santorin. Qualifié de « Pompéi grecque », le site archéologique d'Akrotiri offre aujourd'hui le plus imposant vestige de la civilisation cycladique avec ses maisons presque intactes, ses ateliers, son mobilier, son organisation urbaine complexe et ses magnifiques fresques conservées au Musée archéologique national, à Athènes, qui dénotent une forte influence minoenne.

2 000-1 000 AV. J.-C

Les Minoens et les Mycéniens

Une fois encore, les Cyclades ont joué le rôle de trait d'union entre deux mondes : au sud, la civilisation minoenne qui prend son essor en Crète à partir de 2 700 av. J.-C., et, au nord, la civilisation mycénienne, née dans le Péloponnèse vers 1 650 av. J.-C. L'archipel a-t-il été soumis par ces deux puissances ? On ne note en tout cas aucun changement brutal dans l'occupation des sites, davantage une pénétration culturelle. Les habitants des Cyclades délaissent leurs fameuses idoles polies à l'obsidienne, adoptent les premiers systèmes d'écriture grecs (linéaires A et B), de nouveaux cultes et arts, comme le démontrent les fresques d'influence minoenne à Santorin ou les tombes de type mycénien à Mykonos. La rupture intervient vers 1 050 av. J.-C., quand les premières civilisations grecques semblent soudain disparaître. Invasion ? Révolte ? Cataclysme ? Personne ne sait ce qui s'est passé au tournant du Ier millénaire avant notre ère. Mais cette date correspond à l'émergence de nouveaux peuples grecs, les Doriens et les Ioniens venus de la Turquie actuelle.

© GRAFISSIMO - ISTOCKPHOTO.COM

Femmes minoennes.

DÉCOUVRIR

1 200-800 AV. J.-C

Les « siècles obscurs »

L'effondrement des civilisations cycladique, minoenne et mycénienne donne lieu à des bouleversements en Grèce pendant 400 ans. Cette période dite « obscure » se traduit par l'arrivée de nouveaux peuples grecs (Ioniens, Doriens…), la perte de l'écriture, l'abandon des villes, mais aussi par l'adoption de croyances et de coutumes communes. Les contemporains, sans explication face aux ruines de civilisations disparues, inventent des mythes comme celui du labyrinthe de Minos dans les vestiges de la Crète. Dans les Cyclades, Naxos est désormais associée à Ariane abandonnée par Thésée après l'épisode du Minotaure. Quant à Délos, lieu de naissance des dieux Apollon et Artémis, elle devient la plus importante île-sanctuaire de Grèce. Les Grecs renouent aussi des liens avec l'Orient. Grâce aux Phéniciens, ils mettent au point le premier alphabet complet (consonnes et syllabes) qui sera utilisé par les poètes, tel Homère, pour fixer les récits fondateurs des nouvelles cités grecques.

800-510 AV. J.-C

L'époque archaïque

L'âge d'or de la Grèce antique commence avec l'émergence du concept de la *polis*, cité-État dirigée par et pour ses citoyens. Dans les Cyclades, les cités sont organisées en îles. Les premières sont celles d'Andros et de Kéa. Mais, grâce à leurs ressources, s'imposent bientôt Sifnos (mines d'or), Milos (obsidienne), Syros (argent), Santorin (pierre ponce) et, surtout, Naxos (marbre et agriculture). Cette dernière rayonne avec ses marchands et ses soldats, mais aussi avec ses artistes qui érigent vers 530 av. J.-C. le temple de Sangri, dédié à Déméter, qui servira de modèle au Parthénon d'Athènes. Les Cyclades restent à l'écart de la colonisation grecque de la Méditerranée, à l'exception de Santorin qui fonde Cyrène, sur la côte libyenne, en 631 av. J.-C. Quant à l'île-sanctuaire de Délos, qui tire ses richesses des pèlerins et de son immense marché aux esclaves, elle devient l'enjeu de luttes entre cités des Cyclades, avant de passer sous contrôle des Perses, puis d'Athènes.

510-323 AV. J.-C

L'époque classique

La rébellion des Grecs d'Asie Mineure (actuelle Turquie) contre l'Empire perse (actuel Iran) marque le début des guerres médiques (490-479 av. J.-C.). Les Cyclades sont d'abord soumises par les Perses, mais une partie de l'archipel se révolte, permettant aux Grecs de l'emporter. Cette victoire est surtout celle d'Athènes qui exerce alors son hégémonie sur la moitié du monde grec en fondant la ligue de Délos (477 av. J.-C.). L'île-sanctuaire devient le siège d'une alliance de cités contraintes de fournir armées et argent à Athènes. Cette dernière attire savants, artistes et philosophes, mais utilise aussi le trésor de la ligue à ses propres fins, notamment pour ériger le Parthénon. L'impérialisme athénien provoque la colère d'une partie des Grecs. C'est ainsi qu'éclate la guerre du Péloponnèse (431-404 av. J.-C.) qui secoue la Méditerranée. Elle se solde par la victoire de Sparte, la fin de la démocratie athénienne et un affaiblissement des cités grecques.

VERS 465-410 AV. J.-C

Diagoras de Mélos

Ce poète, juriste et philosophe de Milos est considéré comme le premier penseur de l'athéisme. Pourfendeur de croyances qui étaient le socle de la société grecque antique, il est le disciple de Démocrite, qui fut le premier à décrire l'univers constitué d'atomes. Diagoras dénonce en particulier la supercherie d'un des plus anciens cultes ésotériques grecs, les Mystères d'Éleusis, chers aux Athéniens. Ces derniers le condamnent pour impiété en 416 av. J.-C. C'est surtout un prétexte pour discréditer celui qui, après la guerre du Péloponnèse, s'était érigé contre le retour de l'hégémonie athénienne. Diagoras avait plaidé en faveur de son île qui refusait de payer un tribut à Athènes. Peine perdue : en 415 av. J.-C., les habitants de Milos sont massacrés ou réduits en esclavage. Quant à Diagoras, il meurt quelques années plus tard en exil.

323-167 AV. J.-C

L'époque hellénistique

La dernière phase de l'Antiquité grecque se traduit par une propagation immense de la culture grecque, mais aussi par la fin de l'indépendance des cités. Menacées de toutes parts après la guerre du Péloponnèse, les Cyclades trouvent protection auprès de la Macédoine. Ce royaume de la Grèce du Nord a accru son territoire, d'abord sous le règne de Philippe II (359-336 av. J.-C.), puis sous celui de son fils, Alexandre le Grand. À la mort de ce dernier, en 323 av. J.-C., son empire s'étend jusqu'aux portes de l'Inde. Mais ses diadoques (généraux) se déchirent et établissent trois grands royaumes en Grèce, en Égypte et en Asie. Les Cyclades se retrouvent ballotées entre ces dynasties hellénistiques, tandis qu'à l'ouest émerge Rome qui finira par soumettre l'Égypte grecque à la mort de Cléopâtre en 30 av. J.-C. Pour autant, l'archipel brille par son dynamisme. En témoigne la célèbre statue d'Aphrodite sculptée à Milos vers 150 av. J.-C. et exposée au Louvre depuis 1821 sous le nom de Vénus de Milo.

DE 167 AV. J.-C. À 1205

L'époque romaine et byzantine

Dès ses origines, Rome a été fascinée par la culture grecque, de l'adoption des dieux de l'Olympe à l'importation massive de marbre des Cyclades. Après la conquête de l'archipel, en 167 av. J.-C., elle a tenu à rétablir l'autonomie de Délos, son principal partenaire commercial. Les îles prospèrent durant la Pax Romana (Ier-IIe siècles) et c'est assez tôt que s'implante le christianisme, comme on peut le voir aux catacombes de Trypiti, à Milos (IIIe siècle). Lorsque Rome vacille, l'empereur Constantin déplace la capitale vers l'Orient, jugé plus sûr, en 330, dans la cité grecque de Byzance, bientôt renommée Constantinople. C'est donc sans rupture que les Cyclades sont rattachées à l'Empire romain d'Orient, dit byzantin. Cette longue période romaine est toutefois marquée par l'abandon des temples antiques, le pillage des Goths (376), la guerre civile née de la querelle théologique de l'iconoclasme (VIIIe siècle) et par des raids arabes (IXe et XIe siècles). Ces derniers entraînent un changement de l'habitat avec la création de villages à l'abri à l'intérieur des îles.

DÉCOUVRIR

1205-1537

L'époque vénitienne

En 1204, les armées catholiques de la quatrième croisade pillent et s'emparent de Constantinople. Certes, depuis le Schisme de 1054, les Églises d'Orient et d'Occident étaient séparées, mais rien, sauf l'appât du gain, ne justifiait la capture sanglante de la riche capitale byzantine, d'autant que les croisades avaient au départ été conçues pour soutenir les chrétiens d'Orient face à l'avancée de l'islam. Toujours est-il que l'Empire byzantin disparaît brièvement – il est rétabli en 1261 – et les croisés se partagent la Grèce. Les Vénitiens s'accaparent les Cyclades et y fondent le Duché de Naxos. Ils s'approprient les terres, établissent un système féodal inégalitaire dominé par des familles italiennes et le clergé catholique. Au XVe siècle, quelques îles reviennent aux Byzantins, mais l'archipel est la cible de pirates catholiques. De cette période de Frankokratia (« souveraineté des Francs »), les Cyclades conservent la plus forte proportion de catholiques en Grèce : environ 15 % de la population, en particulier à Tinos, seule île à rester vénitienne jusqu'en 1715.

1537-1832

L'époque ottomane

Après le déclin de l'ère vénitienne, les Cyclades renaissent sous les Ottomans. Cette dynastie turque musulmane en guerre contre les Arabes et les Byzantins depuis 1299 est fascinée par l'héritage romain et finit par s'emparer de Constantinople en 1453. Mais elle n'a que peu d'intérêt pour les choses de la mer. Et c'est tardivement, en 1537-1538, que le corsaire gréco-turc Barberousse capture les Cyclades pour le compte de Soliman le Magnifique. La présence ottomane demeure toutefois très faible : quelques colons turcs à Naxos, presque aucun militaire ni administrateur ailleurs. Certains nobles italiens restent en place et le pouvoir – notamment fiscal – est délégué à l'Église orthodoxe grecque. Profitant d'une large autonomie, l'archipel renoue avec ses traditions byzantines. Malgré les épidémies, il se développe grâce aux armateurs qui commercent avec Marseille et aux pirates européens établis à Paros, Antiparos, Ios et Milos. Peu touchées par la guerre d'Indépendance grecque (1821-1829), les Cyclades sont le seul grand archipel à rejoindre le nouveau Royaume de Grèce en 1832.

DEPUIS 1832

L'époque contemporaine

Depuis deux siècles, les Cyclades ont subi de manière atténuée les maux de la Grèce : surendettement constant, corruption, guerres civiles (1917 et 1946-1949), coups d'État, exode rural… Malgré la pauvreté, les épidémies et la Grande Famine orchestrée par les nazis en 1941-1944 (300 000 morts au niveau national), l'archipel a conservé une population stable. Il n'a ainsi accueilli que très peu des Grecs chassés d'Asie Mineure (1 million de réfugiés) après la Grande Catastrophe de 1922. Mais les Cyclades ont fait l'objet d'attentions particulières de la part des dictateurs. Le régime de Metaxas (1936-1941) et celui des colonels (1967-1974) ont utilisé les îles inhabitées de Gyaros et de Makronissos ainsi qu'Amorgos et Anafi comme lieux d'exil des opposants. Les juntes ont aussi fait des Cyclades une vitrine touristique, notamment en imposant la couleur blanche aux maisons. Une esthétique discutable : alors que pendant des siècles les villages se sont fondus dans le paysage pour échapper aux pirates, des îles comme Mykonos et Santorin sont désormais atteintes de la « rougeole blanche », symptôme architectural d'un surtourisme dévastateur.

Manolis Glezos

1922-2020

Né à Naxos, ce militant de la gauche non communiste est l'auteur du premier acte de résistance grecque contre l'occupant allemand : le 30 mai 1941, Manolis Glezos retire le drapeau nazi flottant sur l'Acropole. Engagé contre la dictature de Metaxas dès le lycée, c'est un opposant au fascisme, puis au régime pro-britannique et à la junte des colonels. Ce qui lui vaut une condamnation à mort, 11 ans de prison et 5 ans d'exil. Élu plusieurs fois député, y compris lorsqu'il est incarcéré, il rejoint le Pasok en 1984, promeut la démocratie locale dans son village naxien d'Apiranthos, siège comme eurodéputé, puis prend la tête de la gauche radicale, bientôt renommée Syriza. Opposé aux mesures d'austérité après la crise de 2009, il est le député le plus confortablement élu de l'histoire du pays, en 2014. En 2015, il quitte Syriza qui vient d'accéder au pouvoir et anime la nouvelle opposition de gauche jusqu'à sa mort à 97 ans.

Le choc de la crise

2009

En octobre 2009, le Premier ministre Georges Papandréou révèle l'ampleur du déficit. Placée sous tutelle, la Grèce obtient de nouveaux prêts assortis de conditions draconiennes : réduction des dépenses publiques, hausse des impôts, baisse des retraites et suppression de 25 % des postes de fonctionnaires. Si l'État est sauvé, l'économie s'effondre. La crise est aussi morale et politique. En 2015, pour la première fois, les électeurs rejettent le système Pasok-Nouvelle Démocratie : ils confient le pouvoir au parti de gauche Syriza. Mais le Premier ministre Alexis Tsipras est contraint de poursuivre la politique d'austérité. Et il doit faire face au départ d'environ 500 000 Grecs et à l'arrivée de centaines de milliers de réfugiés fuyant, entre autres, le conflit syrien. Malgré un retour à l'équilibre budgétaire (2017) et un compromis avec Skopje sur le nom de « Macédoine du Nord » (2018), Syriza est battu aux élections de 2019, permettant à Kyriakos Mitsotakis de devenir Premier ministre.

© PHOTOCOSMO31 SHUTTERSTOCK.COM

Le Premier ministre grec Kyriakos Mitsotakis.

DÉCOUVRIR

LES ENJEUX ACTUELS

Depuis sa création en 1830, l'État grec est confronté à deux soucis majeurs : résorber son énorme dette publique et attirer les capitaux étrangers. Ces défis demeurent aujourd'hui fondamentaux, notamment pour sortir de la crise qui a explosé en 2009. Alors que d'autres vieux problèmes demeurent, comme la place des minorités, la corruption ou les avantages fiscaux accordés aux armateurs et à l'Église, la Grèce a à présent des priorités plus urgentes comme son déclin démographique, ses relations avec la Turquie ou l'accueil de centaines de milliers de réfugiés. Et comme si tous ces dossiers n'étaient déjà pas assez lourds pour ce petit pays, la Grèce se bat aussi pour récupérer son patrimoine volé par l'Allemagne, la France ou la Grande-Bretagne. Les Grecs ne seraient pas contre un coup de main de la *Victoire de Samothrace* (conservée au Louvre) pour les épauler dans leurs travaux herculéens.

Les tensions avec la Turquie

Depuis la création de la Turquie en 1923, celle-ci entretient des rapports compliqués avec la Grèce, parfois jusqu'à l'affrontement comme lors de la crise chypriote de 1974, mais aussi avec des moments d'apaisement, comme en 1999, lorsque les deux États s'étaient entraidés après de graves séismes. Mais l'arrivée au pouvoir de Recep Erdoğan, en 2003, à Ankara, s'est traduite par une détérioration des relations. Alors que les vieilles querelles au sujet de Chypre ou du découpage des frontières persistent, de nouveaux dossiers brûlants sont apparus. Depuis le début de la « crise des réfugiés », en 2015, la Grèce accuse la Turquie de vouloir la déstabiliser en laissant passer un nombre trop important de migrants. Et le coup d'État raté contre Erdoğan, le 15 juillet 2016, est venu encore aggraver les choses. L'homme fort d'Ankara exige en effet le retour des centaines de militaires et d'opposants politiques turcs accueillis par la Grèce. Mais, au-delà des actes provocateurs de part et d'autre, il faut noter que les deux pays sont membres de l'Otan et que la Turquie est un partenaire économique primordial pour la Grèce (3e client, 9e fournisseur). Quant aux deux peuples, très proches culturellement, ils semblent entretenir des relations meilleures que jamais... en tout cas si l'on s'en tient au nombre croissant de touristes : les Grecs visitent les vestiges byzantins d'Istanbul/Constantinople et les Turcs profitent des plages de Chios ou de Chalcidique.

Un désintérêt pour les Balkans

La résolution du conflit de vingt-sept ans sur le nom de la Macédoine du Nord en 2018 ne doit pas faire oublier que la Grèce n'entretient que des rapports très distants avec ses trois voisins européens des Balkans. D'ailleurs, l'accord de Prespa signé avec Skopje, mal digéré par la majorité des Grecs, a coûté son poste de Premier ministre à Alexis Tsipras en 2019. Il faut dire que les Grecs connaissent mal leurs voisins, ne les visitant le plus souvent que pour faire du ski en Bulgarie, jouer au casino à la frontière de la Macédoine du Nord et… importer illégalement du cannabis d'Albanie. Quant aux échanges commerciaux (licites), ils demeurent faibles, y compris avec la Bulgarie, seul autre membre de l'UE dans la région. Pire, Athènes est toujours théoriquement en guerre avec Tirana depuis 1941. Le fait qu'aucun accord n'ait été signé pour mettre fin à cette absurdité démontre bien le désintérêt de la Grèce pour les Balkans. Depuis la fin des régimes socialistes en 1991, Athènes a en effet perdu de nombreuses occasions d'apparaître comme un « grand frère » avec ses voisins aux démocraties fragiles. Seule Thessalonique, ancien premier port des Balkans, a tenté de jouer ce rôle en nouant des relations d'amitié avec les ex-ennemis de la guerre froide. Mais ce fut une démarche marginale, entreprise par Yannis Boutaris, atypique maire de la deuxième ville de Grèce de 2011 à 2019. La nouvelle équipe d'élus et de businessmen qui gère la cité et son port semble avoir d'autres priorités. Un rapprochement n'apparaît désormais possible que grâce à des projets européens ambitieux, comme l'intégration de l'Albanie et de la Macédoine du Nord à l'UE. Une telle initiative aurait l'avantage de désenclaver la Grèce, toujours isolée au sud-est de l'Europe.

La querelle des marbres du Parthénon

Cela peut paraître anecdotique au vu des graves problèmes que connaît la Grèce depuis 2009, mais la restitution des frises, frontons et métopes du temple athénien par le Royaume-Uni est une question de fierté nationale. Volés par Lord Elgin en 1801-1802, le pays réclame leur retour depuis 1832 et a toujours essuyé des refus de la part du British Museum qui détient 50 % des sculptures du monument grec le plus célèbre. Un conflit moins connu existe aussi avec le Louvre, qui possède trois fragments des métopes du temple. La Grèce a beau être l'un des pays les plus en pointe en matière de préservation du patrimoine antique, elle est victime de l'arrogance des anciennes puissances coloniales. Et malgré le lancement de travaux de restauration du Parthénon en 1977 et l'inauguration du somptueux musée de l'Acropole en 2009, les Britanniques affirment toujours que les marbres sont plus en sécurité chez eux. Il faut dire qu'ils constituent les pièces maîtresses du British Museum, contribuant à attirer les touristes à Londres. Mais, depuis 2016, la perspective du Brexit inquiète Athènes, qui craint le report des négociations… aux calendes grecques. Dernière vexation en date, en 2019 : le British Museum était d'accord pour un prêt des marbres à la Grèce en vue d'une exposition temporaire, mais il demandait en échange au pays de lui reconnaître la pleine propriété des sculptures. Sans surprise, Athènes a annulé l'exposition.

L'équation délicate de la démographie

Le pays doit faire face à la fois à une baisse de sa population et à un afflux de réfugiés. En théorie, l'arrivée de nouveaux habitants devrait permettre de pallier la baisse des naissances et l'exode des Grecs vers l'Allemagne. C'est d'ailleurs déjà plus ou moins le cas, avec des secteurs entiers fonctionnant grâce à la main-d'œuvre étrangère : agriculture, pêche, bâtiment, etc. Mais les choses ne sont pas aussi simples. Depuis la crise de 2009, le thème de l'immigration a fait resurgir les vieux démons des dictatures d'extrême-droite avec le parti néo-nazi Aube dorée obtenant jusqu'à 10 % des voix. La question dépend aussi des immigrés eux-mêmes : veulent-ils rester en Grèce ? Pour les Albanais arrivés dans les années 1990, la réponse est « oui », et ils l'ont prouvé en se fondant rapidement dans la société. Mais pour les 10 000 réfugiés afghans, syriens ou somaliens qui débarquent chaque semaine en Grèce, c'est « non » dans 92 % des cas. S'ils restent et travaillent ici – dans des conditions souvent inhumaines – c'est parce qu'ils n'ont pas le choix, rêvant eux aussi d'Allemagne ou d'Amérique. Grâce au soutien des ONG, l'État tente à présent d'aider quelques familles de réfugiés à s'intégrer. Or, la Grèce doit à tout prix trouver un équilibre face à la bombe à retardement que constitue le financement des retraites. Alors que la population vieillit, les solutions doivent être rapides et multiples : non seulement intégrer de nouveaux habitants, mais aussi faire revenir les jeunes Grecs partis vers l'Europe du Nord.

ARCHITECTURE

Berceau de notre civilisation, la Grèce offre au monde ses temples mythiques depuis des millénaires. Mais son patrimoine architectural ne se limite pas à ses seules richesses antiques, bien au contraire. Au paganisme antique a succédé le christianisme byzantin qui a laissé de superbes témoins d'une architecture religieuse, médiévale certes, mais particulièrement raffinée. Puis ce fut le tour des Ottomans et des Vénitiens d'imprimer leur marque, avant que la jeune nation grecque ne se réapproprie son passé à grand renfort d'édifices néoclassiques. Entrée plus tardivement dans la modernité, la Grèce se rattrape désormais avec des créations contemporaines d'envergure, traduisant le désir des architectes d'aujourd'hui de repenser la ville en relation avec son histoire et son environnement. La Grèce continentale offre une multitude de visages qui, malgré leur âge vénérable, n'ont pas pris une ride. Alors à vous de partir à leur découverte !

Les « temps obscurs »

C'est à la civilisation minoenne de Crète que l'on doit les premiers palais-cités, complexes structures comportant lieux de vie, de culte et de pouvoir organisés autour d'une cour centrale et s'étageant sur plusieurs niveaux, l'ensemble de ces éléments étant reliés par d'étonnants corridors labyrinthiques. Les vestiges du Palais de Cnossos en Crète témoignent de cet art maîtrisé de l'architecture en plein âge de bronze. Mille ans plus tard suivront les palais-citadelles mycéniens. Érigés en hauteur, ils sont ceints de fortifications en appareil dit « cyclopéen » du fait de la monumentalité des blocs de pierre qui les composent. A l'intérieur, les palais s'organisent autour d'une vaste pièce à foyer central entourée de 4 colonnes soutenant le toit, précédée d'un vestibule et d'un portique. Les Mycéniens sont également célèbres pour leurs tholos princières, ces tombes circulaires, précédées d'un long couloir, construites en encorbellement et surmontées d'énormes blocs de pierre. Les plus beaux vestiges de cette civilisation mycénienne sont à voir à Mycènes et Tirynthe.

Trésor d'Atrée sur le site de Mycènes.

Essor de l'architecture grecque antique

A l'époque archaïque, le temple domine la cité. Au départ essentiellement de brique crue et de bois, ce dernier, désormais rectangulaire et périptère (entouré d'un péristyle à une rangée de colonnes), est de plus en plus souvent érigé en pierre. Certains temples, comme le temple d'Apollon (p.231) à Thermos ou celui d'Héra à Olympie, présentent déjà la répartition des espaces qui sera reprise aux siècles suivants : pronaos (entrée ou vestibule) – naos (sanctuaire contenant la statue de la divinité, souvent à 3 nefs) – opisthodome (porche postérieur symétrique). C'est à cette époque que se développent les ordres grecs. L'ordre dorique s'illustre par sa simplicité. Massives et trapues, les colonnes y jouent un rôle porteur, ne possèdent aucune base et leurs chapiteaux sont vierges de tout décor. On le retrouve surtout dans les temples de Grèce centrale et du Péloponnèse. L'ordre ionique, au contraire, se manifeste par son élégance et sa légèreté. Les colonnes sont plus graciles, reposent désormais sur une base et leurs chapiteaux se parent de deux volutes. On le trouve surtout dans les îles égéennes et en Asie Mineure. La période archaïque se traduit également par de grands travaux d'ingénierie, notamment en matière d'adduction d'eau (tunnel-aqueduc de Samos) et de soutènement des terrasses.

L'époque classique représente l'âge d'or de l'architecture grecque, caractérisée par une quête du rationnel et de l'harmonie. Une grande importance est donnée à la recherche des proportions idéales et les architectes, pour souligner la majesté des édifices, n'hésitent pas à réaliser quelques corrections optiques sous forme d'incurvation et d'infléchissement des lignes, afin d'éviter les impressions d'affaissement ou de trop grande verticalité.

Les palais sont désormais de marbre, à l'image de l'Héphaïstion et du Parthénon. Ce savant jeu de robustesse et de légèreté est souligné par une décoration raffinée mêlant les ordres dorique (extérieur) et ionique (extérieur) et en y ajoutant un troisième ordre, l'ordre corinthien, avec ses feuilles d'acanthe et ses colonnes crénelées, comme dans le temple d'Athéna Aléa à Tégée. Les trésors, petits édifices votifs recevant les offrances, permettent aux architectes de laisser libre cours à leur imagination, notamment à travers une décoration tout en moulures et frises sculptées.

L'époque hellénistique est celle de la monumentalité et du faste. Désormais, les temples - dont les portiques s'allongent, doublent leur travée et gagnent un étage - ne sont plus les seuls bâtiments phares de la cité. Théâtres, salles du conseil et gymnases se multiplient. Des thermes font même leur apparition. Cette période est également marquée par une montée de l'individualisme. Désormais, les riches et puissants décorent leurs villes avec luxe pour montrer leur réussite. Ces maisons s'organisent autour d'une cour centrale entourée d'un péristyle. Les décors en mosaïque y sont d'un grand raffinement. Ce faste et cette richesse hellènes se manifestent particulièrement en Macédoine où les souverains se font ériger d'imposants palais en hauteur, comme à Vergina ★★★ et Pella. L'architecture militaire n'est pas en reste : forteresses et remparts impressionnent tant par leur robustesse que par l'élégance de leur appareil à bossage et contribuent, selon Aristote, autant à la protection qu'à l'embellissement des villes, comme à Messène ou Rhamnonte. En parallèle se développe un urbanisme raisonné qui présidera à la construction de nouvelles villes, telles Olynthe ou Le Pirée. L'urbaniste Hippodamos de Milet conçoit un schéma directeur sous forme de plan géométrique par lequel la ville se trouve quadrillée par des rues rectilignes qui se coupent à angle droit, formant des îlots de même dimension comprenant 8 maisons. L'urbaniste sépare également les zones et fonctions de la ville (zone commerçante, zone militaire, zone cultuelle et publique, zone d'habitation) pour en faciliter la lecture.

Grèce byzantine

Du IVe au XVe siècle, la Grèce fait partie de l'Empire byzantin. Cette période, que l'on qualifia souvent d'obscurantisme médiéval en opposition à la grandeur éclairée de l'Antiquité, a pourtant donné à la Grèce de superbes témoins d'un étonnant syncrétisme où l'architecture se fait le lien entre cultes païens et traditions chrétiennes. Désormais religion officielle, le christianisme a besoin de nouveaux édifices pour marquer sa puissance. Les temples sont trop exigus, il faut des édifices plus vastes pour accueillir les fidèles. Les chrétiens vont donc développer de nouvelles solutions architectoniques sur les structures

© COLORMAKER - SHUTTERSTOCK.COM

Le temple d'Héphaïstion.

gréco-romaines existantes. Les thermes servent de modèles aux baptistères, les mausolées des empereurs inspirent les sanctuaires, tandis que colonnes et chapiteaux soutiennent les voûtes. Quant aux basiliques - qui servaient jusqu'alors de marchés couverts, places publiques et cour de justice -, elles deviennent des églises. Elles devaient permettre à l'assemblée de se tourner vers l'autel… et c'est ainsi qu'est né le plan longitudinal ou plan basilical avec sa salle centrale entourée de colonnades. Puis la Grèce va progressivement adopter un plan centré en croix grecque. A la croisée du transept, la coupole (toujours décorée du Christ Pantocrator, le tout-puissant) repose sur un tambour percé de fenêtres qui s'appuie lui-même sur 4 voûtes en berceau dessinant les bras égaux de cette croix grecque. L'architecture byzantine se caractérise également par l'utilisation de la brique, facile d'emploi et permettant une plus grande souplesse et le recours aux courbes et aux voûtes et par un jeu d'alternance en façade entre les couleurs foncées de la brique et les teintes claires de la pierre, créant des bandes ou motifs géométriques, technique héritée des Romains. La décoration est extrêmement raffinée, comme en témoignent les somptueux décors de mosaïques et fresques colorées. A Thessalonique, l'église Agia Sofia est un bel exemple de cette splendeur byzantine, tout comme les églises de Mistra, dont certaines mêlent de façon étonnante un plan basilical au sol et un étage à plan en croix grecque. On voit aussi se développer de puissants monastères protégés par des reliefs escarpés, à l'image des Météores, surplombant les alentours du haut de leur piton rocheux. Les Byzantins étaient également maîtres en matière d'architecture militaire comme en témoignent les vestiges des remparts de Thessalonique qui fut longtemps la deuxième ville de l'empire.

L'intérieur de l'église Agia Sofia de Thessalonique.

Dans le Péloponnèse, ancienne Morée, vous pourrez également admirer d'étonnantes forteresses franques, notamment celles de Chlemoutsi et Mistra. Rien d'étonnant à cela puisqu'en 1204, Geoffroi de Villehardouin, alors en route pour les croisades, décide de s'y établir car Constantinople est déjà tombée aux mains des croisés. Après d'âpres luttes contre les Byzantins, les Francs imposent leur système féodal et font ériger de puissants châteaux organisés autour de grandes cours bordées de salles hautes. Des forteresses qui retourneront par la suite sous bannière byzantine tout en conservant leur caractère « franc ». Encore un étonnant syncrétisme.

Influences ottomanes et vénitiennes

Du XVIe au XIXe siècle, la Grèce est intégrée au puissant Empire ottoman. De nombreuses églises byzantines sont transformées en mosquées, adaptant ainsi des sanctuaires chrétiens aux rites de l'islam. Pour les mosquées construites de toutes pièces, les Ottomans privilégient des proportions modestes, les mosquées se limitant bien souvent à une salle de prière. Hammams, bazars et caravansérails jalonnent le territoire. A Athènes, on peut encore voir les vestiges de la mosquée Fethiye et des bains turcs. A Trikala, la mosquée au minaret aujourd'hui tronqué est l'œuvre du grand architecte ottoman Sinan. La ville a également conservé de beaux exemples de maisons ottomanes à encorbellements en bois, tout comme Varousi, Thessalonique et Didymotique. Enfin, à Kevala, vous pourrez admirer un superbe complexe restauré comprenant mosquée, medersa, minarets et hammam, surplombé de 18 coupoles.

L'insatiable République de Venise, puissance maritime et commerciale régnant sur la Méditerranée, a dominé le Péloponnèse de 1684 à 1715, y laissant son empreinte symbolisée par les légendaires lions de Saint-Marc. Ces félins de pierre veillent aujourd'hui encore sur la forteresse de Nauplie et les citadelles de Méthoni et Corinthe ★★, d'anciens comptoirs commerciaux, dont on peut encore voir les enceintes successives et les portes imposantes.

Si les plus anciens exemples remontent à l'époque byzantine, c'est surtout au XVIIIe siècle que se développe un habitat très particulier dans la région du Magne, dont la société est tout entière organisée en clans qui se livrent une guerre sans merci. Voilà qui explique les maisons-tours et tours de guerre qui jalonnent le paysage, une architecture militaire locale étonnante que vous pourrez découvrir dans les villages de Kita et Vathia par exemple.

Néoclassique et modernisme

1821, la Grèce est libérée du joug ottoman et célèbre son indépendance. La jeune nation cherche à redonner à ses cités leur caractère authentiquement grec. Il est alors décidé de faire table rase du passé ottoman. Le roi Otton Ier, ancien prince de Bavière, fait venir de nombreux architectes étrangers qui vont importer le style néoclassique. Ce style, qui reprend tous les codes de l'architecture antique (colonnes, pilastres, frontons, monumentalité...), permet aux Grecs de refermer la parenthèse ottomane en renouant avec leur passé le plus glorieux. C'est particulièrement visible à Athènes, devenue capitale en 1834. Nouveaux quartiers et nouvelles artères font leur apparition, tandis que de superbes bâtiments officiels voient le jour sous l'impulsion de l'architecte danois Theophil Hansen, à qui l'on doit l'Académie (dont les colonnes ioniques sont inspirées de l'Erechthéion), la Bibliothèque nationale en marbre (inspirée du style dorique du temple d'Héphaïstos), ou bien encore l'Université. Le néoclassique va être très prisé dans tout le pays jusque dans les années 1920, y compris dans les demeures privées qui se couvrent de colonnes, caryatides et autres ornementations antiques.

DÉCOUVRIR

La forteresse médiévale de Chlemoutsi.

Complexe olympique d'Athènes, designé par Santiago Calatrava.

En 1933, au large d'Athènes, la désormais célèbre Charte d'Athènes est signée à l'occasion du 4e congrès du CIAM (Congrès Internationaux d'Architecture Moderne). Manifeste du mouvement moderniste et théorie d'un urbaniste fonctionnaliste, cette charte reprend tous les points édictés par Le Corbusier, alors figure clé du CIAM. De nombreux immeubles, à Athènes notamment, portent la marque de ce modernisme : utilisation du béton armé, absence d'ornementation…Un grand programme avait même été initié par le ministère de l'Education pour populariser le modernisme et contrer les vives critiques dont il faisait l'objet du fait de son aspect austère. Ce programme consistait notamment en la construction de nombreuses écoles. Dans les années 1950, sous la pression démographique constante, l'urbanisation des villes, surtout Athènes, se fait de façon quelque peu anarchique, les constructions réalisées à la va-vite côtoyant d'immenses barres d'immeubles sans âme. Puis les années 1960 ont vu fleurir un certain nombre d'édifices de style international, dérivant du style fonctionnaliste et moderniste initié par Le Corbusier. Les murs-rideaux de verre font leur apparition sur les premiers gratte-ciel du pays, tandis que sortent de terre des bâtiments aux lignes sobres et géométriques mêlant béton, verre et acier. Parmi les plus emblématiques de la période, notons l'ambassade des Etats-Unis à Athènes de Walter Gropius, le Terminal Hellenikon Est de l'aéroport d'Athènes réalisé par Eero Saarinen et l'Hôtel Hilton d'Athènes.

Architecture contemporaine

Galvanisé par l'organisation des JO d'Athènes en 2004, le pays a repensé sa capitale pour la rendre plus agréable aux visiteurs. Son centre a fait l'objet d'une profonde réhabilitation avec une promenade piétonne reliant l'ensemble des sites archéologiques, une extension du réseau de métro et la construction d'un nouvel aéroport. A cette occasion, l'architecte Santiago Calatrava a donné à la ville son complexe olympique reconnaissable à son toit ultra-moderne de verre laminé (pouvant refléter les rayons UV) et d'acier suspendu par des câbles à une grande arche. En 2009, Bernard Tschumi, en collaboration avec Michel Fotiadis, signe le Musée de l'Acropole. Sur le modèle du Parthénon, dont il reprend le même nombre de colonnes, le musée, tout de verre, d'acier et de ciment gris, s'organise autour d'une *cella* et dispose d'un sol en verre dévoilant les fouilles archéologiques souterraines. Si le musée a suscité de nombreuses critiques, on peut malgré tout souligner ce lien qu'il crée avec l'histoire. En 2016, Renzo Piano réalise le Centre culturel de la Fondation Stavros Niarchos. Bâti sur une colline artificielle, il offre une superbe vue sur la mer. Avec son toit couvert de panneaux photovoltaïques et l'importance donnée à la lumière et à la ventilation naturelle, le centre se fait durable. Stimulés par la crise qui a poussé à plus de créativité, les architectes grecs d'aujourd'hui multiplient des projets tout en sobriété s'intégrant parfaitement dans l'environnement, se plaçant ainsi dans la droite ligne du célèbre architecte Nicos Valsamakis, réputé pour son minimalisme discret et élégant. Enfin, nombreux sont ceux à lancer des projets de concertation avec les habitants afin d'imaginer la ville de demain, plus verte et plus humaine.

BEAUX-ARTS

La Grèce, territoire à l'histoire éclatante et turbulente, a traversé les siècles pour offrir aujourd'hui un patrimoine culturel inégalable et passionnant dans toute son hétérogénéité. De ses sculpteurs antiques à ses photographes contemporains, le pays est doté de talents singuliers et regorge de lieux où admirer leurs œuvres : musées historiques ou galeries alternatives, il y en a pour tous les goûts. C'est bien entendu à Athènes que se concentre l'essentiel de l'activité artistique du pays, bien que Thessalonique soit de plus en plus attractive. La capitale, où abondent les trésors antiques et byzantins, traces de son riche passé, est aujourd'hui devenue l'un des grands hubs artistiques européens et se fait remarquer pour son caractère rebelle et chaotique, qui fait aussi son charme. Pour ne rien manquer de cette culture dense et complexe, mieux vaut en connaître les nuances et s'organiser en conséquence. Voici donc quelques conseils.

Art et sculpture antiques

L'art antique s'est développé dans un style sobre et élaboré à la fois. Il se caractérise notamment par ses sculptures, l'une des formes qui a le mieux survécu au passage du temps. Trois grands sculpteurs grecs ont marqué le pays : Phidias (vers 490-431 av. J.-C.), Polyclète (Ve siècle av. J.-C.) et Praxitèle (vers 390-330 av. J.-C.).

Élève d'Agéladas d'Argos, Phidias a été chargé par son ami Périclès de la décoration du Parthénon et de la direction de la construction de l'Acropole. Ses œuvres les plus connues sont l'*Athéna Promachos* (vers 453), bronze de 8 mètres de hauteur placé sur l'Acropole, et l'*Apollon de Cassel* (vers 460). Son talent s'illustre en particulier dans les statues chryséléphantines (en ivoire et en or) d'Athéna pour le Parthénon et de Zeus pour le temple d'Olympie, dont il ne reste aujourd'hui que des fragments.

Polyclète est un sculpteur et architecte originaire d'Argos, élève d'Agéladas. Ses œuvres obéissent à la théorie des proportions du corps humain qu'il avait énoncée dans son ouvrage le plus important, le *Canon* (littéralement, « la règle »). La statue du *Doryphore*, *Le Porteur de lance*, considérée comme une base du classicisme, et *Le Diadumène*, représentant un athlète se couronnant (conservé au musée d'Athènes), servirent de modèles à ses héritiers. Lysippe n'a-t-il pas appelé le *Doryphore* « son seul maître » ?

Né à Athènes, Praxitèle a créé avec l'*Aphrodite de Cnide* (copie antique) un type d'Aphrodite dont l'harmonie des courbes a influencé l'époque hellénistique. Il ne reste de lui malheureusement qu'une seule œuvre : la célèbre statue en marbre représentant *Hermès jouant avec l'enfant Dionysos*, conçue pour le temple d'Héra à Olympie. Elle se trouve aujourd'hui au musée d'Olympie.

Un autre genre qui a traversé les siècles est bien entendu la mosaïque, considérée comme l'une des formes d'art les plus anciennes du monde. Déjà populaires pour leur résistance dans le monde mésopotamien, avant d'être décoratives, elles ont pu démontrer leur qualité durable plus que de raison. C'est vers le VIIIe siècle avant notre ère que les Grecs s'emparent de cette technique et la modernisent en développant un processus de fabrication beaucoup plus élaboré. L'utilisation d'unités très petites et l'introduction de la géométrie et de la symétrie permettent de faire apparaître des images complexes, véritables chefs-d'œuvre, le plus souvent réalisées au sol. Elles représentent principalement des dieux païens, des hommes ou des animaux et nous en apprennent beaucoup sur la culture et les modes de vie antiques. Pour découvrir les mosaïques et d'autres formes d'art antique, on recommande bien évidemment le Musée archéologique d'Athènes, doté d'une très belle collection.

Art byzantin

L'art byzantin est essentiellement caractérisé par des œuvres et des édifices religieux orthodoxes (églises, monastères, basiliques, fresques, icônes...). Les églises byzantines répondent toujours aux mêmes formes architecturales : un plan en croix grecque avec une coupole centrale. Elles représentent l'univers, la création divine, et sont ornées par des fresques, des mosaïques et des icônes. Dans la religion orthodoxe, l'icône est vénérée comme une image sacrée. Elle est plus qu'une simple représentation, elle est censée incarner un saint ou une divinité. Dans les églises et les foyers, l'icône est sollicitée pour ses miracles et ses pouvoirs de guérison. Rendez-vous au splendide Musée byzantin d'Athènes pour apprécier les trésors de cette civilisation, de ses débuts jusqu'à sa chute en 1453.

Frise des Panathénées, sculptée par Phidias.

Un art moderne foisonnant connecté au continent

Après la période des peintures religieuses datant de l'époque byzantine, les influences se sont multipliées, notamment italiennes. À partir du XIXe siècle, les artistes grecs, très attachés à leur culture et à leur héritage, s'expriment à travers leur histoire. La guerre d'indépendance marque notamment les esprits et suscite des vocations : Theodoros Vryzakis (1814-1878) et Dyonissios Tsokos (1814-1878) ont illustré cette période avec talent, entre portraits et scènes de batailles, très idéalisés.

Les peintres grecs célèbres des XIXe et XXe siècles sont fortement influencés par les écoles de Munich, comme Nikiforos Lytras (1832-1904), Constantinos Volanakis (1837-1907), Nikolaos Gysis (1842-1901), et Georgios Iakovides (1853-1932). Dans le courant du XXe siècle, on laisse peu à peu plus de place et d'influence aux impressionnistes et modernes, la plupart des convaincus de l'école de Munich se tournant vers celle de Paris. On abandonne pour un temps la représentation d'événements historiques pour préférer des paysages de la Grèce remplis de couleurs et de lumière. On sent poindre cette influence chez Périclès Pantazis (1849-1884) ou Nikolaos Lytras (1883-1927), deux figures de l'impressionnisme grec. Petit à petit, différents mouvements postimpressionnistes émergent : fauvisme et expressionnisme, entre autres. Ainsi Constantinos Maleas (1879-1928), proche du fauvisme, est considéré comme l'un des précurseurs de l'art moderne grec, avec ses paysages du pays dont il présente des interprétations très personnelles. Outre ces évolutions tournées vers l'Occident, les influences byzantines et orientales persistent, notamment dans les arts populaires. Theophilos Hadjimichail (vers 1870-1934) se fait connaître comme peintre naïf dans les années 1930.

En termes de sculpture, on retient Giannoulis Halepas (1851-1938). Né à Tinos, une île qui a une tradition de sculpture sur marbre, Giannoulis Halepas est le plus réputé des sculpteurs grecs de l'époque moderne. Sa mère, pensant que la maladie mentale dont était victime le sculpteur était à l'origine de son art, a malheureusement détruit une partie de ses œuvres. On peut admirer son talent à la Glyptothèque d'Athènes mais aussi en parcourant les allées du Premier cimetière d'Athènes.

Après-guerre, des peintres grecs, comme l'expressionniste George Bouzianis (1885-1959) ou Yannis Tsarouchis (1910-1989), continuent de développer l'art moderne et permettent l'éclosion de styles originaux. Alekos Kontopoulos (1904-1975) est quant à lui le premier artiste moderne ayant introduit l'abstraction dans la peinture grecque. À la fin du XXe siècle, Giorgio De Chirico (1888-1918), un Italien né en Grèce, fonde l'art métaphysique, alors même que Giannis Kounellis (1936-2017) figure parmi les chefs du mouvement Arte Povera et que Takis s'impose comme le grand maître de l'art cinétique (1925-2019). On peut admirer les œuvres de ces artistes à la Pinacothèque nationale d'Athènes.

Du daguerréotype à la photographie contemporaine

Les daguerréotypes ont été mentionnés pour la première fois dans la presse grecque en 1842, trois ans après leur invention en France, tandis que le premier portrait grec a été réalisé un an plus tard. Une dizaine d'années après commencent à s'établir les premiers photographes grecs et la photographie devient très populaire dans les décennies qui suivent. À l'époque, c'est une technique avant d'être un art, et les praticiens doivent avant tout répondre aux commandes de leurs clients. La photographie se limite donc principalement au portrait et à la documentation de sites naturels ou de monuments. Au début du XXe siècle, les techniques se simplifient, ce qui provoque une forte augmentation du nombre de photographes professionnels, mais aussi l'apparition d'une photographie amateur. Ces années de trouble politique sont également marquées par l'essor du photojournalisme, un genre nouveau permettant de documenter les guerres dans les Balkans et en Asie Mineure.

Dans les années 1920-1930, un style proprement grec se développe, un pictorialisme singulier influencé par la littérature et l'ethnographie. Elly Seraidari (1899-1998), mieux connue sous le nom professionnel de Nelly's, active en Grèce de 1924 à 1939, est une figure clé de cette période dite « classique » d'avant-guerre, tout comme Spiros Meletzis (1906-2003). Pendant la guerre et après, Voula Papaioannou (1898-1990), Dimitris Harissiadis (1911-1993) et Kostas Balafas (1920) comptent parmi les photographes les plus reconnus. Papaioannou est une figure particulièrement remarquable. Autodidacte, elle commence la photographie à l'âge de quarante ans et produit pendant deux décennies un corpus extrêmement abouti, permettant à la Grèce de se démarquer sur la scène de la photographie moderne. Son travail documente l'époque de l'occupation et de la guerre civile et est doté d'une forte dimension sociale.« Dans les années 1950, l'intérêt pour la photographie se renouvelle, avec la création de la Greek Photographic Society et la tenue de plusieurs grandes expositions. Néanmoins, le phénomène s'essouffle rapidement face au manque de soutien institutionnel et de professionnalisme, jusqu'à l'apparition d'une « nouvelle photographie grecque » au milieu des années 1970. La création de centres photographiques et de programmes d'études spécialisés permet alors un renouvellement de la scène grecque. Ces nouvelles générations, bien que ne formant pas une école homogène, s'éloignent des clichés visuels grecs (plages ensoleillées et ruines antiques) et explorent leur environnement sous de nouveaux angles, dans ses aspects sociaux, urbains, post-industriels, ou bien simplement d'un point de vue intime. Le pays est aujourd'hui doté d'une culture photographique riche et dynamique, que l'on peut découvrir au Hellenic Center for Photography par exemple, où se tient chaque année le Athens Photo Festival.

Un art contemporain en plein essor

La création contemporaine en Grèce se concentre à Athènes et à Thessalonique. Athènes est devenue, au cours de ces dernières années, l'un des centres d'art contemporain les plus dynamiques et créatifs en Europe. Un réseau d'artistes, de passionnés et de mécènes s'est tissé, fort de ses ramifications à l'international. Les galeries d'art contemporain sont très nombreuses dans le centre d'Athènes, surtout à Kolonaki.

© SAIKO3P - SHUTTERSTOCK.COM

Le musée Benaki à Athènes.

Chaque année, divers événements comme Art Athina, la foire internationale d'art contemporain d'Athènes (www.art-athina.gr) ou ADAF, le festival d'Arts numériques (adaf.gr), ponctuent le calendrier. La Biennale d'Athènes a lieu une fois tous les deux ans (athensbiennale.org). Le musée national d'Art contemporain (EMST) n'a ouvert qu'au début des années 2000 et, bloqué par la crise économique, n'a pas pu développer ses collections aussi rapidement que prévu – ce n'est que depuis la Documenta 14 qu'il s'est considérablement rempli, et il vaut vraiment le détour. En effet, ces dernières années, la ville a été choisie pour accueillir différents événements d'ampleur mondiale qui ont contribué à l'ancrer sur la scène artistique internationale. En 2016, le musée Benaki a été l'hôte de « As one », un programme de sept semaines durant lequel a été présentée la « Méthode Abramovic » en présence de la célèbre performeuse serbe Marina Abramovic. Au printemps 2017, c'est l'exposition allemande Documenta qui décide de s'installer en terres helléniques, pour bénéficier d'une énergie créatrice en contraste avec celle de Kassel, la ville germanique d'origine. En correspondance, les deux villes se targuent d'échanger connaissances et visions du monde. *Learning from Athens* (Apprendre d'Athènes) est le sous-titre de cette exposition colossale qui mobilise la ville entière pendant près de quatre mois. Le musée national d'Art contemporain, le musée Benaki, l'école des Beaux-Arts, le conservatoire d'Athènes et l'université d'Architecture sont les principaux bâtiments ayant abrité les œuvres, performances, concerts, projections et autres discussions programmés pendant la Documenta. En outre, les parcs de la ville ainsi que ses places centrales ont été partiellement habités par cette vague artistique. À cette occasion, de nombreux artistes contemporains locaux sont mis en valeur, à l'instar de Zafos Xagoraris, pour n'en citer qu'un. Né en 1963, il a étudié à l'école des Beaux-Arts d'Athènes et au Massachusetts Institute of Technology (MIT). Son travail défie les genres artistiques classiques et consiste principalement en des installations publiques, des événements participatifs, des dispositifs visuels ou sonores. La Documenta a donc un impact à long terme sur la scène locale, agissant comme une vitrine et un tremplin de l'art contemporain grec. Néanmoins, de nombreuses oppositions émergent face à cette grande manifestation, jugée contradictoire avec le propos qu'elle est censée soutenir, et ce sont notamment les anarchistes du quartier d'Exarchia qui la critiquent le plus violemment, refusant l'instrumentalisation de la crise économique grecque et de celle des réfugiés, faisant bloc contre « l'intellectualisme », « l'exotisme » et « le post-colonialisme » associés à la Documenta.

En plus des événements majeurs qui ont secoué la ville ces dernières années, de nombreux lieux culturels soutiennent et abritent la création contemporaine. Les centres culturels Onassis/Stegi, la Stavros Niarchos Foundation et le Ileana Tounta Contemporary Art Center sont les plus renommés. AMOQA, le musée des Arts queer (amoqa.net), a ouvert ses portes récemment, encourageant les artistes dont les problématiques sont reliées aux thèmes du corps et de la sexualité, des sujets abordés de manière politique à travers performances, documentaires et débats. Certains petits bars athéniens accueillent également des expositions d'art contemporain éphémères, comme Barrett et TAF à Psirri.

Le street art, symbole de l'énergie rebelle athénienne

Puisque l'origine du mot graffiti provient du grec *graphein*, qui signifie « écrire », « dessiner » ou « gratter », le street art en Grèce prend tout son sens. La pratique telle que nous la connaissons aujourd'hui a fait un long chemin avant d'arriver à Athènes, où elle jouit depuis quelques années d'une très grande popularité. En effet, Athènes est une ville très colorée et ses murs sont couverts d'affiches, de décorations et de fresques en tous genres. On trouve plusieurs immenses peintures murales, apparues grâce au soutien de la municipalité, notamment à l'occasion des Jeux olympiques de 2004. Nombre d'entre elles ont été réalisées par de jeunes artistes locaux, dont certains sont issus de l'école des Beaux-Arts d'Athènes, l'une des rares écoles à posséder un programme d'études dans cette (in)discipline !

Le street art est ainsi devenu l'un des caractères distinctifs de la ville, se fondant à merveille dans son énergie populaire, rebelle et festive. Des grandes fresques très travaillées aux expressions plus protestataires et spontanées, ces graffitis sont un moyen d'expression publique sans équivalent et font des murs de la ville un véritable lieu de débat. C'est dans les quartiers proches du centre-ville, en particulier à Exarchia, Psyrri, Anafiotika et Gazi, que l'on en retrouve le plus. Bien que ces œuvres puissent disparaître à tout moment, voici quelques pièces iconiques qui devraient durer : les peintures murales réalisées par le collectif brésilien Os Gemeos et la fresque emblématique d'Alexandros Vasmoulakis. Les premières se situent sur les murs de l'ILPAP, le dépôt de bus situé à proximité de la zone archéologique de Kerameikos. Elles se caractérisent par un style très coloré et par des personnages à la peau jaune. La seconde se trouve sur la place principale de Psyrri et se distingue par son aspect très graphique, à mi-chemin entre collage, photographie et peinture.

MUSIQUES ET SCÈNES

Tandis que la Grèce était aux prises avec sa dette publique puis avec l'Union européenne, sa scène artistique, par réaction, touchait doucement son point d'ébullition. De ce foisonnement, on connaît la « Greek New Wave », le renouveau du cinéma local dont le visage le plus connu est le réalisateur multi-récompensé Yorgos Lanthimos. Ce qui s'est produit dans le cinéma trouve un écho dans tous les arts. Malgré les coupes budgétaires drastiques, la musique, le théâtre et la danse se sont maintenus à flot – voire ont prospéré, comme l'opéra – grâce à des choix artistiques pertinents et un public en constante augmentation. Mais de loin, naturellement, on ne perçoit que la surface. De la culture grecque, on connaît la Callas, on reconnaît le bouzouki. Il suffit alors d'un voyage sur place pour sonder la profondeur de la musique, du théâtre ou de la danse grecque, dont l'histoire est millénaire.

La musique classique

Existe-t-il une musique classique ou savante grecque ? Voilà la question qui a longtemps taraudé de nombreux experts et artistes locaux. Très schématiquement, la période ottomane en Grèce (entre les XVe et XIXe siècles) cantonne le pays à la musique byzantine ecclésiastique. Il faut attendre la création du Conservatoire d'Athènes en 1871, et surtout un homme, Manolis Kalomiris (1883-1962), pour envisager l'établissement d'une « école nationale grecque » en musique. Dans le même esprit qu'un Bartok en Hongrie, Kalomiris rêvait d'une musique nationale, basée sur les chants populaires. Considéré comme la figure de proue de la musique savante grecque du XXe siècle, il a surtout marqué celle-ci par la création d'institutions importantes (dont le Conservatoire national) plus que par ses compositions (redécouvertes après sa mort). Son héritier le plus direct est sans aucun doute Nikos Skalkottas (1904-1949). Figure révérée, cet élève de Schoenberg concrétise le rêve de Kalomiris avec les *36 Danses grecques* où il marie folklore local et avant-garde musicale. À l'international, le nom le plus prestigieux dans le domaine musical est de loin Mikis Theodorakis (né en 1925). Célèbre auteur de la musique du film *Zorba le Grec*, on connaît moins ses cinq opéras, quatre ballets et sept symphonies traversés par une écriture puissante, pleine de démesure. Theodorakis fut aussi le chef de file du « Éntekhno », ce mouvement des années 1950 introduisant des mélodies et rythmes folkloriques grecs dans la musique orchestrale. Moins connu, plus contemporain, Thanos Mikroutsikos (né en 1947) demeure un grand nom de la musique atonale qui a grandement participé à la libération formelle de la musique grecque. Et il serait injuste de parler de musique classique grecque sans aborder les artistes Mitropoulos et Xenakis. Dimitris Mitropoulos (1896-1960), le Mahler du pays, fut un pianiste étonnant, une personnalité hors-norme et un chef d'orchestre exigeant. Plus contemporain, Yannis Xenakis (1922-2001) était quant à lui un grand musicien de recherche, célèbre pour ses travaux sur l'électroacoustique auxquels la musique actuelle doit énormément.

Pour écouter de la musique classique ou de l'opéra en Grèce continentale, le plus simple est de suivre la carrière de Mýron Michaïlídis. Grand chef d'orchestre grec, il a élevé vers l'excellence chaque lieu et ensemble dont il a eu la direction. Entre 2004 et 2011, Michaïlídis est directeur artistique général de l'Orchestre symphonique d'État de Thessalonique dont il a renouvelé la programmation et redoré le blason. Pour voir ce dernier, il faut se rendre au Thessaloniki Concert Hall, petit bijou d'architecture dominant la mer, réalisé par l'architecte japonais Arata Isozaki. Michaïlídis a ensuite été directeur artistique de l'Opéra national de Grèce à Athènes entre 2011 et 2017. Tour de force (pour ne pas dire de magie), en pleine crise grecque, il sauve l'institution de la banqueroute, renouvelle son public, sa programmation ainsi que sa réputation.

© SAIKO3P - SHUTTERSTOCK.COM

Mikis Theodorakis.

© GNO - VASSILIS MAKRIS

Fondation Stravros Niarchos.

On y voit des coproductions internationales avec de grands théâtres lyriques européens, des maîtres (Verdi, Wagner ou Puccini) impeccablement mis en scène ou des œuvres grecques contemporaines. C'est sous son impulsion que l'Opéra national a déménagé de l'Olympia, son théâtre historique du centre d'Athènes, vers la Fondation Stavros Niarchos, un centre des arts de la scène ultra-contemporain, dessiné par Renzo Piano. Autre nom à suivre : Byron Fidetzis. Ce chef d'orchestre a beaucoup travaillé autour du répertoire grec et le voir diriger l'Orchestre national d'Athènes ou l'Orchestre symphonique national de Thessalonique offre un panorama intéressant sur le répertoire local. Lieu emblématique d'Athènes, impossible aussi de ne pas citer le Megaron Moussikis, le « Palais de la Musique ». Complexe moderne, inauguré en 1991, il programme le meilleur de la musique classique et de l'opéra international. C'est dans ce joyau moderne à l'excellente acoustique que l'on voit les stars mondiales, la programmation est donc à surveiller de près. Et des stars mondiales justement, le pays en a vu naître quelques-unes. Côté solistes, citons le pianiste Dimitris Sgouros ou le violoniste virtuose que les orchestres s'arrachent, Leonidas Kavakos, sans oublier le très charismatique chef d'orchestre Teodor Currentzis, « l'enfant terrible du classique », réputé pour ses interprétations radicales. Et il y a bien entendu Maria Callas, « la Callas », soprano magnifique qui passionna les foules autant sur scène qu'en dehors. La diva demeure aussi célèbre pour l'intensité de ses interprétations, l'étendue de son registre, la tessiture de sa voix, que pour sa liaison tumultueuse avec l'armateur Aristote Onassis. Abandonnée pour Jackie Kennedy et ayant perdu sa voix, elle est morte isolée en 1977. Depuis, le mythe Callas ne cesse de vivre et le trentième anniversaire de sa mort en 2007 fit l'objet de grandes manifestations à Athènes.

Les musiques traditionnelles et populaires

Dès que l'on parle de musiques traditionnelles ou populaires en Grèce, viennent immédiatement en tête des images de « sirtaki » ou des échos de bouzouki, la mandoline grecque. Si ces deux aspects monopolisent l'imaginaire, un monde d'une profondeur fabuleuse se dissimule derrière. Carrefour de la Méditerranée, envahi à maintes reprises, l'histoire du pays est imprimée dans ses musiques traditionnelles et populaires. Cela s'entend dans la richesse de ses influences, à la fois slaves, turques, vénitiennes ou arabes. Si toutes les îles, par leur passé, connaissent des folklores propres, la Grèce dans son ensemble partage trois grands piliers musicaux : le *dimotiko*, le *rebetiko* et le *laïko*.

Le *dimotiko*, c'est le chant populaire grec le plus ancien. Il est communément divisé en deux mouvements, l'akritique, datant du IXe siècle, et le klephtique, courant durant toute l'occupation ottomane, de la fin de la période byzantine au début de la Révolution grecque de 1821. Ce dernier style est particulièrement intéressant d'un point de vue documentaire car il relate une part importante et sombre de l'histoire grecque (via des histoires d'amour, d'exil, de liberté, de mort…). Le *dimotiko* est aussi l'occasion d'entendre tous les instruments typiques de la musique folklorique : la *gaida* (cornemuse), la *lira*, le *laouto* (le luth grec), le *tambouras* (un autre luth grec), le *daouli* (tambour)…

Le *rebetiko*. Mais le genre grec emblématique par excellence, d'ailleurs classé patrimoine culturel immatériel de l'humanité, c'est le *rebetiko*. C'est par lui que la musique populaire a pris son essor, au début des années 1960. Ce « blues grec », chant des déracinés, des exclus, des marginaux, est né dans les cafés souterrains du quartier du Pirée à Athènes ainsi qu'à Thessalonique, dans les années 1920. Il raconte le quotidien fait de pauvreté, de douleur, de faim ou de toxicomanie des « Micrasiates », ces réfugiés grecs expulsés d'Asie Mineure en 1922. Une très belle musique gorgée de spleen qui a connu son heure de gloire entre les mains de Vassilis Tsitsanis, Markos Vamvakaris ou Marika Ninou. Écouter du *rebetiko* est un rituel, un incontournable du voyage en Grèce. Pour en trouver, direction le vibrant quartier d'Exarchia à Athènes. Ici, trois excellentes adresses ne déçoivent jamais : Aggelos restaurant caché à l'étage d'un vieux bâtiment, avec du bon *rebetiko* (et parfois quelques voix connues du genre), le pétillant Trichordo et son groupe maison, ou Kavouras, une charmante gargote conviant de très bons artistes locaux. Autrement, le brut et sombre Hamam de Petralona est considéré comme une des meilleures scènes *rebetika* en ville.

Le *laïko* est apparu plus récemment. Signifiant « populaire », le mot désigne un style de musique pop, descendant du *rebetiko*, apparu dans les années 1950 et 1960. Il a évolué avec le temps et qualifie désormais la pop moderne grecque dans son ensemble (il peut même s'entendre comme synonyme de « mainstream »). Véritable variété locale, le laïko a porté deux stars dans les années 1960 : Stelios Kazantzidis et Manolis Angelopoulos. Parmi les grands noms de la musique grecque contemporaine, son plus illustre ambassadeur fut Manos Hatzidakis (1925-1994). Célèbre compositeur des *Enfants du Pirée*, il est aussi le découvreur de Nana Mouskouri et a fait voyager le *rebetiko*. Il est, avec Melina Mercouri, de ces artistes qui ont donné une dimension internationale aux airs grecs. Depuis les années 1980, les grands noms de la musique populaire grecque sont Dionysis Savvopoulos, Charis Alexiou, Nikos Papazoglou, Giorgos Dalaras ou le rockeur Vassilis Papakonstandinou. Pour goûter à toutes les musiques populaires grecques, comme le laïko, Pontiki est un incontournable à Kypseli. Sinon le Melodeion, à Lavrion, centre culturel dédié à la musique grecque – qu'elle soit populaire, rock ou contemporaine – est également une excellente adresse.

Le jazz

Sans pour autant parler de « renouveau jazz », la Grèce a porté ces dernières années quelques noms très remarqués sur la scène internationale. Parmi les plus importants, on peut noter le contrebassiste Petros Klampanis, le grand vibraphoniste Christos Rafalides ou Vassilis Tsabropoulos, passionnant pianiste, aussi très actif dans le classique contemporain. En Grèce, il n'y a pas de traditions jazz et le folklore local ne s'y est jamais vraiment marié (comme en Hongrie par exemple). Mais comme partout le genre a ici de nombreux adeptes. Ainsi, chaque année depuis 2001, la capitale accueille le Athens Technopolis Jazz Festival, évènement porté sur les nouvelles formes de jazz et les nouvelles scènes mondiales. Toujours gratuit, ce rendez-vous très prisé se tient à Technopolis, une ancienne usine à gaz reconvertie en musée et centre culturel. Autrement, les amateurs de jazz adoreront The Zoo, bar un poil excentré qui mérite le détour pour son ambiance, Half Note, plus vieux jazz club de la ville et point de chute des gros groupes de passage en ville, ou encore le Spiti Art bar, un incontournable avec de bons groupes et un très joli cadre.

Les musiques actuelles

Après plus d'une décennie de crise et de politique d'austérité, les difficultés à maintenir un projet artistique à flot dans le pays sont innombrables. Et pourtant, beaucoup d'artistes ont fait le choix de ne pas s'expatrier. Parmi ceux qui alimentent la scène locale et tout en cultivant une reconnaissance internationale, on peut citer Dimitris Papadatos (connu comme Jay Glass Dubs), Panagiotis Melidis (aka Larry Gus) et surtout le duo Keep Shelly In Athens. Trois entités connues à l'étranger, trois projets de musique électronique. Et ce n'est sans doute pas dû au hasard. Le pays a regorgé d'artistes visionnaires dans le domaine par le passé comme Vangelis (compositeur de la B.O. de *Blade Runner*) dans les années 1980 ou Léna Plátonos, une pionnière et fierté locale. L'importance de la musique électronique dans la jeune création actuelle peut aussi s'expliquer de deux manières. La première est que le genre est quasi systématiquement instrumental. Sans parole, il transcende la barrière de la langue et s'exporte très facilement. Et puis la musique électronique est souvent une bande-son de la vie nocturne. Et le moins que l'on puisse dire, c'est qu'Athènes et Thessalonique sont particulièrement vivantes la nuit.

Agora de la fondation Stravros Niarchos.

DÉCOUVRIR

Dans la capitale, c'est bien simple, on n'a que l'embarras du choix. Un des lieux les plus prisés de la scène artistique locale (et du public) est Six D.O.G.S. Niché dans le quartier de Monastiraki, l'endroit propose des évènements quasiment tous les soirs et parvient à réunir la crème de l'électronique locale et internationale avec une petite inclination pour l'avant-garde. Unique en ville. Un autre incontournable des nuits blanches athéniennes, c'est Booze Cooperativa. Décoré comme nul autre avec ses longues tables en bois, ses bancs, ses expos photo et son atmosphère néo-indus, Booze détonne dans le paysage local. Arty et LGBT-friendly, même dans sa programmation (par ailleurs très vaste : électro, pop, hip-hop, etc.). Lui aussi singulier, lui aussi néo-industriel, lui aussi adoré des Athéniens : le Romantso. Cette ancienne imprimerie reconvertie en espace de *coworking*, bar et club compose une programmation exigeante faite de talents locaux. Une bonne adresse pour goûter au meilleur de la création locale. La programmation la plus pointue de la scène locale revient haut la main au bien-nommé Temple. Situé à deux pas de Technopolis dans Gazi, l'endroit compose des nuits comme on ne pensait en voir qu'à Berlin.

À noter que la capitale jouit aussi d'une très belle scène rock (particulièrement « stoner rock »). On en écoute au Kyttaro, un centre névralgique pour le genre depuis 1970 situé vers Exarchia ainsi qu'au Gagarin 205.

Enfin, n'oublions pas qu'il fut un temps où l'on venait d'Athènes pour profiter des nuits de Thessalonique. Hideuse et froide pour certains, la ville se dévoile la nuit sous un nouveau jour : festive, décontractée, jeune, métissée. Désormais, si la vie nocturne bat toujours son plein, la qualité des événements proposés n'égale pas ceux d'Athènes.

La danse

Fait amusant, le *sirtaki* n'est pas une danse traditionnelle, mais elle est l'est devenue avec le temps. Créée en 1964 par Jean Vassilis (sur une musique de Théodorakis) pour le film *Zorba le Grec* de Michel Cacoyannis, elle s'inspire néanmoins d'une danse traditionnelle, le *hasápikos* (ou *hasaposerviko*) de Constantinople mais n'existait pas à proprement parler avant ça. La danse traditionnelle la plus célèbre du pays n'est donc pas « traditionnelle ». Et pourtant des danses folkloriques, en Grèce, il y a en a énormément – on en dénombrerait même 10 000 différentes sur tout le territoire. Et si elles sont le reflet des spécificités régionales, elles partagent un socle commun. Par exemple, à l'instar du *syrtos*, de nombreuses danses sont exécutées en rond. En effet, à l'origine, en formant un cercle, les danseurs entendaient se protéger des influences néfastes. Parmi les danses régionales remarquables, dans le Péloponnèse on trouve le *tsakonikos*, reconnaissable par sa ronde qui s'achève en formation labyrinthique. En Thessalie, on voit des *karagouna* aux costumes fabuleux. Dans l'Épire, on danse le *tsamiko*, entre hommes seulement et en se tenant la main à hauteur d'épaule. Et en Macédoine, il n'est pas rare d'assister à une *anastenaria*, rituel de la marche sur le feu accompagné de chants et de danses.

L'histoire de la danse classique en Grèce est incarnée par une figure majeure : Tatiana Mamaki. Elle fut chorégraphe de l'Opéra national, fonda

Danseurs folkloriques.

© MICHALAKIS PPALIS - SHUTTERSTOCK.COM

Joueur de laouto traditionnelle.

l'École de ballet d'Athènes et permit à la danse grecque de rayonner hors de ses frontières. Aujourd'hui, le Ballet national grec est entre les bonnes mains de Konstantinos Rigos. Directeur de l'institution depuis 2018, il entreprend de donner une lecture grecque contemporaine à de grands classiques (*Le Lac des cygnes*) tout en valorisant des piliers du patrimoine local comme Hatzidakis. Côté danse contemporaine, le pays jouit de quelques chorégraphes adorés à l'international et réputés pour l'intensité et l'ingéniosité de leur proposition, comme Dimitris Papaioannou ou Toúla Limnaios. Pour savourer la danse contemporaine locale, le mieux est de se rendre à la Fondation Onassis d'Athènes. Gigantesque complexe de 18 000 m² entièrement dédié à l'art (danse, théâtre et arts plastiques), aux tarifs particulièrement accessibles, l'endroit s'est imposé à un moment où la capitale manquait cruellement de salles de spectacle d'envergure.

Le théâtre

Si l'on cherche le berceau du théâtre occidental, on atterrit forcément en Grèce. D'Eschyle, père de la tragédie, à Sophocle et ses dilemmes moraux en passant par Euripide, qui a bouleversé l'écriture du récit héroïque, le théâtre moderne doit énormément à la Grèce antique. Eclipsé par l'importance de son aïeul, le théâtre grec contemporain est moins remarqué mais certainement pas moins remarquable. Des dramaturges comme Iákovos Kambanéllis, Dimítris Dimitriádis (jadis mis en scène en France par Patrice Chéreau), Níkos Kazantzákis (auteur du roman qui a inspiré *Zorba le Grec*), Yánnis Mavritsákis (joué en France à l'initiative d'Olivier Py) ou encore Lèna Kitsopoùlou portent l'écriture grecque dans ce qu'elle a de plus diverse et vivante sur la scène internationale. Et si la crise de 2008 et ses coupes budgétaires ont laissé supposer une baisse d'activité ou de qualité, le théâtre grec contemporain s'est, à l'inverse, redynamisé, porté par une nouvelle génération d'acteurs et de metteurs en scène surprenants et audacieux.

Une des meilleures adresses du pays reste le Théâtre National de la Grèce. Fondé en 1930, il visait à l'époque la promotion de la culture grecque à travers des productions de théâtre grec ancien. Sous l'impulsion de son actuel directeur artistique Dimitris Lignadis, l'endroit se tourne désormais aussi vers la dramaturgie moderne et le théâtre expérimental. Autre très bel endroit en ville, le Théâtre Poreia propose des mises en scène actuelles et efficaces de textes qu'ils sont toujours les premiers à jouer. Et, comme pour la danse contemporaine, la Fondation Onassis est un point d'ancrage important du théâtre contemporain grec. Le succès est inébranlable, les représentations ont souvent lieu à guichets fermés. Mais l'épicentre du théâtre en Grèce demeure le Festival d'Athènes et d'Epidaure. Dirigé par Yorgos Loukos, il est un des plus denses et beaux festivals de théâtre européens et sa programmation propose d'excellents textes et auteurs. Les représentations se déroulent dans les lieux les plus prestigieux de la capitale, dont l'Odéon d'Hérode Atticus sur la silhouette illuminée de l'Acropole. Il est bon de se renseigner car assister à une pièce antique ou à un ballet contemporain sur ces gradins de marbre plurimillénaires est une expérience tout simplement unique.

LITTÉRATURE

Berceau de la mythologie, de la littérature et de la philosophie, la Grèce est une destination incontournable pour tous les amoureux des lettres. Fondateurs de la philosophie occidentale, les célèbres Socrate, Platon et Aristote marquent encore aujourd'hui les œuvres contemporaines. Leurs pensées ont influencé de nombreux domaines : religion, politique, science... Ils incarnaient la philosophie comme art de la pensée, à la source de toute création artistique. Parmi eux, les dramaturges antiques tiennent une place particulière. De nombreux auteurs modernes ont également donné leurs lettres de noblesse à la littérature grecque. La Grèce a hébergé deux prix Nobel de littérature en 1963 et 1979, respectivement Georges Séféris et Odysseus Elytis. Qu'elle soit d'inspiration religieuse, philosophique ou politique, la littérature grecque a toujours rayonné sur l'Europe et sur le monde et reste une source de fierté pour ses habitants.

La marque de l'héritage homérique

Impossible de parler de la Grèce sans évoquer Homère, auteur de l'*Iliade* et de l'*Odyssée,* qui marque le passage d'une littérature orale à une littérature écrite. Ces deux œuvres évoquent principalement les thèmes de l'épopée, du voyage et de l'altérité. Elles rappellent les rapports entre les Anciens et les morts, basés essentiellement sur le souvenir du défunt et les offrandes. On sait très peu de choses sur la vie de Homère, si ce n'est que l'aède vécut dans la première moitié du VIIIe siècle av. J.-C., à Smyrne notamment. Certains spécialistes ont d'ailleurs émis l'hypothèse que la figure d'Homère aurait été inventée de toutes pièces et que l'*Iliade* et l'*Odyssée* seraient le fruit de plusieurs auteurs anonymes. Une chose est sûre : le succès de ces deux épopées ne s'est jamais démenti. L'*Iliade*, qui trouva chez les Anciens la plus grande faveur, célèbre la prouesse individuelle, dans un style fougueux et abondamment fleuri. L'épopée retrace la dernière année de la guerre de Troie, exactement six journées et six nuits. Pour faire simple, ce conflit, qui durera dix ans, oppose deux peuples : les Achéens (Grecs) et les Troyens. Il débute après l'enlèvement d'Hélène, épouse de Ménélas, par le Troyen Pâris. Le récit dépeint les combats livrés par des héros hors du commun : Hector, Ajax, Achille...

Quant à l'*Odyssée*, elle narre le retour du héros Ulysse, qui a permis grâce à sa ruse (son cheval) de pénétrer dans Troie, sur son île d'Ithaque où son épouse Pénélope l'attend. Un retour qui prendra dix longues années, ponctuées de diverses aventures. Le héros grec devra en effet affronter les Cicones, les Lotophages, les Cyclopes, la belle et enchanteresse Circé, le royaume des morts d'Hadès, les sirènes, Charybde et Scylla... Pendant tout ce temps, la fidèle Pénélope fera tout ce qu'elle peut pour repousser tous les prétendants. Pour cela, sa ruse consiste à dire qu'elle épousera un nouvel époux lorsqu'elle aura terminé sa tapisserie. Ainsi, pour ne jamais la terminer, chaque nuit elle défait son travail. C'est une véritable inspiration héroïque qui éclate ainsi dans cette *Odyssée* initiatique

Ulysse et les prétendants, épisode de l'Odyssée.

d'un homme qui, en vingt ans de guerres et d'aventures, ne désespéra jamais : Ulysse absent ou présent, rusé et invincible, reste, même misérable, le héros humain par excellence.

Les grands noms de la littérature antique

Regardons de plus près qui sont ces auteurs qui ont marqué toute la littérature de leur génie et qui continuent encore à influencer les artistes et à imprégner les penseurs contemporains. Commençons par le philosophe Héraclite (vers 540-480 av. J.-C.) : il nous reste des fragments de son ouvrage *De l'Univers* qui aborde autant la physique ou la politique que la théologie. Il y définit le feu comme l'élément primitif de la matière. Le monde, perpétuellement en mouvement et en devenir, trouve son origine et son harmonie dans le conflit des contraires. De son côté, Eschyle (vers 525-456 av. J.-C.) est considéré comme le fondateur de la tragédie grecque. De ses 90 œuvres nous n'en connaissons que sept, dont *Les Perses* et *Prométhée enchaîné*. Il a donné au drame ses lois rigoureuses en faisant une plus grande place aux dialogues et à l'action. Il a introduit le masque et a innové en matière de mise en scène. Connaissez-vous *Œdipe roi*, *Antigone* ou encore *Électre* ? Ce sont les pièces les plus célèbres du poète tragédien Sophocle (entre 496 et 494-406 av. J.-C.). Sur plus d'une centaine de pièces créées, sept nous sont connues. Contrairement à Eschyle chez qui les dieux jouent un rôle primordial dans les affaires humaines, l'œuvre de Sophocle semble influencée par le spectacle d'une Athènes démocratique à l'apogée de son système social et politique.

C'est d'ailleurs dans une Athènes déclinante, où les classes sociales, les traditions et les institutions deviennent vacillantes, qu'Euripide (480-406 av. J.-C.) compose ses 92 pièces, dont 18 seulement nous sont parvenues. C'est une œuvre qui rompt avec la célébration traditionnelle du passé et qui innove en s'interrogeant sur les passions des hommes de son temps. La modernité de son œuvre lui a valu une gloire posthume. De lui sont connues les pièces *Les Bacchantes*, *Médée*, *Électre*… Venons-en maintenant à Socrate (vers 470-399 av. J.-C.). Ce philosophe athénien, hostile à tout enseignement dogmatique, n'a jamais écrit aucun traité de philosophie. Sa pensée est surtout connue par *Les Dialogues* de Platon, *Les Nuées* d'Aristophane et *Les Mémorables* de Xénophon. Sa méthode repose sur des interrogations qui doivent amener ses interlocuteurs à dépasser leurs propres contradictions. En résumé, il s'efforce de perfectionner la devise : Connais-toi toi-même. Accusé d'impiété envers la religion d'État et de corruption de la jeunesse, il est condamné à boire la ciguë (plante toxique des chemins et des décombres) après avoir refusé de s'enfuir par respect des lois de la cité. De son côté, Démocrite (vers 460-370 av. J.-C.) hérite de la tradition philosophique d'Ionie. Aucun texte original ne

© ROBIN NIEUWENKAMP - SHUTTERSTOCK.COM

Sophocle.

nous étant parvenu, ce sont Aristote et Diogène Laërce qui nous ont fait connaître sa philosophie. Fondateur de son école, sa pensée définit la nature comme une infinité d'atomes, particules invisibles, indestructibles et complémentaires entre elles, dont le mouvement dans le vide est à l'origine des êtres, des mondes et de l'univers. Pour lui, le bonheur est à rechercher dans la modération des désirs. Peut-être moins connu du grand public, Aristophane (vers 445-380 av. J.-C.) est un poète satirique fort apprécié de son temps. Il critique avec un humour caustique l'actualité sociale et politique. De son œuvre de 44 pièces, appartenant à la comédie ancienne, 11 pièces seulement nous sont parvenues. De tendance conservatrice, il attaque les démocrates en guerre contre Sparte dans *Les Acharniens*, raille les philosophes tels que Socrate ou Euripide dans *Les Nuées* et *Les Grenouilles* ou encore traite de problèmes sociaux dans *L'Assemblée des femmes*.« Pour ce qui est de Platon (vers 428-348 av. J.-C.), on l'imagine dispensant son enseignement dans les jardins d'Académos, là où il avait créé son académie, le doigt levé, comme nous le montre Raphaël dans *L'École d'Athènes*. La connaissance pour lui n'est concevable que si l'on dirige l'âme vers la contemplation du Bien et du Vrai. Toute son œuvre s'applique à transmettre cet idéal : *L'Apologie de Socrate*, *Le Banquet* (sur l'amour), *La République* (sur l'organisation de l'État), *Les Lois* (sur celles de la cité). Quant à Aristote (384-322 av. J.-C.), il fut le précepteur d'Alexandre le Grand à partir de 342, mais, plus encore, l'élève brillant de Platon. Très vite, pourtant, il crée sa propre école à Athènes, rivale de l'académie de Platon : le Lycée ou Peripatos, sorte de péristyle où l'on apprend en discutant et en se promenant. Aristote s'intéressera à la physique, à la métaphysique, aux sciences naturelles, à la littérature.

© HELEFTY - ISTOCKPHOTO.COM

Aristote.

Littérature moderne

L'histoire de la littérature grecque moderne est étroitement dépendante de la question de la langue. Au IIIe siècle av. J.-C., quelques linguistes décident de figer le grec littéraire dans une sorte de crispation archaïsante. C'est la ***katharévousa*** qui s'oppose totalement au grec vivant qui, lui, évolue au fil des siècles et qu'on appelle la langue démotique. Cette dernière triomphera dans la littérature à partir du XIXe siècle. Mais cette opposition linguistique a largement paralysé l'expression littéraire grecque. Forme du nationalisme, la littérature grecque a par ailleurs pâti d'un manque d'identification nationale face à de multiples occupants (Vénitiens, Génois, croisés, Ottomans).

La poésie orale grecque est la première forme littéraire moderne à se structurer. On note ici le rôle du poète du XVIIe siècle, Vitsentzos Cornaros qui, dans son *Erotokritos,* reprend la tradition des chants populaires crétois et rejette une langue figée et savante. Ces chants populaires locaux ont une importance primordiale dans l'émergence d'une littérature grecque moderne et permettent l'utilisation de la langue démotique, vivante et parlée, comme langage poétique et littéraire. Le clivage entre libéraux et réactionnaires perdure jusqu'au XIXe siècle. Le poète Dionysios Solomos (1798-1857) s'inscrit dans la lignée du chant populaire et réalise la synthèse poétique qui permet la victoire du démoticisme. La littérature grecque moderne est née ! Une figure domine cette nouvelle génération qui va s'illustrer jusque vers 1920 : c'est le poète Costis Palamas (1859-1943), dont l'œuvre est le reflet du lyrisme nationaliste en vogue dans le nouvel État grec. La génération de 1880 puise allègrement dans le folklore populaire, comme Alexandre Papadiamantis (1851-1911), maître en la matière. Ce dernier est considéré comme l'un des plus grands écrivains modernes grecs et comme le fondateur des lettres modernes. C'est un auteur prolifique, puisqu'il a écrit près de deux cents essais, nouvelles et romans. Certaines de ses œuvres ont été publiées en feuilleton dans des journaux, mais beaucoup le seront après sa mort. Il a écrit par exemple des romans historiques comme *Les Immigrés*. (1881), *Les Marchands des Nations* (1882), mais a également tourné sa plume vers la vie et les mœurs de son siècle, les passions amoureuses. Ceux qui aiment se plonger dans la vie des auteurs auront un grand plaisir à découvrir sa maison dans la ville de Skiathos, devenue musée.

Les auteurs contemporains

Comme pour mieux faire écho à ses ancêtres, la Grèce a hébergé deux prix Nobel de littérature en 1963 et 1979, respectivement Georges Séféris et Odysseus Elytis.

Citons également Nikos Kazantzakis qui doit sa renommée à son œuvre la plus célèbre, ***Alexis Zorba*** (1946). Constantin Cavafy (1863-1933) continue de donner à la poésie grecque ses lettres de noblesse. Enfin, Stratis Tsirkas (1911-1980) est considéré comme l'un des meilleurs romanciers contemporains. Sa trilogie *Cités à la dérive* (1960-1965) a remporté, en France, le prix du meilleur livre étranger. Des écrivains encore plus contemporains comme Vassilis Alexakis, Takis. Théodoropoulos, Alexis Stamatis, Ersi Sotiropoulos ou Petros Markaris ont une production littéraire également remarquable.

TOP 10

LECTURE

Mythologie, philosophie, voilà de quoi se nourrir de la richesse littéraire de la Grèce… La littérature antique sait également laisser sa place aux plumes modernes et contemporaines qui ne manquent pas de caractère !

À LIRE ET À RELIRE

Zorba le Grec (1964) en est l'adaptation cinématographique.
Alexis Zorba, Nikos Kazantzakis – Pocket.

UN BEL OUVRAGE

Pour les amoureux d'histoire qui souhaitent tout connaître sur la Grèce.
Naissance de la Grèce : De Minos à Solon, 3200 à 510 avant notre ère, Collectif – Belin, 2019.

PRIX NOBEL 1963

© GALLIMARD

Une poésie teintée de pessimisme et de désespoir.
Poèmes (1933-1955), suivi de *Trois poèmes secrets*, Georges Séféris – Gallimard.

POUR LES AMATEURS DE BD

L'œuvre d'Homère en BD (trois tomes), original !
L'Iliade, sous la direction de Luc Ferry - Glénat, 2018.

UNE BD RIGOLOTE ET SAVANTE À LA FOIS

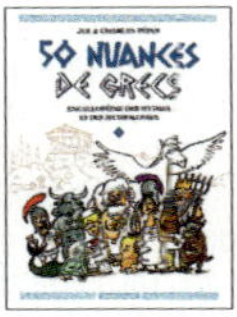

© DARGAUD

L'auteur s'amuse à mettre en scène les mythes dans des contextes actuels.
50 nuances de Grecs, Tome 1 : Encyclopédie des mythes et des mythologies, Jul – Chronique Éditions, 2017.

PAR UN GRAND AUTEUR

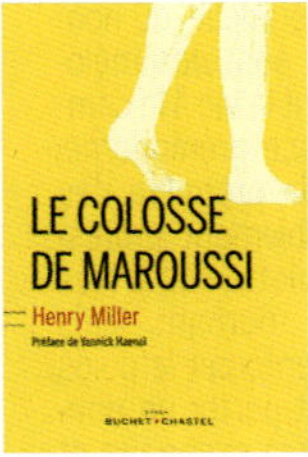

© STOCK

Miller nous propose le récit de son voyage en Grèce en 1939.
Le Colosse de Maroussi, Henry Miller – Stock, 1941.

UN BON POLICIER

Une intrigue qui se déroule dans le monde de la finance.
Liquidations à la grecque, Petros Markaris – Seuil, 2011.

À PARTIR DE 3 ANS

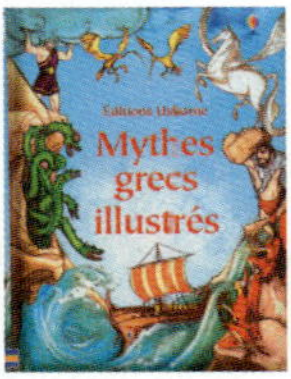

© EDITIONS USBORNE

Pas mal pour découvrir la mythologie dès le plus jeune âge.
Mythes grecs illustrés, Collectif – Usborne, 2013.

PRIX NOBEL 1979

Pour découvrir la plume de cet auteur proche des poètes surréalistes français.
Temps enchaîné et Temps délié, Odysseus Elytis – L'Échoppe.

ENTRE FICTION ET RÉALITÉ

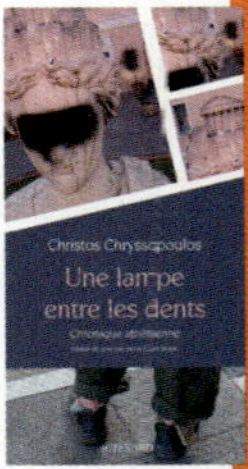

© EDITIONS ACTES SUD

La crise grecque métamorphosant la ville.
Une lampe entre les dents, chronique athénienne, Christos Chryssopoulos – Actes Sud, 2013.

A L'ÉCRAN

Bizarre, vous avez dit bizarre ? Faut-il vraiment s'étonner que la crise économique sans précédent qu'a connue la Grèce en 2008 ait coïncidé avec le jaillissement d'une nouvelle génération de cinéastes à l'imagination fertile, adeptes de jeux théoriques cruels et d'humour noir ? On connaît les legs de son histoire millénaire que contemplent imperturbablement des paysages aux airs de paradis. Pêle-mêle : mythologie, sens du tragique et de la comédie, démocratie athénienne, brutalité spartiate, ignorance malicieuse de Socrate, métaphysique de Platon ou cynisme de Diogène. Voilà qui explique peut-être cette singularité du cinéma grec, dont « la vague bizarre » n'est que le dernier avatar : une faculté à faire fi de l'adversité et des catastrophes de l'histoire. Ne nous y trompons pas : si le cinéma grec est un fleuve d'images dans lequel on ne se baigne jamais deux fois, c'est qu'il invite plutôt à se laisser surprendre.

Des débuts chaotiques

Le cinéma grec a presque toujours dû composer avec une situation politique instable. Quelques années après l'apparition du septième art, les guerres balkaniques puis gréco-turques et l'expulsion des grecs d'Asie donnent le *la*« à un siècle houleux. Le premier long-métrage grec, *Golfo* (Konstantinos Bachatoris, 1915), est un échec. C'est aussi le premier-né d'un genre cher au cinéma grec, les films en fustanelle, du nom d'un costume traditionnel : ce sont des mélodrames bucoliques qui idéalisent la vie à la campagne et une forme d'innocence prémoderne. La création de la Dag Films, la première des sociétés de production véritablement professionnelle, en 1927 sous la houlette des frères Gaziádis, marque un premier tournant. Mais l'avènement du parlant vient renforcer le poids de la concurrence étrangère et porter un nouveau coup à une production déjà exsangue et étranglée par la censure. Quelques rescapés résistent : des tentatives de productions gréco-turques suggérant un timide rapprochement qui ne prend pas vraiment, ou *Daphnis et Chloé* (Orestis Laskos, 1931), chef-d'œuvre du cinéma muet grec.« L'histoire veut que ce soit le premier film à présenter une scène de nudité, ce qui rapporté à la sculpture antique n'a rien d'étonnant. Finos Film, qui deviendra l'une des plus grandes sociétés de production, créée en 1942, amorce un nouveau changement alors que les sorties grecques étaient devenues quasiment inexistantes. On lui doit *La Voix du cœur* (Dimitris Ioannopoulos, 1943), émouvant mélodrame qu'il est coutume de considérer comme le véritable acte de naissance du cinéma grec mais il faut attendre la fin de la guerre civile pour que le studio connaisse son véritable envol. Yórgos Tzavéllas, autre pionnier, signe le premier film – déjà considéré comme un chef-d'œuvre – *Applaudissements* (1944) d'une œuvre qui sera couronnée de succès.

Une parenthèse dorée (1950-1960)

La relative stabilité politique des années 1950 et 1960 correspond à l'une des périodes les plus fécondes du cinéma grec. Michael Cacoyannis en est le réalisateur emblématique. Les accents tragiques de *Stella (1955)* proviennent du fond des âges mais son héroïne rétive au mariage est éminemment moderne. Le film fait d'emblée de Melina Mercouri – pour laquelle c'est alors le premier rôle au cinéma – une star. Pour son rôle dans *Jamais le dimanche* (1960), réalisé par Jules Dassin avec qui elle s'est mariée, elle reçoit le prix d'interprétation à Cannes. Le film est le versant joyeux de *Stella*, réunissant et opposant une prostituée au grand cœur et un Américain, féru de culture antique, qui voudrait la réformer.

Les éléments de folklore dont joue le film sont en passe de devenir des clichés : la taverne comme décor central, la danse et les airs de bouzouki, un tempérament volcanique. *Zorba le Grec* (Michael Cacoyannis, 1964), tourné en Crète à la Cranée et dans la péninsule d'Akrotíri, devient la vitrine de ce folklore à l'international et la musique de Míkis Theodorákis, qui illustre une célèbre scène de sirtaki (une danse populaire grecque rendue célèbre par *Zorba le Grec*), fait le tour du monde. Entretemps, Níkos Koúndouros signe *Ville magique* (1954), aux influences néoréalistes, qui oppose les habitants pauvres mais dignes du quartier de Dourgouti au monde dépravé de la pègre, assimilé à la modernité, et surtout *L'Ogre d'Athènes* (1956), qui en poursuit le thème mais vire davantage au noir. Le réalisateur Tákis Kanellópoulos (*Ciel* en 1962, *L'Excursion* en 1966 et *Parenthèse* en 1968) qui a fait ses armes avec des documentaires, signe des films qui représentent des tentatives tout à fait à part de cinéma lyrique, détaché de toute référence littéraire (ils sont quasiment dénués de dialogues pour les deux derniers).

Plage de Stavros où a été tourné le film « Zorba le Grec ».

DÉCOUVRIR

Fort dans la tourmente

La dictature des colonels (1967-1974) s'accompagne d'une forte répression : bon nombre de cinéastes, dont la créativité s'en trouve comme décuplée, vont se retrouver derrière les barreaux ou contraints à l'exil. Parmi les réussites, miraculeuses compte tenu du contexte, on peut citer *Evdokia* (Alexis Daminos, 1971), tourné dans la périphérie d'Athènes, où l'on retrouve l'archétype de la prostituée élevée au rang d'héroïne tragique. Le film contient une célèbre scène de zeibekiko, une danse traditionnelle.« *Les Fiançailles d'Anna* (Pandélis Voulgaris, 1972) se présente comme une double critique de la bourgeoisie et de la dictature à travers l'histoire d'une bonne asservie. Une kyrielle de films historiques, qui prennent les libertés de rigueur avec l'histoire, sont produits avec la bénédiction du régime. *Qu'as-tu fait à la guerre, Thanassis ?* (Dinos Katsourídis, 1971) en est une satire, et son succès annonce une prise de conscience politique de la part des spectateurs, alors que comédies sans distinction et films érotiques dominent le circuit commercial. Au même moment, celui que l'on considère aujourd'hui comme l'un des plus grands cinéastes grecs, Theo Angelopoulos, fait ses débuts. Un hermétisme certain lui permet d'échapper à la censure de la dictature. À n'en pas douter, son cinéma lent, contemplatif et austère peut aussi tenir à distance le spectateur qui, pressé, risque de passer à côté de sa force mélancolique et méditative. Comme dans *Le Voyage des comédiens* (1975), qui suit les pérégrinations d'une troupe de théâtre jouant *Golfo*, une pièce grecque et bucolique, à travers le pays, son œuvre multiplie les références à la tragédie antique. Ses films fleuves collectionneront les prix, dont une Palme d'or pour *L'Éternité et un jour* en 1998, qui se déroule à la frontière gréco-albanaise. Le cinéma local a peiné à se relever de la dictature mais les productions étrangères se sont engouffrées dans la voie qui leur était ouverte : *Une femme à sa fenêtre* (Pierre Granier-Deferre, 1976) avec Romy Schneider, qui dresse le portrait d'une bourgeoisie décadente (qui est aussi l'objet des *Fainéants de la vallée fertile* de Nikos Panayotopoulos en 1978), un épisode de James Bond évidemment (*Rien que pour vos yeux*, John Glen, 1981) où le monastère des Météores et Corfou sont mis à l'honneur, etc. La réalisatrice anglaise Clare People a tourné une comédie estivale délicieuse et méconnue, *Soleil Grec* (1987), à Lindos, sur l'île de Rhodes. Son thème ? Le désagrément causé par l'invasion touristique aux habitants permanents.

Le film le plus célèbre des années 1980 est aussi le plus coûteux : *Rebétiko* (Costa Ferris, 1983) tient son nom d'une musique traditionnelle grecque. La vie de la chanteuse Markia Ninou en est à la fois la source d'inspiration et le prétexte pour célébrer la résilience du peuple grec à travers quarante ans d'histoire.

Le port de La Canée a servi de décor au film « The Two Faces of January ».

Le cinéma grec semble momentanément coincé comme Ulysse chez Circé, profitant peut-être d'une tranquillité retrouvée. Toujours est-il que la production des années 1980 et 1990, hormis celle d'Angelopoulos, est singulièrement pauvre ou sous-évaluée. Exception très marginale, les films de Nikos Nikolaïdis, qui préfigurent vingt ans à l'avance la « vague bizarre » du cinéma grec : *Singapore Sling* (1990) est une variation sadique à la bizarrerie frénétique ou forcée, au choix, sur *Laura* de Preminger. *Safe Sex* (Thanasis Papathanasiou, Michalis Reppas, 1999) fête la fin du siècle en devenant provisoirement le plus grand succès du cinéma grec. La place lui sera ravie par un *Un ciel épicé* (Tassos Boulmetis, 2003) qui revient sur le pogrom d'Istanbul en 1965.

Les années 2000

De manière générale, alors que la crise se profile, le cinéma grec présente des signes de vitalité de plus en plus nombreux. D'abord un huis-clos, *Boîte d'allumettes* (Yannis Economides, 2002), qui met en scène une famille en implosion dans la banlieue d'Athènes. Des films plus conventionnels : les mariages forcés qui prévalaient au début du siècle précédent fournissent le sujet de deux beaux mélodrames de Pantelís Voúlgaris, *Les Mariées* (2004), puis *Little England* (2013) tourné à Andros. *Hardcore* (2004) évoque la vie de deux jeunes filles dans le bordel où elles ont échoué. Son réalisateur, Dennis Iliasdis, est parti aux Etats-Unis pour s'y consacrer au cinéma d'horreur. *100 % grec* (Filippos Tsito, 2009) dont le titre français n'est pas très fidèle à l'original, *L'Académie de Platon* ironise sur trois buralistes qui passent leurs journées à deviser et sur leur racisme larvé. Rien ne laisse alors vraiment présager la « vague bizarre » du cinéma grec lancée par *Canine* de Yorgos Lanthimos en 2009, alors que le pays s'est enfoncé dans la crise. Le film connaît un retentissement à l'étranger inhabituel pour un film grec dans le sillage duquel vont s'engouffrer *L* (Babis Makridis, 2011), *Attenberg* (2012), puis *Chevalier* (2015) d'Athina Rachel Tsangari, Absurde, cruauté, abstraction, loufoquerie plus ou moins glaciale caractérisent ce mouvement qui prend un malin plaisir à rompre avec la vraisemblance. *Miss Violence* (Alexandros Avranas, 2013) s'ouvre par le suicide d'une enfant, avant de rassembler les pièces de ce puzzle. Tourné sur l'île d'Antiparos, *Suntan* (Argyris Papadimitropoulos 2017) est une variation pleine de noirceur sur le thème du démon de midi. Pendant ce temps, Hollywood a donné l'impression de redécouvrir la Grèce, au gré de *Capitaine Corelli* (John Madden, 2001) qui vaut essentiellement pour ses visions de Céphalonie, la plus grande des îles ioniennes, *Mamma Mia !* (Phyllida Lloyd, 2008), tourné sur les îles de Skiathos et Skopelos dans le village côtier de Damouchari, ou *The Two Faces of January* (Hossein Amini 2014), qui pérégrine de l'Acropole, parmi les ruines de l'agora jusqu'à la Crète, la cité minoenne de Cnossos et le port de La Canée. Et enfin, troisième volet d'une trilogie romantique, *Before Midnight* (Richard Linklater, 2013) voit ses deux personnages se promener dans le Magne, dans le Péloponnèse.

POPULATION

La Grèce compte près de 11 millions d'habitants. Cela en fait le 10e État le plus peuplé de l'Union européenne et le 83e à l'échelle mondiale. Par sa taille, sa population est comparable à celle de la Belgique ou de la région Île-de-France. Mais, du fait d'un fort déclin démographique, cela est en train de changer. En revanche, le pays semble toujours présenter une certaine homogénéité au niveau ethnique. Certes, depuis l'Antiquité, le territoire a accueilli de nombreux peuples. Mais il existe une certaine continuité historique d'une « ethnie grecque ». Au sein du pays et de la vaste diaspora grecque, cette unité se trouve en outre renforcée par l'usage de la langue écrite la plus ancienne toujours parlée. Autre facteur de cohésion : la religion. Ainsi, officiellement, en Grèce, les habitants sont à 98 % grecs et chrétiens orthodoxes. Il s'agit toutefois d'une réalité mouvante. On s'aperçoit en effet que les Grecs eux-mêmes sont d'origines très diverses, que des minorités peu visibles existent bel et bien et que le poids des étrangers ne cesse de croître.

Un pays qui se vide

Lorsqu'on est en vacances à Athènes ou dans les îles en été, la Grèce donne une impression de forte densité, accentuée par la présence de 20 millions de touristes chaque année. Pourtant, le pays est de plus en plus vide : sa population est en baisse, ses jeunes partent à Athènes ou en Allemagne et ses campagnes deviennent des déserts.

Une démographie en berne. La Grèce compte à peu près 11 millions d'habitants. Mais ce chiffre, longtemps stable, est en train de changer. Déjà, depuis les années 1980, la Grèce possède un taux de fécondité parmi les plus bas d'Europe : 1,30 enfant par femme en moyenne depuis quarante ans. Ainsi, si la population a continué de croître légèrement, c'est surtout grâce à l'apport de l'immigration albanaise *(lire ci-après)*. Le problème, c'est qu'un nouveau facteur est apparu en 2009 : la crise économique et financière. Celle-ci a entraîné un exode des jeunes Grecs (environ 500 000 personnes en dix ans), notamment vers l'Allemagne, mais aussi une baisse de la natalité (il y a désormais plus de décès que de naissances), tandis que la population a vieilli (l'âge médian était de 25 ans en 1950, il est désormais de 45 ans). Ainsi, depuis 2015, le pays est repassé sous la barre des 11 millions d'habitants. En 2018, les Grecs n'étaient plus que 10 738 000. Comme aucune mesure suffisante n'est prise, le phénomène devrait s'aggraver. Les projections donnent des estimations à moins de 10 millions d'habitants en 2030 et à moins de 8 millions en 2080. Il faut noter que la situation est similaire dans le reste des Balkans (Bosnie-Herzégovine, Albanie, Serbie…).

Des populations déracinées. La Grèce du début du XXe siècle ne possédait pas du tout la même population que le pays actuel. Déjà, c'était une mosaïque de peuples : des Grecs, des Turcs, des Slaves, des Albanais, des juifs, des Roumains… Après le rattachement de la Grèce du Nord au Royaume en 1912, les composantes non-hellénophones et non-orthodoxes sont assimilées ou contraintes à l'exil. Puis, lors de la « Grande Catastrophe » de 1923, un million de Grecs d'Asie Mineure et de mer Noire sont à leur tour chassés de Turquie, et la majorité d'entre eux vient s'installer sur le territoire de la Grèce actuelle. La guerre civile grecque (1946-1949) va également avoir un impact sur la démographie avec des villages vidés et d'importants mouvements de population à travers tout le pays. Dans les années 1960, alors que les Grecs émigrent massivement vers l'Allemagne, on constate aussi l'arrivée de nouvelles petites communautés grecques chassées d'Istanbul ou d'Alexandrie. En parallèle à toutes ces migrations, le pays est marqué pendant un siècle par un fort exode rural, qui s'accélère entre les années 1950 et 1980.

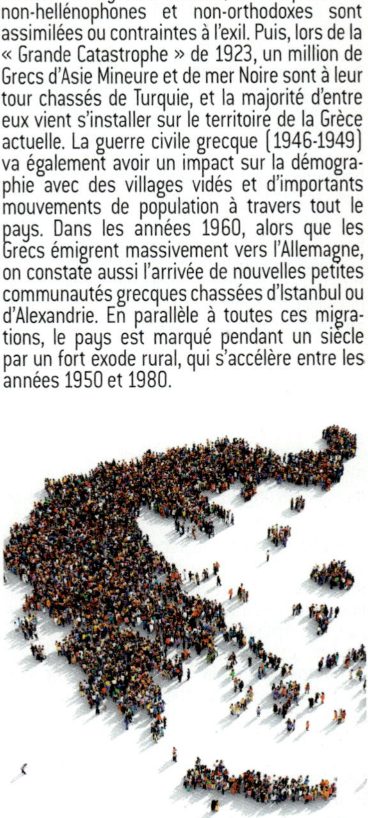

La grèce compte à peu près 11 millions d'habitants.

Le résultat de ces déracinements successifs a rendu la population du pays homogène, officiellement grecque et orthodoxe à plus de 95 %. Mais la majorité des familles grecques ne sont le plus souvent pas originaires de l'endroit où elles habitent aujourd'hui. Et la relative stabilité de la population depuis deux ou trois générations est de nouveau remise en cause par la crise de 2009, avec de nouvelles migrations internes et externes.

Le poids des villes. Résultat des chocs des guerres et de la pauvreté, la population grecque s'est largement déplacée vers les villes à partir des années 1920. Un siècle plus tard, on constate que les villes concentrent aujourd'hui 80 % des habitants du pays. Le souci c'est que, à elle seule, l'agglomération d'Athènes absorbe 3,8 millions d'habitants, soit 35 % de la population. Et si l'on ajoute Thessalonique (1 million d'habitants), les deux premières villes du pays représentent 45 % de la population.

Cela crée un déséquilibre dans l'occupation du territoire, d'autant qu'Athènes et Thessalonique sont plus jeunes et possèdent l'essentiel de l'activité économique. Aucun autre pôle n'est en mesure de rivaliser, puisque seules trois autres villes dépassent les 100 000 habitants : Patras (Péloponnèse) avec 210 000 habitants, Heraklion (Crète) avec 170 000 habitants et Larissa (Thessalie) avec 160 000 habitants. Ainsi, alors que la densité moyenne est de 81 habitants au km^2, en dehors de ces cinq villes, elle s'établit le plus souvent entre 0 et 30 habitants/km^2. Autant dire que le reste du pays est presque vide. Et la crise de 2009 a encore accentué le problème avec davantage de jeunes ruraux à la recherche d'emploi venant en ville, et des villages peuplés de retraités ou carrément abandonnés partout à travers la Grèce.

Les « minorités » grecques

Officiellement, la population du pays est à 98 % grecque et orthodoxe. Cette apparente homogénéité est à nuancer. Car, sans même parler des immigrés (au moins 10 % de la population) ni des minorités ethniques et religieuses, elle masque les origines très variées des Grecs eux-mêmes.

Les Micrasiates. Un Grec sur deux a au moins un ancêtre venu d'Asie Mineure (*Mikra Asia* en grec), vaste région qui recouvre l'actuelle Turquie et les rives de la mer Noire, et qui appartenait à la civilisation grecque durant l'Antiquité. Environ 1,2 million de Grecs furent chassés de Turquie lors de la « Grande Catastrophe » de 1923. Arrivés avec toute une culture orientale, ils ont très fortement influencé la Grèce actuelle que ce soit par leur musique (le rébetiko), par leur cuisine ou par leurs revendications politiques, qui ont souvent pesé dans les relations entre Athènes et Ankara. Aujourd'hui complètement intégrés à la société grecque, les Micrasiates (ou Grecs d'Asie Mineure), sont orthodoxes et ont donné au pays quantité de personnalités de premier plan. Mais on distingue parmi eux plusieurs sous-communautés tels les Grecs de Smyrne (aujourd'hui Izmir) ou de Constantinople (Istanbul) avec pour chaque groupe ses traditions comme la cuisine smyrniote, plus épicée, ou le football, avec les grands clubs de l'AEK (Athènes) et du PAOK (Thessalonique) fondés par des réfugiés de Constantinople. Les Pontiques constituent quant à eux presque une minorité à part au sein des Micrasiates. Originaires de la mer Noire (autrefois appelée le Pont-Euxin), ils seraient entre 400 000 et 1 million en Grèce aujourd'hui. Pour la majorité d'entre eux, leurs familles chassées de Turquie sont arrivées ici à partir de 1923. Elles ont été rejointes par d'autres Pontiques de Géorgie, de Russie ou d'Ukraine après l'effondrement de l'URSS en 1991. Ces derniers arrivants sont parfois moins bien intégrés, qualifiés de « Russes » et l'objet de nombreuses blagues (comme les Belges au sujet des Français et inversement). Et, toujours parmi les Micrasiates, il faut évoquer une communauté originaire de Cappadoce (partie orientale de la Turquie) : les Karamanlides, environ 200 000 turcophones orthodoxes qui furent assimilés aux Grecs lors de l'échange de populations de 1923. Certaines familles pontiques et karamanlides continuent de parler des langues turques à la maison, mais utilisent le grec à l'extérieur. Ces populations ont été utilisées pour repeupler les villes et les villages vidés de leurs habitants turcs, slaves ou juifs dans les années 1920, principalement en Crète, en Macédoine et en Thrace orientale. Par ailleurs, les Micrasiates constituent une grosse partie de la population d'Athènes et environ la moitié de la diaspora grecque travers le monde.

Les Grecs catholiques. Au pays de l'orthodoxie, il existe 200 000 catholiques, dont seulement 70 000 sont des Grecs. Cette petite communauté se retrouve surtout à Athènes et dans d'anciennes possessions vénitiennes et italiennes comme les Cyclades, la Crète, Corfou et le Dodécanèse. Ils représentent même la moitié de la population à Syros et à Tinos (Cyclades). Bien intégrés mais encore souvent qualifiés de Frangi (« les Francs »), ils suivent pour l'essentiel le rite latin de l'Église catholique romaine. Toutefois, 6 000 d'entre eux appartiennent à la méconnue Église grecque-catholique hellène. Bien que placée sous l'autorité du pape, celle-ci suit les mêmes rites byzantins que les orthodoxes, avec notamment l'autorisation du mariage pour les prêtres.

Les Saracatsanes. À l'origine implantés dans le massif du Pinde, mais aussi dans le Péloponnèse, en Macédoine, en Thrace orientale, en Thessalie et dans l'Eubée, ils sont environ 80 000 en Grèce et quelques milliers en Albanie

Mykonos.

et en Bulgarie. Il s'agit d'une ancienne tribu de bergers et bandits parlant un dialecte proche du grec ancien. Peuple nomade et rebelle, les Saracatsanes ont été sédentarisés de force sous la dictature de Metaxas, en 1938. Eux-mêmes se disent grecs, mais ethnologues et historiens ne sont pas d'accord sur leurs origines : peut-être sont-ils des Aroumains ou des Bulgares hellénisés, les descendants des Pélasges (les habitants de la Grèce durant la période achéenne), ou encore le résultat d'un melting-pot de différents peuples. Opposés au gouvernement d'Athènes durant la guerre civile (1946-1949), les Saracatsanes rallièrent en masse les pays communistes voisins avant d'en être chassés. Aujourd'hui installés dans les grandes villes, ils sont réputés pour leur folklore et sont souvent encensés pour leur bravoure.

Les Maniotes. Les habitants du Magne (le « doigt » central du Péloponnèse) sont environ 20 000 à vivre dans une des régions les plus déshéritées du pays. Si leur appartenance à l'ethnie grecque ne fait aucun doute, ils occupent une place à part dans l'imaginaire collectif. Leur vieux dialecte les rattache directement au grec laconien parlé par les Spartiates durant l'Antiquité et leur péninsule reculée constitua un refuge pour les Grecs lors de l'arrivée des Avars et des Slaves au VIe siècle. À la fois bergers, bandits et pirates, ils restèrent attachés à l'héritage byzantin, infligeant une lourde défaite au prince de Morée Guillaume II de Villehardouin en 1259 et forçant les Ottomans à leur garantir une autonomie politique. Mais les conflits claniques et les vendettas familiales poussèrent une partie des habitants à l'exil, notamment en Corse au XVIIe siècle *(lire ci-après)*. Fer de lance de la Guerre d'indépendance à partir de 1821, les Maniotes s'opposèrent ensuite longtemps à l'État grec. La pauvreté a depuis contraint une majorité d'entre eux à l'exode, en particulier vers Athènes.

Les Souliotes. Dans l'Épire, la vallée de Souli compta jusqu'à 12 000 habitants au XIXe siècle. Ils ne sont plus que 700 aujourd'hui. Ethniquement albanais mais parlant grec et de confession orthodoxe, les Souliotes furent des guerriers redoutés, s'opposant au puissant Ali Pacha de Ioannina, avant de rallier les troupes napoléoniennes au sein du Régiment albanais. Ils furent ensuite de tous les combats, de la Guerre d'indépendance à la résistance contre les nazis. Chassés de leur vallée par la pauvreté dans les années 1950, ils n'en demeurent pas moins, comme les Maniotes, l'un des modèles de l'identité grecque moderne.

Les minorités ethniques

Carrefour entre l'Europe, l'Asie et l'Afrique, la Grèce fut dès l'Antiquité constituée d'une mosaïque de peuples. Mais, de 1830 à 1977, l'État grec a mené une politique d'hellénisation forcée (ou « nettoyage ethnique ») qui a quasiment fait disparaître les minorités non-grecques, soit en les chassant soit en les assimilant.

Les Albanais. Ils seraient environ un million en Grèce, soit près de 10 % de la population. La plupart se sont installés dans les années 1990, après les deux chocs qu'a connu le pays voisin : la chute du régime communiste de Tirana (1991) et la « crise des pyramides » (1997). Leur arrivée a été massive et a longtemps provoqué un fort sentiment anti-albanais au sein de la population grecque. Aujourd'hui, les choses sont plus apaisées : les immigrés albanais ont participé à l'essor économique du pays et ont permis de repeupler de nombreux villages et petites villes qui étaient en perdition. L'intégration, d'abord freinée par les autorités, s'est toutefois faite assez facilement, grâce à la proximité culturelle entre les deux peuples. Si les Albanais sont à 60 % musulmans, ils sont peu pratiquants et restent marqués par les traditions orthodoxes héritées des Byzantins.

Leur langue est différente, mais le grec est parlé ou compris dans la plupart des régions du sud de l'Albanie. Par ailleurs, les Grecs et les Albanais sont les deux plus anciens peuples des Balkans. Ils ont tissé des liens étroits tout au long de l'histoire : les Grecs colonisant l'Illyrie (Albanie) pendant l'Antiquité et les Albanais venant s'installer en Grèce au Moyen Âge. Appelées les Arvanites (orthodoxes) et les Tsamides ou Chams (musulmans), les anciennes populations albanaises constituaient la majorité des habitants de villes comme Athènes et Ioannina lors de l'indépendance, en 1829. De nos jours, il est difficile de noter la présence des Albanais en Grèce, tant ceux-ci se sont fondus dans la population locale. Et l'intégration est désormais officiellement admise. Après deux grandes vagues de régularisations (en 2003 et en 2010), en 2015 l'État a enfin accordé la nationalité grecque aux enfants albanais nés et vivant en Grèce. Une mesure qui permet aussi de lutter contre le déclin démographique.

La minorité dite « turque ». C'est la seule minorité ethnique reconnue par l'État et un cas tout à fait unique dans l'Union européenne. Selon l'accord de Lausanne de 1923, la Grèce est tenue de conserver sur son territoire une minorité de musulmans officiellement désignés comme « turcs ». Ceux-ci sont cantonnés dans une partie de la Thrace orientale, près de la Bulgarie, où s'appliquent certains aspects du droit islamique et de l'ancien droit ottoman. Environ 150 000 personnes vivent ainsi autour de la ville de Xhanti. Il s'agit pour les deux tiers d'entre eux de Turcs, mais aussi de Pomaks, de Roms, ou encore d'Africains *(lire ci-après)*. Sous la pression d'Ankara, l'ensemble des « Turcs » de Thrace orientale bénéficie toujours de certains avantages comme une fiscalité réduite et des écoles bilingues. Mais le fait que le pouvoir judiciaire soit localement confié à des muftis (nommés par l'État) est considéré comme discriminatoire par le Conseil de l'Europe. Et, en dehors de la Thrace, cette minorité de citoyens grecs connaît des problèmes d'intégration aggravés par différentes vexations comme les refus administratifs quant à l'obtention de salles de prière et de lieux de sépulture musulmans.

Les Turcs du Dodécanèse. Hormis en Thrace orientale, où ils sont environ 100 000, les Turcs sont encore présents à Rhodes (environ 3 500 personnes) et Kos (2 000), deux îles proches de la Turquie. Il s'agit souvent de descendants de familles de Crète, où les Turcs représentaient la moitié de la population avant d'être chassés de l'île en 1923. L'archipel du Dodécanèse constitua alors un refuge, puisqu'il est resté sous domination italienne jusqu'en 1947.

Les Slaves. Arrivés à partir du VIe siècle, ils étaient bien implantés, voire majoritaires, en Macédoine, en Thrace et dans le Péloponnèse. Mais après 1912, les Slaves de Grèce ont été chassés en nombre ou assimilés. Aujourd'hui, on estime qu'ils sont entre 50 000 et 250 000, principalement dans les régions du nord. On distingue parmi eux les Pomaks (Salves islamisés), qui seraient entre 15 000 et 50 000, et les Bulgares orthodoxes, qui pour la plupart se disent « Slaves de Macédoine » ou « Macédoniens » et entretiennent des liens étroits avec la Macédoine du Nord. L'usage des langues slaves du sud (bulgare, slavo-macédonien et variantes locales) tend à se perdre faute d'enseignement et aussi à cause de la pression sociale. Quant aux toponymes slaves, ils ont presque tous été hellénisés. L'exemple le plus frappant se trouve dans le Péloponnèse : le village de Tsimova été renommé Areopoli en hommage au dieu grec de la guerre, Arès. C'est en effet là que débuta la guerre d'Indépendance grecque, le 17 mars 1821. «

Les Roms. Présents dans les Balkans depuis le XIe siècle, ils seraient de 110 000 à 300 000 en Grèce, majoritairement de religion orthodoxe. Parlant romani et grec, ils sont pour l'essentiel sédentarisés autour des grands centres urbains et la municipalité d'Agia Varvara (agglomération d'Athènes) constitue leur fief le plus florissant. Réputés pour leurs musiciens, comme le grand chanteur Manolis Angelopoulos (1957-1989), la majorité d'entre eux connaît toutefois des conditions de vie très difficiles. Au sein de l'UE, c'est en Grèce que les Roms font l'objet des plus graves discriminations : chômage, manque d'accès aux services publics, interpellations arbitraires, etc.

Les Aroumains. Appelés aussi les Valaques (terme plus péjoratif), ce peuple de langue latine est dispersé à travers le sud des Balkans. En Grèce, ils seraient entre 50 000 et 200 000, principalement dans les régions du nord, dont seulement 2 000 personnes parlant encore l'aroumain. Les hypothèses les plus probables en font les descendants de colons romains ou de populations locales romanisées durant l'Antiquité. Mais ils sont considérés comme roumains par les autorités de Bucarest (même s'ils ne parlent pas le roumain). Souvent issus de familles de commerçants et de bergers qui ont fait fortune lors des grandes transhumances de moutons à travers les Balkans, les Aroumains de Grèce se considèrent comme grecs et sont majoritairement orthodoxes. La communauté compte des personnalités importantes, comme la famille Boutaris (vins de Macédoine) et les philanthropes du XIXe siècle Zappas et Averoff. On distingue aussi quelque 2 000 Méglénites, des Aroumains musulmans souvent considérés comme turcs.

Les juifs. S'ils ne sont aujourd'hui que 5 000 en Grèce, ils constituèrent d'importantes communautés jusqu'au début du XXe siècle, comme à Thessalonique, autrefois surnommée la « Jérusalem des Balkans ». La majorité était des descendants de séfarades chassés d'Espagne et du Portugal en 1492 et accueillis par les Ottomans. Mais il existait des communautés plus anciennes, comme les Romaniotes arrivés en Grèce du Nord durant la période romaine ou les juifs de Thèbes déplacés à Corfou par le roi Roger de Sicile en 1150. Environ la moitié des juifs ont fui le pays à partir de 1912. Et la Shoah fut ici particulièrement meurtrière : 60 000 juifs grecs furent massacrés par les nazis en 1943-1944 (86,7 % de la communauté), dont 50 000 rien qu'à Thessalonique. Ceux qui étaient partis avant s'installèrent principalement en Palestine, où ils construisirent le port d'Haïfa, et en France, avec d'illustres descendants comme Edgar Morin, Marcel Dassault, Nicolas Sarkozy ou Patrick Modiano, originaires de Thessalonique, ou encore, Georges Moustaki, de parents corfiotes.

Les Dönme. Au XVIIe siècle, quelques familles juives de Thessalonique se convertirent à l'islam et fondèrent une secte messianique. Conservant certains rites juifs et appelés les Dönme (« le retour » en turc), ils sont aujourd'hui environ un millier encore en Grèce. Assimilés aux Turcs, ils sont répartis entre Ioannina, Thessalonique et Alexandroupolis.

Les Arméniens. Ils sont entre 20 000 et 35 000, principalement orthodoxes, installés à Athènes, à Thessalonique et en Thrace. Fuyant le génocide de 1915, environ 100 000 Arméniens trouvèrent refuge dans les enclaves grecques d'Asie Mineure avant de partager le sort des Micrasiates en 1923. Accueillis en Grèce, ils émigrèrent ensuite en masse vers la France, comme la famille de Charles Aznavour, et les États-Unis d'Amérique. Une épopée narrée dans le film d'Elia Kazan, *America America* (1963).

Les Grecs africains. C'est la plus petite et la moins connue des minorités du pays. Personne ne sait exactement pourquoi ni depuis quand, mais un millier de Noirs musulmans vivent dans le village d'Avato (24 km au nord-est de Xhanti). Certains chercheurs estiment que leurs ancêtres étaient des esclaves des Ottomans au XVIIIe siècle, tandis que d'autres les voient comme les descendants de supplétifs soudanais de l'armée britannique au XIXe siècle. Bien intégrés aux Pomaks et aux Roms, ils pratiquent l'islam, parlent grec et turc et sont assimilés par l'État à la minorité dite « turque ».

Les étrangers en Grèce

Si la Grèce est traditionnellement un pays d'émigration, elle est aussi devenue une terre d'accueil. De nouvelles populations sont venues s'installer lors du boom économique des années 1980. Mais, hormis l'arrivée massive d'un million d'Albanais dans les années 1990, l'immigration est longtemps très faible. Toutefois, elle a soudain explosé (+ 1 000 %) avec la « crise des migrants », en 2015.«

Les réfugiés. En 2015, 846 000 réfugiés, principalement des Syriens, Afghans et Irakiens fuyant leurs pays en guerre, sont arrivés en Grèce en l'espace de quelques mois. À l'échelle de la France, cela représentait 6,5 millions de personnes débarquant soudainement. Cette crise sans précédent a provoqué la mise en place de la mission humanitaire la plus chère de l'histoire de l'ONU. La Grèce n'était pourtant qu'un « sas » vers les pays riches d'Europe,« puisque seuls 8 % des réfugiés ont fait une demande d'asile pour rester ici. Quelque 300 000 réfugiés vivent toujours en Grèce, le plus souvent parqués dans des camps gérés par l'armée autour d'Athènes, de Thessalonique et de Patras. Et, malgré des départs constants vers l'Europe du Nord, ce chiffre demeure stable, voire augmente. En effet, environ 10 000 réfugiés continuent d'arriver en Grèce chaque mois. Il s'agit toujours de Syriens, d'Afghans et d'Irakiens, mais aussi de Bengalis, de Pakistanais, ou encore de Somaliens. Lorsqu'ils ont la possibilité de sortir de leurs camps, ces immigrés s'intègrent peu à la population locale. Mais, même minoritaires, ceux qui ont choisi de rester en Grèce constituent désormais une source de main-d'œuvre bon marché pour les entreprises. Ainsi, on estime que les étrangers représentent 25 % de la population active, souvent à des postes dont les Grecs eux-mêmes ne veulent pas. Alors que le taux de chômage flirte avec les 20 % depuis 2009, le parti néo-nazi Aube Dorée a obtenu jusqu'à 10 % des voix en faisant campagne sur le thème de l'immigration. Mais, dans leur majorité, les Grecs se montrent plutôt conciliants, prêts à aider, sinon à tolérer les réfugiés. Car eux-mêmes restent souvent marqués par le souvenir de l'exil.«

Les marins et ouvriers étrangers. Dans les ports grecs vous remarquerez que la plupart des gros bateaux de pêche ont des équipages étrangers. Il s'agit le plus souvent d'Égyptiens. En 2010, Le Caire et Athènes ont signé un accord portant sur le développement de la pêche et de l'aquaculture en Grèce. Dans ce cadre, plusieurs milliers de pêcheurs égyptiens séjournent en Grèce de manière saisonnière ou permanente. Pour autant, la plupart ne disposent pas de permis de séjour et sont fréquemment la cible de l'extrême-droite. En tout, il y aurait environ 10 000 Égyptiens en Grèce. Par ailleurs, quasiment toute l'agriculture grecque tourne désormais grâce aux étrangers : ceux-ci représentent aujourd'hui 90 % des emplois salariés du secteur, avec des bergers venus de Bulgarie et des ouvriers agricoles asiatiques (dont 35 000 Pakistanais) ou albanais. Les Albanais constituent également la main-d'œuvre principale pour les entreprises du bâtiment et de la construction. La plupart de ces immigrés sont en situation illégale, mais ils sont désormais indispensables à l'économie grecque.

Les Philippins. Depuis les années 1990, c'est devenu une « mode » pour les riches familles athéniennes d'avoir une employée de maison originaire des Philippines. Cette tendance s'est propagée au reste du pays, si bien qu'on estime aujourd'hui que les Philippins (à 90 % des femmes) sont 40 000 en Grèce. L'État minimise le chiffre et parle de 5 000 personnes. Tout comme il minimise les conditions de travail de ces « bonnes à tout faire », souvent proches de l'esclavage.

Les ressortissants de l'UE. Les citoyens non-grecs de l'Union européenne sont environ 150 000 à vivre en Grèce. On compte avant tout des Chypriotes (de langue grecque), des Allemands (le plus souvent d'origine grecque) et des Bulgares. Les Français seraient, eux, au nombre de 18 000, dont la moitié dans l'agglomération d'Athènes.

La diaspora grecque

Pendant l'Antiquité, le peuplement grec ne se résumait pas au seul territoire de la Grèce, mais couvrait presque l'ensemble de la Méditerranée. Aujourd'hui, c'est pareil, mais à une échelle mondiale, avec environ 10 millions de Grecs et hellénophones de Montréal à Melbourne et d'Alexandrie à Ajaccio.«

Les vieilles communautés d'Europe du Sud et du Proche-Orient. Sur tout le pourtour méditerranéen, les descendants des antiques colonies grecques ont, pour la plupart été assimilés aux populations locales au fil des siècles. Mais grâce à l'apport de nouveaux migrants, certaines communautés se sont maintenues. C'est le cas en Italie, où l'on note une présence hellène continue depuis le VIIIe siècle av. J.-C. avec aujourd'hui environ 30 000 personnes dont la langue maternelle est le grec moderne. Les régions de Calabre et des Pouilles sont quant à elles le fief des Grikos, une minorité de 60 000 personnes parlant un mélange de grec ancien et de grec byzantin. Juste en face, en Albanie, on recense 215 000 locuteurs, surtout dans le sud du pays, et officiellement reconnus en tant que minorité ethnique. En revanche, les Grecs ont quasiment disparu du reste des Balkans, à l'exception de la Roumanie où ils seraient 6 000. Plus loin, au-delà du Caucase, des Pontiques continuent de parler grec en Ouzbékistan et au Kazakhstan (environ 10 000 pour chacun) où ils furent déportés par Staline dans les années 1950. On retrouve 2 500 Grecs à Istanbul, massés autour du patriarcat de Constantinople, et un millier tout au plus dans le reste de la Turquie. Le pays compte également quelque 300 000 Grecs islamisés qui ne sont pas considérés comme faisant partie de la diaspora. De petites communautés subsistent en Syrie, au Liban, en Jordanie et en Israël. L'État hébreux abrite par ailleurs 60 000 juifs originaires de Grèce. Quant à Chypre, c'est un cas à part, puisque c'est le seul autre pays où le grec est la langue nationale avec environ un million de locuteurs. Ils sont 5 000 en Égypte, principalement à Alexandrie, cité créée par Alexandre le Grand et abritant toujours un patriarcat orthodoxe. La plus récente des « colonies » grecques se trouve en Corse, avec un millier de personnes à Cargèse et à Ajaccio. Elle fut fondée par des Maniotes au XVIIe siècle *(lire ci-avant)*. Si les descendants ont perdu l'usage de leur dialecte grec, certains continuent de se rendre à l'église Saint-Spyridon où les messes catholiques sont dites par un pope suivant le rite byzantin. Le reste de la France accueille environ 35 000 Grecs orthodoxes, arrivés récemment, ainsi qu'environ 30 000 descendants de juifs de Thessalonique.«

Les communautés récentes du Nouveau monde et d'Europe du Nord. À l'image des armateurs Stavros Niarchos et Aristote Onassis, c'est pour fuir les graves crises de la Grande Catastrophe (1923) et de la guerre civile (1946-1949) que les Grecs ont émigré en masse vers les États-Unis d'Amérique ou l'Argentine. Les pays du Nouveau monde concentrent aujourd'hui la part la plus importante de la diaspora. Les communautés y sont généralement bien intégrées et composées aussi bien de citoyens grecs et chypriotes-grecs que de descendants de Grecs et Chypriotes-Grecs. La plus vaste est celle d'Amérique du Nord avec 3 millions de personnes aux États-Unis et près de 300 000 au Canada, dont 80 000 au Québec. Les Grecs sont environ 300 000 en Amérique du Sud, établis notamment à Sao Paulo (Brésil) et à Buenos Aires (Argentine). De l'autre côté de l'Atlantique, l'Afrique du Sud en accueille 140 000. Et en Australie, où la communauté compte 425 000 membres, Melbourne est considérée comme la troisième plus grande ville grecque au monde, après Athènes et Thessalonique, avec 150 000 habitants grecs (47 % de la population). Dans l'Ancien monde, si les Grecs ont délaissé la Méditerranée, ils ont gagné en nombre l'Europe du Nord à partir du XIXe siècle. Ancienne puissance colonisatrice (officielle) à Chypre et (officieuse) en Grèce, le Royaume-Uni recense 400 000 locuteurs grecs, dont 300 000 rien que pour la région de Londres. On trouve aussi des communautés d'environ 20 000 personnes en Belgique, en Suède et aux Pays-Bas, de 10 000 personnes en Suisse, et aux alentours de 5 000 personnes en Autriche, en Hongrie et en République tchèque. Mais le pays qui attire aujourd'hui le plus les Grecs, c'est l'Allemagne. Jusqu'à récemment, la communauté y était de 360 000 personnes. Or, depuis la crise de 2009, on estime que près de 300 000 nouveaux Grecs ont émigré plus ou moins temporairement outre-Rhin.

SOCIÉTÉ

Bienvenue en Orient ! Certains habitants en sont très fiers, d'autres le nient, mais la Grèce appartient bien à la sphère orientale. Certes, le pays s'est occidentalisé depuis son indépendance en 1829, et encore plus depuis qu'il a rejoint la Communauté économique européenne en 1981. Mais le double héritage byzantin et ottoman influence encore en profondeur les mœurs. Les notions de liberté individuelle, d'altruisme ou de religion sont ici vécues différemment. On supporte le bruit émis par son voisin, car soi-même on fait du bruit ou on est amené à en faire ; on aide son prochain sans se poser de question, mais on le dérange avec la sono à 3h du matin sans y voir à mal. Le souci, c'est que les Grecs tentent aujourd'hui de concilier les deux cultures. En 2020, dix-huit ans après l'interdiction de fumer dans les lieux publics, le gouvernement a promis de faire appliquer la loi. Et l'on commente cela en s'en allumant une petite dans la salle du kafenion.

Une société solidaire

Dans les villages et les quartiers, mais surtout au sein des familles, c'est la solidarité qui a permis à la société grecque de tenir face à la crise de 2009 : le tonton qui vous trouve un travail, le voisin qui apporte à manger à la vieille dame du 5e étage, le cousin parti en Allemagne qui finance les travaux du restaurant familial, etc. Il est vrai que les liens sociaux ont aussi beaucoup souffert de cette même crise qui a fait grimper l'individualisme et exploser bien des structures traditionnelles. Mais la solidarité grecque est toujours palpable. Comme cette fois, dans l'Épire, où une dizaine de grands gaillards sont venus nous sortir la voiture d'une ornière, et même pas le temps de remercier, tout le monde était déjà reparti de son côté. Ou encore, à Lesbos, l'un des principaux points d'entrée des réfugiés en Grèce, où de nombreux îliens transportent et nourrissent gratuitement les nouveaux arrivants, et peu importe si c'est illégal.

La Philoxenia comme précepte

Ce terme signifie « amour des étrangers » et désigne un sens très poussé de l'hospitalité. Si c'est devenu un nom pour bien des hôtels, c'est surtout une tradition orientale qui perdure. Pas toujours dans les grandes villes ni dans les zones les plus touristiques, mais dès qu'on est à la campagne, on peut se retrouver invité pour le café ou le repas par de parfaits inconnus. Et cela est encore plus vrai si vous voyagez avec des enfants. Idem, au restaurant avec des amis grecs, où il vous sera très difficile de payer ou de partager la note.

DÉCOUVRIR

© DREAMER COMPANY - ISTOCKPHOTO.COM

La table est au cœur des rapports sociaux.

© PEOPLEIMAGES - ISTOCKPHOTO.COM

La *philoxenia* a aussi retrouvé ses lettres de noblesse avec ces familles prenant sous leur protection les réfugiés arrivés en nombre depuis 2015. Ce sens de l'hospitalité pas du tout calculé demeure un des atouts de la Grèce : même après près d'un siècle de tourisme de masse et de vagues d'immigration successives, les Grecs mettent encore souvent un point d'honneur à bien recevoir l'étranger.

La table au cœur des rapports sociaux

La Grèce et la France ont au moins une chose en commun : ce sont les deux nations où l'on passe le plus de temps à table. Les Français sont les champions du monde avec 2h13 en moyenne par jour, talonnés par les Grecs avec 2h11. Ici, le repas est l'occasion de commander/cuisiner beaucoup et de ne pas tout finir, de parler, de boire, d'être en famille ou avec des amis, parfois de faire du business ou de passer une soirée romantique. Bref, c'est une tradition bien ancrée. Mais on ne reçoit guère à la maison, on préfère inviter au restaurant. Le repas typique est convivial. Toutefois, sachez-le, ici tout le monde pioche en chœur dans les plats, salades et assortiments de mezzedes. Autre différence appréciable, dans les tavernes, hors des zones les plus touristiques, le dessert est généralement offert. Il ne faut pas le demander (c'est malpoli), mais il arrive après l'addition sous la forme de pastèque, de raisin ou d'une petite douceur.

L'importance de la famille

Les *pedia* (mot qui a notamment donné « pédiatre ») sont ici de petits rois. Car même s'ils en ont très peu (1,3 enfant par femme en moyenne), les Grecs sont fous des bambins. Les leurs, il les couvent, les couvrent de cadeaux ou de sucreries. Et même quand leurs rejetons sont devenus adultes, ils continuent de les gâter avec des petits plats préparés par maman ou un appartement acheté par papa. D'un côté, c'est très bien, puisque si vous voyagez avec des enfants, l'accueil sera partout plus chaleureux. D'un autre côté, c'est assez terrible car c'est désormais toute une génération de jeunes Grecs qui est pourrie gâtée… et victime d'un des taux d'obésité les plus élevés d'Europe. Autre aspect néfaste de cet amour encombrant : les parents veulent à tout prix que leur progéniture réussisse à l'école. Aussi, dès le primaire, beaucoup d'enfants se retrouvent assommés par des cours du soir – les redoutables *frontistiria* – pour lesquels les familles dépensent sans compter.«

A la retraite, les Grecs restent souvent habiter près de leurs enfants afin de leur venir en aide avec leurs enfants à leur tour et les repas. S'ils en ont la possibilité et les moyens, ils retournent vers leur île ou leur région natale. Les retraités ne voyagent pas à travers l'Europe comme les Français mais préfèrent se tourner vers leur foyer et les tâches ménagères. Les hommes retrouvent leurs amis de toujours au *kafenion* du quartier pour jouer aux cartes, et partager un mezze tout en sirotant un ouzo. Le dimanche, la taverne réunit les familles et les amis autour d'une table. Lorsque la vieillesse s'installe, l'aïeul est à son tour pris en charge par ses enfants.

La toute-puissance du patriarcat

Outre le vénérable patriarcat œcuménique de Constantinople qui régit la vie religieuse des orthodoxes, les Grecs sont surtout soumis à un autre patriarcat, l'ordre social paternel. Toute sa vie, dans toutes ses procédures administratives, à la banque et pour créer une entreprise, le citoyen grec – homme ou femme – ne sera reconnu que par rapport à son père. Et il en va de même, bien sûr, pour l'épouse, presque inexistante d'un point de vue légal. C'est un des signes qui dit qu'ici, on est en Orient. Le père décide, le reste de la famille exécute. Comme dans tous les pays orientaux, il existe une autre lecture de cette répartition des rôles : les femmes tiennent les rênes, laissant aux hommes l'impression du pouvoir. N'empêche, ce sont bien les hommes (politiques) qui ont conduit le pays au chaos à plusieurs reprises, comme en 2009, par exemple. Les hommes encore qui se réunissent pour jouer au *tavli* (backgammon) au *kafenion*, café traditionnel où ne s'aventurent jamais les femmes. Mais le patriarcat se délite lentement avec la hausse du nombre d'enfants nés hors mariage, ou encore avec la création d'une union civile, en 2015, y compris pour les couples homosexuels.

RELIGIONS

Comme presque partout ailleurs en Grèce, la population des Cyclades est en grande majorité chrétienne orthodoxe. Toutefois, la capitale de l'archipel, Ermoupoli, à Syros, est dominée par deux cathédrales, l'une orthodoxe, l'autre catholique. Quant à l'île de Tinos, si elle abrite l'un des plus importants lieux de pèlerinage des Grecs orthodoxes, elle compte aussi la plus forte concentration de catholiques de tout le pays : 35 % de la population. Ainsi, dans les Cyclades, les orthodoxes ne représentent « que » 89 % de la population, contre 98 % officiellement au niveau national. Si l'islam est resté presque toujours absent, on trouve ici des monastères, des églises et des écoles catholiques, mais surtout, fait unique en Grèce, des villages entiers de catholiques grecs. Il s'agit d'un héritage de l'occupation vénitienne des Cyclades (1205-1537) qui s'est prolongée jusqu'en 1715 à Tinos.

Les catholiques des Cyclades

Les Cyclades abritent environ 12 000 catholiques, soit 10 % des 120 000 habitants. L'archipel est organisé en province ecclésiastique catholique romaine et compte trois diocèses. Le diocèse de Syros et Milos regroupe environ 6 800 fidèles, principalement à Syros, où ils représentent un quart de la population de l'île. L'archidiocèse de Naxos, Tinos, Andros et Mykonos totalise 4 000 catholiques, dont environ 3 000 à Tinos, c'est-à-dire 35 % de la population de l'île : la plus forte proportion de catholiques en Grèce. Enfin, quelque 450 personnes dépendent du diocèse de Santorin. L'Église orthodoxe est quant à elle organisée en deux métropoles (évêchés) : celle de Syros qui couvre la plus grande partie de l'archipel, avec son siège à la cathédrale Saint-Nicolas d'Ermoupoli, à Syros, et celle de Santorin, qui a aussi juridiction sur Anafi, Ios, Amorgos et les Petites Cyclades.

Communautés catholiques

Les catholiques des Cyclades vivent dans leurs propres quartiers dans les villes principales : autour de la cathédrale Saint-Jean-Baptiste (1823) et du couvent des dominicaines de Fira (Santorin), près de la co-cathédrale de la Présentation-du-Christ à Naxos ou autour de la cathédrale Saint-Georges de Syros. Celle-ci fut fondée vers 1200 et reconstruite en 1834. Installée sur la colline d'Ano Syros, à Ermoupoli, elle fait face à la cathédrale orthodoxe Saint-Nicolas qui domine l'autre colline de la préfecture. À Tinos, les catholiques sont présents à Chora et « possèdent » plusieurs villages au sud-est de l'île, comme Loutra (35 habitants), où le couvent des ursulines (1862) accueille traditionnellement les jeunes filles de bonne famille de tout le pays. Non loin, Xinara (40 habitants) fait figure de seconde « capitale » des catholiques des Cyclades après Ermoupoli. On y trouve une église et la cathédrale Notre-Dame-du-Rosaire (1870).

Cohabitation

Les Grecs orthodoxes, largement majoritaires, vivent en bonne intelligence avec leurs compatriotes catholiques des Cyclades. À Tinos, on trouve ainsi de nombreux villages mixtes où les deux communautés possèdent chacune leur église, comme à Ktikados, Steni et Kardiani. Pour ne pas se démarquer, les catholiques de l'archipel suivent le calendrier liturgique byzantin. Ils célèbrent ainsi Pâques en même temps que tous les Grecs, alors que les Pâques catholique et orthodoxes sont souvent décalées de plusieurs semaines. Toutefois, les catholiques sont victimes de discriminations. Ils sont déconsidérés et parfois perçus comme des hérétiques, mais cependant moins que les protestants. Ils sont encore fréquemment appelés les « Francs » (Frangi), terme péjoratif qui rappelle la difficile période d'occupation latine (Frankokratia) au Moyen Âge. Mais la principale inégalité concerne les aides publiques : alors que les prêtres orthodoxes sont rémunérés comme des fonctionnaires par l'État, le clergé catholique doit se débrouiller seul et peine à susciter des vocations.

La cathédrale de Thira.

DÉCOUVRIR

© GIOVANNI RINALDI - SHUTTERSTOCK.COM

Le monastère Chrisopigi à Sifnos.

Les catholiques ailleurs en Grèce

Le pays compte environ 200 000 catholiques de rite romain. Parmi ceux-ci 50 000 sont grecs et concentrés à Athènes et dans les Cyclades. On trouve aussi des communautés à Thessalonique (4 000 personnes), dans les îles Ioniennes (3 800), en Crète (3 500), dans le Dodécanèse (1 500) et à Chios (500). Les étrangers sont quant à eux surtout présents à Athènes et originaires de Pologne et des Philippines. On compte en outre deux communautés catholiques qui reconnaissent le pape mais dont les rites sont similaires à ceux des orthodoxes (mariage des prêtres, culte des icônes…). Il y a tout d'abord près d'un millier de catholiques arméniens, essentiellement des citoyens grecs vivant à Athènes et à Thessalonique. Et environ 6 000 personnes relèvent de l'Église grecque-catholique hellène, fondée au XVe siècle : principalement des Grecs, des Ukrainiens et des Bulgares, à Athènes, en Macédoine et dans les Cyclades. Cette Église catholique de rite byzantin compte par ailleurs des fidèles en Turquie, mais aussi à Cargèse, en Corse, où des exilés grecs du Magne (Péloponnèse) se sont installés au XVIIe siècle.

Les pèlerinages de Tinos

Tinos est considérée comme la « Lourdes de la Grèce » : un important lieu de miracles et de pèlerinages chrétiens. Le 15 août s'y déroulent deux fêtes liées au culte de Marie, la mère du Christ. Depuis 1830, les orthodoxes célèbrent la Panagia Evangelistria (« Toute-Sainte-Porteuse-de-Bonnes-Nouvelles ») dans la vaste église du même nom, en haut de la ville principale. Il s'agit du plus grand pèlerinage de Grèce, attirant en temps normal environ 50 000 personnes pour la fête de la Dormition de la Mère de Dieu. La dévotion est telle que la plupart des fidèles effectuent les 800 m séparant le port de l'église sur les genoux. Les catholiques, eux, se réunissent le même jour pour la fête de l'Assomption depuis le XVIIe siècle dans l'église de la Panagia Vrisiotissa (« Toute-Sainte-des-Sources » ou « Qui-est-Apparue »), au-dessus de la plage d'Agios Romanos, à 9 km au nord-ouest de la ville principale. Les fidèles sont ici surtout des habitants de Tinos et sont nettement moins nombreux qu'au pèlerinage orthodoxe de la Panagia Evangelistria. Mais il s'agit tout de même du plus important rassemblement catholique en Grèce. Outre le fait qu'ils se déroulent le même jour dans la même île, ces deux pèlerinages trouvent aussi leurs origines dans la même croyance de la découverte d'une icône miraculeuse de la Mère de Dieu.

Les monastères orthodoxes

Dominées par les seigneurs vénitiens et le clergé catholique à partir de 1205, les Cyclades ne conservent que trois monastères orthodoxes de la période byzantine : celui de la Panagia Panachrantos (Xe siècle) à Andros, celui du Prophète-Élie (1154) à Sifnos et, le plus impressionnant, celui de la Panagia Chozoviotissa (XIe siècle) sur les falaises d'Amorgos. Mais l'archipel a renoué avec les traditions byzantines sous l'ère ottomane (1537-1832). Les sultans ont alors confié le pouvoir à l'Église grecque : tandis que l'influence de Rome déclinait, les îles se sont couvertes de monastères orthodoxes. Parmi ceux-ci, il faut noter celui de Saint-Pantaléon (XVIe siècle) à Kéa, celui de la Panagia Chrisopigi (XVIIe siècle) à Sifnos, ou encore celui de la Panagia Tourliani (1542) à Mykonos.

QUE RAPPORTER ?

Premier conseil : évitez de faire vos emplettes au dernier moment à l'aéroport au moment de repartir. C'est affreusement cher et la qualité est rarement au rendez-vous. De plus, vous ne contribuerez pas vraiment à aider l'économie grecque, puisque la plupart des aéroports du pays sont détenus par des capitaux étrangers. Deuxième conseil : agrémentez votre séjour dans les îles de haltes shopping. Les Cyclades regorgent de petits producteurs, d'ateliers familiaux, de coopératives et de monastères qui proposent de bons produits 100 % locaux à prix abordables : miel, vin, huile d'olive, douceurs d'Andros et de Tinos, statuettes en marbre, mais aussi sandales et vêtements de créateurs dans le temple de la mode qu'est devenue Mykonos. Dernier conseil : fuyez les boutiques pour touristes. Vous n'y dénicherez pas grand-chose de grec, au mieux du *made in Turkey*, au pire du *made in China*.

La mode à Mykonos

Fréquentée par les stars depuis les années 1960, Mykonos s'est taillée une place dans le monde de la mode aux côtés de Paris, Milan, Londres et New York. Sa ville principale, Chora, accueille des magasins de grandes marques telles Louis Vuitton, mais, surtout, les designers grecs les plus réputés. Le créateur Dimitris Parthenis a commencé à Athènes en 1970, mais c'est en ouvrant sa boutique dans la baie de Little Venice, à Chora, qu'il a acquis sa renommée à l'international à partir de 1978. Ses vêtements chics et simples sont toujours très recherchés et bien adaptés à l'été grec. Les prix ne sont pas donnés, mais la gamme est confectionnée dans des ateliers athéniens. On retrouve les créations Parthenis dans deux autres boutiques des Cyclades : chez Kiari à Syros et chez Karibu à Naxos. Outre les bijoux des créateurs athéniens Poniros ou Lalaounis, Mykonos est surtout associée à un accessoire de mode bien moins onéreux. Vendues 40 à 70 € la paire, les sandales de Mykonos se retrouvent aujourd'hui sur toute la planète. Produites en Grèce, on peut toujours les acheter sur place, à Little Venice, dans la boutique historique de Mykonos Sandals créée en 1948, ou dans la rue Matogianni chez Liontis depuis 1956.

Les marbres de Tinos, Naxos et Paros

Utilisé depuis la Préhistoire, le marbre blanc des Cyclades est toujours exploité pour la réfection des monuments antiques ou pour orner les villas des milliardaires. Il se décline aussi en petits souvenirs (reproductions des fameuses statuettes de la civilisation cycladique) ou en mobilier design (à faire livrer plutôt qu'à rapporter dans sa valise). Naxos et Paros, qui ont fourni les matériaux aux plus grandes œuvres gréco-romaines, vivent encore aujourd'hui de cette ressource. À Naxos, par exemple, des visites sont organisées dans les carrières et la boutique-atelier attenante. Mais, c'est sur une autre île que les créations sont les plus intéressantes.

© AVATAR_023 - SHUTTERSTOCK.COM

Shopping à Mykonos.

© APOSTOLOS MASTORIS - ISTOCKPHOTO.COM

Glyka tou koutaliou.

Au nord de Tinos, le charmant village de Pyrgos abrite une demi-douzaine d'ateliers de sculpteurs sur marbre depuis le XIXe siècle. Spécialisés dans la restauration d'œuvres et la création contemporaine, certains proposent aussi des stages comme l'atelier Hondrogiannis ou le musée Halepas. Pour des reproductions fidèles de statuettes cycladiques ou antiques, on peut aussi faire halte à Athènes au très sérieux atelier-magasin Black Attic (à Pangrati) ou dans la boutique du musée des Arts cycladiques.

Les arts et les douceurs d'Andros

De la période ottomane (1566-1832), l'île d'Andros a hérité des spécialités sucrées orientales et la richesse de ses armateurs. On y trouve ainsi les meilleurs *glyka tou koutaliou* de Grèce. Ces « douceurs à la cuillère » sont des fruits confits au sirop que l'on sert avec le café ou pour napper un yaourt. Tout y passe : cerises, agrumes et même légumes. Parmi ces « douceurs », deux ont valu à Andros sa réputation de Mecque des fruits confits : celles au sirop parfumé à la feuille de citronnier et celles aux noix entières, dont la coquille devient molle et comestible grâce à la longue et douce cuisson. Pour rapporter ces petites bombes caloriques, mais aussi d'autres sucreries aux amandes, au miel ou au sésame, la pâtisserie Rodozahari est un must dans les ruelles néoclassiques de Chora. La capitale de l'île, située sur la côte orientale, a été épargnée par le tourisme de masse en partie par la volonté des riches familles d'armateurs locaux. C'est le cas des Goulandris qui ont fondé ici en 1979 le MOCA, musée d'Art contemporain d'Andros. Après après la visite, ne manquez pas la vue du café-terrasse ni la boutique du musée. Celle-ci propose des reproductions des œuvres du peintre Alekos Fassianos et du sculpteur François-Xavier Lalanne, mais aussi de la vaisselle design et des objets déco.

Les céramiques de Sifnos

C'est grâce à la présence d'argile réfractaire, de sources d'eau et de matières combustibles que la céramique de Sifnos a pris son essor dès la Préhistoire. Les potiers de l'île ont ensuite essaimé à travers la Méditerranée, mais la tradition perdure avec encore une quinzaine d'ateliers sur place. Vous pourrez ainsi découvrir les poteries traditionnelles de la maison Apostolidis, fondée en 1800, à Kamares, ou celles contemporaines de Julie Tzanni, à Apollonia, mais aussi suivre des cours de poterie auprès de l'hôtel Verina, à Platis Gialos.

Les gourmandises de toutes les îles

Pratiques à rapporter et faciles à trouver partout dans les Cyclades : les herbes aromatiques et médicinales. Tandis que des infusions ancestrales au dictame de Paros ou à la sauge d'Amorgos vous apaiseront, le romarin, le thym et l'origan inviteront l'Égée dans votre cuisine. Vous pourrez aussi rapporter des tomates séchées au soleil. Les plus sucrées et les plus rares sont celles de Santorin, protégées par une AOP depuis 2013. Grâce à ses sols volcaniques, à son fort ensoleillement et un apport d'eau uniquement par la rosée, Santorin possède d'autres AOP : la fava (pois cassés), dont on fait une excellente purée jaune et tiède, et des vins issus de cépages rares qui donnent certains des meilleurs crus de Grèce. Dans votre valise, faites aussi une place au miel bio Amorgiano d'Amorgos, maintes fois récompensé. Hélas, les très bons fromages frais de Serifos ou de Sifnos seront plus difficiles à transporter. Mais, de Syros, ne partez pas sans la graviera San Michali, sorte de gruyère grec, le fromage le plus réputé du pays.

À éviter : les contrefaçons de Santorin

Premier pays pour la contrefaçon au sein de l'Union européenne, la Grèce n'est vraiment pas le bon endroit pour acheter un sac à main français ou un parfum de luxe. En 2020, le groupe LVMH a obtenu la saisie « historique » de plus d'un million de flacons siglés Dior, Guerlain et Kenzo produits illégalement en Crète. Hélas, les faux sont toujours monnaie courante dans les lieux les plus touristiques des Cyclades, en particulier dans les rues de Fira, à Santorin. Et il ne faut pas être spécialiste pour déceler l'arnaque : mauvaise finition, absence d'authentification, vente à la sauvette… Sachez qu'en France, des contrôles ont lieu au retour des avions de Grèce. L'article 414 du code des douanes prévoit la confiscation de votre achat en contrefaçon, une amende de 2 à 3 fois le prix du produit copié et de la prison en cas de trafic organisé.

SPORTS ET LOISIRS

Mis à part l'éternelle et indémodable baignade, la Grèce et ses îles offrent de multiples possibilités. Le berceau des Jeux olympiques reste un lieu idéal pour la célébration des valeurs sportives, que ce soit… devant la télé ou dans les stades, notamment pour supporter les deux grands clubs de football d'Athènes, le Panathinaïkos et l'Olympiakos. Qu'il s'agisse de foot, d'athlétisme, de volley, de basket, de water-polo, de tennis, de golf, de navigation ou de planche à voile, les Grecs sont de grands sportifs entre deux parties de tavli, le backgammon local. Les touristes n'échappent donc pas à la règle. Sur les îles, les activités sont multiples. Sur l'eau, kitesurf, planche à voile, jet-ski, ski nautique et bouées tractées tiennent la vedette. Et sous l'eau aussi le spectacle est garanti avec de beaux spots de plongée sous-marine. Enfin, sur terre, on profite du relief pour pratiquer la randonnée, l'escalade, le VTT ou le parapente.

Des sports collectifs très populaires

▶ **Football.** Dans toute l'Europe, les bouillants stades d'Athènes ont acquis la même réputation que ceux de Turquie. Le Karaïskakis, qui accueille l'Olympiakos Le Pirée (historiquement le club de la classe ouvrière), ou le Stade olympique du Panathinaïkos (celui de la haute société) promettent l'enfer aux visiteurs et le « derby des éternels ennemis » est toujours très chaud.

Mais dans tout le pays, le ballon rond est une vraie folie aux implications politiques, sociales et financières énormes. La Superleague Ellada (la 1re division) pulvérise les audiences télé et draine les parieurs dans les bureaux de l'Opap. La suprématie démographique de la capitale se ressent et plus de la moitié des clubs sont issus de l'agglomération d'Athènes, si bien que les autres ne semblent faire que de la figuration. Seuls les « noirs » du PAOK Thessalonique ont créé la surprise en 2019, mettant fin à trente années de règne des Athéniens. Mais son propriétaire, Ivan Savvidis, un Gréco-Russe de Géorgie, est précédé d'une réputation d'homme d'affaires sulfureux. En 2018, lors d'un match décisif contre l'AEK Athènes, il n'avait pas hésité à entrer sur le terrain muni d'un pistolet.

Du côté de l'équipe nationale, le principal fait d'arme de la sélection est sa victoire surprise lors de l'Euro 2004 (après avoir notamment sorti la France en quart de finale).

▶ **Basket.** Le basket-ball est l'autre grand sport populaire dans le pays et les deux clubs phares sont… le Panathinaïkos et l'Olympiakos ! La sélection a été championne d'Europe en 1987 et en 2005, et vice-championne du monde en 2006. Et aujourd'hui, l'équipe est portée par la nouvelle star de la NBA, née à Athènes, Gianni Antetokounmpo, qui évolue à Milwaukee, élu meilleur joueur de la ligue pour la saison 2018-2019.

Des vacances actives

On trouve ici de nombreuses possibilités de se dépenser. Si les îles grecques ne sont pas les Caraïbes ni la Grande Barrière de corail, elles restent l'éternel eldorado des baigneurs. Et la mer Egée et la mer Ionienne vous réserveront de belles surprises. La plongée sous-marine, proposée par de multiples écoles, se pratique notamment près des côtes d'Amorgos, où a été tourné Le Grand Bleu en 1987. Les eaux y sont incroyablement cristallines. Mais aussi à Ios, que l'on aperçoit aussi dans le célèbre film de Luc Besson, Santorin, Milos, Mykonos, Paros notamment. Vous découvrirez des épaves et autres superbes curiosités naturelles. Et vous aurez peut-être même la chance de croiser les derniers phoques moines de la Méditerranée ! L'exploration de grottes marines ou de gorges est aisée, et de nombreuses excursions sont proposées. On en trouve à Kythnos par exemple. Le kitesurf et la planche à voile sont des activités très pratiquées, notamment au large des côtes ventées de Paros, Naxos ou Mykonos. Les surfeurs eux trouveront leur bonheur à Tinos notamment, dans la baie de Kolibithra ou une belle vague gauche déroule surtout pendant les mois de juillet et août. Enfin, partout on pourra pratiquer la voile. Le jet-ski, les bouées tractées, le ski nautique ou le wakeboard sont aussi très à la mode en haute saison. Rares sont les plages touristiques qui n'en louent pas. Le canoë-kayak et le paddle, sont aussi l'occasion de faire de belles balades en mer.

Le tavli, passe-temps préféré

Enfin, mention spéciale au tavli, une variante locale du backgammon et dont les Grecs raffolent. On y joue entre amis ou en famille à chaque fois que l'occasion se présente : au café, en terrasse, sur une place, au bord de la mer… Avec un petit café ou un ouzo, accompagné d'olives et de mezzedes, un seul but : jeter les dés, ramener tous ses pions dans son camp et… recommencer une partie !

GASTRONOMIE

La Grèce offre des contrastes saisissants : des montagnes boisées de l'Épire et de la Macédoine jusqu'aux rivages déchiquetés de l'Attique et du Péloponnèse, la cuisine locale a su bénéficier de la diversité de ces paysages. Un repas grec traditionnel commence souvent pas des mezzedes, des bouchées apéritives qui se déclinent à l'infini avant de passer au plat principal. Le régime méditerranéen reste de mise et l'huile d'olive comme les légumes, les fruits de mer, les céréales, les fromages, les viandes – notamment l'agneau et le porc – sont savamment assaisonnés pour préserver la saveur des plats sans trop en altérer le goût. Un grand nombre de desserts sont accompagnés du fameux café grec alors que côté boissons alcoolisées, le vin – héritier d'une tradition millénaire – domine aux côtés de nombreuses liqueurs dont l'ouzo, à base d'anis, que l'on sert à toutes les occasions.

L'art du mezze

Comme dans le reste de la Méditerranée, les Grecs commencent les repas par des petites bouchées pour se mettre en appétit, appelées mezzedes en l'occurrence, terme venant de l'arabe et que l'on retrouve également en Turquie et au Liban. Ils peuvent cependant constituer un repas entier, tant ils sont divers et surtout délicieux. L'ouzerie est un lieu spécialisé pour les amateurs d'ouzo, que l'on sert abondamment avec les mezzedes. Cette eau-de-vie est servie glacée et souvent allongée avec de l'eau comme le pastis, dont le goût s'en rapproche. Chacun picore dans les assiettes parmi un choix souvent impressionnant. Parmi les mezzedes les plus connus, citons évidemment la fameuse horiatiki ou salade grecque à base de tomate, concombre, oignon, olive et feta, le tout couvert d'huile d'olive et d'origan. Ensuite vient le tzatziki, une délicieuse crème au yaourt, avec concombre, aneth et ail pilé. Il est d'ailleurs servi aussi bien comme hors-d'œuvre que pour accompagner des viandes grillées. Le taramosalata est une purée à base d'œufs de poisson fumé et d'huile d'olive. Ne vous étonnez d'ailleurs par s'il est jaune pâle lorsqu'on vous le sert : c'est sa couleur naturelle, les industriels français ayant pris la mauvaise habitude d'y rajouter des colorants lui donnant une teinte rose fluo lorsqu'on l'achète au supermarché. On retrouve d'autres préparations crémeuses à déguster avec du pain comme le mélitzanosalata, un caviar d'aubergine citronné, ou le houmous qui, bien que d'origine arabe, compte parmi les mezzedes les plus appréciés en Grèce. La fava est une crème de pois cassés proche du houmous mais elle est servie aussi bien tiède qu'à température ambiance et garnie d'oignons crus émincés et de quelques olives. Les légumes marinés sont généralement appréciés comme les piperies florinis, des piments doux de Florina, rôtis avec de l'huile de l'olive et du vinaigre. Les inratables dolmadakia (ou dolma/dolmades) sont des feuilles de vigne en saumure farcies de riz et d'oignon, relevées d'aneth et de jus de citron. Elles sont servies chaudes ou froides. Mais il existe de nombreux mezzedes chauds comme les kalamarakia tiganita ou calamars frits qui sont au moins aussi populaires que le htapothi sti skhara, le fameux poulpe grillé au barbecue. Plus surprenants, les tomatokeftedes sont des croquettes frites à base de tomate, parfumées de menthe et d'origan. Mais les Grecs adorent également d'autres types de beignets comme les kolokythokeftédes, des croquettes de courgettes râpées, ou les hortokeftédes, des croquettes de légumes feuilles (épinards, pissenlit, chou, oignon vert). Les kolokythoanthoi, sont des beignets de fleurs de courgette farcies de fromage. Enfin il« y a aussi de nombreuses viennoiseries salées – qui sont d'ailleurs souvent dégustées sur le pouce toute la journée – comme le tiropita, un chausson feuilleté en pâte filo fourré de feta, ou le spanakopita, garni d'épinards. Les piroski sont des chaussons frits fourrés de diverses garnitures (viande, fromage, épinards, etc.). Les fromages grecs sont souvent servis en tant que mezzedes, simplement arrosés d'un filet d'huile d'olive mais on les retrouve aussi cuits. C'est le cas du saganáki, une entrée de feta grillée à la poêle, et de la feta psiti, ou feta au four, rôtie avec quelques herbes et des tranches de tomate. La plupart des fromages sont produits dans les régions du nord (Macédoine, Épire et Thessalie), à base de lait de chèvre et de brebis, comme l'anthotyros ou le manouri, proches de la feta mais au goût plus doux et plus crémeux. Le kefalotyri est à l'inverse beaucoup plus sec et dur, comme du parmesan. Certains fromages sont également confectionnés à base de lait de vache comme le metsovone, qui est parfois même fumé. Il existe aussi des préparations froides comme le galotiri, une crème à base de feta et de yaourt. « Beaucoup de ces plats sont généralement présents en Turquie et dans le monde arabe sous d'autres noms. À noter par ailleurs que la différence entre plat principal et hors-d'œuvre en Grèce est moins marqué qu'en France par exemple. Ainsi beaucoup de spécialités citées ci-dessus peuvent être servies en plus grosse quantité en tant que plat principal.

Spécialités de la cuisine grecque.

Les essentiels de la cuisine grecque

Bien que la Grèce semble être un pays constamment baigné par le soleil, beaucoup de régions en hiver, notamment dans les terres, peuvent être carrément froides et il existe beaucoup de recettes de soupes nourrissantes faites avec des produits simples comme la fasolada, à base de haricots blancs et de légumes assorties, ou le faki confectionné avec des lentilles. L'avgolemono se prépare à partir d'un bouillon qui est ensuite épaissi avec un mélange de jaune d'œuf et de jus de citron. Mais on déguste aussi des soupes plus légères comme la kakavia, sorte de bouillabaisse mêlant poissons, pomme de terre, carottes et safran.« Enfin les plus curieux testeront la patsas, à base de tripes, qui aurait la vertu de guérir la gueule de bois. En plat principal, les grillades sont à l'honneur et elles constituent souvent une page entière dans les menus des restaurants grecs. Le souvlaki se présente sous la forme d'une grosse brochette de viande, le plus souvent de porc ou de poulet, mais aussi parfois de bœuf ou d'agneau. Dans le même genre la païdakia désigne généralement des côtelettes d'agneau grillées et finement épicées, alors que les« keftédès sont des boulettes de viande hachée parfumées d'oignon, d'origan, de menthe et d'aneth. Elles peuvent être simplement grillées ou cuites dans une sauce tomate épaisse et sont alors appelées *keftedes me saltsa domata*. « En dehors des grillades on distingue un grand nombre de plats cuisinés comme la moussaka alternant viande hachée et aubergines confites, le tout nappé de béchamel et gratiné ou dans le même esprit le pastitsio où les aubergines sont remplacées par des macaronis. En effet, en plus des pâtes italiennes traditionnelles, on retrouve beaucoup de pâtes en Grèce comme les kritharaki (ressemblant à du riz) ou les hilopites (petites nouilles carrées). Le giouvetsi, cuit au four, se compose de poulet, d'agneau ou de bœuf et de petites pâtes et de sauce tomate parfumée avec de la cannelle, du clou de girofle et du laurier. Le terme yemista désigne différents types de légumes (notamment des poivrons et des aubergines) farcis de riz et de viande hachée et cuits au four. Le stifado est un copieux ragoût de bœuf – plus rarement de porc ou de lapin – confit dans une sauce aigre-douce à base de vin, d'échalote et de cannelle. Le soutzoukakia smyrneika est un plat de croquettes de viande en sauce tomate d'inspiration turque. Assez proche, le spetsofai est un ragoût de saucisse aux poivrons et à la tomate. Les Grecs consomment également beaucoup de légumes qui entrent dans la composition de nombreux plats cuisinés. La fasolakia est un plat de haricots verts en sauce tomate. Dans le gigandes plaki, les haricots verts sont remplacés par d'énormes haricots blancs, appelés en Grèce fasolia gigandes. Le prasorizo, une sorte de risotto aux poireaux, se fait très populaire en hiver.

Poissons et gyros

Même sans compter les innombrables îles qui entourent la Grèce continentale, le pays en lui-même possède un ensemble de caps, de baies, de presqu'îles et autres golfes, qui rendent les produits de la mer indispensables à la cuisine grecque. Rouget, daurade, espadon, crevettes, poulpe et calamars constituent les classiques, le plus souvent grillés ou frits, délicatement assaisonnés et servis avec quelques quartiers

Stifado.

© DOGAYUSUFDOKDOK - ISTOCKPHOTO.COM

Baklavas.

de citron. Le maquereau (safridia) grillé est par exemple très apprécié pour sa chair grasse. On observe cependant des plats plus élaborés tels que le psari plaki, un poisson au four couvert d'un mélange de tomates et d'oignons confits, ou encore les *garides me feta*, un plat de crevettes mijotées dans une sauce tomate et couvertes de feta émiettée. Les mýdia saganáki sont une recette assez similaire, mais à base de moules. Enfin le poulpe est souvent grillé, tant sous forme de mezze qu'en plat principal. Sinon on retrouve également le stifado de poulpe, longuement mijoté dans du vin rouge. Les psarotavernas sont des restaurants spécialisés dans le poisson et les fruits de mer. Côté street food, il est absolument impensable de passer à côté du fameux gyros, version grecque du kebab, composé d'un pain pita bien moelleux, garni de viande effilochée (porc ou poulet), de frites, de tomates, d'oignons et de tzatziki. Idéal pour les petits budgets, son prix dépasse rarement les 3 €.

Desserts et pause café

En dessert, on termine souvent son repas par des fruits frais : pêches, melons, pastèques ou encore abricots, notamment en été où les températures parfois cuisantes appellent à un peu de fraîcheur. Parfois le repas peut aussi se conclure par un simple yaourt nappé d'un filet de miel avec quelques pistaches. Beaucoup de douceurs sont en effet dégustées pendant la journée avec un café. Elles se composent notamment d'une base d'amandes, de pistaches ou de sésame, parfumées au miel, à la fleur d'oranger ou à la cannelle comme le baklava, un gâteau en forme de losange à base de pâte filo et de fruits secs – notamment des noix – et imbibé d'un sirop à la cannelle. Assez proche, le kataifi remplace la pâte filo par des cheveux d'anges. Ce gâteau très sucré est également connu sous d'autres noms en Turquie et dans le monde arabe. Le galaktoboureko se compose aussi de pâte filo qui renferme une crème à base de lait et de semoule parfumée au citron. Très proche, le bougatsa est fourré d'une crème au fromage frais. Moins connue, la moustalevria est une sorte de pudding de jus de raisin proche d'une pâte de fruit, que l'on garnit de noix hachées et de graines de sésame. Le moustokouloura, un type de sablé en forme d'anneau, se parfume à la mélasse de jus de raisin et à la cannelle. Il existe plusieurs spécialités liées aux fêtes religieuses comme la koulourakia, une brioche vanillée aux graines de sésame préparée pour Pâques. C'est aussi le cas du tsouréki, une brioche souvent tressée parfumée avec des zestes d'agrumes et de la mahaleb, une poudre obtenue à partir de noyaux de cerises sauvages. La lazarakia, pain brioché, se consomme pendant le premier samedi de la Semaine sainte. Le vasilopita est l'équivalent du gâteau des rois – mangé entre le Jour de l'An et l'Épiphanie – dont l'aspect, assez libre, se situe entre un gâteau et une brioche avec une pièce cachée dans la pâte. Les melomakarono sont des biscuits au miel de Noël tout comme les kourabiedes, de gros sablés aux amandes entièrement couverts de sucre glace. Les diples sont de fins beignets croustillants en forme de tubes, que l'on imbibe de sirop avant de le saupoudrer de cannelle et de noix hachées, très communs au Nouvel An et pour les mariages.

© ELECSTASY - ISTOCKPHOTO.COM

Le café grec.

« Enfin le café tient une place essentielle en Grèce. Le typique café grec (équivalent du café turc) n'est pas filtré, mieux vaut attendre quelques minutes pour que la couche de marc se dépose au fond de la tasse. Essayez-le sucré (glyko), moyen (metrio) avec du lait (me gala) ou sans lait (choris gala). Un café infuse dans un petit pot à long manche (briki) en utilisant des grains de café très finement moulus. Il est servi souvent avec un verre d'eau. Sinon le classique expresso est servi dans tous les bars et restaurants.

Vins, ouzo et autres produits du marché

Avec une histoire viticole vieille de plus de 6 000 ans, il est évident que la Grèce a un savoir-faire unique en matière de vin. Pendant l'Antiquité et jusqu'au Moyen Âge, les vins grecs étaient importés à travers l'Europe pour les têtes couronnées et les négociants les plus fortunés. Pour les blancs, goûtez les châteaux Matsas, Tsandali, Aghioritiko, Strofilia, Lazaridi et Gerovassileio. Pour les rosés tentez les Tsandali et Calligas. Enfin pour les rouges, les vins de Naoussa Boutari, Hadjimihali, Karras, Lazaridi, Gerovassileiou et Malvazia sont à tester. Parmi les AOC (Appellation d'Origine Contrôlée) en Grèce continentale, on peut citer les cépages de Némée, de Mantinée, de Patras, du Mavrodaphni de Patras, du Mavrodaphni de Rio et du Muscat de Patras dans le Péloponnèse. En Macédoine on retrouve l'Amyntaio, le Gouménissa, l'Epanomi et le Naoussa. Dans l'Épire on ne compte que le cépage de Zitsa, alors qu'en Thessalie on peut citer le Rapsani, l'Anchialos et le Mesenikola. Si la bière n'est pas originaire de Grèce, c'est une boisson alcoolisée très populaire. On observe bien sûr diverses marques internationales, bien que les bières grecques, telles que Mythos ou Alpha, soient tout à fait respectables et souvent moins chères. Parmi toutes les liqueurs grecques, l'ouzo occupe une place centrale. Il se consomme généralement à l'apéritif. On peut le boire sec avec un glaçon ou le diluer dans de l'eau glacée, qu'il rendra laiteuse comme du pastis. Parfumé à l'anis, il titre généralement aux alentours de 40°. Dans un restaurant, il est souvent moins cher de commander une petite bouteille pour deux ou trois personnes plutôt que de prendre des verres séparés. Le retsina ou vin résiné est un vin sec blanc ou rosé produit à travers le pays depuis plus de 2 000 ans. A l'origine les vins étaient transportés dans des amphores en terre cuite dont on augmentait l'étanchéité en les enduisant de résine de pin, donnant au vin un goût unique. La retsina bénéficie d'une AOC et est majoritairement produite dans l'Attique et l'Eubée. Une autre liqueur plus étonnante, l'arbaroriza, se prépare à base de feuilles de géranium odorant. Le mavrodafni, un vin fortifié, et la tentura, une liqueur de cannelle et de clou de girofle, sont originaires de Patras, en Grèce occidentale. Le tsipouro, une liqueur de marc de raisin, est notamment produite dans l'Épire, la Macédoine et la Thessalie. Enfin la mastiha est une liqueur à base de résine de mastic, un arbre proche du pistachier.

Un régime à l'huile d'olive

L'huile d'olive est évidemment l'un des produits les plus caractéristique de la Grèce et parmi les 19 variétés bénéficiant d'une AOP, on en retrouve cinq produites en Grèce continentale : Halkidiki, Kalamata, Lygourio, Laconie et Olympia. Mais bien sûr les olives en elles-mêmes sont un produit de choix à rapporter dans ses valises. Les olives de Kalamata produites dans le sud du Péloponnèse sont les plus connues. Ces olives violettes et charnues bénéficient d'une Appellation d'Origine Protégée (AOP), mais ce ne sont pas les seules. Les olives Konservolia produites à Amfissa, Arta, Volos et les olives vertes de Halkidiki jouissent également d'une AOP. Si les raisins de Corinthe – produits dans toute la Grèce évidemment – sont très communs en France, on retrouve dans la région d'Aeghion, au nord du Péloponnèse, les raisins secs de Vostizza, connus pour leur goût unique, qui bénéficient d'une Appellation d'Origine Protégée (AOP). On peut également citer le miel de sapin de *Menalou vanilia*, dont le statut est protégé. Il est produit dans 24 municipalités et communautés au sein d'Arcadia, dans le Péloponnèse central. Enfin si l'Iran assure presque 95 % de la production mondiale de safran, la Grèce arrive en deuxième sur le podium. Le safran de Kozani, en Macédoine, est souvent considéré comme l'un des meilleurs du monde et possède également une AOP.

AGENDA

La Grèce est de celles-là : de ces contrées d'où l'on revient en se disant qu'on y retournera forcément. En effet, impossible de dire qu'on a « fait » les Cyclades, tant chaque île est différente. Leurs amateurs savent bien que l'archipel ne se limite pas à ses petites maisons blanches accrochées à la caldeira de Santorin ou aux plages de Paros. Les itinéraires que nous vous suggérons ici vous permettent de couvrir différents types d'activités, entre patrimoine, farniente à la plage et incontournables de l'archipel. Rien qu'en une semaine, vous pouvez atterrir sur une île et goûter aux charmes d'une de ses voisines. Mais même en haute saison, vous pouvez aussi facilement découvrir les trésors cachés des Cyclades, via notre itinéraire alternatif qui devrait vous combler. Et si les journées *farniente* à la plage ou trop de planche à voile à Paros vous fatiguent au bout de 24 heures, optez pour des vacances actives et culturelles avec une autre piste…

FÊTE DE LA SAINT BASILE

1er janvier.

En Grèce, nos fêtes de fin d'année (Noël et Jour de l'An) sont célébrées pour la Saint Basile, soit le 1er janvier. C'est à cette occasion que le « père Noël orthodoxe », Agios Vassilis, offre des cadeaux aux enfants grecs qui font le tour des maisons en chantant des kalanda. On déguste la vassilopita, brioche parfumée à la fleur d'oranger à l'intérieur de laquelle on cache un flouri, une pièce de monnaie : celui qui tombe dessus aura la chance pour lui le restant de l'année. Traditionnellement, on offre les 4 premières parts à Dieu, Jésus, la Vierge et la maison.

CARNAVAL DE GRÈCE

En février.

Le carnaval en Grèce se nomme Apokries : en grec, le terme signifie littéralement "loin de la viande", avant les privations du carême. Durant cette période, la viande et le fromage disparaissent progressivement des repas, avec des alternatives proposées dans les tavernes. Le carnaval commence partout en Grèce trois semaines avant le début du carême, qui dure 40 jours avant la grande fête de la Pâques orthodoxe. Si vous êtes de passage dans les Cyclades à cette période, hors saison, vous verrez surtout des célébrations animées par les enfants du village. Charmant.

FÊTE DE LA DÉCOUVERTE DE L'ICÔNE

31 janvier.

A Tinos, la plus grande célébration religieuse a lieu tous les ans le 31 janvier pour marquer la découverte de l'icône miraculeuse à l'endroit où fut construite la Panaghia Evangelistria suite à une vision de sainte Pélagie. La découverte de la Sainte Icône en 1823 fut considérée comme un augure pour l'occupant turc, tandis que la construction de cette imposante église représente le premier grand ouvrage architectural du jeune État grec. À vivre aujourd'hui : une ferveur redoublée dans la Chora de Tinos et de grands festins pour l'occasion en ville.

LUNDI PUR

En mars.

Ce jour-là, les Grecs célèbreront « Kathari Devtera », soit littéralement le « Lundi pur », marquant le premier jour du carême dans les Églises orthodoxes, 40 jours avant les Rameaux et 48 jours avant le dimanche de Pâques. Si vous levez les yeux vers le ciel, vous aurez certainement la chance d'y voir de nombreux cerf-volants, notamment à Paros, dans les Cyclades. Il arrive aussi que les femmes lavent les maisons à grandes eaux pour les débarrasser de toute souillure. Dans les villages, certaines églises et habitations sont parfois repeintes à la chaux.

FÊTE NATIONALE

Le 25 mars.

Le 25 mars est l'une des deux fêtes nationales grecques (avec le 28 octobre). Celle-ci commémore la révolution du 25 mars 1821, c'est-à-dire le début de la guerre d'indépendance grecque. En effet, c'est à cette date que les Grecs ont commencé leur insurrection contre l'Empire ottoman, qui occupait le pays depuis 400 ans. Cette fête nationale est l'occasion de sortir les drapeaux grecs, vendus partout, et que vous verrez fleurir le long des routes. On assiste partout à de nombreux défilés : étudiants, écoliers en costumes traditionnels mais aussi militaires.

FÊTE DES MUSÉES

Le 18 mai.

C'est LE jour où arpenter les musées en toute tranquillité, ou presque. Le 18 mai est en effet fêtée la Journée Internationale des Musées, instaurée par le Conseil International des Musées (ICOM) en 1977. Concrètement, non seulement l'entrée à tous les musées est gratuite, mais beaucoup en profitent pour organiser des célébrations ou festivités particulières. Pourquoi ne pas en profiter pour arpenter l' « île-musée » de Delos ? Sachant que l'on est encore relativement hors saison, cette date est une aubaine pour les visiteurs.

PÂQUES

La prochaine Pâques orthodoxe aura lieu le 24 avril 2022 et le 16 avril 2023.

La plus grande fête religieuse grecque, dont la date varie chaque année, est l'occasion de deux jours de fête et de recueillement. Vous n'y couperez pas si vous êtes en Grèce durant cette période. Au programme : une semaine au ralenti rythmée par les célébrations religieuses. La procession de l'epitafios, le vendredi, est spectaculaire. La messe du samedi soir est suivie d'un grand repas et de la mayiritsa (une soupe d'abats). D'un point de vue pratique (et au niveau des prix), c'est une période semblable à la plus haute saison.

FÊTE DE LA VIERGE DE CHRISSOPIGI

40 jours après Pâques.

Une des plus grandes fêtes religieuses des Cyclades se déroule à Sifnos. C'est celle de la patronne de l'île, la Vierge de Chrissopigi (Panagia Chrissopigi), le jour de l'Ascension, qui attire beaucoup de monde de tous les coins de l'île et d'ailleurs. La plus grande fête de Sifnos a lieu en célébration de la Vierge miraculeuse de Chrissopigi, 40 jours après la Pâque orthodoxe. Résultat, la date change tous les ans mais la fête a généralement lieu entre fin mai et début juin.

FÊTE DU PRINTEMPS

1er mai.

Le 1er mai en Grèce est appelé « Protomagia », littéralement : le premier jour de mai. C'est la journée internationale du travail - et un jour férié - mais c'est aussi la fête du printemps et de la nature. A cette occasion, les familles accrochent des guirlandes de fleurs au-dessus des portes des maisons et aux capots des voitures. Le « protomagia » puise aussi ses racines dans Anthestria, une fête en l'honneur de Dionysos, célébrant les plantes, les fleurs et la renaissance de l'homme et de la nature. Couronnes et bouquets ne seront décrochés que fin juin.

PAROS-ANTIPAROS À LA NAGE

www.antiparosnc.gr

Premier samedi de juillet.

Une grande course à la nage entre Paros et Antiparos qui se termine par une grande fête populaire à Antiparos jusqu'au lendemain matin. Elle commence en général vers 18h30 de l'embarcadère du ferry à Pounta (Paros) et se termine au port d'Antiparos devant les cafés. La distance à parcourir est de 1 453 m. Il y a souvent deux courses, l'une chronométrée, sans palmes, ni masque ni tuba. La seconde a des règles plus souples. Pour participer, il faut avoir entre 10 et 60 ans.

DORMITION

Le 15 août.

La Dormition de la Vierge célèbre, chez les orthodoxes, ce que les catholiques appellent l'Assomption de la Vierge Marie. Dans l'île catholique de Tinos, la fête de la découverte de la Sainte Icône de Panagia demeure le jour le plus important pour l'île. La veille, les vêpres ont lieu au Temple de la Découverte où une icône miraculeuse a été transférée. Mais chaque région promet son lot de festivités, avec de grandes *panigyri* organisées là où une église ou un monastère est dédié à la Vierge, soit à peu près partout. Toutes les familles s'y retrouvent.

FÊTE DE PANAGHIA KALAMIOTISSA

Le 8 septembre.

A Anafi, le 8 septembre, on célèbre la fête de Panaghia Kalamiotissa avec de la viande aux macaronis pour tout le monde. Des fidèles arrivent même en caïque de Santorin. Les pèlerins viennent avec des bateaux de pêche pour un grand festival sous les sons de cornemuse, clarinette, violon, luth, avec chants et danse. Le monastère est construit sur les ruines de l'ancien temple d'Apollon sur la montagne de Kalamos. Le site était un observatoire médiéval et la vue y est impressionnante.

MESSE À LA CAVE DE SAINT-JEAN

28 août.

Les habitants d'Iraklia quittent le village de Panaghia en procession et se rendent à la cave de Saint-Jean où une messe annuelle est célébrée. Les fidèles commencent tôt dans la journée, transportant l'icône du saint de l'église où elle est conservée jusqu'à la grotte, apportant avec eux de la nourriture pour un pique-nique sous les arbres près de l'entrée de la grotte. La cave est illuminée de bougies pour l'occasion et cela donne lieu à des grandes festivités. La grotte est accessible à pied, par deux voies. Au départ du village de Panagia, la randonnée dure entre 45 minutes et 1h.

JOUR DU NON

Le 28 octobre.

Le Jour du Non est la fête nationale en l'honneur de la résistance face aux fascistes italiens en 1940. A cette occasion des défilés militaires et étudiants sont organisés. Cette célébration revient sur un épisode de la Seconde Guerre mondiale : le dictateur Metaxás endosse le rôle du héros national en refusant l'ultimatum de Mussolini le 28 octobre 1940 (« Jour du Non »). Après une farouche résistance contre les Italiens, la Grèce est envahie par l'Allemagne nazie en avril 1941. Le 28 octobre est un jour férié.

DIONYSIA

Fin août-début septembre.

Naxos est l'île de Dionysos, dieu du vin : entre fin août et début septembre, on y célèbre ce dieu du panthéon antique avec enthousiasme. Au programme : musique et danses traditionnelles, festins et repas gratuits. Au-delà des Cyclades, Dionysia est l'un des festivals les plus connus organisés à Naxos. On y apprécie ses concerts, ses représentations théâtrales, ses expositions d'art et une pléthore d'autres événements qui sont couronnés par la fête du vin, en l'honneur du dieu Dionysos. Un bel événement en marge du tourisme de masse.

PRÉSENTATION DE LA VIERGE À AMORGOS

Le 21 novembre.

Une grande célébration a lieu à Amorgos, au monastère d'Hozoviotissa. Construit sur une falaise abrupte, d'une largeur de seulement 5 m, il fait face à la mer Égée à 40 m de hauteur. Construit par l'empereur byzantin Alexis Comnène, sa création est liée à la découverte de l'icône de la Vierge. Il s'anime le jour de la Présentation de la Vierge, le 21 novembre. Les moines reçoivent pour l'occasion lors d'un grand dîner qui est tenu dans le réfectoire.

PASSPORT

CYCLADES OCCIDENTALES

Commençons par sa face ouest, où certaines îles échappent encore aux circuits « habituels » de la mer Egée. Et on plonge d'emblée dans un grand embarras pour choisir. Pourquoi ne pas piquer une tête dans la crique turquoise spectaculaire de Papafragas sur la côte nord à Milos ? Ou vous isoler sur la petite Kimolos, accessible en caïque par la pointe nord de Milos, à Apollonia ? Qui connaît le port de Chora, au bord de la falaise, à Folegandros ? Que dire de Kéa, sorte de paradis sauvage à peine connu des étrangers, loin de l'ambiance survoltée de Mykonos ? Les Grecs, eux, aiment l'île de Sifnos, qui a réussi à garder son authenticité. On ne se lasse pas de naviguer sur les flots égéens à la recherche de l'île coup de cœur. Car chacun trouvera ici ce qu'il recherche. Bienvenue dans une variété d'ambiances et de paysages qui semble plus surprenante à chaque nouveau séjour…

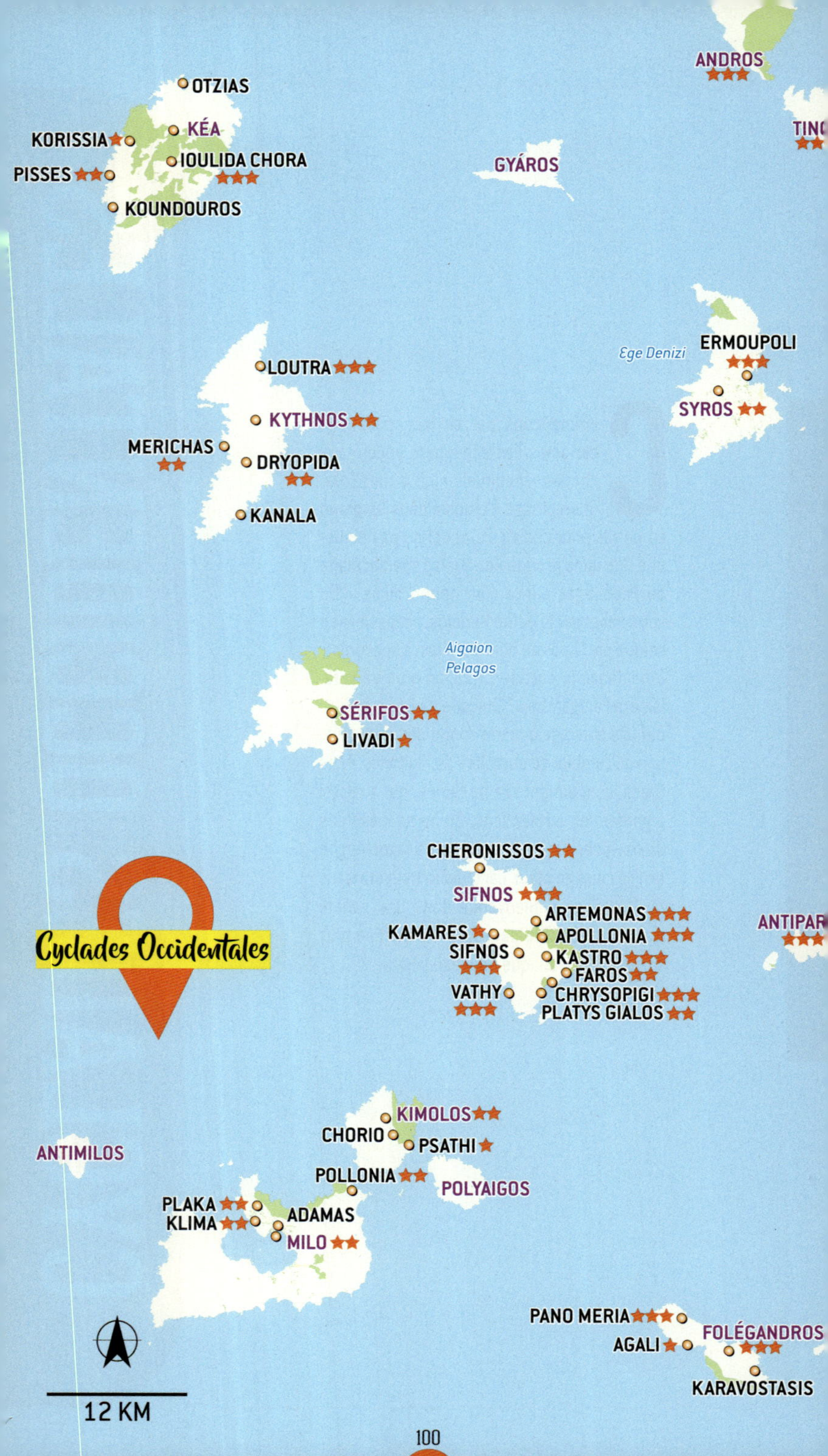

OTZIAS
KÉA
KORISSIA
PISSES
IOULIDA CHORA
KOUNDOUROS
ANDROS
TIN
GYÁROS
LOUTRA
KYTHNOS
MERICHAS
DRYOPIDA
KANALA
Ege Denizi
ERMOUPOLI
SYROS
Aigaion Pelagos
SÉRIFOS
LIVADI
CHERONISSOS
SIFNOS
ARTEMONAS
KAMARES
APOLLONIA
SIFNOS
KASTRO
FAROS
VATHY
CHRYSOPIGI
PLATYS GIALOS
ANTIPAR
Cyclades Occidentales
KIMOLOS
CHORIO
PSATHI
ANTIMILOS
POLLONIA
POLYAIGOS
PLAKA
ADAMAS
KLIMA
MILO
PANO MERIA
FOLÉGANDROS
AGALI
KARAVOSTASIS
12 KM

PAGES

Avec 131 km² et 2 200 habitants, l'île la plus proche de l'Attique (à 16 miles marins de Lavrio et 12 miles du cap Sounion) est pourtant décrite comme un paradis sauvage encore préservé des touristes étrangers. Mais l'île est loin d'être prise d'assaut. Est-ce l'emblématique statue du lion de Ioulis qui leur fait peur ? Toujours est-il que Kea (ou Tzia), malgré sa proximité avec la capitale grecque, a toujours tenté de préserver ses trésors des regards indiscrets des touristes. Montagneuse et en forme d'amande, l'île a conservé des plages vierges, des sentiers isolés ombragés par des chênes centenaires, et des coutumes ancestrales. Néanmoins, la route qui relie le port et Ioulis, la capitale, aux belles criques de la région de Koundouros, est très mauvaise, l'infrastructure hôtelière est limitée et les liaisons avec les autres îles sont rares.

A 5,5 km de Korissia, sur le rocher qui surplombe Ioulida, à 15 minutes de marche de l'église Aghios Spiridon en direction de Kastriani, le Lion de Kea, sculpté à même la falaise (6 m de long et 3 m de hauteur tout de même), sourit aux visiteurs depuis le VIe siècle av. J.-C.

Avec ses 86 km² et ses 1 600 habitants, Kythnos est réputée pour ses eaux thermales qui attirent des visiteurs, disons, d'un certain âge. Vous viendrez plutôt à Kythnos pour y apprécier la douceur de vivre. L'île ne manque pas de charme pour autant. Son port, mal construit mais bien abrité des vents, constitue un refuge idéal pour les yachts. La capitale, Chora, est calme et pittoresque. En explorant la partie orientale de Kythnos, vous pourrez découvrir des plages peu fréquentées et des gens très hospitaliers.

Avec ses 70 km² et ses 1 100 habitants, au premier abord, Sérifos semble vraiment justifier son mythe : c'est ici en effet que Persée tue la terrifiante Méduse, et lorsqu'il montre son horrible tête au roi Polyeucte, celui-ci est pétrifié d'horreur, et l'île devient aride. L'imposante Chora, suspendue sur un rocher, est bien telle que nous en parle la mythologie, mais l'aspect sauvage du paysage est tempéré par le port animé de Livadi. Sérifos a également des plages à offrir et quelques villages qui charmeront les randonneurs. Un peu à part dans le paysage des Cyclades, Sérifos est encore, à cause de son nombre d'hôtels encore limité, protégé du tourisme de masse. C'est un petit paradis : à 2h30 seulement du Pirée en hydroglisseur, elle attire nombre d'Athéniens pour le week-end ou des breaks de quelques jours.

PAGES

126 **SIKAMIA**

126 **MEGALO HORIO**

● ● SIFNOS - ΣΙΦΝΟΣ

127

Avec ses 89 km² et ses 2 800 habitants, seules quelques montagnes abruptes comme celles qui protègent le port naturel de Kamares tempèrent l'impression de douceur qui se dégage de cette île. Longtemps réduite à ses ateliers de tissage et de poterie, Sifnos n'est pas encore trop touchée par le tourisme de masse. Beaucoup d'artistes l'ont choisie comme lieu de résidence. Les distances entre les différentes localités sont courtes, ce qui permet de faire de belles promenades sans jamais s'ennuyer. Le centre nerveux de Sifnos est sa capitale, Apollonia, située au cœur de l'île, à 5 km du port. Au printemps, l'île est couverte de fleurs de toutes les couleurs. En septembre, vous pourrez assister à de grandes fêtes religieuses.

127 **KAMARES ★**

131 **APOLLONIA ★★★**

ARTEMONAS ★★★

135 Ce village très pittoresque proche d'Apollonia n'est pas du tout touristique et vous prendrez plaisir à l'arpenter en regardant les scènes de la vie quotidienne. Vous pouvez faire une belle promenade jusqu'à Poulati, crique de rochers escarpés d'une beauté sauvage.

KASTRO ★★★

138 Ce village médiéval offre une vue panoramique magnifique et époustouflante sur la mer Égée.Il a tout pour plaire car vous porrez aussi vous y baigner. Après la vue sur le grand bleu, il suffit de descendre les marches jusqu'à Seralia, une plage de gros galets, pour s'y plonger.

139 **PLATYS GIALOS ★**

143 **CHRYSOPIGI ★★★**

143 **FAROS ★★**

VATHY ★★★

145 Il y a encore quelques années, Vathy n'était accessible que par la mer. Depuis, une route asphaltée a été construite : elle mène à ce village particulièrement calme et attrayant, pas encore trop envahi par le tourisme, mais pour combien de temps ?

146 **CHERONISSOS ★★**

● ● KIMOLOS - ΚΙΜΩΛΟΣ

147

Avec ses 38 km² et ses 880 habitants, Kimolos doit avant tout son développement économique à ses carrières minières de perlite et de bentonite, comme sa voisine. En raison de mauvaises liaisons maritimes, elle a longtemps vécu repliée sur elle-même avec pour seules relations les échanges avec sa voisine, Milos, où, encore aujourd'hui, un grand nombre de ses habitants partent travailler pour la journée. Séparée par un étroit canal de 900 m de Milos (que l'on rejoint par un bac), Kimolos est une petite île volcanique et aride à l'infrastructure touristique presque absente. La végétation est quasi inexistante. En revanche, l'île offre au visiteur des côtes très découpées abritant de belles plages, des falaises blanches, des parois rocheuses creusées et une multitude de grottes sous-marines.

147 **PSATHI ★**

CYCLADES OCCIDENTALES

PAGES

152 ## ● ● MILOS - ΜΗΛΟΣ

Il y a encore quelques années, on entendait que peu parler de Milos et l'île était plutôt tranquille. Depuis une décennie, elle a commencé à se populariser à une folle allure. Devenue lieu tendance, les touristes y affluent désormais. Avec ses 151 km² et ses 4 400 habitants, Milos est une mine. La plus méridionale des Cyclades se distingue par son sol volcanique et son sous-sol riche en gisements minéraux qui fait vivre encore une grande partie de la population de l'île. Son exportation était l'une des plus grandes sources de revenus pour les habitants avec la pêche. Toutefois, aujourd'hui, elle s'est largement ouverte au tourisme. Elle a de quoi séduire les amoureux de vieilles pierres, avec l'un des plus importants sites de la civilisation cycladique à Filakopi (2300 à 1100 av. J.-C.). Milo a aussi donné son nom à l'une des plus belles pièces du Louvre : c'est à Klima, près des ruines d'une cité antique, qu'un paysan a découvert la célèbre statue de la Vénus.

170 ## ● ● FOLEGANDROS - ΦΟΛΕΓΑΝΔΡΟΣ

Avec ses 32 km² et ses 650 habitants, cette île à couper le souffle mérite le détour. Moins accessible que Santorin, mais moins chère aussi. Tout contribue à donner une atmosphère unique à cette île : ses pentes abruptes, ses maisons au ras des falaises, ses petites places qui donnent au village une ambiance chaleureuse... Folegandros se distingue par un urbanisme très différent des autres îles. Située entre Milos et Ios, Folegandros embaume le thym et dégage à la fois tendresse et force. Au premier abord, vue du large, elle surgit de la mer comme l'épine dorsale d'un dragon à la forme allongée. La végétation de l'île est pauvre, car l'île est très aride. A en juger par les magnifiques cartes postales éditées par un photographe local, elle est cependant verdoyante et fleurie au printemps. Mais en été, seul le thym survit. L'île reste l'une des plus authentiques des Cyclades.

FOLEGANDROS CHORA ★★★

172 Un charmant enchevêtrement de ruelles qui débouchent sur des placettes agréables, souvent remplies de petites terrasses et de cafés. Perchée sur la crête de l'île, en équilibre instable sur une falaise et prête à tomber à tout moment dans le vide, la Chora de Folegandros est un village sublime.

PANO MERIA - ANO MERIA ★★★

179 Ici, la plupart des randonnées vous mèneront jusqu'à des plages ou des criques isolées, parmi les plus belles de Folegandros. Il s'agit de la partie la plus authentique de l'île. La grande majorité des visiteurs ne viennent pas jusqu'ici, et c'est bien dommage pour eux…

KORISSIA ★

Bienvenue à Kea ! C'est ici que débarquent nombre d'Athéniens avec leurs propres voitures, ce qui explique pourquoi l'île est si mal desservie par les transports en commun et mal pourvue en loueurs. A l'emplacement de l'antique Korissia, le port de Kea se distingue quand même par d'élégantes maisons néoclassiques aux toits de tuiles rouges. A proximité d'Aghios Savas, vous trouvez quelques ruines des murailles de l'antique cité ; au sommet de la colline d'Aghia Triada s'élevait un sanctuaire d'Apollon. À la base de cette colline a été découvert le fameux Kouros de Kea, que vous pouvez voir au musée archéologique d'Athènes. La baie de Korissia donne accès à un ensemble de baies plus petites, dans la direction d'Otzias. Vous y trouverez quelques plages sympathiques, dont la plage de Gialiskàri, et surtout le joli port de pêcheurs de Vourkari, centre de rassemblement des yachts et la partie la plus populaire de l'île. Le site archéologique d'Aghia Irini ferme la baie par une intéressante péninsule. L'École américaine d'archéologie a découvert une cité de l'époque du cuivre.

Transports

- **En bateau**, tous les départs d'Athènes pour Kéa se font depuis le port de Lavrio (les bus KTEL relient Athènes de la place Aigyptou, près de la station de métro Victoria en 1h30). Plusieurs liaisons par jour en ferry (1h) ou en hydroglisseur (35 min) en été.
- **Pour se déplacer,** vu le nombre insuffisant de loueurs et la nécessité d'avoir un véhicule, il peut être intéressant de louer sa voiture à Athènes.

AGHIA IRINI ★

Dans la baie d'Aghios Nikolaos

Sur une petite péninsule qui s'avance dans la baie, Aghia Irini est sans nul doute la plus belle des quelque 200 églises et chapelles que compte Kéa. Elle s'élève près des ruines d'un des plus vieux sites de la mer Egée. L'École américaine d'archéologie y a découvert une cité de l'époque du cuivre (environ 2800 avant J.-C.). Vous y verrez également les vestiges de murailles et les restes d'un palais de l'époque mycénienne. Un sanctuaire complétait l'antique cité : pendant l'ère classique, le lieu était consacré au culte de Dionysos.

PORT DE VOURKARI ★

Quand on vous disait que Kéa était comme une banlieue chic d'Athènes : en voici l'illustration. Ce joli petit village de pêcheurs à quelques kilomètres au nord de Korissia est trahi par les bateaux de plaisance. Pas de plage à proprement parler et seulement quelques appartements à louer. Tel un petit Saint-Tropez, Vourkari sert surtout de port de mouillage pour les yachts et autres voiliers. Vous pouvez vous restaurer dans l'une des belles tavernes du front de mer (bons plats de poisson) et vous prélasser dans les cafés et bars qui s'animent en soirée.

Korissia.

LEON RENT A CAR & BIKE

✆ +30 22880 21898
https ://rentacarkea.gr
Ouvert tous les jours de 9h à 21h en saison, sinon de 9h30 à midi. Voitures à partir de 40 € par jour.

Très pratique : en sortant du ferry, vous trouverez ce loueur à quelques dizaines de mètres du débarcadère. Scooters, quad, voitures et même 4x4 pour les plus aventureux. Service sérieux mais assez unique sur l'île. Avec deux loueurs sur l'île, ce monsieur mérite qu'on l'appelle un peu à l'avance en haute saison... Si vous êtes coincé, vous pouvez toujours tenter le bus. Les horaires sont affichés au bureau d'informations en face du débarcadère avec des départs en direction de Pisses (16 km), Otzias (6 km) ou Ioulidha (6 km).

HOTEL KARTHEA €

✆ +30 22880 21204
www.hotelkarthea.gr
Ouvert toute l'année. Chambre entre 50 et 90 €. Petit déjeuner compris.

L'établissement est entré dans l'histoire contemporaine grecque au moment de la chute des colonels. C'est là, dans les 35 chambres de l'hôtel, qu'ont été emprisonnés les membres de la junte en juillet 1974, pour leur éviter d'être lynchés par les Athéniens. Aujourd'hui, c'est un établissement plus pratique que joli, mais avec quelques chambres donnant sur la mer qui sont nos préférées. Le petit déjeuner est un peu basique mais suffisant. On y apprécie un certain calme et une très belle vue sur le petit port. Et le rapport qualité-prix reste intéressant.

L'HISTOIRE DE KÉA

Sa place reste relativement récente dans les livres d'histoire. Bien que proche du continent, Kéa est restée inhabitée jusqu'à la fin du néolithique. Les premières traces de peuplement se trouvent près d'Otzias, avec la présence d'un cimetière datant de 3300-3200 avant J.-C. A partir du XVIe siècle avant J.-C., Kéa deviendra ainsi le trait d'union entre les civilisations minoenne et mycénienne. Sa place stratégique sur les routes commerciales contribue à sa prospérité. C'est alors un Etat indépendant fonctionnant en *tetrapolis*, grâce à la collaboration entre elles de quatre (*tetra*) villes (*polis*). Pour éviter la surpopulation, une loi aurait obligé alors tous les citoyens de plus de 70 ans à se suicider en buvant une décoction à base de ciguë, un fenouil sauvage qui pousse aujourd'hui encore sur Kéa. Pour la petite histoire (aux larges répercussions), c'est avec ce même poison que Socrate se donnera la mort. Au IIIe siècle avant J.-C., une crise politique majeure provoque le déclin de Kéa. Face à la menace des pirates qui convoitent ses ports, la ville passe sous la domination des grandes cités-Etats, de Rome, puis de l'empire byzantin. Lors de la prise de Constantinople par les Croisés en 1204, l'île se trouve sous le contrôle des Francs, qui la nomment Tzia, puis sous celui des Vénitiens et des Ottomans (1579). Au XVIIIe siècle, l'île connaît un grand essor grâce à une importante activité commerciale. Kéa entre en rébellion contre l'occupant en 1821 et rejoint le nouvel Etat grec à sa création en 1830.

HOTEL KORISSIA €

✆ +30 228 802 1484
Ouvert d'avril à octobre. Chambre double de 65 à 80 €.

Petit hôtel de 16 chambres. Une partie de l'établissement et des chambres ont été rénovées en 2010. L'ensemble est sans fantaisie et manque un peu de personnalité mais les chambres sont très propres et plutôt spacieuses. Simple, mais fonctionnel. Les visiteurs apprécient son accueil plutôt sympathique, les chambres spacieuses avec vue, l'air frais et la bonne ventilation. C'est au calme, près du port avec les contingences et le service à l'avenant : le personnel pourra vous préparer votre petit déjeuner avant l'heure prévue en raison d'un départ en bateau.

KEOS KATIKIES €

✆ +30 22880 21661
www.keos.gr
Chambre entre 70 et 130 €, petit déjeuner compris.

17 chambres simples, tranquilles, nichées dans des murs en pierre, dans un établissement de belle facture cycladique en face du port. Toutes les chambres ont la télé, Internet, parfois une kitchenette et une terrasse ou un balcon. La vue sur la mer, surtout au moment du petit déjeuner continental, à base de produits locaux et de recettes maison, est spectaculaire. A côté de l'hôtel la direction gère aussi le café Keos. Là, en plus de la vue magnifique, vous pourrez déguster votre petit-déjeuner avec des croissants frais, des confitures maison et du pain.

MAKRONISSOS, L'ÎLE-PRISON DE LA HONTE

On dit souvent que Kéa est l'île qui marque l'entrée dans l'archipel des Cyclades. En vérité, une petite île toute en longueur semble faire barrage aux bateaux qui partent de l'Attique. Il s'agit de Makronissos. On l'appelle parfois Nisos Eleni, « l'île d'Hélène », parce que la légende veut que Pâris y ait caché la belle Hélène après l'avoir kidnappée, acte qui lança la guerre de Troie. L'île a servi de prison et de lieu d'exil pour les opposants politiques, notamment communistes, durant et après la guerre civile grecque. La torture y était monnaie courante et beaucoup de partisans qui avaient lutté contre l'occupation allemande ont péri ici. Dans le récit national compliqué de la Grèce moderne, Makronissos est un symbole de honte et de trahison encore aujourd'hui. Plus tard, la dictature des colonels y envoya de nombreux condamnés. Parmi ces déportés se trouvaient de nombreux écrivains, dont Yannis Ritsos. Le poète y a notamment écrit le recueil *Temps pierreux, Makronissiotiques*. « Ces poèmes ont été écrits à Makronissos, d'août à septembre 1949, au camp D de déportés politiques, avant que nous soyons transférés au Bataillon B, avant même de vivre toute l'horreur de Makronissos », écrit-il en préface de sa première publication en Grèce en 1957. Depuis la fin des années 1970, l'île-prison a été désertée. Il ne reste que quelques bergers qui font paître leurs troupeaux et le port a été fermé. Vous pourrez y aller en caïque uniquement, en demandant aux pêcheurs des ports de Korissia et Vourkari.

KORALLI STUDIOS €

✆ +30 22880 21268

www.kea-rooms.gr

Studios de 50 à 80 €.

Vous reconnaitrez (et apprécierez) ces studios à leur jardin planté de bougainvilliers et d'autres arbres. Dimitra vous ouvre ses portes à 100 m de la plage de Korissia dans ses huit grands studios pouvant accueillir jusqu'à 5 personnes, idéals pour les familles, avec une ou deux chambres avec télévision et une cuisine équipée d'un réfrigérateur et d'une plaque chauffante double. Chaque logement climatisé comporte sa salle de bains privative. Proche du port de Korissia et de sa plage et d'une aire de jeux pour enfants. Propriétaires très disponibles.

RED TRACTOR FARM €€

✆ +30 22880 21346

www.redtractorfarm.com

Chambre double à partir de 90 € pendant l'été, sans petit déjeuner. Ouvert toute l'année.

A 10 minutes de marche du port de Korissia mais à 150 m de la première plage, voilà un petit établissement, isolé juste ce qu'il faut dans les oliviers et les vignes. Vraiment ravissant, avec des cheminées à disposition hors saison dans trois maisons traditionnelles qui abritent les sept chambres. Et pour vraiment sortir des sentiers battus, sachez que les propriétaires gèrent une ferme où ils acceptent les adeptes du wwoofing après l'été, c'est-à-dire l'hospitalité en échange de quelques travaux. Renseignements sur le site : wwoofgreece.org.

AIGIS SUITES €€€

En surplomb de Vourkari

✆ +30 22880 21825

www.aigisuites.com

Suites à partir de 120 € en été. Petit déjeuner compris.

Depuis 10 ans, les suites Aigis vous promettent un séjour luxueux : le confort des chambres est irréprochable, la décoration chic combine un style égéen et un design contemporain, la piscine offre une vue imprenable sur la baie depuis les hauteurs où est perché l'établissement, la gastronomie est à l'honneur au bar-restaurant et, si tout cela n'était pas suffisant, l'hôtel dispose également d'un spa. Le bar et le restaurant sont ouverts à tous : venez boire un délicieux cocktail en fin de journée pour regarder le soleil se coucher sur Makronissos au loin.

PORTO KEA SUITES €€€

Sur la plage.

✆ +30 22880 22870

www.portokea-suites.com

Chambre à partir de 80 € en basse saison. Petit déjeuner compris.

Sur le sable de Korissia, à deux pas du port, un beau complexe de 35 chambres, tout confort (appréciable petit coin cuisine dans les chambres). Un hôtel très soigné, au personnel serviable, avec de très jolies chambres avec vue sur mer. Piscine, bassin pour enfant, restaurant, beach bar, tout y est ou presque. En moyenne saison, les prix sont plus avantageux du lundi au jeudi. A défaut d'y loger, posez-vous dans son bar *trendy*, le Ammos. Mais quand vous y êtes, l'accès est très facile à pied au village de Korissia avec ses tavernes sur le port.

FILLIPAS €

✆ +30 22880 21690

Compter autour de 15 € par personne. Ouvert tous les jours de 18h à 1h en saison.

Une des valeurs sûres de l'île en matière de grillades. Surtout fréquentée par des Grecs, cette taverne a une très belle terrasse avec une très belle vue sur le port de Korissia. L'établissement, tenu par la famille du même nom, reste normalement ouvert hors saison, mais seulement le week-end, pour les locaux. Sinon, vous profiterez d'un restaurant classique et assez typique avec une très belle vue sur le port. Nourriture simple et savoureuse et assez copieuse (comme d'habitude, pensez à partager les plats !). Très bon rapport qualité-prix.

MAGAZES €

✆ +30 22880 21104

www.kearestaurant.gr

A partir de 15 € par personne. Ouvert tous les jours de 9h à minuit.

Sans doute le meilleur restaurant de poisson de Korissia. Avec sa terrasse sur le port, vraiment très agréable le soir, vous apprécierez ici un service sympa et rapide. Très bons poissons et plats traditionnels grecs. Une vraie bonne adresse... Dans les premiers prix, les mezzés et brochettes sont très convenables. Les excellents poissons grillés sont juste un peu plus chers selon la pêche du jour déclinés souvent en soupes de poisson et pâtes au homard. Une belle option, en bord de mer avec quelques tables dehors sur la promenade du port.

ENNEA KORES €€

Vourkari

✆ +30 22880 21702

Ouvert tous les jours de 10h au dernier client. Comptez 20 € par personne.

Située sur le front de mer de Vourkari, avec vue sur la péninsule d'Aghia Irini, cette taverne de poisson porte un nom mystérieux : « les Neuf Filles ». Sous cette belle véranda, de savoureux mezzes de la mer, de poisson et de la viande au gril. Essayez la *fava* aux câpres ou les pétoncles… Un peu à l'écart de l'agitation de Vourkari, au bord de l'eau, avec une décoration agréable et fleurie, elle est bordée par des arbres. Poissons frais, assiettes bien présentées. Excellente cuisine et service impeccable. Belle carte des vins, avec quelques références bio.

LAGOUDERA €€

✆ +30 22880 21977

www.kea-restaurant.gr

Ouvert tous les jours de 10h au dernier client. Comptez 20 € par personne.

Ce beau restaurant est l'un des premiers que vous repèrerez à votre arrivée au port. A proximité du débarcadère, il sert une cuisine traditionnelle, préparée avec succès dans les règles de l'art. Ainsi vous pourrez goûter aux différents produits typiques de l'agriculture locale, avec une cuisine tournée vers la terre plus que vers la mer, comme le coquelet ou l'*exochiko* d'agneau. Bref, une taverne qui sert de délicieux plats maison et à des prix très raisonnables. Le service est excellent et la vue sur le port, avec tous les voiliers, enivrante.

ALL AROUND VINYLIO

Vourkari

✆ +30 2288 021080

Ouvert tous les jours à partir de 19h (en juin et septembre seulement les week-ends).

Tenu par un charmant couple gréco-néo-zélandais, ce bar est idéalement situé, les pieds dans l'eau, avec vue sur la baie d'Aghios Nikolaos et le coucher du soleil vers l'ouest. Vous pourrez également dîner au pizza bar à l'étage, la vue y est plus belle encore avant que ne tombe la nuit. Cocktails et jus frais sont servis sur la mer, mais également à l'intérieur : soyez prévenus, les week-ends, l'endroit est vite rempli. Musique *groovy* tranquille en début de soirée qui monte jusqu'à donner de folles soirées jusqu'aux petites heures du matin.

BOTZI CAFÉ

Vourkari

✆ +30 2288 021784

Ouvert tous les jours de 9h au dernier client.

Pour prendre un verre en soirée, rendez-vous juste avant l'entrée du port de Vourkari. Cet agréable café est situé sur le front de mer en arrivant à Vourkari. On peut y prendre le petit déjeuner et également casser la croûte à midi. Les pizzas sont réussies. La journée, on se rafraîchit à l'ombre de la grande terrasse, mais c'est surtout l'heure de l'apéritif qu'il ne faut pas rater pour regarder le soleil se coucher. Equipe jeune et sympathique. Idéal et stratégique pour admirer le magnifique coucher du soleil sur l'île de Makronissos.

OTZIAS

A 11 kilomètres d'Ioulis, en face de la ville de Káristos à Eubée, ce petit village a une plage ombragée mais un peu exposée au meltemi. Le paysage de Vourkari jusqu'à Otzias est très beau, vous traversez une vallée parsemée d'oliviers, d'amandiers et d'arbres fruitiers. La plage d'Otzias, peu étendue et exposée au meltemi, offre l'avantage d'être encore calme et peu fréquentée. Vous pouvez aussi vous baigner sur la plage de Kastri. Une autre belle plage de sable : I Tris Boukes, entre la presqu'île de Kefalas et la baie d'Aghios Nikolaos. Pour un autre point de vue, le monastère de Kastriani, fondé au début du XVIIIe siècle, est construit sur un rocher abrupt qui domine la mer.

PLAGES D'OTZIAS, KASTRI ET TRIS BOUKES ★

La plage d'Otzias offre un bon point de vue sur la ville de Karistos, en face sur l'île de l'Eubée. Pour y accéder, vous traversez une vallée plantée d'oliviers, d'amandiers et d'arbres fruitiers. Peu étendue et exposée au meltem, cette plage offre l'avantage d'être encore calme et peu fréquentée. Vous pouvez aussi vous baigner sur la plage de Kastri. Une autre belle plage de sable : I Tris Boukes, entre la presqu'île de Kefalas et la baie d'Aghios Nikolaos.

ANEMOUSA STUDIOS €

✆ +30 22880 21 335

www.anemousa.gr

Entre 50 € et 110 € la chambre, selon la période et la catégorie.

Une vingtaine de chambres spacieuses se logent dans un hôtel à l'architecture traditionnelle. Tous les studios comportent une vraie cuisine équipée et une véranda. Salle de sport, piscine (avec bar) et jardin font partie de l'établissement. A cent mètres seulement de la plage. Des promenades à faire autour. Avec des chambres spacieuses, vous bénéficierez aussi d'un coin cuisine avec de quoi préparer un café ou un thé et d'une terrasse avec vue sur la piscine. Dans les chambres que nous avons vues, les portes et fenêtres étaient équipées de moustiquaires. Utile !

CAVO PERVELOS STUDIOS €

Sur la plage ;

✆ +30 22880 21120

www.cavostudios.gr

Ouvert toute l'année. Entre 60 € et 120 € selon la période et la catégorie. Petit déjeuner compris.

Des studios aménagés dans des constructions en pierre traditionnelle avec une terrasse agréable et... des hamacs. Derrière une route qui mène à la plage d'Otzias à 20 mètres, ces petits cabanons dans leur complexe en brique sont uniques. Les studios, qui peuvent accueillir entre deux et quatre personnes, ont tous un réfrigérateur, une petite cuisinière. Un bon équipement. Des jeux pour enfants (terrain de basket notamment) font partie du lieu. Joli jardin où l'on peut déguster un cocktail. Studios de bon confort et de belle superficie.

CHEZ ANNA €

✆ +30 22880 21137

A partir de 15 € par personne. Ouvert tous les jours de midi à minuit.

Une jolie terrasse, sur deux niveaux, surplombant légèrement la baie d'Otzias, accessible depuis la mer en marchant trois minutes. Chez Anna - « Tis Annas » en grec - vous trouverez calme avec vue sur mer, sous une véranda ombragée. Des mezzes simples mais souvent inédits en Grèce comme des pâtés en croûte. Ici, le poisson est cuit au charbon. Portions généreuses. Rend service quand on loge à Otzias. Une belle adresse, avec à la carte des mets typiques et raffinés. Au passage, le vin rouge de la maison proposé au kilo est très bien.

OTZIAS KOUZINA €

✆ +30 2288 029057

Ouvert tous les jours de 10h au dernier client. Comptez 15 € par personne.

Face à la plage d'Otzias, cette taverne traditionnelle propose tous les classiques de la cuisine grecque. Mezzés et poissons, dont de petits anchois succulents. Le cadre est très agréable et fait avec goût. Quelques tables les pieds dans le sable et grande terrasse ombragée. Une belle surprise pour déjeuner comme en témoignent de belles salades aux épinards et aux figues, tomates séchées et parmesan ou roquette avec ses petits oignons, tomates cerises, fromage crémeux local et une vinaigrette à l'orange. On a aussi apprécié les sardines joliment grillées.

IOULIDA CHORA ★★★

C'est ici, dans l'ancienne cité antique d'Ioulis, que sont nés, au Ve siècle av. J.-C., les poètes Simonide et Bacchylide. Située à 5,5 km de Korissia, la capitale de l'île se distingue par ses maisons néoclassiques aux tuiles rouges, ses nombreuses fontaines et ses ruelles escarpées construites en amphithéâtre sur les flancs des collines. Le centre-ville, interdit aux voitures, est particulièrement calme la semaine et revit le week-end avec ses nombreux bars et restaurants branchés fréquentés par les riches Athéniens. Ne vous étonnez si vous entendez parler aussi bien de Ioulis, Ioulida, Ioulides ou Chora : toutes ces dénominations désignent le village principal de Kéa.

LION DE PIERRE ★★★

Sculpté à même la falaise (6 m de long et 3 m de hauteur tout de même), le Lion de Tsia sourit aux visiteurs depuis le VIe siècle av. J.-C. Selon une version de la légende (mais il y en a d'autres...), les habitants du village auraient abandonné Ioulis, car les nymphes qui vivaient dans la montagne tuaient leurs femmes. Un prêtre implora alors l'aide de Zeus, qui envoya un lion afin de chasser les créatures cruelles. Les habitants décidèrent alors de tailler une reproduction de l'animal dans la roche afin que les nymphes, apeurées, ne reviennent jamais.

MUSÉE ARCHÉOLOGIQUE

✆ +30 22880 22079

Ouvert tous les jours sauf le mardi de 8h30 à 15h30 en été, du jeudi au dimanche en hiver. Entrée : 2 €.

Dans ce musée archéologique sont essentiellement exposées des pièces provenant des sites antiques de l'île. Vous pouvez y admirer quelques belles pièces, comme des *korê* préhistoriques et une statue de Nikè, découvertes par l'école d'archéologie danoise qui a mené les fouilles sur les sites des quatre cités-Etats. Le musée présente quelques objets intéressants de l'époque cycladique. Il est divisé en deux parties (Cités antiques et Collections préhistoriques) sur les deux étages. Mais l'essentiel des découvertes est surtout exposé à Athènes.

KEA VILLAGE €€

✆ +30 6972 243330

www.keavillage.gr

Chambres doubles à partir de 90 € en été avec le petit déjeuner.

Des chambres spacieuses, épurées et confortables dans un somptueux établissement situé en périphérie de Ioulida avec des vues exceptionnelles sur la mer Egée. Kea Village propose des suites au confort impeccable et au style recherché. Vous pourrez passer les chaudes après-midi au bord de la piscine et regarder le soleil se coucher depuis la terrasse de votre chambre. Design réussi et chambres vraiment agréables. Une très belle adresse. Vue exceptionnelle et imprenable aussi bien au niveau des villas qu'au niveau du restaurant et du bar.

Iliouda sur l'île de Kéa.

SERIE €€

✆ +30 22880 22355

www.serie.com.gr

Chambre double à partir de 80 € en été. Petit déjeuner compris.

Petit hôtel récent, propre et impeccable, juste ce qu'il faut dans l'intérieur des terres. Cet établissement agréable est situé à l'extérieur de Ioulida, et offre de ce fait des vues magnifiques sur le village depuis ses grands balcons. Les chambres aux couleurs pastel ouvrent sur la mer et sont relativement spacieuses. On aime le calme qui règne ici. A noter cependant : il sera important d'être motorisé pour profiter du séjour pleinement, car les suites du Serie sont assez isolées. Fraîcheur garantie et une bonne literie de qualité.

ROLANDO €

✆ +30 22880 22224

A partir de 15 € par personne. Ouvert tous les jours de 10h à 2h.

Une terrasse animée sur le port avec un service sympathique et une cuisine locale savoureuse. Le propriétaire – le fameux Rolando justement – est à la hauteur de sa réputation. Avec son épouse Chryssa, ils proposent des spécialités de Kea dont elle est native, mais également des spécialités de l'île de Corfou d'où il est originaire. Parmi ses mezzés, d'excellents *gonos* [petits calamars frits] et *gavros* [petits poissons frits aussi]. Côté plats, du *stifado* [lapin], *katsiki* [chèvre] au citron, une moussaka aux courgettes ou le fameux *sofrito* du Corfou.

TON KALOFAGADON €

Sur la place principale

✆ +30 2288 022118

kalofagadon.gr

Ouvert tous les jours de 10h à 23h. Comptez 15 € par personne.

Sur la place de la Mairie, joli bâtiment néoclassique, cette taverne étale ses tables sous les vieux platanes en été. Hors saison, ou s'il fait trop chaud, vous pourrez vous attabler à l'intérieur dans un décor rétro à souhait. Le nom de ce restaurant signifie « Ceux qui savent comment bien manger ». La spécialité est le porc grillé à la broche [kontosouvli], mais d'autres viandes sont également proposées en grillade. Une adresse réputée dans Ioulida. Bonne cuisine traditionnelle, belle situation au centre du village, et plats pas chers et copieux.

I PIATSA €

✆ +30 22880 22195

Ouvert tous les jours de 8h jusqu'au dernier client. Compter 15 €/pers.

Un emplacement de choix, sur la petite place à l'entrée de Ioulida. Nous sommes venus à plusieurs reprises dans ce restaurant qui sert une très bonne cuisine traditionnelle. Ce café-restaurant agréable sert tous les plats typiques de la cuisine grecque et certaines spécialités locales, comme la saucisse fumée ou la *loza* par exemple. Vous pourrez venir également pour le petit déjeuner ou en soirée pour boire un verre. Une ouzerie en somme, où certains soirs on joue de la musique traditionnelle et on danse. L'accueil y est chaleureux, le service attentif.

CAFE PANORAMA

✆ +30 22880 22341

Ouvert tous les jours à partir de 10h jusqu'au soir.

Cette pâtisserie a été transformée en un café agréable, avec une terrasse splendide. La promesse du nom est tenue. Les locaux viennent ici pour une boisson plus ou moins alcoolisée à mesure que la journée s'étire. Les gâteaux sont aussi vraiment délicieux [en particulier celui à l'orange], avec un service attentif. C'est également devenu un passage obligé après le dîner pour un café ou un dessert. Mais rien ne vaut l'ivresse de la profondeur de la vue, au-dessus des toits du Ioulida. Vraiment une des plus belles vues de l'île !

KOUNDOUROS

À 23 kilomètres du port de Korissia s'ouvre la baie de Koundouros : de belles criques de sable, un minuscule mouillage pour les voiliers, quelques maisons de vacances et la mer à l'horizon. Avec de bonnes chaussures ou un scooter, vous profiterez des chemins aménagés dans les forêts de chênes des alentours. Le village se situe près des plus belles plages de l'île. En progressant vers le sud et vers le village de Kampi, vous trouverez une succession de petites plages agréables, dont Frea qui est ombragée, ou Lygia, une plage de galets aux eaux cristallines. Mais les plus belles plages sont certainement celles qui frangent la côte au-delà de Kampi.

PLAGES ★

Les plages du sud-ouest de Kéa sont parmi les plus belles de l'île et elles ont l'avantage d'être abritées du *meltemi* en été. A Koundouros même, la grande plage de sable est particulièrement appréciée et donc très fréquentée en été. Vous y trouverez tavernes de plage, transats et parasols. Tout l'inverse de la petite crique d'Aghios Emilianos, située un peu plus haut. En progressant vers le sud et vers le village de Kampi, vous trouverez une succession de petites plages agréables, dont Frea, ombragée, ou Lygia, une plage de galets aux eaux cristallines.

SITE DE KARTHAIA ★★

Entrée libre tous les jours.

Dans le port de Koundouros, vous pourrez embarquer sur un caïque pour l'autre côté de l'île, par le cap de Tamelos et son phare de 1893, le plus méridional de Kéa, et jusqu'à la baie de Poleis. Là, vous pourrez visiter les ruines de la cité antique de Karthaia. Sur ce site archéologique sont visibles : les temples d'Athéna et d'Apollon Pythios (Ve siècle av. J.-C.), des fortifications (VIe-IVe siècles av. J.-C.) et un théâtre (IIe siècle av. J.-C.). Profitez d'une excursion à la journée pour vous baigner sur les plages isolées de Mikres Poleis et Megales Poleis.

BUNGALOWS ST GEORGE €€

✆ +30 22880 31277

www.stgeorgekea.gr

Chambre double à partir de 80 € en été avec vue sur mer.

Vous voilà avec une certaine tranquillité assurée dans l'un de ces 20 bungalows bien équipés, avec chacun une terrasse ou une véranda et un réfrigérateur disséminés dans un parc de 14 ha, au calme, avec vue, et à 200 m seulement de la mer. Au milieu des bougainvilliers, avec une bonne taverne en prime. Les chambres ont été toutes récemment rénovées et disposent toutes d'un balcon avec vue sur la mer. Il faut monter une petite côte (la vue se mérite), et l'utilisation d'une voiture sur place, sinon indispensable, sera fortement appréciée.

ALAS RESTAURANT €

✆ +30 22880 31111

Ouvert tous les jours de 8h à 23h. Comptez 20 € par personne.

C'est simple, c'est la seule option pour se restaurer vraiment à Koundouros. Il s'agit d'un restaurant de la plage, de son vrai nom Alas Restaurant, mais que la plupart des visiteurs connaissent généralement tout simplement sous le nom de Koundouros restaurant. Sous les grands tamaris, on y vient toute la journée et on y traîne jusque tard dans la soirée pour sa cuisine grecque un peu plus recherchée que celle que l'on trouve habituellement sur les plages de Grèce. Les prix sont aussi un peu plus élevés mais rien de très méchant.

TO KAMPI €

Plage de Kampi

✆ +30 22880 31211

A partir de 10 € par personne. Ouvert tous les jours de 11h à 23h.

Vous passez la plage de Pisses puis de Koundoros et finalement vous tombez sur la petite plage de Kampi. Cette bonne taverne est située sur la petite plage éponyme : le décor est paradisiaque et d'un calme presque absolu. Gérée par Manousos et Eleni Psimitis, elle se trouve juste en face de la mer et en haut de quelques marches où vous avez une belle vue sur le bleu. Du poisson, certes, mais on se régale de *zucchini balls* et de tzatziki et de tartes aux légumes en regardant la mer à l'infini. Franchement, que demander de plus ici ?

PISSES ★★

Dans la partie sud de l'île, à 17 kilomètres du port, construit à l'emplacement de l'antique Piyessa, ce village assez calme cache une belle plage de sable et quelques tavernes pour se restaurer. Une vallée verdoyante débouche sur une large bande de sable peu fréquentée. Derrière la plage s'étend une plaine avec des vergers et des cyprès. C'est un village où se retrouvent des habitués bien renseignés. C'est aussi ici que vous trouverez le seul camping de l'île. Idéalement situé, même s'il est un peu excentré : sur place, on trouve une cafétéria, des sanitaires, un resto pour les petits déjeuners et une cuisine commune.

CAMPING €

✆ +30 228 803 1302

www.campingkea.com

6 € par personne et par nuit, 3 € par enfant, emplacement à partir de 8 €, voiture 3,50 €.

Vous trouverez ici le seul camping de l'île. Un beau camping avec suffisamment d'ombre pour les tentes sur un site idéalement situé, à 100 m de la plage. Sur place, on profitera d'une cafétéria, des sanitaires, d'un restaurant (pratique pour les petits déjeuners), d'une salle de télévision, d'une cuisine commune, de machines à laver, de toilettes chimiques et même du wifi. Bien équipé, il a la qualité de ses défauts. Il est ainsi aussi calme qu'excentré. Pour information, les propriétaires proposent aussi des studios meublés et entièrement équipés.

GALLINI APARTMENTS €

✆ +30 698 923 56 80

Chambre double entre 60 et 80 €.

Des studios spacieux, décorés simplement et meublés de lits traditionnels en pierre (et confortables). Légèrement en retrait de la plage, l'endroit idéal pour loger sur la plage de Pisses en évitant le camping ! Chaque studio comprend une kitchenette, tous les ustensiles ménagers nécessaires et un réfrigérateur. Pendant votre séjour, vous pouvez acheter ce dont vous avez besoin à la supérette voisine, située à seulement 50 m. Mais vous pourrez également déguster des plats locaux, dans une ambiance agréable, à la taverne voisine, à 100 m.

CHRISTOFOROS €

✆ + 30 22880 31308

A partir de 10 € par personne. Ouvert midi et soir.

Une petite taverne familiale, à proximité de la plage et sous l'ombre des mûriers l'été, les pieds dans l'eau. On y sert quelques plats traditionnels de Kéa. On va choisir en cuisine les plats familiaux du jour : aubergines à la tomate, bonnes boulettes de viande à la sauce tomate, bœuf mijoté ou bien encore légumes farcis au riz ou à la viande... Tout sent bon dans la cuisine ! Idéal et revigorant, pratique et honnête pour une salade grecque ou des côtelettes grillées après la baignade ! Ici, la cuisine est simple et copieuse.

EXOCHIKO MARGARITAS €

Sur la plage.

✆ +30 22880 31223

Ouvert toute la journée. Autour de 10 €/pers.

Une petite taverne comme on les aime. Voilà un établissement simple et agréable dans la rue, juste avant la plage. Margarita - qui donne son nom au restaurant - connaît les secrets des grillades. Elle est notamment fière de son hamburger - pas une spécialité trop grecque a priori - fait à 100 % de bœuf. Elle fait aussi de la moussaka parfaite. Vous trouverez également des plats cuisinés, mijotés de légumes cuits à l'étouffée et de la viande rôtie à la broche. A la fin, ils vous offriront un morceau de tarte à l'orange moelleuse.

MERICHAS ★★

Bienvenue à Kythnos ! Presque inconnue des touristes, elle affiche tout de même complet le week-end (grâce aux Athéniens) et pendant l'été (grâce aux Grecs). Merichas, pendant la belle saison, est très animée, surtout en fin de semaine lorsque les yachts et les voiliers s'alignent sur son quai. Tout ce beau monde crée une ambiance décontractée qui fait oublier la laideur des constructions du port. Le soir, après un dîner de poissons au port, tout le monde se retrouve au Remezzo pour boire un verre en musique.

Transports

En bateau, chaque jour en été, un à deux ferrys partent depuis Le Pirée, et un autre depuis le port de Lavrio.

MONASTÈRE DE PANAGHIA FLABOURIANI

A 20 minutes, au sud de Merichas.

La grande plage de Flabouria est gardée par cette fascinante église. Prenez le temps de découvrir ses espaces extérieurs. Déjà, le monastère est construit au bord d'une falaise. Mais surtout, selon la tradition, les traces vues sur la plage allant jusqu'à l'église seraient celles de la Vierge Marie. Notez aussi que la plage en contrebas, de sable et de galets, est agréable et ombragée. Chaque année au mois d'août, des lys odorants fleurissent au bord de la mer.

ILOT D'AGHIOS LOUKAS ★

Relié à Kythnos par les plages de Kolona et Fikiada et une étroite bande de sable, cet îlot est parsemé de vestiges archéologiques qui datent de l'époque romaine. Il abritait l'agora d'une cité antique très étendue puisque son centre se trouvait à environ 3 km au sud, là où vous verrez les vestiges de Vriokastro. Aujourd'hui, une chapelle dédiée à saint Luc domine l'îlot. La plage de Kolona, elle, se résume essentiellement à une étroite bande de sable doré qui relie Kythnos à l'îlot. Cependant, elle a un charme particulier, ourlée par la mer des deux côtés.

VRIOKASTRO ★

Voici le centre de l'antique capitale de Kythnos : une grande cité probablement fondée à la fin du Ve siècle avant J.-C. sur le site d'une ville beaucoup plus ancienne, et qui s'étendait jusqu'à l'îlot d'Aghios Loukas. Aujourd'hui, on y admire essentiellement les vestiges d'une muraille impressionnante, de citernes pour récupérer l'eau et de temples peut-être dédiés à Déméter, la déesse de l'agriculture. Des fouilles récentes ont mis à jour d'autres temples. Cependant, les travaux archéologiques continuent pour déterminer leur utilisation.

CYCLADES OCCIDENTALES

© NIKOLAOS TAMVAKIS - SHUTTERSTOCK.COM

Merichas.

PLAGES ★★

Pour accéder aux plus belles plages de Kythnos, il faudra souvent être véhiculé depuis le port. Mais de toutes les façons, chacun trouve généralement son bonheur.

La plage de Merichas n'est pas la plus agréable, mais elle pourra dépanner si besoin urgent de se baigner. Sinon, à quelques minutes seulement, les plages au nord du port offrent de belles possibilités de baignade.

La plage de Martinakia, au nord du port et à 5 minutes de marche par une série de marches. Petite étendue de sable, ombragée par des tamaris, Martinakia est très appréciée des familles. Vous y trouverez de quoi vous restaurer. Pour un peu plus de calme, préférez la plage plantée d'arbres d'**Episkopi**, plus au nord. Vous y trouverez un élégant bar de plage, le Pountaki, pour boire un verre ou manger un bout.

A environ 3 km, la plage d'Apokrissi est une des plus grandes de Kythnos. Longue étendue de sable, elle a l'avantage d'être très bien ombragée. Le Coconuts Beach Bar peut être un peu bruyant, mais vous pourrez y boire de bons jus frais ou des cocktails.

Kolona et Fikiada sont deux plages siamoises, sûrement les plus belles de Kythnos. Séparées par étroite bande de sable, elles constituent un site très étonnant. Vous pourrez vous y rendre par la route ou en *sea-taxi*. En été, l'accumulation de voiliers a malheureusement tendance à un peu gâcher le paysage pour les baigneurs, mais ne manquez surtout pas de venir. Le magnifique bar de plage Kolona constitue une pause paradisiaque où vous pourrez boire un cocktail ou vous régaler d'un poisson grillé.

ANTONIS RENT A CAR

✆ +30 2281032104

www.rentacarkythnos.gr

Ouvert tous les jours de 9h à 21h en été (sinon de 9h à 14h et de 16h à 19h en hiver). Véhicules à partir de 25 €/jour.

Attention, c'est le seul que l'on ait repéré ! A 250 mètres du débarcadère, Antonis propose des scooters et voitures en très bon état. Possibilité de négocier les prix pour les locations sur plusieurs jours. L'agence fait partie des services de la famille Larentzakis qui possède également le *sea-taxi* et l'agence Larentzakis. Pour être tout à fait complet, quatre chauffeurs de taxi sillonnent l'île (tél. : +30 6944 271609, +30 6944 743791, +30 6944 276656, +30 6945 895347). Des bus réguliers partent de Merichas et desservent Chora et Loutra.

LITSAS €

Sur le port, à gauche en débarquant

✆ +30 69794 17487

www.litsas-studios.gr

Entre 50 et 70 € pour deux personnes en été.

Malgré un confort et une décoration un peu rudimentaires, voilà quand même 7 vastes studios, équipés avec télévision, kitchenette, de beaux balcons et vue sur la plage. Vous pourrez vous y asseoir pendant des heures en buvant votre café ! Les chambres sont très correctes et offrent accessoirement une vue incroyable depuis le magnifique balcon. Même certains wc ont une petite fenêtre avec une vue ! Les lits sont très moelleux et la literie est satisfaisante. La propriétaire - Madame Litsas, qui donne son nom à l'établissement - est avenante.

PANORAMA €

Sur le port

✆ +30 22810 32184

www.kithnosisland.gr/panorama

Autour de 80 € pour 2 en été.

Malgré leur mobilier en bois un peu vétuste, les chambres du Panorama offrent une belle situation et une jolie vue sur mer. Le petit complexe est construit en amphithéâtre selon l'architecture traditionnelle cycladique de Kythnos. Les 10 chambres sont modernes avec télévision et de belles vérandas. Possibilité de louer des appartements avec cuisine. Vous serez aussi à quelques mètres du port et des tavernes, commerces, pâtisseries. Le tout à vos pieds, y compris la mer et des possibilités d'excursions et d'exploration dans toute l'île.

VILLA ELENA €€

Plage de Martinakia

✆ +302281032275

www.villa-elena.gr

Studio et maisonnettes à partir de 90 € en été.

Dominant la plage de Martinakia, Villa Elena offre des studios et petites villas individuelles de qualité supérieure à la moyenne. Accueilli au port par Dimitri, le gérant venu vous chercher, vous serez ensuite à 2 minutes à pied d'une plage et à 5 minutes du port. L'ensemble est situé au calme, avec des vues magnifiques sur la mer et la baie de Martinakia. Les studios et appartements sont décorés avec goût et sobriété, dans un style traditionnel très réussi. Une option vraiment agréable. Au bas de la propriété, une belle terrasse où prendre son café.

O KRITIKOS €

✆ +30 22810 32069

Ouvert tous les jours midi et soir. Compter 15 € par personne.

C'est une belle histoire multiculturelle - dans les limites de la Grèce. En 2012, Antonis le Crétois et Maria, la régionale de l'étape, native de Kythnos, ouvraient cette taverne. Au menu : le meilleur de chaque île. Vous y trouverez donc des escargots (*apaki*), de la charcuterie (*syglino*). Le tout, bien sûr, arrosé de raki crétois. Les autres produits, notamment les fromages, sont locaux. Essayez la salade avec roquette, épinards, carottes, fromage et vinaigrette au miel. Le *bekri meze* (ragoût de viande) et l'agneau rôti au vin sont également excellents.

OSTRIA €

✆ +30 2281 033017

Ouvert tous les jours de 9h à minuit. Comptez 15 € par personne.

De loin le meilleur poisson de l'île. Depuis 10 ans, l'Ostria vous reçoit avec le sourire et en français, si vous tombez sur le propriétaire. Optez pour le poisson grillé, ou la spécialité maison, les pâtes à la langouste, forcément un peu plus chères que le reste, mais tellement délicieuses ! On s'attable à l'ombre de la grande terrasse ou le long du front de mer quand il fait moins chaud en soirée. Formidable terrasse sur le port de Merichas. Un très bel accueil et un service au top, avec grand professionnalisme et gentillesse !

TO PETRINO €

Plage de Martinakia
✆ +30 2281 032275
www.villa-elena.gr
Ouvert tous les jours de 10h à 23h. Comptez 20 € par personne.

A l'extrémité nord de la plage de Martinakia, To Petrino est un agréable café-restaurant qui domine la baie. A seulement 3 minutes à pied du port, légèrement excentré, vous avez des chances d'y déjeuner en toute tranquillité. Propriété des Villas Elena, c'est un établissement bien tenu, qui propose une bonne cuisine maison et du poisson frais. La grande terrasse est vraiment très jolie, avec vue sur la mer, mais un peu à l'écart de l'animation de la plage. Une bonne adresse qui vaut largement la promenade jusqu'à cette petite baie.

AVRA €€

Sur la plage.
✆ +30 22810 32277
Ouvert tous les jours à partir de midi entre Pâques et octobre.

Déjà, ces tables posées à même le sable sur la plage donnent sacrément envie. Ce n'est pas la seule, mais ici la carte, de poissons surtout, propose des produits d'exception : cabillaud, espadon, mais aussi de la langouste, comme souvent proposée avec des spaghettis. Mais il y a aussi de belles viandes comme les *stifado* ou les *sofrito,* du ragoût de veau et de l'agneau braisé, ainsi que de simples grillades. Un peu plus cher qu'ailleurs, mais cela le vaut. Ce restaurant relativement récent se démarque à juste titre sur la promenade.

VEGGERA CAFÉ

✆ +30 22810 32636
vegera-kythnos.business.site
Ouvert tous les jours entre février et novembre, de 9h au dernier client.

Ce très agréable café est situé en face du débarcadère, dans l'angle de la péninsule qui ferme la baie de Merichas. On aime les tables ombragées qui sont installées juste au pied de l'eau, sur une jolie terrasse. On y vient à toute heure du jour ou de la nuit, pour prendre un petit déjeuner, boire un café froid ou se régaler d'un ouzo frais en soirée. Au coucher du soleil, après un premier cocktail à la tombée de la nuit, passez ici une première étape avant de vous rendre au Akrotiri Club qui se trouve également à Merichas, pour la musique et la danse.

KYTHNOS CHORA ★★

A 8 kilomètres de Merichas, construite à flanc de colline, la ville a de belles ruelles pavées, décorées de fleurs, de poissons ou de bateaux peints à la chaux. Plaisir des yeux et aussi pour les papilles : elles sont ponctuées de bonnes tables où l'on regarde la journée s'étirer. Ses églises sont particulièrement intéressantes, surtout Aghios Savas qui date du XVIIe siècle, mais également Aghia Triada et Metamorphossi tou Sotiros. Pendant la domination vénitienne, Aghios Savas était divisée en deux parties : l'une pour les catholiques, l'autre pour les orthodoxes. Dans les églises de Chora, vous pouvez admirer des icônes de l'école crétoise.

© LEFTERIS_ - ISTOCKPHOTO

Vue sur le port de Kythnos.

STUDIOS FILOXENIA €

✆ +30 22810 31644
www.filoxenia-kythnos.gr
A partir de 60 € la nuit en été, prix variable selon période et catégorie. Ouvert toute l'année.

Ces 10 studios un peu en dehors de Chora viennent compléter une offre hôtelière très faible dans le coin. Ils peuvent accueillir entre 2 et 4 personnes et sont totalement équipés (téléviseur, balcon, kitchenette). Les chambres sont neuves, confortables et impeccables. La cour donne sur la ville de Kythnos et, dès que vous vous réveillez le matin, vous pouvez aller boire votre café avec les locaux. Ici, pas besoin de prendre sa voiture car vous êtes à côté de tout. Et mention spéciale à Maria, la responsable des chambres, toujours très serviable.

CYCLADES OCCIDENTALES

STUDIOS GIANOULIS €

Sur le port.

✆ +30 22810 32247

10 chambres. Autour de 50 € sans petit-déjeuner. Ouvert toute l'année.

Confort minimum (mais avec tout le nécessaire) et position optimale à petit prix. Toutes les chambres disposent d'une salle de bains privée, d'une télévision, d'un réfrigérateur, de l'air conditionné ainsi que du chauffage central, car l'hôtel reste ouvert l'hiver. Idéal pour les petits budgets qui veulent rester sur le port ou qui ont un bateau à prendre. Certaines ont même une vue, mais les plus calmes sont à l'arrière. Au café, situé à l'entrée de l'hôtel, vous pourrez déguster des bonbons de la production maison ainsi que miel de thym et pasteli de Kythnos.

MESSARIA €€

✆ +30 22810 31672

www.messaria.gr

Chambre double à partir de 75 € en basse saison.

C'est le premier hôtel recensé à Chora, preuve que le tourisme est encore balbutiant ! Une chouette option en plus. L'établissement, élégant, propose 12 chambres doubles avec cuisine complètement équipée et balcon privé. Chaque chambre ou appartement est différent, certains sont dans un style plus rustique et d'autres proposent un design plus sobre et contemporain. Le Messaria propose également un très bon restaurant où vous pourrez déguster les spécialités locales comme le *sfougato*, de fort succulentes croquettes de fromage...

PSIPSINA €

✆ +30 2281 031228

Ouvert tous les jours de 13h à 1h. Comptez 20 € par personne.

A côté de la mairie, ce joli restaurant ravira les végétariens et les végans. Des idées végétariennes intelligentes et savoureuses, mais pas que ! En effet, si le Psipsina est un restaurant de *mezze* de poisson et de fruits de mer, la carte propose également plusieurs options adaptées à ceux qui ne mangent absolument aucun produit d'origine animale. Et c'est suffisamment rare sur les îles pour être noté Le tout dans un cadre vraiment très charmant, notamment en soirée, aussi charmant que son petit nom qui signifie « minette ».

TO STEKI TOU NTETZI €

✆ +30 2281 031204

Ouvert tous les jours de 10h à 23h. Comptez 15 € par personne.

Incontestablement notre coup de cœur à Chora : la terrasse de cette belle taverne s'étale langoureusement sous un bougainvillier gigantesque, au pied des moulins, dans un cadre romantique à souhait. L'ambiance y est douce et conviviale, et les *mezzes* sont délicieux, notamment les sfougata, des croquettes traditionnelles au fromage. Pour quelque chose de plus conséquent, optez pour les viandes rôties à la broche ou le chevreau aux herbes. On y viendra aussi pour un verre ou un café pour profiter de l'emplacement et de la décoration réussie.

L'HISTOIRE DE KYTHNOS

Hérodote nous dit qu'au XIIIe siècle avant J.-C. les Dryopes s'installèrent sur l'île. Alliée à Athènes au sein de la Ligue de Délos pendant les guerres médiques, Kythnos est plus tard intégrée à l'Empire romain. La période byzantine est marquée par l'occupation des Vénitiens dès 1207. L'île passe ensuite aux mains des Ottomans. Sous le règne d'Othon Ier, premier roi de la Grèce indépendante, l'île est choisie comme terre d'exil et de bannissement pour les opposants politiques. En 1862, une rébellion de prisonniers soutenue par des révoltés de Syros marque la fin de cette histoire sombre. L'île reprend son cours tranquille et se tourne petit à petit vers le tourisme.

STOU BOURANTA

✆ +30 2281031001

Ouvert tous les jours de 10h à 1h.

Si Chora est plutôt calme en journée, elle prend vie en soirée. On vient alors déambuler dans les jolies ruelles et les places se remplissent de l'agréable brouhaha des cafés et des bars. On apprécie notamment ce joli café avec ses quelques tabourets hauts et ses tables ombragées qui s'étalent sur une agréable petite place de Chora. Certains soirs, des musiciens viennent agrémenter l'ensemble de quelques titres traditionnels. Le tout est à la fois joyeux et cosy. Attention : vous n'aurez peut-être plus envie de vous lever d'ici !

DRYOPIDA ★★

A 8 kilomètres de Chora, c'est l'un des plus jolis villages de Kythnos. Pittoresque, il se distingue des autres par ses maisons aux toits de tuiles rouges. Le village est abrité du vent et peut donc se permettre une telle architecture. Baladez-vous dans ses ruelles endormies. A proximité, vous pourrez également visiter la vaste grotte Katafyki avec ses stalactites. Si le village de Dryopida n'est pas tourné vers la mer, vous aurez facilement accès au minuscule village de Lefkes, sur la côte est, avec son agréable plage ombragée. Légèrement au nord, place à une succession de trois belles plages reliées par un sentier et quelques marches : Zogaki, Kouri et Naoussa.

KANALA

Peu à peu, des résidences secondaires ont été construites par des gens séduits par la beauté du site. Ici, à 16 kilomètres de Chora, pousse la seule forêt de pins de l'île, et la baie est protégée du meltemi.« Au départ, il n'y avait ici qu'une église abritant l'icône miraculeuse de la Vierge, célébrée le 15 août, trouvée dans un canal à proximité. Quelques chambres sont à louer et vous trouverez quelques tavernes pour vous restaurer. La baie de Kanava abrite une plage de sable et de galets, familiale et agréable : Megalo Ammos. Quelques tamaris apportent une ombre appréciable. En marchant un peu vers le nord, vous atteindrez la plage de Kalo Livadi.

LOUTRA

Au nord du village, vous pourrez visiter les ruines de Kefalokastro, la capitale médiévale de l'île qui fut fondée par les Vénitiens avant que les Ottomans ne détruisent la forteresse dans les années 1570. Elle est définitivement abandonnée au XVIIe siècle : aujourd'hui on y admire les restes des fortifications ainsi que deux petites églises. Depuis les hauteurs du kastro, vous aurez une vue imprenable sur la mer et l'horizon. Le sentier qui mène à Kefalokastro n'est pas évident à trouver donc demandez des indications avant de partir (comptez 1h30 de marche). Sachez que Kefalokastro est aussi connu sous le nom de Kastro Orias.

Géologie

Parmi les curiosités locales, les illustres sources d'eaux chaudes de Loutra (qui signifie « bain » en grec) sont connues depuis l'époque romaine. Sous l'occupation vénitienne, Kythnos prend même le nom de Thermia, soulignant l'importance de ces sources chaudes pour l'île. La station thermale à proprementparler est fondée en 1857, sous le règne du premier roi de Grèce. Othon Ier fit lui-même des séjours de cure à Loutra : le bain royal est conservé dans les thermes. Il y a deux sources distinctes : une source d'eau salée à 36 °C qui traite les problèmes d'arthrite et les rhumatismes ; une source d'eau ferrugineuse à 52 °C pour les problèmes de peau et gynécologiques.

ARCHIPELAGOS €€

✆ +30 22810 32380

Ouvert tous les jours midi et soir. Environ 15 € par personne.

Vous la verrez en entrant dans le village : une taverne familiale ouverte depuis quarante ans qui propose une cuisine copieuse. Une belle réussite familiale : le père s'occupe des animaux et du potager, la mère cuisine et le fils accueille les clients et sert les plats les plus représentatifs de la cuisine locale avec de nombreux plats traditionnels grecs. C'est surtout une taverne fréquentée par les locaux. Ambiance garantie avec musique grecque et verres d'ouzo. On y mange très bien et, en outre, le service est assuré avec chaleur.

Plage de Loutra.

HÔTEL AFRODITI €

✆ +30 2281031651

http ://xenonas-afroditi.com

Chambre double à partir de 60 € en été. Petit déjeuner inclus.

A seulement 20 mètres de la plage de Loutra, ce petit hôtel familial, légèrement en retrait de la plage, propose des chambres propres et spacieuses qui disposent chacune d'un balcon donnant sur la mer Égée ou le jardin. Les chambres de l'Afroditi disposent d'un coin salon avec canapé et télévision par satellite. Un petit-déjeuner buffet comprenant des tartes au fromage, du jus d'orange frais, du pain et des gâteaux faits maison est servi dans le coin repas avec vue sur la mer. Le petit-déjeuner en chambre est également possible.

NIRIIDES €€

✆ +30 22810 31533

www.nira.gr

A partir de 70 € la nuit en saison.

Idéalement situé à Maroulas, à 400 mètres du village sur une presqu'île rocheuse, cet établissement est parfait pour des vacances tranquilles en famille. Les quatre studios et trois appartements ont chacun une terrasse avec une pergola. Ils sont parfaitement meublés et équipés, avec de quoi se faire à manger. Une cour commune complète cet ensemble chaleureux, comme le barbecue commun et le service de blanchisserie si nécessaire. Plus fonctionnel que charmant, mais amplement suffisant. Pas de petit-déjeuner mais de quoi faire dans la chambre.

PORTO KLARAS €

A 100 m de la plage.

✆ +30 22810 31276

www.porto-klaras.gr

Chambre double à partir de 70 € en été.

« La clé du paradis » aime à dire Yiannis en remettant la clé des chambres. Pas faux. En tout cas, c'est l'un des meilleurs choix à Loutra. Architecture réussie, décoration minimaliste mais avec tout le confort nécessaire. Les sept studios disposent d'une véritable cuisine. Toutes les chambres ont un balcon et une jolie vue. Un bel accueil, des services impeccables. Les chambres sont confortables, bien équipées, avec une décoration originale et un balcon donnant sur le port. A proximité des cafés, restaurants et d'une supérette.

CAVO D'ORO €

✆ +30 22810 31469

A partir de 15 € par personne. Ouvert tous les jours midi et soir.

Taverne ancrée dans l'histoire de la commune depuis plus de deux décennies, dans un espace rénové, les pieds dans l'eau. La taverne dresse en effet avec bonheur quelques tables sur la plage. On y déguste des aubergines bien cuisinées (au four ou farcies), des tomates et poivrons farcis, des moussakas, des boulettes de viande et un délicieux veau à la casserole. Les jours de bonne pêche, il y a du poisson frais au menu également. Superbe carte de poissons locaux avec calamars, sardines... De belles portions dans un cadre extraordinaire, avec vue sur la marina.

KYTHNOS BAY €€

✆ +30 22810 31218

www.hotelkythnosbay.gr

A partir de 80 €, selon la période et la catégorie. Petit déjeuner compris.

Rien à redire : l'hôtel a joliment été rénové récemment et offre tout le confort pour profiter de merveilleuses vacances sur l'île de Kythnos. Cet hôtel offre maintenant des chambres spacieuses, au design contemporain réussi. Déco léchée, confort impeccable : le Kythnos Bay a pris du galon sur l'échelle du chic. Les 50 chambres doubles ou triples jouissent d'un très bon emplacement, près de la mer et à 300 m des sources thermales. Si possible, optez pour chambres dont le balcon donne sur la mer. Vous trouverez aussi de nombreux restaurants et cafés à proximité.

KATERINA €€

Sur la plage de Skinari.

✆ +30 22810 31418

Autour de 15 € par personne. Ouvert toute la journée en saison.

C'est l'une des anciennes tavernes de l'île, avec une terrasse fleurie, surplombant la crique. Quelle situation et quelle vue ! On est ravi aussi par ce qu'il y a dans l'assiette : cuisine familiale à base de mezzes, boulettes de légumes, plats mijotés d'agneau ou de lapin... La cuisine est belle, et les produits sont issus pour la plupart de leur propre potager. Excellents sfougata, des croquettes au fromage frais et à la muscade. Ne manquez pas non plus le porc rôti au four avec pommes de terre. Et si le charme opère, on peut y louer quelques chambres...

LIVADI ★

Bienvenue à Serifos ! Son port s'étale le long d'une grande baie calme où les voiliers trouvent refuge quand le vent souffle trop fort sur cette île très exposée. Il arrive que les ferries rapides Seajet ne puissent pas accoster à cause de violentes rafales qui secouent l'entrée du port. Mais par temps calme, Livadi offre une jolie baie à l'ambiance familiale, bordée de cafés et de restaurants où l'on aime passer des moments tranquilles et bon enfant. Les plages ombragées qu'on y trouve sont toutes des plages de sable, ce qui en fait une destination appréciée des familles et des plus jeunes. La vie s'étire langoureusement sur le port, à peine rythmée par le passage des bateaux. On y trouve tous les commerces de l'île (boulangerie, supermarchés, pharmacie) ainsi que l'unique station essence de Sérifos. C'est également à Livadi que se concentre la quasi-totalité de l'offre hôtelière : il y a fort à parier que vous y logerez. D'ailleurs, le port constitue une excellente base pour découvrir le reste de l'île. Vous trouverez à Livadi tous les services touristiques nécessaires, dont les loueurs de voitures et de scooters, les bus qui desservent la Chora et les agences de voyage. Plus on s'éloigne du port à proprement parler, le long de la baie, et plus on se trouvera au calme, loin de l'animation qui règne en soirée.

Transports

En bateau, un à deux départs quotidiens du Pirée (de 4 à 5 heures de traversée) ou en hydroglisseur (2 heures 40 de traversée).

Baie de Livadi, Sérifos.

PLAGES ★★

La plage de **Livadakia** se situe en contrebas du village de Ramos, de l'autre côté du port de Livadi. Elle est facilement accessible à pied depuis le port. Cette longue plage de sable bénéficie d'une ombre agréable que donnent les tamaris plantés là. Une taverne vous permettra de casser la croûte à midi ou de prendre un rafraîchissement au cours de la journée. La plage de **Karavi** se situe au-delà de celle de Livadakia et du village de Ramos. Elle est facilement accessible à pied depuis le village, mais n'offre aucune ombre ni taverne.

KONDILIS SHIPPING & TOURISM

✆ +30 22810 52340

http ://kondilis.gr/en/home-page

En saison, ouvert tous les jours de 9h à 23h.

Située sur le port, cette agence est spécialisée dans la vente des billets de bateau. Il peut arriver que les ferries n'accostent pas dans le port de Sérifos pour cause de mauvais temps et de vents violents. Kondilis pourra vous trouver une solution et remplacer votre billet pour un autre ferry. Service efficace et agréable. Mention spéciale au passage - et ce n'est pas si fréquent - à la qualité du site Internet avec plein d'infos et un moteur de recherche malin.

SERIFOS BLUE BIRD

Sur la route vers Chora.

✆ +30 22810 51511

www.rentacar-bluebird.gr

Ouvert de 8h à 22h en haute saison. En saison, comptez environ 50 € par jour pour une petite voiture premier prix.

Les voitures sont plus chères que sur d'autres îles, mais elles sont globalement de meilleure qualité que les autres loueurs de l'île. Disons qu'il est possible de négocier et que les gérants du Blue Bird ont peut-être plus de voitures disponibles. Mais, en général, il n'existe pas suffisamment de voitures pour satisfaire la demande en haute saison. Faites attention aux culs-de-poule et autres désagréments sur la route, notamment en cas de vent violent, et n'oubliez pas de faire attention au plein : il n'existe qu'une seule station-essence sur l'île, à Livadi.

CAMPING CORALLI €

✆ +30 22810 51500

www.coralli.gr

78 emplacements. De 6 à 8 € par personne en juillet/août, 4 à 5 € la tente. 25 bungalows à partir de 50 € pour deux.

A 5 minutes du port, voici un camping aux prestations très complètes : douches, toilettes, supérette, restaurant, et navette régulière avec le port. Pour plus de confort, vous avez la possibilité de louer un bungalow ou un appartement avec deux chambres pouvant accueillir jusqu'à 6 personnes. Vous trouverez également sur place une agence de location de voitures et de deux-roues. Surveillez son site Internet car ce complexe propose des packs complets très intéressants. Seul inconvénient : en pleine saison on peut s'y sentir un peu à l'étroit...

SERIFOS BEACH HOTEL €

✆ +30 22810 51209

www.serifosbeach.gr

Chambre double à partir de 70 € en été, à condition souvent de rester trois nuits.

Malgré son nom, l'hôtel se trouve un peu plus en retrait dans une rue adjacente à la plage... mais pas très loin et il est impossible de manquer cet établissement délicieusement vintage bien visible de la baie. Les chambres n'en restent pas moins calmes et plaisantes, avec télévision et accès wifi. Toutes les chambres sont des doubles avec possibilité d'ajouter un canapé-lit supplémentaire ou un lit pliant, sur demande. Petros et Irena gèrent cet hôtel avec gentillesse. Comme souvent, possibilité de forfaits pour des séjours de sept jours.

MAISTRALI €

✆ +30 22810 51381

www.hotelmaistrali.com

Chambre double avec vue sur mer à partir de 50 €. Petit déjeuner en option.

Hôtel agréable sur le front de mer avec 20 chambres, vraiment les pieds dans l'eau. Babis, le gérant, est l'un des plus fins connaisseurs de l'île. Il vous indiquera les meilleurs restaurants et spots de l'île. Il comprend aussi des appartements spacieux et propose une variété de services hôteliers pour vous garantir un hébergement chaleureux à Livadi. Toutes les chambres et tous les appartements sont climatisés et comprennent une salle de bain, un mini-réfrigérateur, une télévision par satellite et bien sûr un balcon privé. Lit bébé sur demande.

ALIKTYPO STUDIOS €€

✆ +30 2281051000

www.aliktyposerifos.gr

Studio double à partir de 50 € en saison.

Voici un très joli établissement, très bien tenu et décoré avec beaucoup de goût. Situé à proximité de la plage d'Avlomonas, cet ensemble élégant est à la fois proche des restaurants et de l'animation du port mais légèrement en retrait, au calme. Les maisonnettes de 50 m² sont composées de deux chambres et d'une cuisine, idéal pour les familles. Les chambres doubles, studios et maisonnettes de 30 m² disposent tous d'un balcon privé. Une très bonne adresse avec des cuisines entièrement équipées. A 40 mètres de la plage, sur un sentier paisible surplombant Chora.

NAIAS €

✆ +30 22810 51749

www.naiasserifos.com

Chambre double entre 50 et 80 €, sans petit déjeuner. Ouvert toute l'année.

Encore une bonne option, et relativement abordable pour des chambres spacieuses et complètement équipées. Télévision satellite, réfrigérateur et accès Internet wi-fi. L'hôtel est entouré d'un jardin qui offre une vue exceptionnelle du coucher du soleil et de la plage de sable blond de Livadi. Et la réception peut organiser, si besoin, une location de voiture. Au final : de très jolies chambres avec vue sur la montagne et le port, à cinq minutes d'une petite plage. L'hôtel est décoré avec goût et les balcons sont bien exposés.

AMFITRITI €€

✆ +30 22810 52563

www.studiosamfitriti.gr

À partir de 85 €, petit déjeuner compris.

Proches du port, ces studios récents sont construits dans une zone d'accès relativement isolée et calme, et offrent une vue imprenable sur le port, Chora et la mer. Un petit complexe de 10 studios récents et surplombant la baie. Ici, Eleni s'occupe de l'endroit et de ses clients avec soin. Bien situé – même s'il faut monter une petite côte pour rentrer –, il offre un dépaysement garanti. Les studios sont bien équipés et décorés de façon unique. Mais ce qu'on préfère ici, c'est le petit déjeuner maison. Franchement, l'un des meilleurs qu'on ait goûtés en Grèce !

INDIGO STUDIOS €€

✆ +30 6945437966

indigostudios.gr

La chambre double à partir de 50 € en été.

Bien situé, cet établissement récent propose des chambres et studios confortables complètement équipés, tous avec une décoration particulière. Propres et calmes, ils présentent un mobilier moderne et élégant. Les chambres disposent d'une télévision satellite et d'un réfrigérateur. Notons que les appartements du premier étage disposent de deux canapés-lits, d'une grande cuisine entièrement équipée et d'une chambre à coucher séparée, d'une grande terrasse avec vue sur la mer. L'hôtel est idéal pour des familles où les enfants peuvent jouer dans une grande cour.

STUDIOS NIOVI €€

✆ +30 22810 51900

www.studiosniovi.gr

Chambre double à partir de 70 €. Petit déjeuner inclus.

A l'extrémité de la baie de Livadi, au-delà de la plage d'Avlomonas, cet établissement offre des vues imprenables sur le port et embrasse toute la baie. Vous dominerez Livadi dans le calme de ces studios. Chaque chambre dispose d'une kitchenette ainsi que d'un petit balcon privé. Stamatina qui gère cet établissement est aussi la cuisinière du restaurant historique Stamatis sur la plage d'Avlomonas. Un établissement familial qui jouit d'une localisation idéale pour ceux qui veulent être à la fois proche de l'animation du port et un peu à l'écart de l'agitation.

HOTEL RIZES €€€

✆ +30 22810 52222

www.hotelrizes.gr

Chambre double à partir de 150 €. Petit déjeuner inclus. Transfert gratuit depuis le port.

Certainement un des plus beaux hôtels de l'île. L'hôtel est situé en surplomb de Livadi, en direction des belles plages du nord-est comme Agios Sostis et Psili Ammos. Tranquillité assurée et vue magnifique sur le port et Chora. Les chambres au confort et au design modernes sont spacieuses et décorées avec goût. Un atout supplémentaire : la vaste piscine pour les jours où vous préférerez rester à l'hôtel et profiter du calme absolu. Compte tenu de sa localisation un peu à l'écart, un moyen de locomotion est nécessaire pour profiter de tout ce que l'île a à offrir.

TOOTSIE €

✆ +30 22810 51343

Ouvert tous les jours. A partir de 5 € par personne.

Assurément les meilleurs gyros à emporter de Sérifos ! Et à prix corrects, évidemment. Depuis 1976, Tootsie sert les meilleurs *souvlakis* de l'île pour casser la croûte sur le pouce. Le long de la promenade et de la plage, on s'y arrête pour satisfaire un petit creux ou lancer un bonjour à une vieille connaissance. C'est un peu le stop obligé de Livadi. Et les *souvlakis* sont de très bonne qualité. Fréquenté par de nombreux Grecs, son cadre n'offre pas la vue mer ; mais l'important est ce qu'il y a dans le « paketo » et où on part le manger...

ALONI €

✆ +30 22810 52603

A partir de 15 € par personne. Ouvert le soir uniquement, tous les jours en saison (sinon vendredi et samedi).

A force de voir le panneau plusieurs fois, en montant vers Chora ou en redescendant, on finit par être curieux et on a raison. Loin de l'agitation du front de mer, la vue de la terrasse n'est pas moins belle, avec le chant des cigales en prime. Laissez-vous guider par les chefs : ils font tous les classiques de l'île. Goûtez ici de délicieux plats cuisinés et des grillades. Le lapin à la sauce au citron est particulièrement savoureux, comme les tartes croustillantes au fenouil. Emplacement au top et une vue panoramique grâce à ses tables sur la colline.

O STAMATIS €€

✆ + 30 2281051309

Ouvert tous les jours en saison à partir de 11h et jusqu'au dernier client. Comptez environ 20 € par personne.

Il s'agit du plus ancien restaurant de l'île encore en activité. Ouvert dans les années 1970 par le père de Stamatina qui l'a depuis remplacé aux fourneaux, c'est une véritable institution. Installé au calme sur la plage d'Avlomonas, on y déguste tous les classiques de la cuisine grecque ainsi que quelques perles qu'on ne trouve pas ailleurs comme le fenouil frit ou un exquis lapin à la sauce au citron et des tartes croustillantes. En prime, il offre une vue panoramique grâce à son emplacement sur la colline. Service très agréable et professionnel.

TAKIS €€

+30 2281051159

A partir de 15 € par personne. Ouvert tous les jours midi et soir.

Une taverne typique sur le front de mer et accessoirement l'une des plus anciennes de l'île, avec quelques tables installées sur le sable. Le cadre est travaillé et charmant. En cuisine, elle vous propose du poisson frais, pêché le jour-même, mais aussi des spaghettis au homard, ainsi que des plats plus traditionnels en sauce, des salades et des mezzes. On apprécie aussi la sélection de bons vins (avec plus de 70 références) de la taverne. Et une chose est sûre, c'est que l'ambiance familiale donne envie de revenir. Une bonne surprise.

YACHT CLUB SÉRIFOS

Sur la plage de Livadi.

+30 22810 51888

www.yachtclubserifos.gr

Ouvert tous les jours de 7h30 jusqu'au dernier client.

Derrière ce titre un peu ronflant qui peut impressionner, vous trouverez un petit café-bar accueillant et absolument pas guindé. C'est même plutôt l'inverse ici. On se retrouve sur la terrasse surélevée pour papoter entre amis et regarder les passants. Il s'agit du café de village typique. L'intérieur, avec ses cartes et ses marines *vintage* et aussi très agréable. On s'y retrouve le soir pour boire l'apéro ou rester jusqu'à tard. Possibilité de manger aussi quelques petits mezzés et sandwiches. Une adresse incontournable à Livadi.

VASSILIA ON THE BEACH €€

Plage de Livadakia

+30 22810 51119

www.vassiliaserifos.gr

Autour de 15 € par personne pour le repas. Chambre double de 40 à 70 € en été.

C'est l'un de nos coups de cœur. Même s'il faut marcher (ou conduire) un peu jusqu'à la plage de Livadakia, une fois que l'on y est, on n'a plus envie d'en partir. Cela tombe bien, voilà aussi une terrasse qu'on n'a pas envie de quitter. Personnel adorable, plats corrects et pas chers, boissons ou café que l'on peut boire sur la plage à deux pas. Si vous voulez faire durer le plaisir, le petit complexe Vassilia Rooms Apartments on the Beach a ouvert 23 chambres très correctes proposées et ouvertes dès le mois de mars. Un vrai bon plan.

LE MIEL, NECTAR DE SÉRIFOS

Malgré l'aridité de l'île, les abeilles y butinent les plantes du maquis (thym, sarriette, sauge...). Elles donnent un miel au goût très prononcé que vous retrouverez notamment au petit déjeuner de vos hôtels. Avec ce bagage naturel et un savoir-faire centenaire, la famille Rotas a décidé de se lancer dans la production d'un miel biologique de qualité supérieure. En pleine crise économique, la famille se lance un défi : non seulement de produire le meilleur miel possible dans les règles de l'art mais aussi de proposer une approche moderne de ce produit historique. Elle s'associe à des graphistes qui réalisent un *packaging* contemporain, en bois, aux couleurs chatoyantes.

CALMA

+30 22810 52328

Ouvert d'avril à octobre, de 9h à 1h.

Assez élégant, l'endroit séduit avec ses transats et ses tables blanches posées sur la plage. On apprécie l'ambiance, créée tant par le fond sonore sympathique que par la position de choix de ce bar-restaurant : calme, un peu en dehors des lieux bondés de Livadi et voisin de la mer. L'endroit porte bien son nom ! Pour boire un verre ou un café, en journée comme en soirée, c'est l'idéal. Fruits de mer, hamburgers... Quelques plats sont aussi servis, et ils sont délicieux. Immanquable de toute façon, c'est la principale taverne de la plage.

METALLEIO

+30 22810 51755

En saison, ouvert tous les jours à partir de 19h.

Voilà, historiquement, le premier club de l'île : Metalleio est en effet une institution de la nuit livadienne depuis 1980. Il serait dommage de ne pas s'y arrêter quelques heures. Les bons jours (enfin soirs), les DJ s'y succèdent pour faire danser les vacanciers jusqu'aux petites heures du matin. Des concerts y sont aussi régulièrement organisés. A noter aussi : un restaurant a ouvert depuis quelques années au rez-de-chaussée. Il est évidemment ouvert avant le club et vous pourrez vous y restaurer (très bien d'ailleurs), avant de vous défouler à l'étage.

SÉRIFOS CHORA ★★

La chora de Sérifos est considérée, à juste titre, comme une des plus belles choras des Cyclades, voire des îles grecques. Perchée sur son rocher qui domine la baie de Livadi, elle semble dégringoler, en équilibre instable, le long de la roche. Si la montée peut se faire à pied, du port, réservez plutôt cette balade panoramique pour la descente, en fin de journée. Arrivé sur place, dans la petite capitale de Serifos, la ville se démultiplie dans un dédale de ruelles très étroites (et encore un peu plus en escaliers, courage !), mais révélant de magnifiques points de vue. Dans sa partie haute, vous distinguez des vestiges de la forteresse vénitienne, parfois encastrés dans les maisons. Il faut ensuite monter (oui, encore...) au kastro pour profiter d'une vue imprenable sur les environs. La partie haute Chora abrite aussi l'église d'Aghios Athanasios (du XVIIIe siècle) et la mairie de style néoclassique, sur la place centrale Pano Piatsa, idéale pour un café. C'est une étape obligée et le cœur de la vie sociale à Sérifos. Vous trouverez sur Pano Piatsa la plupart des ouzeries et tavernes où les habitants de l'île se retrouvent le soir. Mais la chora de Sérifos n'est pas simplement impressionnante en termes de patrimoine et d'architecture. Ce qui la distingue de tant d'autres vieilles villes, belles mais abandonnées, c'est qu'elle est encore largement habitée. Il est difficile d'y loger toutefois, mais ce n'est pas forcément nécessaire quand la plupart des hôtels sont sur le port à 5 km.

CYCLADES OCCIDENTALES

KASTRO

L'accès est libre, et vous pourrez y monter de jour comme de nuit.

Montez à l'ancienne forteresse vénitienne pour une vue sur toute l'île et les alentours. Au sommet du kastro et de la vieille ville trône l'église Agios Konstantinos. Si vous décidez de faire l'ascension en soirée, faites attention de ne pas trébucher. En sortant (ou en arrivant), déambulez dans les ruelles blanchies à la chaux en faisant escale sur Pano Piatsa. Vous y verrez l'architecture néoclassique de la mairie, l'architecture cycladique traditionnelle des maisons blanches et l'architecture sacrée de l'église Saint-Anathase, du XVIIe siècle.

PANO PIATSA

✆ +30 22810 51955

En visitant Chora, faites escale sur la place centrale, Pano Piatsa. Vous y verrez rassemblées l'architecture néoclassique de la mairie, l'architecture cycladique traditionnelle des maisons blanches et l'architecture sacrée de l'église Saint-Anathase, qui date du XVIIe siècle. Ne manquez pas de rentrer dans l'église pour admirer la superbe iconostase en bois travaillé. Mais la visite la plus marquante restera celle du kastro. Montez ensuite à l'ancienne forteresse vénitienne pour une vue sur toute l'île et les alentours.

ANEMOESSA STUDIOS €

✆ +30 6944255409

www.serifos-anemoessa.gr

Appartements à partir de 80 € en début de saison.

Ouverts en 2011, ces 6 appartements viennent combler - un peu - une offre longtemps inexistante ou limitée à des chambres chez l'habitant. Ces logements pouvant accueillir jusqu'à 4 personnes sont situés en plein cœur de la Chora à seulement 5 km du port de l'île. Chaque appartement climatisé comprend une chambre, une télévision à écran plat et une vraie cuisine. Tous les appartements disposent d'un balcon indépendant offrant une vue unique sur la mer Egée. Même s'il n'y a pas de petit déjeuner, un nettoyage quotidien est effectué comme à l'hôtel...

STOU STRATOU €

Pano Piatsia

✆ +30 22810 52566

www.stoustratou.com

Ouvert tous les jours, de 10h au dernier client. Comptez 15 € par personne.

C'est le point de rendez-vous des habitants de l'île. On s'y retrouve à toute heure : le matin pour boire le café ou prendre un petit déjeuner, à midi pour une pause déjeuner légère, en journée pour se rafraîchir d'un bon jus de fruit ou d'un café glacé et enfin en soirée, à l'heure où toute l'île afflue pour y prendre l'apéritif et dîner. Vous y mangerez de très bons *mezzes*, dont des anchois marinés que l'on pourra accompagner d'une *fava* réussie. En attendant d'être servi, régalez-vous des vers de Baudelaire ou de Liantinis que vous trouverez dans le menu.

ALONI €€

Tsiggoyri Chora

✆ +30 228 10 52 603

Autour de 15 € par personne. Ouvert tous les jours midi et soir en saison.

Chora, parce qu'elle vit réellement, offre de très bonnes options pour se restaurer. Voilà par exemple un endroit qui se mérite, mais comment regretter son voyage ? Sur la route de Chora (c'est bien indiqué), on trouve ici une carte remarquable (ne manquez pas l'agneau), mais aussi un restaurant élégant avec une vue à couper le souffle sur la baie. Attention, pour avoir une « bonne » table en terrasse, mieux vaut arriver tôt ou réserver. Les jours de vent fort, la terrasse est fermée. Vous trouverez forcément votre bonheur ici.

MARATHORIZA €€

✆ +30 228 10 52 656

Ouvert tous les soirs à partir de 18h. Environ 20 € par personne.

Sans doute notre restaurant préféré sur l'île. Nous y sommes tout simplement entrés lors d'un séjour parce qu'on y jouait de la musique – un petit concert improvisé à l'occasion d'une fête de famille. Bonne cuisine en général : du porc au lapin, les viandes sont savoureuses. On peut aussi choisir un assortiment de *mezzes*. Le personnel peut être adorable, selon l'humeur du jour... Un peu cher en fonction des plats qui ne méritent pas tous leur prix, mais la vue est très sympathique et il s'agit quand même de savourer de bons plats maison.

AERINO

✆ +30 22810 52592

En saison, ouvert tous les soirs jusqu'au dernier client.

Aerino est sûrement le bar le plus branché et néanmoins le plus agréable de Sérifos. Une décoration sobre mais réalisée avec goût et accessoirement des mojitos à tomber par terre dont la réputation s'étend jusqu'à Athènes. Et une terrasse sur le toit où l'on sirote son verre face à l'immensité de la mer Egée… Franchement, que demander de plus ? Les jours de grand vent, on se réfugie au rez-de-chaussée où concerts de jazz ou expositions photos sont tenus régulièrement. Vous y ferez de belles rencontres, à l'abri des ruelles blanches et des étoiles.

L'ÎLE À LA VOLONTÉ DE FER

Depuis l'Antiquité, l'île de Sérifos est connue pour ses ressources en minerai de fer. L'extraction se poursuit à travers les âges (époques vénitienne, ottomane, etc.) puis encore à l'indépendance de la Grèce, avant de tomber dans les mains d'un conglomérat français, la Société des mines Seriphos-Spiliazeza, sous la houlette de l'Allemand Emil Grohmann, au début des années 1880. Celui-ci rachète finalement l'ensemble des mines de Sérifos avant sa mort en 1906. La compagnie passe alors sous la direction de son fils. Les années 1880-1910 correspondent au grand *boom* de la révolution industrielle en Europe : le fer et ses dérivés représentent une richesse importante et l'exploitation tourne à fond.

Pour protester contre cette nouvelle forme d'esclavagisme, les mineurs de Sérifos s'organisent et décident de mener une grève sous l'égide d'un natif de l'île et pionnier du mouvement anarcho-syndicaliste grec, Konstantinos Speras. Assurés de son soutien, les mineurs tiennent une grève du 7 juillet au 21 août 1916, date à laquelle la direction demande le renfort de la police grecque. Celle-ci tire sur les grévistes, faisant 4 morts. Konstantinos Speras est arrêté. La réaction ne se fait pas attendre : les grévistes ripostent avec les moyens dont ils disposent et lapident le sergent et un policier. Leurs corps sont lancés à la mer.

Face à ce bain de sang, les autorités nationales et la direction des mines décident d'accepter certaines demandes des mineurs. Cette victoire est considérée comme le premier succès de grévistes grecs dans l'histoire nationale. La direction des mines est changée et la famille Grohmann quitte définitivement Sérifos. L'exploitation des mines continue aux mains d'un magnat grec, mais l'épuisement commence à se faire sentir dès les années 1950. Les mines sont définitivement abandonnées et fermées en 1963, inaugurant une grande période de crise pour l'île. Les mineurs venus d'ailleurs pour travailler regagnent leurs patries respectives tandis que les Sérifiotes se reconvertissent vers l'agriculture de subsistance et la pêche vivrière.

Konstantinos Speras est considéré encore aujourd'hui comme un héros par les Sérifiotes. Après l'épisode de la grève de 1916, il lutta auprès des Partisans grecs contre l'occupation allemande, mais sera finalement assassiné par les forces de l'Armée populaire de Libération nationale (ELAS) pour ses positions anticommunistes. Son buste trône devant le petit musée de Megalo Livadi.

VATRACHOS

✆ +30 22810 52687

En saison, ouvert tous les jours jusqu'au dernier client.

Sur la place basse de Chora, à l'entrée du village, vous trouverez ce café-bar dont le nom signifie « grenouille » est devenu un pilier de la nuit sérifiote depuis quelques années. On peut venir boire un verre ou un café en journée évidemment, mais c'est surtout en soirée que le bar fait recette. En effet, on y sert certains des meilleurs cocktails de l'île. Certains soirs, l'ambiance se maintient jusqu'aux premières lueurs du matin. Il faut ensuite grimper en-haut du kastro pour profiter d'une vue magique sur le jour qui se lève.

MEGALO HORIO

Vous trouverez dans le sud de l'île l'ancienne capitale Megalo Horio, désertée, Koutalas et Megalo Livadi. Ces trois villages ont connu un grand essor jusqu'au début du siècle grâce à leurs mines de fer et de cuivre qui employaient 2 500 ouvriers venus de toute la Grèce et d'Italie. Un nombre sidérant quand on sait que l'île de Sérifos actuelle ne compte que 1 200 habitants ! Pendant que vous y êtes, ne manquez pas d'emprunter la route entre Livadi et Koutalas en passant par Ramos, des plages abritées et sauvages jalonnent tout le littoral. Et, surtout, la baie de Kalo Ambéli offre un panorama et une plage parmi les plus beaux de l'île.

SIKAMIA

Vous trouverez ici solitude et intimité en raison de son emplacement éloigné de Livadi. La baie de Sikamia est une plage de galets avec de belles vagues puisqu'elle est orientée au nord. On y accède par la route et ensuite par un chemin de terre sur environ 500 mètres. Sikamia est l'une des plages les plus isolées de Serifos, située à 10 km au nord-ouest de Chora. Sikamia se trouve à l'angle nord-ouest de l'île, avec deux petits mouillages : Aspri Lagada et Skala. Sikamia est sablonneux et caillouteux et compte sur de bons arbres qui offrent une ombre bienvenue. La baie est aussi proche du village de Galani, qui abrite le monastère de Taxiarchon.

PORT DE MEGALO LIVADI

Il conserve le bâtiment néoclassique en ruine qui abritait les bureaux de la Société d'exploitation des mines. Plus loin, on aperçoit les restes d'un pont de chargement où les précieux métaux étaient embarqués sur des bateaux vers l'Europe, quand les mines fonctionnaient encore à plein régime. Depuis, une partie du pont s'est effondrée et il n'en reste que la section que vous apercevez encore. Vous trouverez également un musée qui retrace l'histoire minière des lieux et présente les différents minerais qui étaient extraits à Sérifos.

AKROGIALI TOU VITOU CAFÉ RESTAURANT €

✆ +30 22810 51289

A partir de 15 € par pers., ouvert midi et soir.

Perdu au bout du monde, juste devant la jolie plage de Sikamia, dans une atmosphère et ambiance des plus authentiques, Antonia et Tania vous accueillent dans leur taverne chaleureuse ouverte du matin au soir. On y sert des spécialités locales à base de viande ou poisson frais. Les légumes et le vin sont directement récoltés du jardin du grand-père. Cette pépite se mérite car il y a un peu de route à partir de Livadi ou Chora. Ils proposent également deux chambres.

COCO-MAT ÉCO-RÉSIDENCES SÉRIFOS €€€

Vagia Beach.

✆ +30 2287772977

www.serifos.coco-mat-hotels.com

A partir de 280 €, petit déjeuner inclus.

En hommage à l'histoire ouvrière de Sérifos, l'équipe derrière le label Coco-Mat (notamment connu pour sa literie de luxe) a reconverti d'anciennes maisons de mineurs en résidences de charme. En surplomb de la plage, ces masures individuelles offrent aujourd'hui un design et un confort incomparables. L'ensemble a été pensé dans le respect de l'environnement et la plupart des éléments décoratifs et fonctionnels ont été réalisés en produits et fibres naturels.

KAMARES ★

Bienvenue à Sifnos ! Si l'arrivée en bateau à Kamares est impressionnante, le port à proprement parler semble sans grand charme au premier abord. Bordant une baie et encerclé par des montagnes un peu hostiles, Kamares dispose cependant d'une grande plage agréable. L'eau y est peu profonde et donc appréciée des familles. L'ambiance générale y est sympathique, notamment en fin de journée et en soirée : on vient alors regarder le soleil se coucher vers l'ouest et on reste dîner dans l'un des nombreux restaurants situés en bord de mer, les pieds dans le sable.

Transports

En bateau, en été, comptez au moins un départ par jour depuis Le Pirée (5h) et en hydroglisseur (3h).

SIFNOS TRAVEL

✆ +30 22840 33383

www.sifnostravel.com

Loger à Kamares peut se révéler une bonne option, pour les familles notamment : l'accès direct à la plage calme de la baie sera un avantage. Faites-vous conseiller par cette agence de voyage familiale de longue tradition gérée par Sarah et Stavros. Ils proposent un large choix d'hébergements en tout genre, dont trois établissements dont ils sont propriétaires : l'hôtel Stavros, l'hôtel Kamari à la sortie de Kamares, et les 5 appartements Eleonas à Apollonia dans un jardin d'oliviers. Ici, vous pouvez aussi louer une voiture.

PLAGES ★

La plage de Kamares (sable) ne présente pas un charme exceptionnel, mais l'absence de fond rassurera les parents et on y pique quand même volontiers une tête entre le plat et le dessert. A droite du port, toutefois, vous trouverez une agréable crique un peu isolée. Mais dans l'ensemble, vous trouverez mieux pour vous baigner sur l'île. Un caïque part du port tous les jours pour vous déposer au village de pêcheurs de Vathi qui offre une très jolie plage de sable. L'excursion, un peu chère, vaut le coup si vous séjournez plusieurs jours à Sifnos.

PLUS NIKI RENT-A-CAR & MOTO

✆ +30 22840 33993

Comptez 40 € la journée pour une voiture premier prix.

Ce loueur est situé au bout du front de mer de Kamares. Vous y trouverez un service excellent et professionnel. Depuis plus de 15 ans, la qualité est toujours au rendez-vous. Les véhicules sont neufs et régulièrement renouvelés. Sans doute les meilleurs prix et les meilleures conditions de location. Niki et Sifanos Rentals appartiennent à la même compagnie. Lors de notre passage, il était question de changer le nom de ces agences pour les harmoniser.

RANDONNEES

Les amateurs de marche liront le guide de balades vendu sur l'île (éditions Graf) rédigé par Martine et Christian Lot, deux Français passionnés de marche. Si vous êtes bon marcheur, grimpez jusqu'aux monastères d'Aghios Syméon et Prophitis Ilias pour admirer les Cyclades à l'aube. Le monastère du Prophète Ilias se trouve au point culminant de l'île (durée de la marche : 1h30 environ). En juillet et en septembre, lors de la fête des saints, vous pourrez participer au festin traditionnel : soupe de pois chiches à volonté et danses jusqu'au petit matin.

L'HISTOIRE DE SIFNOS

Dans l'Antiquité, Sifnos est l'une des îles les plus prospères des Cyclades, notamment grâce à ses gisements d'or et d'argent. Hérodote nous le rappelle quand il raconte qu'elle est « la plus riche parmi ses voisines ». Elle se nomme Mérope jusqu'en l'an 1000 av. J.-C., date à laquelle elle est colonisée par les Ioniens. Leur chef Sifnos lui donne son nom actuel. Selon la légende, pour amadouer Apollon, les Siphniotes dédiaient tous les ans un œuf d'or à son temple. Une année, la cupidité les aurait poussés à n'offrir qu'une boule de métal recouverte d'une fine couche d'or. Le dieu, pour les punir, ensevelit les mines sous la mer, l'île perdant ainsi ses richesses.

AFRODITI €

✆ +30 22840 31704
www.hotel-afroditi.gr
Chambre à partir de 55 € (ou 65 € avec une vue sur mer), petit déjeuner compris.

Excellent hôtel, très bien placé en face de la plage. Il offre une position privilégiée, garantissant à ses clients le calme et la détente ainsi qu'un accès direct à pied au port, où ils pourront visiter des boutiques, des restaurants, des tavernes et des cafés ou louer un véhicule. Près du port, à 50 m de la mer, légèrement excentré et donc calme en soirée. Les 19 chambres sont propres et fonctionnelles, certaines avec vue sur la mer. Une bonne adresse économique avec des prix en baisse. On vient vous chercher au débarcadère si vous avez réservé.

BOULIS €

✆ +30 228 403 2122
www.hotelboulis.gr
Chambre double de 50 € à 100 €. Petit déjeuner en option : 6 €.

Vous ne pourrez pas rater l'hôtel Boulis, agréable établissement familial sur la plage de Kamares. C'est le seul hôtel avec accès direct à la plage. Le balcon, avec vue sur le jardin et la mer, offre une vision idéale sur Kamares et les montagnes. Les chambres sont simples, mais propres et plaisantes. Parmi les avantages : une literie très confortable, une situation géographique centrale et un personnel très arrangeant et agréable. De plus, les chambres bénéficient d'une belle vue sur la mer. Nombreuses offres spéciales en dehors de la très haute saison.

MAKIS ROOMS APARTMENTS & CAMPING €

✆ +30 22840 32366
www.makiscamping.gr
Places de camping : 20 € pour 2. Chambre double de 30 à 70 €. Appartements de 40 à 120 €.

A 5 minutes du port, direction Apollonia. Ici, les prestations sont variées. Exemple : possibilité d'une location de tente pour 2 personnes tout compris avec tapis de sol, sac de couchage, draps. Ou des chambres et studios récemment terminés, voire des appartements. Toutes les chambres ont la télévision satellite et le wifi, avec possibilité d'utiliser la cuisine du camping. En prime, Stéphanie et Makis, les gérants, parlent français. Très apprécié des lecteurs du *Petit Futé*.

MYRTO €

✆ +30 22840 32055
www.hotel-myrto.gr
Chambre double à partir de 60 € en été, selon la date et la vue. Petit déjeuner non inclus.

Vous trouverez ici un agréable établissement, à 200 m de la mer et en surplomb de la baie de Kamares. La vue sur la mer et les montagnes alentours est magnifique et les chambres jouissent toutes d'un beau panorama, que vous optiez pour un balcon sur le jardin intérieur, sur la baie ou sur les montagnes. Propres et coquettes, les chambres sont confortables et on aime se prélasser sur les terrasses ombragées. Si vous avez l'occasion de choisir, il y a une vue exceptionnelle depuis les chambres 5 et 6, soit dit en passant (mais les autres sont bien aussi !).

La baie de Kamares.

SIMEON ROOMS €

✆ +30 2284031652
www.simeon-sifnos.gr/fr/
Chambres pour deux de 40 à 90 €. Appartements pour deux à cinq personnes de 50 € à 120 €.

L'emplacement de l'endroit est parfait, à quelques mètres de la plage, des commerces, et offre une vue impressionnante sur la mer. Qui plus est, toutes les chambres disposent par ailleurs d'un balcon ou d'une véranda. Les appartements sont spacieux et contiennent deux chambres séparées. La décoration n'est pas des plus modernes, certes, mais les chambres restent bien aménagées et équipées. Simeon, le patron, est adorable et serviable, et vient vous attendre au ferry pour vous guider jusqu'à sa propriété ; il assure aussi le trajet retour.

ALK HOTEL €€

Agia Marina
✆ +30 22840 33209
www.alkhotel.gr/fr
20 chambres. La double à partir de 60 € avec petit déjeuner. Ouvert toute l'année.

L'emplacement de l'hôtel est idéal, à 100 m de la plage d'Aghia Marina, la plage la plus propre de l'île. L'hôtel est juste à 400 m du centre-ville et à 200 m des restaurants-bars. Les chambres doubles ou familiales sont confortables, avec vue mer et/ou montagne. Un bar, idéal pour les couchers de soleil, est à disposition sur le toit. L'hôtel dispose d'un parking privé et propose transferts, massages ou locations de voitures. Possibilité de prendre une carte de membre pour bénéficier de cadeaux et de réductions dans et à l'extérieur de l'hôtel.

MARGADO €€

✆ +30 22840 31927
www.margado-sifnos.gr
Chambre double à partir de 60 €. Petit déjeuner buffet compris.

Sur les hauteurs de Kamares, ce petit hôtel offre une vue imprenable sur la mer. L'hôtel, qui a récemment été rénové, a été pourvu d'une belle piscine. Les 10 chambres sont équipées et décorées avec goût. Au dernier étage, chambres avec terrasses ombragées d'environ 60 m², avec vue panoramique sur la baie. Transfert depuis l'aéroport gratuit. Les francophones sont les bienvenus puisque Stella, la propriétaire, est professeur de français. Chaque dimanche, l'hôtel offre à ses clients sa traditionnelle soupe aux pois chiches cuite toute la nuit au four à bois.

O SIMOS €€

Sur le port
✆ +30 2284032353
www.simosrestaurantsifnos.com.gr
Ouvert tous les jours de 12h à minuit. Comptez de 25 € à 35 € par personne selon le poisson pêché le matin.

© SIMOS

Depuis 1958 et trois générations, c'est ici, chez Simos, que l'on vient pour manger le poisson frais qu'il pêche tous les matins dans les eaux autour de l'île. Les prix varient grandement entre les poissons et sont affichés au kilo, mais vous vous ferez conseiller par Simos en confiance. C'est un des rares endroits à Sifnos où le poisson servi est pêché par le propriétaire des lieux tous les jours. La soupe aux pois chiches vaut également le détour. Côté viande, elle est de l'île, et plus précisément de la Pougmi Farma, vers Mirsimi.

SIFNAIKA KONAKIA €€

✆ +30 22840 31131
www.sifnaikakonakia.com
12 chambres à partir de 50 € avec petit déjeuner.

Konakia veut dire petit, simple et charmant. En effet, voici un établissement familial de taille modeste et très hospitalier. Vous logerez dans une atmosphère décontractée au sein d'une architecture typique des Cyclades. Les chambres sont toutes bien équipées et très correctes : minibar, air conditionné, bureau, salle de bain privée... chaque chambre possède une terrasse privée avec chaises et tables donnant sur le jardin. La plage est à 150 mètres. Les bars, restaurants et boutiques à 250 m. Le centre de Kamares est à 5 minutes de bus.

ABSINTHE €

✆ +30 22840 31202

Autour de 15 € par personne. Ouvert midi et soir.

Carte économique et très intéressante et cosmopolite. Sur une belle terrasse au-dessus de la promenade de Kamares, cet établissement sert des plats de la cuisine de Smyrne, avec quelques touches de cuisine asiatique. Entre les boulettes de bœuf de Smyrne et le curry de chèvre, on a découvert des plats surprenants et savoureux. Les plats mijotés, comme le poulet au cari à la mangue, aux piments et au lait de coco, sont accompagnés de riz cuit au four avec des raisins secs, des châtaignes et des pignons de pin. Le tout en regardant le va-et-vient des ferries...

CAFÉ STAVROS

Sur la plage, côté port

✆ +30 2284 033500

Ouvert tous les jours de 9h au dernier client.

Les cafés gardent une place centrale dans la vie du port : c'est là que locaux et touristes se retrouvent entre deux bateaux. Le café Stavros est ainsi l'un des centres névralgiques de Kamares. On y sert le meilleur café du port et le petit déjeuner traditionnel à base de yaourt au miel est toujours délicieux. Pour faire une pause gourmande en journée, vous pourrez aussi commander des crêpes. Et, comme tout café grec qui se respecte, vous aurez le choix entre un frappé ou un *freddo* pour rafraîchir toutes les chaudes journées d'été.

O ARGIRIS €

Agia Marina

✆ +30 22840 32352

Environ 15 € par personne. Ouvert tous les jours midi et soir.

Un peu en retrait à l'intérieur des terres, face au port, avec des tables sous une véranda. Bien que fréquentée par beaucoup de touristes, cela reste l'une des meilleures tavernes du village avec une vue extraordinaire sur la baie de Kamares. Spécialités de Sifnos : « Mastello » à base d'agneau, morue avec son aïoli, pâtés en croûte savoureux. Outre des plats traditionnels locaux, vous trouverez également de délicieux poissons grillés ou frits. Ne manquez pas la soupe de pois chiches bien cuite et la délicieuse salade de câpres. Le service est rapide et efficace.

OLD CAPTAIN BAR

Sur la plage, côté port

✆ +30 2284 031990

Ouvert de 10h au dernier client.

Ne vous arrêtez surtout pas à son décor, il est vrai un peu kitsch. Malgré les apparences, le Old Captain Bar demeure vraiment l'un des cafés-bars les plus agréables de Kamares. On y prend le café en journée mais surtout, on vient y prendre l'apéritif en fin d'après-midi face au soleil couchant après une journée de plage ou de visites. La musique diffusée doucement varie entre Haendel et Nina Simone et on s'y délecte d'une pause, les pieds dans le sable. Quelques transats et parasols en feuilles de palmier sont aussi disponibles pour les clients.

OUZERIE KAMARI €

Sur le port

✆ +30 2284 035152

Comptez 15 € par personne. Ouvert de 11h au dernier client.

Sur le front de mer, la seule vraie ouzerie de Kamares propose d'excellents mezzés. Vous pouvez vous asseoir au bord de l'eau et prendre des *pikelia*, des assortiments de calamars frits, crevettes, fromages, tzatziki, tarama et autres mezzés. Les portions sont généreuses, arrosées d'un ouzo de Lesbos ou de tsipouro de Volos. Margaretta cuisine également d'excellents *kafterotiri*, des boulettes de fromage épicées, tandis que son mari Nick est le spécialiste du poulpe grillé. Essayez le poulet farci et la pieuvre cuite sur le gril, aussi tendre qu'un filet mignon.

APOSTOLIDIS CERAMICS

Livadas.

✆ +302284033721

https ://apostolidis-ceramics.gr/en/index.php

Ouvert tous les jours en saison.

Giannis n'est pas le premier potier de sa famille et c'est en visitant sa fabrique que vous remonterez l'histoire de son art à Sifnos. Le processus de fabrication ne vous échappera pas lorsque vous apprendrez à modeler des céramiques dans l'authentique tradition de fabrication sifnéenne. De la simple assiette à la tête de cheminée, le *vipseli* (une ruche) ou le *tsikali* (pot typique de l'île), l'atelier nous rappelle qu'ici, à Sifnos, tous les objets du quotidien étaient faits d'argile. Dans la boutique, remarquez une superbe moto entièrement faite en céramique.

APOLLONIA ★★★

À 6 kilomètres du port, la capitale emprunte depuis 1836 son nom aux temps pré-chrétiens pendant lesquels les habitants de l'île célébraient le culte d'Apollon. Apollonia s'est considérablement étendue ces dernières années, à tel point qu'elle touche désormais sa voisine Artemonas. Au centre de l'île, elle en concentre toute l'activité. De plus, la ville est très belle avec ses petites ruelles pavées, ses maisons cycladiques fleuries et son superbe panorama. Le soir, l'activité bat son plein sur le Steno, la principale rue piétonne qui grimpe dans les ruelles du village. Vous y trouverez les boutiques, cafés-bars et restaurants de la capitale siphniote

ANDROMEDA €

A Exambela, à la sortie sud d'Apollonia.
✆ +30 22840 33111
andromedastudios.gr
Chambre double à partir de 75 € en été.

Une formule parfaite pour ceux qui veulent rester un peu à l'écart de l'animation d'Apollonia, dans le village voisin d'Exambela. Le jardin avec la piscine est très agréable pour le petit déjeuner et l'apéritif. Ces chambres et studios ravissants sont parfaitement équipés et offrent un décor contemporain réussi. La piscine est entourée d'oliviers et de verdure, ce qui rajoute au charme et au calme des lieux. Un établissement bien tenu et vraiment très agréable, avec de très bons conseils pour les endroits à visiter, les activités et randonnées à faire.

MONASTÈRE DE VRISSI ★★★

Exambela
✆ +30 22840 31335
Musée ouvert toute l'année, le matin. Entrée libre.

Le chemin vers l'église vous enveloppe de sérénité grâce à la blancheur éblouissante des murs, la végétation luxuriante et le silence monastique. Le monastère de Vrissi ou Vrissiani est le plus grand monastère de Sifnos. Construit au XVIIe siècle, il abrite aujourd'hui un musée d'art ecclésiastique et byzantin. Vous y verrez de belles icônes, des manuscrits précieux dont un évangile datant de 1796 et toute sorte de reliquaires et vêtements liturgiques. Le monastère est dédiée à la Vierge de Vrissi, soit la Vierge de la Source. Sous la coupole blanche, quelle vue !

ANTHOUSA HOTEL €

✆ +30 22840 31431
hotelanthousa-sifnos.gr
Chambre double entre 50 et 90 € en été. Petit déjeuner : 7,50 €.

Pour être au cœur de la vie locale et au centre de l'animation siphniote, le mieux est de loger dans Apollonia. Ici, le petit déjeuner n'est pas inclus mais ce n'est pas très grave : l'hôtel surplombe le Kokkoi Café et jouxte la pâtisserie de Gérontopoulos, l'une des plus anciennes de l'île. Cet établissement agréable offre une belle vue sur les environs d'Apollonia et la mer. Les 12 chambres sont coquettes et joliment aménagées mais un peu bruyantes, notamment celles qui donnent sur la route. Chaque chambre s'ouvre sur un balcon meublé avec vue sur mer.

Apollonia.

KATERINA STUDIOS €

✆ +30 22840 33732

www.katerina-studios.gr/fr

Studio de 45 à 80 € en haute saison. Appartement à partir de 80 €.

Petite pension à deux pas du centre-ville, tout en étant au calme avec une vue sur Apollonia. L'accueil de Katerina est chaleureux et les appartements très fonctionnels : climatisation, cuisine, télévision, wifi, sèche-cheveux, machine à café filtre, et balcon. Bien que situés dans le centre d'Apollonia, ces studios construits selon l'architecture traditionnelle sont tranquilles, dans un environnement calme. Tous les studios et les appartements sont équipés d'une cuisine complètement équipée, d'ustensiles et de nécessaire à petit déjeuner.

NOSTOS €

Kato Petali

✆ +30 22840 33323

www.nostosrooms.gr

Chambre double à partir de 60 € en été. Un peu plus pour une kitchenette.

Une vraie bonne adresse tout près, dans le village de Kato Petali. Nous avons trouvé un merveilleux emplacement, au milieu des oliviers avec vue au loin sur la mer. C'est aussi très au calme à 15 minutes à pied des restaurants d'Apollonia. Côté hébergement : des chambres doubles et studios pour 2 ou 3 personnes (avec kitchenette) à peine plus chers. Rien d'ostentatoire, mais tout le confort nécessaire et vous serez au calme à quelques minutes en voiture d'Apollonia. Mais effectivement, mieux vaut être motorisé pour loger ici.

GEROFINIKAS BOUTIQUE HOTEL €€

Chrisostomos

✆ +30 22840 33450

http ://gerofinikasboutiquehotel.com

Chambre double à partir de 100 € en été, avec petit déjeuner.

Un établissement très élégant, au décor contemporain et soigné. Les chambres familiales sont charmantes et décorées avec goût, ainsi que les 10 suites. Un lieu impeccable sur un merveilleux site, avec une magnifique vue sur Kastro. L'endroit et la piscine sont splendides, avec vue sur le *kastro* et sur le large. L'hôtel est situé à mi-chemin entre Apollonia et Kastro.Le petit déjeuner offre un vrai délice au bord de la piscine avec une vue incroyable sur les alentours.

HOTEL PETALI VILLAGE €€

Ano Petali

✆ +30 22840 33024

http ://sifnoshotelpetali.com

Chambre double à partir de 90 €, avec petit déjeuner compris. Ouvert toute l'année.

Des bâtiments individuels, blanchis à la chaux et couverts de fleurs dans un style typique des îles des Cyclades. A l'écart d'Apollonia, perché sur les hauteurs d'Ano Petali, cet établissement offre une vue imprenable sur le mont Profitis Ilias et les alentours d'Apollonia. *Resort* de standing, vous y trouverez surtout des chambres spacieuses et confortables, une piscine avec vue et un café-restaurant où est également servi le petit déjeuner. Idéal pour ceux qui souhaitent passer un peu de temps à l'hôtel au cours de leur séjour à Sifnos.

ADIEXODO €

✆ +30 2284 31542

Environ 15 € par personne. Ouvert tous les soirs pour le dîner.

Apollonia est un village qui vit surtout le soir. On viendra donc dîner plutôt que déjeuner dans ses ruelles blanchies à la chaux. L'offre culinaire d'Apollonia est relativement riche et dépasse les seuls classiques de la cuisine traditionnelle grecque. Comme son nom l'indique, cette agréable taverne, ouverte le soir, se situe dans une impasse. A deux pas du cœur d'Apollonia, dans une belle cour calme, vous vous régalerez de quelques plats simples (kebabs, salades au poulet, etc.). Service rapide et prix très abordables.

DRAKAKIS €

✆ +30 22840 31233

À partir de 15 € par personne. Ouvert tous les jours midi et soir.

Ce restaurant semble très prisé quand on voit la queue devant pour y dîner. Mais quand on goûte, on comprend. Drakakis est une institution d'Apollonia et de Sifnos depuis 1890. Ce café traditionnel sert de délicieux mezzes pour accompagner les carafes et petites bouteilles de raki qui ornent le bar. Ne ratez pas la spécialité de saucisses légèrement épicées, très bien préparées ici. En-haut du Steno, la ruelle piétonne principale, la terrasse du Drakakis accueille Siphniotes et touristes sans faillir depuis des décennies. Un passage obligé pour une soirée typique.

AEGEAN THESAURUS VOYAGES

✆ +30 22840 33151

www.thesaurus.gr

Cette agence de voyage, francophone et anglophone, reste normalement ouverte toute l'année. Sur place ou à distance, elle propose des conseils personnalisés à ses clients et les accompagne volontiers dans l'élaboration de vacances à leur image. Souriant, agréable, le personnel peut tout réserver, du billet d'avion au billet pour faire un tour à dos d'âne. A noter les services suivants : réservation d'hébergements, excursions, croisières, randonnées, cours de danse folklorique et de cuisine régionale, croisières privées en bateau.

OKYALOS €

✆ +30 22840 32060
fr.okyalos-sifnos.gr
Compter 20 € par personne. Ouvert tous les jours midi et soir.

Un peu plus chic qu'une taverne habituelle. Sur le trottoir central, l'endroit oscille entre la brasserie élégante et le restaurant pour gourmets. L'été, le repas est servi sous la véranda ou sur le *roof garden* avec une vue splendide. Menu international mettant l'accent sur les plats méditerranéens et les plats cuisinés de la cuisine de Sifnos et plat du jour. Côté musique, pas de rebetiko ni de bouzouki : le rock et le blues accompagnent discrètement votre repas. Service impeccable et ambiance conviviale. Et aussi une très belle carte des vins.

CAYENNE €€

✆ +30 2284 031080
Ouvert toute l'année, tous les jours, midi et soir. Comptez 25 € par personne.

Les tables colorées du restaurant s'étalent dans une cour sur le Steno, en plein cœur d'Apollonia. On vient ici pour goûter à une carte moderne du chef Nicolas Neroutsos, qui fait la part belle aux ingrédients locaux et de saison. Les influences méditerranéennes sont là, mais parfois mélangées à des saveurs venues d'ailleurs, dans un effort de créativité et d'inventivité certain. Testez ses hamburgers juteux à la purée de pommes de terre et aux poireaux caramélisés. Une bonne adresse qui va au-delà des classiques de la cuisine grecque.

RAMBAGAS RESTAURANT €€

✆ +30 22840 32215
www.kikladonxoros.gr
Ouvert tous les soirs pour le dîner. Comptez 35 €/personne.

L'héritage du grand cuisinier grec Nikos Tselementes, natif de Sifnos, est à l'honneur dans ce restaurant qui met en lumière les meilleures traditions culinaires des Cyclades. C'est LE lieu de rencontre d'Apollonia ! À l'ombre naturelle des arbres, dans ses trois cours en pierre, l'endroit propose un petit-déjeuner copieux, des jus de fruits frais et impressionnants et la possibilité de profiter du solstice d'été sur les canapés. Produits extra frais, cuisine ensoleillée et savoureuse, et vins grecs sont à l'ordre du jour pour un dîner fin et recherché.

ARGO

✆ +30 22840 31114
www.argobar.gr
Ouvert tous les jours jusqu'au dernier client.

Apollonia est LA destination où aller boire un verre en soirée à Sifnos. Depuis plusieurs décennies, l'Argo est le café-bar de référence du village. En journée, on s'arrête dans cette maison cycladique traditionnelle pour un café, un jus de fruit frais et une petite salade, mais c'est surtout le soir que l'Argo bat son plein. On s'y retrouve pour boire un cocktail sur le *rooftop*, face à la mer et aux lumières de la ville. Le jazz et la musique *smooth* font alors place à des rythmes plus entraînants. On y reste parfois jusqu'aux premières lueurs du soleil...

COSI

✆ +30 69797 77813
Ouvert tous les soirs à partir de 20h et jusqu'au matin. Happy hour 20h-22h.

Une bonne partie des bars offre des rooftops et terrasses avec vue sur les environs et la mer, comme ici. Le Cosi, sur le Steno, est un autre pilier de la nuit à Apollonia, prisé plutôt des plus jeunes et de ceux qui aiment faire la fête. On boit – ici encore ! – des cocktails, d'abord dans la cour intérieure avant de monter admirer les étoiles sur le *rooftop*. La nuit se poursuit jusqu'aux premières heures du matin dans la salle intérieure où des DJ de tout le pays viennent jouer chaque week-end de la saison. Adresse idéale aussi pour boire un apéritif.

PÂTISSERIE GERONTOPOULOS

✆ +30 2284031431
http ://gerontopoulossifnos.gr
Ouvert tous les jours de 8h à 23h.

Gerontopoulos est la plus ancienne pâtisserie encore en activité de Sifnos. C'est également un vrai délice et la meilleure, et de loin ! Ne ratez pas une occasion de craquer pour une *baklava* pleine de miel, ou un *kadaif* aux cheveux d'ange que vous mangerez au bord de la mer, sur la plage. Vous trouverez toutes les douceurs typiques de Sifnos mais également des gâteaux moins traditionnels comme des cheesecakes ou des gâteaux au chocolat. Pour faire des cadeaux ou rapporter en souvenir, vous trouverez aussi ici des confitures maison.

ARTEMONAS ★★★

Le village, quasiment collé à Appolonia, vaut vraiment le détour. Les plus belles maisons de l'île appartiennent à des familles d'armateurs. Vous pouvez faire une belle promenade jusqu'à Poulati, crique de rochers escarpés d'une beauté sauvage, appréciée des naturistes (4 kilomètres environ). Artemonas est particulièrement beau très tôt le matin, alors que le village se réveille dans la lumière du point du jour. La nuit, on déambule comme dans un rêve parmi des villas néoclassiques et des jardins cachés. Une communauté artistique s'y retrouve plusieurs mois par an, rajoutant une ambiance particulière à ce petit bijou encore préservé.

L'ILE DE CARTIER-BRESSON

Henri Cartier-Bresson, le maître français de la photographie et cofondateur de l'agence Magnum, a séjourné à Sifnos dans les années 1960. Un cliché particulièrement connu, *L'Ile de Sifnos*, représente une petite fille grimpant les marches d'une ruelle d'Artemonas. Les amateurs trouveront encore un tirage de la photo accroché dans le restaurant Mozaico. C'était en 1961, la petite fille avait 6 ans. Elle a depuis bien grandi... puis vieilli. Elle réside encore aujourd'hui à Artemonas et ses cinq enfants ont à leur tour eu des enfants dans le village.

ZOGRAFEION GALLERY

Ouvert tous les soirs pendant la saison. Entrée libre.

Artemonas accueille une communauté d'artistes relativement dense pour un si petit village, et ce, depuis plusieurs décennies. Comme Henri Cartier-Bresson, des photographes, peintres, sculpteurs et autres ont été attirés par la douceur et les lumières de ce beau village cycladique. Cette galerie-studio est nichée au centre des ruelles d'Artemonas, en face du Mozaïco. Vous y verrez exposées les œuvres des artistes en résidence qui viennent ici pendant la saison. Une belle occasion de parler avec des artistes divers, notamment de la vie au village.

LOUKIA SIFNOS APPARTEMENTS €

✆ +302284033860

8 appartements de 55 à 280 € et de 2 à 4 personnes.

C'est au Loukia que vous trouverez 8 des appartements les plus pratiques et les mieux situés de l'île. Tout équipés, ces derniers vous permettent de cuisiner sur place en revenant de longues journées d'excursion tout en profitant d'une magnifique vue sur mer depuis votre terrasse. La vue spectaculaire donne l'occasion d'observer de splendides levers de soleil, de se perdre dans la mer Egée sur laquelle déteint tellement le splendide Kastro en contrebas. Point important : le petit déjeuner est préparé avec des produits faits maison, et ce jusqu'au pain !

© LOUKIA

© LOUKIA

CYCLADES OCCIDENTALES

ARTEMON HOTEL €

✆ +30 22840 31303
www.hotel-artemon.com
Chambre à partir de 55 €. Petit déjeuner : 6 €.

Un établissement bien tenu et bien situé, c'est le principal hôtel du village. L'hôtel Artemon dispose de 23 chambres simples et doubles pour 2 à 4 personnes. Les chambres à la décoration basique sont fonctionnelles et disposent d'un balcon. Les propriétaires ont leur propre ferme et gèrent le restaurant Lempesis en bas de l'hôtel avec sa belle terrasse. Chambres rénovées, TV LED, wifi et transfert inclus depuis Kamares en saison basse. L'hôtel est ouvert toute l'année et, en raison de sa position centrale, il constitue le choix idéal pour les visiteurs en hiver.

SMARADGI €

Place centrale.
✆ +30 22840 33901
www.smaragdi.gr
Chambre à partir de 80 € en été avec le petit déjeuner. Restaurant de 19h à minuit.

11 chambres de belle facture, récentes et modernes, avec des jeux d'éclairage particulièrement réussis (lumières intégrées dans les faux plafonds, sous le sommier...). Le petit déjeuner pourra se prendre en terrasse, au bar de l'hôtel, avec des pâtisseries maison. Antonis vient aussi d'ouvrir un restaurant sur la belle terrasse de l'hôtel. Quelques exemple de plats au menu : pieuvre et soupe de pois chiches, calamar avec de l'aubergine, pêche du jour sauce câpre et betteraves. Charmant et économique si l'on peut éviter le mois d'août…

WINDMILL VILLAS €€

✆ +30 22840 32098
www.windmill-villas.gr
Studio pour 2 à partir de 50 € et appartement dans le moulin autour de 160 €.

Voici un complexe construit autour d'un moulin à vent ancien, le plus grand de Sifnos, datant de 1854. Ce bâtiment classé par l'Etat grec a été converti en appartement que vous pourrez louer pour 2 ou 4 personnes. Il est joliment aménagé. Vous pourrez profiter des studios construits autour, sans grand charme mais équipés de tout le nécessaire, dont une kitchenette. Il est beaucoup plus cher de loger dans le moulin, bien évidemment, mais l'expérience vaut le détour. Quelle que soit l'option choisie, les vues sur la mer Egée sont inoubliables.

VERINA ASTRA €€€

✆ +30 6976 867641
http ://verinahotelsifnos.com
Suite double à partir de 170 € la nuit. Petit déjeuner inclus.

Les suites de Verina Astra offrent un havre de paix luxueux, au calme et sur la mer Egée. La piscine à débordement est tout simplement exceptionnelle, sur l'infini de l'horizon. Les petites villas-bungalows sont décorées avec goût et raffinement, dans un style moderne, à la fois sobre et chaleureux. Toutes sont dotées de terrasses sur la mer. Vous pourrez accéder à la plage à pied, mais sachez qu'il est plus pratique d'être motorisé pour pouvoir se rendre facilement à Artemonas ou dans d'autres parties de l'île, car l'établissement est isolé, gage de sérénité.

Artemonas.

LEMPESIS €

Dans l'hôtel Artemon.
✆ +30 22840 31303
www.hotel-artemon.com
Ouvert d'avril à octobre le soir de 18h à minuit, sauf le week-end, à partir de 14h. Autour de 15 € par personne.

Il faut savoir que cette taverne existe, cachée dans l'hôtel. C'est un restaurant traditionnel, tenu autrefois par les parents de Stamatis. Aujourd'hui ce dernier assure le service pendant que sa femme Zampeta prépare les plats. Au menu, particulièrement réussi, nous avons eu : la salade de câpres aux oignons, la soupe de pois chiches, le coq au vin et l'agneau au four. Les légumes bio sont cultivés dans des champs appartenant à la famille. Ils élèvent aussi leurs lapins, agneaux, poules, moutons et cochons. Les desserts maison sont délicieux.

MOZAÏCO €

✆ +30 2284 033562
Ouvert tous les soirs à partir de 18h. Comptez 15 € par personne.

Yorgos a repris ce café traditionnel d'Artemonas et en a fait un point central de la vie sociale et nocturne du village. L'été, la grande terrasse est abritée du vent et l'hiver on peut se réfugier à l'intérieur, auprès du poêle. Les mezzes proposés sont délicieux et changent un peu des plats que l'on retrouve un peu partout. Ici, vous pourrez goûter à des très bons légumes au four, à de la saucisse de Sifnos légèrement pimentée ou encore à un dakos fameux. A l'intérieur, cherchez le tirage de la photo *Ile de Sifnos*, réalisée juste là par Henri Cartier-Bresson.

KITRINO PODILATO

✆ +30 2284 031244
Ouvert tous les jours en saison de 11h à 19h.

Pause obligatoire sur cette charmante petite terrasse avec un beau bougainvillier qui offre un peu d'ombre bienvenue en plein été. Ce joli café-pâtisserie est situé dans la petite ruelle d'Artemonas qui sinue jusque vers les hauteurs. On y déguste sur place de délicieuses pâtisseries faites maison, évidemment, et on s'y arrête pour se rafraîchir d'une fabuleuse limonade. Le décor moderne, les petites tables en terrasse et la qualité des produits proposés sont un atout majeur pour en faire une agréable pause gourmande en journée.

WINDMILL BELLA VISTA €€

✆ +30 22840 33518
www.windmillsifnos.com
6 studios et appartements à partir de 85 à 300 €. Ouvert d'avril à octobre.

Comme son nom l'indique, ce moulin se compose de différents types de logements : studios, appartements et bien sûr, un moulin à vent traditionnel. L'endroit est très agréable et a de l'allure. Belle piscine avec transats et vue sur plusieurs îles. Restaurant. Prestations et services impeccables : baby-sitting, médecin, coiffeur, massages, manucure, location de voitures ou scooters, équitation, cours de langue grecque, cours de cuisine, service de blanchisserie et de repassage, vélo disponible sur demande. Packages pendant la récolte du raisin et des olives.

© WBV

© WBV

KASTRO ★★★

Voilà le seul endroit de l'île à avoir conservé son caractère médiéval. Il offre une vue panoramique magnifique et époustouflante sur la mer Égée. Il est littéralement perché dans les montagnes, perpendiculaire à la mer. Certaines de ses rues sont formées par les terrasses des maisons et le font ressembler à un amphithéâtre. Le site, habité depuis l'époque préhistorique, possède encore quelques colonnes antiques encastrées dans les maisons, les ruines du mur fortifié qui le protégeait des pirates et plusieurs magnifiques églises byzantines. Vous pouvez aussi vous baigner : il suffit de descendre les marches jusqu'à Seralia, une plage de gros galets.

PLAGE DE SERALIA

En contrebas de l'arrêt des bus, se trouve la plage de galets de Seralia au bord de laquelle vous attend une taverne. Les plus agiles et aventureux préféreront toutefois les rochers plats en contrebas de l'église Efta Martinas (falaise côté est de Kastro). La baignade y est absolument magnifique, avec de beaux fonds sous-marins. Si la mer est agitée, ne vous baignez pas. Soyez également prudents en descendant, car le chemin est vraiment dangereux. Autre chose à savoir : le nudisme est toléré à cet endroit, pourtant visible du village.

AGNANTI €€

✆ +30 22840 32314

www.agnanti-sifnos.gr

Chambre à partir de 60 € avec le petit déjeuner.

Ce complexe récent, adossé aux murs du Kastro, propose des chambres ravissantes et zen d'un blanc immaculé. Une partie du mobilier est construit en pierre, conformément à l'architecture traditionnelle du site. Et la vue est splendide. Sols pavés, lits doubles, en fer forgé ou en pierre : l'ameublement est simple mais bien pensé et la salle de bains est confortable avec sa cabine de douche. La chambre supérieure double mesure 20 m², offre une vue magnifique sur la mer et le village traditionnel de Kastro et peut accueillir deux ou trois personnes.

ASTRO €

✆ +30 22840 31476

A partir de 15 € par personne. Ouvert tous les jours midi et soir.

Une belle découverte : vous montez des escaliers près de l'entrée du château et vous trouverez la première taverne qui a ouvert ici en 1969. Une terrasse pittoresque, des tables bien dressées et une vue sur les montagnes opposées. Cuisine grecque très traditionnelle, avec beaucoup de spécialités siphniotes. Le service est poli, mais vous devrez parfois faire preuve de patience. Un accueil prévenant, une belle vue sur la vallée et des assiettes très copieuses (notamment les salades). Finalement une bonne adresse dans ce petit village.

DOLCI €€

✆ +302284032311

Ouvert tous les jours de 9h à minuit. Environ 15€/pers.

La magnifique terrasse ombragée du Dolci surplombe le flanc ouest de Kastro, offrant à l'éphémère épicurien assis à sa table une vue et une tranquillité remarquables. Kastro est un lieu unique, mais l'ambiance jazzy et la position dominante du Dolci vous la feront découvrir sous un angle différent, tout à la fois ensoleillé, calme, apaisant et bien sûr gourmand. Salade 7 martyres (en hommage à l'église des 7 martyres de Kastro), moules fraîches sauce à l'orange et aux pétales de fleurs, pâtes et risottos revisités, ou encore glace maison.

O LEONIDAS €€

✆ +30 22840 31153

Ouvert tous les jours à partir de 11h et jusqu'au dernier client. Comptez 20 € par personne.

Il s'agit du meilleur restaurant de Kastro, à la périphérie du château, et qui jouit, en prime, d'une vue splendide sur la mer Egée. Son principal atout est la vue panoramique sur la mer depuis la façade en verre de la salle. Vous y dégusterez des plats concoctés avec des produits bio, en provenance directe du verger et potager des propriétaires des lieux. Essayez les beignets de pois chiches parfumés, la salade de câpres et, bien sûr, le fromage « mastelo ». Si possible, optez pour une place en terrasse qui domine la côte et offre un panorama à couper le souffle.

PLATYS GIALOS ★

C'est la plus grande plage de sable de l'île. Elle est par conséquent très fréquentée, avec parasols et transats le long de la baie, mais reste très agréable. Cafés, tavernes et restaurants s'étalent, les pieds dans le sable. De la cour de la belle église Panaghia tou Vounou, donnant sur Platis Gialos et Kimolos, la vue est à couper le souffle. Une visite de l'église vaut également la peine. Ce monastère construit sur l'emplacement d'un ancien temple d'Artémis abrite une icône de la Vierge qui, selon la légende, a laissé couler une larme de sang lorsqu'un Turc a essayé de la déchirer avec un couteau. Vous pouvez loger dans les cellules. De la terrasse, vous jouirez d'une vue admirable sur Platis Yalos.

PANAGHIA TOU VOUNOU [VIERGE DE LA MONTAGNE] ✞

De la cour de la belle église donnant sur Platis Gialos et Kimolos, la vue est à couper le souffle. Une visite de l'église vaut également la peine. Ce monastère construit sur l'emplacement d'un ancien temple d'Artémis abrite une icône de la Vierge qui, selon la légende, a laissé couler une larme de sang lorsqu'un Turc a essayé de la déchirer avec un couteau. Vous pouvez loger dans les cellules. De la terrasse, vous jouirez d'une vue admirable sur Platis Yalos.

PENSION AGELIKI €

En bord de mer.
✆ +30 693 737 0222
www.pensionagelikisifnos.com
Chambre entre 40 et 80 € avec le petit déjeuner.

De très jolies suites à côté de la plage et à 50 m de l'arrêt de bus, indéniablement l'un des meilleurs rapports qualité-prix du village, d'autant que les chambres du premier étage ont été rénovées dans un style joliment romantique. Les chambres du rez-de-chaussée sont plus ordinaires mais agréables aussi. La pension est située sur la plage la plus populaire de l'île, Platis Gialos, à seulement 5 m de la mer. Parfait si vous cherchez un lieu pour profiter d'une plage de sable et du soleil, dans un environnement élégant et paisible avec des services de qualité.

ALEXANDROS HOTEL €€

✆ +30 22840 71300
www.alexandros-hotel-sifnos.com
49 chambres. La double entre 83 € et 175 € avec petit déjeuner, selon la période.

Il suffit d'ouvrir le livre d'or de l'hôtel Alexandros pour comprendre la qualité de service. Dominant la baie de Platis Gialos, avec un accès direct à la plage, l'hôtel se compose de 49 chambres dont 2 suites. Presque toutes les chambres ont un balcon, certaines ont vue sur la mer. La déco est un peu ancienne dans certaines chambres, et très moderne dans d'autres. Bien qu'immense, la piscine est un lieu calme et agréable. Le jardin est encore plus grand, et tenu au cordeau, laissant libre champ à de paisibles balades au sein même du complexe.

CYCLADES OCCIDENTALES

© AERIAL-MOTION - SHUTTERSTOCK.COM

Platys Gialos.

NIRIEDES €€€

✆ +30 22840 71530

www.niriedeshotel.com

Suite standard de 95 à 210 € en été. Petit déjeuner inclus.

Ce magnifique établissement est certainement le plus bel hôtel de Platys Gialos et l'un des plus beaux de l'île. En surplomb de la plage, vous aurez une vue sur toute la baie et l'horizon au loin. Le petit déjeuner, succulent, est servi sur la belle terrasse. Ne ratez pas les biscuits maison en provenance directe de Gerontopoulos, la pâtisserie mythique d'Apollonia. N'hésitez pas à demander conseil à Thanos et sa femme : ils vous indiqueront les meilleures adresses de l'île. On aime l'ambiance chaleureuse et familiale qui règne dans cet établissement luxueux.

TO STEKI €

✆ +30 6977271647

Ouvert de 18h30 à 23h30, tous les jours. A partir de 15 € par personne.

Vous en ferez peut-être votre cantine. C'est toujours plein, mais c'est compréhensible. Le mastelo (fromage) est délicieux, la salade grecque, copieuse, et l'imam, savoureux. La décoration et la situation en bord de mer, sous de beaux oliviers, rendent la taverne singulière et chaleureuse. On se sent très vite bien accueilli par le personnel. On y mange simplement mais délicieusement, et on peut y déguster du bon vin à côté du poêle à bois. On sent que l'endroit a conservé une authenticité qui se fait rare dans les Cyclades et cela se ressent aussi dans les prix.

OSTRIA STUDIOS €

✆ +30 22840 71374

www.sifnosostria.gr

11 studios à partir de 50 €. Petit déjeuner à 5 €.

Située à l'entrée de la baie et à 10 minutes à pied de la plage, cette pension familiale est bien entretenue et confortable. Ostria est un complexe de studios unique à Sifnos, verdoyant, aux fleurs aux couleurs vives, dont la vue donne sur la mer. Le complexe se compose d'appartements avec tous le confort moderne et une kitchenette. Son cadre verdoyant et les vérandas spacieuses individuelles de chaque appartement en sont le principal atout. Vasiliki vous accueille avec une douceur exceptionnelle et fait en sorte que votre séjour se passe pour le mieux.

NUS €€

✆ +302284071208

https ://nus.gr/

Compter 20 € pour un repas complet. Ouvert tous les jours, midi et soir.

Les plats tirent leur inspiration de plats typiques de Sifnos, mais le but ici n'est pas de répéter les classiques. Avec l'aide de son équipe soudée, Alexandros tente de réinventer et finalement créer le futur d'une cuisine traditionnelle en manque d'inventivité. Essayez donc la salade d'aubergine agrémentée de graines de grenade et de feta ou le cheesecake salé. Les produits sont frais et de bonne qualité puisque c'est le père d'Alexandros qui les cultive dans sa ferme. Il y organise d'ailleurs de très intéressants tours avec dégustation à la clé.

VILLA GLAROS €€

✆ +30 22840 31431

Chambre double à partir de 110 € en été. Ouvert toute l'année.

Cette villa lumineuse de 3 étages possède un jardin avec une terrasse bien exposée et bénéficie d'un accès direct à la plage. Elle est dotée de trois chambres à coucher, d'une cuisine entièrement équipée au rez-de-chaussée et d'une kitchenette au sous-sol. Elle dispose également d'un salon avec cheminée et télévision. Le transfert depuis et vers le port est proposé avec un supplément. L'accès Internet sans fil (wi-fi) est disponible dans les parties communes gratuitement. Supérette et restaurants à proximité. Coffre-fort, climatisation, 3 télévisions, laverie...

OMEGA 3 €€

✆ +30 2284 072014

Ouvert tous les jours de 13h jusqu'à tard le soir. Comptez environ 40 € par personne.

Il s'agit, selon nous, du meilleur restaurant de Sifnos. En poussant juste un peu, nous sommes même prêts à dire que c'est un des meilleurs restaurants de toutes les Cyclades. En effet, Omega 3 a déjà reçu de nombreux prix pour sa carte inventive et réussie. Ici, tous les produits sont extra frais, qu'il s'agisse de produits de la mer ou de la terre. La carte propose des plats uniques et créatifs. Le slogan des lieux : *less is more*, la qualité prime sur la quantité. L'accent est mis sur les poissons et produits de la mer ainsi que sur les vins.

MAIOLICA €€€

✆ +30 22840 71428
http ://maiolicarestaurant.com
Ouvert tous les jours de 13h à minuit. Comptez environ 30 € par personne.

© MAIOLICA

Un établissement gastro qui propose une interprétation contemporaine des différentes cuisines présentes sur le pourtour méditerranéen... avec un soupçon d'influence thaïe. Diversifiée et ensoleillée, la carte change régulièrement selon les produits frais disponibles. Les végétariens seront particulièrement contents du menu proposé qui fait la part belle aux légumineuses, céréales et légumes frais. Le chef aime les ingrédients et les légumes biologiques. Les produits proviennent de l'île ou de la -égion, autant que possible, et la carte des vins est intéressante.

LAZAROU BEACH BAR

✆ +302284071210
http ://lazaroubeach.com
Ouvert tous les jours de 9h à minuit.

En continuant au-delà de la baie de Platys Gialos, une petite route vous mènera à Lazarou Beach. Dissimulée des regards, c'est une petite crique aménagée où vous pourrez profiter des parasols et transats installés sur un ponton de bois. Cet établissement a ses habitués qui, une fois venus, ne le quittent plus ! Le café-bar qui s'occupe des lieux a tenté une approche un peu branchée pas forcément très réussie mais en journée, c'est agréable de ven r y prendre le café ou un jus frais. Idéalement, venez avant 10h du matin pour débuter la journée.

PALMIRA BEACH BAR

au début de la plage de Platys Gialos
✆ +302284071283
Du matin à tard le soir, prix raisonnables.

Le bar de plage idéal pour se reposer toute la journée à Platys Gialos. L'endroit est moderne et propose d'excellents cocktails ainsi qu'un grand choix de boissons alcoolisées, milkshakes et jus de fruits frais. Vous pourrez vous restaurer tout au long de la journée, brunch le matin et snack le reste de la journée. N'hésitez pas à parler aux propriétaires des lieux, Vassilis, un Grec, et Andrea, un Italien, qui sont sympathiques et seront toujours ravis de vous aider. Vous pourrez également organiser des évènements sur place comme des *pre* et *after wedding parties*.

PALMIRA BEACH BAR

au début de la plage de Platys Gialos
✆ +302284071283
Du matin à tard le soir, prix raisonnables.

© PALMIRA

Le bar de plage idéal pour se reposer toute la journée à Platys Gialos. L'endroit est moderne et propose d'excellents cocktails ainsi qu'un grand choix de boissons alcoolisées, milkshakes et jus de fruits frais. Vous pourrez vous restaurer tout au long de la journée, brunch le matin et snack le reste de la journée. N'hésitez pas à parler aux propriétaires des lieux, Vassilis, un Grec, et Andrea, un Italien, qui sont sympathiques et seront toujours ravis de vous aider. Vous pourrez également organiser des évènements sur place comme des *pre* et *after wedding parties*.

SENTIERS DE RANDONNÉE À SIFNOS

www.sifnostrails.com

Cette longue île (15 kilomètres sur 6 kilomètres) fera le bonheur des marcheurs. Avec plus de 100 kilomètres de sentiers, Sifnos est une destination privilégiée pour la randonnée. L'association municipale Sifnos Trails s'occupe de promouvoir la randonnée sur l'île et de baliser tous les ans les chemins : elle publie une carte des sentiers que vous trouverez à l'office de tourisme. Voici une sélection de quelques marches particulièrement intéressantes, mais beaucoup d'autres randonnées valent qu'on leur consacre du temps. Sachez qu'il en existe certaines accessibles à toute la famille, sur des sentiers pierrés et faciles, de durée inférieure à 30 minutes.

Sentier 4 boucle Platys Gialos – Fikadia : 11,4 kilomètres avec 260 mètres de dénivelé ; durée : 4 heures ; difficulté modérée à difficile.

Ce sentier est particulièrement recommandé pour ceux qui souhaitent faire une boucle (il existe seulement deux boucles parmi les sentiers de Sifnos) et recherchent un itinéraire qui permette de s'arrêter pour une baignade et offre une diversité de paysages entre la côte et les terres. Il vous fera découvrir le sud de l'île. La marche débute à Platys Gialos où vous pourrez acheter de quoi casser la croûte et vous hydrater pour la journée. Le sentier commence par une ascension un peu ardue jusqu'à l'église Profitis Ilias Kondou (à ne pas confondre avec le monastère Profitis Ilias décrit ci-dessous). Vous cheminerez parmi les genévriers et serez récompensé d'une superbe vue panoramique une fois le sommet atteint. Plus loin, la descente vers la baie de Fikadia est magnifique, offrant des vues sur la mer Egée à 180 degrés. Arrivé sur la plage déserte de Fikadia, prenez le temps d'une pause et d'une baignade dans les eaux claires de la baie gardée par la tranquille chapelle Aghios Georgios. Le dernier tronçon du sentier suit la côte. Prenez un instant pour repérer l'église de Kitriani sur l'îlot de Kitriani face à vous. Il s'agit de la plus ancienne église de Sifnos. La fin du sentier vous ramènera à Platys Gialos.

Sentier 6B Fyrogia – Monastère Profitis Ilias : 3,6 kilomètres avec 470 mètres de dénivelé ; durée : 1 heure 50 ; pas de boucle possible mais connexion avec la boucle du sentier 6 ; difficulté modérée à difficile.

Si vous êtes bon marcheur, grimpez jusqu'au monastère du prophète Elie pour admirer les Cyclades à l'aube ou à l'heure où le soleil se couche. La marche ne comporte aucune difficulté notable si ce n'est l'ascension constante jusqu'au point culminant de l'île. Le monastère a été construit sur les ruines d'une ancienne fortification, au XIIe siècle. Il est resté en activité jusqu'en 1890. La vue depuis le plus haut point de l'île est exceptionnelle et vous ne l'oublierez pas de sitôt. En juillet, lors de la fête de la Saint Elie, vous pourrez participer au festin traditionnel : soupe de pois chiches à volonté et danse jusqu'au petit matin. C'est l'occasion de nouer un contact privilégié avec les Siphniotes dans un cadre absolument unique.

Sentier 7 Artemonas – Agios Simeon : 6 kilomètres avec 320 mètres de dénivelé ; durée : 2 heures ; pas de boucle possible ; difficulté facile à modérée. Ce sentier part du centre d'Artemonas, sur la place principale. Vous découvrirez d'abord ce beau village avant de traverser la région fertile de Kalambelas : oliviers, vignes, champs de céréales. Vous verrez ici le visage agricole de Sifnos. L'ascension ne commence qu'après cette vallée. Vous suivrez un large sentier de pierre en laissant derrière vous la décharge publique. L'ascension ne comporte pas de difficulté particulière au-delà de son dénivelé. Elle vous mènera à la magnifique église d'Agios Simeon, à 486 m au-dessus du niveau de la mer. Là, vous aurez une vue impressionnante sur les environs et la mer Egée. En septembre, pour la Saint Siméon, les Siphniotes se retrouvent à l'église pour les festivités d'usage : festin, musique et danse.

Dans les villages. Mais les balades ne se limitent pas à ces chemins balisés. Le village d'Artemonas offre sans doute les promenades les plus pittoresques, dans ses ruelles aux senteurs enchanteresses. Vous pouvez ensuite pousser vers le village de Pano Petali, en traversant le pont. Une petite montée (rapide) vous réservera un beau point de vue. Et, évidemment, vous pouvez continuer de là jusqu'à la place d'Apollonia. De la place, la vue sur la mer est éblouissante.

Précautions d'usage : il est déconseillé de randonner en juillet et août, lorsque les températures sont trop élevées. Le printemps est particulièrement propice à la marche ; vous découvrirez alors des paysages verts et fleuris. L'automne est aussi recommandé pour ses températures plus clémentes. En été, si vous insistez pour marcher, partez très tôt le matin ou après 17h. En toute saison, n'oubliez pas de vous hydrater et de prévoir plus d'1,5 litre d'eau par personne. Dans les saisons les plus chaudes, portez un chapeau, des manches longues et n'oubliez pas la crème solaire. Parmi les désagréments possibles, vous pourrez rencontrer des vipères sur les sentiers de Sifnos. Si vous croisez un serpent, n'essayez pas de l'effrayer, mais contournez tranquillement l'animal. Si toutefois une vipère vous mordait, tentez de garder votre calme et rendez-vous au centre médical. Enfin, ne fumez pas sur les sentiers et n'allumez pas de feux : le risque d'incendie est élevé dans le maquis.

CHRYSOPIGI ★★★

Ce promontoire rocheux qui s'avance dans la mer est tout juste relié à la terre par quelques rochers. Surmonté d'une église édifiée en 1650 pour la Vierge de Chrysopigi ou Panagia Chrysopigi (« Source d'or »), c'est certainement le site le plus connu de Sifnos et l'un des plus photographiés. L'endroit est majestueux, dans les couleurs changeantes du ciel et de la mer. A gauche de l'église, la belle plage de sable d'Apokofto offre des eaux claires et turquoise. Pour nager également, vous pourrez trouver un rocher au calme autour du promontoire de l'église. Sur la droite, les rochers de Saoures sont un peu abrités, fait appréciable les jours de grand vent.

FAROS ★★

Pittoresque port de pêche où, le matin, les pêcheurs nettoient leurs filets tandis que des dizaines de chats les observent en attendant un poisson. Quelques chambres chez l'habitant, des tavernes le long de la mer : on y trouve une ambiance grecque et familiale. Les visiteurs en quête d'authenticité et de calme y trouveront donc leur petit coin de paradis qui semble tout droit sorti des années 1960. Le bord de mer de Faros offre quelques petites plages de sable successives : ombragées, elles sont surtout fréquentées par les familles et peu profondes. De l'autre côté du port, en escaladant une colline sur la gauche (en regardant la mer), vous arriverez à Fassolou, une plage plus vaste et également agréable car ombragée.

PANAGIA CHRYSOPIGI ★★★

Ouvert tous les jours de 8h à 14h et de 17h30 à 21h. Entrée libre, donations appréciées.

Cette église de 1670 est la plus vénérée de Sifnos. Comme souvent dans les îles, une légende raconte l'origine des lieux. A l'époque où pirates et corsaires semaient la terreur dans les îles de la mer Egée, certains d'entre eux dormaient dans l'église, aux pieds d'une icône de la Vierge. Pendant leur sommeil, des femmes auraient bravé le danger pour y allumer des cierges et faire brûler de l'encens. L'odeur réveilla les pirates qui se lancèrent à la poursuite des Siphniotes dévotes. La Vierge aurait accompli un miracle en séparant le rocher du reste de l'île.

FASSOLOU €

A 100 m de la plage.

✆ +30 22840 71490

www.fassolou-studios.gr

Chambre entre 57 et 95 € selon la période et la catégorie, sans petit déjeuner.

Un complexe de trois bâtiments offrant tous une vue sur la mer, reliés par des arches en pierre et par des pergolas. Les 12 chambres charmantes, tout près de la mer, ont un balcon ou une terrasse. Avec aussi l'équipement minimum (réfrigérateur, plaque chauffante) pour vous restaurer. Possibilité de louer un appartement pour 4. Prix très raisonnables, surtout en réservant longtemps à l'avance. Parmi les autres services proposés : un jardin d'enfants, une machine à laver, des connexions Internet, et des locations de voitures ou de motocyclettes.

ROUBINA €

✆ +30 22840 71297

www.roomsinsifnos.com

Chambre double entre 50 et 80 € en été.

Sur la colline au-dessus du monastère de Chrissopigi, 6 chambres doubles et 1 triple à côté du promontoire – l'Akrotiri – de Panagia Chrysopigi. L'ensemble est simple mais propre et chaque studio dispose d'une cuisine entièrement équipée. L'accueil est particulièrement agréable, ce qui rajoute au charme des lieux. Les parterres fleuris, les cours pavées, les oliviers et les vignobles vous offriront généreusement leur ombre et une invitation au farniente. On vient surtout ici pour le calme, le prix et la vue sur la mer et jusqu'au village de Faros.

VILLA MARIA €

Près du terminus du bus.

✆ +30 22840 71488

sifnosvillamaria.gr

Pour deux personnes de 50 € à 102 € selon la période et la catégorie.

Un vrai coup de cœur dans un jardin magnifique et verdoyant, dans le village traditionnel de Faros, à 60 mètres de la mer. On trouve ici huit des logements construits en amphithéâtre à proximité des plages de Faros et de Glipho. Le complexe se compose de 5 studios (pour 2 ou 3 personnes), équipés d'une kitchenette complètement équipée et de 3 appartements (pour 3 ou 4 personnes). Tout le confort y est avec tous les ustensiles nécessaires. Certaines chambres bénéficient d'une véranda dont la vue donne sur le petit port pittoresque de Faros.

APERANTO GUESTHOUSE €€

✆ +30 22840 71473

http ://aperantosifnos.gr

Chambre double à partir de 50 € et jusqu'à 140 € selon la saison et le type de chambre.

Cet établissement charmant domine la plage de Glypho et donne sur les rochers qui mènent à Chrysopigi, que l'on aperçoit au loin. Les chambres disposent toutes d'un balcon privé pour regarder le soleil se lever vers l'est. Simples et au décor volontairement rustique, elles sont joliment aménagées. Alliant harmonieusement métal et pierre, la guesthouse a été conçue pour offrir un hébergement simple. Une bonne option à Faros. Profitez de la chaleur du soleil ou prenez votre verre le soir sous le ciel étoilé, et détendez-vous sur les chaises longues.

CAPE NAPOS €€

A l'entrée du village.

✆ +30 22840 71496

www.napos.gr

Chambre à partir de 65 €. Petit déjeuner buffet : 12 €.

Joli hôtel construit au-dessus de la mer, sur la côte rocheuse du cap Napos justement, à 900 m du village. Les studios proposés comportent un lit, un salon et une cuisine entièrement équipée. Chambres ravissantes avec wifi et piscine ouverte de mai à octobre. Au petit déjeuner, vous prendrez des produits de la ferme bio du jardin à côté de l'hôtel. La tranquillité de la région, combinée à la vue paisible sur la mer, à la qualité de ses installations et à l'attention personnelle apportée aux services offerts, offre un environnement idéal pour se reposer.

FLAROS €

Sur le front de mer.

✆ +30 22840 28956

Compter 15 € par personne. Ouvert tous les jours, midi et soir.

Il faut longer la petite plage et monter quelques marches, vers la promenade qui mène à Chrysopigi, pour atteindre son but. Un petit menu savoureux de plats classiques, traditionnels et plus contemporains, mettant l'accent sur les ingrédients locaux et le poisson : beignets de pois chiches à la menthe et aux épinards, tarte traditionnelle de Kimolos, pâtes aux crevettes, anchois marinés maison, agneau en sauce au vin cuit pendant 12 heures ou poulet braisé avec ses tomates séchées au soleil. Il y a même des desserts faits maison. Et une belle carte de vins grecs.

TO LIMANAKI €€

✆ +30 69477 02155

A partir de 20 € par personne. Ouvert tous les jours midi et soir.

Un restaurant comme on les adore en Grèce, idéalement placé sur le petit port de Faros. Parfait pour les amateurs de poisson, basé sur la pêche du jour, quoique pas toujours très économique. Les calamars grillés sont succulents comme les légumes grillés (locaux aussi) assaisonnés d'herbes du coin qui valent le détour. C'est le restaurant de poissons par excellence à Sifnos. Malheureusement, le poisson a parfois tendance a être trop cuit selon nos critères, demandez à ce que la cuisson soit à votre goût au moment de la commande.

Faros.

VATHY ★★★

Des deux côtés du monastère de Taxiarchis, la superbe baie semble s'étendre et s'étendre, encore et encore… Cette plage de sable fin offre en plus quelques endroits ombragés et une mer peu profonde, protégée des vents. C'est ici qu'il faut venir pour profiter du calme lorsque partout ailleurs souffle le meltemi. Vathy est encore largement familial, surtout fréquenté par les voiliers en saison, ce qui lui confère un charme certain et une ambiance un peu désuète, comme hors du temps. Côté culture et histoire, le site archéologique d'Agios Andreas est considéré comme un des sites archéologiques les plus importants de l'île de Sifnos.

SITE ARCHÉOLOGIQUE D'AGHIOS ANDREAS ★

✆ +30 22840 31488

Le site est ouvert tous les jours sauf le mardi et les jours fériés, de 8h30 à 15h. 2 €.

Ce site archéologique est considéré comme un des sites archéologiques les plus importants de l'île de Sifnos. Les pièces exposées comprennent une grande partie d'un mur mycénien du XIIIe siècle av. J.-C. avec les ruines de cinq bâtiments. Le site archéologique de la citadelle mycénienne d'Aghios Andreas a été primé en 2012 comme « un exemple excellent de valorisation et de promotion de trouvailles archéologiques » par l'organisation européenne Europa Nostra.

STUDIOS NIKOS €

✆ +30 22840 71512

www.sifnosrooms.com

A partir de 50 € pour deux. Ouvert toute l'année.

Cet ensemble de studios est situé sur la plage de Vathi, à côté du monastère Taxiarchis. Une situation idéale. Tous les studios sont équipés d'un réfrigérateur, climatiseur, télévision, d'une cuisine complètement équipée et d'une véranda avec vue sur mer ou sur le beau jardin. Nikos Studios est un petit complexe de logements à louer avec tout le confort moderne. Il est situé à seulement 10 mètres de la plage. Il y a aussi, en face du complexe, un jardin coloré où les visiteurs peuvent bronzer et profiter de la vue sur la baie de Vathi.

OKEANIDA €

✆ +302284071140

© OKEANIDA

Voici une petite taverne familiale et pittoresque, tenue par la sympathique francophone Anastasia et ses parents. On y mange une cuisine traditionnelle simple et délicieuse, le tout les pieds dans l'eau. Vous ne serez pas déçu du voyage et de cette petite halte. En plus, le service est personnel et affable, et les prix sont bas. Précision utile : si un ingrédient vient à manquer, le plat n'est pas servi ce qui reste un honnête gage de fraîcheur. Nous pourrions vous aiguiller entre terre et mer mais ici tout est bon, alors bon appétit !

STUDIOS VIRGINIA €

✆ +30 22840 71101

www.vathysifnos.gr

Studios pour 2 à partir de 50 € en été. Appartements pour 4 à partir de 70 €.

A quelques mètres du petit monastère et de la mer, voici 3 studios (2 à 3 personnes) et 2 appartements (4 à 5 personnes) à réserver d'urgence. Pas chers, tous sont bien équipés et confortables. Au bord de la mer et à quelques mètres du monastère de Taxiarches. Tous les studios sont entièrement équipés avec un balcon indépendant avec vue sur la mer, une cuisine entièrement équipée (réfrigérateur, micro-ondes, cafetière, ustensiles de cuisine) et la télévision. Les appartements sont tout aussi bien aménagés avec une cuisine entièrement équipée.

APERANTO GALAZIO €

✆ +30 2284 035150

Ouvert tous les jours de 10h à minuit. Comptez 15 € par personne.

En débouchant sur la plage de Vathi depuis le parking ou l'arrêt de bus, on tombe sur cette petite taverne bleue. Au bord de l'eau, avec les vagues qui s'échouent juste là, on s'arrête pour une agréable pause déjeuner ou un dîner dans le soleil couchant. Sur une petite terrasse en béton sur la plage, cette taverne sert du poisson grillé, des plats de fruits de mer de Sifnos, des spaghettis au homard, des crevettes ou des oursins. L'accueil est chaleureux et on s'y sent bien et moins à l'étroit que sous les tamaris de Tsikali qui sont parfois un peu étouffants.

TSIKALI €

✆ +30 2284 071150

www.tsikali.com

Ouvert tous les jours à partir de midi et jusqu'à minuit. Comptez 15 € par personne.

Il faut surtout faire confiance aux Siphniotes qui le murmurent à qui veut bien prendre le temps de tendre l'oreille. Voilà la meilleure taverne traditionnelle de Sifnos a les pieds dans l'eau, les chaises plantées dans le sable, et on s'y prélasse à l'ombre des tamaris sur la plage de Vathi. Vous y goûterez tous les plats classiques des tavernes grecques, mais préparés ici avec les meilleurs produits et dans le respect de recettes anciennes.La famillepossède également une ferme au-dessus du restaurant, dans les montagnes, d'où vient son excellente viande.

CHERONISSOS ★★

Une anse étroite, une petite plage de sable, une église, deux tavernes, un snack-bar et quelques barques : voilà ce qui vous attend à Cheronissos. Le calme est absolu dans ce joli village où le temps s'est arrêté et ceux qui souhaitent réellement déconnecter pourront passer quelques jours battus par les vents, sans craindre d'être dérangés.

Si vous ne faites que passer, ne ratez pas le coucher du soleil ! Il faut monter au monastère d'Aghios Georgios qui domine la dernière colline pour voir le soleil tomber dans la mer Egée, vers l'ouest, et Sérifos. C'est un moment unique, fait de calme et de tranquillité.

ROMANZA €

✆ +30 22840 33139

http ://romanza.weebly.com

Chambre double à partir de 50 €. Restaurant ouvert tous les jours midi et soir. Comptez 15 € par personne.

Ce petit établissement familial est une auberge-restaurant sur les hauteurs de Cheronissos, sur la place de la station de bus. Les quelques chambres disponibles sont bien tenues et propres, sans confort excessif, mais pour un prix vraiment dérisoire. Préférez les chambres côté mer qui offrent une vue magnifique sur le port et la mer en contrebas. Le restaurant offre une carte très restreinte de plats faits maison. On y mange le traditionnel *mastelo*, agneau cuit au four dans un plat de terre cuite, la salade de câpres et la soupe aux pois chiches du dimanche.

Cheronissos.

PSATHI ★

Psathi est le port de Kimolos : on arrive dans sa petite baie calme depuis Pollonia et Milos mais également d'horizons plus lointains. L'arrivée des bateaux rythme la vie du port, endormi le long de sa jolie plage de sable. Quelques cafés et tavernes bordent le front de mer dans une ambiance d'un calme presque absolu, entre deux arrivées. En surplomb du port de Psathi, les maisons blanches de Chorio sont construites autour d'un kastro semblable à celui de Folegandros ou Sikinos. Psathi est relié à Chorio par la seule route asphaltée de l'île, qui dessert également certaines plages du sud et de l'est. Préparez-vous à une balade hors du temps.

Transports

Kimolos n'est pas très grande mais les infrastructures routières n'y sont pas très développées : il faudra prendre un peu de temps pour découvrir l'ensemble de l'île, au-delà des deux villages que l'on pourra visiter à pied. Afin d'être le plus flexible et mobile possible, le mieux sera certainement de louer une voiture ou un scooter. Sachez que pour s'en tenir à la route asphaltée entre Fikadia et Aghios Minas, un scooter suffira. Si vous souhaitez découvrir les routes secondaires et autres routes de terre, il faudra prévoir un 4x4. La station essence est sur la route, avant Klima.

En bateau, il existe des liaisons en ferry depuis Le Pirée. De Milos, un bac quotidien assure la liaison entre Pollonia et Psathi, plusieurs fois par jour (30 minutes, véhicules autorisés).

HORIO

La partie intérieure date du XIIIe siècle et la partie extérieure du XVIIe siècle. Les trois portes principales sont conservées : elles assuraient la sécurité de la cité imprenable. Chorio possède aussi quelques belles églises comme Aghios Nikolaos (XVIIe siècle), Aghios Giorgios et Aghios Chrysostomos (1608). En journée, il y règne un calme absolu et le village semble sorti d'une carte postale. Des ruelles chaulées débouchent comme par miracle sur des petites placettes où la vie reprend en fin de journée...

MUSÉE ARCHÉOLOGIQUE

© +30 22870 51291

Ouvert du mardi au dimanche de 8h30 à 15h. Fermé le lundi. Entrée : 2 €.

Voilà un lieu qui vous occupera une petite heure, pas plus, mais c'est déjà bien. Le musée archéologique de Kimolos a beau être petit, il est très bien fait et très bien documenté. Installé dans l'une des plus anciennes demeures de Chorio, en face de l'église de la Panagia Odigitria, il présente les trouvailles archéologiques ainsi que l'histoire préhistorique et antique de Kimolos. L'accent est mis sur les fouilles d'Ellinika et la cité antique engloutie d'Agios Andreas. Un petit film intéressant retrace l'héritage historique de l'île.

EXCURSION À POLYAIGOS

Avec ses 18 km², c'est la plus grande île inhabitée des Cyclades. Son nom signifie « l'île aux nombreuses chèvres », mais les chèvres ont déserté les lieux, tout comme les habitants. Riche en minerais, elle a longtemps été convoitée par les habitants de Kimolos, et a été attribuée à cette dernière depuis la période antique. Aujourd'hui, la nature a repris ses droits et l'on y trouve des espèces endémiques uniques et préservées, comme le phoque moine de Méditerranée. Le terrain est difficile pour la marche, mais les plages sont magnifiques : l'île est à explorer en *sea taxi*.

VALLEE DES LARMES

Balade de la place centrale du village, prenez la direction de Psathi.

Au niveau de la boulangerie, prenez à gauche et, après avoir croisé le bâtiment de l'Association des fermiers, une nouvelle fois à gauche. Le sentier pavé, généralement indiqué par des flèches orange, est l'un des plus jolis de l'île. Arrivé en haut, jetez un œil à la petite chapelle de Pantokratoras. La vue sur la côte est spectaculaire. Continuez le long des moulins abandonnés. Vous êtes dans la région de Haplovouni, jadis appelée la « vallée des larmes » puisque c'est l'endroit d'où les femmes de marins voyaient partir leurs conjoints.

PLAGES

De Psathi jusqu'à Aghios Andréas vers le sud-ouest ou jusqu'à Prassa vers le nord-est.

Des plages de sable ou de petits galets vous invitent à plonger dans la mer Egée. Vous pouvez vous rendre en bus ou à pied (pour les plus motivés) à toutes ces plages.

Au sud-ouest, Aliki, Bonatsa et Kalamitsi sont les plages les plus fréquentées de l'île. Ces longues étendues de sable fin (Bonatsa), parfois parsemées de galets (Aliki et Kalamitsi), sont plantées de tamaris qui apportent une ombre bienvenue. Les eaux y sont claires et d'un bleu magnifique. En poursuivant sur la route de terre vers l'ouest, vous trouverez Dekas, Ellinika et Mavrospilia, protégées du meltemi. Elles donnent sur l'îlot d'Aghios Andreas, avec les restes d'une cité antique engloutie. A Ellinika, des fouilles archéologiques ont mis au jour une nécropole antique encastrée dans la roche. De ces trois plages, vous assisterez à un coucher de soleil mémorable.

Au nord-est, la petite baie de Rema semble sortie d'une carte postale avec les garages à bateaux multicolores que les pêcheurs locaux ont creusés dans la roche blanche. Un rocher qui ressemble à un éléphant garde l'entrée de la baie. Plus loin, la crique de Karas offre des eaux d'un bleu incomparable : on s'y baigne depuis des rochers d'un blanc pur (attention : pas d'ombre !). Au-delà, la grande plage de galets de Klima est exposée au vent mais compte de grands tamaris. Au nord, Prassa est une plage de gros sable blanc assez exceptionnelle lorsqu'elle n'est pas envahie de campeurs au mois d'août... Des sources thermales sont situées à l'entrée de la plage.

PS CAR RENTAL

✆ +30 69800 55320

https ://kimolos.psrental.gr

Petite voiture premier prix à partir de 30 € par jour.

Afin d'être le plus flexible et mobile possible, le mieux sera certainement de louer. Ce loueur propose des voitures de qualité et bien entretenues. Basée à la plage d'Aliki, l'agence vous livre la voiture au port ou à votre hôtel, selon votre convenance. Les prix pratiqués sont très intéressants, mais n'oubliez pas de réserver à l'avance. Si vous souhaitez découvrir les routes secondaires et autres routes de terre, il faudra prévoir un 4x4. La station essence est sur la route, avant Klima. Il existe juste deux loueurs sur l'île.

BONATSA BEACH HOUSE €€

Plage de Bonatsa

✆ +30 22870 51676

www.ariahotels.gr

Chambre double à partir de 120 € la nuit.

Cette maison sur la plage de Bonatsa propose trois chambres avec accès direct à la mer. L'emplacement des maisons de plage est fantastique grâce à sa proximité avec la plage éponyme, une longue plage de sable. Ce sera comme avoir votre propre maison de plage pendant votre séjour. La vue est superbe depuis les fenêtres et la terrasse. Des parasols et transats sont installés devant l'hôtel où l'on se sent très vite comme chez soi. Chaque chambre possède son propre balcon, idéal pour prendre son café du matin, les yeux plongés dans le bleu égéen.

ECHINOUSA €€

✆ +30 22870 51551

www.echinousa-kimolos.com

Chambre double de 80 à 140 € en saison. Maisonnette pour 4 personnes à partir de 200 €.

Les jolies villas d'Echinousa sont situées en surplomb de Psathi, à 100 mètres de sa petite plage et en direction de Chorio. Vous pourrez y loger dans des chambres spacieuses type studio avec cuisine équipée et tout le nécessaire pour se préparer à manger à la maison. Il existe également 6 petites maisons à louer, qui peuvent loger 4 personnes. L'ensemble est très agréable, au design épuré, contemporain et sobre. Un établissement de charme. Dominiki et Panayotis sont d'une gentillesse extrême et prêts à se plier en quatre pour vous rendre service.

KIMOLIA GI €€

Plage de Prassa

✆ +30 22870 51192

www.kimoliagi.gr

Studio à partir de 90 € la nuit en été. Petit déjeuner inclus.

Ces studios sont situés non loin de la plage de Prassa, sur un vaste terrain qui abrite la ferme familiale des propriétaires. Conséquence directe et fort agréable de cela : tous les matins, un petit déjeuner bio délicieux vous sera servi avec la production de la ferme et du potager. Autre avantage non négligeable : le calme et la tranquillité qui règnent sur ce petit bout du monde. L'ensemble a été aménagé avec goût en respectant le style cycladique. Vous n'oublierez pas les siestes sur le hamac, face à la mer ! Une belle adresse.

THE HOUSE IN THE CASTLE €€

Dans la citadelle, à Horio. ✆ +30 69 36 79 09 99
www.cycladesliving.gr
De 330 à 1 250 € la semaine (pour 2 à 4 pers.) selon la période.

Elle porte bien son nom et mérite votre curiosité. Cette magnifique maison traditionnelle, partie attenante d'un château du XVIe siècle, a été magnifiquement rénovée en 2008. Elle propose aujourd'hui plusieurs possibilités et formules d'hébergement. Au rez-de-chaussée, la chambre principale se situe à côté d'une cuisine élégamment meublée avec une cheminée. Deux autres chambres au premier étage complètent l'offre et disposent chacune d'une entrée individuelle (mais partagent une salle de bains). Prêt de vélos.

TOFFEE KIMOLOS €€

✆ +30 22870 51493
www.toffeekimolos.gr
Chambre double à partir de 80 € la nuit, petit déjeuner inclus.

Ce charmant établissement propose des studios et chambres avec cuisine aménagée sur les hauteurs de Psathi, le long de la route qui mène à Chorio. Les quatre chambres disposent d'un balcon privatif. L'établissement est notamment réputé pour son délicieux petit déjeuner, servi dans le jardin. Katerina prépare tous les pains et sucreries elle-même et c'est un vrai régal. Un séjour agréable garanti avec une vue panoramique imprenable depuis l'immense véranda sur le village et les collines. En quelques minutes, vous pouvez marcher jusqu'à Chora et au port.

THE WINDMILL €€

✆ +30 22870 51554
windmillkimolos.reserve-online.net
De 90 à 230 €, selon la période et la catégorie. Petit déjeuner compris.

Il porte bien son nom, en toute simplicité. Ce vieux moulin datant de 1852 demeure l'un des plus vieux de Grèce. Depuis, il a été transformé en élégant boutique-hôtel et propose plusieurs suites raffinées. Décoration sublime et raffinée, avec tout le confort (télévision satellite, DVD, wifi). Situé entre le port et le village principal, il offre une vue splendide sur Psathi. L'hôtel, un peu isolé, peut organiser un transfert en taxi ou location de voiture du port ou de l'île voisine de Milos. Comptez souvent trois nuits obligatoires en août.

AVLI TOU SAMBLOU €

Place Kambos
✆ +30 2287 051666
Ouvert tous les jours pour le déjeuner et le dîner. Comptez 15 € par personne.

La place Kambos semble tout droit tirée d'un décor de film et ce restaurant complète parfaitement le paysage. Quelques tables sur la place, d'autres dans le jardinet à l'arrière, au-delà des cuisines, vous accueillent pour déguster la cuisine traditionnelle de Kimolos. Le label Aegean Cuisine garantit la qualité des produits cuisinés : l'accent est mis sur la viande en provenance directe de la ferme familiale et sur les légumes du potager. Goûtez à la ladenia de Kimolos, aux oignons et à la tomate, ou encore aux délicieuses boulettes d'agneau.

CYCLADES OCCIDENTALES

© LEFTERIS PAPAULAKIS - SHUTTERSTOCK.COM

Psathi.

KALAMITSI €

Plage de Kalamitsi
✆ +30 697 222 6789
Ouvert tous les jours de 9h au dernier client. Comptez 15 € par personne.

Année après année, le charme des lieux et de cette table familiale ne cesse d'opérer. La taverne de Kalamitsi offre une pause appréciable au cours d'une journée à la plage. Vous y trouverez tous les classiques de la cuisine grecque, sans surprise pour une taverne du genre. Le poisson y est frais, l'ouzo aussi et on se régale de mezzé à l'ombre de la terrasse et des tamaris. Parfait pour une pause café dans la journée également. A la fin, une cuisine simple mais généreuse. Avec en plus, en saison, la pêche du jour du père et du fils.

PANORAMA €

Dans le kastro, à Horio.
✆ +30 22870 51531
Ouvert tous les jours de 9h jusqu'au dernier client. Comptez 15 € par personne.

Cette taverne est idéalement située dans le kastro de Chorio, avec une vue imprenable sur les environs et la mer en contrebas qui s'étale à l'infini. Pas de publicité mensongère ici non plus : le Panorama porte bien son nom ! On s'installe sur la terrasse vitrée et on se délecte des classiques de la cuisine grecque : salade grecque, mezzés, légumes farcis et autres boulettes de viande en sauce. Un peu plus original, tout de même : essayez la soupe de poissons locale, la kakavia, même si elle n'est pas disponible tout le temps.

TO KIMA €

✆ +30 22870 51001
A partir de 15 € par personne. Ouvert tous les jours midi et soir.

Une des meilleures (parmi les rares) options de l'île. « La Vague » est une taverne chaleureuse, simple, avec des tables sur le sable, les pieds dans l'eau, sur la plage de Psathi. Excellente cuisine maison : imam à la sauce rouge (aubergines à la tomate) et spécialités de poulpe frit. Cette cuisine remarquable est déclinée en deux versions : traditionnelle et familiale d'un côté, plus créative (et un tantinet plus chère) de l'autre, avec davantage de poissons et de crustacés. Mais quel que soit votre budget, vous trouverez assurément votre bonheur ici.

LOSTROMOS CAFÉ

✆ +30 2287 051240

Ouvert tous les jours de 9h au dernier client.

En débarquant du bateau sur le port de Psathi, la terrasse du Lostromos Café vous attend. Ce sera la première à vous accueillir, à l'ombre d'un tamaris… ou la dernière à vous voir partir, sur un bon souvenir ici. Entre les deux, on y vient boire le café à toute heure du jour, on s'y arrête pour casser la croûte d'un toast ou d'un petit sandwich et on vient prendre l'apéritif et on reste boire un coup en soirée. Bref, on y vient et on y revient. Très agréable, ambiance détendue d'où l'on regarde les rares bateaux arriver ou encore partir.

STAVENTO CAFÉ

Chorio.

✆ +30 2287 051800

Toujours à Chorio : ici encore, les terrasses des petits bars et des cafés du village remplissent alors les placettes du village d'une animation très agréable en été. En arrivant dans le centre de Chorio, prenez la direction du parvis de l'église Panagia Odigitria envahi de tables et de chaises qui appellent au farniente. On s'y installe le matin pour un bon petit déjeuner, tout au long de la journée pour le café et encore en soirée : on y reste en fin de journée pour partager un cocktail ou un ouzo en bonne compagnie.

VATSIMANIS

Place Kambos

✆ +30 22870 51689

Ouvert tous les jours de 9h au dernier client.

Chorio est très calme en journée et prend vie lorsque le soleil se couche. Un très beau café-bar pour une très belle place qui bruisse d'une animation très agréable : voilà ce que vous promet le Vatsimanis sur la place Kambos. Ouvert en saison, on y vient tout au long de la journée : à l'intérieur dans un décor follement rétro quand le soleil tape trop fort en journée, en terrasse sur la place animée une fois le soir venu. C'est un pilier de la vie sociale à Kimolos, apprécié notamment des vacanciers les plus branchés.

SENTIERS DE RANDONNEE A KIMOLOS

Les sentiers de Kimolos sont généralement bien balisés.

Sentier 1 : Chorio-Haplovouni-Karras – durée : 2 heures, difficulté : facile.

De la place centrale de Chorio, prenez la direction de Psathi. Au niveau de la boulangerie, prenez à gauche et, après avoir croisé le bâtiment de l'association des fermiers, une nouvelle fois à gauche. Le sentier pavé, généralement indiqué par des flèches orange, offre l'une des plus jolies balades de l'île. Arrivé en haut, jetez un œil à la petite chapelle de Pantokratoras. La vue sur la côte est et l'île inhabitée de Polyaigos est spectaculaire. Continuez à marcher le long des moulins abandonnés. Vous êtes dans la région de Haplovouni, jadis appelée la « vallée des larmes » puisque c'est l'endroit d'où les femmes de marins voyaient partir leurs conjoints. La descente alterne entre routes de terre et route asphaltée : elle vous mènera aux criques de Karras ou Goupa où vous pourrez vous baigner. Pour le retour, vous pourrez vous rendre à Psathi et prendre le bus ou monter la route asphaltée.

Sentier 2 : Chorio-Skiadi-Mavrospilia – durée : 3 heures, difficulté : facile à modérée.

Le départ de la randonnée se fait devant le bâtiment OTE dans le centre de Chorio. Empruntez la route de terre qui sort du village vers le nord et l'église d'Agios Efstathios et tournez à gauche en suivant les balises bleues. Pendant la première heure de la balade, vous suivrez également des balises rouges qui indiquent le sentier vers Paléokastro. Au bout d'environ 45 minutes, le sentier commence à se rétrécir, laissez le mont Sklavos et l'antenne radio derrière vous sur votre droite et poursuivez tout droit à l'endroit où le sentier bifurque vers Paléokastro. Vous descendez alors vers Skiadi que l'on aperçoit au loin. Cette formation rocheuse sculptée par les vents est un phénomène d'érosion unique : le rocher de Skiadi ressemble à un gigantesque champignon de pierre ! Au-delà, poursuivez vers la mer en descendant une pente assez raide. Le sentier est plutôt mal indiqué à ce niveau-là de la randonnée : il vous faudra parfois couper à travers le maquis (préférez les pantalons longs). Une fois dans la vallée, vous retrouvez un sentier large et bien tracé qui vous mènera jusqu'à la belle plage de Mavrospilia. Pour ceux qui ne voudraient pas prendre le même chemin en sens inverse pour le retour, rendez-vous sur la route asphaltée qui dessert les plages du sud et rentrez en bus ou en taxi jusqu'à Chorio.

ADAMAS

Port principal de Milos, Adamas est le centre des activités. Elle arbore un style architectural peu répandu dans les Cyclades. Du port, les liaisons de bus sont régulières avec le reste de l'île. Adamas sera une base pratique pour découvrir l'ensemble de l'île mais n'est pas nécessairement la commune la plus charmante de Milos pour un séjour touristique. C'est ici qu'est concentrée la vie locale et économique de l'île et il sera intéressant malgré tout d'y passer pour se mêler à la population de l'île.
Lorsque les autorités ottomanes venaient collecter les impôts, de grands feux étaient allumés pour prévenir les Miliens de l'arrivée du bateau de Constantinople. Les habitants cachaient alors récoltes et bétail pour éviter les pillages. Une fois le bateau parti, des feux de joie étaient allumés dans tous les villages et les habitants sautaient par-dessus en chantant : « Alors que l'armada s'en va, les frissons s'en vont aussi ». Aujourd'hui, la fête de Kyriavgoustos se célèbre encore tous les 31 août, jusqu'à ce que le dernier morceau de bois ait été transformé en cendres. La superstition veut que si une bûche ne se consumait pas jusqu'au bout, l'hiver à venir serait frappé de malchance.

Transports

En avion, l'aéroport se trouve à Zefyria, à 5 km d'Adamas. En bateau, l'île est reliée au Pirée deux à trois fois par jour en été

BAIE DE MILOS

La baie offre de longues plages de sable : Lagada est la plage la plus proche du port, à l'ouest d'Adamas. Elle offre une eau propre malgré la proximité du port et de nombreux arbres donnent un ombrage naturel. Sans aller trop loin, vers l'aéroport, vous pourrez également vous baigner à la plage familiale de Papikinou. En poursuivant le long de la baie, au-delà de l'aéroport qui semble comme sorti de nulle part sur sa plaine déserte, Achivadolimni est une grande plage de sable blanc. Ses eaux sont peu profondes, idéales pour les familles.

EST DE L'ÎLE

Des dizaines de kilomètres solitaires mènent à des falaises, des criques isolées, des églises et des monastères oubliés. Il vous faudra une bonne voiture pour parcourir ce territoire. Soyez vigilant : sans carte ni boussole, vous êtes quasiment certain de vous y perdre et il n'y a personne à qui demander son chemin dans les environs. Autre précaution : soyez assuré d'avoir fait le plein d'essence avant de vous lancer dans l'aventure. Ceux qui s'y risqueront auront toutefois la garantie de découvrir des paysages de bout du monde.

GROTTE DE SIKIA ET FALAISES DE KLEFTIKO

En saison, des bateaux partent tous les jours d'Adamas ou de Pollonia.

Pour faire le tour de l'île ou faire l'aller-retour aux falaises blanches de Kleftiko, préférez les voiliers aux faux bateaux de pirates qui transportent jusqu'à 45 personnes d'un coup. Deux sites naturels exceptionnels sont uniquement accessibles en bateau :

La grotte de Sikia se trouve au sud des magnifiques plages d'Agios Ioannis. Depuis la mer, on aperçoit tout juste une ouverture dans la roche, mais une fois que l'on nage de l'autre côté de cette porte naturelle, le spectacle est unique : le toit de la grotte, effondré depuis des millénaires, laisse passer le soleil en cascade. Les reflets qui jouent sur l'eau et la roche blanche composent une symphonie de couleurs magique. À l'intérieur de cette cave à ciel ouvert, vous découvrirez des eaux émeraude et une surprenante piscine naturelle. Prenez le temps d'une petite pause sur la grève de galets pour prendre la mesure de ce site saisissant de beauté.

Les falaises de Kleftiko, que l'on nomme aussi les Météores de la mer ou Thalassina Meteora, sont certainement le site le plus connu et le plus photographié de Milos et on comprend pourquoi. Uniquement accessibles par la mer, ces rochers impressionnants plongent de toute leur blancheur dans des eaux d'un bleu presque irréel. Vous pourrez nager entre ces arches et parmi les multiples caves dont on dit qu'elles servaient de cachette pour les pirates qui y gardaient leurs trésors et butins prélevés sur les populations des îles de la mer Egée.

© RJLERICH - ISTOCKPHOTO

Adamas.

LA VÉNUS DE MILO… AU LOUVRE

C'est en 1820 qu'un paysan de Klima, Yorgos Kentrotas, découvre ce qui deviendra l'une des statues antiques les plus célèbres du musée du Louvre. L'histoire dit que ce Milien était à la recherche de pierres pour clôturer son champ, lorsqu'il tomba nez à nez avec l'Aphrodite. L'histoire ne dit pas pourquoi un élève officier de la marine française se trouvait également là, au moment de la découverte… Toujours est-il que le Français et le Milien venaient de faire une trouvaille unique. L'élève officier français se rend vite compte de l'opportunité et contacte les autorités françaises : le marquis de Rivière, alors ambassadeur auprès de l'Empire ottoman (Milos est encore sous domination ottomane à l'époque), achète la statue… puis en fait cadeau au roi Louis XVIII… qui en fait donation au Louvre en 1821.

Le restaurateur du musée décide de ne pas surinterpréter les pièces détachées qu'il reçoit : la Vénus du Milo restera sans bras et sans parures, dans la beauté et la simplicité de sa semi-nudité. Œuvre emblématique de la fin de la période hellénistique (100 av. J.-C.), elle est réalisée dans la plus pure tradition classique, en marbre de Paros. La coiffure relevée en chignon, le drapé tombant délicatement sur des hanches rondes, les seins fermes et le ventre délicat sont d'une douceur et d'un raffinement d'exécution rares.

Rapidement, la Vénus de Milo devient une pièce maîtresse du musée parisien et rejoint la longue liste de trésors archéologiques « accaparés » par les grandes puissances européennes du XIXe siècle.

MUSÉE DE LA MINE

✆ +30 22870 22481

www.milosminingmuseum.com

Ouvert du lundi au dimanche de 9h30 à 14h et de 17h30 à 22h en juillet et août, sinon de 10h à 14h. Entrée : 4 €.

Ce petit musée récent, assez didactique, propose des infos intéressantes sur l'activité volcanique de l'île, ses ressources minérales, et l'histoire de l'activité minière à Milos. Même s'il ne recèle rien d'exceptionnel, ce petit musée est capital pour comprendre cette activité majeure de l'île. Idéal, donc, pour qui veut se faire une meilleure idée de l'histoire minière de Mílos, qui au passage est assez incroyable. Impossible d'imaginer autant de minerais sur une même île, autant d'exploitations, et depuis aussi longtemps.

PLAGES

Les plages d'Adamas sont loin d'être les plus belles de l'île, il est vrai, mais elles feront l'affaire pour un petit moment de détente. On se demande pourquoi Lawrence Durrell a trouvé la baie si laide ! A la descente du bateau, une petite plage s'étend sur la gauche, devant le White Club. Plus loin, en continuant le chemin, vous arriverez à une autre plage de galets (camping sauvage), vraiment pas idéale pour la baignade. Prenez plutôt à droite du port, où vous attend la grande plage de sable de Papikinou, longue de plusieurs kilomètres.

SARAKINIKO

Une petite caravane à l'entrée du site vend des snacks et bouteilles d'eau.

Ce paysage lunaire, fait de calcaire d'un blanc pur, est une beauté géologique unique. L'absence totale de végétation et les roches immaculées qui plongent dans une eau d'un bleu profond ou translucide, selon les endroits, forment un décor spectaculaire. Conséquence de cela : le site est très visité… Nous vous conseillons de venir tôt le matin, avant les cars de touristes et surtout avant que le soleil ne tape trop fort. Pensez bien à vous protéger des rayons comme vous le feriez au ski, évitez les heures les plus chaudes et hydratez-vous.

SEA SUN SOPHIA

✆ +30 22870 21994

www.milosferries.gr

Tickets ferries, location de voitures, chambres d'hôtel, appartements, maisons.

Impossible de la manquer : cette agence est située sur le port, tout de suite en sortant des bateaux. Elle vend tous les billets de ferries sur toute la Grèce. Nous avons aussi apprécié l'achat en ligne possible et l'excellent site Internet. De plus, ici on peut louer des voitures, s'offrir des excursions, des randonnées... Le personnel, très compétent, vous réserve un accueil charmant. Sophia parle un peu le français. Vous y trouvez les horaires et les informations pratiques de toutes les compagnies confondues (air, mer et terre).

ANDROMEDA YACHTING

✆ +30 694 455 5593

www.andromedayachting.com

Compter 70 € par personne. Départ tous les jours à 11h et retour à environ 19h selon la météo.

Excursions vers les rochers d'Arkoudes, le cap Vani, les grottes de Sykia, et Kleftiko, avec des arrêts baignades et une option déjeuner dans une taverne sans obligation. Simplement, il ne propose pas de nourriture et de boissons à bord. Vous venez avec votre propre panier-repas (ou sandwich) et votre gourde. Il s'agit d'un très beau voilier que Nikolas a conçu et construit lui-même comme un grand. D'ailleurs, Nikolas vous accueillera en personne avec joie et vous expliquera en français qu'il y aussi possibilité de faire de la plongée sur demande.

EXCELLENT YACHTING

✆ +30 22870 41292

www.excellentyachting.com/en

Croisière tous les jours à la journée, selon la météo et la disponibilité. 1 bateau à Adamas et 1 bateau à Pollonia.

L'équipage de Giannis, francophone et passionné, vous fait découvrir les plus belles facettes géologiques de l'île d'un point de vue marin. Et la journée est extrêmement bien organisée, avec un repas convivial servi à bord et des arrêts baignade réguliers de toute beauté à Polyegos et sa baie des eaux bleues, Fyrligos, Gerakas, Kleftiko la star, Glaronissia, ou encore aux mines de soufre. N'hésitez pas à vous renseigner directement sur leur bateau amarré le soir à Adamas de 19h à 1h, ou auprès de Liana, qui vous accueillera dans leur bureau de Pollonia.

MILOS ADVENTURES

✆ +302287023809

www.milosadventures.gr

Plusieurs tours, du full day (tour complet de l'île) à la demi-journée. All day tour : 120 à 140 €. Half day : 90 €.

Si le cadre exceptionnel de l'île de Milos rend ce tour inoubliable, c'est aussi grâce au professionnalisme de Nikolaos et Polichronis, les capitaines et chefs cuistots des deux magnifiques catamarans de Milos Adventures. La beauté des sites naturels est bluffante, tout autant que la qualité du service à bord. 7 ou 9 plats délicieux vous attendent en fonction du tour que vous choisirez mais vous serez en tout cas comblé. Ces deux amoureux de Milos partageront avec vous la passion de leur île et vous la raconteront au fur et à mesure que vous longerez la côte.

ATHENA TRAVEL & RENT-A-CAR

Sur la route de Plaka

✆ +30 22870 21627

www.athenatravel.gr

Depuis la place centrale, tout droit pendant 300 m, sur votre gauche.

Jeune et dynamique, cette agence propose des réservations d'hébergement et surtout des forfaits de location de voiture garantis par le loueur international Sixt. Voitures neuves et bien entretenues. Réservation en ligne possible. Location de voitures aux prix imbattables (profitez des offres spéciales, parfois cela peut revenir à 25 € par jour), scooters et vélos seulement en basse saison. Une bonne adresse qui dispose de deux bureaux, l'un à Adamas et l'autre à Pollonia.

MILOS RENT

✆ +30 22870 24250

www.milosrent.gr

Agences à Adamas et Pollonia + Livraison aéroport. Voiture de 20 à 100 € par jour selon le modèle, période et durée.

Milos fait partie des îles relativement grandes des Cyclades et vous aurez besoin de vous déplacer souvent pour découvrir l'île, au moins en partie. Le réseau routier est bien développé, sans difficultés particulières mise à part certaines routes secondaires de l'ouest sauvage. Milos Rent est une excellente adresse pour louer un véhicule à Milos. Leur 2 agences sont bien situées et le service est sérieux. Pensez bien à réserver à l'avance, car lorsque la demande est très forte sur l'île, c'est plus difficile de trouver un véhicule au dernier moment.

DIONISIS STUDIOS €

✆ +30 22870 22117

www.dionisishotel-milos.com

Chambre double à partir de 50 € (et 105 € en août) avec le petit déjeuner.

Vous trouverez facilement à vous loger à Adamas qui constitue la plus importante base de Milos. Il y existe tous les types d'hébergement possibles, notamment pour les plus petits budgets. Cette pension est de ces adresses. Elle est idéalement située en plein centre d'Adamas à environ 130 m de la mer. Le port est à quelques minutes à pied (transfert en voiture gratuit pour l'arrivée et le départ). Les studios, agréables et colorés, disposent de l'air conditionné, d'une kitchenette et d'un balcon. L'ensemble propose un excellent rapport qualité-prix !

ILIOPETRA ROOMS €

✆ +30 22870 22974

www.iliopetramilos.gr

Chambre double entre 50 et 100 € en été. Petit déjeuner buffet à l'hôtel Anezina juste à côté. Ouvert toute l'année.

Immeuble construit en 2005 avec 10 chambres impeccables de décoration charmante. Bien tenu et équipé (TV, air conditionné, séchoir, réfrigérateur. Iliopetra, la propriétaire, est d'une grande gentillesse et aux petits soins pour ses hôtes. Les chambres sont propres, climatisées et nettoyées tous les jours, Iliopetra est pleine de petites attentions.

A 2 minutes à pied de la place centrale - et la plage de Popikinou est à 250 m seulement -, c'est une option assez idéale. Le parking est assuré, et le transfert port-aéroport gratuit.

LAGADA BEACH HOTEL €

✆ +30 22870 23 411

www.lagadabeach.gr

Chambre double entre 50 et 90 €.

Tellement pratique et bon marché, juste à gauche, en arrivant au port. Les 92 chambres sont réparties en plusieurs bâtiments blancs bien espacés. Balcon ou petit jardin à l'extérieur. Aménagement basique en bois à l'intérieur pour certaines. D'autres sont résolument plus « modernes ». Réfrigérateur et parfois télévision dans les chambres. Hôtel familial à quelques mètres de la plage et doté d'une piscine. La piscine, l'accès direct à la plage et des équipements comme le babyfoot ou la table de ping-pong sont des atouts pour une halte avec des enfants.

AEOLIS HOTEL €€

✆ +30 22870 23985

www.aeolis-hotel.com

Chambre de 50 à 120 € selon la période et la catégorie. Petit déjeuner : 6 €. Ouvert toute l'année.

Petit établissement familial de 15 chambres (dont 3 pouvant accueillir jusqu'à 4 personnes) au centre du port. A 250 m du port, en direction de Plaka. De belles chambres et suites spacieuses équipées de TV écran plat et nécessaire pour café et thé. Balcon ou véranda. Internet wi-fi gratuit et aire de jeux pour enfants. Transfert offert et parking assuré. Accueil chaleureux par Nikos et sa famille qui sauront surtout vous donner tous les meilleurs plans pour la randonnée, car eux aussi, amoureux de leur île, sont passionnés de cette activité.

ALEXANDROS VILLAGE €€

✆ +30 22870 22600

www.alexandrosvillage.gr/en

13 chambres. La double à partir de 70 € avec petit déjeuner.

L'Alexandros village est un petit havre de paix tenu par une famille souriante et très serviable, toujours prête à vous conseiller. L'endroit est très sympathique, bâti sur plusieurs niveaux comme un petit village cycladique, et chose assez rare, dispose d'une piscine et d'un barbecue. Les chambres sont cosy, façon mini suites indépendantes. Elles sont spacieuses, avec une décoration maritime de bon goût. Kostas, le propriétaire, a aménagé l'ensemble pour que l'on s'y sente un peu comme à la maison. Transfert du port ou de l'aéroport.

OSTRIA €€

A 300 m du port vers la droite.

✆ +30 22870 28127

ostria-hotel.gr

Chambre double à partir de 100 € en été, petit déjeuner inclus.

A tout juste 50 m de la mer et à proximité de la plage de Papikinou, à l'est du port, l'hôtel Ostria offre une halte agréable. A la fois proche de l'animation du port et un peu en retrait, au calme, l'Ostria dispose de chambres fonctionnelles et bien orientées. Le vrai plus : la terrasse sur le toit qui surplombe la baie toute entière. L'hôtel gère aussi quelques studios alentour, moins chers et tout aussi charmants. Excellent accueil et un personnel très sympathique et à l'écoute qui vous donnera de très bons conseils pour découvrir l'île

STUDIOS HELIOS €€

Dans le vieux village.
✆ +30 22870 22258
www.studioshelios.com
Studios entre 50 et 95 € pour deux.

Ces studios sont idéalement placés dans Adamas, près du centre et du port. Près de l'agitation, mais jouissant d'une position surélevée et donc suffisamment éloignée du tohu-bohu de la jetée, ces 5 studios, bien équipés et décorés, sont une excellente option. À l'ouest, la magnifique plage de Langada est à 5 minutes à pied. Toutes les chambres sont équipées de la climatisation, d'une télévision à écran plat et d'une kitchenette. Agréable terrasse commune. Terrasse très agréable et sympathique face au port. Seul bémol : un peu de bruit parfois.

ILIANA STUDIOS & APARTMENTS €

Parasporos
✆ +30 22870 24143
www.ilianaolivebranch.com/fr.asp
3 studios et 3 appartements pour 2 à 4 pers, de 50 à 100 € pour deux en été.

Une option intéressante pour profiter de la campagne à Milos ! Situés sur les hauteurs d'Adamas, à 600 m de la plage et 1 km du port, les studios et appartements familiaux d'Iliana sont joliment décorés aux couleurs des Cyclades, confortables et spacieux. Nichés au milieu des oliviers et des vignes, ils disposent chacun de la climatisation, d'une cuisine équipée, et d'une terrasse privée avec vue sur la baie et le coucher de soleil. Une bonne adresse !

MELAGRANA APARTMENTS €€€

✆ +30 694 257 2831
www.melagrana-milo.gr
7 appartements de 90 à 220 € selon la catégorie et la période.

Un bel établissement, situé non loin du port mais assez éloigné du bruit. C'est un complexe récent de 7 appartements relativement luxueux, modernes et confortables. Bâti en partie avec de vieilles pierres, l'ensemble est harmonieux et bien situé, légèrement en retrait du port. Parfaitement fonctionnel avec des services privilégiés, cet appart-hôtel nous a séduits pour sa déco cosy et ses terrasses individuelles à la végétation originale. Pour le petit-déjeuner, des produits frais apportés directement dans votre logement. Une adresse de qualité.

MIKROS APOPLOUS €€

✆ +30 22870 24207
Comptez 25 € par personne. Ouvert tous les jours de 13h à 1h du matin.

L'un des meilleurs restaurants de poissons de l'île. Nous vous recommandons les poissons frais, pêchés le matin même, le roe fish, le ceviche et la seiche pour quatre plats qui sortent du lot. Les pâtes aux fruits de mer sont exceptionnelles également. Exemple : un bar frais, pêché du jour et préparé sous nos yeux avec de délicieux légumes vapeur. Simple et bon. Ici, la cuisine est un peu plus raffinée, avec notamment l'option de poissons simplement grillés, pour conserver les saveurs de la mer. Un cadre agréable et de bons vins pour accompagner un repas réussi.

© MIKROS APOPLOUS

© MIKROS APOPLOUS

CYCLADES OCCIDENTALES

FLISVOS RESTAURANT €

✆ +30 22870 22275

À partir de 15 € par personne. Ouvert tous les jours pour le déjeuner et le dîner.

Pour se restaurer, vous trouverez quelques bonnes options dans le port d'Adamas. Evitez plutôt les restaurants du front de mer... sauf celui-là. Voici la plus ancienne taverne de poisson de Milos. Cuisine typiquement grecque : attendez-vous à des portions copieuses. Des plats de viande sont aussi au menu, ainsi que les classiques *mezzedes* mais optez plutôt pour le poisson frais. Face au port, on se laisse aller... Après tout, savourer quelques spécialités du pays avec un peu de vin local au bord de l'eau, c'est quand même agréable.

MARIANNA €

✆ +30 22870 22858

A partir de 15 € par personne. Ouvert tous les jours midi et soir.

Au port de pêche d'Adamas, c'est l'un des restos sur le front de mer d'où l'on admire les gens passer et les bateaux. Vous pouvez aller à la cuisine pour voir les plats du jour. De la cuisine grecque traditionnelle, la carte est généreuse. C'est le genre de restaurant où l'on revient plusieurs fois durant son séjour. La terrasse est agréable, la nourriture est très bonne, le service sympathique et efficace. Ils vous offrent également un raki à la fin du repas. On ne saurait trop vous le conseiller car c'est un peu plus raffiné que d'autres sur l'île.

O KYNIGOS €

✆ +30 22870 22349

A partir de 15 € par personne. Ouvert tous les jours midi et soir.

Restaurant traditionnel typique très bien situé sur le port et l'une des tavernes préférées des habitants de Milos. Plats typiques à petits prix. Poisson frais au kilo. Une petite taverne de bonne famille qui accueille ses clients vraiment chaleureusement et sincèrement. Les plats sont très bons tout comme le vin blanc en pichet. Nous sommes à même le port pour regarder les passants dans une bonne atmosphère. On passe une excellente soirée pour pas cher. Au final, de très bons plats faits maison avec un bon rapport qualité-prix.

YANKOS ALL DAY €

✆ +30 22870 23615

Ouvert tous les jours, de 9h à 22h. Compter 15 €/pers.

Du petit déjeuner au dîner, cet établissement situé sur le port, à droite du débarcadère, est comme son nom l'indique ouvert toute la journée. Il est souvent plein, a excellente réputation et ne l'a pas volée. Vous y trouverez une cuisine méditerranéenne variée, simple et de qualité (plats, snacks...). A noter aussi un bon service et une ambiance conviviale. C'est un endroit idéal où vous pourrez vous rendre pour un brunch ou un cocktail en soirée. C'est également un endroit très fréquenté par les locaux, ce qui est toujours très bon signe.

ARAGOSTA COCKTAIL BAR

✆ +30 2287 022292

www.aragosta.gr

Ouvert tous les soirs à partir de 19h et jusqu'au dernier client.

Installez-vous sur la terrasse, en surplomb du port et de la baie pour prendre un verre en bonne compagnie. Sérénité garantie ! L'accent ici est mis sur les cocktails et autres mixtures, mais vous pourrez très bien vous en tenir à un bon ouzo. Vous apprécierez son décor contemporain, son ambiance jeune et décontractée. Plutôt moderne et contemporain, l'Aragosta propose également des plats de cuisine fusion qui mélange un peu tout et un peu trop. Nous vous conseillons de vous en tenir aux boissons et cocktails qui sont particulièrement réussis.

PLAKA ★

Ce village fondé en 1800 est la capitale de Milos. Construit sur un plateau, d'où son nom (*plaka* signifie plat), le village se développe à l'extérieur des murs du kastro en surplomb, devenu bien trop étriqué pour accueillir l'ensemble des villageois. Il s'étend sur les versants de la colline, joignant les villages de Plakes, de Triovassalos, de Pera Triovassalos et de Tripiti et dominant superbement la mer Egée qui s'ouvre vers l'ouest. D'un cachet typiquement cycladique, ses maisons blanches enserrent la colline que ses ruelles pavées escaladent jusqu'au kastro. La citadelle a été construite par les Vénitiens au XIIIe siècle et il n'en reste que quelques ruines.

KASTRO ★★

MILOS – PLAKA

La forteresse vénitienne qui domine la colline en surplomb de Plaka a été désertée mais on peut encore y grimper pour admirer les ruines et tenter d'imaginer la vie à l'époque médiévale. Les pirates sont alors nombreux à sillonner la mer Egée et à attaquer les îles qu'ils croisent. Au XIIIe siècle, les Vénitiens qui occupent Milos construisent une forteresse imprenable. Prenez le temps de monter avant la fin de journée, pour voir le soleil se coucher vers l'occident. C'est un souvenir impérissable, que vous garderez longtemps.

CATACOMBES ★

MILOS – PLAKA

✆ +30 22870 21625

www.catacombs.gr

Ouvert du mardi au dimanche de 9h à 18h45. Entrée : 4 €.

Datant du VIe siècle av. J.-C., ces catacombes sont considérées comme le deuxième plus important monument paléochrétien. En effet, elles dévoilent les nécropoles des premiers chrétiens au Ier siècle. Au Ve siècle, l'entrée a été ensevelie lors d'un tremblement de terre et elles ont été ensuite redécouvertes, par hasard, en 1840. Après avoir descendu quelques marches, vous pourrez apprécier et observer une partie de ce système de tranchées d'une longueur de 184 m, sculpté dans de la pierre ponce, environ 150 mètres au-dessus du niveau de la mer.

MUSÉE ARCHÉOLOGIQUE ★★

MILOS – PLAKA

✆ +30 22870 28026

Ouvert lundi, mercredi et jeudi de 9h à 16h, et du vendredi au dimanche de 8h30 à 22h. Fermé le mardi. Entrée 2 €.

Les collections du musée archéologique sont exposées dans une belle villa néoclassique, sur la place centrale de Plaka. La section la plus intéressante concerne les objets découverts sur le site préhistorique de Filakopi. Vous y verrez notamment de belles statuettes de marbre, typiques de l'art cycladique du IVe au IIe millénaires av. J.-C. La Vénus de Milo est représentée par une pâle copie... l'original étant à Paris. A défaut d'y voir la Vénus de Milo, la Dame de Filakopi (1200 av. J.-C.) est considérée comme la pièce maîtresse des lieux.

Catacombes.

VÉNUS DE MILO ★★

MILOS – PLAKA

C'est juste avant les catacombes, un petit chemin sur votre droite. C'est bien indiqué. Sur place, un panneau rouillé vous rappellera d'où vient la Vénus (ou Aphrodite) désormais au Louvre, dont une réplique se trouve dans le musée Archéologique de l'île. Cette statue date de la fin de la période hellénistique. Si les bras d'Aphrodite n'ont jamais retrouvé leur place, l'hypothèse historique suggère que la dame se dévoilait de son bras droit et tenait, de l'autre, la pomme « symbole de beauté » offerte par Paris à la plus loyale des déesses.

MACHI'S HOUSE €€

MILOS – PLAKA

✆ +30 22870 22129

Chambre entre 75 et 130 € selon la vue.

Une option à considérer si vous louez également une voiture : cette maison est une belle habitation en pierre, rénovée en 2010 dans un style contemporain. Vous y trouverez des chambres ravissantes et des studios et appartements. Pour l'anecdote, Yorgos Kentrotas, le paysan qui avait découvert la fameuse statue de la Vénus de Milo, aurait caché, jadis, la statue dans une des chambres de la maison. Evidemment, elle n'y est plus : au grand dam des locaux, elle a été, comme chacun sait, transportée au musée du Louvre, où elle est encore exposée aujourd'hui.

ARCHONDOULA STUDIOS €

MILOS – PLAKA

✆ +30 22870 23820

www.archondoula-studios.gr

Chambre double à partir de 50 à 105 € en été.

Loger à Plaka peut se révéler une expérience charmante, à la condition d'être motorisé. Les connexions en bus avec Adamas sont très régulières mais vous perdrez beaucoup de temps et d'énergie pour rejoindre les plages. Dans cet esprit, voici quelques chambres à 3 minutes de la place du village dans un quartier tranquille, sans voitures, avec vue sur mer. Les studios sont décorés de façon traditionnelle avec des plafonds de bois et des planchers de marbre. Certains studios ont une kitchenette. Et les vacanciers se partagent tous la vaste terrasse.

ARCHONTOULA €

Au centre du village.

✆ +30 22870 21384

A partir de 15 € par personne.

C'est dans un bâtiment de 1830 que la première génération d'Archontoula commença à servir ses clients. Les Miliens aiment cet établissement, une des plus vieilles tavernes de l'île. Ils s'y retrouvent autour de grandes tablées joyeuses qui s'étendent à l'ombre des bougainvilliers. Vous pourrez aussi opter pour la salle intérieure qui conserve un charme XIXe siècle avec ses carreaux de ciment, ses hauts plafonds et ses vieilles photos. Au menu, une cuisine traditionnelle généreuse : agneau de la montagne, porc au miel, moules au safran...

HOTEL ARISTEA €

✆ +30 2841 041 300

www.aristeahotel.gr

Compter pour une chambre double 30 € en basse saison et 60 € au mois d'août. Petit déjeuner en option.

Aristea est un petit hôtel simple et paisible de 31 chambres. Bâti en 1975, il a été le premier hôtel du village. Le bâtiment de l'hôtel est construit sur trois étages et dispose d'un ascenseur. Toutes les chambres se composent d'un petit couloir, d'une chambre à coucher, d'une salle de bains et d'un balcon ou d'une terrasse, avec un climatiseur, une télévision, un réfrigérateur, un sèche-cheveux et un téléphone. Au rez-de-chaussée se trouve la salle pour le petit-déjeuner et la réception, ouverte 24h/24. Plage publique à seulement 200 mètres de l'hôtel.

BARRIELLO €

Tripiti. ✆ +30 698 4218360

www.barriello.com

Ouvert de 18h à 3h tous les jours en été, et seulement de mercredi à dimanche pendant l'hiver. Entre 15 et 20 €.

Dans un beau bâtiment au-dessus d'anciennes catacombes, le restaurant-bar propose une variante aux tavernes traditionnelles. La nourriture reste méditerranéenne et tous les produits proviennent de la ferme qui appartient aux gérants : légumes, viandes et œufs sont assurés d'être bons tant pour les papilles que pour la santé ! Des mezzes succulents, des salades travaillées, et des plats principaux qui ont autant d'allure que de goût. C'est principalement un endroit pour régaler les carnivores ! L'été, la terrasse est magnifique, à couper le souffle.

ERGINA €

A Tripiti - **MILOS – PLAKA**
✆ +30 22870 22524
A partir de 15 € par personne. Ouvert tous les jours midi et soir. Réservation conseillée.

Dans une ruelle étroite au-dessus de la mer, cet établissement est la garantie d'une très belle vue sur la baie et une cuisine copieuse et traditionnelle. On s'assoit à des tables simples pour déguster des assiettes succulentes servies par le papi francophone tenant du restaurant. Les plats maison sont délicieux, notamment le chevreau cuit au four et la superbe mousse à l'orange. L'accueil par le personnel est formidable et on apprécie le très bon rapport qualité/prix. Vous reprendrez bien un verre de vin local sous la grande véranda...

MEDOUSA TAVERNA €

Mandrakia.
MANDRAKIA
✆ +30 2287 023670
https ://medusamilos.gr/en/medusa-restaurant
Ouvert tous les jours de 13h à minuit. Comptez 15 € par personne.

Cette taverne de Mandrakia est un enchantement ! Pour le cadre déjà, dans le petit port de pêcheurs qui abrite de touchantes *syrmata*, avec la mer Egée qui s'étale dans un infini de bleus différents depuis la terrasse en surplomb. Pour le service ensuite, jeune et dynamique. Pour la cuisine enfin, qui est simplement divine. Tout est d'une fraîcheur incomparable. Optez pour le calamar pêché sur les rochers alentours, grillé ou mariné, il est succulent. Goûtez aussi aux frites de courgettes, parfumées et légères et que vous ne retrouverez pas ailleurs.

TAVERNA GIORGOS GIOVANNIS €

✆ +30 28410 41353
www.giorgos-plaka.gr
Ouvert tous les jours jusqu'à minuit. À partir de 15 € par personne sans le vin et le pourboire.

Cette taverne, située au bord de l'eau et face à l'île de Spinalonga, vous invite à déguster du poisson très frais. Le propriétaire de cette taverne possède également la taverne Megaro d'Elounda. Le poisson provient donc des mêmes filets, lancés par les bateaux familiaux. Entre deux plats, il suffit de descendre quelques marches pour vous baigner dans une mer transparente. Addition un peu salée, mais cela le vaut largement car les plats sont réellement de qualité, et assez copieux.

FATSES

Place du musée.
✆ +30 22870 21740
Ouvert tous les jours de 9h au dernier client.

A Plaka, les soirées sont animées mais restent tranquilles. Sous les vieux arbres de la place du musée, ce café-bar est ouvert toute la journée. On y sert aussi de quoi casser la croûte mais rien de bien exceptionnel. En revanche, les soirées y sont mémorables. On vient en fin de journée pour prendre l'apéritif, tranquillement attablé devant un ouzo ou une bière fraîche. Pas de cocktails branchouilles ici, on fait dans la simplicité. Vous assisterez à des concerts live de musique grecque qui nimbent doucement la fin de soirée.

KRIKRI BAR RESTAURANT

MILOS – PLAKA
✆ +30 697 274 0626
Fermeture tard dans la nuit.

Le Krikri Bar est une référence des soirées de Plaka. C'est un lieu aussi décontracté et sympathique que son propriétaire Vagelis, un personnage charismatique qui a beaucoup voyagé et a rapporté dans sa valise une déco d'inspiration latino-américaine, caribéenne et africaine. Des *lives* sont proposés tous les soirs en saison. N'hésitez pas non plus à profiter des plats simples et honnêtes du menu.La boutique attenante de vêtements appartient à la mère de Vagelis, on y trouve de sympathiques vêtements d'été décontractés et plus habillés, tous de créateurs grecs.

UTOPIA CAFFE

MILOS – PLAKA
✆ +30 2287 023678
Ouvert de 9h à 15h et de 18h à 2h. Environ 9 € le cocktail.

Peut-être la plus belle terrasse de Milos pour assister au coucher du soleil. Ce café-bar dispose en effet d'une vue imparable sur la mer et les îles environnantes. Le cadre est vraiment idéal, le panorama est renversant, si bien que pour le coucher de soleil, une foule d'amateurs tentent d'y trouver une table - venez dès 18h si vous voulez être aux premières loges ! Pour des prix un peu « parisiens », vous pouvez bruncher ou déguster un cocktail. Le personnel est très sympathique, jeune et branché, amical. Incontournable, donc.

KLIMA ★★

Klima a connu une histoire prospère, atteignant son apogée pendant les périodes archaïques et classiques. A l'époque, la cité antique était cernée de grands murs qui descendaient jusqu'à la mer. Elle fabriquait ses pièces d'argent et avait créé son propre alphabet. Aujourd'hui, on visite encore les ruines de son amphithéâtre. Difficile d'imaginer aujourd'hui une telle activité agitant ce minuscule port de pêche, qui garde un aspect authentique. Le tourisme ne s'y développe que lentement. Ici, les habitants vivent l'été dans de petites maisonnettes multicolores qui se transmettent de génération en génération dans les vieilles familles de pêcheurs.

LES SYRMATA DE MILOS

Ne se visitent pas, mais certaines sont en location.

Ce sont des maisonnettes typiques de Milos aux couleurs éclatantes. Creusées dans la roche, ces cabanes de pêcheurs ont une double fonction : au niveau de la mer, les portes multicolores donnent accès à un garage à bateau, tandis que l'étage supérieur est utilisé comme résidence d'été. Le mot syrmata vient du grec *syro*, qui signifie « tirer ». Ces constructions sont apparues au milieu du XIXe siècle, lorsque les risques d'invasion et de pillage liés aux incursions pirates avaient disparu : les couleurs vives étaient enfin bienvenues sur les côtes !

EXCURSION A KIMOLOS

Envie de déjeuner ou de prendre un verre en face ? Un bac fait plusieurs liaisons quotidiennes entre Pollonia et Psathi, le port de Kimolos, l'île voisine. Des voiliers proposent également leurs services pour faire le tour de Milos en excursion à la journée. Compter environ 70 € par personne avec déjeuner inclus et matériel de snorkelling. Des arrêts sont prévus aux falaises blanches de Kleftiko, à l'îlot de Glaronissia et à de nombreuses plages, notamment celles de l'ouest, difficilement accessibles par la route.

PANORAMA €

✆ +30 22840 21623

www.panorama-milos.com

Entre 55 € et 140 € selon la période et la catégorie.

Tout petit (seulement 8 chambres !), excentré, mais plein de charme et unique en son genre. Panorama est le seul hôtel du village d'ailleurs ! Répondant aux codes grecs, sa façade blanche contraste avec le bleu des volets. Les chambres, plutôt petites, sont toutes joliment et sobrement décorées. Elles sont toutes équipées de balcons avec vue sur la mer et de la climatisation. Sur place également un charmant petit restaurant typique. Et la mer n'est qu'à 50 mètres. Un hôtel à l'ambiance familiale où vous apprécierez poser vos valises.

Klima, sur l'île de Milos.

ASTAKAS €

✆ +302287022134

Ouvert tous les jours, midi et soir, en saison. A partir de 10 € environ par personne.

L'emplacement est vraiment sympathique, surtout si vous obtenez une table à même le sable (le midi c'est facile, cependant le soir il vaut mieux réserver). Vous profiterez ainsi d'une vue superbe sur la mer et le petit port de Klima. Taverne traditionnelle, beaucoup de plats très variés sont proposés, avec bien sûr des spécialités provenant de la mer. On y mange vraiment très bien, et le cadre de rêve ainsi que la bonne humeur du personnel rend l'ambiance tout autant savoureuse. Idéal pour prendre un verre ou dîner face au coucher du soleil.

PALIOCHORI

La grande baie de Paliochori est accessible par la route principale depuis Zefyria : vous n'aurez aucun problème pour vous y rendre en voiture ou en bus. C'est certainement la plage la plus fréquentée de l'île ; avec ses kilomètres de gros sable et de galets multicolores, ses eaux claires et sa vue infinie sur l'horizon, c'est ici que sont installés la plupart des établissements de plage type bars de plage, activités nautiques, transats/parasols. En surplomb de la plage, vous trouverez également des mini-markets et des tavernes.

ZEFYRIA

À 5,5 kilomètres au sud-est d'Adamas, Zefyria fut la capitale médiévale de l'île. La petite localité s'est développée au XVe siècle grâce aux activités commerciales des pirates, mais au XVIIIe siècle, les dégâts importants causés par un séisme en 1738 et les gaz dangereux qui s'échappaient des fissures terrestres ont obligé ses habitants à l'abandonner et à se reloger dans le kastro (Plaka). Aujourd'hui encore, Zefyria est surtout rurale, mais vous y trouverez une taverne, très bonne d'ailleurs, et quelques chambres à louer. Panaghia Portaitissa (XVIIe siècle) est particulièrement intéressante, mais ses icônes ont été transférées à l'église Koimissis tis Theotokou, à Adamas.

PLAGE D'AGHIA KIRIAKI

Après Zefyria, prenez la route asphaltée qui part quasiment à angle droit sur votre droite. Elle se transforme en route de terre par endroits et passe par de beaux paysages plats avant d'entamer une descente raide vers la jolie baie d'Aghia Kiriaki. Là, une longue plage de sable blanc offre des eaux cristallines, d'une pureté étrange, qui paraît presque laiteuse sur la blancheur des fonds sablonneux. Des tamaris apportent une ombre bienvenue et transats et parasols sont aussi disponibles. Aghia Kiriaki est moins visitée que sa voisine de Paliochori.

CYCLADES OCCIDENTALES

BAIE DE MILOS

La baie offre de longues plages de sable : Lagada est la plage la plus proche du port, à l'ouest d'Adamas. Elle offre une eau propre malgré la proximité du port et de nombreux arbres donnent un ombrage naturel. Sans aller trop loin, vers l'aéroport, vous pourrez également vous baigner à la plage familiale de Papikinou. En poursuivant le long de la baie, au-delà de l'aéroport qui semble comme sorti de nulle part sur sa plaine déserte, Achivadolimni est une grande plage de sable blanc. Ses eaux sont peu profondes, idéales pour les familles.

BUNGALOWS & CAMPING MILOS €

✆ +30 22870 31410

www.miloscamping.gr

63 emplacements. 20 € pour deux adultes en tente. Bungalows à partir de 30 € selon le niveau de confort et la date.

Le seul camping de l'île. Piscine, restaurant, bar, supermarché. Et si vous vous lassez de votre tente, vous pouvez opter pour un des bungalows voisins gérés par le camping sur la plage d'Achivadolimni, une alternative agréable à la tente. Ces bungalows sont joliment aménagés et s'apparentent plus à de petites maisonnettes. Une bonne option pour les familles notamment. Il y a aussi un mini-market sur place. Et bien situé pour explorer l'île dans toutes les directions.

SOPHIA €

✆ +30 22870 22624

www.milostravel.com/casesophia.asp

Chambre double entre 35 et 55 €. Appartements entre 55 et 80 €.

Quelques chambres et studios très mignons près des magnifiques plages de Agia Kyriaki et Paliohori. Les chambres sont équipées d'un réfrigérateur, d'une télévision, de la climatisation et d'une plaque électrique. Vous pourrez prendre le petit déjeuner dans le jardin fleuri de l'établissement. Nettoyage quotidien, changement de linge toutes les deux semaines, transfert gratuit depuis et vers le port d'arrivée. Un service de réservation de voiture ou de moto et une grande disponibilité envers les clients complètent cette offre.

MAR-NIK €

PALIOCHORI

✆ +30 22870 31227

www.marnik-village.com

Chambre double à partir de 60 € en été. Un peu plus avec une kitchenette.

Perché sur une colline en surplomb de Paliochori, cet établissement familial vous accueille autour d'un beau jardin verdoyant, avec des vues imprenables sur la mer Egée. Les chambres doubles, avec ou sans kitchenette, ont vue sur la mer ou sur le jardin et disposent toutes d'un balcon privé. La décoration, simple mais jolie, est assez réussie et plaira à ceux qui préfèrent ce qui est épuré. On apprécie ici la qualité de l'accueil irréprochable de Maria, une hôte absolument exceptionnelle dans ce lieu calme et reposant avec une vue fabuleuse.

PSARAVOLADA RESTAURANT & RESORT €€

AGHIA KIRIAKI ✆ +30 22870 31050

www.psaravolada.gr

Chambre double à partir de 150 € en haute saison, petit déjeuner 8 €/pers. Restaurant : comptez 25 € par personne.

Cet hôtel-restaurant est l'un des meilleurs de l'île : vous y goûterez des plats de poissons frais et fruits de mer particulièrement réussis et qui changent un peu des tavernes traditionnelles. En effet, le menu affiche une certaine recherche culinaire, avec ses carpaccios et ses ceviche d'une fraîcheur absolue. Partout, la vue sur la mer Egée est saisissante. Vous pourrez également en profiter depuis les chambres de l'hôtel qui disposent toutes d'un balcon privé sur la mer.

THALASSOPETRA €

AGHIA KIRIAKI

✆ +30 2287 031127

Ouvert tous les jours à partir de 9h. Comptez 15 € par personne. Chambres doubles à partir de 80 € la nuit en été.

Cette taverne de poissons située sur la plage d'Aghia Kiriaki sert une délicieuse cuisine de la mer. A midi, pour un repas léger, optez pour les fritures d'anchois ou le classique calamar grillé. La terrasse sur la plage offre une pause bien agréable après ou avant la baignade. Les propriétaires des lieux ont également un petit hôtel sur les hauteurs de la plage. Les chambres, simples mais récemment rénovées, sont tout à fait correctes. Il faudra être motorisé pour séjourner ici, car le calme a un prix : vous serez un peu loin de tout.

EMPOURIOS

Le petit hameau d'Empourios et son unique taverne se méritent. Il vous faudra emprunter des pistes rocailleuses durant 45 minutes pour arriver de ce côté-ci de la baie d'Adamas. Mais quel dépaysement ! A certains moments, la piste traverse des canyons tout droit sortis des décors de westerns. La terre riche de cette partie de Milos offre des contrastes de blanc et de rouge, à peine dissimulée par une végétation peuplée d'oliviers et de buissons du maquis. Lorsqu'on arrive au hameau d'Empourios, le premier sens qui nous titille est l'odorat, en raison des très nombreuses chèvres qui paissent dans les champs alentour. Nous y recommandons une taverne, avec une vue…

EMPOURIOS TAVERNA €€

✆ +306988543703

Ouvert de 10h à 22h en saison. Comptez 15 €/pers.

Les plats à base de viande de chèvre ou d'agneau, cuisinés au four dans des poteries traditionnelles, font la réputation de la maison. Yannis et sa fille Emanuela font perdurer 60 ans de tradition familiale. Surtout celle du dimanche, où une chèvre est sacrifiée, cuite entière au four et partagée ensuite en 50 portions, pas une de plus. Les premiers arrivés sont les premiers servis, alors chaque fin de semaine c'est la cohue à la taverne. Une autre spécialité c'est l'empouriano, un dessert sophistiqué alliant feuilleté, mousse à la vanille et amandes caramélisées.

POLLONIA ★★

Important centre touristique de Milos au nord-est de l'île, bien desservi par les bus, Pollonia permet d'accéder en bateau à l'île voisine de Kimolos (5 liaisons par jour). C'est un lieu de résidence idéal pour les familles. Le village est particulièrement exposé au vent, ce qui ravira les adeptes de planche à voile. Vous y trouverez une plage de sable fin et des tavernes en bord de mer. L'ambiance sympathique et décontractée, à la fois calme et animée, en fait un excellent point de chute pour un séjour réussi à Milos. La proximité avec les plages et villages de la côte nord est aussi un avantage certain. L'offre touristique compte quelques établissements de charme.

FILAKOPI ★★

Ouvert tous les jours de 8h à 15h.

Filakopi est le site archéologique le plus important de Milos. On y découvre les traces d'une cité préhistorique qui fut fondée à l'âge de bronze ancien, autour de 3000 av. J.-C. et qui perdura jusqu'à 1100 av. J.-C environ. Centre culturel et commercial majeur, l'art de la céramique s'y développa largement : la célèbre statue de la Kyra de Filakopi est exposée au musée archéologique, à Plaka. Aujourd'hui, la cité est en grande majorité engloutie, mais on distingue encore les restes de la formidable forteresse de pierre volcanique et les traces d'un sanctuaire.

PLAGE DE PAPAFRAGAS ★★★

Papafragas

Voilà une expérience à ne pas manquer : passer à la nage dans un petit creux de rocher pour se retrouver à l'extérieur de la cave et découvrir l'autre face de falaises magnifiques. L'étonnante plage de Papafragas avoisine le site archéologique de Filakopi. C'est un bras de mer creusé dans la roche qui avance jusqu'à une toute petite plage. L'eau turquoise est d'une transparence quasi parfaite, véritable piscine naturelle, quand le vent ne souffle pas. Le site est très intéressant et, en prime, il est très agréable pour la baignade.

MILIA GI SUITES €€

✆ +30 69485 19326

https ://miliagi-milos.com

4 studios pour deux à partir de 70 € en saison, sans petit déjeuner.

Idéalement situées à la fois au cœur de Pollonia et au calme dans des potagers qui s'étendent jusqu'à la mer, les suites de cet établissement familial sont un enchantement. Il compte désormais 10 chambres, 3 suites avec bain à remous sur terrasse et vue mer. Déco épurée et matériaux modernes, lits Cocomat très confortables, douche à l'italienne, sac de plage, serviette, peignoirs... Tous les studios ont une terrasse et une cuisine équipée. L'établissement possède un grand parking et 4 studios un peu moins chers situés juste à côté, chez Kalimera Studios.

© MILIA GI

© MILIA GI

CYCLADES OCCIDENTALES

VOUDIA

A 3 kilomètres au sud de Pollonia s'étend une immense plage de sable grossier, parfaitement déserte. Il faut dire que la proximité d'une carrière d'argent détériore un tantinet le paysage et décourage encore quelques visiteurs. Au bout de cette plage, vous trouverez néanmoins quelques jolies petites criques d'où vous ne verrez pas cette abomination industrielle. D'ici s'échappent cependant des vapeurs de soufre pas forcément très agréables. Mais en même temps, si on le sait, cette plage a les qualités de ses défauts. Conséquence : ses étendues restent désertes.

KALIMERA STUDIOS €

✆ +30 69485 19326

www.kalimeramilos.gr

Chambre double à partir de 45 € en début de saison (mais le double en août).

A la fois au cœur de Pollonia et au calme, cet établissement existe depuis 25 ans et les habitués continuent à revenir d'année en année. Les quatre studios sont souvent réservés en été, donc n'hésitez pas à vous y prendre à l'avance. On apprécie l'accueil convivial et chaleureux et la qualité des chambres, bien tenues, propres et agréables. Chacune dispose d'une petite kitchenette, de l'air conditionné et du wi-fi, avec vue sur le jardin ou sur la mer au loin. Cet établissement familial a su se maintenir, au fil des rénovations : une permanence, gage de qualité !

ANEMOESSA STUDIO & CHAMBRES €

✆ +30 22870 21528

www.anemoessastudios-milos.gr

Chambre double à partir de 80 €.

Cet ensemble d'architecture traditionnelle combine résolument modernité et tradition. Chaque chambre et chaque studio disposent ainsi d'un balcon ou d'une terrasse donnant sur la mer, idéal pour admirer le coucher du soleil. Air conditionné, TV, frigo, bouilloire, sèche-cheveux… les studios disposent de cuisinette équipée. Il y a un aussi un parking et Internet. Mali parle français. L'établissement se situe sur le front de mer de la péninsule de Pelekoud.

NEFELI SUNSET STUDIOS €

✆ +30 22870 41466

www.milos-nefelistudios.gr

Chambre double à partir de 75 € en début de saison avec le petit déjeuner.

Le Nefeli Sunset porte bien son nom : orienté nord-ouest, sur la péninsule de Pelekouda, l'établissement jouit d'un emplacement exceptionnel, idéal pour profiter du coucher du soleil. Directement sur la mer, les studios deluxe, récemment rénovés, sont d'une pureté absolue. Les studios standard offrent une décoration un peu plus rustique mais réussie également. Quels que soient le budget et l'option choisis, une bouteille de vin vous attendra à votre arrivée et vous pourrez profiter des transats avec vue sur mer en attendant que le soleil se couche.

APOLLON STUDIOS €

A 300 m de la plage.

✆ +30 22870 41347

www.apollon-milos.com

Chambre ou studio à partir de 70 € avec le petit déjeuner.

C'est un endroit calme et idéal pour des familles car, outre des studios, il propose des appartements avec une très belle vue panoramique sur la mer depuis les balcons. La grande piscine se taille la part belle, bien que l'établissement ait les pieds dans l'eau comme on dit. Le mari de la maîtresse de maison possède un bateau et emmène souvent ses clients faire un tour en mer. L'emplacement est simplement familial. La maison vous prêtera peut-être même son canoë-kayak pour aller faire un tour. Restaurant en basse saison seulement.

ASTERIAS SUITES €€

Pachena - Παχαινα

✆ +30 6932400580

www.asteriasboutique.gr/en/

Studio pour 2 personnes entre 45 et 90 €, sans petit déjeuner (en supplément).

Son principal intérêt : cet hôtel est perché sur une colline permettant ainsi une très agréable vue. L'Asterias Hotel propose ainsi des appartements élégants et des superbes suites tout près de la plage, à 150 mètres du bord de l'eau. Il s'agit d'appartements d'une ou deux chambres d'une surface totale de 30 m², soigneusement décorés. Les chambres possèdent une terrasse ou un balcon, cuisinette équipée bien pratique... Les petits déjeuners peuvent être servis directement dans les appartements. Très calme et une bonne option sur l'île.

GLARONISIA HOTEL €€

✆ +30 22870 41468

www.glaronisiamilos.gr

A partir de 60 € la chambre en saison avec petit déjeuner.

L'hôtel est entouré de magnifiques jardins plantés de bougainvilliers colorés. Complètement rénové en 2010 en gardant son style cycladique, l'hôtel offre 25 chambres doubles dont la plupart avec vue sur la mer. Petite piscine pour les clients. Un établissement propre et bien tenu. Un chouette toit-terrasse et un parking privé. L'hôtel est géré par Chrysa et Konstantin, un jeune couple très sympathique et toujours prêt à servir le client. Le petit déjeuner (buffet américain) est servi sur le chouette toit-terrasse de l'hôtel.

KAPETAN TASSOS SUITES €€

✆ +30 22870 41 287

www.kapetantasos.gr

Chambre double à partir de 110 € en été, petit déjeuner non inclus.

Un peu excentrées à l'est de la baie de Pollonia mais à quelques minutes seulement du centre, les suites du Kapetan Tassos sont décorées avec beaucoup de goût. Bâties juste au-dessus d'une petite plage, elles disposent aussi d'une petite piscine très agréable. Luxueuses, mais chaleureuses et conviviales, elles vous promettent un séjour d'un confort absolu. Mobilier design et chambres baignées de lumière sont au menu des réjouissances. Propreté impeccable et un séjour chaleureux agrémenté par les petites attentions et gourmandises de Stella tout au long du séjour.

ALKIS RESTAURANT €

✆ +30 2287 041598

www.molos-alkis.com/en/alkis-grill-pizza/

Ouvert tous les jours de midi à minuit. Comptez moins de 15 € par personne.

Tout au bout du port, vers l'embarcadère, Alkis Restaurant (ou Grill Pizza) est le seul établissement où vous trouverez des *souvlaki* à Pollonia. Mais attention ! Pas n'importe quel *souvlaki*. Ici, la qualité prime et la viande est vraiment très bonne. Le restaurant propose aussi des pizzas et plats de pâtes réussis. Pour ceux qui préfèrent le poisson, direction le Molos, qui appartient à la même équipe. La terrasse, en bordure de mer, au bout du port, offre une jolie vue. Vous vous régalerez aussi, en particulier, avec des beignets de courgette tout légers...

AKROTIRI SEAFOOD OBSESSION €€

✆ +302287041414

akrotirimilos.com

Ouvert de 13h à minuit de mai à octobre. Comptez environ 30 € par personne.

Une adresse fortement recommandée. Vous verrez que tous les plats servis ici sont (re) travaillés avec finesse et élégance. L'apogée de ce travail se retrouve dans la version étonnante du pasticcio. Et la reconnaissance de ces efforts apparaît dans le Greek Taste Beyond Borders Award reçu en 2021 par le propriétaire Zacharias. N'oublions pas de mentionner le lieu, une sympathique terrasse au bord de la plage de Pollonia, autant d'éléments réunis pour passer un excellent moment ici.

© AKRO

© AKRU

CYCLADES OCCIDENTALES

ALESTA CAFÉ

✆ +30 2287 041042

http ://alesta.business.site

Ouvert tous les jours de 7h à minuit. Prix compris entre 8 et 10 €.

© ALESTA

A Pollonia, l'animation est surtout en front de mer. On y prend le café en journée. Il n'y a pas de kafenio traditionnel ou de bar à proprement parler. L'Alesta est ainsi un agréable café particulièrement réputé pour son succulent petit déjeuner. Comme un grand nombre des hébergements situés à Pollonia ne proposent pas le petit déjeuner, c'est un établissement très fréquenté en matinée. On y vient pour ses pizzas, tartes sucrées et salées, ses feuilletés et son café et tout cela est appréciable à n'importe quelle heure de la journée.

ARMENAKI €€

✆ +30 22870 41061

www.armenaki.gr

A partir de 15 € par personne. Ouvert tous les jours midi et soir.

En plein centre de Pollonia, voici un restaurant dont le nom signifie « moussaillon » en français. C'est l'un des meilleurs restaurants - de poissons et fruits de mer évidemment - de Milos. En pleine saison, les places sont chères sur la petite terrasse en bord de plage. Mieux vaut réserver ou arriver tôt. Les plats de pâtes aux fruits de mer sont copieux et succulents, les poissons frais sont grillés tout simplement ou préparés et cuits parfaitement. Vous y trouverez et y boirez de bons vins locaux. On vient et on y revient.

ENALION €€

✆ +30 22870 41415

www.enalion-milos.gr

A partir de 25 € par personne. Ouvert tous les jours midi et soir.

Le poisson et les fruits de mer sont la spécialité de l'endroit. Essayez les moules, les langoustines, le poulpe séché, les calamars au grill ou la raie frite avec aïoli... Et si vous préférez de la viande, le veau au citron est excellent. Le tartare de loup de mer est franchement délicieux et original, ainsi que les crevettes saganaki (grillées au fromage). Mention aux bruschettas en entrée ainsi que le poulpe et le calamar grillés en plat. Les salades sont très bonnes aussi. Belle carte de vins grecs. Et en plus, le service est impeccable.

GIALOS €€

✆ +30 22870 41208

www.gialos-pollonia.gr

Comptez 25 € par personne. Ouvert tous les jours midi et soir.

Taverne moderne dont la cuisine reste méditerranéenne mais est originale. Ici, on mange face à la mer : c'est ce que le nom de l'établissement indique. Essayez les poissons grillés, le tartare de crevettes ou les raviolis aux fruits de mer, les saveurs sont pleines de surprises réservées par le chef. Parmi les mezzés : croquettes de courgette, caviar d'aubergine et la feta en croûte au sésame et au miel. La tarte au chocolat chaud se prépare sur commande : elle est tout bonnement délicieuse. La carte des vins est petite, avec cependant de très belles références.

RIFAKI AEGEAN CUISINE €€

✆ +302287041212

Ouvert tous les jours midi et soir. Comptez 15 €/pers.

Les plats sont succulents et copieux, et se dégustent ici les pieds dans l'eau. Bienvenue dans un excellent restaurant situé le long de la promenade de Pollonia. Pas facile de faire son choix au milieu de tant de bons restaurants, mais le Rifaki se démarque des autres par son accueil chaleureux, sa décoration colorée, et ses plats gourmands et savoureux. Moules sauce feta et ouzo, linguines au saumon, à l'aneth et à la vodka ou tarte à l'orange « coucher de soleil » sont autant de surprises que vous réserve l'excellent Rifaki.

PROVATAS

Si vous recherchez le calme, évitez Adamas et Pollonia qui vivent jour et nuit et filez vers le sud. La belle plage de Provatas est située dans le sud-ouest de Milos. Les petits hôtels, les bons restaurants et la beauté des lieux suffisent largement à attirer de nombreux visiteurs chaque été. D'énormes rochers multicolores, du sable doré et des eaux limpides complètent la superbe image de Provatas. Passé Provatas, la route goudronnée se transforme en piste. Après quelques kilomètres, vous arriverez à un carrefour, au niveau d'une gigantesque carrière. Descendez la route qui mène à la mer (Gerontas). En bas, il y a une belle possibilité de baignade et une curieuse grotte.

PLAGES

N'oubliez pas votre maillot : les plus belles plages de l'île frangent cette partie de Milos. D'accès aisé, elles sont pour la plupart suffisamment grandes pour avoir de la place. Avec une barque (chaque jour, des bateaux partent du port pour faire le tour de l'île) ou sans, vous pouvez explorer la fameuse grotte d'émeraude, Smaragdenia Spilia, les météores de la mer, Thalassina Météora, et nager entre les rochers impressionnants de Kleftiko. Sous le monastère d'Aghios Ioannis, la grotte Sikia offre un spectacle unique : les rayons de soleil qui filtrent par une fissure de la roche composent une symphonie de couleurs magique. La plage de Fyriplaka à l'eau turquoise est l'une des plus remarquables. En continuant le long de la falaise, vous trouverez d'adorables criques, aux roches de couleur orange, où l'eau sent un peu le soufre. A couper le souffle. Passé Provatas, la route goudronnée se transforme en piste. Ne roulez pas trop vite pour pouvoir admirer le paysage. Après quelques kilomètres, vous arriverez à un carrefour, au niveau d'une gigantesque carrière. Garez-vous, et descendez la route qui mène à la mer (Gerontas). En bas, il y a une belle possibilité de baignade et une curieuse grotte. Repartez sur la même piste. Après environ 5 km, vous parviendrez à un petit monastère (Aghiou Ioannou) : la partie la plus difficile de la piste est derrière vous. Un peu plus loin, une piste part sur votre gauche et descend vers Ioannou Beach (et une petite taverne tout en bas). Un vrai petit paradis...

GIOURGAS €

✆ +30 22870 22982

www.milosgiourgas.gr

Studio double à partir de 75 € la nuit en été.

Ce petit complexe de studios et appartements avec vue sur les plages de Provatas et de Agios Sostis propose un très bon rapport qualité-prix. L'ambiance est chaleureuse et familiale dans cet établissement propre et bien tenu. Les chambres sont décorées simplement mais avec goût et disposent d'un balcon privé avec vue sur mer. Le jardin et les bougainvilliers sont particulièrement agréables en fin de journée. Très pratique, le propriétaire loue aussi des voitures. Il propose parfois des formules avec hébergement et location de voiture.

O KIPOS RESTAURANT €

Sur la plage de Kipos.

KIPOS

✆ +30 2287 031347

Ouvert tous les jours de 10h au dernier client.
Comptez 15 € par personne.

Ce restaurant sur les hauteurs de Kipos surplombe superbement la mer Egée. Depuis la terrasse, la vue semble infinie et on dit même que par temps très clair (rare en plein été quand la chaleur voile légèrement le ciel au loin), on peut distinguer les côtes de Crète. Nous n'avons pas pu vérifier cette affirmation mais vu l'immensité de l'horizon qui s'étend, cela ne paraît pas complètement impossible. On y déguste une bonne cuisine traditionnelle et vous retrouverez, impeccablement réalisés, tous les classiques des tavernes grecques.

KARAVOSTASIS

Bienvenue à Folegandros ! En arrivant par la mer, on découvre un petit port sans charme qui semble écrasé de soleil, dans un paysage de collines pelées. Karavostasis mérite qu'on s'y attarde pour son offre hôtelière et ses plage facilement accessibles depuis le port. Vous pourrez vous rendre également en bateau à Katergo, la plus belle plage de Folegandros. Ainsi, lorsque vous verrez la plupart des touristes sauter dans le bus qui monte à Chora dès l'arrivée du ferry, peut-être aurez-vous un bon argument pour vous y attarder...

Transports

En bateau, depuis Le Pirée, on compte au moins une liaison par jour en été (4h).

MOTO SPYROS

✆ +30 22860 41448

Ouvert tous les jours de 8h à 22h. Comptez environ 20 € par jour pour un scooter 50 CC et 30 € par jour pour un 125 CC.

Il y a deux loueurs de deux-roues ici, dont l'un près du port de Karavostasis et l'autre à Chora. Un scooter suffira largement pour vos déplacements sur l'île, pas besoin de penser à la voiture, à condition d'éviter les 50cc si vous comptez remonter les routes secondaires abruptes à deux... On trouve Spyros Moto en montant sur la route en direction Chora, sur la droite vers la sortie du port. Les tarifs pratiqués sur les 125cc sont un peu moins intéressants que ceux que vous trouverez chez les concurrents de Chora. Mais les seuls 50cc de l'île sont ici.

PLAGES ★

Au-delà de la plage de galets du port, vous pourrez rejoindre aisément à pied les cinq plages des alentours.

Vers le nord, de l'autre côté du port, Vardia est une jolie baie, une des plus longues de l'île mais elle très exposée au vent donc à éviter les jours de *meltemi*. Elle est accessible par un escalier et vous y trouverez de petits galets et quelques rares arbres. Vers le sud, trois plages se succèdent : Latinaki, Vitsentsou et Pountaki. Préférez Vitsentsou pour la vue dégagée vers le large, sa plage de sable peu visitée et ses eaux profondes.

CAMPING LIVADI €

Plage de Livadi

✆ +30 22860 41204

www.folegandros.org

50 emplacements. 7 € par jour par personne, 3 € par tente. Studios pour 2 de 30 à 60 € en été.

C'est le seul camping de l'île à 1,5 km du port. Prenez le minibus à l'arrivée du bateau, ou suivez la route qui part en longeant la plage. Le camping est à un quart d'heure du port (à pied). Il est situé, sur une jolie plage, à 20 min à pied du port en faisant une balade de front de mer. Douches, toilettes, restaurant, plage de sable à 150 m. Le camping est propre et calme. Sur place, vous trouverez une restauration et des snacks à des prix abordables. Navette pour aller au port. Il faut juste reconnaître que c'est souvent bondé.

Plage de Vardia, pas loin du port.

PLAGE DE KATERGO

Voici encore un paysage de carte postale : la plage de Katergo est souvent considérée comme la plus belle plage de Folegandros, à raison. C'est une vraie merveille en effet. Uniquement accessible en bateau depuis le port de Karavostasis, ou à pied depuis le village de Livadi, c'est une longue plage de petits galets qui bénéficie d'un environnement unique et d'eaux cristallines. Ne manquez pas de vous y rendre au moins une fois au cours de votre séjour pour profiter des eaux émeraude vraiment surprenantes de Katergo. Un petit bémol cependant pour les plus frileux : des courants froids rafraîchissent la baignade par ici. Et ce n'est que la première ombre à ce tableau idyllique... : il est difficile d'imaginer que pareil endroit ait pu être un enfer en d'autres temps pour certains.

Face au rocher tout en longueur de Makri Katergo, la belle plage est sise dans un décor hostile et aride : vous n'y trouverez aucune ombre. C'est pourquoi les prisonniers politiques de Folegandros étaient envoyés ici pour ramasser des cailloux à longueur de journée, sous un soleil dur et impassible. La plage a pris le nom de *katergo*, qui signifie galère, en mémoire de ces condamnés. Ils n'y étaient pas surveillés, mais comment auraient-ils pu s'évader de toutes les façons, sans un arbre aux alentours pour construire ne serait-ce qu'un radeau de fortune ? Cette plage paradisiaque a ainsi longtemps été une prison naturelle pour de nombreux opposants politiques, notamment communistes. Un outil du système répressif mis en place par les pires régimes de l'histoire moderne grecque.

▸ **Pour vous y rendre**, empruntez le petit caïque qui fait la liaison environ toutes les heures depuis/vers le port de Karavostasis. A pied, rendez-vous d'abord en scooter à Livadi (le village, pas la baie) puis suivez le sentier indiqué KT qui longe des maisonnettes en ruine, vestiges des cabanes de prisonniers, puis qui descend sur la gauche pendant environ 40 minutes. La descente est raide et le terrain, difficile. Faites attention en empruntant ce sentier qui n'est pas forcément toujours très bien indiqué. Autre mise en garde : veillez bien à prendre le sentier au départ du village de Livadi, car celui au départ de la plage de Livadi est beaucoup plus long, difficile et très souvent non balisé, soyez vigilant. Enfin, il n'y a absolument rien dans les environs de Katergo, donc prévoyez nourriture et bouteilles d'eau en suffisance. D'ailleurs évitez les heures les plus chaudes, car le soleil tape violemment : ce n'est pas pour rien que l'endroit fut choisi pour faire trimer des prisonniers...

HOTEL AEGEAN STAR €

Sur le port

✆ +30 22860 41447

www.aegean-star.gr

Chambre entre 50 € et 130 € selon la période et la catégorie.

Cet établissement est situé légèrement en retrait de la plage principale de Karavostasis. Simple et charmant, l'hôtel propose des chambres spacieuses et des studios avec kitchenette. Une option propre et pratique. L'endroit, récent, paraît encore très neuf et décoré dans un style typique des Cyclades. Les chambres sont très propres et confortables, et offrent une belle vue sur la mer. L'emplacement est idéal, à proximité des magasins, des restaurants et de la navette pour Hora. Il est aussi proche de belles plages abritées des vents.

AEOLOS €€

✆ +30 228 604 1205

www.aeolos-folegandros.gr

Chambre double entre 70 et 140 € en été. Petit déjeuner en supplément 8 € par personne.

Ce petit hôtel est situé directement sur la plage de Chochlidia, la plage du port. Il mérite surtout votre attention pour son excellent emplacement face à la mer et à deux pas de la plage. C'est un endroit calme avec un patio très agréable. La plage est en face de l'hôtel, avec quelques paillotes pour dîner à 3 minutes à pied. L'arrêt de bus est au bout de la rue. Si possible, préférez les chambres avec vue sur la mer pour profiter de cet emplacement privilégié. Les chambres sont propres et bien tenues, la décoration est éclectique.

VARDIA BAY €€

Sur le port.

✆ +30 22860 41277

www.vardiabay.com

Studio standard pour 2 personnes à partir de 70 € en été, petit déjeuner compris.

Voici un petit hôtel juste au-dessus du port qui propose des chambres-studios pratiques avec kitchenette et balcon avec vue sur le port. Voilà un bel endroit où se poser sur la péninsule qui s'étend entre le port et la plage de Vardia. Chambres et appartements bien tenus dans un complexe sur trois niveaux, face à la mer. Outre son emplacement agréable, l'hôtel organise aussi des locations de voiture bien pratiques. On apprécie aussi la petite salle de bains à côté de la réception pour prendre une douche avant d'aller au ferry.

VRAHOS BOUTIQUE HOTEL €€

✆ +30 22860 41450

www.hotel-vrahos.gr

29 chambres. La double standard est à partir de 85 €, sans petit déjeuner.

L'établissement, qui se présente comme un boutique-hôtel, n'a pas volé son titre. Les chambres sont confortables et bien équipées et la terrasse du restaurant offre une belle vue, avec un service très agréable. Le complexe, dont le nom signifie « rocher », propose 29 chambres, suites et studios. Bel établissement de style cycladique très bien situé, à 20 minutes de la mer. Piscine et bain à remous extérieurs à disposition en prime. Vous apprécierez aussi l'accueil chaleureux et souriant des équipes et leur grande disponibilité.

ANEMI €€€

✆ +30 22860 41610

www.anemihotels.com

Chambre à partir de 200 € selon la période et la catégorie, petit déjeuner compris.

44 grandes chambres dans des bungalows superbes, tout confort. La piscine est à couper le souffle ! Les chambres sont spacieuses et bien décorées avec une très bonne literie. Côté cuisine, le chef, Themis Papadopoulos, sert une belle cuisine contemporaine, que l'on déguste les pieds dans l'eau. Transfert offert vers le port, et même vers l'héliport. Le petit-déjeuner est servi à la carte et est très bon. Le restaurant gastronomique Sea Sense propose des plats savoureux. Dommage, simplement, que ce ne soit pas dans la Chora... mais c'est aussi son charme.

EVANGELOS

✆ +30 2286 041353

Ouvert tous les jours de 9h au dernier client.

Ce café de plage est situé sur les galets de Chochlidia, dans le port. Un café agréable pour sa simplicité. Vous pouvez prendre votre café ou des boissons au bord de la mer et idéalement, comme souvent, en début de soirée. Accessoirement, on y sert aussi un petit déjeuner convenable, ainsi que des plats pour casser la croûte, pour le déjeuner les planches mixtes poissons / fromage font leur office. Mais le mieux est encore de venir pour prendre le café ou boire un verre en regardant le temps passer. L'endroit est en effet bien sympathique...

FOLEGANDROS CHORA ★★★

La Chora de Folegandros est l'un des plus beaux villages des Cyclades, si ce n'est le plus beau, tout simplement. Perchée sur la crête de l'île, en équilibre instable sur une falaise et prête à tomber à tout moment dans le vide, et la mer Egée qui s'étend partout, la Chora semble résister aux éléments naturels, dans toute sa candeur avec sa blancheur éclatante. Le village s'est mis sous la protection de l'église de la Panaghia qui domine la colline en surplomb : l'église et la route chaulée qui y mène sont visibles depuis tous les alentours. La cité-forteresse, ou kastro, a été construite par les Vénitiens et leur commandant de l'époque, Marco Sanudo, en 1212. Le village, heureusement interdit aux voitures, a gardé intact son caractère médiéval. Le développement du tourisme ces dernières années, qui se limite souvent à la Chora, a peut-être envahi les ruelles en été mais n'a fort heureusement pas encore défiguré l'architecture locale. Vous pourrez donc vous promener dans les ruelles du bourg non fortifié et du kastro à proprement parler en imaginant la vie d'antan. Celui-ci est d'ailleurs tellement bien dissimulé qu'on repère parfois les entrées avec difficulté. Le village aux portes du kastro est un enchevêtrement de ruelles qui débouchent sur des placettes agréables, souvent remplies de petites terrasses et de cafés. Les résidents eux-mêmes sont bien incapables de nommer toutes les places. La place Pounta est certainement la place principale. Vous y trouverez des informations touristiques et surtout l'un des plus beaux points de vue sur la mer et le coucher du soleil

KASTRO ★★★

Ce *kastro* est un témoignage unique de l'urbanisme médiéval du temps des Vénitiens. Arrivés au début des années 1200, conséquence directe de la quatrième croisade, les occupants vénitiens construisent un premier bourg fortifié. Deux siècles plus tard, un feu ravage la cité originelle qui est alors reconstruite. Les plus vieilles maisons conservent le plan médiéval d'origine mais datent du XVe siècle. Le *kastro* forme une sorte de triangle isocèle : les deux côtés égaux mènent au sommet de la Panaghia Pantanassa et le troisième côté est fermé par la place Pounta.

CAVE DE CHRISSOSPILIA ★★★

Actuellement fermée à la visite (se renseigner).

Lors de notre dernière enquête, cette cave était encore fermée à la visite car des travaux de recherche archéologique sont en cours. S'il n'est pas encore certain que la cave rouvrira, son histoire reste passionnante. Creusée dans la falaise que domine l'église de la Panaghia, à environ 30 mètres du niveau de la mer, la cave de Chrissospilia est d'accès extrêmement difficile et dangereux. Pour y parvenir, il faut soit descendre en rappel une falaise battue par les vents, et ce, sur quelques centaines de mètres, soit escalader 30 mètres depuis la mer, en arrivant par bateau. D'une manière ou d'une autre, les secrets de cette cave sont bien gardés par les éléments !

Car la cave de Chrissospilia reste une énigme pour les chercheurs. D'un point de vue spéléologique, la grotte est constituée de deux chambres reliées entre elles par un étroit passage. Le plafond de la deuxième chambre est constellé de stalactites impressionnantes. Mais la grotte a aussi un intérêt archéologique : des citernes romaines ont été retrouvées dans la première chambre et partout les murs sont recouverts d'environ 400 noms de jeunes hommes, signatures datées du IVe siècle av. J.-C. D'après les archéologues, la cave aurait été utilisée pour le rite de passage à l'âge adulte de ces jeunes adolescents venus de toute la Grèce, et notamment d'Athènes. L'accès dangereux aurait été un test pour qu'ils puissent faire valoir leur bravoure et leur force physique. A l'intérieur de la cave, des rituels et orgies auraient sanctionné leur entrée dans la vie adulte.

PÂQUES À FOLEGANDROS

Chaque île célèbre la résurrection du Christ à sa manière. Mais à Folegandros, les festivités durent trois jours, sans discontinuer, et reposent sur l'organisation de grandes processions entre les villages de l'île. Le programme suit un cours établi par la tradition. Le dimanche de Pâques, l'icône de la Vierge miraculeuse est retirée de l'église de la Panaghia et descendue en procession dans les rues de Chora. Là, du lever au coucher du soleil, l'icône est transportée dans toutes les maisons, afin de bénir les habitants du village. Chacun prépare des sucreries et de quoi gâter l'ensemble des habitants de Chora qui participent. Puis, au coucher du soleil, les habitants d'Ano Meria arrivent à pied, en procession, jusqu'à Chora pour participer aux festivités et prendre l'icône. Ils l'emportent à Ano Meria le lundi de Pâques. Là encore, l'icône est introduite en procession dans toutes les maisons qui gratifient les participants de gâteaux et autres douceurs. Le mardi, c'est au tour de Karavostasis de recevoir la Vierge miraculeuse. Là encore, le rituel reprend, mais ce sont également les bateaux qui sont ouverts à tous pour être bénis. Au coucher du soleil de ce troisième jour, l'icône est ramenée à pied dans l'église de la Panaghia et les festivités durent jusqu'au matin. Si vous avez l'occasion de découvrir la ferveur et la convivialité locales, ce sera aussi l'occasion de pénétrer chez les habitants de l'île et de voir certaines des plus anciennes demeures de Chora et du *kastro*.

DIAPLOUS TRAVEL

✆ +30 22860 41158

www.diaploustravel.gr

Fermé en général entre 14h et 17h.

Une excellente agence de voyages à l'entrée de Chora, vers la place Founta, qui fait également office de bureau de renseignements touristiques, en l'absence d'office du tourisme à Folegandros. Vous y trouverez des cartes de l'île et toutes sortes d'informations et de services : choisir un hôtel, partir en excursion, transférer de l'argent à l'étranger, naviguer sur Internet, acheter un billet toutes destinations… Avant votre séjour, n'hésitez pas à vous référer au site Internet de l'agence qui propose une mine d'informations.

AEGEO HOTEL €

✆ +30 228 604 1468

www.aegeohotel.com

Chambre double à partir de 60 € en été. Petit déjeuner : 6 €.

Gros coup de cœur pour Folegandros, et pour ce petit hôtel très familial ! On est à 5 minutes à pied de la magnifique petite ville de Chora. Construit en périphérie de la capitale, cet hôtel tout confort – avec réfrigérateur, télévision et accès Internet gratuit – propose 14 chambres charmantes et agréables. Essayez d'avoir celles à l'étage, pour la vue. Certaines chambres peuvent accueillir jusqu'à 5 personnes. Environnement calme. Transfert gratuit depuis le port. Les gérants sont discrets tout en étant présents quand cela est nécessaire.

ÉGLISE DE LA PANAGHIA ★★★

En été, ouvert tous les jours à la visite entre 18h et 21h.

La plus belle et plus imposante église de Folegandros est dédiée à la Vierge. Elle domine Chora et la mer Egée depuis une colline. L'église et son chemin sont reconnaissables entre mille et resteront sûrement gravés dans vos souvenirs. L'église actuelle date du siècle dernier mais faisait partie d'un couvent plus vaste dont il ne reste quasiment rien aujourd'hui. Celui-ci aurait été construit sur les fondations d'un temple antique dédié à Artémis ou Poséidon, selon les versions. Certains éléments en marbre des premiers sanctuaires sont encore visibles aujourd'hui dans l'église, belle de simplicité avec son dôme étoilé. On remarquera notamment le magnifique trône de l'évêque ou cathèdre en marbre gravé. Arrêtez-vous également sur l'icône de la Vierge miraculeuse, cernée d'argent. L'histoire dit qu'elle fut volée par un certain Tzanoum Hodja en 1715, lorsque ce pirate pilla l'île et l'église avant de reprendre la mer. Quelques temps plus tard, la Vierge apparut à Hodja dans son sommeil et le pria de la ramener à Folegandros. Perturbé par ce rêve, le pirate jeta l'icône à la mer, dans le port de Chios. Selon la légende, l'icône dériva pendant des années et des années jusqu'au large de Ios, l'île voisine de Folegandros. Là, un capitaine la trouva et la reconnut : l'icône miraculeuse pouvait regagner sa terre d'origine. En 1857, elle retrouve sa place dans l'église. Depuis, elle fait l'objet d'une véritable vénération par les habitants de l'île. A Pâques, elle est menée en procession dans tous les villages.

ANEMOUSA €

✆ +30 22860 41077

www.anemousahotel.gr

Chambre double entre 60 et 110 € en été.

Légèrement excentré, à la sortie nord du village, cet hôtel nous a aisément séduits par sa vue exceptionnelle sur la mer Egée et sur la falaise de Chora. Ses prix modérés et sa piscine sont des atouts supplémentaires et non négligeables. Les jours où vous ne voudrez pas prendre le bus ou le scooter pour aller à la plage, vous pourrez malgré tout profiter de la piscine pour vous rafraîchir avec vue sur l'horizon. Les chambres sont confortables et simples et bénéficient toutes d'un balcon privé sur la mer. Une adresse intéressante.

ANTHEIA €

A l'entrée du village.

✆ +30 22860 41490

www.antheia-folegandros.com

Chambre double à partir de 60 € en été.

Voilà un tout petit hôtel de 10 chambres, et parmi les moins chers du village. S'il n'offre pas la vue sur la mer, c'est qu'il s'agit d'une maison de village, au pied de la route qui sinue vers le monastère de la Panaghia. L'emplacement demeure agréable et pratique, juste à l'entrée de Chora, en face de l'arrêt des bus. Les chambres, charmantes, sont décorées avec goût et sobriété. Toutes présentent une jolie décoration, sobre et fonctionnelle. L'endroit est encore peu connu, mais gageons que cela changera très prochainement !

Église de la Panaghia.

BELVEDERE €

✆ +30 22860 41034

www.belvederefolegandros.gr

Studio standard à partir de 90 € en été. Petit déjeuner : 12 €.

Un établissement qui gagne à être connu avec de beaux appartements accueillants avec une vue magique. Le complexe de 16 chambres est perché en haut du village, avec une vue panoramique sur la mer et le monastère de Panagia. C'est proche du village avec une belle côte à monter pour rentrer mais facile à faire tranquillement. Toutes les chambres sont joliment décorées et disposent d'un balcon.Vous apprécierez la terrasse avec la magnifique vue sur la mer. L'accès à la piscine de l'hôtel voisin est un vrai plus. Il y a aussi une navette.

CHORA RESORT HOTEL & SPA €€

✆ +30 22860 41590

www.choraresort.com

Chambre double à partir de 90 € en été, avec petit déjeuner.

Cet hôtel spa sera réservé à ceux qui recherchent moins une expérience intimiste que le confort d'un resort offrant tout un lot de services d'une qualité irréprochable. L'ensemble est bien réussi : les chambres sont ravissantes et bien équipées ; les supérieures ont un bain à remous en prime. La piscine de 500 m² est la bienvenue dans cette île où les plages ne sont pas forcément très accessibles. Et le restaurant affiche une belle carte (formules en demi-pension), et une belle cave aussi ! Réductions sur Internet et des prix plus attractifs en septembre.

FATA MORGANA STUDIOS €€

✆ +30 22860 41237

www.fatamorgana.com.gr

Chambre double de 130 à 200 € en été, avec le petit déjeuner.

A 100 mètres du centre du village, 14 studios parfaitement équipés pouvant accueillir jusqu'à cinq personnes. Avec une cuisine à disposition, vous pourrez rester à la maison et passer la journée à contempler la vue, une des plus belles de l'île. Notons le vrai plus de cet agréable complexe : les chambres ont toutes été conçues de sorte que l'on ait une vue sur la mer depuis chaque lit. Les studios contiennent des kitchenettes et tout ce qu'il faut pour se sentir chez soi. Parking pour les clients. Piscine. Transfert gratuit jusqu'au port.

HÔTEL CASTRO €€

Dans le Kastro

✆ +30 22860 41230

http ://hotel-castro.com

Chambre double à partir de 100 € en été, avec le petit déjeuner.

Cet établissement porte bien son nom : c'est l'unique hôtel situé à l'intérieur du *kastro*, le bourg médiéval fortifié de Chora. Premier hôtel ouvert sur l'île en 1970, la maison appartient depuis des générations à la même famille. Des escaliers vertigineux desservent les chambres, rustiques et charmantes, bien qu'exiguës. Les romantiques opteront pour la chambre R1, sur le toit : minuscule mais mignonne, elle donne sur une terrasse éblouissante et sur l'à-pic de la falaise. On en a le vertige, les yeux brûlés par la clarté du soleil et saturés du bleu de la mer.

POLIKANDIA HOTEL €€

✆ +30 22860 41322

www.polikandia-folegandros.gr

28 chambres. La double entre 105 et 185 € en été. Petit-déjeuner : 11 €.

Vous aurez droit ici à un accueil d'excellence dans un cadre particulièrement beau et coloré. Des bougainvilliers mauves et roses cernent un jardin rempli de palmiers, de rosiers et de géraniums. Les chambres sont à l'image du jardin, finement décorées, et donnent au lieu une ambiance qui rappelle les vacances d'enfance à la mer. Le petit déjeuner est classé Greek Traditionnal Breakfast. Piscine chauffée, eau du puits filtrée, transfert inclus, et, depuis 2019, la location de C3 aircross SUV neuves à tarif préférentiel pour les clients de l'hôtel.

CHIC (TO SIK) €

✆ +30 22860 41515

Ouvert de 18h à minuit tous les jours en saison. Environ 15 € par personne.

Chic, To Sik en grec, est un restaurant qui combine la cuisine traditionnelle méditerranéenne et cycladique avec des influences puisées dans la gastronomie orientale ou européenne. Il y a de tout, des plats de viandes ou végétariens, et même sans gluten. En cuisine, on fait en sorte d'utiliser le plus de produits locaux possibles : la plupart des légumes proviennent du jardin. Blanche et verte, la taverne s'accorde parfaitement aux couleurs des arbres qui embellissent la place du village sur laquelle on dîne. La qualité du service nous font recommander l'endroit.

TO GOUPI €

Sur la place centrale.

Ouvert tous les jours pour le déjeuner et le dîner. Comptez 15 € par personne.

Voilà un adorable petit restaurant aux chaises vertes et au service pro où les places sont chères. Nous avons compté cinq tables, alors mieux vaut arriver tôt ou après 22h30 avec les Grecs. Plats simples, traditionnels, avec des produits d'excellente qualité (chevreau au citron, *stifado*...). Excellents *tyropitakia* maison. Plus agréable cependant s'il n'y a pas trop de vent. Mieux vaut arriver tôt car il y a peu de tables... Malgré tout, cela vaut le coup d'attendre si besoin. Ensuite, le service est généralement efficace et rapide.

ZEFIROS ANEMOS €€

✆ +30 22860 41556

Ouvert tous les soirs pour le dîner uniquement. Comptez 25 € par personne.

Un peu en retrait, dans le calme d'un joli jardin intérieur, Apostolos, le propriétaire, propose du poisson frais mais également de très bons mezzes à base de produits de la mer. La cour intérieure fait face à une belle barque peinte posée sur un parterre de fleurs. Les plats sont bien présentés dans des assiettes que l'on a du mal à finir. Deux plats à recommander : le calamar grillé (à point !) farci à la féta aux tomates et au poivre, et les salicornes bouillies, des algues maison servies avec de l'huile d'olive du Péloponnèse et un demi-citron du jardin.

EVA'S GARDEN €€

✆ +30 22860 41110

Ouvert tous les soirs pour le dîner uniquement. Comptez 30 € par personne.

Le restaurant a été agrandi dans un grand jardin fleuri qui fait le bonheur des chats. Anthy et Alkiviadis, les propriétaires, se répartissent les tâches pour garantir un service impeccable pour madame et un cadre enchanteur pour monsieur. Deux plats sortent du lot, le ceviche de bar à l'aneth et à la tomate servi avec du pain pita et la moussaka dont la présentation est unique et originale : l'aubergine est coupée en deux, le bœuf en farce et la béchamel coulée au sommet, le tout entouré de... chips maison qui ajoutent la touche de sel manquant au chef-d'œuvre.

BARAKI

Place Piatsa

✆ +30 22860 41461

Ouvert tous les jours de 11h au dernier client.

Qu'il est agréable de flâner dans les ruelles de Chora tôt le matin, pour prendre un café dans le village qui se réveille à peine quand les touristes dorment encore puis à nouveau en soirée, une fois que la chaleur est tombée ! Ce petit café-bar sympathique étale ses tables et ses chaises en bois sur les ruelles de la place Piatsa. On y vient en journée pour bouquiner tranquillement en buvant le café ou le soir, dès l'apéritif et jusqu'à tard, pour boire du bon raki d'Amorgos. L'ambiance est conviviale et la musique très agréable.

I POUNTA €€

✆ +30 22860 41063

www.pounta.gr

Ouvert tous les jours de 8h à 15h et de 18h à minuit. A partir de 20 € par personne environ.

C'est le plus vieux restaurant de l'île, cela fait plus de vingt ans qu'une famille est à sa tête. I Pounta, Pounta, Pounda, I Pouda... son nom se déforme dans les bouches des locaux et des touristes, mais il y est bien présent. Il vient de l'espagnol et désigne « le cap ». Le restaurant se trouve sur la première petite place du village, nichée au cœur des fleurs et des arbres. On y mange copieux et les produits sont frais et certains plats frôlent la perfection. Un très bon vin est servi en pichet, dans une céramique réalisée par la tenante.

BEEZ BAR

✆ +306945806652

Ouvert tous les jours de 19h à 4h du matin. De 10 € à 14 € pour un cocktail signature.

Dans ce bar moderne tenu par Manos et Dionysia, vous pourrez goûter aux meilleurs cocktails de Folegandros. Manos a travaillé plusieurs années aux côtés d'un barman athénien de renom et a retenu de cette expérience de nombreux cocktails signature qui, promis, ne manqueront pas de vous surprendre. Le « Mastic Submarine » est sans conteste le plus réussi, alliant à la perfection du Mastiha (un alcool traditionnel de l'île de Chios), du gin, de la confiture de figue à la vanille et une limonade maison. Grande variété de gins, de Negroni et d'aperitivo aussi.

NIKOLAS PLACE

Place Dounavi

✆ +30 2286 041226

Ouvert tous les jours de 8h au dernier client. A partir de 5 € pour le petit déjeuner, 10 € le déjeuner...

On ne vient pas ici pour la gastronomie. L'objectif de Nikolas est ailleurs : offrir un joyeux moment de décontraction avec des jeux et livres mis à disposition mais également des plans et informations touristiques, et même un petit lexique du grec. La carte est très complète et notamment indiquée pour le petit déjeuner. Nikolas parle le français : prenez le temps de lui parler, c'est un personnage très intéressant. Un vrai lieu de rencontre depuis 25 ans où la cuisine est correcte et les prix compétitifs. L'endroit est connu aussi sous le nom de Bar Folegandros.

O THEIOS

Ouvert tous les soirs à partir de 18h et jusqu'à 1h du matin.

En vous perdant un peu dans les ruelles qui mènent vers l'église de la Panagia Pantanassa et la boulangerie, vous tomberez forcément sur cette adorable petite échoppe qui fait des glaces artisanales à l'italienne. Mais attention, des véritables *gelati* dans les règles de l'art ! Précisons que Stefano est né et a grandi à Turin et c'est son oncle qui lui a d'abord appris l'art des glaces à l'italienne. Il y a environ 10 ans, il a ouvert sa glacerie ici, à Chora, mais n'a pas oublié son maître : *O Theios* signifie « l'Oncle », en bon français.

AGALI - ΑΓΚΑΛΗ ★ ...

Au carrefour entre le sud et le nord de Folegandros, l'île se resserre en un étroit goulot d'où l'on voit la mer Egée à la fois vers l'est et l'ouest. Là, une route secondaire quitte la ligne de crête vers le versant occidental de l'île et plonge vers la baie d'Agali. Autour de cette agréable plage de sable s'est développé un petit port de pêche transformé en minuscule station balnéaire depuis l'arrivée des touristes. C'est un site tout à fait charmant, où vous trouverez quelques petits hôtels et des tavernes, une plage de sable familiale et des criques accessibles à pied ou en caïque à proximité. La plupart des visiteurs logent à Chora et viennent y passer la journée.

GALIFOS ★

On accède à la crique de Galifos depuis Agali par un chemin de pierre, en 10 minutes. C'est une petite plage de galets visitée surtout par les nudistes mais tout le monde y est bienvenu ! Les eaux sont transparentes par ici : vous verrez les nageurs depuis la falaise en arrivant, ils semblent flotter sur l'eau. C'est un départ idéal pour faire du *snorkelling*, car les rochers alentours regorgent de cavités et crevasses. Une petite cahute propose des massages. En pleine saison, la crique, de taille réduite, est rapidement saturée.

CYCLADES OCCIDENTALES

Plage d'Agali.

PLAGE AGIOS NIKOLAOS

La plage est accessible par le sentier qui part d'Agali et longe la côte, en passant également par la crique de Galifos. Cette jolie plage de sable un peu grossier est plantée de tamaris qui offrent une ombre bienvenue tout au long de la journée. Des familles s'y retrouvent, ainsi que quelques campeurs qui passent l'été à vendre leurs créations sur la plage. Les eaux y sont claires et d'un bleu transparent. Vous pourrez déjeuner à la taverne ou bien au restaurant plus haut de gamme d'Agios Nikolaos. Comptez une demi-heure de marche facile.

PERIGIALI ROOMS AND CAFÉ €

✆ +30 2286 041105
www.perigiali-folegandros.gr
Chambre double à partir de 60 € en été. Café ouvert tous les jours de 8h à 23h.

L'hôtel est très calme et idéalement situé à quelques pas de superbes plages et les chambres sont simples mais confortables. Cet établissement est une petite pension dont le rez-de-chaussée abrite un café avec terrasse ombragée alors que les étages offrent quelques chambres. Simples mais confortables et bien équipées, certaines chambres ont été rénovées récemment et offrent un style un peu plus recherché. Le petit déjeuner est servi dans le café. Un hôtel idéalement situé au centre de l'île, près de la mer. Mais il faut être véhiculé.

GALIFOS ROOMS TO RENT €

En surplomb de la crique de Galifos
✆ +30 6976 131295
www.galifos-folegandros.gr
Chambre avec salle de bains privée et cuisine commune à partir de 50 €.

Sur le sentier qui mène de la plage d'Agali jusqu'à la crique nudiste de Galifos, vous trouverez cette petite maison blanche où ont été aménagées quelques chambres d'une beauté et d'une simplicité absolues. La maison veut cultiver une image de tourisme alternatif, en dehors des sentiers battus. La plupart des logeurs sont des connaisseurs du coin, amoureux de la plage en contrebas. Pour vivre l'expérience hippie originelle, celle qui a marqué ce coin de Folegandros, et pour se déconnecter réellement du monde moderne en retournant aux fondamentaux.

BLUE SAND HOTEL & SUITES €€€

✆ +30 22860 41042
www.bluesand.gr
Chambre double à partir de 140 € en été. Petit déjeuner inclus.

Ce très bel établissement en surplomb de la plage d'Agali a ouvert ses portes récemment pour satisfaire la demande grandissante d'hébergement luxueux. Dans un style « hippie-chic » qui colle à l'ambiance des lieux, le Blue Sand offre une expérience mémorable. Les chambres ouvrent toutes sur la mer. Spacieuses et magnifiquement décorées, elles allient confort et élégance. L'excellent petit déjeuner est servi depuis la terrasse du petit café-bar, également ouvert aux visiteurs extérieurs. Il faut parfois rester deux nuits minimum.

KYMAMENI €

✆ +30 2286041190
www.kymanemi.gr
Chambre double à partir de 65 € en été.

C'est un véritable coup de cœur. Les six chambres de cet établissement sont situées les pieds dans le sable, sur la plage d'Agali. D'ailleurs Kymameni signifie « sur les vagues » en français. C'est un véritable havre de paix. Vous aurez une vue sur la mer depuis les jolies chambres qui sont simples, mais confortables et agréables. Pour couronner le tout, Irène est une hôte incroyablement gentille et serviable. Les gérants sont aussi propriétaires du caïque qui fait l'aller-retour entre Agali et les plages d'Aghios Nikolaos et Livadaki.

AGIOS NIKOLAOS SEA TAVERN €

Plage d'Agios Nikolaos
✆ +30 69429 20520
Ouvert tous les jours de 9h à 23h. Comptez environ 15 € par personne.

Cette petite taverne traditionnelle est située sur la plage d'Agios Nikolaos, à l'ombre des tamaris. On s'y pose au cours d'une journée baignade pour se rafraîchir d'un frappé ou pour manger les classiques de la cuisine grecque. Rien de particulier à noter, mais l'endroit est très agréable et le personnel, plutôt jeune et sympathique. Les hippies qui vendent leurs créations sur la plage sont souvent attablés ici. Pour une ambiance décontractée et solaire.

O PSAROMILIGKAS €

✆ +30 2286 041301

Ouvert tous les jours de 8h à 22h. Comptez environ 15 € par personne.

Voilà l'adresse qui incarne le cliché des vacances rêvées dans les Cyclades. La terrasse ombragée de cette taverne domine la plage d'Agali, à droite de la baie. On y mange tous les plats habituels qui sont réalisés avec succès, notamment les plats végétariens, du poisson frais bien grillé, une bonne salade grecque. Si vous avez eu votre lot de fritures pour la journée, optez pour les aubergines au four, très réussies, ou encore les courgettes au yaourt. Un service agréable et des prix vraiment très corrects vu la qualité du repas.

PAPALAGI RESTAURANT €€

En surplomb de la plage d'Agios Nikolaos

✆ +30 694 429 1988

Ouvert tous les jours pour le déjeuner et le dîner. Comptez 25 € par personne.

On arrive à ce restaurant élégant soit à pied, par le sentier qui mène à Agali, soit par bateau, en accostant au petit ponton privé en contrebas de l'établissement. Sur les hauteurs, avant d'arriver à la plage d'Agios Nikolaos, cet établissement jouit d'un emplacement et d'une vue exceptionnels sur la mer Egée. L'accent est mis sur le poisson frais et les fruits de mer et les plats sont succulents. Les pâtes aux palourdes, les langoustines ou encore les dorades grillées sont un régal. A arroser d'un blanc frais en regardant la mer.

AMOUDAKI

✆ +30 694 501 7240

Ouvert tous les jours à partir de 9h et jusqu'au dernier client. Appartement 2 pièces à partir de 75 € en été.

Absolument immanquable, a terrasse du café Amoudaki vous accueille à l'entrée du village, sur la place centrale. C'est là que se réunissent souvent les habitants. Vous pourrez y prendre le petit déjeuner, casser la croûte en journée et vous rafraîchir d'un café glacé ou d'une bière fraîche le reste du temps. Un appartement est également à louer à l'étage, avec entrée séparée : un salon et une chambre peuvent accueillir jusqu'à 4 personnes. L'ensemble est fait avec goût et vous vous sentirez vite comme chez vous dans ce joli établissement.

PANO MERIA - ANO MERIA ★★★

La région au nord de Folégandros est connue sous le nom d'Ano (ou Pano) Meria et il s'agit de la partie la plus authentique de l'île. La grande majorité des visiteurs ne viennent pas jusqu'ici, et c'est bien dommage. En effet, cette terre agricole a conservé ses traditions et sa vie rurales. L'habitat n'y est pas comme ailleurs sur l'île, ni comme sur les autres îles des Cyclades : les themonies regroupent la vie familiale et agricole en un même espace aux usages multiples, comme vous le verrez dans le magnifique Musée folklorique situé à quelques minutes du commissariat. Ano Meria n'est pas vraiment un village à proprement parler : les habitations, les fermes et les quelques commerces ou cafés se succèdent le long de la route de crête sur plusieurs kilomètres sans qu'ils constituent un centre urbain organisé. La vue sur la mer Egée est partout sidérante. Au-delà des traditions et de la vie rurales, la région offre des possibilités quasi infinies de randonnées. Elles ne sont pas systématiquement balisées mais des efforts en ce sens progressent tous les ans, pour le plus grand bonheur des marcheurs. C'est une zone à explorer pour sa nature puissante et parfois difficile. Ainsi, les vents soufflent très fort de ce côté de l'île, ce qui explique la présence de vieux moulins, qui fonctionnaient encore jusqu'au milieu des années 1960. Au cours de vos balades à pied, vous croiserez des ânes et des champs perchés, des églises solitaires face à la mer, des paysages agricoles en terrasses et des descentes parfois vertigineuses vers la mer.

AGHIOS GEORGIOS ★

Cette plage de galets isolée à la pointe nord-est de l'île est très exposée aux vagues et au vent. Facilement accessible en scooter ou en voiture, elle est indiquée depuis la route principale : au-delà de Chrisopigi, une route de terre bifurque vers la droite jusqu'à cette baie assez large et aux eaux claires (comptez 10 minutes). Des tamaris offrent de l'ombre et l'ensemble est gardé par une petite chapelle dédiée à saint George. Au passage, vous pourrez également vous arrêter dans la petite crique de Lygaria, un peu plus sablonneuse.

AMBELI BAY ★★

Attention bijou : cette petite crique de galets au nord-ouest de l'île cache des eaux d'une pureté époustouflante. Quelques arbres en retrait de la mer donnent de l'ombre si besoin mais vous n'aurez pas les pieds dans l'eau. Sur le côté droit de la crique, de gros rochers plats parsemés de petits bassins naturels semblent avoir été créés pour faire bronzette. Attention cependant : la crique étant facilement accessible par la route, elle peut vite venir à saturation en très haute saison donc les premiers arrivés seront les premiers servis. Depuis la route principale, au-delà de Chrisopigi, prenez la route de terre qui bifurque vers la gauche (comptez 10 minutes). Les scooters pourront se garer sans problème sur le petit dégagement plat qui marque l'entrée de la crique. Pour les voitures en revanche, c'est une autre paire de manches !

Mieux vaut finalement parfois venir à pied si l'on a un peu d'énergie. Les marcheurs sont prévenus du chemin. Depuis la route principale, un peu après le café-restaurant Iliovasilema, une route de pierres descend sur la gauche. Dépassez les villas Notos que vous laisserez derrière vous et poursuivez jusqu'à la magnifique chapelle d'Agios Panteleimon. Faites une pause pour profiter de l'ombre et du paysage. Vous êtes entre la mer, le ciel et la terre. Continuez la route de terre à travers les champs en terrasse puis prenez le sentier en pierre qui rejoint Ampeli sur la droite. Des marches de pierre ont été créées par endroits. Comptez 1 heure depuis Iliovasilema.

LIVADAKI BEACH ★★★

Accessible à pied. Pour les moins sportifs, un caïque fait quelques passages depuis Agali.

Ne mélangez pas Livadi, dans le sud de l'île, et Livadaki dont il est question ici et qui est certainement la plus belle plage de Folegandros. Cette grande plage de galets blancs est située dans un paysage rocheux somptueux et impressionnant : partout, elle semble cernée par la roche qui dévale vers la mer. Les eaux y sont transparentes et émeraude, malgré leur profondeur. C'est une piscine naturelle où l'on observera aisément poulpes et poissons. Un peu en retrait de la mer, des tamaris apportent de l'ombre tandis que de gros rochers plats s'offrent à la bronzette à droite de la plage.

Pour les marcheurs, arriver à Livadaki depuis le sentier qui passe au phare d'Aspropounta est une merveille que vous n'oublierez pas. La randonnée d'1 heure 30 n'est pas très difficile en descente, mais elle est parfois mal indiquée, ce qui rend les choses plus complexes. Balisée récemment (suivez les lettres FL en bleu), vous devriez malgré tout vous repérer. La montée est forcément plus ardue… La randonnée part des anciens moulins à Ano Meria. Empruntez la route de terre qui descend vers la mer à l'arrière des moulins et qui continue jusqu'à l'église Aghia Fotini. Juste avant d'arriver à la chapelle, vous verrez le sentier indiqué très clairement en bleu (Faros-Livadaki) sur la gauche. La marche est magnifique, assez douce jusqu'au joli phare d'Aspropounta qui date de 1919. La dernière section de la randonnée est plus rocailleuse et il faudra chercher les balises, mais l'arrivée sur les hauteurs de la plage est exceptionnelle.

NOTOS €€

✆ +30 6932 437641

http ://notos.weebly.com

Maisonnette double de 75 à 135 € en été. Transfert gratuit depuis le port.

Ce petit ensemble de maisonnettes vue sur mer sera idéal pour les amoureux de nature et de méditation. Vous êtes ici en plein cœur de la beauté sauvage d'Ano Meria, loin de la civilisation. Sur le versant occidental de l'île, après les dernières habitations de la route de crête, une route de terre mène à ce bout du monde. Face à la mer Egée, vous pourrez profiter d'un calme absolu. Les couchers du soleil sont magnifiques et les nuits très noires sont dardées d'étoiles. Les petites villas peuvent héberger jusqu'à trois personnes et sont très joliment décorées.

ALITANES VILLAS €€€

✆ +30 6974 874917

http ://alitanes.gr

Villas de 115 à 300 € pour deux par jour en été.

Quand Andreas a racheté la *themonia* de sa grand-mère, bien des années après que la famille a émigré loin de la vie difficile d'Ano Meria, il a décidé qu'il voulait la rénover dans les règles de l'art, dans le style traditionnel, pour accueillir des visiteurs. Il a ainsi pu ouvrir trois villas, sur l'ancien terrain de la maison d'origine. Idéales pour les familles, ces villas luxueuses d'environ 100 m² disposent d'une vraie cuisine équipée et de terrasses avec vue sur mer. Pour les semaines les moins demandées, possibilité de réserver une chambre double uniquement.

© NEJDET DUZEN - SHUTTERSTOCK.COM

Livadaki beach.

MUSÉE FOLKLORIQUE ★★★

✆ +30 22860 41069

Ouvert tous les jours de 17h à 20h. Entrée libre mais donations bienvenues. Visite guidée en anglais (gratuite).

Ce musée touchant est installé dans une maison traditionnelle, une *themonia*, dont la partie la plus ancienne date du XVIIe siècle. Vous aurez ainsi des clefs pour comprendre l'habitat traditionnel d'Ano Meria. Dans cette région dure et très pauvre, les fermiers et les bergers se devaient de subvenir à tous leurs besoins. La *themonia* répond à cette nécessité de vie en autarcie : tout ce dont les habitants pouvaient avoir besoin était regroupé autour de la *themonia*, terme qui vient de l'ancien grec « rassembler ».

La masure principale faisait office de chambre à coucher, de pièce à vivre et de cuisine pour toute la famille. Une presse à olive et une presse à raisin produisaient l'huile d'olives et le vin pour l'année, entreposés dans des caves sombres. Les céréales cultivées dans les champs en terrasses des environs étaient ramassées et amenées dans l'aire circulaire où l'on battait le grain. Les citronniers, très sensibles au vent et au froid, avaient droit à une petite cabane protectrice tandis qu'un lopin cultivé, l'*alitanes*, produisait fruits et légumes selon le mois de l'année. Enfin, de grandes citernes recueillaient l'eau tombée en hiver, utilisée en partie au lavoir près du jardin potager.

Vous verrez l'ensemble de ces éléments dans la *themonia*. La partie la plus récente de la ferme date du XIXe siècle : à l'ouverture du musée en 1988, les habitants d'Ano Meria ont fait don d'objets, meubles, tableaux, vêtements et ustensiles pour illustrer la vie rurale qui subsista très longtemps dans la région.

LEMON TREE HOUSES €€€

✆ +30 22860 41646

www.lemontreehouses.com

5 mini-villas de 40 à 45 m2 pour 2 à 4 pers., entre 100 et 225 € selon la période. Petit déjeuner inclus.

La route de crête fait un léger coude au niveau de l'élégant Lemon Tree House, un ensemble agréable. Confort et bien-être caractérisent l'établissement qui bénéficie d'un avantage certain : une belle piscine avec une vue dégagée sur la mer Egée à 180 degrés. Vous y apprécierez le calme, les cocktails du pool bar, ou encore le petit déjeuner maison concocté par les propriétaires des lieux. Tout le monde est bienvenu au café-bar pour prendre un café au bord de la piscine en journée ou pour admirer le coucher du soleil autour d'un verre en fin de journée.

MARAGOUDIKO €

✆ +30 22860 41493

Ouvert tous les jours pour le déjeuner et le dîner.

Ouvert il y a quelques années par une équipe dynamique, le Maragoudiko s'est imposé comme un lieu de rendez-vous incontournable pour les jeunes et les familles d'Ano Meria. Goûtez leur spécialité maison : leurs *souvlaki* qui sont vraiment délicieux. Le matin, vous pourrez prendre un bon petit déjeuner et pour le reste de la journée, quelques *mezzes* sont également proposés. Mais le souvlaki reste le maître incontesté des lieux. Ambiance sympathique et décontractée. On pourra aussi venir boire le café et rester pour un verre en soirée.

ILIOVASILEMA €

✆ +30 2286 041032

Ouvert tous les jours, selon la fréquentation. Comptez 15 € par personne.

Au dernier arrêt du bus, alors que les dernières habitations d'Ano Meria se font de plus en plus rares, le café-restaurant Iliovasilema attend langoureusement. Attend-il le client ? Les propriétaires n'ont pas l'air trop inquiets. Non, le restaurant attend que le soleil se couche. Alors, la taverne prend des dimensions presque mythologiques, on oublie la cuisine traditionnelle sans charme particulier et on s'enivre des couleurs qui s'embrasent avant de disparaître. En journée, on aime venir y prendre le café, en écoutant le temps qui passe.

MIMI'S €

✆ +30 22860 41377

A partir de 10 € par personne. Ouvert tous les jours midi et soir.

On vient dans cette taverne familiale pour sa *matsata* évidemment, mais pas uniquement. Tous les locaux s'y retrouvent, ce qui est toujours bon signe. Si on y retrouve tous les classiques de la cuisine traditionnelle locale, c'est également ici que vous pourrez craquer pour un plat de poulpe grillé. Les regarder sécher au soleil est une scène presque exotique tellement on s'habitue au côté agraire d'Ano Meria, région tournée vers la terre. Vous trouverez aussi ici d'excellents feuilletés, à déguster sur sa merveilleuse terrasse protégée du vent.

IRINI €

✆ +30 22860 41436

Ouvert tous les jours le matin, midi et en fin de journée. A partir de 10 € par personne.

On se croirait revenu dans les années 1950 ! Cette taverne fait aussi office d'épicerie et de café, à l'ancienne. Vous pourrez donc vous ravitailler en conserves, féculents et légumes secs pour cuisiner à la maison ou dans votre studio avec kitchenette en location ou vous attabler autour des nappes à carreaux qui recouvrent les quelques tables au frais, à l'intérieur. Dehors, vous trouverez quelques chaises pour prendre le café et regarder les (très) rares passants passer... Goûtez aux *matsata* d'Irini, le plat de pâtes fraîches traditionnelles.

WINDMILLS RESTAURANT €€

✆ +30 22860 41655

Ouvert tous les jours pour le déjeuner et le dîner. Comptez 25 € par personne.

Les propriétaires d'Alitanes Villas ont ouvert l'un des meilleurs restaurants de l'île quand Anna, la femme d'Andreas, a décidé de quitter la finance pour se lancer dans la gastronomie. Des produits frais et de qualité qu'elle se procure chez les meilleurs fournisseurs locaux : veau de Naxos, fava de Santorin et Schinoussa, fromage et coq de Folegandros. Essayez son *ceviche* de bar au citron vert et aux fruits. Si des plats plus traditionnels sont aussi au menu, optez plutôt pour les propositions uniques d'Anna que vous ne trouverez pas ailleurs sur l'île.

Pano Meria - Ano Meria.

CYCLADES CENTRALES

De Saint-Jean à Antiparos, la cathédrale de Syros, les Cyclades centrales sont l'écrin des sites incontournables des Cyclades. Leur popularité leur vaut d'être extrêmement bien desservies et idéales pour des vacances à la carte. Pourquoi se priver des plages de sable fin de Paros et Naxos, de l'architecture néoclassique de la capitale des Cyclades ou d'une virée festive à Ios, en plein mois d'août ? Ce ne sont pas les îles les plus économiques (en haute saison du moins), mais elles comptent parmi les plus prisées, avec les meilleures infrastructures. Visiter la porte du temple d'Apollon et le Kastro en arrivant à Naxos ? Se baigner à Paros ? S'aventurer dans la célèbre grotte aux stalactites sur la colline de Saint-Jean, à Antiparos ? Ou commencer par Syros qui affiche ses bâtisses néoclassiques ainsi que sa ville médiévale, Ano Syros, que le temps n'a pas altérée ?

TINOS ★★★
SYROS ★★
ANO SYROS ★★
KINI ★★
ERMOUPOLI ★★★
GALISSAS
FINIKAS
POSEIDONIA
VARI
MEGA GIALOS
MARATH
PAROIKIA
★★★
LEFK
★★
ANTIPAROS – KASTRO
PUNTA
PAR
★★
ANTIPAROS
★★★
DR
ALYKI
SIFNOS ★★★
APOLLONIA ★★★
AGIOS GEORGIOS
KIMOLOS ★★
POLYAIGOS
MILO ★★
SIKINOS ★
ALOPRONOIA
SIKINOS CHORA ★
FOLÉGANDROS
★★★
FOLEGANDROS
★★★

Cyclades centrales
MYKONOS
MYKONOS
DELOS
APOLLONAS
Drymalia
Ege Denizi
NAXOS
ENGARES
NAXOS
KORONOS
MELANES
AGHIOS PROKOPIOS
ANO POTAMIA
MOUTSOUNA
APEIRANTHOS
PLAKA
SANGRI
HALKI
FILOTI
MIKRI VIGLA
KASTRAKI
Aigaion Pelagos
PANORMOS
KALANDOS
KEROS
IRAKLIA
AMORGOS
AMORGOS
IOS
IOS
MYLOPOTAS
MANGANARI
12 KM

191 ## ● ● SYROS - ΣΥΡΟΣ

Avec ses 86 km² et ses 21 000 habitants, l'île est restée longtemps sous domination vénitienne (1207-1537) puis sous protection française durant la période ottomane, ce qui explique qu'une majorité de la population soit catholique aujourd'hui, et non orthodoxe comme 98 % du reste du pays. Capitale des Cyclades, Syros montre d'emblée une image raffinée et aristocratique de ce qui a été un important centre urbain européen aux XVIIIe et XIXe siècles. Ici le paysage ne ressemble pas à celui des îles voisines. Pas de terrains secs dominés par les maisons cubiques blanchies à la chaux, mais des jardins plantés de platanes et d'arbres fruitiers, de superbes maisons néoclassiques, de grandes places aérées. Peut-être parce qu'elle ne correspond pas au cliché de l'île cycladique, Syros n'attire pas un très grand nombre de touristes. Mais si vous prenez le temps de la découvrir, elle vous séduira par son originalité et son authenticité. Une partie de l'île est quasiment étrangère au tourisme et possède parmi les plus jolies plages des Cyclades. C'est également une île très vivante aux multiples festivals. Elle est aussi réputée pour sa gastronomie : on y fabrique d'illustres fromages, le san mihali, le souroto et le kopanisti, ainsi que du miel de thym.

ERMOUPOLIS ★★★

191 Ermoupolis est à la fois la capitale de Syros et de l'ensemble des Cyclades, rien que cela ! C'est l'une des plus charmantes villes grecques aussi : vous aimerez déambuler au milieu de ses bâtisses néoclassiques, ses anciennes maisons de maître, son petit théâtre inspiré de celui de Milan…

197 ### VARI

198 ### MEGAS GIALOS ★

198 ### ANO SYROS ★★

POSEIDONIA

200 Située à 12 km au sud-ouest d'Ermoupolis, Poseidonia est ornée de riches jardins, de pins et de belles maisons néoclassiques qui témoignent de la noblesse passée et de la Belle Epoque de Syros au XIXe siècle. Pour plus de calme, à côté, il y a Komito, avec de très belles maisons néoclassiques.

GALISSAS

200 C'est une petite baie où les eaux sont sûres, donc idéales pour les familles avec de jeunes enfants. Située à 5 km d'Ermoupolis, la capitale de l'île, Galissas reste la station balnéaire la plus populaire - et pratique - de l'île de Syros.

201 ### KINI ★★

PAGES

203 ## ● ● PAROS - ΠΑΡΟΣ

Avec ses 194 km² et ses 15 000 habitants, voilà une île couverte d'églises de l'époque post-byzantine dont la plus importante, celle de la Panagia Ekatondapyliani (la Vierge aux cent portes), est à Parikiá. Le visiteur n'aura pas à le regretter. Vous pouvez vous promener sur les sentiers des villages traditionnels, admirer l'architecture cycladique, découvrir des plages fréquentées ou désertes ou encore pratiquer des sports nautiques, et tout particulièrement la planche à voile (Paros accueille régulièrement des championnats) et même monter des pur-sang sur les plages de sable. Cette île, très plate, est renommée pour son marbre blanc : ses carrières antiques dans la région de Marathi sont connues. Le marbre de Paros avait une transparence particulière et ce n'est pas par hasard s'il a servi à la fabrication des plus célèbres sculptures de l'Antiquité. Paros possède aussi de magnifiques plages de sable et plusieurs villages typiquement cycladiques. Mais elle commence à subir les conséquences d'un développement touristique qui monte en flèche. Accessible par avion et reliée à un grand nombre d'autres îles, Paros est la destination préférée de nombreux voyageurs séduits par ses criques de poudre d'or et sa vie animée.

PARIKIÁ ★★★

203 Il faut se promener au hasard et se perdre dans le dédale de ruelles de la vieille ville pour découvrir la belle Parikia, notamment tôt le matin ou pendant l'heure de la sieste quand les touristes n'ont pas encore envahi les lieux et que les locaux se réveillent ou s'endorment.

211 ### PUNTA

NAOUSA ★★★

212 Promenez-vous le long du port, dans ses trois parties escarpées, vous serez charmé par le cadre romantique. Dans la baie de Naoussa, les criques successives de Kolimbithres, qui signifie « les piscines » en français, sont les plages les plus célèbres de Paros et donc forcément parmi les plus fréquentées.

216 ### AMBELAS

LEFKES ★★★

216 A équidistance de Parikiá et Naoussa, bien caché au cœur des terres pariennes, le charmant petit village de Lefkes est l'ancienne capitale de Paros. Baladez-vous dans ses petites rues en pente, dominées par l'incontournable église Aghia Triada.

218 ### MARPISSA ★★

218 ### PISSO LIVADI ★★

219 ### DRIOS ★★

220 ### ALYKI

221 ### GOLDEN BEACH ★★★

PAGES

222

● ● ANTIPAROS - ΑΝΤΙΠΑΡΟΣ

Avec ses 55 km² et ses 820 habitants… Tranquillité garantie… A tel point que les habitants de l'île se sont habitués à rencontrer des célébrités, Tom Hanks, Harrison Ford, Brad Pitt… Plus calme que sa voisine, l'île a tout pour plaire aux vacanciers en quête de calme et de discrétion. A l'origine, l'îlot était relié à Paros, mais il s'en est détaché suite à un séisme. Antiparos abrite un joli village blanc égayé par des bougainvilliers et de magnifiques plages de sable doré. Les touristes qui viennent de Paros ne manquent pas de visiter la fameuse grotte aux stalactites sur la colline de Saint-Jean. Elle est nommée « Saint-Autel » parce que la veille de la Noël 1673, le curé qui accompagnait à Constantinople l'ambassadeur français, l'excentrique marquis de Nointel, y a célébré la messe.

ANTIPAROS - KASTRO ★★★

222

Le village d'Antiparos marque le point le plus étroit de l'île : il s'étire entre le port d'Agia Marina sur la côte est et la plage de Sifneikos Gialos à l'ouest, sur à peine un kilomètre. Entre ces deux côtes, on se promène dans un enchevêtrement de ruelles blanches, parfois ombragées de grands bougainvillées en fleurs.

AGIOS GEORGIOS

226

A l'extrémité sud, le village de Agios Georgios se prélasse tranquillement face à l'îlot de Despotiko, à ne pas manquer tant qu'il est encore accessible librement. Outre les ruines antiques et l'histoire patrimoniale de l'îlot, Despotiko est réputé pour ses plages émeraude, d'une clarté inégalée.

228

● ● NAXOS - ΝΑΞΟΣ

C'est tout simplement l'île la plus complète des Cyclades. Déjà, c'est la plus grande et la plus haute de l'archipel. C'est aussi celle qui offre certaines des plus belles plages d'Europe (immenses étendues de sable blanc ou petites baies désertes) et certains des meilleurs sports de planche à voile et de kitesurf de Grèce. Elle est au cœur de toutes les légendes de la mythologie grecque avec des personnages comme Thésée, Ariane et de nombreux dieux à commencer par Zeus, Poséidon, Apollon et Dionysos. Son patrimoine culturel est unique, marqué par l'Antiquité (kouros d'Apollonas, temple de Déméter, pétroglyphes de la colline Koryfi t'Aroniou…), l'héritage byzantin (des dizaines d'églises construites entre le VIe et le XIIIe siècle, dont une très rare église « iconoclaste » près d'Apiranthos) et la très longue période « vénitienne » avec ses fameuses tours féodales, le kastro de Naxos-ville, sa cathédrale catholique et une importante influence française qui a perduré jusqu'aux années 1970. Ses nombreuses sources et sa riche agriculture en font aussi l'une des rares îles grecques autosuffisantes en eau et en alimentation. Ce terroir et ses diverses influences culinaires lui valent de proposer des produits uniques (pomme de terre, liqueur de cédrat, fromages, viandes) et quelques-unes des meilleures tavernes de Grèce, avec I Axiotissa, à Kastraki, comme fer de lance gastronomique. Enfin, Naxos est une île qui vit vraiment, sans trop dépendre du tourisme de masse (à part sur la côte ouest), avec ses coutumes, ses artistes, ses personnalités qui ont marqué l'histoire et la littérature du pays, ses grands villages à l'identité très marquée, comme Halki, où l'on trouvera (enfin !) de bonnes idées cadeaux à rapporter de ses vacances dans les Cyclades.

NAXOS CHORA ★★★

228

Naxos est connue pour ses couchers de soleil photographiés au ras des flots à travers la portara du temple d'Apollon, à côté de la petite église Panaghia Myrtidiotissa. La capitale se découvre aussi à travers le kastro de Naxos-ville. Mais l'île propose bien plus que des clichés…

PAGES

235 **AGHIOS PROKOPIOS**

Située à 5 kilomètres au sud de Chora, la plage de sable blanc d'Aghios Prokopios (Saint-Procope) constitue le principal centre touristique de l'île. Longue de 1,5 kilomètre, elle est réputée comme l'une des plus belles d'Europe avec sa bande de sable blanc aux eaux cristallines. La plage, en prime, est très bien abritée des vents.

237 **AGHIA ANNA ★★**

238 **PLAKA - KASTRAKI**

239 **MIKRI VIGLA ★**

240 **KASTRAKI**

241 **MOUTSOUNA**

241 **KALANDOS ★★**

242 **PANORMOS ★★**

La baie de Panormos ou Panermos est située sur la côte est, au sud-est de l'île, à 45 kilomètres de Chora en passant par Filoti et Moutsouna. Elle dispose d'une belle plage de sable blanc. Le site compte quelques maisons occupées seulement pendant l'été.

242 **ENGARES ★**

« Quelle abondance, que d'arbres chargés de fruits, quelle béatitude ! ». Nikos Kazantzakis décrit ainsi Engares dans sa *Lettre au Greco*. Le célèbre écrivain grec y a vécu entre 1897 et 1899. Et son évocation reste d'actualité…

242 **APOLLONAS ★**

244 **KORONOS**

244 **MELANES**

245 **ANO POTAMIA ★★★**

Situé entre Chora (10 km à l'est), Melanes (4 km au nord) et Halki (5 km à l'ouest), c'est l'un des plus beaux villages de l'île avec ses abondantes sources d'eau coulant été comme hiver au milieu des vergers, dominé par les ruines de l'ancienne forteresse vénitienne d'Apano Kastro (XIIIe siècle).

245 **HALKI ★★★**

248 **APEIRANTHOS ★★★**

« Village des musées », « village de marbre », « village crétois » : Apeiranthos ne manque ni de surnoms ni de charme. Accroché au pied du mont Fanari (883 mètres), c'est l'un des plus beaux villages de l'île, situé à 27 km à l'est de Hora, 21 km au sud d'Apollonas et 7 km au nord de Filoti. Son nom signifierait « sans pirates ».

251 **FILOTI**

PAGES

253

●● IOS - ΙΟΣ

Avec ses 108 km² et ses 1 700 habitants, l'enfant terrible des îles grecques, Ios, accueille avant tout des visiteurs en quête de fête ininterrompue dans le summum du *sea, sex and sun*. L'île possède d'autres charmes : des plages superbes, un joli village et la beauté singulière de son paysage rocheux. Longtemps considérée comme l'île des bars et des boîtes de nuit, Ios peut aussi s'avérer très agréable si vous cherchez le calme des plages et des criques isolées. Arrêt obligatoire des habitués de la route de Katmandou dans les années 1960, cette île aux plages exceptionnelles attire chaque année des foules de jeunes, en majorité anglo-saxons, qui viennent jouir d'une liberté absolue, à des prix moins élevés que ceux pratiqués à Mykonos. En effet, si Ios ne compte que 1 700 habitants, elle a plus de 55 bars, et tous les paradis artificiels y sont accessibles ! La plupart des visiteurs logent dans la pittoresque Chora et sur la fameuse plage de Mylopotas, probablement l'une des plus belles de toutes les Cyclades. Ios, ou Nios pour les connaisseurs, serait la patrie d'Homère. Selon la tradition, le poète est mort ici, mais sa tombe n'a pas encore été trouvée par les archéologues.

253

IOS – PORT

Si vous ne venez pas ici pour la fête et davantage pour la nature, il y a une plage de sable fin juste à côté du port mais souvent bondée. Nous vous conseillons la plage de Valmas, une petite crique très tranquille où l'eau est très pure.

255 **IOS CHORA - ΧΩΡΑ ★★**

257 **MYLOPOTAS ★★**

259

MANGANARI ★★

Direction la côte sud d'Ios, à 23 kilomètres du port. La route qui commence à la fin de la plage de Mylopotas vous emmènera au paradis. Ses plages ont des eaux cristallines émeraude qui ont nourri certaines scènes du *Grand Bleu* de Luc Besson.

260

●● SIKINOS - ΣΙΚΙΝΟΣ

Avec ses 41 km² et ses 240 habitants, Sikinos reste un des choix favoris de ceux qui veulent complètement déconnecter et profiter d'un lieu épargné par le tourisme de masse. Et même si celui-ci commence lentement à se développer, en hiver la plupart des habitants retournent à la capitale et l'île vit à nouveau au ralenti, préservant son authenticité si singulière au fil des ans. Bien qu'elle n'ait que peu de plages et que ses reliefs escarpés et arides, taillés en terrasse, s'avèrent peu propices aux promenades, elle revêt un charme incomparable, sauvage et tranquille. La particularité de ses paysages et son si petit nombre de complexes touristiques en font une sorte d'alien parmi les Cyclades, une destination que l'on assume comme une recherche de différence. Il faut absolument prendre le temps de l'apprivoiser, en rencontrant ses villageois au café du port pour un verre (ou deux) d'ouzo ou en prenant le temps de flâner dans les ruelles tantôt animées tantôt désertes de Chora. Plutôt montagneuse, le sommet de l'île culmine à 553 mètres, promettant de belles promenades. Ce rocher aux attraits singuliers ne saura pas vous éblouir par ses plages ou sa vie nocturne comme ses proches voisines, mais vous pourrez certainement vous vanter d'en avoir connu l'authenticité et le repos.

260 **ALOPRONOIA**

261

SIKINOS CHORA ★

La seconde localité de l'île, Chora, est véritablement scindée en deux villages : l'ancien (Chorio, signifiant « village ») et le nouveau (Kastro, signifiant « château »). Elle offre une petite balade à travers ses ruelles abandonnées, mais peu de charme…

ERMOUPOLIS ★★★

Bienvenue à Syros ! Construit en amphithéâtre sur deux collines, ce port, dominé par la coupole bleue de l'église Anastasis, fait penser à une cité européenne du XIXe siècle avec ses belles maisons et sa grande place Miaouli, pavée et encadrée de palmiers. Ermoupolis est à la fois la capitale de Syros et de l'ensemble des Cyclades. Syros affiche fièrement ses bâtisses néoclassiques, ses anciennes maisons de maître, ainsi que sa ville médiévale d'Ano Syros que le temps n'a pas altérée. Elle a été largement influencée par l'arrivée massive de réfugiés, notamment de Chios, suite aux massacres réalisés par les Ottomans dans les années 1820. Elle est aussi très marquée par les révolutionnaires grecs. Le nom d'Ermoupolis provient du dieu du commerce, Hermès. La prospérité économique a suscité un développement social et culturel important qui a entraîné l'apparition d'une bourgeoisie grecque. Ce passé glorieux est encore visible à travers sa magnifique architecture : anciennes villas, rues en marbre, églises imposantes, statues et superbes constructions néoclassiques bien préservées, d'où son surnom de « petit Milan » ou encore celui de « duchesse de l'Égée ».

Quartiers

Ici, les rues et les places ont un nom. Mais à part certaines artères et places emblématiques, les dénominations sont relativement peu utilisées. **Le centre d'Ermoupoli** est organisé autour de la place centrale de Miaouli et du port. La belle rue pavée et relativement large de Venizelou lie ces deux points centraux entre lesquels se concentre l'animation de la ville. **Au-delà, vers le nord,** la ville monte à l'assaut de la colline en un dédale de ruelles jusqu'à l'église Anastasis en surplomb. Plus loin au nord, la ville médiévale d'Ano Syros est accessible par d'innombrables marches. **A l'ouest**, au-delà du port, la petite baie de Vaporia est d'une douceur et d'un charme touchants.

Transports

- **En avion,** l'île compte un aéroport situé à proximité d'Ermoupolis avec des liaisons avec Athènes (30 minutes). Il n'est pas relié en bus, mais uniquement en taxi.
- **En bateau,** depuis Le Pirée, on compte au moins un ferry par jour pour Syros et des hydroglisseurs.

ÉGLISE D'ANASTASIS (RÉSURRECTION) ★

© PIT STOCK - SHUTTERSTOCK.COM

L'église fut construite en 1874 par l'architecte local Dimitris Eleftheriadis mais ne commença à être utilisée régulièrement qu'à partir de 1908. Sur la colline qui domine Ermopoulis, l'église de la Résurrection offre la meilleure vue sur la ville et la mer. Son dôme bleu est visible depuis le port. C'est une église à trois nefs au style byzantin intégrant des éléments néoclassiques, un dôme, des clochers impressionnants et des icônes très particulières.

ÉGLISE DE SAINT-NICOLAS-LE-RICHE ★

Place Agios-Nikolaos

Construite au XIXe siècle avec le soutien du roi Othon Ier et l'aide financière des armateurs de l'île pour célébrer saint Nicolas, le saint patron de Syros. Sa magnifique façade en marbre, ses flèches imposantes et son dôme bleu ciel en ont fait l'une des attractions principales de l'île. Les intérieurs chargés ne font pas d'ombre à une magnifique iconostase. Parmi ses fastes : l'icône de saint Nicolas plaquée en argent à Moscou et le trône de marbre souverain.

CYCLADES CENTRALES

HOTEL DE VILLE ★★

Place Miaouli.

Impossible de manquer cet édifice très original avec une façade à trois étages donnant sur la place Miaouli. L'hôtel de ville de la capitale a été construit en 1876 sous le contrôle d'Ernst Ziller pour un coût estimé à 300 000 drachmes environ, soit un montant colossal pour l'époque ! Mais quel travail ! Notez la beauté de certains détails, comme ces deux ailes avec cinq poignées de fenêtre verticales à gauche et à droite. Globalement, le bâtiment doit son inspiration à trois courants architecturaux différents. Le style toscan est présent au 1er étage, illustré par l'imposant escalier de 15 mètres de large, le style grec classique s'installe au 2e étage et enfin le style corinthien est présent, presque par définition, dans ses colonnes.

L'hôtel de ville présente aussi un fronton de marbre dédié à l'ancien maire Bafiadakis. Sinon les autres éléments remarquables de l'hôtel de ville restent l'échelle suspendue à l'entrée, le buste de Bafiadakis, la salle du conseil et les portraits des anciens maires. L'hôtel de ville abrite désormais les tribunaux, le cadastre, le musée archéologique et plusieurs organismes publics.

Situé sur la place centrale d'Ermoupolis, vous verrez aussi le buste d'Andreas Miaoulis, l'amiral héroïque de la guerre d'indépendance, et le bâtiment imposant de la mairie. Pendant les week-ends, vous pourrez assister à des concerts et à d'autres événements culturels. Plantée de hauts palmiers, la place est bordée de nombreux cafés où il est agréable de lézarder, en regardant les gens passer.

MUSÉE ARCHEOLOGIQUE

Emmanuel Benakis.

✆ +30 22810 88487

Entrée 2 €. Ouvert en saison lundi, mercredi et jeudi de 9h à 16h et vendredi, samedi et dimanche de 9h à 22h.

Ce petit musée intéressant, fondé en 1834, est l'un des plus vieux musées de Grèce. Depuis 1899, vous le trouverez dans l'hôtel de ville d'Ermoupolis, mais on y accède par une entrée indépendante. La collection du musée comprend des pièces telles que l'Amfikypellon, une coupe cylindrique de 15 cm de la fin du IIIe millénaire avant J.-C., un vase de la seconde moitié du IIIe millénaire avant J.-C., une statuette de femme en marbre de 35 cm de 730 avant J.-C., entre autres objets et sculptures du début des périodes cycladique et byzantine.

QUARTIER VAPORIA ★★★

Au nord-est du port, le quartier de Vaporia est certainement le plus charmant d'Ermoupolis. Au cours du XIXe siècle, il s'agit du cœur commercial de la ville : les négociations sont conclues ici et les marchandises partent à l'exportation depuis sa baie. Tous les plus riches négociants font construire de belles demeures aux façades colorées que l'on admire encore aujourd'hui. Vous y verrez de grandes villas de style néo-classique s'étaler aristocratiquement le long de la baie. L'entrée du quartier est gardée par l'église Saint-Nicolas, le saint patron de Syros.

Hôtel de Ville.

SYROS TOURIST LODGEMENTS ASSOCIATION €€

Agios Nikolaou 6
✆ +30 22810 80485
www.visitsyros.com

Il existe à Ermoupoli et Syros de nombreux établissements de qualité, pour tous les budgets. L'organisation des professionnels de l'hôtellerie de Syros a créé un site Internet accessible en anglais qui vous aidera grandement à choisir et réserver votre logement sur l'île. Un grand nombre d'hôtels y sont répertoriés et décrits, avec une mine d'informations utiles et vous pourrez réserver sur le site de l'association directement. Réellement très pratique et bien conçu.

SYROS RENT A CAR

6, rue Dodekanisou
✆ +30 2281083777
www.syrosrentacar.gr

Ouvert de 8h à 20h en saison. Véhicules à partir de 35 € par jour.

Depuis 25 ans, ce loueur propose des voitures et scooters en bon état et à des prix intéressants. Possibilité de vous remettre le véhicule à l'aéroport ou à votre hôtel si vous ne souhaitez pas le récupérer au port où l'agence est située.

Une voiture sera un plus ici car Syros est relativement grande et le réseau routier est de bonne qualité, surtout dans la moitié sud, la plus développée. Depuis Ermoupoli, sans automobile vous pourrez toutefois aussi rejoindre toutes les principales localités et plages d'intérêt en bus.

ARCHONTISSA €

Place Iroon
✆ +30 22810 84411
www.archontissa.gr

Chambre entre 40 € et 80 € selon la période et la catégorie. Ouvert toute l'année.

Petit hôtel familial de 16 chambres confortables et bien équipées (air conditionné, TV, frigo, certaines avec cuisine). Ascenseur. Depuis les terrasses spacieuses, vous avez la ville d'Ermoupolis à portée de main. Très pratique. Toutes les chambres ont été entièrement rénovées et comprennent une télévision à écran plat, la climatisation, une bouilloire, un réfrigérateur et une salle de bains. Il y a aussi des chambres avec kitchenette qui possèdent également un balcon. Certains donnent sur les deux collines de la Résurrection et sur Ano Syros.

ELECTRA €

17 rue Athinas
✆ +30 22810 79488
www.electrasyros.gr

Chambre double à partir de 70 € en été selon le mois et la vue, avec petit déjeuner.

Bel hôtel dans le quartier de Vaporia, à 300 m du cœur de la ville. Hôtel bien situé dans un quartier calme et charmant avec vue imprenable sur la ville et la mer depuis la terrasse et le *rooftop* où vous prendrez un petit-déjeuner délicieux, avec des desserts ou tartes maison. Très chaleureux, pratique et fonctionnel. Les petits balcons offrent une jolie vue sur le port. Deux vrais avantages : la disponibilité de Martha, la patronne, et l'emplacement à 15 minutes à pied du port, juste au bord de la jetée pour se baigner à Syros.

OMIROS €

43 rue Omirou
✆ +30 22810 84910
www.hotel-omiros.gr

Chambre double entre 50 et 80 € en été. Petit déjeuner : 5 €. Ouvert toute l'année.

Attention, l'hôtel est sur une petite colline. Mais à l'arrivée, une belle vue de votre chambre avec balcon à la fois sur les hauteurs d'Ermoupoli et la mer au loin. A 10 minutes du centre, cette petite montée sur les hauteurs vaut la peine : voilà une magnifique pension néoclassique aménagée avec beaucoup de goût dans un bel hôtel particulier du XIXe siècle. L'établissement a fière allure, avec ses hauts plafonds et escaliers en marbre. Certains lavoirs en marbre ont été gardés. L'hôtel propose 11 chambres et 2 suites dans le style traditionnel de l'île.

1901 HERMOUPOLIS MAISON €€

Paleon Patron Germanou 35 ✆ +30 2281084680
www.1901.gr

Chambre double à partir de 90 € en été. Petit déjeuner inclus.

Voici une belle demeure ancienne restaurée avec beaucoup de charme et de goût, proposant un bon et copieux petit déjeuner maison servi dans un joli jardin. Cette maison de maître qui date du milieu du XIXe siècle abrite 5 chambres ravissantes dont certaines donnent sur la mer et la ville. Literie confortable et grand balcon avec vue sur la ville et le port. Un joli jardin et une cour intérieure arborée complètent le décor. L'ensemble est fait avec goût dans une approche à la fois respectueuse de l'histoire des lieux et moderne.

APOLLONION PALACE €€

Apollonos
✆ +30 22810 89056
www.apollonionpalace.gr

A partir de 70 € en début de saison. Petit déjeuner compris.

L'hôtel se situe à 50 m de la Mairie, dans la prestigieuse rue d'Apollonis. C'est un bâtiment néo-classique du XIXe siècle rénové en 2009. Bien qu'il soit luxueux, l'endroit est tenu par la famille dans lequel on se sent comme chez soi. Vous pouvez faire le choix entre une chambre classique ou une suite, n'importe comment tout est décoré dans un style traditionnel cycladique. Ce palace vous offre un restaurant superbe sur le toit du bâtiment avec une vue romantique sur la mer. Accès direct sur la plage donc pas besoin d'aller chercher loin pour la baignade.

DIOGENIS €€

Place Papagou.
✆ +30 22810 86301
www.diogenishotel.gr

Chambre double à partir de 90 € en été, petit déjeuner compris. Ouvert toute l'année.

Complètement rénové en 2013, ce bâtiment historique a été tour à tour un entrepôt de charbon, le siège de la police italienne et une maison de… rendez-vous. Maintenant c'est un « boutique-hôtel » néoclassique plein de charme, à deux pas du débarcadère. L'emplacement est idéal pour prendre le ferry, flâner dans la ville ou grimper à Ano Syros. La gare routière est à 2 minutes et le port de ferrys aussi tout près. Il reste calme grâce à une excellente insonorisation extérieure malgré la proximité immédiate du port de ferrys et une route passante.

MONTE KRISTO €€

Mitilinis et Thessalon, 13
✆ +30 2281 085383

Chambre double à partir de 80 € en été. Petit déjeuner inclus.

Cette maison traditionnelle de 1854, aux plafonds et aux fresques impressionnants, a été joliment restaurée. Une belle adresse dans le centre historique, à 200 m du port. Voici un lieu qui a le sens du détail. Chaque chambre affiche une déco différente. Les chambres sont confortables, avec de grands lits doubles et de belles salles de bains spacieuses. Beaux détails sur les petits meubles et objets et fraîcheur bienvenue dans les parties communes et dans la chambre. Service impeccable, serviettes changées et chambres nettoyées tous les jours.

SUNRISE BEACH SUITES €€

Kalamisia
✆ +30 22810 80145
www.sunrisebeachsuites.gr

18 suites de 35 à 85 m² pour 2 à 7 pers. entre 120 et 250 € selon la période.

Situé à 4 km au nord d'Ermopoulis, construit dans le style cycladique et en harmonie avec les montagnes de Syros, ce complexe propose dans un cadre élégant et chaleureux, 3 différentes catégories de suite avec balcon, spacieuses et bien équipées, ainsi qu'une superbe piscine avec bar et transats. Entre la vue imprenable sur la mer Egée et la tranquillité du lieu, il n'y a plus qu'à se reposer ! La propriétaire, Antonia, fera en sorte avec professionnalisme et discrétion que vous ne manquiez de rien. Parking privé devant chaque suite.

XENON APOLLONOS €€€

8 Apollonos
✆ +30 22810 81387
www.xenonapollonos.gr

Chambre double à partir de 160 €. Petit déjeuner inclus.

Le bâtiment historique, autrefois habité par Eleftherios Venizelos, est suspendu au-dessus de la mer et propose trois chambres. Vous vous sentirez plus comme à la maison qu'à l'hôtel dans ce magnifique établissement avec ses chambres de charme. Vous aurez accès au salon, agréable et spacieux et à la ravissante cour intérieure. Les propriétaires sont architectes d'intérieur : on comprend mieux pourquoi tout est choisi avec le meilleur goût et un souci combiné de confort et d'esthétique. Si disponible, préférez l'une des deux chambres avec vue.

FILOMILA €

Emmanouil Roidi
✆ +30 22810 62 088
www.mezedopoleio-filomila.gr

Ouvert de midi jusqu'au dernier client. Comptez 15 € par personne.

Délicieuse cuisine grecque faite maison servie dans un restaurant surplombant la mer. Cette jolie taverne sur la ruelle piétonne d'Emmanouil Roidi propose de délicieux *mezzes* à déguster sous une multitude d'ombrelles colorées. Ici, on cherche la couleur, la joie de vivre et la convivialité. Les plats proposés changent selon le marché du jour et est teinté d'influences orientales en provenance de Syrie ou du Liban. Tout est savoureux, une bonne adresse. Le service est parfait et le personnel vous met à l'aise. Et surtout excellent rapport qualité-prix.

TARSANAS TAVERNA €

Iroon Polytechniou 13
+30 22810 77667
http ://tarsanastaverna.com
Ouvert tous les soirs de 18h à 2h du matin. Musique live samedi et dimanche soir. Comptez 15 € par personne.

Même si cette taverne est un peu à l'extérieur du centre, elle mérite largement le détour pour son cadre charmant et la qualité de la cuisine proposée sur place. Située sur le quai du petit chantier naval de Tarsanas, dédié aux barques de bois et un des derniers du genre dans les îles grecques, la taverne est réputée dans toute la ville. Conseil de locaux : on y vient pour ses délicieux mezzes de viande ou de poisson et l'ambiance si agréable, notamment le week-end quand jouent de tendres *rebetiko*. Mieux vaut réserver ces soirs-là.

AVANT GARDEN €€

En face du théâtre Apollon
+30 22810 79416
www.avantgarden.gr
Ouvert tous les jours pour le dîner à partir de 18h. Comptez 35 € par personne.

Ce restaurant, dernier arrivé des beaux établissements d'Ermoupoli, est logé dans un adorable jardin intérieur, en face du théâtre Apollon. A l'Avant Garden – l'avant-garde –, la carte est recherchée, élaborée avec talent par Konstantinos Bourantas qui est passé par différents restaurants étoilés de Londres ou de Belgique avant de venir s'installer ici avec sa femme. Leur carte des vins liste de très bonnes bouteilles grecques pour découvrir les vins nationaux. Au menu, des créations fraîches et réussies et des portions assez copieuses pour un restaurant gastro.

SYROS, ÎLE CAPITALE

Elle n'est pas la plus touristique et cache bien son jeu. Capitale des Cyclades, Syros affiche fièrement ses bâtisses néoclassiques, ses anciennes maisons de maître, ainsi que sa ville médiévale d'Ano Syros que le temps n'a pas altérée. Syros montre d'emblée une image raffinée et aristocratique de ce qui fut un important centre urbain européen aux XVIIIe et XIXe siècles. Syros a joué un rôle important dans la civilisation cycladique. Elle est colonisée par les Phéniciens et, vers l'an 1000 av. J.-C., par les Ioniens qui fondent deux cités, dont l'une à l'emplacement de l'actuelle capitale. Au VIe siècle av. J.-C., le philosophe Phérécyde, maître de Pythagore, a vécu ici dans une grotte. Au XIIIe siècle, l'île est conquise par les Vénitiens et ses habitants se convertissent au catholicisme. A cette époque, la ville d'Ano Syros est construite sur la colline, afin de constituer un refuge contre les invasions des pirates.

Terre catholique ayant demandé la tutelle de la France, l'île peut accueillir nombre de réfugiés persécutés par les Turcs pendant la révolution de 1821. Pendant les 50 ans qui suivent, Syros est le principal port de la Grèce et connaît un rayonnement économique et culturel. Son déclin commence avec le développement du Pirée et le règne du bateau à vapeur. Après la défaite, en 1922, de l'armée grecque en Asie Mineure, de nouveaux réfugiés viennent s'installer sur l'île. Ils apportent avec eux la tradition des *rebetika*, chansons de marginaux qui louent la liberté de mœurs et la drogue.

KOUZINA €€

5, rue Androu
+30 22810 89150
A partir de 20 € par personne. Ouvert de 10h à 1h.

Dans une petite rue d'Ermoupolis, voici un chef, adepte du « slow-food », qui porte une attention particulière à l'origine des produits. Accueil charmant pour une carte grecque un peu revisitée. La démarche est rafraîchissante : ce partisan du bio propose une cuisine méditerranéenne faite maison. Carte des vins impressionnante, avec près d'une centaine de références grecques et internationales.Bref, de belles associations de saveurs dans l'assiette. L'addition s'en ressent un peu, mais le service est agréable et les saveurs sont au rendez-vous.

MAZI €€

Leotsakou 2
+30 698 991 1799
Ouvert tous les soirs à partir de 18h. Comptez 30 € par personne.

Un restaurant qui sort du lot tant pour le décor que pour la cuisine proposée. Mazi est un des chouchous de la gastronomie à Ermoupoli : décor somptueux dans la verdure d'un jardin secret, expositions régulières dans les belles salles intérieures, menu raffiné préparé sur la base de produits locaux de qualité, cocktails délicieux et bien équilibrés... La liste est longue et Mazi fait fureur. Il faut absolument réserver en soirée. Tout est parfait : mezzes, boulettes de viande savoureuses et les poissons cuits à merveille. Et très bons vins.

Ermoupolis.

STA VAPORIA €€

2 Athanassiou Krinou
✆ +30 2281 076486
Ouvert tous les jours de 11h à 1h. Comptez 25 € par personne.

En surplomb de la plage de Vaporia, cet établissement jouit vraiment d'un emplacement idéal, avec vue sur la baie et la mer. L'intérieur est agréable et très chaleureux, mais préférez la jolie terrasse pour profiter de la brise et de la vue. A la carte, des plats généreux et plus travaillés que la moyenne, avec notamment de très bons plats de viande, comme du porc à l'orange amère ou du veau au citron. Vous pourrez également venir pour boire un cocktail en soirée : le restaurant fait aussi office de bar. Pour dîner, pensez à réserver.

KORRES

Au coin de la place Miaouli et de la rue Chios
✆ +30 22810 86239
www.korres-syros.gr
Fermé le dimanche. Ouvert du lundi au vendredi de 8h à 20h et le samedi de 9h à 16h.

La tradition des loukoums a été apportée par les réfugiés de l'île de Chios en 1822 et a été intégrée dans les traditions locales. Aujourd'hui, Syros est réputée pour ses loukoums dans tout le pays et l'artisan Korres est sûrement le plus connu des producteurs de l'île. Vous y trouverez des loukoums, évidemment, aux parfums variés dont le classique à la rose, mais également une variante délicieuse à la bergamote et d'autres encore. Nous vous recommandons aussi les *halvatopittes*, sorte de nougat qui feront d'excellents cadeaux à rapporter.

ASTERIA BEACH BAR

Asteria Beach
✆ +30 2281 076476
Ouvert tous les jours de 9h au dernier client.

Si le centre-ville d'Ermoupoli est très animé, autour des terrasses animées de la place Miaouli, Vaporia, sur la plage d'Asteria, est un bar de plage et un lieu unique à Syros. On y passe la journée pour profiter des transats et parasols sur le ponton et on y reste en soirée pour boire des verres entre amis. Ambiance à la fois branchée et décontractée. Il faudra parfois lutter pour avoir une place à l'ombre... Les cocktails sont réussis, ainsi que la limonade maison, la musique est agréable mais constante et l'emplacement les pieds dans l'eau est idéal.

STELLAS CAFÉ

Place Miaouli
✆ +30 2281 088301
Ouvert tous les jours de 8h à midi.

Ermoupoli est très animée, notamment en soirée quand tout le monde se retrouve autour de la place Miaouli pour prendre le café, l'apéritif ou finir tard dans la soirée. La place est bordée de terrasses de cafés qui offrent tous une pause agréable comme ici. Ce café existe depuis 1954 et sa réputation auprès des locaux ne se dément pas depuis. Situé dans le bâtiment de la mairie, au niveau du grand escalier, le Stellas diffuse un charme typique de la vieille Europe. On vient prendre le café et se régaler de *loukoumades*, ces beignets imbibés de miel.

THÉÂTRE APOLLON

Place Vardaka
✆ +30 22810 85192
http ://apollontheater.gr

Le théâtre Apollon, également surnommé la « Piccola Scala », est le joyau de la vie culturelle de Syros et plus largement des Cyclades. Ouvert en 1864 sur les plans d'un architecte italien inspiré par l'opéra de Milan, l'Apollon offre une programmation de qualité, entre opéra, concerts et théâtre dramatique. Le théâtre a été fermé pour rénovation pendant de nombreuses années. Depuis sa réouverture en 2000, c'est un pilier de la vie culturelle dans les îles. N'hésitez pas à prendre une place pour voir un spectacle dans la salle tendue de velours rouge.

VARI

Comme le révèlent ses vestiges, Vari est le plus ancien village de l'île. À 9 km au sud d'Ermoupolis, accessible en bus depuis le port, ce village côtier dispose d'une belle plage abritée du vent. Vous y trouvez quelques hôtels et restaurants. En excursion à la journée depuis Ermoupolis, à l'aller visitez Manna et la plage d'Azolimnos, et au retour empruntez l'autre route pour passer par Iroussa, charmant village noyé dans la verdure. De Vari, vous pouvez vous rendre sur les plages isolées de Fabrika et Santorinioi. Les visiteurs peuvent profiter des plages ensoleillées Fabrica, Achladi et Santorinioi, visiter la maison-tour Goulandris et la chapelle Notre-Dame avec des vues panoramiques de rêve.

GIOSIFAKI €

✆ +30 2281061406
www.giosifaki.gr
Chambre double à partir de 50 € en été.

Situé à seulement 40 mètres de la plage de sable de Vari, le Giosifaki propose des hébergements climatisés dotés d'un balcon meublé. Un joli établissement de 8 studios équipés d'une kitchenette, dont quelques options pouvant accueillir trois personnes. Le choix de la sobriété a été fait... et poussé un peu loin. Certains auront l'impression d'être à l'hôpital dans tout ce blanc épuré, d'autres adoreront le dépouillement ! Emplacement parfait, sur la plage de Vari. Le personnel propose aussi un service de location de voitures.

HOTEL FAROS €

Sur la plage d'Azolimnos.
✆ +30 22810 61661
www.syroshotel.gr
Chambre double à partir de 69 € en été selon la date, la vue et le mode de réservation.

Sur la plage d'Azolimnos, un élégant complexe de 72 jolies chambres réparties en bungalows qui bénéficie d'une baie naturelle privée. La décoration des chambres est dans l'air du temps. Vous y trouverez et profiterez bien de deux belles piscines, d'un court de tennis, d'un terrain de volley ou d'un sauna. Sans compter des activités nautiques sur la plage qui complètent l'offre confortable de l'hôtel Faros... Vous pourrez également plonger sur réservation avec un instructeur. Une adresse fort sympathique, convenant très bien aux familles.

KAMELO €

Sur la plage.
✆ +30 22810 61217
www.hotel-kamelo.gr
Chambre double à partir de 49 € en été, sans le petit déjeuner.

L'hôtel Kamelo est idéalement situé à seulement quelques mètres de la plage de sable de Vari. Il propose des chambres climatisées donnant sur la mer Égée et dispose d'un bar et d'un restaurant de bord de mer traditionnels. L'hôtel, les pieds dans le sable, propose 24 chambres, dont la majorité donne sur la mer ou sur le village de Vari. Toutes ont TV, téléphone, réfrigérateur, accès wifi et balcon. Très économique si la réservation se fait par Internet. L'isolation phonique laisse un peu à désirer mais l'atmosphère générale rattrape le reste.

BOLAS €

✆ +30 22810 61217
A partir de 15 € par personne. Ouvert tous les jours midi et soir.

Sur la plage de Vari, un restaurant avec une grande terrasse vous accueille avec des plats délicieux et un service très attentionné. Le choix étant limité, vous serez peut-être contents de vous arrêter dans ce restaurant géré par l'hôtel Kamelo, sur la plage. Petit déjeuner complet à la terrasse ou à l'intérieur ou, quand l'air marin éveille l'appétit, boire un ouzo et goûter aux mezzés. On y trouve aussi des plats traditionnels, poissons frais ou plats grillés. Une cuisine régionale de qualité et un personnel à votre écoute et très avenant.

MEGAS GIALOS ★

A 15 kilomètres de la capitale, une magnifique baie paisible. L'un des endroits les plus tranquilles de l'île aux dires des habitants. On comprend pourquoi, tant le village semble allier une atmosphère pittoresque et un large choix d'hôtels et de chambres à louer. Dans ce petit village côtier, à proximité de la ville d'Ermoúpolis, entre Vari et Poseidonia, les voyageurs sont invités à découvrir les petites plages du village les unes après les autres, à se baigner à la plage de sable doré, à visiter l'église catholique Agia Thekla, la chapelle Saint-Anthony et la plage tranquille d'Abela. Une belle virée à la journée pour se ressourcer.

ANO SYROS ★★

Construite sur le rocher, le temps ne l'a pas altérée, avec ses ruelles étroites et ses maisons basses. Perchée sur la colline de San Giorgio et dominée par l'église catholique médiévale Saint-Georges, l'ancienne capitale de l'île garde encore tout son charme. Ano Syros a été construite en amphithéâtre pour se protéger des pirates. Ses maisons sont collées les unes aux autres et forment une forteresse défensive, renforcée par les murs en pierre et les ruelles étroites. Le mélange entre l'architecture typique des Cyclades et l'architecture médiévale constitue le charme de ces ruelles. Mais on y passe sans y dormir, faute d'hôtels. C'est aussi son charme.

ALKYON €

✆ +30 22810 61761

www.alkyonsyros.gr

Chambre entre 50 et 80 € en été.

Bienvenue dans cet hôtel de 25 belles chambres. La direction de l'Alkyon est franco grecque. Catherine, française, vit sur l'île depuis 25 ans. Iakovos, son mari grec, est originaire de Syros. Ils sont toujours aux petits soins pour leurs clients, prêts à rendre service. L'hôtel est en outre doté d'un restaurant, d'une piscine avec bar et d'un court de tennis. Il est entouré d'un beau jardin, avec un échiquier extérieur. Un hôtel familial, très propre et reposant, dans un cadre magnifique. Et aussi un petit déjeuner inoubliable sur la terrasse.

EMILIA LUXURY APARTMENTS €€

✆ +30 22810 43795

www.emilia.gr

Chambre double à partir de 90 € en été avec le petit déjeuner.

Un établissement qui a opté pour le charme de l'ancien plutôt que de succomber aux sirènes du design contemporain. Huit chambres doubles et 5 appartements avec cuisine équipée. Certaines chambres ont de grandes terrasses donnant sur la mer. Literie extrêmement confortable. Petit déjeuner parfait et copieux avec la jolie vue en prime. Et, globalement, nous saluons ici un accueil et un personnel formidable et toujours à l'écoute. Les propriétaires, très sympathiques, vous orienteront volontiers vers les curiosités et bonnes adresses de l'île.

FRANGOSYRIANI €

Place Vamvakaris

✆ +30 22810 84888

Ouvert tous les jours de 10h à minuit. Comptez 15 € par personne.

Traduisez : « femme franque de Syros », mais c'est surtout le titre d'une célèbre chanson. Cette taverne traditionnelle est réputée pour ses mezzés, notamment sa *froutalia* à la saucisse fumée de Syros. Il s'agit d'une sorte de tortilla ou omelette épaisse locale. Vous pourrez goûter également au porc cuisiné au miel et à la moutarde, très réussi.

Le meilleur moment de la journée pour y venir est juste avant le coucher du soleil, afin de pouvoir profiter des couleurs et de la vue. Vous verrez peut-être la lune se lever pendant que vous sirotez votre ouzo...

O LILIS €

Place Piatsa

✆ +30 22810 88087

Environ 15 € par personne. Ouvert tous les soirs de 20h à 2h du matin.

Il est préférable de réserver en été pour ne pas gravir la colline inutilement. La viande et les poissons sont cuits au feu de bois. Vue spectaculaire sur Ermoupolis, les côtes de Mykonos et même celles de Tinos. Ici chantait autrefois l'ancien barde des *rebetika*, Markos Vamvakaris, et son aura est encore omniprésente dans cette taverne traditionnelle. La belle terrasse offre une vue panoramique sur Ermoupolis, tandis que le menu respecte la tradition et les recettes des fondateurs transmises par Leonardos Roussos à la troisième génération de la famille.

Vue sur Syros.

POSEIDONIA

A 12 kilomètres de la capitale. La plage est un peu peuplée, mais plus au sud, vous découvrirez la ravissante crique d'Angathopes et son petit îlot au large. Pour plus de calme, à côté, il y a Komito. Les riches habitants de Syros qui venaient y passer leurs vacances y ont construit de très belles maisons néoclassiques avec de grands jardins. À l'origine de cette ville, qui a hérité son nom de la petite église Madonna della Grazia, se trouve la deuxième grande cité de l'île, dans l'Antiquité. Poseidonia était autrefois le lieu de prédilection de la classe aisée qui y construisit ses maisons de retraite, ce qui explique tous les beaux bâtiments, finement conservés.

LE PERROQUET TRANQUILLE €€

✆ +30 22810 45700

Ouvert midi et soir en saison. Comptez 25 € par personne. Réservation conseillée.

Ce restaurant est tenu par un couple franco-grec. Une magnifique découverte à Syros avec de belles assiettes, élégantes, et un patron très sympathique. Ce café bistrot propose surtout de la cuisine française et méditerranéenne aux nostalgiques de la Provence. Le matin, on peut y petit déjeuner (avec baguette !) et le week-end, on vient prendre le café ou boire un verre en soirée. Restauration légère à midi, avec salades, quiches et sandwiches. Un généreux et excellent brunch, arrosé de café et d'un jus de fruit fraîchement pressé.

AKROGIALI €

✆ +30 22810 42336

www.akrogiali-syros.gr

Chambre autour de 50 €, variable selon période et catégorie.

Un bon et joli plan à 50 m de la plage. Vous trouverez ici 16 studios et appartements élégants pour 2 ou 4 personnes, parfaitement équipés avec kitchenette. Très pratiques. D'ici, l'une des plus belles plages de l'île est accessible en une minute à pied. Vous serez aussi à courte distance en voiture d'un supermarché et d'autres commerces. Excellent accueil, ménage quotidien, grande propreté. Despina, la gérante, est aux petits soins et toujours prête à vous renseigner. Elle prépare également un excellent petit déjeuner servi sous forme de buffet.

GALISSAS

Galissas aujourd'hui n'est plus réputée que pour sa large plage de sable, au microclimat doux. C'est l'un des lieux les plus touristiques de l'île avec le seul resort de Syros qui accueille des familles en saison. Lieu de villégiature tourné vers la plage, il n'y a rien d'autre à faire que de s'y baigner. Les familles avec enfants apprécieront l'ombre de ses tamaris et son sable qui s'enfonce dans une eau peu profonde. Galissas reste la station balnéaire la plus populaire de l'île de Syros. Et la plus pratique, située à 5 km d'Ermoupolis, la capitale de l'île. C'est une petite baie où les eaux sont sûres, donc idéales pour les familles avec de jeunes enfants.

THE GOOD LIFE ECO-VILLAS €€

Chemin à partir de la route Posidonos

✆ +30 2281043845

www.goodlifegreece.com

A partir de 70 € la nuit selon la saison et la catégorie. Ouvert toute l'année.

Un très beau bâtiment fait de pierres, de bois recyclé et de marbre, ayant 250 ans d'âge. Il s'agit d'une ferme au milieu des vignes, qui abrite un grand jardin riche en oliviers et figuiers, et dont le panorama sur la mer est tout simplement sublime. Un intérêt tout particulier à l'écologie et à la santé est apporté dans ce lieu, notamment dans les villas et les studios qui sont équipés en énergie grâce à des panneaux photovoltaïques et dont l'eau est traitée biologiquement. Les enfants peuvent donner un coup de main pour la récolte des légumes dans les champs.

DOLPHIN BAY HOTEL €

Sur la plage.

✆ +30 22810 42924

www.dolphin-bay.gr

Chambre double à partir de 88 € en été avec le petit déjeuner.

Appelé aussi Akti Delfiniou, ce grand complexe de 140 chambres tout confort, donnant directement sur la plage est le seul hôtel de type *resort* qui existe à Syros. En même temps, c'est ce qui explique que Galissas soit plus visitée que le reste mais également que Syros ne soit pas envahie par de grands complexes du genre. Pour les amateurs, toute sorte de services disponibles sur place : piscine de 25 m, équipement sportif, restaurant de spécialités grecques et internationales, piano bar, Internet, taverne traditionnelle au bord de l'eau…

REMVI €

✆ +30 22810 43078
www.hotelremvi.gr
Chambre entre 60 et 100 € selon la période. Petit déjeuner : 5 €.
Un beau complexe, près d'une belle plage, avec une belle piscine et même un bain bouillonnant. Les chambres sont meublées sobrement, avec beaucoup de bois, mais offrent tout le confort nécessaire à des vacances en famille au bord de la mer. Construit récemment et entièrement équipé, cet hôtel comprend des chambres à deux lits, des studios et des appartements, une piscine extérieure, un bar, un bain à remous et un parking privé. L'hôtel Remvi se trouve à moins de 250 mètres du bord de mer, avec une plage de sable fin et des eaux cristallines.

ILIOVASILEMA €€

Sur la plage.
✆ +30 22810 43325
Comptez 25 € par personne. Ouvert tous les jours, midi et soir.
Ce restaurant s'appelle le « Coucher de soleil » et ne manque pas de charme. Il installe ses tables sur une terrasse pavée et une zone couverte de l'autre côté de la rue. Dans une jolie cour dallée près de la plage, cette taverne sert une grande variété de poissons (le propriétaire et chef, Kostas Bouyiouris, a ses propres caïques), des spaghettis aux fruits de mer et de petits poissons frits. C'est, de loin, le meilleur établissement de Galissas. Venez notamment pour l'apéritif et le dîner afin de profiter du coucher du soleil.

KASOUNIOS CAFÉ BAR

✆ +30 228 104 2879
Ouvert tous les jours à partir de 9h.
Ce bar de plage est situé les pieds dans le sable, à l'extrémité gauche de la plage, en regardant vers la mer. Décoration contemporaine, service jeune mais lent, snacks acceptables avec grandes salades, burgers et autres plats au goût du jour. Ici, pas de réel intérêt ni de qualité gastronomique, mais une agréable pause café. Vous y trouverez quand même tous les attributs habituels d'un bar de plage sympathique pour boire un coup et où l'on pourra aussi casser la croûte. Le bar possède une partie des transats et parasols à louer sur la plage.

KINI ★★

A Kini, une petite plage de sable est joliment ombragée et très agréable pour les familles. Par ailleurs, Kini abrite de très bons restaurants, ce qui rend la pause déjeuner d'une journée à la plage d'autant plus sympathique. Kini est également la porte d'entrée pour les plages du nord-ouest, certainement les plus belles de Syros. Elles sont difficilement accessibles, ce qui les préserve de l'affluence. Un caïque les dessert quelques fois par jour depuis le petit port de Kini. A ne pas manquer. Sinon la plage de Delfini, juste au nord de Kini, est facilement accessible à pied par un sentier. Il faut compter 20 minutes environ. Ces criques sont aussi appréciées des nudistes.

CYCLADES CENTRALES

Village de Kini.

PLAGES DU NORD-OUEST ★★

En bateau seulement. Pour s'y rendre, compter 20 € de caïque par personne aller/retour et 30 minutes de trajet.

Les plages du nord sont les plus belles de la côte ouest et de Syros en général. Toutes ces plages offrent des eaux cristallines. Varvaroussa. La première plage desservie après Delfini n'a pas d'arbre et n'offre donc pas d'ombre. Aetos est une petite crique avec un arbre unique. Lia, une large plage de sable, ombragée et plantée de tamaris. Cosmos aussi connue sous le nom d'Agios Fokas est une petite plage sans arbre, mais avec un abri de fortune. Marmari n'a pas d'arbres et est un peu plus exposée au vent. La plage des Américains est assez large et très ombragée.

BLUE HARMONY HOTEL €€

Kini Beach

✆ +30 22810 71570

www.blueharmony.gr

14 chambres. La double entre 100 et 250 € avec petit déjeuner selon la période.

L'emplacement est parfait, juste face à la promenade et la plage de Kini. Ouvert en 2009, cet hôtel design rencontre un grand succès. On aime les chambres élégantes et spacieuses avec balcon et vue mer incroyable. Petit déjeuner buffet en terrasse. Vous apprécierez particulièrement la grande terrasse devant l'hôtel. L'accueil est à la fois professionnel et familial, avec une propriétaire très présente et attentive. Quelques services originaux proposés en prime : manucure, coiffeur ou baby-sitter. Attention : séjour de 4 nuits souvent demandé en été.

THE CAPTAIN'S €

✆ +30 22810 71400

www.captains.gr

Chambre double entre 50 et 80 € en pleine saison.

Un hôtel très confortable avec petite terrasse et piscine et surtout une très belle vue sur Kini et sa plage. Pour la petite histoire, cet hôtel-restaurant familial est jumelé avec la ville de Grillon en France. Un peu plus excentré sur les hauteurs du village mais permettant une vue exceptionnelle depuis la terrasse du restaurant. Vous y trouverez une quinzaine d'appartements. Air conditionné, TV, cuisine, parking, laverie… Piscine, bain bouillonnant, sauna, hammam et gymnastique dans le jardin. De très jolies chambres et une bonne literie.

ALLOU GIALOU €

✆ +30 22810 71196

A partir de 15 € par personne. Ouvert tous les jours midi et soir.

Ce restaurant dispose d'une grande terrasse surplombant la mer et d'un aquarium suspendu. Cadre romantique, terrasse au bord de l'eau et repas délicieux. On installe ses petites tables en bois face à la mer et on vous sert une belle cuisine grecque revisitée : principalement des poissons et de l'agneau mais aussi du rouget mariné, du crabe frais au chili et à la truffe noire. Sucreries maison, belle carte des vins et de succulentes huiles d'olive. Le menu propose une grande variété d'entrées et se concentre sur les fruits de mer, sans négliger les classiques.

LIGARIES STUDIOS €

✆ +30 22810 71419

www.ligaries.gr

Chambre double à partir de 50 € en été.

Dans une ambiance chaleureuse, le jeune couple Rigoutsos et leur fils vous accueilleront dans les 12 chambres et studios situés à proximité de la plage. Le complexe a été rénové il y a quelques années et tous les studios disposent d'une cuisine. Madame Rigoutsos vous fera goûter de délicieux gâteaux qu'elle prépare à base de noix de coco appelés « Halvas Karida ». Une bonne adresse pour tous, mais surtout pour les familles. Près de la plage et de l'arrêt de bus. Calme et très confortable. Personnel sympathique et très serviable.

DIO TZITZIKIA STA ARMIRIKIA TAVERNA €

✆ +30 22810 71151

www.armirikia.com

A partir de 15 € par personne, tous les jours midi et soir.

Cette taverne, les pieds dans l'eau, offre un grand choix de plats grecs, mais aussi de cuisine créative européenne. Les ingrédients locaux sont soigneusement sélectionnés : fromage de Tinos et de Kythnos, saucisson de Karditsa... Les tables sont installées près de la mer, sur une terrasse à l'ombre des pins, d'où provient son nom très étrange, cigale en grec. Iannis, le propriétaire, qui a travaillé plusieurs années au Club Med, parle un peu le français.

PARIKIÁ ★★★

Bienvenue à Paros ! La ville a tout du cliché de carte postale, avec son moulin à vent caractéristique, ses maisons blanches et ses cours foisonnantes de bougainvilliers. La belle Parikiá, construite sur l'emplacement de la cité antique de Paros, séduit. Les quartiers du port et la place centrale proposent de nombreuses chambres et appartements à louer, des tavernes, cafés et magasins. Il faut vous éloigner du centre pour apprécier la beauté des cours, et celle des volets bleus mi-clos à l'heure de la sieste. Si vous ne faites que passer mais que vous désirez quand même visiter la ville, vous trouverez de nombreuses consignes pour laisser vos bagages.

Quartiers

Parikia n'est pas gigantesque mais on s'y perd aisément et elle comporte des ensembles, des quartiers très différents et identifiables les uns des autres.

▸ **Le port** sera certainement le point d'arrivée d'un grand nombre d'entre vous. Il s'agit d'un point de repère central, autour du moulin qui fait souvent office de lieu de rendez-vous. Légèrement en retrait du port et du moulin central, vous trouverez la partie la plus ancienne de Parikia avec les ruines antiques du cimetière et la basilique de la Panagia Ekatontapiliani.

▸ **Immédiatement au sud du port,** une promenade est fermée aux voitures en soirée. Elle est bordée de tavernes, cafés et restaurants et mène à un moulin et à l'église Agia Anna. On peut considérer que le centre de Parikia se termine ici. En retrait de cette promenade, le quartier qui s'étend à l'intérieur des terres est la vieille ville de Parikia. On y trouve un dédale de ruelles piétonnes qui s'entrelacent à l'infini et dans lesquelles vous n'aurez d'autre choix que de vous perdre. On y trouve les traces de la ville antique et médiévale dans le *kastro*. La rue Market Street est la principale artère à partir de laquelle vous pourrez vous perdre.

▸ **Au nord du port**, la ville s'ourle autour de deux baies successives où vous trouverez les plages de Livadia et de Krios. A proximité du port, le front de mer est également bordé de restaurants et cafés. Ils se font moins nombreux plus on s'éloigne du centre et font place à des établissements hôteliers, chambres et studios à louer. Il s'agit de la partie moderne et balnéaire de la ville.

Transports

▸ **En avion,** sont programmées des liaisons quotidiennes fréquentes avec Athènes. De l'aéroport, situé dans le centre de l'île, des bus desservent Parikiá (compter 10 minutes) et Naoussa (compter 25 minutes).

▸ **En bateau,** entre trois et cinq ferries font la liaison entre Le Pirée et Parikiá chaque jour. Le plus souvent, le trajet se fait sans escale en moins de 5 heures. Par ailleurs, de très nombreux hydroglisseurs partent aussi du Pirée et de Rafina tous les jours.

▸ **En bus,** l'arrêt (ktelparou.gr) se trouve à gauche en sortant du port. De nombreuses liaisons depuis Parikiá pour Marathi, Lefkes, Kosto, Prodromo, Marpissa, Pisso Livadi, Logaras, Chryssi Akti, Dryos ; Naousa ; Parasporos, Aghia Irini, Petaloudes, Aéroport, Alyki, Ankairia ; Pounda.

© AUTHOR'S IMAGE

Port de Parikiá.

KASTRO ★★

Nous insistons une fois de plus : il faut se promener au hasard et se perdre dans le dédale de ruelles de la vieille ville, notamment tôt le matin ou pendant l'heure de la sieste quand les touristes n'ont pas encore envahi les lieux et que les locaux se réveillent ou s'endorment. Sur le léger promontoire où se trouvait un temple antique à Athéna, vous découvrirez ainsi les ruines d'un *kastro* vénitien du XIIIe siècle ainsi que l'autel remarquable de l'église Saint-Konstantin. Vue magnifique sur l'horizon, surtout à l'heure du crépuscule.

CYCLADES CENTRALES

L'HISTOIRE DE PAROS

L'île doit son nom à Paros, chef des Arcadiens qui s'y était installé. A partir du VIIIe siècle av. J.-C., elle connaît un développement économique et culturel, et ses ateliers de sculpture sont fameux au VIe siècle. Cette île très plate est renommée pour son marbre blanc : ses carrières antiques dans la région de Marathi sont connues pour la transparence particulière de leur marbre. Ce n'est pas par hasard s'il a servi à la fabrication des plus célèbres sculptures de l'Antiquité. Elle est aussi la patrie d'un grand nombre de sculpteurs, peintres et poètes. Elle continue à être une île importante pendant la période byzantine, comme l'atteste la basilique de la Panagia Ekatondapyliani et toutes les petites églises byzantines ou post-byzantines de l'île. Les Vénitiens l'occupent en 1207, comme les îles alentour, mais bientôt commencent les attaques pirates qui dévastent les îles de la mer Egée. Le passage du pirate Barberousse est particulièrement traumatique : il fait massacrer une grande partie de la population de Paros. L'île passe finalement aux mains des Ottomans en 1560 puis Naoussa devient un temps la base de la marine russe dans les guerres russo-turques dans la région. Le déclin de Paros continue après l'indépendance. L'île, pauvre, est minée par l'émigration : dans les années 1950-1960, elle n'est plus que l'ombre d'elle-même. Le développement du tourisme, d'abord hippie, puis, avec le passage des bateaux de croisière, du tourisme de masse, lui apporte un nouveau souffle économique.

CYCLADES CENTRALES

PANAGHIA EKATONTAPYLIANI ✞ ★★★

✆ +30 22840 21243

Ouvert tous les jours de 9h à 22h. Entrée au musée byzantin : 2 €.

Il s'agit d'un des lieux de pèlerinage les plus fréquentés du monde orthodoxe et d'un des monuments byzantins les plus importants de Grèce. L' « église des cent portes » a été fondée par Hélène, mère de l'empereur Constantin, au IVe siècle, et complétée au fil des siècles. Selon la légende, seules 99 portes auraient été recensées, et ce n'est que lorsque Istanbul reviendra à la Grèce que la centième sera trouvée.

L'ensemble paléochrétien est composé d'une basilique en forme de croix et dédiée à la Dormition de la Vierge, d'une chapelle dédiée à saint Nicolas et d'un baptistère absolument magnifique (accès par le musée byzantin, entrée payante). La basilique telle qu'on l'admire aujourd'hui date du règne de Justinien, au VIe siècle. A l'origine, les intérieurs de la basilique étaient recouverts de riches ornements, en partie des cadeaux du trône impérial. Aujourd'hui, on admire encore les marbres des médailles de la nef centrale, ceux qui ornent le haut de l'iconostase et le ciborium reconstitué au-dessus de l'autel. Des fragments de hauts-reliefs en marbre sont exposés dans le baptistère qui abrite également de superbes fonds baptismaux d'origine (IVe siècle).

Dans la chapelle Agios Nikolaos, admirez le fragment de fresque mosaïque qui orne encore le mur sud. Les plus anciennes sont des témoignages uniques de l'art de la peinture à l'époque paléochrétienne.

Le musée conserve des icônes qui datent pour la plupart du XVIIe siècle et donne accès au baptistère et à la galerie supérieure de la basilique.

MUSÉE ARCHÉOLOGIQUE 🏛 ★★

Près de la Panaghia Ekatondapiliani

✆ +30 22840 21231

Ouvert tous les jours, sauf le mardi, de 9h à 16h. Entrée 2 €.

Dans ce musée sont exposés les résultats des excavations réalisées à Paros et Antiparos et qui datent essentiellement de la période Néolithique jusqu'au Christianisme Ancien. Parmi les pièces réputées, une statue de la Gorgone de 1,35 m de haut et presque entière, datant du VIe siècle av. J.-C. et trouvée en 1993 à Parikia. Vous y verrez aussi un fragment de la table chronologique de Paros qui était encastrée dans la forteresse, une statue de Niké du Ve siècle av. J.-C., et un bas-relief représentant le poète Archilochos (VIe siècle), natif de Paros.

PLAGES 📷

Evitez celle de Parikiá et allez plutôt à Parasporos ou, encore mieux, à Aghia Irini, une petite plage de sable fin aux allures tropicales avec ses palmiers. Prenez la route côtière vers Pounda. Au bout de 5 km, alors que vous commencez à bien voir Antiparos, prenez le sentier indiqué sur votre droite. Vous pouvez aussi gagner en taxi ou en caïque les très belles plages de sable de Krios, Kamiria et Aghios Fokas. A Aliki, on trouvera aussi une belle plage. Le village est desservi toutes les demi-heures par un bus qui part près du débarcadère de Parikiá.

POLOS TOURS

✆ +30 22840 22333

www.polostoursparos.com

Situé face à la mer et à 30 m à droite du débarcadère, Polos Tours est une institution à Paros, et d'une efficacité redoutable pour satisfaire vos demandes de services touristiques en tous genres, à Paros et dans toute la Grèce. Outre les services traditionnels d'une agence de voyages (billetterie ferries, avions) et d'un réceptif (logements, hôtels, transports privés, location de véhicules, activités, attractions, excursions), cette agence gère un hôtel éponyme bien situé à Livadia, ainsi que la location d'une villa de luxe sur les hauteurs de Parikiá.

KARENT

✆ +30 22840 22303

www.karent.gr

Voiture de catégorie A à partir de 30 € par jour, selon le modèle, la période et la durée.

Même si les liaisons en bus sont très bien organisées et nombreuses, pour plus de liberté et de flexibilité vous pourrez évidemment louer une voiture ou un scooter. Parmi les nombreux loueurs, cette petite entreprise familiale spécialisée dans la location de voitures, ouverte en 2008. Professionnel, sympathique, et affichant des prix raisonnables, John, le propriétaire, a une grande expérience dans ce domaine. Le parc est constamment renouvelé et les voitures sont bien entretenues. A n'en pas douter l'une des meilleures adresses sur Paros.

LIAISONS AVEC ANTIPAROS

30 minutes et 5 € pour faire la traversée.

Le port de Pounta est utilisé par les bacs qui font les allers-retours quotidiens avec Antiparos mais depuis Parikia un caïque fait également le trajet. Il faut compter 30 minutes pour faire la traversée. Environ 10 départs par jour, juste à droite de l'embarcadère principal (en regardant vers la mer). Très pratique pour enchaîner directement vers Antiparos en arrivant au port de Paros ou pour faire une journée d'excursion depuis Parikia. Attention : si la mer est agitée dans le canal qui sépare les deux îles, le caïque est annulé.

POLOS CARS

✆ +30 694 858 8097

https ://poloscarsparos.gr/

Réductions possibles pour une location d'au moins 3 jours. Réservation possible sur Internet. Service de chauffeurs.

Fiabilité, qualité de service et professionnalisme sont les mots d'ordre de cette agence de location de véhicules appartenant au Groupe Polos, implanté à Paros depuis les années 1970 (Polos Tours, Polos Hotel, Polos Villa). Voiture, buggie, quad, scooter ou encore moto, vous aurez le choix pour découvrir Paros par tous les moyens possibles, et les véhicules sont toujours en très bon état. L'agence est idéalement située sur le port, à la sortie de l'embarcadère, et vous pouvez choisir l'endroit où vous souhaitez récupérer votre véhicule et son lieu de dépôt.

© POLOS GROUP

© POLOS GROUP

CYCLADES CENTRALES

LOUKIS RENTALS

Main Square Mando Mavrogenous
✆ +30 22840 23679
www.loukisrental.gr

Selon la période et la durée, prix par jour à partir de : voiture 25 €, quad et moto 20 €, scooter 15 €, vélo 10 €.

© LOUKIS RENTALS

Vous aurez l'embarras du choix en arrivant au port. Cependant, ici, la gentillesse et la satisfaction du client sont la priorité de cette agence familiale tenue par Dora et son frère. Vous y trouverez tous types de véhicules à prix raisonnable pour partir à la découverte de Paros. Parmi les plus de cet établissement, leur site internet est très bien fourni en descriptions. Pour le reste, vous ne les raterez pas : ils sont très bien placés juste en face du débarcadère. Livraison réception des véhicules au port ou à votre hôtel. Assistance 24h/24, 7j/7.

PAROS EUROPEAN RENT

✆ +30 22840 21771
www.parosrentcar.com/fr

Voiture à partir de 30 €/jour. Scooter à partir de 15 €/jour.

Vassilis est un personnage attachant qui officie à Paros depuis de nombreuses années. Aimant lui-même voyager, il a, grâce à sa petite agence, beaucoup de plaisir à rencontrer et prendre soin de ses clients. Jouissant d'une bonne réputation, son parc est bien entretenu et les prix sont corrects. On trouve aussi des quads, motos, buggys. Les offres sont souvent plus avantageuses avec les réservations en ligne. Le site propose des forfaits intéressants (offre 7 jours, offre week-end, offre dernière minute). Livraison gratuite au port, à l'aéroport, ou à l'hôtel.

PORT

✆ +30 22840 21240

Paros est la plus accessible des Cyclades, avec plus de 20 îles reliées à elle, aussi bien en ferry qu'en hydroglisseur. D'ailleurs, certaines liaisons ne se font qu'en hydroglisseur (Mykonos et Rafina). Vous pourrez donc aisément improviser un séjour sur une autre île à partir de Paros, avec des liaisons quotidiennes aussi bien pour Antiparos, Naxos, Mykonos que Tinos. Enfin, sachez que l'île compte trois ports : en plus de Parikia, où transitent l'essentiel des navires, il y a Piso Livadi (au sud-est) et Punta (liaisons avec Antiparos).

BUS KTEL

✆ +30 22840 21395
ktelparou.gr

Tickets plein tarif à partir de 1,80 €.

Paros est la troisième île des Cyclades par la taille : il sera nécessaire de s'y déplacer largement pour découvrir tout ce qu'elle a à offrir. Les bus sont très bien organisés sur l'île et desservent très régulièrement et jusqu'à tard le soir tous les sites et villages d'intérêt. Parmi les liaisons possibles à partir de Parikia : bus à destination de Marathi, Lefkes, Kosto, Prodromo, Marpissa, Pisso Livadi, Logaras, Chryssi Akti, Dryos, Naousa, Parasporos, Aghia Irini, Petaloudes, Aéroport, Alyki, Ankairia, Pounda.

AEGEAN VILLAGE €

© +30 22840 23187

www.paros-accommodations.gr

Chambre double à partir de 48 € sans petit déjeuner, 58 € avec petit déjeuner, en été.

Situé au cœur du centre historique de la vieille ville de Parikia, à 200 mètres du port et à quelques pas de l'église byzantine Ekatontapiliani (« l'église aux Cent Portes ») et de l'église catholique « Frankish Monastery ». Tous les logements sont construits autour d'un verger de citronniers très ancien, un endroit calme et agréable près des galeries, des églises byzantines, de l'arrêt de bus et des plus belles plages de Parikia. Appartements pour 2 à 5 personnes, et studios pour 2 à 4 personnes entièrement équipés avec des vérandas ou des balcons.

ELEFTHERIA HOTEL €

Livadia

© +30 22840 22047

Chambre double à partir de 50 € en été. Petit déjeuner sur demande.

Il faut trouver : à 400 m à gauche en sortant du débarcadère, puis, une fois sur la plage Livadia, devant le restaurant Katarina, tourner à droite et poursuivre pendant environ 60 m. Depuis 30 ans, Katarina et Pandhelis vous accueillent chaleureusement dans leur hôtel familial. Les chambres, avec petite terrasse, sont équipées d'air conditionné, d'un réfrigérateur et d'une télévision. Le petit déjeuner est agréable. Une excellente adresse, donc il est préférable de réserver. Cet hôtel familial vous assure une ambiance sympathique et conviviale.

HOTEL ANTHIPPI €

© +30 22840 21601

www.anthippi.com

Studio pour 2 à partir de 60 € en été sans petit déjeuner.

La proximité du centre-ville, un panorama extraordinaire, une piscine sublime... : que demander de plus ? Dans le quartier de Kakapetra sur une petite colline à la sortie du village, cette *guesthouse* charmante, calme et reposante a été aménagée avec goût par Anthippi, une architecte d'intérieur athénienne. Un décor unique, bohême et romantique, qui change des studios et chambres que l'on trouve partout à Parikia. Certaines chambres sont un peu petites, mais tellement charmantes. La plage de Delphini est à une dizaine de minutes.

MARILI €

© +30 22840 24967

www.marili-studios.gr

Studio à partir de 50 € en été.

A 1 km du centre-ville en direction d'Aliki, à deux pas de la capitale mais avec une autre ambiance, au calme, chez l'habitant, au milieu d'un grand jardin. Les 10 studios sont gérés par l'adorable Marina qui vous aidera à louer une voiture ou une moto et vous fournira des cartes de l'île. TV, climatisation, grand balcon privé, petite cuisine. Bouteille de vin « maison » offerte en guise de bienvenue. Parking. Possibilité de faire des grillades. La plage la plus proche est celle de Parasporos à 5 minutes de marche. Agrotourisme proposé.

ARGONAUTA HOTEL €€

© +30 22840 21440

www.argonauta.gr

15 chambres. La double à partir de 85 € en été avec le petit déjeuner.

© ARGONAUTA

Tassos Ghikas, le gérant, est fier de l'ambiance familiale qui règne dans cet hôtel calme et charmant, dans le centre historique de Parikiá. C'est aussi l'un des premiers hôtels ouverts à Parikiá, mais qui a su se moderniser. L'hôtel est idéalement situé pour prendre le bateau ou visiter Parikiá. Le sol des chambres est en marbre, elles possèdent presque toutes un balcon. Chambres climatisées très calmes et donnant sur un agréable patio central. Mais elles sont seulement au nombre de 15. Dommage... ou tant mieux quand on y est !

CYCLADES CENTRALES

MIKE STUDIOS €

✆ +30 22840 22856
https ://roomsmike.com/fr-fr
Chambre double à partir de 50 €, sans petit déjeuner.

Une bonne affaire à Parikiá (il y en a). On remet régulièrement cette adresse pour ne pas en faire profiter les seuls initiés. Les chambres sont impeccables et les studios pratiques, simples et suffisamment équipés pour y cuisiner un peu. Surtout qu'il y a un supermarché et une boulangerie au coin de la rue. En plus, Mike est un homme vraiment gentil et avenant qui jouit d'une vraie réputation auprès des voyageurs. Il propose également de superbes studios et appartements avec vue imprenable sur la baie à la sortie de la ville. A connaître !

LA SELINI €

Livadia
✆ +30 22840 23106
www.laselini.com
Chambre double à partir de 50 € en été.

Placé au calme mais à proximité des restos et des bars, c'est un petit établissement familial tenu avec attention par l'Américaine Lou Ann, toujours prête à vous donner des conseils et à veiller à ce que votre séjour se passe du mieux possible. La Selini veut dire « la lune » en grec. Les studios sont bien équipés et donnent sur un petit jardin verdoyant bien sympathique. Les studios sur le jardin sont les premiers à partir donc n'hésitez pas à réserver bien à l'avance. Transfert gratuit sur demande. Plage de Livadia à 2 minutes. Machine à laver.

PAROS BAY HOTEL €€

✆ +30 22840 21140
www.parosbay.com
Chambre double à partir de 90 € en été, avec petit déjeuner buffet.

© PAROS BAY

A 2,5 km de la capitale de l'île, un beau complexe 4 étoiles de 63 chambres récemment rénovées réparties dans un bâtiment principal et 5 résidences à l'architecture cycladique et au style minimaliste. Cet établissement offre une vue imprenable sur la baie de Parikiá. Situé en bord de mer tout près d'une plage de sable dans une crique en contrebas et faisant partie du décor : un restaurant, un bar avec terrasse panoramique pour les couchers de soleil. Une très belle piscine d'eau de mer avec transats et parasols gratuits. Massages, cours de yoga et excursions.

AKROTIRI HOTEL €€

✆ +30 22840 22261
www.akrotirihotel.gr
Chambre double à partir de 60 € mais jusqu'à 130 € en été, petit déjeuner inclus.

A 2 km du port et à 15 minutes du centre du village (avec transfert possible, on vous rassure), cet hôtel moderne est le choix idéal pour ceux qui recherchent un séjour au calme dans un cadre élégant, avec une vue magnifique sur la baie de Parikiá. Vous trouverez ici 30 chambres aménagées dans le style traditionnel des Cyclades, avec télévision et réfrigérateur. Le buffet proposé au petit déjeuner est copieux et varié. Parking gratuit. La magnifique plage de Krios est juste derrière, pas très loin à pied. La grande piscine est un plus.

POLOS HOTEL €€

Livadia
✆ +30 22840 22173
www.poloshotelparos.gr
43 chambres. La double à partir de 65 € en été avec le petit déjeuner.

L'atout de cet hôtel est sa situation : à proximité de la plage, à l'écart des rues bruyantes de Parikia. Situé à Livadia, à 50 m de la plage et 500 m du centre-ville, l'autre atout de l'hôtel est sa superbe piscine avec son jardin reposant et son bar lounge. Selon votre budget, privilégiez soit les charmantes chambres supérieures rénovées l'année dernière, soit les standard à un prix très abordable. Vous aurez sûrement la chance de croiser Marios, le propriétaire, qui vous donnera, avec son extrême gentillesse, plein de bons tuyaux pour découvrir Paros.

YRIA HOTEL €€€

✆ +30 22840 24154
www.yriahotel.gr
Chambre double standard à partir de 250 € en plein été, avec petit déjeuner.

Situé dans la baie de Parasporos parmi les vignes, cet hôtel de luxe propose des chambres spacieuses et élégantes, avec piscine, courts de tennis, spa, vues magnifiques sur la mer et accès à la plage... Que dire de plus au sujet de ce boutique-hôtel ? Vous vivrez ici l'expérience du luxe qui allie confort moderne et respect des traditions cycladiques. Le Restaurant Nefeli est une très bonne table, avec vue mer. Tout comme le bar de l'hôtel où vous adorez prendre un verre en fin de journée à l'heure du coucher de soleil. Une adresse exclusive.

ANGIES STUDIOS €

✆ +30 22840 23909
www.angies-studios.gr
Studio à partir de 60 € en été.

Angie est une hôte incroyable, aux petits soins pour ses voyageurs. Son établissement est familial et très bien entretenu. Il a beaucoup de charme avec son grand jardin. Tous les studios sont très bien équipés et possèdent une véranda et une cuisinette complètement équipée. Nettoyage quotidien inclus dans les prix, tout comme le transfert A/R du port ou de l'aéroport. Et la gentillesse des propriétaires est exceptionnelle. Parmi les bons plans : un appartement au dernier étage avec une immense terrasse exclusivement pour vous !

POLOS VILLA €€€

✆ +30 694 858 8099
www.polosvillasparos.gr
De 2 à 15 personnes. A partir 400 € par jour selon la période et le nombre de personnes. Séjour minimum 3 jours.

© POLOS GROUP

Voici une magnifique villa privative de 210 m² construite sur les hauteurs de Parikia. Dotée d'un terrain aménagé de 3 000 m² offrant une vue imprenable sur les îles de la mer Egée, Polos Villa est une solution alternative idéale pour des vacances intimes dans un cadre sublime, le tout décoré avec goût, dans le souci de l'authenticité. La villa est entièrement équipée et dispose de quatre chambres, d'un bain à remous et d'une piscine. Petit plus : vous pouvez bénéficier de remises sur la location de véhicule. Plus de détails sur le site Internet.

PAROS NAUTICAL CLUB €

✆ +30 22840 21800
www.paros-sailing.gr
A partir de 10€ par pers.

Un peu à l'écart du centre-ville, l'endroit vaut le déplacement. Ici, sur une terrasse spacieuse et agréable face à la mer, il est certain que vous ne regretterez pas votre petit déjeuner ou déjeuner au Club Nautique de Paros. Tout cela avec un excellent rapport qualité-prix pour des plats grecs délicieux à base de produits frais et locaux. Sans oublier de profiter des transats de la plage « Drapeau bleu », des terrains de beach volley et beach tennis, avant pourquoi pas un cours de voile dans l'un des centres les plus réputés de Grèce.

FRANCA SCALA €€

✆ +30 22840 24407
www.francascala.com
A partir de 20 €. Ouvert tous les jours midi et soir.

Si la décoration est moderne, élégante, la nourriture est plutôt traditionnelle. Revisitée avec talent par le propriétaire et artiste cuisinier, elle n'en reste pas moins raffinée et s'accorde avec le décor (risotto, homard aux spaghettis...). Pour accompagner ça, un grand choix de vins locaux et internationaux s'offre à nous. Cette même qualité nous coûte trois fois plus cher dans une grande métropole, vu le niveau du service. Il faut absolument en profiter avant que cela ne change. Terrasse très agréable avec vue sur la vieille ville.

CYCLADES CENTRALES

CAVO D'ORO €

✆ +30 22840 22620
www.cavodoro-paros.gr

A partir de 10 € par personne. Livraison à domicile possible. Ouvert tous les jours midi et soir.

Vous pouvez apercevoir sa grande terrasse sur la plage de Livadia. Adonis a fait ses armes à Montréal pendant 15 ans avant d'installer son restaurant à Parikiá. C'est en 1980 qu'il ouvre Cavo d'Oro et depuis, il a plaisir à accueillir les francophones du monde entier, afin de leur faire découvrir ses spécialités comme les pizzas cuites au feu de bois d'olivier, les pâtes fraîches maison, les spaghettis aux fruits de mer, le risotto à la provençale, le poisson frais de Paros... Un dessert ou un ouzo offert sur présentation de ce guide.

TO SPITIKO €€

Route de Petaloudes
✆ +30 22840 24956
http ://spitikoparos.gr

Comptez 20 € par personne. Ouvert tous les jours, midi et soir.

To Spitiko est une façon de dire « comme à la maison », chez Patricia, une Française expatriée à Paros après un coup de cœur pour les Cyclades. La créatrice de ce petit havre de paix assure le service alors que, derrière les fourneaux, son mari s'occupe de concocter avec passion des recettes traditionnelles, grâce aux produits glanés auprès de leurs producteurs locaux et bio autant que possible. L'endroit est très agréable et la cuisine délicieuse à déguster en été sur la terrasse avec vue sur mer (et coucher de soleil !) et en hiver dans une salle avec cheminée.

LEVANTIS €€

central Market Street
✆ +30 22840 23613
www.levantisrestaurant.com

Comptez environ 25 € par personne. Ouvert tous les soirs pour le dîner, de 18h30 à minuit.

Sans conteste parmi les meilleures adresses de Parikiá et un endroit qui change de l'ordinaire des restaurants grecs. Le cadre est très joli, dans un patio recouvert de vignes. Cette adresse propose une carte recherchée où se mélangent traditions grecques et influences venues d'ailleurs (raviolis de betterave et de gingembre, risotto au fenouil...). Cette approche contemporaine fait du bien et change un peu des classiques que l'on trouve partout. Le chef Giorgios Mavridis reçoit avec élégance dans une agréable cour intérieure. Une très très bonne adresse.

BAR EVINOS

✆ +30 2284 023026

Ouvert tous les soirs à partir de 17h.

Parikia abrite un nombre qui semble infini de petits cafés et bars le long du front de mer. Dans une ancienne demeure qui surplombe la promenade de Parikiá, au niveau du *kastro*, ce bar à vin par exemple est un incontournable des débuts de soirée. On s'installe sur la belle et élégante terrasse et on admire le coucher de soleil pour l'apéritif. Plus tard, on revient après le dîner pour un cocktail ou un verre de vin. S'il y a du monde ou si vous voulez prolonger la soirée, il y a aussi l'Aplo Café à côté avec un toit-terrasse pas mal non plus...

PIRATE BAR

✆ +30 22840 21224

Ouvert tous les jours du petit déjeuner jusqu'à 2h du matin.

Caché au croisement de deux allées du fabuleux labyrinthe, à côté d'une petite église, le Pirate Bar est une véritable institution « franco-grecque » de la vie nocturne à Parikia ! Tenu par Isabelle et ses deux enfants dans une ambiance résolument cosmopolite, l'endroit rempli de charme nous transporte avec légèreté pour passer un bon moment en amoureux, ou jusqu'au bout de la nuit pour y rencontrer les saisonniers qui en ont fait leur quartier général. Carte de cocktails maison à base de plantes et de fruits frais pleine de créativité.

CORALLI RESTAURANT €€

Sur le front de mer.

✆ +30 697 669 9950

www.coralliparos.com

A partir de 20 € par personne. Ouvert midi et soir.

© CORALLI

Coralli Restaurant est une jolie surprise sur le front de mer. Côté carte, cette bonne table affiche des tarifs convenables et un menu bien exécuté qui s'adresse à tous les goûts : entre du poisson au kilo, des fruits de mer (des moules à toutes les sauces), des mezzes traditionnels et des pâtes. George, le propriétaire, part pêcher tous les matins depuis des années et propose donc du poisson frais de la meilleure qualité à ses clients. Par ailleurs vous recommandons vivement les moules au fromage cottage, c'est une pure merveille !

PUNTA

A 8 km au sud de Parikia, ce port est surtout utilisé par les bacs qui font les allers-retours quotidiens vers et depuis Antiparos même si depuis Parikia un caïque fait également le trajet. Il faut compter 30 minutes et 5 € pour la traversée. Environ 10 départs par jour, juste à droite de l'embarcadère principal (en regardant vers la mer). Très pratique pour enchaîner directement vers Antiparos en arrivant au port de Paros ou pour une journée d'excursion depuis Parikia. Le village mérite aussi qu'on s'y arrête et garde quand même une petite spécificité bien à lui : le spot de Punta est l'un des plus réputés en Europe pour le kitesurf.

VALLÉE DES PAPILLONS ★

A moins de 5 km à l'est de Punta

✆ +30 22840 91211

www.butterfliesparos.com

butterfliesnatureparos@gmail.com

Ouvert entre juin et septembre de 9h à 20h.

Entrée : 2 €.

A 7 km à l'ouest de Parikia. La vallée des papillons ou Petaloudes est en fait un jardin privé traversé de petits sentiers et à la riche et abondante végétation où des papillons triangulaires orange et noirs viennent se reproduire par centaines de juin à septembre. Ayant besoin d'ombre, ils dorment le jour et ne volent que la nuit. Il est donc difficile de les voir… On les appelle Panaxia quadripunctaria (poda), il s'installent par groupe sur le feuillage des arbres et recouvrent la végétation. Une belle halte bucolique avec un snack sur place.

PAROS KITE PRO CENTER

✆ +30 22840 92071

www.paroskite-procenter.com

Ouvert de 8h à 21h (9h-19h le dimanche).

Le village garde quand même une petite spécificité bien à lui : le spot de Punta est un des plus réputés en Europe pour le kitesurf. Il est depuis 2005 sur la liste des spots mondiaux et a déjà accueilli deux fois les championnats du monde de la PKRA, l'association des professionnels de kitesurf. Le centre propose des cours individuels ou collectifs (deux personnes maximum), ainsi que de la location de matériel. Les eaux peu profondes et le vent permanent en font un spot idéal pour tous les niveaux, même pour initier des débutants.

NAOUSA ★★★

Le port est vraiment pittoresque, l'un des plus beaux de Grèce, et les plages de sable sont parmi les meilleures de l'île. Les bateaux de pêcheurs sont saisissants de couleurs vives et variées qui contrastent avec la luminosité de la mer bleue et du ciel ensoleillé. Victime de son succès en haute saison, Naoussa est la deuxième ville touristique de Paros, et bien qu'elle attire une foule « branchée », ne vous privez pas d'une visite. Dans la baie, les criques de Kolimbithres sont les plages les plus célèbres de Paros. Autre option que nous vous proposons ici : loger à Ambelas, un village de pêcheurs niché à 5 kilomètres au sud de Naoussa. L'ambiance y est plus calme !

PLAGE DE SANTA MARIA ★

Il s'agit en fait de deux plages de sable blanc qui se succèdent. Vous y aurez une vue dégagée sur les îles voisines et les véliplanchistes qui s'en donnent à cœur joie quand le vent le permet. En partant de la plage, allez chez Maria Katourna, une Grecque qui habite tout près de la plage et passez votre commande pour votre dîner : bouillabaisse, langouste… Si vous prenez les pistes menant de Santa Maria à Ampelas puis à Marmara, vous découvrirez une multitude de petites criques toutes plus jolies les unes que les autres et encore souvent désertes.

PLAGE DE KOLIMBITHRES ★★

Dans la baie de Naoussa, les criques successives de Kolimbithres, qui signifie « les piscines » en français, sont les plages les plus célèbres de Paros et donc forcément parmi les plus fréquentées. Venez tôt pour profiter des blocs de granit aux formes surprenantes qui la bordent, sculptés en d'étranges formes lissées par la mer et le vent au fil des siècles. Et des eaux claires caractéristiques de Kolimbithres, sans la foule. Parasols et transats à louer et cafés sur place. Beaucoup la considèrent comme l'une des plus belles plages de Grèce.

ATLANTIS HOTEL €

✆ +30 22840 51340

www.atlantis-hotel.info

Chambre double entre 50 et 90 € selon la saison. Compter 15 € de plus pour le petit déjeuner maison.

Un charmant hôtel un peu dans son jus, mais dans un emplacement fabuleux donnant sur le port. Juste devant le pittoresque port de pêche de Naoussa et à 200 m de la plage de Piperi, l'établissement propose 30 chambres. Belle piscine avec bain bouillonnant et bar. Location de voitures (les prix sont réduits en cas de longs séjours). Le site propose aussi des prix pour les réservations de dernière minute. Le petit déjeuner est en option, mais c'est une savoureuse idée, dans le jardin au bord de la piscine. À distance de marche aussi des restaurants du village.

Plage de Kolimbithres.

CAVOS HOTEL €

✆ +30 22840 51367
www.hotelcavos.com
Chambre double à partir de 80 € en été, petit déjeuner inclus.

Situé un peu à l'écart de l'agitation du port, l'hôtel Cavos est un établissement en activité depuis la fin des années 1970, mais qui a été relancé et modernisé par Philippe, un français qui a quitté Paris pour s'installer en Grèce il y a plusieurs années. Très investi et accueillant, il a rénové les lieux et apporté sa touche B&B originale. On se sent presque à la maison ! L'endroit est proche de la plage d'Agia Anargiron. Une bonne petite adresse avec un très bon rapport qualité-prix. Charmant hôtel au calme, tout près du centre du village.

AELLA RESIDENCE €€

✆ +30 22840 51829
www.aella-paros.gr
Chambre double à partir de 115 € avec petit déjeuner en été.

Voici un hôtel idéalement situé, à 10 min à pied du centre de Naoussa et de tous ses restaurants et activités. Vous y trouverez 16 chambres et suites élégantes, dans un bel environnement légèrement à l'extérieur du centre et donc parfaitement au calme. Idéalement situé à équidistance du port et de la plage d'Aghios Anargiri, cet établissement confortable a opté pour la pureté et le chic du blanc et des matières brutes. La belle piscine est au cœur d'une agréable terrasse où vous pourrez lézarder des heures durant en toute tranquillité.

MARGARITA STUDIOS €

✆ +30 22840 52362
www.margaritastudios.com
Studio pour 2 à 75 € en été. Petit déjeuner : 6 €.

Excellente adresse pour famille située à 3 km à l'est de Naousa, à 400 m du port de pêche d'Ambelas. Récemment rénovés, ses 17 studios traditionnels et 3 suites modernes sont entièrement équipés et possèdent un balcon ou une terrasse privée. Vue sur la mer (sauf au rez-de-chaussée). Les suites, de style contemporain, ont un charme particulier notamment grâce aux lits construits sur des pierres locales. Restaurant réputé et belle piscine avec vue sur la mer, dont une pour les enfants. Grand parking et accès pour handicapés. La plage la plus proche est à 200 m.

FOTILIA €€

Agioi Anargiroi
✆ +30 22840 52581
www.hotelfotilia.gr
Chambre double à partir de 80 € en été.

Cet hôtel de charme allie tous les éléments d'une architecture cycladique classique (voûtes, crépi immaculé, tour, terrasse) au confort le plus moderne avec sa piscine. Coup de cœur pour le moulin aménagé en superbe appartement à louer ; charme, confort, simplicité et originalité sont merveilleusement alliés. Idéal pour une lune de miel. Dirigé par un charmant Grec francophone. Il y a 14 chambres, 3 studios et 1 appartement. L'hôtel est situé à 150 m de la mer, près d'une plage de sable fin, et le centre-ville n'est pas très loin.

PAPADAKIS €

✆ +30 22840 51269
www.hotel-papadakis.gr
Chambre de 80 à 150 € selon la période, avec le petit déjeuner.

Sur les hauteurs de Naousa, à 10 minutes de grimpette du port, ce charmant hôtel se mérite. Mais vous ne le regretterez pas. Très fréquenté (apparemment) par les Français, c'est l'hôtel avec l'une des meilleures vues de la ville. L'hôtel, à taille humaine, a été récemment rénové. Belle déco, propreté, proximité de la ville... Les chambres sont vastes et peuvent parfois loger plus de deux personnes. Ses deux cloches encastrées dans les murs rappellent l'architecture des anciens monastères. Le petit déjeuner maison est aussi excellent.

FYROGENIS PALACE HOTEL €€

Ambelas. ✆ +30 22840 51119
www.fyrogenispalace.gr
16 chambres. Chambre à partir de 50 €, prix augmentant selon la période et la catégorie.

Situé à Ambelas (à droite du port de pêche), 3 kilomètres du centre de Naoussa, presque sur la plage même (150 mètres environ), cet hôtel offre une belle vue sur la mer Egée. Les appartements sont très bien équipés. Sèche-cheveux et fer à repasser sont même disponibles sur demande, pour se sentir un peu comme chez soi. Mais surtout, avec son grand jardin et ses deux piscines (sur mesure, pour les adultes et pour les petits), cet endroit spacieux est idéal pour les familles. Il dispose aussi d'un snack-bar et d'une petite bibliothèque.

HOTEL CONTARATOS BEACH €€

✆ +30 22840 51693

www.contaratosbeach.gr

Chambre double à partir de 120 € en été, petit déjeuner inclus.

L'hôtel est idéalement situé. Il suffit de traverser la route pour être à la plage. Et le centre de Náoussa n'est qu'à 10 minutes de marche. Cet établissement au style cycladique propose un mélange de moderne et de traditionnel. C'est calme, propre et bien entretenu. On y trouve une superbe piscine, un bain à remous, restaurant de cuisine grecque, buffet-bar, courts de tennis, TV satellite, Internet sans fil… Vous y trouverez des chambres avec balcon ou une terrasse. La plage est à vos pieds et les chaises longues sont gratuites.

KANALE'S ROOMS & SUITES €€

✆ +30 22840 52044

www.kanales.gr

26 chambres et 8 suites. La double à partir de 90 € en été, avec petit déjeuner.

A proximité de la plage de Piperi et à 5 min de marche du port de Naoussa, Kanale's propose des chambres et suites confortables au style cycladique, la plupart avec vue mer. Elles sont disposées sur plusieurs niveaux autour d'une piscine atypique, d'un restaurant de qualité et d'un bar lounge sur le toit. Une offre complète de qualité. Arrêt de bus à 70 m. Le petit-déjeuner est aussi excellent, servi sur une terrasse en hauteur avec vue sur la mer. Si vous êtes en demi-pension, le chef vous régalera les papilles et le service est impeccable.

SWISS HOME HOTEL €€

✆ +30 22840 51633

www.swisshome.gr

Chambre double à partir de 100 € en été, avec petit déjeuner.

A 2 km du village de Naoussa, l'hôtel d'architecture cycladique propose des chambres spacieuses. Il dispose d'une jolie vue panoramique sur la baie et d'une magnifique piscine. Les chambres sont équipées d'un balcon. Au restaurant, petit déjeuner traditionnel grec et délicieuses spécialités locales d'Anna à des prix raisonnables. Les propriétaires, francophones, vous donneront plein d'informations pour découvrir l'île. Parking, serviettes de plage, et sur demande, transferts port ou aéroport, locations de scooter ou voiture, laundry, baby-sitting, massage.

TAO'S RESTAURANT €

✆ +30 22840 28882

https ://taos-greece.com/restaurant/

A partir de 15 € par personne. Ouvert toute l'année.

Exotique et décalé, vu le cadre. Ce restaurant asiatique tient une place importante, comme un carrefour où tout le monde passe et s'attarde un peu à n'importe quelle heure de la journée. On y propose des plats à base de poulet, de poisson, de porc, de riz, de nouilles. Mais surtout, la majorité des ingrédients sont cultivés sur place de façon biologique. Recyclage tant que possible et récupération de l'eau de pluie pour divers usages. Ambiance zen pour un dîner sur la terrasse face à la mer et à l'île de Naxos... On se croirait au bout du monde !

KARINA €€

✆ +30 22840 51038

www.karina-paros.gr

Environ 20 € par personne. Ouvert tous les jours midi et soir.

C'est l'une des meilleures tavernes grecques de l'île. Menu riche et inventif grâce à l'inspiration de Yorgos qui œuvre en cuisine avec talent. Il propose quelques plats traditionnels grecs mais surtout des spécialités maisons : goûtez ses « Fava » aux oignons caramélisés et menthe fraîche ou les betteraves au fromage de chèvre et noix. Carte en français. La sympathique Karine (francophone) se lève tôt pour rapporter les meilleurs produits du marché. Laissez un peu de place pour le dessert car ils sont tout aussi bons. Très bon marché. Plats à emporter.

MEDITERRANEO €€

✆ +30 2284053176

Ouvert tous les jours de midi à minuit. Comptez 20 € par personne.

Le Mediterraneo est une ouzerie améliorée qui se spécialise dans les *mezzes* de poissons et fruits de mer. Ouzerie améliorée parce que les produits sont ici d'une fraîcheur incomparable et que les plats proposés ne se limitent pas aux classiques qu'on a l'habitude de voir. Les produits sont utilisés avec inventivité et on en redemande. Situé dans la partie plus tranquille de la marina, avec vue sur les yachts. Les plats locaux sont vraiment ici tous aussi bons les uns que les autres : souvlaki, calamars, moussaka, spaghettis aux crevettes, etc.

Le village de Naousa.

OPEN GARDEN €€

✆ +30 22840 51433
opengarden.gr
Environ 20 € par personne avec le vin. Ouvert tous les jours, midi et soir.

En 2013, le restaurant a quitté le quartier de Potami et s'est installé dans le quartier d'Agios Spyridonas. Sa cuisine créative aux saveurs grecques et méditerranéennes ne cesse de surprendre : Elda Molla utilise au quotidien des ingrédients naturels frais, venus tout droit de son jardin, et sert parfois elle-même sa cuisine, à l'ombre des jasmins et des citronniers où il n'y a qu'une quarantaine de chaises. Il vaut donc mieux réserver. Atmosphère calme, lumière tamisée, décoration cycladique et minimaliste. On y parle le français et on cultive du vin biologique.

AGOSTA

✆ +30 694 571 1207
Ouvert tous les soirs à partir de 20h et jusqu'à 5h du matin.

Les options pour sortir et boire un verre ne manquent pas : Naoussa est réputée dans tout Paros et au-delà pour ses bars branchés où, ici non plus, vous n'échapperez pas à la mode du cocktail ! Ce bar-club au décor moderne est un incontournable de la vie nocturne locale. Sur deux niveaux et avec une petite terrasse qui donne sur le port de Naoussa, vous y passerez des soirées mémorables avec toute la jeunesse branchée de l'île. Ambiance calme et paisible en début de soirée puis la salle s'enflamme plus tard dans la nuit.

SOSO €€

✆ +30 697 487 8281
Ouvert tous les soirs de 19h30 à 1h du matin. Comptez 25 € par personne.

Original, délicieux, élégant et généreux : voici peut-être l'une des meilleures tables de l'île. Kalypso – Soso pour les intimes – est une formidable cuisinière qui a ouvert ce bijou de restaurant dans une ruelle de Naoussa, dans un cadre enchanteur sous une treille, un peu à l'écart du monde. Les quelques tables qui s'étalent sous le bougainvilliers sont souvent prises d'assaut, donc il est recommandé de réserver si vous voulez goûter à sa cuisine qui mêle traditions pariennes et créativité. Au final, le résultat est réellement savoureux.

SOUSOURO

✆ +30 2284 053113
Ouvert tous les jours de 9h au dernier client.

Au croisement de deux ruelles, le Sousouro propose une charmante terrasse sous de magnifiques bougainvilliers. Ce café-bar est réputé pour trois choses : son petit déjeuner servi le matin, sa sélection musicale pointue tout le temps et ses cocktails le soir. Ne ratez pas les *smoothies* frais du matin et les créations alcoolisées le soir. Attention cependant : les places sont chères sur la petite terrasse qui s'étale dans l'allée. On vient regarder le défilé des estivants en sirotant un verre dans une ambiance un peu *arty* et bohème chic.

CYCLADES CENTRALES

AMBELAS

Ce village de pêcheurs est niché à 5 kilomètres au sud de Naoussa. L'ambiance y est radicalement différente et plus calme ! Le village, tout petit, se réduit à son port et ses quelques tavernes. Mais c'est tranquille et absolument ravissant. Même si vous logez à Naoussa, vous pourrez notamment aller manger chez Thalami, la petite pépite du nord-est de Paros, dont tout le monde se passe le nom à l'oreille. Ambiance locale et chaleureuse, des prix abordables, vue sur la mer et Naxos, poisson frais pêché par les petits pêcheurs locaux. Bref, on retrouve ici un parfum de Grèce authentique et c'est délicieusement bon, dans tous les sens du terme.

LEFKES ★★★

A 300 mètres d'altitude, l'ancienne capitale de Paros, dans un écrin de verdure et de terres, offre une vue splendide sur les collines et la côte lointaine : un emplacement stratégique pour se préserver des assauts réguliers des pirates pendant la période byzantine et ottomane. Montagneux et pittoresque, le village est aujourd'hui un témoignage vivant de l'architecture traditionnelle de Paros avec ses moulins à vent et ses pigeonniers, ses ruelles étroites et ses maisons anciennes. Il s'agit du village le plus authentique de l'île. Baladez-vous dans ses petites rues en pente, dominées par l'incontournable église Aghia Triada. Un charme fou !

MARGARITA STUDIOS €€

✆ +30 22840 52362

www.margaritastudios.com

Studio entre 66 et 130 €. Petit déjeuner : 6 €.

Les 17 studios traditionnels et 3 suites modernes sont entièrement équipés et possèdent un balcon ou une terrasse privée. Vue sur la mer (sauf au rez-de-chaussée). Les suites, de style contemporain, ont un charme particulier notamment grâce aux lits construits sur des pierres locales. Belle piscine avec vue sur la mer, dont une pour les enfants avec aire de jeux. Grand parking. Accès Internet sans fil gratuit. Calme. Accès pour handicapés. Restaurant réputé avec possibilité de cours de cuisine sur un ou six jours. La plage la plus proche est à 200 m.

BLUE OYSTER €€

✆ +30 2284 052707

Voici une adresse très sympa que nous vous conseillons. Elle a été ouverte l'année dernière dans le petit village côtier d'Ambelas. Vous la reconnaîtrez à sa terrasse ombragée avec le bel olivier en son centre. Associé au bruit des vagues, vous trouverez ici forcément une belle sérénité particulière. On y sert une cuisine méditerranéenne de qualité, où les fruits de mer sont à l'honneur. La carte des vins est particulièrement riche et fait la part belle aux cépages grecs. Yannis, le propriétaire, saura vous conseiller au mieux.

ÉGLISE AGHIAS TRIADA ★

Cet imposant édifice de marbre parien, construit durant la première moitié du XIXe siècle, domine tout le village de Lefkes. C'est la deuxième plus grande église de Paros par la taille, elle est dédiée à la Sainte Trinité et achevée en 1835. Elle mérite une petite halte car elle compte deux clochers en marbre blanc, et de par son architecture exemplaire, elle est même classée monument historique. Sur place, contournez-la pour découvrir un superbe cimetière en terrasses où les pierres tombales en marbre dégringolent dans la plaine côtière.

VILLAS BYZANTINO €€

✆ +30 22840 23187

www.paros-accommodations.gr

Villa à partir de 90 € la nuit.

Ce petit complexe de deux villas de style traditionnel est bien loin du bruit de la ville. Les Villas Byzantino donnent sur la célèbre église byzantine d'Aghia Triada. Les deux maisons sont entièrement équipées et comprennent cuisine, séjour, vérandas ou balcons privés, Internet sans fil, air conditionné... Vous pourrez profiter du bain à remous, d'une vraie cuisine équipée, d'un salon confortable et des chambres très agréables. L'établissement propose des excursions guidées, des services de garderie pour bébé, et sert aussi des repas sur demande.

MOON & STARS €€

✆ +30 693 461 6332
https://www.parislondonparcs.com/fr/appartement-location-paros-84-103174199.html
De 65 à 110 € la nuit selon la période.

© PARIS LONDON PAROS

Au cœur de l'authentique village de Lefkes, posez-vous dans ce duplex entièrement refait à neuf et composé au rez-de-chaussée, d'une chambre avec belle hauteur sous plafond et d'une salle de douche. A l'étage une cuisine aménagée et équipée ouvre sur une belle terrasse à l'abri des regards et bénéficie d'une magnifique vue sur l'église Aghia Triada et la mer. Profitez de cette expérience permettant d'apprécier Paros sous un angle plus rural depuis l'intérieur des terres, le tout dans un village typiquement cycladique.

O KLARINOS €

✆ +30 2284041608
Ouvert tous les jours de midi à minuit. Comptez 15 € par personne.

Cette taverne familiale met la cuisine traditionnelle des terres pariennes à l'honneur. Ici, en effet, la carte n'est pas tournée vers la mer, pour une fois, mais davantage vers les produits de la vallée de Lefkes. Un changement agréable ! Vous goûterez ainsi aux côtes de porc, lapins, escargots et coquelets du propriétaire pour découvrir la vraie cuisine de l'intérieur des terres. Les produits sont d'excellente qualité et ce sera l'occasion de découvrir une carte réellement authentique. Le tout dans un cadre très agréable, entouré de gardénias.

ARANTO €€

✆ +30 2284 044070
Comptez 20 € par personne. Ouvert tous les jours de 13h à minuit.

Avec des vues magnifiques sur Lefkes et la vallée environnante, Aranto ressemble à une taverne grecque basique. Ne vous fiez pas aux apparences : il s'agit de l'un des meilleurs restaurants de tout Paros. Ici vous goûterez à ce que la cuisine parienne offre de mieux, dans un cadre enchanteur et bien loin des touristes qui s'agglutinent sur la côte. L'équipe, jeune et dynamique, propose des produits d'une fraîcheur incontestable, en provenance directe de la ferme. Ils sont cuisinés avec inventivité et recherche. Une vraie bonne adresse.

PARIS LONDON PAROS

✆ +30 693 461 6332
https ://www.parislondonparos.com/

© PARIS LONDON PAROS

Un vrai coup de cœur pour cette agence immobilière qui travaille avec amour et respect pour les îles et ses habitants. Récemment ouverte par un couple de français au cœur du charmant village de Lefkes, cette agence offre une qualité de service irréprochable et saura vous conseiller au mieux pour mener à bien un projet immobilier à Paros et Antiparos. L'équipe a une parfaite connaissance de l'île (après plus de 20 ans sur place) et vous proposera un accompagnement unique et personnalisé, en français, en anglais ou en grec.

MARPISSA ★★

Le village de Marpissa est construit en amphithéâtre sur une petite colline près du mont Kefalos (200 mètres). En haut se dressent le monastère et l'église d'Aghios Antonios (XVIe siècle), l'église byzantine Metamorphosis surmontée d'un toit rouge et un musée qui abrite une centaine d'œuvres du sculpteur grec Nikos Perandianos. En contrebas s'élève le château vénitien (XVIe siècle) et, près de la place centrale, un musée folklorique a vocation à présenter la vie à Marpissa à travers les âges. L'intérieur d'une maison traditionnelle parienne a été reconstitué avec des meubles, outils et vêtements donnés par la population locale.

MUSÉE D'ART POPULAIRE DE MARPISSA

✆ +30 22840 41217

Ouvert tous les jours sauf le lundi en été, de 19h à 21h. Entrée gratuite.

Ouvert en 1997, ce modeste mais charmant musée a vocation à présenter la vie à Marpissa à travers les âges. Sans remonter jusqu'à la Préhistoire, il décrit bien la vie au XIXe siècle. L'intérieur d'une maison traditionnelle parienne a été reconstitué. On y trouve donc des meubles, outils et autres vêtements donnés par la population locale. Sur le papier, ce petit musée est seulement ouvert en été mais il reste la possibilité d'y aller hors saison en appelant avant.

PISSO LIVADI ★★

À 21 km de Parikiá et 2 km de Marpissa se trouvent le petit village de pêcheurs de Pisso Livadi et la plage de Logaras. Vous pouvez y passer de bonnes vacances tranquilles et vous gorger de soleil et d'eau salée. Le port de Pisso Livadi abrite quelques caïques de pêcheurs qui alimentent tous les jours les tavernes en poissons frais. Une petite plage bordée de pins se trouve dans le prolongement du port. Un peu plus loin, Logaras est une belle plage de sable fin de 400 mètres réputée pour sa propreté et la beauté de ses eaux (drapeau bleu). Au sud de Piso Livadi, on se dirige vers de nombreuses et superbes plages comme la Golden Beach…

AKTEON HOTEL ET STUDIOS €

Logaras. ✆ +30 22840 41098

www.akteonhotel.gr

Chambre double à partir de 65 € en été. Petit déjeuner en supplément.

Idéalement positionné, il vous sera très facile de sillonner Paros en faisant de ce lieu celui de votre villégiature. Cet établissement propose des chambres spacieuses et confortables bien que simples et sans fantaisie. L'ambiance y est familiale. Il donne sur la plage de Logaras. La plage n'est pas la plus jolie, mais l'ayant face à vous, vous ne pourrez qu'y succomber. Il y a aussi un grand studio pour quatre personnes avec une superbe terrasse. Wi-fi gratuit à la réception. La gentillesse de la famille qui gère l'établissement est un joli plus.

CAMPING CAPTAIN KAFKIS €

✆ +30 22840 42452

www.camping-kafkis.com

8 € par adulte (4 € par enfant) et de 6 à 8 € par tente.

A 600 m du port sur la route menant de Marpissa à Pisso Livadi. Le camping Captain Kafkis se trouve entre le village de Marpissa et le joli port de Pisso Livadi. Dans un cadre de verdure fait de palmiers, d'eucalyptus, d'hibiscus et de bougainvilliers, Patricia et Pierre-Olivier, gérants français, vous accueilleront dans un petit camping qui met à disposition des campeurs une cuisine équipée avec des réfrigérateurs, des plaques de cuisson et tout le matériel pour cuisiner. Grandes tentes à la location, avec de vrais matelas et des oreillers moelleux.

HOTEL SAN ANTONIO €

✆ +30 22840 41511

www.sanantonio.gr

Chambre à partir de 80 € en été selon la période et la catégorie, petit déjeuner compris.

Cet hôtel est bien situé, à proximité immédiate d'un charmant petit port où vous aurez l'embarras du choix des bars et restaurants. Au choix ici, des chambres fonctionnelles avec un petit frigo, un balcon (et en général une vue), ou des studios. Petit déjeuner buffet. La piscine du complexe est neuve, même si on n'est qu'à 50 m de mer. Et c'est en plus facilement accessible en bus. Un personnel d'une incroyable gentillesse et d'un rare dévouement et un petit déjeuner copieux. Accueil chaleureux avec un personnel vraiment soucieux de sa clientèle.

STUDIOS ANNA €

Sur le port.
✆ +30 22840 41320
www.annasinn.com
Studios pour deux à partir de 50 €.
À quelques minutes des plages, des restaurants et de tout le nécessaire, l'emplacement, déjà, est assez idéal. Une belle offre de sept studios et de cinq appartements pour les familles avec une belle terrasse à disposition pour bronzer ou se baigner. Sur place, de belles chambres avec un réfrigérateur et l'accès à une cuisine équipée. Attention, même si tous sont agréables, tous n'ont pas vue sur mer. Mais au final, on retient des studios très fonctionnels à deux pas de la mer, la cuisine équipée et le ménage chaque jour. Idéal pour un séjour à Pisso Livadi !

HALARIS OUZERIE €

✆ +30 22840 43257
À partir de 15 € par personne. Ouvert toute la journée.
Une belle surprise et un lieu absolument bondé. L'assortiment de mezzes est délicieux et tellement copieux qu'il suffit presque pour un repas à deux. Mais il serait dommage de ne pas profiter de l'entrée aux oursins par exemple : succulente ! Des plats classiques, quelques surprises mais surtout des produits frais de qualité. Le service est extrêmement sympathique et sans chichis. Belle et agréable terrasse sur le quai du port. Et à la fin des prix modérés. Le dessert est offert en général (un yaourt grec ou une glace) et le personnel est d'une grande gentillesse.

MARKAKIS €

Port
✆ +30 2284 042177
http ://markakisrestaurant.gr
A partir de 15 € par personne. Ouvert toute la journée.
Très bon restaurant, superbement placé sur le petit port de Piso Livadi, tenu par la famille Markakis. Cuisine grecque délicieuse, service impeccable. Les produits proposés sont des plats grecs traditionnels avec notamment un grand choix de poissons très frais et bien préparés. Caviar d'aubergine, tarama, beignets de courgettes ou calamars grillés... Pensez à réserver, car c'est plein presque tout le temps. Dessert et verre de raki souvent offerts à la fin du repas... Les prix restent raisonnables pour une cuisine excellente.

DRIOS ★★

A 26 kilomètres du port, le village côtier, proche de belles plages de sable, permet de vous désintoxiquer de la bruyante capitale. Drios est également une base pour les véliplanchistes et le point d'accès aux plages de Golden Beach. Au nord de Drios, superbe plage dorée de 1 km de longueur où vous pourrez pratiquer tous les sports nautiques. Golden Beach et New Golden Beach dans le prolongement. Ce sera le lieu de villégiature intéressant pour alterner entre le charme paisible de cette station et les infrastructures de Golden Beach, au nord de Drios, considérée comme l'une des meilleures plages de Paros, notamment pour la planche à voile.

BOUDARI HOTEL & SUITES €€

✆ +30 22840 41785
www.boudari.com
30 chambres. La chambre double standard entre 95 et 135 € en été avec petit déjeuner.
Bel ensemble de bungalows, suites, appartements et chambres avec accès direct à la petite plage de Boudari. Excellente situation et cadre pittoresque à proximité de la magnifique plage dorée de Golden Beach. Deux piscines, bain tourbillon, sauna, salle de gym. Des suites de luxe ont été récemment construites à même la plage (avec bain tourbillon et vue directe sur la mer). Excellent restaurant à la carte. Les prix varient du simple au double selon la semaine et la vue, mais aussi de l'équipement. Prendre un studio avec une cuisine peut être un bon calcul !

GLYFA VILLAGE RESORT €€

Sur la plage de Glyfa.
✆ +30 22840 22510
www.glyfavillage.gr
8 appartements à partir de 80 € en été, selon la catégorie et la période.
Dans un coin tranquille au cadre magnifique à 100 m d'une belle plage presque déserte, des appartements spacieux avec une grande terrasse face a la mer. Propreté impeccable et personnel et propriétaire charmants. Ces beaux appartements indépendants mesurent 45 m^2 et sont tout équipés, et à louer à des prix très abordables. Balcons, vue sur la mer, air conditionné, TV satellite, téléphone, salle de bains en marbre, parking, laverie... Propre, non sans charme. Idéal pour les familles en quête de calme. A noter : un accès pour les personnes à mobilité réduite.

KIMA €€

✆ +30 22840 41180
https ://www.kimaparos.com/
Ouvert matin midi et soir. A partir de 25 € pour un repas complet avec boisson.

Un magnifique restaurant à la décoration soignée et au design moderne. Côté cuisine, là aussi la barre est haute. Une cuisine grecque et méditerranéenne traditionnelle, mais souvent revisitée avec une touche de modernité. Les plats sont réussis et travaillés, les salades sont copieuses. Les aubergines Napoléon, pour ne donner qu'un exemple, sont tout simplement succulentes. Petros et son frère Michalis, les propriétaires, pariens d'origine, se fournissent exclusivement auprès des producteurs et pêcheurs locaux et sélectionnent les meilleurs produits.

ALYKI

Situé sur la pointe sud de Paros, vous vous régalerez de grillades et de fritures dans les quelques tavernes de ce village de pêcheurs. A la sortie d'Alyki, direction Parikiá, vous découvrirez le musée d'arts populaires Skorpios. Vous pourrez y voir des miniatures en granit et en marbre sculptées par Skiadas, ex-marin pêcheur autodidacte devenu artiste reconnu et primé. Vous y reconnaîtrez le fameux monastère d'Amorgos tout comme un moulin de 1,20 mètre de haut, dont tous les détails intérieurs ont été respectés, et qui fonctionne véritablement. Alyki est également connu pour ses fonds marins que l'on découvre en faisant de la plongée.

IKIA STUDIOS €

✆ +30 22840 91394
www.ikiastudios.com
Studio à partir de 70 € en été.

A 2 minutes à pied de la plage d'Alyki, les 9 appartements sont confortables et équipés d'air conditionné, télévision, cuisinette et terrasse privée sous pergola. Agréable jardin avec des palmiers et plantes aromatiques. Possibilité de faire des grillades. Encore deux plages aussi accessibles à pied : Pisso Alyki et Agios Nikolaos, tandis que celle de Farangas est à 5 minutes en voiture. En prime : Anna parle un excellent français et saura vous donner des conseils de pro. Transfert proposé avec supplément, sinon l'arrêt de bus n'est pas loin, près de la pharmacie.

AGRIKIA €€

✆ +30 69441 35996
www.agrikia.com
Pour deux de 70 à 140 €, selon la période et le studio. Petit déjeuner compris.

Un petit paradis où l'on parle français. Muriel avait toujours rêvé de s'occuper d'un petit hôtel, et voilà aujourd'hui son souhait exaucé avec Marcello, également designer et photographe, et leur résidence de 8 chambres charmantes, calme et d'accès facile. Les hôtes peuvent vous aider à organiser une location de voiture et de scooter à partir de Parikia ou de l'aéroport voisin. Chaque chambre a sa propre terrasse avec vue ou accès sur le jardin. Possibilité de louer un studio pour les familles. Le petit déjeuner est servi à l'ombre des oliviers.

PAROS LAND HOTEL €€

✆ +30 22840 92170
www.paroslandhotel.com
Chambre double à partir de 70 € en été, avec petit déjeuner.

Niché au milieu d'un champ d'oliviers, non loin de la plage et du petit village d'Aliki, cet hôtel de standing est un havre de paix. Aussi bien destiné aux couples qu'aux familles, en quête de tranquillité et d'un environnement confortable, l'hôtel dispose d'une superbe piscine, d'un restaurant de qualité tendance produits locaux et d'un bar extérieur, ainsi qu'une multitude de services annexes. Le petit déjeuner buffet est grec et authentique. Les propriétaires gèrent également pas très loin, « Evi Rooms », une pension de très bon goût.

TO MOURAGIO €€

Sur le port.
✆ +30 2284091165
Ouvert tous les jours midi et soir. Comptez 15 € par personne.

Au bord de la mer, à la fois ouzerie, taverne et restaurant de fruits de mer, au Mouragio d'Aliki on baigne pleinement dans l'ambiance de Grèce méditerranéenne et on en redemande. Cuisine familiale depuis trente ans, ils vont pêcher le poisson eux-mêmes, en bateau, chaque matin. Les meilleurs jours, il y aura du homard que vous pourrez vous-même choisir dans l'aquarium. En outre, pour accompagner votre ouzo, une grande variété de mezzés est également proposée à la carte. Une adresse très humble, où le personnel est délicat et généreux.

GOLDEN BEACH ★★★

Golden Beach, située au sud de Parikia, est considérée comme l'une des meilleures plages de Paros. Golden Beach - ou Chrissi Akti - est une longue plage de sable doré s'étendant sur 700 mètres, célèbre chez les véliplanchistes pour ses conditions de vent idéales. Chaque année, en août, la Coupe du monde de planche à voile professionnelle est organisée ici, rassemblant de nombreuses célébrités de la planche à voile. Golden Beach est entièrement équipée et propose de nombreuses installations de planche à voile. De nombreux hôtels, appartements et chambres à louer sont disponibles dans la région. Ses plages sont accessibles depuis la route asphaltée par des bus locaux.

GOLDEN BEACH HOTEL RESTAURANT €€

✆ +30 22840 41366
www.goldenbeach.gr
30 chambres. Chambre à partir de 80 € avec le petit déjeuner.

Charmant hôtel situé sur la plage même de Chryssi Akti, proposant 30 chambres et quelques appartements dont la plupart surplombent la mer. Mise à disposition d'équipement de plongée. Atmosphère décontractée, les pieds dans l'eau. Chaises longues gratuites dans le jardin fleuri autour d'un vieux figuier. Le restaurant sert une cuisine traditionnelle à base de produits provenant de la ferme des propriétaires. Le poisson frais est pêché par les pêcheurs locaux. Parking.

HOTEL PAROS PHILOXENIA €€

✆ +30 22840 41778
www.parosphiloxenia.gr
Forfaits proposés à la semaine avec, au choix, du matériel de surf ou une location de voiture inclus.

Les 42 chambres, suites et bungalows sont équipés de balcon avec une belle vue sur la mer. Situé à 2,5 km de Marpissa, les pieds dans le sable, juste devant la plage de Tsardakia, c'est une alternative de choix pour profiter d'un séjour au calme. L'hôtel est très agréable, verdoyant et spacieux, et dispose en plus d'un bar avec piscine. Vous aurez également la possibilité de participer à des cours de fitness et de yoga, et même de jouer au ping-pong ! Pour information, cette plage offre le meilleur spot de voile de l'île.

PAROS DIVERS

✆ +30 69808 71077
https ://www.parosdivers.com/

Ce centre de plongée propose des sessions pour tous niveaux. Pavlos, instructeur certifié PADI et SSI, propose 17 sites de plongée à Paros, dont certains parmi les plus beaux des Cyclades. Un large éventail de découvertes vous y attend, entre grottes, récifs foisonnants, cavernes et autres épaves de la Deuxième Guerre mondiale. Il vous sera même possible d'explorer la grotte d'Amphitriti (réservée aux plongeurs expérimentés...). Plongées limitées à 5 personnes. Équipements fournis. Possibilité de cours de plongée privés pour certificat on PADI et IANTD.

PAROS SURF CLUB

New Golden Beach
✆ +30 22840 41778
www.parosurf.gr
Location de matériel. Cours collectifs et individuels.

Attention, site connu et reconnu ! Sans mentir, le spot du Paros Surf Club à New Golden Beach est l'un des plus réputés dans le monde du windsurf ou planche à voile. Entre 1992 et 2000, le club a même organisé et accueilli le championnat du monde de la PWA, l'association des professionnels de windsurf. Depuis, le club continue d'accueillir compétitions et professionnels mais donne aussi des cours pour les débutants et les niveaux intermédiaires lorsque le vent n'est pas trop fort. Le spot est surtout adapté au *freestyle* et aux vagues.

ANTIPAROS - KASTRO ★★★

La rue principale, bordée de jolies boutiques et de cafés, part d'Agia Marina et traverse le village de part en part, en passant par la place centrale d'Agios Nikolaos que vous reconnaîtrez à son arbre majestueux. Tout le monde se retrouve sur la place au fil de la journée : les anciens le matin pour prendre le café et en fin de journée pour jouer au backgammon ; les plus jeunes pour boire des verres après le dîner et jusqu'à tard dans la nuit. Caché derrière la place, le kastro médiéval est à peine perceptible. En poursuivant vers l'ouest, la rue principale traverse une zone plus résidentielle qui mène enfin à la magnifique plage de Sifneikos Gialos. Impossible de se perdre trop longtemps dans ces rues calmes et piétonnes. L'artère principale du village est le cœur battant de l'île. On s'y promène avec un plaisir toujours renouvelé : en journée pour faire les boutiques ou le soir pour la promenade digestive. On s'y retrouve pour le petit-déjeuner ou le café ou encore des verres en soirée. On regarde le monde passer, on s'y croise et on s'arrête pour discuter. À Antiparos, tout commence et tout finit par la rue principale.

Transports

Depuis Parikiá, à Paros, plusieurs liaisons par jour (30 minutes) et les bateaux ne prennent pas de voitures. Depuis Punta, là où les deux îles sont les plus proches, un bac fait la traversée toutes les demi-heures dans les deux sens entre le petit port de Punta et celui d'Antiparos.

GROTTE D'ANTIPAROS ★★★

Aghios Ionnis

Entrée : 5 €. Ouvert tous les jours en été de 10h à 18h.

Offrez-vous 400 marches et 100 mètres sous terre pour descendre dans les entrailles de cette cave unique. Utilisée comme abri dans la période néolithique, elle devient un centre du culte d'Artémis pendant la période antique. La cave est une succession de chambres et boyaux marqués par des stalactites et stalagmites impressionnantes. L'accès à la deuxième chambre est d'ailleurs gardé par la plus ancienne stalagmite d'Europe (45 millions d'années), gigantesque, et que l'on appelle la Grande Colonne centrale ou « Peloria Kentriki Kolona ». Certaines des stalactites et stalagmites sont gravées de signatures ou inscriptions. L'histoire raconte que le 24 décembre 1673, la grotte reçoit la visite du marquis de Nointel, alors ambassadeur de France à Constantinople. Il s'émerveille tellement devant la beauté naturelle d'une stalagmite géante de 8 m de hauteur qu'il fait célébrer la messe de Noël par le prêtre qui l'accompagne. Depuis ce jour, la stalagmite est appelée « l'Autel » en souvenir de cette messe.

Une légende – qui a été largement contredite depuis – veut que les noms de ceux qui ont conspiré contre Alexandre le Grand soient gravés dans cette grotte, là où jadis ils avaient trouvé refuge. Parmi les signataires célèbres qui ont apposés leurs noms au fil des siècles, on pourra repérer le roi Othon Ier de Grèce et la reine Amalia. Au XVIIIe siècle, certaines stalactites sont détachées et emportées au musée de Saint-Pétersbourg par des officiers russes. D'autres sont détruites par les Italiens pendant la Seconde Guerre mondiale.

De magnifiques colonnes de stalactites à l'intérieur de la grotte d'Antiparos.

KASTRO ★★

Le *kastro* d'Antiparos est bien caché au cœur du village, à proximité de la place principale. Ses murs épais (3 m d'épaisseur) ne sont percés que d'une seule entrée, du côté des fortifications sud. Dans un village aussi petit que celui d'Antiparos, on peut aisément passer à côté du *kastro* sans jamais le repérer et sans jamais y pénétrer ! Ici, le *kastro* n'était pas une forteresse militaire, siège du pouvoir, mais bien un ensemble résidentiel. Sur deux étages, les maisons abritaient l'ensemble de la population locale, une église et de petites courettes extérieures.

PLACE AGIOS NIKOLAOS

C'est le cœur battant de la vie sociale à Antiparos. Sous l'arbre centenaire, on se retrouve dès les premières heures du jour et on s'y relaie jusqu'au milieu de la nuit. Au kafeneio traditionnel, les plus âgés viennent pour le café du matin puis délaissent les lieux pendant l'heure de la sieste, avant de revenir quand la chaleur tombe pour partager une partie de tavli (backgammon). Sur les coups de 18h, vous verrez ainsi des tables et des tables de joueurs concentrés sur des parties endiablées, largement commentées par leurs compères.

AGGELOS RENT A CAR

Sur le port
✆ +30 2284061626
http ://antiparosrentacar.com
Location voitures, quads, scooters, vélos.

Il n'y a pas vraiment de raisons de louer une voiture pendant votre séjour à Antiparos. Le village est d'ailleurs interdit à la circulation. Si vous voulez être le plus flexible et mobile possible avec le minimum d'efforts, alors louer un scooter se révèle largement suffisant. Pour circuler et être libre, vous trouverez sans doute votre bonheur ici. Depuis près de 25 ans, ce loueur offre tout type de véhicules motorisés ainsi que des vélos (VTT, vélos électriques ou vélos de ville). Prix intéressants et service très professionnel.

PLAGES ★★

© CONSTANTINOS ILIOPOULOS - SHUTTERSTOCK.COM

L'île est suffisamment petite pour y louer un vélo. A 10 minutes du port, à Psaralykes, vous pouvez vous baigner. Un peu plus loin, les plages de Theologos avec le camping, Siphneikos Yalos et Diapori. Pour plus d'intimité, il faut aller de l'autre côté de l'île, à Apandima ou Aghios Giorgios. La baie de Despotico est bien protégée des vents. L'îlot de Despotico, ourlé d'une belle plage de sable fin, est désert. N'hésitez pas à en faire le tour en caïque pour aller voir le merveilleux paysage de « rochers sculptés » et la grotte sous-marine d'Epitafio.

CAMPING ANTIPAROS €

Sur la plage d'Aghios Theologos.
✆ +30 22840 61221
www.camping-antiparos.gr
De 6 à 8 € par nuit et par personne, de 3 à 4 € par enfant, 3 € pour une tente, de 4 à 5 € pour une caravane.

Un beau complexe avec une centaine d'emplacements. Témoin des années hippie à Antiparos, le camping a ouvert dans les années 1970 et depuis, sa réputation ne faiblit pas et attire toujours ses fidèles. Dans un océan de verdure, à l'extrémité nord d'Antiparos, sur la plage, le camping est un incontournable de l'île et lui donne son ambiance particulière. Des abris en bambou ont été installés en plus des arbres pour faire plus d'ombre là où elle manquait. Mini-market, restaurant self-service agréable, douches et toilettes et wifi gratuit.

MANTALENA €

✆ +30 22840 61 206

www.hotelmantalena.gr

Chambre double entre 40 et 75 €. Petit déjeuner : 7 €.

Le nom de cet établissement est une référence à un film grec célèbre tourné ici. Les 32 chambres de cet établissement, bien situées près du port, sont la garantie d'un séjour réussi. Dans un jardin arboré et une ruelle calme du village, les chambres doubles et les studios sont confortables et propres. On aime sa situation, proche du port et du centre-ville d'Antiparos. Une excellente affaire qui a ses habitués. Il y a aussi des appartements très bien équipés et pratiques avec une très chouette terrasse commune. Attention : c'est vite complet !

PAROS-ANTIPAROS À LA NAGE

Entre Punta, le port de Paros et Agia Marina, le port d'Antiparos, le canal s'étire sur 1 453 m. Cette précision a son importance le premier samedi de juillet lorsque a lieu la traversée annuelle du canal à la nage. C'est l'occasion d'une grande célébration à Antiparos, point d'arrivée de la course : tout le monde y participe avec un enthousiasme renouvelé chaque année. Ceux qui ne savent ou ne veulent pas nager encouragent les nageurs, préparent les festivités et les banquets et acclament les gagnants de la course. Des caïques encadrent les nageurs durant toute la traversée. Et le soir, toute l'île fait la fête et c'est un grand moment de convivialité. A ne pas rater !

MIKE'S PLACE €

✆ +30 6932 420307

www.mikesplace.gr

Chambre double de 60 à 100 € en été.

Cette agréable *guesthouse* est située quasiment sur la plage d'Agios Spiridon, au nord du port. Au calme, ces chambres et studios confortables et *cosy* offrent un bon rapport qualité-prix. L'endroit est magnifique, les chambres sont parfaites et très élégantes. Beaucoup de clients y cuisinent tous les soirs et profitent des bons bouchers et commerçants à proximité. Bref, c'est un endroit assez idéal pour se détendre, avec beaucoup de choses à voir alentour, même sans voiture, sur cette île facile d'accès. Accueil chaleureux et simple.

PENSION ARGO €

✆ +30 22840 61419

www.argoanti.gr

Chambre double de 40 à 80 €, sans petit déjeuner.

Attention, la famille Viazis ne propose que 9 chambres à ce prix, avec télévision, frigo et balcon. Mais il y a aussi un appartement très économique. Le restaurant, sur place, n'est pas mal avec des prix à l'avenant. Vous trouverez cet hôtel familial à quelques minutes de marche en direction du camping, dans un endroit très calme. En général, Thanasis vient chercher ses hôtes au port à leur arrivée et fera son possible pour vous aider sur place, comme louer un scooter. Tout dans les chambres semble neuf et très propre. Il y a de jolis balcons.

ARTEMIS €€

✆ +30 22840 61460

www.artemisantiparos.com

Chambre double de 50 à 110 € en été. Petit déjeuner en supplément à 8 €.

Un établissement très accueillant et disposant de belles terrasses. L'hôtel est très bien situé, à deux pas de la rue principale d'Antiparos mais très calme. A gauche du port (en regardant la mer) sur le front de mer, toutes les chambres ont un balcon et souvent une kitchenette si vous prenez l'option studio quasiment au même prix. Petit déjeuner à base de spécialités locales. Les chambres sont propres et spacieuses. Un lieu où l'on se sent bien (très bonne literie) avec un service de qualité et un accueil vraiment très chaleureux.

KASTRO ANTIPAROS €€

✆ +30 22840 61011

www.antiparosgreece.com

Chambre double à partir de 80 € en été sans petit déjeuner.

Ce très bel établissement est situé en bordure du village, en direction des plages de Psaraliki. Les chambres sont confortables et jolies et les studios disposent d'une kitchenette pour cuisiner sur place. L'ensemble est très agréable et *cosy*. On aime la belle piscine et son bar où on prendra le temps de siroter un jus ou un verre en soirée. Difficile de trouver à redire tant la localisation, l'équipement et la décoration des chambres sont impeccables. Sans parler de la piscine privée devant certaines chambres, ce qui est un sacré luxe.

KOUROS VILLAGE €€

✆ +30 22840 61084

www.kouros-village.gr

Chambre double à partir de 100 € en été. Petit déjeuner à 8 €.

Ce petit complexe familial est un pilier de l'offre hôtelière d'Antiparos. Tenu par la famille Stavrinidi, cet établissement chaleureux propose des chambres propres et confortables, organisées autour d'une piscine centrale bien agréable. L'hôtel a commencé à rénover ses chambres qui gagnent largement en gamme : design contemporain et élégant, plus d'espace... A chaque nouvelle saison, l'hôtel rénove de nouvelles chambres. Certaines donnent sur la plage d'Agios Spiridon, d'autres ont de larges terrasses sur le port. Possibilité de louer des studios avec kitchenette.

KLIMATARIA €€

✆ +30 2284 061061

Ouvert tous les soirs à partir de 18h. Comptez 25 € par personne.

Voilà une magnifique taverne au milieu des bougainvilliers et très prisée des locaux. La taverne familiale de Klimataria propose en effet une cuisine un peu au-dessus de la moyenne par rapport à une taverne classique. Agréablement installés sous de magnifiques plantes fleuries, dans une petite ruelle adjacente à la rue principale, vous profiterez de la qualité de ce restaurant, garantie par l'exigeant label Aegean Cuisine. Produits frais et parfaitement cuisinés. Vous pourrez opter pour de très bonnes options grillées (viande ou poisson).

LOLLO'S PIZZERIA €

✆ +30 2286 032767

Ouvert tous les jours de midi et jusqu'au dernier client, vers minuit. Comptez 15 € par personne.

Certainement pas un restaurant typiquement grec. Mais après plusieurs jours de vacances dans le coin, on sera souvent content de trouver cette adresse très prisée. Cette pizzeria italienne nous vient directement de Rome : son propriétaire, natif de la capitale italienne, s'est établi ici et a tenu à apporter la meilleure tradition de la *pinsa* dans ses bagages. Vous goûterez donc à la pizza romaine en plein Antiparos, sur le port. Tous les ingrédients utilisés sont d'origine biologique. Une adresse aussi très appréciée des locaux.

BLENDER

Rue principale

✆ +30 2284 062232

Ouvert tous les jours de 8h30 à 23h.

On ne résiste pas à une glace maison faite ici. La pause est délicieuse chez Blender, qui est le dernier-né des cafés d'Antiparos, fondé sur le modèle des delis new-yorkais. On y prend à emporter des jus frais et des *smoothies* au *juice bar*, du café sous toutes ses formes et on peut même y casser la croûte d'un sandwich frais ou d'une salade saine. Le petit menu change tous les jours pour rester le plus frais possible. Vous y trouverez aussi des pancakes, parts de cakes (citron, coco, carrot cake...) et plein de thés différents.

PAVLOS PLACE €

✆ +30 2284 061420

www.pavlosplace.com

Ouvert tous les jours pour le déjeuner et le dîner. Comptez 15 € par personne.

Vous mangerez bien et sainement à Antiparos, culture bohème chic oblige... Et on ne va pas s'en plaindre. Pavlos Place est un établissement familial qui sert une bonne cuisine traditionnelle depuis de nombreuses années. Rien d'étonnant dans la carte avec tous les classiques attendus, mais qui sont réalisés avec succès. Dans une ruelle adjacente à la rue principale, à gauche avant la pharmacie. Le patron adore vous expliquer les plats et poissons du jour présentés à l'intérieur. C'est varié, copieux, et savoureux. Et sans chichis.

ELIA KAFENES

✆ +30 2284 061704

Ouvert tous les jours de 7h30 à 4h du matin.

Au début de la rue principale, sur la gauche en remontant, le café Elia est un incontournable de la vie sociale d'Antiparos. Le matin, on y prend le petit déjeuner, toute la journée on s'y arrête pour faire une pause café ou grignoter quelques tapas et en soirée, on s'y retrouve autour d'un verre. C'est ce qui fait que les cafés et bars d'Antiparos sont particulièrement agréables : on y vient en journée pour papoter et prendre le café, puis en soirée pour papoter toujours, mais en buvant un verre de bon vin ou un cocktail.

SIFNEIKO CAFE

Sifneiko Gialos
✆ +30 22840 61093
http ://sifneikoantiparos.gr
Ouvert tous les jours à partir de 16h.

Le Sifneiko Café est l'un des deux cafés-bars sur la plage de Sifneiko Gialos pour aller voir le soleil se coucher. On préfère cet établissement à son voisin, plus lounge et moins familial. On peut également dîner au Sifneiko qui propose quelques plats italiens. Prenez une table sur la mer vers l'heure de l'apéritif et attendez que le soleil se couche vers l'ouest dans une explosion de couleurs. Un superbe bar pour admirer le coucher du soleil, en écoutant de la bonne musique, en profitant d'un service très chaleureux. À ne pas manquer !

LA LUNA

Un établissement qu'il vous faudra trouver en marchant du côté du camping. Ouvert tous les soirs à partir de minuit.

La Luna est le club mythique d'Antiparos. Ouvert dans les années 1970, cet établissement est un incontournable des nuits estivales locales. Un côté très rétro, une salle minuscule et un bar en plein air font sa réputation. On y vient pour finir la nuit, en cherchant parmi les ruelles désertes qui cheminent entre la rue principale et le camping où se cache la petite maison cycladique de La Luna. Malgré la crise sanitaire, on espère que la Luna saura continuer à faire vibrer les jeunes et moins jeunes habitués d'Antiparos dans les étés à venir.

YAM

✆ +30 22840 61277
www.yamantiparos.gr
Ouvert tous les jours pour le brunch de 9h30 à 15h30 puis en soirée à partir de 19h. Compter environ 25 € par personne.

Ce café-bar-restaurant au *look* et à la clientèle très « branchée-bohème » est situé dans une ruelle adjacente à la rue principale qui mène à la plage de Psaraliki 1. Dans une jolie cour intérieure ombragée, on vient prendre le brunch ou juste le café (ou un thé parmi la large sélection) puis on revient en soirée pour boire des cocktails en grignotant de quoi faire un apéritif dinatoire. Il est également possible de dîner, mais c'est assez cher et le menu reprend les classiques des restaurants hipsters que l'on retrouve partout dans le monde de nos jours.

AGIOS GEORGIOS

A l'extrémité sud, le village de Agios Georgios est une halte intéressante et surtout le point de départ vers l'îlot de Despotiko. Pour y accéder, vous pourrez emprunter le caïque de Captain Sargos qui fait de fréquents allers-retours dans la journée entre le port d'Agios Georgios, Despotiko, la grotte sous-marine d'Epitafio et ses incroyables formations rocheuses et, enfin, la cave des phoques où vous apercevrez peut-être un phoque de Méditerranée. Sur place vous attendent les vestiges de la cité antique de Presepinthos et d'un temple dorique où les fouilles continuent encore aujourd'hui. Et l'îlot est aussi réputé pour ses plages et son eau émeraude.

MORETHANTHIS

Rue principale
✆ +30 697 435 2893
www.morethanthis.gr
Ouvert tous les jours de 11h à 00h30.

Tout le long de la rue principale du village, vous trouverez beaucoup de belles boutiques de déco, mode ou accessoires. Et apparemment chaque magasin semble vouloir rivaliser dans le style bohème chic ! Mention spéciale ici à cette magnifique boutique présente des créateurs grecs exclusivement : designers, bijoutiers, graphistes... Vous trouverez une sélection pointue et de qualité pour de petits objets déco, des accessoires de mode ou du petit mobilier. Un choix assez large de très belles choses. Vous aurez du mal à en faire le tour.

PLAGES DU SUD

Les plages sont accessibles en bus ou en vélo. **Apantima,** sur la côte est, mais protégée des vents, est assez petite et bien organisée avec transats et parasols. Vous y trouverez un club de plage avec bar et taverne. **Soros,** la plus grande plage, est l'une des plus fréquentées. Peramataki, en retrait de la plage, est appréciée des locaux. Vous y mangerez une bonne cuisine traditionnelle. Au sud de Soros s'étire **la péninsule Faneromeni**. Là, vous trouverez de petites criques préservées et les plus belles eaux. Sostis, Faneromeni ou Garbis sont les plus connues.

DESPOTIKO ★★★

Départ en caïque depuis Agios Georgios, 20 € par personne. Entrée libre sur Despotiko.

Direction Despotiko, la grotte sous-marine d'Epitafio et ses incroyables formations rocheuses et enfin, la cave des phoques où vous apercevrez peut-être un phoque de Méditerranée. Certains visiteurs passent la nuit et campent sur l'île.

Vous pourrez visiter les vestiges de la cité antique de Presepinthos et d'un temple dorique où les fouilles continuent encore aujourd'hui. Le plan de la cité et du sanctuaire principal est visible dès que l'on prend un peu de hauteur sur les collines environnantes. Le sanctuaire, très vaste, aurait été en activité du VIIe siècle av. J.-C. jusqu'à la période romaine et aurait été dédié au culte d'Apollon.

Les restes d'un cimetière datant de la civilisation cycladique (âge de bronze) ont également été excavés sur l'îlot et présupposent une présence humaine très ancienne sur ces terres. L'îlot et la cité aurait été abandonnés au cours du Moyen Age, sans que l'on n'ait plus de précisions ou d'explications pour le moment. C'est une expérience touchante et merveilleuse que de se promener dans ces ruines et vestiges, librement. Il existe peu de sites archéologiques de telle ampleur auxquels on puisse encore accéder ainsi et il faut en profiter tant que le déferlement touristique ne met pas en danger les œuvres et le travail des archéologues.

Outre les ruines antiques et l'histoire patrimoniale de l'îlot, Despotiko est réputé pour ses plages émeraude, d'une clarté inégalée. La plage de Livadi est la plus connue, et avec raison : son sable argenté descend doucement dans des eaux cristallines.

SAN GIORGIO STUDIOS €

Agio Georgios
✆ +30 22840 61512
www.sangiorgio-antiparos.com
Studios pour deux à partir de 80 € en été.

Un peu en retrait du petit port d'Agios Georgios, le complexe San Giorgio offre de ravissants studios et maisonnettes qui peuvent accueillir jusqu'à 7 personnes selon les options. Cette construction traditionnelle bien située, avec tout le nécessaire, comprend un jardin, ainsi qu'une aire de jeux pour enfants. L'ensemble est tenu avec sérieux, tout est impeccablement propre, au calme et on apprécie la déco, simple et traditionnelle. On s'y sent comme à la maison et on profite des grandes terrasses avec la vue sur mer et sur Despotiko.

BEACH HOUSE ANTIPAROS €€

Plage d'Apantima.
✆ +30 2284 0 64000
Chambre double à partir de 120 € la nuit. Restaurant ouvert tous les jours de 10h à 20h.

Sur la plage d'Apantima, cet établissement de charme combine tous les avantages d'un petit resort. On peut dormir dans l'une des neuf suites magnifiquement décorées, on y prend ses repas du petit déjeuner au dîner dans un cadre enchanteur. Les différents menus proposent des plats frais et sains, plus recherchés que la moyenne des tavernes de plage. Toute la journée, on y fait une pause café et le soir on vient déguster un cocktail fabuleux, les yeux plantés sur le large. Vous pourrez profiter des transats ombragés et vous inscrire à des cours de yoga.

CAPTAIN PIPINOS €

✆ +30 22840 21823
www.captainpipinos.com
A partir de 10 € par personne.

Au bord de l'eau des courgettes frites, un risotto au poulpe, du maquereau séché, poulpe au charbon de bois ou haricots à l'aneth... Vous trouverez ici plein de bonnes choses délicieuses. Les petits-fils du fameux Pipinos continuent de livrer leur poisson frais sous une véranda ombragée sur les quais. Le caïque du papa sort encore tous les jours. Le poisson est servi avec de merveilleuses salades ou des pommes de terre croustillantes. Un véritable bonheur dans l'assiette. Même si l'endroit est une institution et que ses gérants le savent...

ZOMBOS €

Agios Georgios
✆ +30 22840 24527
http ://zombos.gr/antiparos
Comptez 15 € par personne. Ouvert tous les jours pour le déjeuner et le dîner.

Une adresse où aller les yeux fermés. Une très jolie taverne avec une terrasse au calme, un peu en retrait de la mer (50 mètres). Service impeccable, plats délicieux avec une présentation soignée. De belles associations de goût comme ce savoureux calamar grillé pistache, citron et huile d'olive. On recommande aussi le chevreau au four avec des pommes de terre et sa sauce à l'ail, ou encore les pâtés en croûte traditionnels et les sucreries faites maison. Toutes les viandes viennent de l'île, ainsi que les fromages et les légumes. Un pur régal !

NAXOS CHORA ★★★

La « capitale » de Naxos, encore épargnée par le tourisme de masse, garde sa couleur locale et son authenticité. Comptant aujourd'hui 6 000 habitants, elle a été construite sur l'emplacement de la ville antique de Dia. Dès l'arrivée en bateau se dresse un paysage de carte postale composé de la majestueuse porte de marbre du temple d'Apollon et de la petite église Panaghia Myrtidiotissa, construite sur un îlot au milieu du port. Les maisons blanches s'élèvent en escaliers depuis la rive jusqu'au kastro. Cette forteresse érigée au début du XIIIe siècle par Marco Sanudo constitue la partie la plus intéressante de la ville avec ses ruelles tortueuses, ses belles demeures vénitiennes et ses places fleuries.

ÉGLISE PANAGHIA MYRTIDIOTISSA ★

Accès en bateau sur demande (environ 10 €).

Cette petite église orthodoxe a été construite sur un îlot au milieu du port en 1830. Les commanditaires sont des passagers en provenance de l'île de Cythère dont le navire avait essuyé un terrible orage le 22 janvier 1829 en sortant du port. La chapelle, dédiée à Panaghia Myrtidiotissa (protectrice de l'île de Cythère) fait l'objet d'une fête chaque 24 septembre avec des centaines d'habitants s'entassant sur des petits bateaux pour assister à une messe sur l'îlot.

KASTRO ★

Entrée libre. On trouve sur place un guide descriptif du Kastro pour 1,50 €.

C'est le plus grand *kastro* le mieux conservé des Cyclades. Il a été érigé au XIIIe siècle après la conquête de l'île en 1205 par Marco Sanudo (1153-1227) à l'emplacement de l'ancienne acropole de la capitale. Une partie des murs de l'époque byzantine subsiste, tandis que les marbres du temple d'Apollon ont été utilisés lors de la construction de plusieurs bâtiments, notamment pour la cathédrale catholique. Mesurant 600 mètres de circonférence, il était autrefois défendu par plusieurs tours, mais seule la tour Glezos, abritant aujourd'hui le musée byzantin, subsiste. Le *kastro* demeure le quartier catholique de la ville. Plusieurs ordres religieux s'installent ici à partir du XVIe siècle : Franciscains capucins et observantins, Jésuites, Ursulines, etc. Venus essentiellement de France et d'Italie, ces religieux gèrent le riche patrimoine de l'Église dans les Cyclades, hérité du duché de Naxos et des ordres croisés et, surtout, de ne pas laisser le champ libre à l'Église orthodoxe grecque à qui les Ottomans ont confié de larges pouvoirs. Bien qu'agissant tous au nom du pape, ces ordres entretiennent entre eux de mauvais rapports, servant tantôt les intérêts de Venise, de la France ou même des Ottomans et servant de médiateurs avec les corsaires catholiques menaçant l'île. À partir du XVIIe siècle, les jésuites de Naxos constitueront ainsi le principal relais de la diplomatie française pour tout le Levant. Cette présence perdurera jusque dans la seconde moitié du XXe siècle, bien après l'indépendance de la Grèce en 1830.

Panorama de Naxos.

ÉGLISES BYZANTINES DE NAXOS ✝

L'île de Naxos abrite une dizaine de petites églises byzantines d'une valeur historique inestimable, puisque datant d'avant l'arrivée des Vénitiens (1207). Parmi celles-ci, quatre valent particulièrement le détour et permettent d'explorer le centre l'île, nous vous les présentons. Si elles sont fermées, il faut demander alentour si quelqu'un a la clé.

▶ **Aghios Mamas**. A 5,7 kilomètres au sud-est de Chora sur la route de Sangri, après le village de Galanado, dans le deuxième virage en épingle, quitter la route principale en tournant à gauche. Cette église du IXe siècle fut la cathédrale de Naxos, avant d'être transformée en église catholique à l'arrivée des Vénitiens en 1207. En cours de restauration, elle contient de belles fresques. Elle est fermée au public, mais le site offre une très belle vue sur les paysages des alentours.

▶ **Aghios Nikolaos**. A 11 kilomètres au sud-est de Chora, 400 mètres au sud de Sangri. Cette église très simple date sans doute du Xe siècle. Ses murs sont recouverts de fresques de la période vénitienne, mais quelques éléments décoratifs des XIe et XIIe siècles subsistent.

▶ **Panaghia Drossiani**. A 16 kilomètres de Chora, en plein centre de l'île, juste au sud du village de Moni. L'église Notre-Dame-de-la-Rosée est la plus ancienne de l'île et l'une des plus anciennes de Grèce, puisque sa construction remonte au Ve ou au VIIe siècle. De dimension modeste (19,4 x 8 mètres), elle appartenait à un important monastère. Son nom étrange vient, selon la légende, du fait que ses murs se mettent à perler de l'eau quand le village de Moni est en danger. Surmontée d'une façade plus récente, elle se distingue par ses formes rondes et ses trois toits en coupole. A l'intérieur, la fresque représentant la Vierge, endommagée par l'humidité, a toutefois survécu aux deux crises iconoclastes qui ont secoué l'Empire byzantin aux VIIIe et IXe siècles. On remarquera aussi l'iconostase en bois derrière celle, plus récente, en marbre. L'église est en général ouverte aux visites pendant la journée avec un stand de cierges et de cartes postales.

▶ **Panaghia Protothronos**. A Kato Potamia, à 9 kilomètres de Chora. Notre-Dame-devant-le-Trône ne laisse rien paraître avec son allure extérieure banale. Elle a été remaniée par les Vénitiens et blanchie à la chaux. Elle est l'une des plus anciennes de l'île et renferme des fresques du IXe au XIIIe siècle. Elle est en général ouverte le matin, tout comme le petit musée byzantin attenant.

HISTOIRE ET MYTHOLOGIE DE NAXOS

L'île a été habitée très tôt, dès le quatrième millénaire avant notre ère. Les premières traces d'occupation ont été découvertes dans la « grotte de Zeus », sur le mont Zas. Pendant des siècles, l'île profitera de sa position centrale et de ses carrières de marbre et d'émeri pour devenir un grand pôle commercial. Longtemps en concurrence avec l'île voisine de Paros, elle envoie ses colons à Amorgos, à Chypre et jusqu'en Sicile (dans la région de Messine, un village porte encore le nom de Giardini-Naxos). Au VIe siècle avant notre ère, le culte d'Apollon prend de l'ampleur à Naxos. En son honneur, la statue du Sphinx des Naxiens est envoyée au sanctuaire de Delphes. Vers 530 av. J.-C., le tyran Lygdamis entreprend de lui consacrer un vaste temple sur l'îlot de Palatia, dans le port de l'actuelle capitale. Celui-ci ne sera jamais achevé mais deviendra, bien des siècles plus tard, le symbole de l'île. Après la quatrième croisade, l'île est conquise par le Vénitien Marco Sanudo. Celui-ci fonde le duché de Naxos (1205-1579) qui s'étend à Paros, Antiparos, Milos, Sifnos, Kythnos et Syros. Cet Etat indépendant, de système féodal, tour à tour sous influence franque, byzantine, vénitienne et ottomane, permet aux catholiques et aux orthodoxes de cohabiter librement. Après les raids corsaires turcs d'Amur (1344) et de Barberousse (1537), l'île passe progressivement sous contrôle ottoman. La présence ottomane est toutefois quasi inexistante. Durant la Seconde Guerre mondiale, l'île fut occupée par les Italiens, puis par les Allemands, et libérée par la résistance locale le 15 octobre 1944.

▶ **Un peu de mythologie**. La tradition veut que Zeus soit né et ait été élevé dans la grotte du mont Zas. C'est aussi ici que le forgeron Cédalion a enseigné l'art de travailler les métaux à Héphaïstos, dieu du feu, des forges et des volcans. C'est encore à Naxos que Poséidon est tombé amoureux d'Amphitrite en la voyant danser. L'île fut également le lieu de l'affrontement entre Poséidon et Athéna. Vaincu, le dieu de la mer dut abandonner Naxos qui fut confié à Dionysos. C'est enfin sur Naxos que Thésée abandonne Ariane qui vient pourtant de lui rendre un fier service en lui permettant, grâce à son fil, de sortir du labyrinthe du Minotaure. Dionysos prend la belle mortelle sous sa protection et l'épouse sur l'île.

CYCLADES CENTRALES

PRODUITS PHARES DE L'ÎLE

La patata Naxou. Considérées comme les meilleures de Grèce, les pommes de terre cultivées dans l'île bénéficient d'une appellation indication géographique protégée (IGP) reconnue le 29 novembre 2011 par l'Union européenne. Reconnaissables à leur couleur jaune pâle, elles sont commercialisées sous le nom de patata Naxou (« pomme de terre de Naxos ») et cultivées uniquement sur l'île. La principale zone de production se trouve autour des villages de Glinado et Aghios Arsenios, dans la vallée de Livadi (près du village de Galanado) avec 150 à 170 ha en pomme de terre nouvelle (cueillie avant terme entre la fin du printemps et début juillet) et 300 hectares en pomme de terre standard (à l'automne) et un total de 8 millions de tonnes par an, en hausse constante. Cependant, malgré la forte demande, les cultivateurs ont décidé de ne pas utiliser d'engrais chimique. Autre signe distinctif : plus elle est ramassée jeune (de 3,5 à 6,5 cm de long), plus elle est apte à être mangée crue. Les principales variétés cultivées sont la liseta, la spunta, la marfona, la vivaldi et l'alaska. On peut la trouver dans certains magasins de l'île, notamment à Glinado et Aghios Arsenios, et d'Athènes. Depuis 2009, un festival est dédié à la patata Naxou, au début du mois d'août à Aghios Arsenios.

Parmi les autres produits stars de l'île, le kitron reste le produit local le plus célèbre, lui aussi protégé par une appellation IGP. Mais Naxos est aussi connue en Grèce pour la qualité de sa viande, qu'il s'agisse des volailles, des agneaux vivant en liberté ou des cochons. L'île possède une belle production de fromages. La graviera (souvent comparée au gruyère suisse) est produite dans toute la Grèce, notamment en Crète, à base de lait de vache avec un petit pourcentage de lait de brebis. Celle de Naxos est assez réputée. L'arseniko est un fromage fort à pâte dure, à base de lait de chèvre et de vache. Le xinotiro et la xinomyzithra sont quant à eux deux fromages de chèvre aigres, parfois servis en salade à la place de l'insipide feta industrielle. Tous deux peuvent être vieillis et affinés dans des casiers en bois. Comme dans d'autres régions grecques, on trouve la mizithra et l'anthotiro fabriqués avec du lait de brebis et de chèvre, réalisés avec la partie la moins grasse du lait chauffé et sans ajout de sel. A Naxos, la mizithra est vendue fraîche, tandis que l'anthotiro est généralement sec et au goût prononcé.

MONASTÈRE SAINT-JEAN-CHRYSOSTOME ★★

✆ +30 22 85 02 24 01

Visites acceptées en journée, tenue correcte exigée. Entrée libre mais dons bienvenus.

Perché sur les hauteurs avec une magnifique vue sur la ville et les îles voisines, ce monastère fortifié d'une éclatante blancheur pourrait remonter au XIIIe siècle. Il s'agit d'un *skite*, un ermitage, toujours occupé par deux religieuses qui accueillent volontiers les visiteurs. Il a pris sa forme actuelle en 1750, avec sa petite porte d'entrée en bois épais (*dokarofrakti*) pour pouvoir se défendre au XVIIIe siècle contre les raids des pirates latins.

MUSÉE ARCHÉOLOGIQUE ★

✆ +30 22 85 02 27 25

Tous les jours sauf le mardi de 8h à 15h. Entrée : 2 €.

Abrité dans l'ancien collège jésuite, ce musée intégré dans le *kastro* est un peu vieillot. Pourtant, l'endroit mérite le détour pour ses collections antiques et médiévales provenant de découvertes faites sur l'île. La salle II (à l'entrée) abrite des stèles funéraires hellénistiques. La salle I expose des statues archaïques de jeunes hommes (*kouros*) et jeunes femmes (*korai*). De là, on accède à la terrasse où sont exposés des blasons de marbre de l'époque franque ainsi qu'une mosaïque du IVe siècle avant notre ère, provenant d'Aplomata et représentant une Néréide chevauchant un taureau, avec aux angles des cerfs et des paons. A l'étage inférieur, dans la salle III sont regroupées des statues classiques et romaines. La salle IV constitue la pièce maîtresse du musée avec la collection cycladique (3200-2300 ans avant notre ère) et mycénienne qui occupe la moitié de la surface du bâtiment. Il s'agit de la deuxième collection la plus importante du pays sur ces périodes après celle du Musée national archéologique d'Athènes. On remarquera notamment les statuettes cycladiques de femmes en marbre blanc, ainsi qu'un superbe vase en argile. Les salles V et VI contiennent des objets de l'époque archaïque. Les salles VII à IX abritent quant à elles des petits objets des périodes géométrique à romaine, dont des objets en verre romains. Enfin, dans la salle X, sont exposées des stèles funéraires et des fresques romaines. Dans la cour, on peut également admirer une mosaïque représentant l'enlèvement d'Europe par Zeus transformé en taureau.

MUSÉE BYZANTIN DE NAXOS

✆ +30 22 85 02 25 25

Tous les jours sauf le mardi, de 8h à 15h. Entrée libre.

Ce musée abrite une riche collection de sculptures du VIIe au XIIe siècle provenant des églises byzantines de l'ensemble des Cyclades. Il se trouve dans un des plus imposants bâtiments du *kastro* de Naxos, la tour Glezos, unique survivante des douze tours qui cernaient autrefois la vieille ville. Haute de quatre étages, elle offre une vue imprenable sur le port. La porte est surmontée du blason sculpté des familles Barozzi et Crispi, anciennes propriétaires. La tour porte le nom de Petros Glezos, son dernier propriétaire, qui en a fait don au service archéologique.

MUSÉE VÉNITIEN

✆ +30 22 85 02 23 87

D'avril à novembre, tous les jours de 10h à 15h et de 19h à 22h. Entrée : 5 €.

Ce joli petit musée, installé dans la belle demeure familiale Rocca-Barozzi du XIIIe siècle n'a en apparence rien d'étonnant. Il ne contient même pas d'objets de la période médiévale durant laquelle les Vénitiens régnèrent sur l'île et s'apparente ainsi davantage à à un musée folklorique réunissant vaisselle, objets de culte, literie, vêtements traditionnels des XVIIe-XXe siècles. Mais il illustre parfaitement la vie des riches familles issue de la noblesse franco-italienne qui ont fait souche dans l'île depuis sept siècles de manière très vivante, puisque les descendants de la famille Rocca-Barozzi vivent toujours sur place pendant l'hiver. Le musée est ainsi tenu par le Franco-Grec Nikolaos Michel Laurent Karavias Barrozzi Della Rocca, de père grec et de mère française, issu d'une grande famille franco-vénitienne installée sur Naxos après la quatrième croisade de 1204. C'est lui-même qui fait le plus souvent office de guide et termine la visite par une dégustation de *kitron*, la liqueur locale. Outre la vue magnifique que le musée offre sur le port, son autre intérêt résident dans les soirées qui y sont organisées presque tous les soirs d'avril à septembre : musique traditionnelle (mercredi et dimanche), jazz, musique classique, théâtre d'ombres, etc. La saison se clôture avec le Domus Festival qui s'étale sur le mois d'octobre avec quasiment un concert tous les soirs. Pour l'anecdote, le musée a récemment été fermé pour une sombre histoire d'héritage, si jamais vous trouvez porte close, on ne sait jamais...

TEMPLE D'APOLLON ★★★

Accès libre. L'étroite jetée est accessible seulement à pied.

Dès l'arrivée en bateau se dresse un paysage de carte postale : la majestueuse porte de marbre du temple d'Apollon, à proximité de la petite église Panaghia Myrtidiotissa, construite sur un îlot au milieu du port. C'est incontestablement le symbole de Naxos et évidemment le monument le plus connu et le plus photographié des Cyclades : la porte (*portara*) du temple d'Apollon. Composée de quatre blocs de marbre qui pèsent chacun 20 tonnes, elle domine les ruines d'un stylobate et de quelques colonnes abattues. C'est tout ce qui subsiste du temple dédié à Apollon construit à l'époque du tyran Lygdamis, vers 530 avant notre ère. Par différentes sources, on sait que le temple resta inachevé, mais son plan (édifice ionique à trois nefs) est encore discernable. Toutefois, on suppose que le bâtiment était bien avancé, puisque de nombreux blocs de marbre et colonnes provenant du site ont été utilisés pour la construction du *kastro* au Moyen Âge. On peut également voir les traces d'une église construite sur les ruines du temple au VIe ou VIIe siècle. Selon la légende, c'est là que Thésée abandonna Ariane à son retour de Crète après avoir vaincu le Minotaure. C'est là aussi que la belle fut secourue (enlevée, en fait) par Dionysos. Pour cette raison, on suppose que c'est ici que se développa en premier lieu le culte dionysiaque. L'endroit est très fréquenté en saison, notamment par les jeunes mariés qui viennent s'y faire prendre en photo. Le soir, on s'y presse pour venir admirer le coucher du soleil.

THÉÂTRE MUSÉE IAKOVOS KAMBANELLIS

Grotta ✆ +30 22850 23619

Ouvert du lundi au samedi de 11h à 14h et de 19h à 22h. Entrée : 2 €.

En 2016, un musée a ouvert en l'honneur de l'écrivain, poète et dramaturge Iakovos Kambanellis (1922-2011), originaire de Naxos et qui compte parmi les plus grands auteurs de la littérature grecque moderne. Vous y verrez son bureau, différents objets lui ayant appartenu mais surtout des vidéos et entretiens qui retracent sa vie. Kambanellis est connu pour ses écrits sur le camp de Mauthausen-Gusen où il a été déporté pendant l'occupation allemande.

CYCLADES CENTRALES

NAXOS TOURS

Rue Protopapadhaki

✆ +30 22850 24000

www.naxostours.net

Tous les jours en saison de 8h à 22h. Ouvert toute l'année. Location de voiture à partir de 35 €/j. pour une citadine.

Créée en 1977, cette agence est la plus ancienne et la plus expérimentée de l'île. Elle propose à peu près tout en termes de tourisme : vente de billets (avion et bateau), location de voiture, découverte de l'île à pied ou en bus, croisières en voilier au sud de Naxos, dans les Petites Cyclades, excursions à Santorin, Amorgos ou Délos, chambres d'hôtel... Naxos Tours représente de nombreux bureaux touristiques français comme Héliades et Tourmonde. L'agence se trouve accessoirement sur l'île idéale pour rayonner dans les Cyclades, grandes ou petites.

AKROGIALI RENT A CAR

Sur le port.

✆ +30 22850 22936

www.akrogiali-rentacar.gr

Ouvert tous les jours de 8h30 à 22h en saison. Voiture premier prix à partir de 30 € par jour.

Pour plus de flexibilité, vu la taille de l'île, nous vous conseillons de louer une voiture ou un scooter. Pour Naxos, il serait préférable d'opter pour une voiture : les distances sont longues et certaines routes, notamment vers la côte nord, sont assez éprouvantes. Le plus ancien loueur de Naxos reste professionnel. Katerina et Gregory proposent des voitures neuves, très bien entretenues et de bonne qualité. Ils déposent le véhicule à l'aéroport ou à votre hôtel gratuitement. Service sérieux, vous pouvez y aller sans souci les yeux fermés.

GARE ROUTIÈRE KTEL

Rue Protopapadhaki

✆ +30 22 85 02 22 91

www.ktelbus.gr

Naxos est la plus grande île des Cyclades et les transports en commun permettent de s'y déplacer. La compagnie de transport public (KTEL) assure des dessertes de tous les villages habités de l'île et des principales plages de la côte ouest. Elle propose aussi des transferts et excursions en bus sur demande. Les tickets peuvent être achetés dans le bus.

Villages et plages desservis : Aghia Anna, Aghia Marina (mont Zas), Aghios Prokopios, Ano Potomia, Apeiranthos, Apollonas, Engares, Filoti, Halki, Mikri Vigla, Moni, Moutsouna, Plaka.

PORT DE NAXOS

Rue Protopapadhaki

✆ +30 22 85 02 23 00

Naxos est un peu moins desservie que Paros, mais les liaisons avec celle-ci sont courtes (moins d'une heure), nombreuses et permettent de bien rayonner. Toutefois, les connexions restent très suffisantes pour rayonner dans les îles des alentours. Vous surveillerez les compagnies : Blue Star, Nel Lines, Hellenic Seaways et Aegean Speed Lines. Naxos est surtout très bien reliée aux Petites Cyclades. Tous les jours, le Skopelitis rejoint Amorgos en passant par Koufounisi, Schinoussa et Donoussa. De Rafina, une liaison rejoint Mykonos et Paros, puis Ios.

HOTEL SPIROS €

Rue Glinadou

✆ +30 22 85 02 48 54

www.hotelspiros.com

40 studios à partir de 80 € en été. Petit déjeuner : supplément 7 € par personne.

Doté d'une piscine, cet « apart'hôtel » constitue un excellent compromis de par son excellente situation. Les studios sont tous équipés d'une salle de bains, d'une kitchenette, d'une TV, de la clim et d'un balcon. Le wifi est disponible dans les parties communes. Stelios et sa femme assurent un accueil familial et proposent un transfert gratuit pour le port et l'aéroport ainsi que le lit bébé gratuit (jusqu'à 3 ans) et d'autres choses encore. Autres services (payants) : VTT, planche à voile et sports nautiques, location de véhicule, blanchisserie.

CHATEAU ZEVGOLI €€

✆ +30 22 85 02 29 93

www.apollonhotel-naxos.gr

10 chambres. Entre 60 et 110 € selon la période et la catégorie. Petit déjeuner compris.

Installée dans une vieille maison vénitienne, cette petite pension tenue par Despina est sans doute la plus séduisante de l'île. Uniquement accessible à pied, cet établissement de charme a tout pour plaire : décoration soignée, mobilier ancien, patio fleuri, belle vue (la plus jolie chambre donne sur le temple d'Apollon). Les chambres sont toutes équipées d'une salle de bains, de la clim, d'une télé et du wi-fi. Pour information, la propriétaire gère aussi quatre appartements « médiévaux » dans le Kastro (Castro Residence, à partir de 65 €) et l'Hôtel Apollon.

GROTTA HOTEL €€

7 rue Kampanelli
✆ +30 22 85 02 21 01
www.hotelgrotta.gr
37 chambres. De 60 à 110 € pour deux selon la période et la catégorie, petit déjeuner compris. Ouvert toute l'année.

Doté d'une petite piscine intérieure et d'un bain à remous, cet hôtel de charme dispose d'une terrasse avec vue imprenable sur la *portara* du temple d'Apollon. Les chambres sont propres et équipées de la clim, d'une TV et d'un réfrigérateur. Accès wi-fi sans fil dans le salon. Petit déjeuner extra, avec un grand choix de tartes et de gâteaux maison. Transfert aller-retour port et aéroport gratuit. Possibilité d'excursions dans l'île ou dans les îles voisines en ferry ou en voilier. Personnel aux petits soins. Une des réceptionnistes parle français.

HOTEL KYMATA €€

Agios Georgios
✆ +30 22 85 02 20 80
www.hotelkymata.com
Chambre double à partir de 100 € en été avec petit déjeuner.

Cet ancien hôtel des années 1960 intégralement rénové se trouve bien placé entre le port et la plage d'Aghios Georgios. Dix chambres ont vue sur la mer sur les seize disponibles. Les deux suites (pour quatre personnes) du troisième et dernier étage disposent d'une terrasse de 16 m² et d'une vue panoramique. Toutes sont équipées d'une salle de bains avec sèche-cheveux, de la clim, d'une télé, d'un réfrigérateur et du wifi. Très bon petit déjeuner maison. L'accueil est chaleureux et professionnel. Transfert gratuit pour l'aéroport. Location de voiture, laverie.

THE SAINT VLASSIS €€

k. Karamanli
✆ +30 22 85 02 35 36
www.saint-vlassis.gr
10 chambres. Chambre double à partir de 130 € en été avec petit déjeuner. Ouvert d'avril à novembre.

Ce bel hôtel zen et design ouvert en 2012 propose des chambres confortables avec salle de bains, clim et télé. Wifi dans les parties communes. Petit déjeuner copieux et de bonne qualité. Kostas, le propriétaire, parle français et est toujours de bon conseil. Services gratuits : salle de fitness, barbecue, lit bébé et hébergement gratuit jusqu'à 5 ans. Services payants : transfert port/aéroport, location auto, massages, excursions, baby-sitting. Cet établissement est un peu excentré mais c'est sûrement le plus agréable de la ville.

XENIA HOTEL €€

Rue Protopapadhaki
✆ +30 22 85 02 50 68
www.hotel-xenia.gr
18 chambres. Chambre double à partir de 110 € en été avec petit déjeuner 6 €. Ouvert toute l'année.

C'est l'un des plus récents hôtels de l'île. Élégant et moderne, il est bien situé, à la fois près du port (à 300 mètres du débarcadère), du *kastro* (200 mètres) et de la plage d'Aghios Georgios (500 mètres). Les chambres, claires et bien aménagées, disposent toutes d'une literie Coco Mat, d'une salle de bains avec sèche-cheveux, d'un réfrigérateur, de la clim, de la télé et du wi-fi. L'hôtel dispose d'un petit restaurant et offre de nombreux services payants : baby-sitting, massage, coiffeur, excursions, location de véhicule.

NAXOS RESORT BEACH HOTEL €€€

✆ +30 22 85 02 66 50
www.naxosresort.gr
88 chambres autour de 140 € en été, petit déjeuner compris. Ouvert toute l'année.

Avec sa grande piscine (et une piscine pour enfants), ce *resort* propose un excellent service à ceux qui cherchent ce type d'établissement. Constitué de trois petits bâtiments de deux étages, il dispose de chambres avec vue sur la mer ou la montagne. L'établissement possède un bar, un restaurant, une aire de jeux pour enfants, une salle de fitness, un sauna et un hammam. Parmi les services payants proposés, on trouve : massage, transfert, location de véhicules, excursions sur les plages de Naxos et dans les îles voisines. Lit bébé gratuit.

STUDIOS STRATOS €

Rue Potomias
✆ +30 22 85 02 58 98
www.studios-stratos.com
15 studios. Chambre double à partir de 60 € en été, sans petit déjeuner. Ouvert toute l'année.

Vous trouverez facilement à vous loger à Chora mais voici une option un peu excentrée, pratique et relativement au calme. Les studios, répartis dans deux charmants bâtiments de style cycladique, sont propres, bien entretenus avec salle de bains, coin cuisine, clim, TV et wifi. Certains possèdent un jardin, d'autres une terrasse ou un balcon. Les propriétaires proposent le transfert gratuit pour le port ou l'aéroport, un lit bébé gratuit, la location de vélos et d'autos, des soins et massages. Les hôtes sont adorables et très accueillants.

KOZI €

Grotta

✆ +30 22850 24571

www.kozinaxos.gr/indexuk.html

A partir de 5 € par personne. Réservation conseillée pour les meilleures places.

Où manger une brochette à 2 € avec une vue ? S'il y a bien un endroit à Chora Naxos pour bien manger pas très cher, c'est ici ! Attention, les assiettes sont très copieuses (les salades Naxos et Kozi sont un régal, ainsi que les pains pitas...). Dans une ambiance décontractée, ils servent une multitude de viandes grillées, de préparations grecques façon tapas et de plats végétariens. Avec sa grande terrasse donnant sur la plage et la porte d'Apollon, c'est aussi un lieu idéal à ne pas manquer pour contempler le coucher du soleil.

STO LADOHARTO €

Rue Protopapadhaki

✆ +30 22 85 02 21 78

Tous les jours de 12h à 1h en été. Comptez 15 € par personne. Ouvert toute l'année.

Ouverte en 2012, cette taverne-ouzerie qui surplombe les quais (on y accède soit du port par un petit escalier, soit par la ruelle parallèle au port) est un vrai musée. La patron, Nikos, fait revivre cet endroit famillial où l'on sert des spécialités de viandes préparées selon la méthode traditionnelle locale : enroulées dans du papier de boucher (*sto ladoharto* en grec, littéralement « papier gras ») et cuites en friture (pour les poissons préparés de la même manière, il faut aller au restaurant Smyneiko, au rez-de-chaussée).

ANTAMOMA €€

✆ +30 22850 24324

A partir de 15 € par personne. Ouvert tous les jours midi et soir.

George, le jeune créateur de ce restaurant ouvert en 2014, est parvenu très rapidement et facilement à faire partager son enthousiasme, sa philosophie et son talent de cuisinier. Et malgré sa situation légèrement en retrait du port, il fait le plein tous les soirs. Cuisine simple mais délicieuse, au savant mélange de produits et d'arômes locaux. Mention spéciale pour les viandes, ou la daurade en papillote. Personnel très professionnel. Les prix sont par ailleurs très abordables. N'hésitez pas à demander à le rencontrer et partager sa gentillesse.

LABYRINTH €€

✆ +30 2285022253

Ouvert tous les jours, de 13h à 2h en haute-saison. Réservation recommandée. A partir de 20 € par personne.

Dans le dédale du Kastro – un véritable labyrinthe – on trouve ce restaurant en suivant les panneaux et aussi surtout son instinct et les indications des passants. La cour intérieure détient en soirée une atmosphère bien particulière, calme et romantique, avec bougies et musique jazzy. Service impeccable, accueil chaleureux, décoration du détail, et surtout gastronomie ont fait de l'endroit un de nos favoris. La cuisine grecque traditionnelle se frotte à l'originalité du chef, et l'on peut commander de très bons vins pour accompagner le repas.

ONIRO WINE BAR RESTAURANT €€

✆ +30 695 5553 918

Compter 20 €/personne pour un repas complet.

L'élégant bâtiment de marbre et de bois du restaurant a été construit en 1844 dans la région de Paraporti dans la ville de Naxos, un lieu où les paysans ont travaillé au service des conquérants vénitiens de l'île. Paraporti était la deuxième plus importante entrée sud-nord de la région du château de Naxos. A l'extérieur, sur les deux terrasses, on peut profiter de la vue sur le port et commencer la journée avec un petit déjeuner sain, et bien sûr goûter les spécialités locales.

L'OSTERIA €€

✆ +302285024080

Ouvert de 19h à minuit. Il faut réserver en haute saison. A partir de 20 € par personne.

Un excellent restaurant italien qui a la cote à Naxos, tenu par la famille Lamartina. D'italien, on en retrouve les spécialités culinaires les plus goûteuses (*bruschetta*, poissons, viandes, fromages...) mais aussi le tempérament. En effet, le personnel a la volonté de satisfaire les clients et s'obstine à ne vous laisser repartir qu'une fois heureux et... bien rempli. Les meilleurs vins d'Italie vous seront présentés. Tous les matins, le cuisinier fait le tour du village pour acheter des produits frais et décider ce qui sera servi le soir même dans votre assiette.

TYPOGRAFIO €€

✆ +30 22850 22375

www.typografio.com

A partir de 20 € par personne. Ouvert le soir.

Il porte bien son nom. C'est en effet dans cette ancienne imprimerie (typografio en grec) qu'est né en 1925 le quotidien *Foni Naxou-Parou* (« La Voix de Naxos-Paros ») aujourd'hui disparu. S'étalant sur trois terrasses modernes autour d'une belle bâtisse vieille de six siècles, ce restaurant considéré comme « la » référence à Naxos, mélange saveurs helléniques et méditerranéennes. Le menu est créatif, à base de produits régionaux. Certains serveurs parlent français. Très bonne carte des vins. Réservation recommandée. A ne pas manquer !

520 COCKTAILS RESTAURANT

✆ +30 2285 027271

Ouvert de mai à octobre de 9h30 à 4h-5h. Comptez 15 à 20 € pour dîner. Environ 10 € pour les cocktails.

Il ne s'arrête donc jamais. Ouvert toute la journée du matin pour prendre son petit déjeuner, à partir de 10h ou 11h, au soir avec bar à cocktail. Les deux terrasses donnent sur le port : parfait pour un verre devant le coucher du soleil. On y sert du vin ainsi que 24 cocktails différents, autant que de lettres dans l'alphabet grec. Son nom vient des trois premiers chiffres inscrits sur les codes-barres des produits fabriqués en Grèce. Une des meilleures adresses de l'île pour manger également : tous les ingrédients sont frais et la plupart bio.

LA VIGNE

Rue Panagia Kristou

✆ +30 22 85 02 71 99

www.lavignenaxos.com

A partir de 20 € par personne. Tous les jours en été à partir de 19h jusqu'à 1h. Hors saison du mercredi au samedi.

Dans la vieille ville derrière Zas Travel, au nord-ouest du kastro. Il faut se faufiler dans les ruelles en suivant les petits panneaux. Mais à l'arrivée, voilà le parfait endroit pour découvrir des vins grecs produits en biodynamie. Ce charmant petit *french wine bar* ouvert depuis 2010 est tenu par Elisabeth et Frédérique, deux Françaises qui proposent aussi des vins français et des petits plats français, grecs et asiatiques à partir de produits bio et/ou locaux. Accueil sympathique. Chaudement recommandé par les lecteurs du *Petit Futé*.

LEMON

✆ +30 2285 024734

6 € pour tous les cocktails.

Voilà le bar à cocktails qu'il vous faut, installé sur le port, à un emplacement par ailleurs idéal pour admirer un beau coucher de soleil naxiote. Ouvert du matin au soir, le Lemon bar ne s'arrête jamais de faire vivre sa terrasse chaude en couleurs... En effet, vous ne pourrez manquer l'endroit : ses chaises, tables, affiches et même ses employés sont habillés de rose. Pour des prix tout à fait honnêtes, vous pouvez déguster une grande variété de bons cocktails, alcoolisés ou non. Gardez aussi l'endroit en tête pour un petit café !

AGHIOS PROKOPIOS

Autrefois fréquentée surtout par les naturistes, elle s'est fortement développée depuis le milieu des années 2000 avec désormais des dizaines d'hôtels, des restaurants, des boutiques, une pharmacie, un distributeur de billets, des activités nautiques et des décibels jusque tard dans la nuit. L'ancien port de l'île, où accostaient autrefois les pirates, est désormais envahi par les touristes. Au mois d'août, le magnifique sable blanc et les eaux cristallines deviennent carrément noirs de monde. La plage d'Aghia Anna au sud a toutefois été épargnée par le béton, puisque longée par des marais salants qui empêchent toute construction à proximité du littoral.

ANNA STUDIOS €

✆ +30 22 85 04 15 81

www.anna-studios.com

Chambre double entre 60 et 90 € en été, avec petit déjeuner.

Équipée d'une piscine, c'est l'une des adresses les plus réputées d'Aghios Prokopios. Les appartements pouvant accueillir jusqu'à 4 personnes sont confortables avec climatisation, télévision, wifi, coin cuisine et salle de bains avec vue sur le jardin ou la piscine. L'établissement dispose d'un parking et propose également le transfert (payant) pour le port ou l'aéroport, l'organisation de circuits et la location de voiture. Ambiance agréable et service familial. L'emplacement est idéal, à quelques pas de la plage et de l'arrêt de bus pour se rendre au port.

DINA NAXOS €€

✆ +30 22850 26440

www.dinanaxos.com

9 chambres et appartements. De 50 à 110 € pour deux avec petit déjeuner. Ouvert toute l'année.

Situé à flanc de colline, ce petit établissement familial se distingue par la qualité de son accueil. On apprécie aussi le jardin et la tonnelle ombragée. Les logements, d'une capacité de 2 à 5 personnes, sont tous équipés d'une salle de bains, d'une machine à café, d'une télé, de la clim, d'un coin cuisine et d'un balcon (certains avec vue sur la mer). Wi-fi dans les parties communes, transfert gratuit pour le port ou l'aéroport. Très bon plan pour les familles (lit bébé disponible). Parking. Services payants : location voiture et lingerie.

KATERINA HOTEL €€

✆ +30 22850 41958

www.hotel-katerina-naxos.gr

31 chambres. De 60 à 120 €, selon la période et la catégorie. Petit-déjeuner compris.

Hôtel tenu en famille avec des hôtes adorables, aux petits soins. Cet établissement dispose d'une piscine, d'un bar, d'un jardin, d'une salle de sport, d'un sauna et d'un bain à remous. Les chambres disposent toutes d'une salle de bains, d'un coin cuisine, de la clim, d'une télé, d'un balcon (certains avec vue sur la mer) et du wifi. Bon plan pour les familles. Services : baby-sitting, location de voiture et deux-roues, excursions. L'hôtel est proche de la plage, près des loueurs de voitures et à 10 minutes de la ville de Naxos.

KAVOS HOTEL €€€

✆ +30 22 85 02 33 55

www.kavos-naxos.com

16 chambres et appartements. Chambre double à partir de 140 € avec petit déjeuner. Trois nuits minimum souvent en été.

Niché sur les hauteurs du village, Kavos Hotel est un complexe de villas, appartements, studios, et suites qui combine style traditionnel et confort moderne. Le résultat est particulièrement charmant. Encensé par la presse internationale, il fait effectivement partie des meilleurs hôtels de Naxos, grâce à la qualité de son service, son architecture bien intégrée dans le paysage, sa vue sur la mer Égée, la plage d'Aghios Prokopios et Chora, son jardin bien entretenu, sa piscine à débordement, son bar et son restaurant de bonne tenue.

STELIDA €€

Stelida ✆ +30 22850 23355

https ://www.kavos-naxos.com/en/naxos-restaurants

Ouvert de mai à octobre. Service petit déjeuner, déjeuner et dîner. Réservation conseillée. 25 € environ par personne.

Sans doute parmi les meilleurs restaurants de Naxos, vous trouverez ici une cuisine grecque créative issue de produits frais, de saison et surtout locaux. Les viandes sont juste excellentes, notamment l'agneau, cuites très lentement, mais vous trouverez aussi de très bons risottos, linguine au poulpe, des fruits de mer et de délicieuses salades fraîches entre autres. Plats végétariens et sans gluten également proposés. Côté ambiance, un restaurant très cosy avec un service impeccable et professionnel. Avec vue sur la piscine ou la mer...

THE TAVERNA €€

✆ +30 22850 44100

www.thetavernanaxos.com

Comptez 15 € par personne. Ouvert tous les jours midi et soir.

Moderne et chic, même si un peu kitsch (vous noterez par exemple qu'une copie en marbre discrète de la porte du temple d'Apollon trône face à l'horizon), The Taverna appartient au Naxos Island Hotel. On y sert une cuisine grecque et italienne convenable, avec quelques plats réalisés à base de produits locaux (poissons, légumes et pommes de terre de Naxos). Installé sur le toit de l'hôtel, l'endroit est vraiment agréable (même juste pour un verre) et le service efficace. Allez-y pendant le coucher de soleil, le cadre n'en est que plus appréciable.

BLUE FIN DIVERS

✆ +30 22850 42629

www.bluefindivers.gr

Tous les jours de 9h à 21h en été. Plongée avec bouteilles à 55 €, cours, initiation, visite d'épaves...

Ce club de plongée dispose d'une bonne expérience et de toutes les garanties officielles (Padi, etc.). Panos et son équipe chaleureuse proposent de visiter plusieurs épaves comme celle du *Marianna*, un navire de transport de marchandises perdu dans une tempête le 24 juillet 1981 entre Paros et Naxos ou celle d'un hydravion allemand Arado 196 abattu le 17 septembre 1943 au large de l'île voisine d'Iraklia. Autre site intéressant, la grotte des Sirènes sur l'îlot de Padieronissi, entre Paros et Antiparos, en fonction de la météo et de l'expérience des clients.

AGHIA ANNA ★★

À 6 kilomètres au sud de Chora, Aghia Anna n'est pas un village, mais une station qui ne compte que des hôtels et des restaurants. Sa baie abrite deux petites plages de sable doré, aux eaux limpides. L'une de ces deux plages est bordée de rochers qui sont dominés par une petite chapelle. C'est au sud d'Aghia Anna que commence l'une des plus belles et longues plages de Grèce, celle de Maragas-Plaka, qui s'étend sur près de 4 kilomètres jusqu'à Plaka. On y trouve une zone nudiste, tout au nord, quelques complexes hôteliers et deux campings. La station d'Aghia Anna est bien desservie avec un bus toutes les 30 minutes en journée venant de Chora et passant à Aghios Prokopios.

© HERACLES KRITIKOS - SHUTTERSTOCK.COM

Aghia Anna.

CAMPING MARAGAS €

✆ +30 22850 24552

www.maragascamping.gr

125 emplacements. De 7 à 9 € par personne, 2 € pour une tente en saison, 1 en basse saison. Studios à partir de 65 €.

Sur la belle plage d'Aghia Anna. Les sanitaires sont propres, les emplacements aussi. C'est un camping très ombragé, avec toutes les commodités, une taverne accueillante et des abris avec des prises de courant. Il est à proximité d'une supérette avec possibilité de navette vers le port et la plage devant le camping. Avec des espaces pour les tentes très corrects, il coche toutes les cases ! L'arrêt de bus Ktel est juste en face de l'entrée (Naxos est à 20 minutes). Pour compléter cette offre, 20 bungalows sont aussi proposés, avec des studios.

THEOFANIS STUDIOS €

✆ +30 22850 41929

8 studios. De 50 à 90 € selon la période et la catégorie. Ouvert d'avril à octobre.

Pas cher et très professionnel, ce petit établissement est le bon plan d'Aghia Anna. On peut réserver soit directement par téléphone, soit en passant par un site de réservation en ligne. Les studios sont clairs et bien aménagés avec wi-fi, salle de bains (douche), coin cuisine avec plaques de cuisson et réfrigérateur et clim, même si tous n'ont pas la télé. On y trouve les services payants habituels des gros hôtels : location de voitures et VTT, excursions, balade à cheval, pressing, etc. Personnel très sympa et de bon conseil.

IRIA BEACH ART HOTEL €€€

✆ +30 22850 42600

www.iriabeach-naxos.com

23 chambres. A partir de 80 € selon la période et la catégorie. Petit déjeuner compris.

Sur une plage de sable blanc, vous saluerez ici une ambiance paradisiaque. Dans les chambres classiques ou suites, vous trouverez lecteur CD, TV LCD, clim, salle de bains avec sèche-cheveux, réfrigérateur, wifi. L'établissement dispose en outre d'un restaurant, d'une salle de gymnastique et d'un spa. Il propose de nombreux services payants : transfert port/aéroport, location voiture/VTT, excursions, massage, laverie, coiffeur, billets avion/ferry. Mais pas besoin de voiture : l'arrêt pour les bus venant de Chora se trouve juste à côté.

PARADISE TAVERNA €

Compter 15 € par personne. Ouvert tous les jours midi et soir.

La taverne bénéficie du cadre calme du début de la plage d'Aghia Anna, et son isolement se met au service de la tranquillité de l'endroit. C'est un établissement un peu touristique, mais les locaux ou les Grecs aiment toutefois y venir pour un café ou un verre, car les environs sont vraiment charmants. Une dizaine de tables sont de l'autre côté de la route, c'est à dire à même la plage, sur le sable, sous les arbres enguirlandés qui s'allument en soirée. Les plats servis sont de qualité tout à fait convenables, classiques des tavernes, et le service est agréable.

PLAKA - KASTRAKI

Dans les années 1960 et 1970, quand la jet-set fondait sur Mykonos, c'est ici que les hippies venaient vivre au plus près de la nature. Les temps ont changé, mais la plage de Plaka, à 11 kilomètres au sud de Chora, qui s'étend du sud d'Aghia Anna à la station de Plaka en passant par la station de Magaras, reste bien la plus longue de l'île et l'une des plus belles du pays : du sable blanc et des eaux turquoise sur 5 kilomètres de long ! Toujours fréquentée par les naturistes dans les rares endroits encore un peu sauvages, la plage a vu pousser des complexes hôteliers entre les genévriers. Mais même en août, c'est si vaste que chacun trouvera son bonheur dans ce coin de paradis.

PLAZA BEACH HOTEL €€

✆ +30 22850 29400

www.plazabeachhotel.gr

65 chambres. Chambre double à partir de 70 € en été avec petit déjeuner.

Doté d'une grande piscine, ce complexe est situé tout près de la plus belle plage de l'île. Les chambres (doubles, triples, suites) sont toutes bien équipées : frigo, sèche-cheveux, clim, télévision, balcon ou véranda privée et wifi. Les restaurant à la carte est intéressant. Mais la piscine avec snack-bar est surtout plus spectaculaire. A recommander aux familles avec enfants et plutôt, comme souvent, hors saison. Ici aussi, les prix chutent et sont divisés par deux début juin et après la mi-septembre. Transfert A/R inclus.

VALENA MARE €

✆ +30 22850 23072

www.valenamare.gr

9 appartements. De 50 à 200 € selon la période et la catégorie. Petit déjeuner compris. D'avril à octobre.

Isolé et donc tranquille, Valena Mare est constitué de plusieurs types de logements, du petit studio standard de 25 mètres carrés au grand appartement pouvant accueillir jusqu'à cinq personnes. Tout est aménagé avec goût, mélangeant le style cycladique traditionnel à une inspiration moderne. Les chambres sont équipées de cuisinettes avec véranda et de la vue sur la mer, qui n'est qu'à quelques pas. Wi-fi dans les parties communes. Le jardin est vaste et offre la possibilité d'organiser des soirées barbecue. Services : location de voiture/VTT et transfert gratuit.

NIKOS MARIA €

✆ +30 22850 42670

www.nikos-maria.com

De 8h à minuit en été. Repas environ 15 € par personne.

Le restaurant propose des plats locaux et du poisson frais. Le repas le soir sur la plage est une merveille avec un coucher de soleil et des couleurs magnifiques. Au menu : souvlakis, tzatziki, tarama, moussaka, beignets de courgettes, *gemista* (aubergines ou poivrons farcis de riz ou de viande hachée) et autres poissons. La base, quoi. Mais les plats sont préparés avec soin et la vue sur la plage est sublime. Les propriétaires, Nikos et Maria, proposent aussi, au même endroit, quelques studios et appartements. Bon rapport qualité-prix.

AEGEAN LAND €€

✆ +30 22850 42871

www.aegeanpalacehotel.com

60 chambres. La double à partir de 100 € avec petit déjeuner selon la période.

Anciennement connu sous le nom d'Aegean Palace, ce complexe dispose d'une grande piscine, d'une piscine pour enfants, d'un sauna, d'un bain à remous, d'une salle de sport, d'un bar, d'un restaurant et d'une aire de jeux pour enfants. Les chambres possèdent toutes une salle de bains, une télé, la clim et une connexion Internet par câble. Wifi dans les parties communes. Le transfert est pris en charge, sans supplément. Services payants : excursions, plongée, billets avion/ferry, pressing, salon de coiffure/institut de beauté, etc.

YAZOO €€

Plaka beach

✆ +30 2285 041233

www.yazoo.gr

Ouvert toute la journée. A partir de 15 €/pers.

Sur la plage de Plaka, ce superbe restaurant à la décoration travaillée propose un cadre idéal pour y rester bien plus que le temps d'un repas. Côté cuisine, là encore du très haut niveau. L'utilisation de produits frais naxiottes et crétois a permis de créer un lieu gastronomique unique, en créant une cuisine fusion de ces régions. Le résultat de cette originalité culinaire est exquis, le service impeccable et le cadre tout simplement magnifique face à la mer. Il dispose aussi d'un concept store à côté du restaurant pour quelques emplettes.

MIKRI VIGLA ★

Située entre les plages de Plaka et Kastraki, la station balnéaire de Mikri Vigka forme une avancée dans la mer. Cette merveilleuse station estivale regroupe deux plages de sable blanc partagées par une colline. Large de 600 mètres, ce petit « finistère » sépare la plage de Limanaki, au nord (vers les plages d'Orkos et Plaka), de celle surnommée Sahara, au sud (en allant vers Kastraki). La plage du nord s'étend sur environ 500 mètres. Exposée au meltemi (vent venant du nord), elle permet la pratique optimale de la planche à voile et du kitesurf. Cette plage est connue comme le haut lieu de rencontre des véliplanchistes. La plage sud, abritée du vent, est plus adaptée aux familles. L'emplacement de Mikri Vigla fut utilisé comme poste d'observation à l'époque du duché de Naxos (1205-1579) contre les raids des pirates turcs. Selon la légende, c'est depuis les rochers de Mikri Vigla qu'Ariane se serait baignée après avoir été abandonnée sur l'île par Thésée. Au large, à environ 500 mètres de la pointe ouest, se trouvent l'îlot et la chapelle de Panaghia Parthena (Vierge Marie), que l'on célèbre le 24 mai.

Transports

En été, la station de Mikri Vigla est desservie plusieurs fois par jour par des bus au départ de Chora.

HOTEL ORKOS BEACH €

✆ +30 22850 75194

www.orkosbeach.eu

47 chambres. A partir de 60 € selon la période et la catégorie. Petit déjeuner compris.

Magnifique hôtel, très calme, face à la plage de Migri Vigla (plage prisée des véliplanchistes et kitesurfeurs) et à 10 min à pied de la plage des « baigneurs », plus abritée du vent. Doté d'une piscine et d'un bar, cet hôtel moderne propose des chambres pouvant accueillir jusqu'à six personnes. Chacune possède une salle de bains, un réfrigérateur, une bouilloire, la climatisation, une télévision et un sèche-cheveux. Jolis balcons et terrasses, petits déjeuners personnalisés. Le spa de l'hôtel fait également des massages incroyables.

OASIS STUDIOS €

✆ +30 22850 75494

www.oasisnaxos.gr

8 studios. A partir de 70 € pour deux en été avec petit déjeuner.

Doté d'une piscine, d'un bar et d'un bain à remous, ce complexe dispose de chambres bien équipées avec salle de bains, coin cuisine, réfrigérateur, bouilloire, télé, clim et wi-fi. Services : location de véhicule et de planche à voile, organisation de randonnées à pied une fois par semaine, billet ferry/avion, pressing, transfert payant pour le port ou l'aéroport. Idéalement situé pour pratiquer le kite surf. L'établissement est également labellisé Hikers Friendly, vous y trouverez donc le matériel et les infos nécessaires à la pratique de la randonnée à Naxos.

CYCLADES CENTRALES

Mikri Vigla.

KASTRAKI

À 7 kilomètres de Sangri et à 5,2 km de la station de Plaka en passant par Mikri Vigla, Kastraki n'attire pas les foules. En cause : le manque d'activité et de vie nocturne. Ce n'est pas un village, pas vraiment une station balnéaire non plus, juste quelques résidences et hôtels sans grand charme étalés sur un kilomètre de long sur la côte. Il n'en reste pas moins que la plage de Kastraki et celle, voisine, de Glyfada, sont de petits paradis de sable blanc. Autre avantage, on y trouve I Axiotissa, peut-être le meilleur restaurant de l'île. On y déguste notamment la pomme de terre de Naxos préparée en frites croustillantes et pas grasses...

GLYFADA €

Sur la plage de Glyfada.

✆ +30 22850 75467

www.glyfada-naxos.com/

Ouvert midi et soir entre juin et septembre. 15 € par personne.

Sur la plage voisine de Glyfada, ce petit établissement familial (qui propose aussi 8 studios bien pratiques pour dépanner) vous sert une cuisine familiale copieuse et locale. C'est frais et pour cause : tous les produits (légumes, viande et bien sûr l'huile d'olive) proviennent de l'exploitation familiale alentour. Vous pourrez également tester des fromages produits sur l'île de Naxos. Une table simple et savoureuse, avec une jolie vue mer. Le midi, l'adresse est le restaurant de la plage. Le soir l'ambiance est plus tranquille. Mais c'est toujours bien !

I AXIOTISSA €€

✆ +30 22850 75107

www.tavernaaxiotissa.blogspot.com

Du lundi au dimanche de 14h à 22h30. Environ 20-25 € par personne. Réservation indispensable.

Créé en 2000, I Axiotissa (« La Naxiote ») va chercher dans son potager ou chez les producteurs locaux des produits sains pour élaborer une cuisine authentique et raffinée. On y retrouve tous les aliments stars de l'île : la pomme de terre de Naxos, la *xynomizithra* (fromage frais local) servie avec le traditionnel *dakos* crétois, l'agneau tendre et, plus typique encore, la langue de porc rôtie à la tomate, au miel et aux épices (*aperathitiko*). Des poissons et viandes sont préparés de la manière traditionnelle, enroulés dans du papier sulfurisé et cuits en friture.

TEMPLE DE DÉMÉTER

✆ +30 22850 22725

Entrée libre, toute l'année. Musée : tous les jours sauf le lundi de 8h30 à 15h.

Une vraie merveille. Construit en 530-520 avant notre ère, le temple de Déméter a servi de modèle au Parthénon d'Athènes. Il fut plus tard transformé en église et en basilique. Relativement bien conservé, le bâtiment a fait l'objet d'un important chantier de restauration dans les années 2000. À côté, un petit musée abrite les frontons d'origine et certains objets découverts sur le site. Celui-ci n'est malheureusement ouvert que de manière aléatoire (entrée libre).

L'histoire de ce site archéologique de la plus haute importance est intimement liée à celle de l'île. La vallée de Sangri, particulièrement fertile, a été très tôt habitée par des paysans se regroupant en petites unités d'habitation. Dès le VIIIe siècle avant notre ère, les hommes se tournaient vers Déméter (déesse de l'agriculture et des moissons) et Perséphone (fille de Zeus et de Déméter, déesse du monde souterrain, également associée au retour de la végétation lors du printemps) pour obtenir d'elles des récoltes abondantes. Pendant longtemps, ces cultes furent rendus au sommet de la colline et en plein air. Ce n'est que sous le tyran Lygdamis, vers 530 avant notre ère, que fut érigé le premier temple en marbre de l'île, dont subsistent les ruines. Près de l'angle du temple, deux petites fosses reliées par un canal sont visibles. Il s'agit de fosses à offrandes où l'on versait pour les déesses de la fécondité le jus de fruits ou les plantes qu'on leur dédiait. En observant la colonnade de façade, au sud, on s'aperçoit que le temple est construit sans aucune ligne droite : le soubassement est convexe, les colonnes sont inclinées vers l'intérieur, les architraves ne sont pas droites, tous les blocs des murs sont inclinés. Ce système de correction optique très précis permettait de donner l'illusion d'une verticalité et d'une horizontalité parfaites. Le temple de Déméter est le premier édifice grec à utiliser cet ingénieux trompe-l'œil, technique qui sera reprise un siècle plus tard par l'architecte Ictinos lors de la construction du Parthénon (de 447 à 438) à Athènes.

Quand le christianisme a supplanté le paganisme, le temple a été transformé en église, en montant des murs entre les colonnes pour clore l'espace et en ouvrant une porte dans le flanc gauche (à l'ouest). Pendant le règne de l'empereur Justinien (527-565), des modifications plus importantes ont été apportées pour transformer le bâtiment en basilique divisée en trois nefs par des colonnades.

MOUTSOUNA

Avec ses barques de pêcheurs, ses trois tavernes où l'on sert le poisson frais pêché du matin les yeux plantés sur l'horizon, ses deux belles plages de sable fin et ses tamaris, c'est certainement un des coins les plus charmants de Naxos. Ici, le temps s'est arrêté. Pendant des années, Moutsouna fonctionnait comme port d'exportation d'où partaient les navires chargés d'émeri. Aujourd'hui, on y passe des journées de bonheur pur et de tranquillité assurée. La baie de Moutsouna donne également accès à la belle et longue plage de sable de Psili Ammos, à 8 km vers le sud. On y trouve aussi un de nos coups de cœur de Naxos, l'Ostria Inn. C'est une région encore peu visitée, largement secrète.

OSTRIA INN €€

Plage de Moutsouna
✆ +30 22850 68235
www.ostria.com

Chambre double à partir de 110 € en été. Petit déjeuner : 9,50 €.

L'Ostria Inn est un petit bijou bien caché et qui mérite largement qu'on le découvre. Cet hôtel-restaurant propose des chambres et suites élégantes, organisées autour d'une agréable piscine. Confort parfait, décoration soignée, on aime tout de cet établissement. Ceux qui recherchent l'animation à tout prix, passez votre chemin : cette adresse n'est pas adaptée. En revanche, ceux qui voudront profiter d'un séjour au calme, face aux Petites Cyclades, ne cherchez plus : voici votre jardin d'Eden ! Le bien-être absolu vous attend dans ce petit coin de paradis.

OSTRIA NAXOS RESTAURANT €€

✆ +30 22850 68235
www.ostria.com/naxos_restaurant

Ouvert midi et soir en saison. Comptez 20 € par personne.

Attention, vous pourrez facilement y passer la journée ! On y prend un café le matin, on déjeune, entre temps on profite de la plage à ses pieds. A l'instar de l'hôtel sophistiqué dont il dépend, le restaurant est également l'un des meilleurs de l'île avec notamment de très bons poissons frais à choisir en cuisine. Sans être client de l'hôtel, on peut venir ici pour une folie (une langouste) ou pour un plus abordable risotto de fruits de mer précédé, par exemple, d'un carpaccio de poulpe... Et à chaque fois, l'amabilité du personnel est remarquable.

KALANDOS ★★

La baie de Kalandos est située à la pointe sud de l'île, à 45 kilomètres au sud-est de Chora en passant par Filoti. On y trouve un petit village qui compte moins de 100 habitants. L'endroit est surtout connu pour sa grande plage de sable et de galets. Presque pas fréquenté, le site ne compte encore que très peu d'infrastructures. Un sentiment d'isolement parfait prévaut ici, même pendant la majeure partie de l'été, et la basse saison est un rêve car elle est suffisamment isolée pour se baigner dans l'eau très claire et propre. Les pêcheurs adorent Kalandos. Son littoral rocheux offre des possibilités infinies pour de belles balades en mer.

KALADOS STUDIOS €€

✆ +30 69769 75408
http ://kalados.gr

8 appartements. A partir de 60 € pour deux. Petit déjeuner 7 € par personne. Parking.

Inutile de chercher très loin. Cet hôtel-restaurant ouvert de mi-mai à mi-septembre représente la seule possibilité d'hébergement officielle sur place. Les appartements, équipés d'une salle de bains, d'un coin cuisine et d'un ventilateurs, ont été refaits en 2014. Quatre d'entre eux disposent d'un balcon avec vue sur la baie. Wi-fi dans les parties communes. Réservation en ligne. Paiement par carte possible. On apprécie l'accueil chaleureux d'Anna qui gère aussi une très bonne taverne (il faut absolument goûter son agneau à l'orange !).

Baie de Kalandos.

PANORMOS ★★

Aucun bus ne s'y rend et le dernier kilomètre n'est pas goudronné. Bien abritée, la baie dispose d'une belle plage de sable blanc et constitue un bon point de mouillage pour les navires. Un petit bar a ouvert, mais mieux vaut penser à prendre de l'eau. À 600 mètres au nord-ouest au-dessus de la baie, la colline de Korfari abrite un site archéologique avec les restes d'une acropole fortifiée datant de 2500 à 2300 ans avant notre ère (les stèles découvertes en 1962 sont à contempler au musée archéologique d'Apiranthos). On peut encore y voir les pierres plantées dans la terre délimitant une vingtaine de bâtiments dont cinq tours. Le site, en accès libre, se visite à pied en suivant un sentier partant de la plage.

VILLA DELONA €€

✆ +30 22850 25710

www.villadelona.com

4 villas. A partir de 180 € la nuit pour 4 personnes, 220 € la nuit pour 6 en été.

Une poignée de villas rares et pas si chères. Situé à 800 mètres au-dessus de la petite plage d'Amitis, ce bel ensemble de quatre maisonnettes avec piscine est planté au milieu d'un verger avec citronniers, oliviers et vignes. Chaque villa est indépendante et peut accueillir jusqu'à six personnes, avec deux ou trois chambres, deux salles de bains, un salon, une salle à manger, une vraie cuisine bien équipée, la clim, une cheminée, une télé, le wifi et une terrasse. On aime l'ambiance chaleureuse qui règne dans ce coin de campagne, au calme.

ENGARES ★

A 7,5 km au nord-est de Chora, c'est un village verdoyant avec des vergers et des serres. L'écrivain crétois Nikos Kazantzakis, formé au collège jésuite de Naxos, et auteur d'*Alexis Zorba* (adapté au cinéma sous le titre de *Zorba le Grec*), y a vécu entre 1897 et 1899. Sur la route, à proximité d'Aplomata, l'amateur s'intéressera à des vestiges de tombeaux mycéniens. Tout le long du trajet se succèdent plusieurs monastères byzantins. Sur la route côtière, en direction d'Apollonas, vous découvrirez une série de plages : Pahia Ammos, Faneromeni, Hilia Vryssi, et finalement la pittoresque Abrami avec quelques chambres à louer. Le trajet jusqu'à Apollonas traverse un paysage très varié.

APOLLONAS ★

A la pointe nord de l'île, à 23 km au nord d'Apinranthos et 39 au nord-est de Chora en passant par la côte, le village d'Apollonas compte une centaine d'habitants. C'est ici que se trouve le kouros le plus grand en Grèce et qui date du VIIe siècle avant notre ère. Village attrayant, rafraîchi par des sources cristallines, assez développé touristiquement. La plage de sable fin à côté du port est un peu surpeuplée. Ne vous baignez pas sur les rochers, les courants y sont dangereux. Au-dessus d'Apollonas se trouve l'antique carrière de Grammata, l'une des plus anciennes de Grèce, avec un imposant kouros. Par sa portée historique, c'est le plus important site archéologique de Naxos.

MUSÉE DE L'HUILE D'OLIVE

✆ +30 22850 62021

www.olivemuseum.com

Ouvert tous les jours de 10h à 18h, entre Pâques et mi-octobre. Entrée gratuite.

Complètement rénové, le pressoir à olives d'Engares remonte au moins à la fin du XIXe siècle, à l'époque où il utilisait encore des olives cultivées localement par et pour le village. Le pressoir appartient à la famille Lianos depuis cinq générations. L'exposition porte surtout sur les matériaux de production utilisés jadis. Les visiteurs peuvent profiter d'une visite gratuite et d'une brève présentation de la production de l'huile d'olive à cette époque. Le magasin (avec une variété d'huiles d'olive) vaut le détour, comme le café dans le patio.

ADONIS HOTEL €

✆ +30 22850 67060

www.naxos-hotel-adonis.com

23 chambres. La double à partir de 70 € en été, avec le petit déjeuner.

Ce petit hôtel tenu par la famille Andris possède son propre restaurant qui sert des spécialités locales à base de produits bio récoltés par les propriétaires. Autant dire que, même s'il est optionnel, le très bon petit déjeuner maison est difficile à manquer. Les chambres sont bien équipées et certaines ont un balcon avec vue sur la mer. La famille propose également de participer aux travaux du jardin, et offre des activités multiples, du type cours de grec, randonnées dans les environs ou sessions de yoga. Location de véhicule, transfert port/aéroport.

KOUROS D'APOLLONAS ★★★

✆ +30 22850 63248

Accès et entrée libres toute l'année.

Au-dessus du village d'Apollonas, se trouve l'antique carrière de Grammata, l'une des plus anciennes de Grèce, utilisée entre le VIIe et le IVe siècle avant notre ère. Par sa portée historique, c'est le plus important site archéologique de Naxos. Les blocs de marbre gris étaient en partie travaillés sur place, puis descendus jusqu'au rivage et emportés par navire jusqu'à l'île-sanctuaire de Délos. Parmi les dizaines de blocs de marbre toujours visibles, gît, allongé, le « Kouros d'Apollonas », datant du VIIe ou VIe siècle avant notre ère, le plus grand kouros de Grèce. Également connue sous le nom de « Colosse de Dionysos », cette statue de marbre gris clair inachevée de 10,70 mètres de long pèse environ 80 tonnes. Il s'agit d'un kouros, statue de jeune homme typique de la période archaïque (de 650 à 500 avant notre ère). Au sommet de la carrière, se trouve l'inscription « ΟΡΟΣ ΙΕΡΟΝ ΧΩΡΙΟΥ ΑΠΟΛΛΩΝΟΣ » (« sainte montagne d'Apollon ») qui date du Ve ou IVe avant notre ère, prouvant l'existence d'un temple dédié à Apollon à cet endroit. Le kouros géant fut découvert au XIXe siècle. On lui prêta d'abord les traits du dieu Apollon en raison de la proximité avec l'inscription. Mais ce n'est qu'à partir de 1932 que les archéologues allemands prouvèrent qu'il s'agissait d'une représentation de Dionysos, notamment du fait de son visage barbu. La roche dans laquelle le kouros a été travaillée contient des entailles au niveau de la tête et du corps, qui prouvent que la statue devait être transportée pour être terminée à Délos.

DELFINAKI €

A partir de 10 € par personne. Ouvert tous les jours en saison de 9h à minuit.

Cette taverne est une petite merveille comme on les aime, restée dans son jus, authentique et avec une cuisine familiale et exceptionnelle. Belle découverte d'une cuisine grecque authentique avec des produits frais issus de la propre production des propriétaires. Le vin rosé de la maison est très bon aussi et il y a des aliments à emporter. Depuis plus de 40 ans, elle sert des produits locaux, issus du village et des alentours : salades, mezzes, viandes en sauce et fritures de poisson que l'on déguste avec un ouzo, les yeux dans le bleu.

KORONOS

Le village de Koronos est l'un des plus développés et mérite que l'on s'y arrête pour prendre la mesure de la vie naxiote traditionnelle, hors des sentiers touristiques. Le village, encore habité, bénéficie d'un climat plus frais que le reste de l'île. Ce qui appréciable en été l'est moins en hiver où Koronos peut parfois être coupé de la civilisation par des neiges surprenantes. Garez-vous sur la place de l'école puis promenez-vous dans les ruelles chaulées qui montent et descendent sans fin. Koronos fera une très bonne escale pour le déjeuner : vous y trouverez en effet une des meilleures tavernes traditionnelles de l'île.

PLATSA €

✆ +30 22850 51243

Ouvert tous les jours en été pour le déjeuner et le dîner. Comptez 15 € par personne.

Sur une placette ombragée, la taverne offre quelques tables dans le bas du village. Vous goûterez ici à la vraie cuisine traditionnelle de Naxos, tournée vers la terre et pas vraiment vers les produits de la mer. Matina, qui œuvre magnifiquement en cuisine, prépare la chèvre à la tomate, l'agneau au citron ou encore le briam au four comme personne. Tout le monde se retrouve là pour des déjeuners qui n'en finissent pas ou simplement pour boire le café. A l'intérieur, ne manquez pas de jeter un œil aux photographies du temps où le téléphérique fonctionnait encore.

MELANES

Situé à 4 kilomètres à l'est, le village abrite deux des trois kouroï de l'île abandonnés au VIe siècle avant notre ère (le troisième kouros, le plus grand, se trouve à Apollonas). Dans le village voisin de Kourounohori (1 kilomètre au nord-est) se trouve un petit musée où sont présentées certaines des découvertes du site, ainsi que la tour Frangopoulou, appartenant toujours à la famille Della Rocca, vieille famille noble de l'île d'origine bourguignonne. Depuis Melanes, on accède aussi au magnifique monastère fortifié des jésuites de Kalamitsia (XVIIe siècle), abandonné depuis 1949. Celui-ci est situé à 2 kilomètres au sud en suivant un chemin non asphalté plutôt facile.

SITE ARCHÉOLOGIQUE DE FLERIO ★

Accès libre toute l'année.

Cette ancienne carrière de marbre est célèbre pour ses deux statues inachevées de jeunes hommes datant d'environ 570 avant notre ère. S'ils sont nettement plus petits que le kouros d'Apollonas (voir Apollonas) qui pèse 80 tonnes, ces deux *kouroï* (pluriel de kouros) ont, eux, été détachés de la roche et sans doute abandonnés après s'être cassés durant leur transport.

- **Kouros de Flerio.** Situé le long de la route, le premier kouros se trouve dans un jardin, à l'ombre des arbres, sur le terrain de la famille Kondylis qui en contrôle les visites. Surnommé « le Grec » (*Ellinas*) par les habitants, il mesure 5,70 mètres et doit peser entre 6 et 7 tonnes. Posé sur le dos, les contours de son visage sont nettement visibles. Ses bras sont collés contre le corps, le pied droit est manquant, tandis que la jambe gauche est cassée en deux.
- **Kouros de Potamia.** À 500 mètres au sud, à flanc de colline, au-dessus du kouros de Flerio, cette statue est également inachevée et posée sur le dos. Mesurant environ 5 mètres pour 6 tonnes, ses jambes se sont certainement brisées en glissant dans le ravin. Selon certains chercheurs, la forme de ses cheveux pourrait indiquer qu'il s'agit d'une représentation de jeune femme (*koré*).
- **Temple et aqueduc de Flerio.** À 500 mètres au nord du kouros de Flerio, se trouvent les ruines d'un ancien temple construit entre le VIIe et le VIe siècle avant notre ère. Contrairement à celui d'Apollonas dédié à Dionysos, il semble avoir été consacré aux divinités de la Fertilité.

ANO POTAMIA ★★★

Ce village de 360 habitants, dont le nom signifie « les rivières », est composé de 4 parties reliées par de nombreux sentiers : Kato Potamia, Mesi Potamia, Lierato et Ano Potamia. L'activité tournait autour de l'agriculture et de l'eau, puisqu'on y comptait autrefois jusqu'à quatorze moulins destinés surtout à moudre les céréales. Quatre d'entre eux, assez bien préservés, peuvent être visités à Mesi Potomia. Le hameau principal, Ano Potamia, dispose de 4 tavernes. On peut faire une halte à la vrysaki tou Faraskou, source aménagée en fontaine, dont on dit qu'elle accueillait les jeunes couples des riches familles d'origine italienne et française. Durant la période du duché de Naxos et de l'occupation ottomane, les seigneurs francs et grecs avaient en tout cas ici leurs habitudes, puisqu'ils y établirent pas moins de huit résidences fortifiées, comme la tour de Kokkos (XVIIe siècle), à Mesi Potamia, qui abrite un moulin utilisé jusqu'en 1966. L'ensemble du village compte également 34 églises et chapelles. C'est à Kato Potamia que se trouvent les deux plus célèbres d'entre elles : Panaghia Protothronos et Aghios Mamas, connue pour ses fresques et sculptures, mais fermée aux visites. Abandonnée depuis le XIXe siècle, cette dernière mérite une promenade pour sa belle architecture et la vue qu'elle offre sur les environs. Dédiée à saint Mamas, patron des bergers, elle est aussi appelée église de « la Vierge voilée par Dieu » (Panaghia Theoskepasti) pour avoir échappé à des saccages lors de raids sur l'île.

TOUR DE BELONIA ★★

Pas de visite (propriété privée).

Parmi les nombreuses demeures de nobles vénitiens, c'est l'une des plus belles et mieux préservées. Datant du début du XVIIe siècle, elle offre un superbe panorama. C'est dans le village voisin de Galanado (dérivé du français « galant ») que commence la vallée de Livadi, la plus fertile de l'île, où sont produites les fameuses pommes de terre de Naxos. Juste à côté de la tour Belonia se trouve l'étonnante église vénitienne Aghios Ioannis (Saint-Jean) datant du XIIIe siècle, un lieu de culte partagé entre catholiques (à gauche) et orthodoxes (à droite).

HALKI ★★★

Véritable carrefour au centre de l'île, le village accueille les visiteurs avec une production locale tous azimuts : le fameux kitron, mais aussi de l'ouzo, des poteries et céramiques, des chapeaux et vêtements cousus main, des confitures et fruits confits, des photos d'art, etc. On apprécie les rues étroites qui montent à la tour Gratsia datant de la période vénitienne (habitée, elle ne se visite pas, mais on peut admirer le blason sculpté à l'entrée) et les fresques des églises comme Panaghia Protothroni, l'une des plus anciennes de Naxos. Halki est également cerné par toute une myriade de hameaux et villages qui méritent une balade.

Shopping

Même s'il a perdu la moitié de ses habitants depuis les années 1950 (550 aujourd'hui), ce village aux belles maisons néoclassiques revit depuis peu grâce à de nouvelles boutiques et galeries. Au point que Halki est devenu l'incontournable halte shopping ! Le kitron est l'incontournable boisson alcoolisée de Naxos, il est généralement servi en fin de repas. Il bénéficie d'une appellation indication géographique protégée (IGP) reconnue en 1996 par l'Union européenne. Très proche de la cédratine du cap Corse, cette liqueur est réalisée avec les feuilles du cédratier (*Citrus medica*). Sorte de gros citron à la peau épaisse et granuleuse, le cédrat est arrivé en Grèce vers 300 avant notre ère, rapporté d'Inde après les conquêtes d'Alexandre le Grand. Cultivé à Naxos depuis le XVIIe siècle, cet agrume très amer est surtout utilisé pour son écorce, sous forme de fruit confit (*glyko koutaliou kitro*). Avec des raisins et des feuilles de cédratier, on obtient une sorte de raki, appelé *kitroraki*. Ce n'est qu'à partir du XIXe siècle que l'on met au point la recette de la liqueur. Les feuilles sont récoltées d'octobre à février et disposées pendant un jour ou deux dans une pièce sèche et légèrement imbibées d'eau. Elles sont ensuite placées dans une cuve avec de l'alcool pur et de l'eau que l'on chauffe à basse température, le sucre étant ajouté ensuite. Une distillation simple donne le « Kitron Naxou », une liqueur à 35 degrés. Si cette liqueur a connu son heure de gloire au début du XXe siècle, la demande n'a cessé de chuter. Malgré un léger effet de mode dans les années 1980, la production n'est plus exportée. Il ne reste désormais que 2 000 cédratiers sur l'île et deux distillateurs encore en activité, Vallindras à Halki et Promponas à Chora.

© JUSTIN BLACK - SHUTTERSTOCK.COM

Dans les ruelles d'Halki.

ÉGLISE AGHIOS GEORGIOS DIASORITIS ★★★

✆ +30 22 85 02 25 25

Tous les jours de 10h à 14h. Entrée libre.

Il faut aller la voir : cette petite église byzantine se trouve au milieu des oliviers, et son accès est aisé. Après une petite marche depuis le village, vous tomberez sur ce vrai petit bijou présentant des fresques très bien conservées.

Construite au XIe siècle, l'église Aghios Georgios Diasoritis est l'un des édifices byzantins les plus importants de la plaine de la Tragea. Sa forme en croix est en effet peu courante à Naxos et ses magnifiques fresques d'origine sont par ailleurs bien conservées, même si certaines ont été recouvertes au XIIIe siècle. Elle est dédiée à l'un des saints les plus célèbres de la Chrétienté, le martyr Georges de Lydda (mort vers 303), connu pour avoir terrassé le dragon. L'épithète de « Sauveur » (*Diasoritis* ou *Sotiris* en grec), souvent attribuée à saint Georges dans les Balkans, a été ajouté plus tard, sans doute au XVe siècle. Il rappelle un autre épisode de la vie de ce soldat romain de Palestine converti au christianisme : le sauvetage d'un jeune enfant enlevé par la tribu non israélite des Agarènes et promis à la mort ou à l'esclavage. Dans le langage littéraire byzantin, le terme d'Agarène servira à décrire les musulmans, puis, par extension, les Ottomans. L'épithète de « Sauveur » est ici une allusion claire au système du *devşirme* (« impôt sur le sang ») mis en place par les Ottomans dans les territoires sous leur contrôle : l'enlèvement d'enfants chrétiens destinés à être convertis à l'islam et formés comme soldats.

TOUR BAZEOS

✆ +30 22850 31402

www.bazeostower.gr

De juillet à septembre : de 9h à 17h et spectacles presque tous les soirs. Entrée 5 € pour les expositions.

C'est l'un des monuments emblématiques de l'île. Depuis 2001, cet ancien monastère fortifié accueille chaque année le Naxos Festival : concerts, expositions d'art, cinéma en plein air, spectacles pour enfants, théâtre, mais aussi un café.

Construit vers 1600, cet impressionnant bâtiment fut d'abord un monastère orthodoxe, dédié à la Sainte-Croix (Timios Stavros), en raison de la supposée présence ici d'une relique de la croix sur laquelle le Christ fut mis à mort. Érigé pendant la période ottomane, son style est pourtant plus proche de l'architecture vénitienne. En effet, alors que l'influence latine (vénitienne et française) a perduré, la présence ottomane est restée très faible à Naxos. Sans garnison régulière, l'île fut souvent à la merci des raids de pirates, d'où la nécessité de fortifier ce bâtiment religieux. Mais la puissante tour et l'ensemble des fortifications de ce monastère rappelle aussi que le système féodal mis en place par les ducs de Naxos a continué d'exister après l'arrivée des Ottomans. Cette imposante architecture avait donc aussi pour but d'impressionner les populations locales soumises aux seigneurs catholiques et au clergé orthodoxe. Abandonné par les moines au début du XIXe siècle, le monastère fut racheté par le nouvel État grec indépendant en 1834, accueillant des artisans potiers pendant cinquante ans. Il fut ensuite revendu à la famille Bazeos dont les descendants ont entrepris la restauration à la fin des années 1990 pour l'ouvrir au public.

FISH & OLIVE GALLERY ★

✆ +30 22850 31771

www.fish-olive-creations.com/aboutus.html

Ouvert tous les jours de 10h à 17h et de 19h à minuit également en juillet et août. Entrée libre.

Katharina Bolesch et Alexander Reichardt, membres permanents de l'équipage de plongeurs Cousteau, sont originaires d'Allemagne. Ce duo s'est installé dans une magnifique villa néo-classique du centre de Halki pour se dévouer à la céramique et la bijouterie. Réalisées dans la plus pure tradition naxiote, les céramiques exposées ici sont d'une beauté incomparable. A tel point que l'on vient de loin pour admirer et parfois acheter ces œuvres subtiles. L'atelier est parfois ouvert à la visite et vous pourrez craquer pour quelques petites choses dans la boutique.

O YIANNIS TAVERNA €

✆ +30 22 85 03 12 14

Tous les jours de 11h à minuit. Ouvert presque toute l'année. Compter 15 € par personne.

Ambiance locale garantie dans ce restaurant situé au cœur de Halki et peut-être l'une des meilleures tables de l'île de Naxos. Le cadre est idyllique, sous la tonnelle de vigne grimpante, directement sur la petite place au cœur du village, à deux pas de toutes les jolies boutiques et galeries. Le menu n'est pas mal non plus avec ses *spanakopites* (tourtes aux épinards) et son *spestofaï* à la saucisse de Naxos. Attention : le restaurant est pris d'assaut par les familles grecques et il faut souvent arriver avant 19h30 pour avoir une table sans réservation.

APEIRANTHOS ★★★

A 27 kilomètres à l'est de Chora, Apeiranthos ne manque ni de surnoms ni de charme. Tantôt « village des musées » ou « village de marbre », il a gardé son aspect traditionnel : de belles demeures de pierre brute, deux tours de défense, de petites places et des ruelles pavées de marbre. C'est le deuxième plus grand village de l'île après Filoti. Réputés pour leur talent artistique et leur esprit révolutionnaire, les quelque 1 000 habitants sont fiers de leurs origines. Leurs ancêtres auraient été déplacés de Crète après une révolte au Xe siècle contre l'occupant arabe. Ils en conservent certaines coutumes (chansons, tissage) et possèdent leur propre dialecte dérivé du grec ancien, appelé l'aperathitiko. Ce village a donné au pays de nombreux artistes, scientifiques, hommes politiques et résistants. Parmi eux, Manolis Glezos, véritable héros national, devenu simple maire du village pendant les années 1980. Il a doté Apeiranthos de la plus grande bibliothèque municipale des Cyclades et de cinq musées. Pourtant, si les attraits ne manquent pas – on trouve aussi ici quelques-unes des meilleures tavernes de l'île –, les touristes n'y restent pas assez longtemps pour que des hôtels voient le jour. La plage la plus proche, Moutsouna, est à 12 kilomètres. On y trouve quelques chambres à louer et une taverne de poissons. Plus loin, à Psili Ammos et Panormos, c'est encore plus désert.

Géologie

C'est autour d'Apeiranthos et de Koronos que l'on exploite le marbre et l'émeri depuis la Préhistoire. C'est le trésor local d'Apeiranthos qui était exploité autrefois dans des mines des environs. Considéré comme de qualité inférieure à celui de Paros, le marbre de Naxos est encore exploité dans des mines à ciel ouvert. Mais c'est surtout l'émeri qui a fait la réputation de l'île. Naxos est, avec la Turquie, l'une des rares parties du monde où l'on trouve cette roche particulièrement dure, employée principalement comme abrasif : pour le polissage des pierres lorsqu'elle est humectée d'eau, des métaux lorsqu'elle est mélangée avec de l'huile. Dans les années 1910, un millier d'ouvriers travaillaient à son exploitation dans l'île avec une production annuelle située entre 8 000 et 12 000 tonnes. On peut encore voir certains des 72 pylônes de l'immense téléphérique construit entre 1926 et 1929 qui permettait de transporter l'émeri entre Stavrolagada et le port de Moutsouna (à 9 kilomètres). Vous avez alors découvert le seul et unique téléphérique des Cyclades ! Si le téléphérique a cessé de fonctionner en 1982, il subsiste une cinquantaine de gisements exploités par les habitants de Koronos, Apeiranthos, Danakos, Keramoti, Skado et Messi. Les galeries, dont les ouvertures se trouvent le long de la route entre Koronos et Lionas, plongent jusqu'à 600 mètres sous terre. Il est très dangereux d'y pénétrer seul, mais on peut en visiter certaines avec Manolis Manolas (+30 6944 60 76 72).

CYCLADES CENTRALES

Le village d'Apeiranthos.

ÉGLISE AGHIA KYRIAKI ★

www.hagia-kyriaki.org

La présence d'un gardien est prévue.

Si le gardien n'est pas là, une porte située à l'arrière sous le narthex (porche) donne normalement accès à un passage en pierre menant à la nef. Elle se mérite ! Méconnue des visiteurs, cette église de pierres sèches dédiée à sainte Cyriaque (Aghia Kyriaki) est en effet l'une des rares églises « iconoclastes » bien conservées des Balkans, c'est-à-dire dont les fresques ne comptent pas de représentations humaines. Elle a été construite à la fin de la querelle des icônes qui secoua l'Empire byzantin de 723 à 843. Elle a été érigée par des iconoclastes (ce qui signifie littéralement les « briseurs d'image »). Ceux-ci refusaient toute représentation du Christ et des saints, les icônes étant pour eux de l'idolâtrie. On peut y contempler son décor « aniconique » aux figures géométriques avec, dans l'abside, la représentation de six oiseaux portant un ruban autour du cou, associés à de petites croix flanquées de palmiers. On y voit également des chevrons, ces formes répétées de cercles, des carrés ou encore des motifs floraux. Ce décor d'origine a subsisté presque intact jusqu'à nos jours, protégé qu'il était par une couche d'enduit et un décor peint plus tardifs, avec un décor figuratif du XIIe siècle dans l'absidiole. Grâce notamment à l'association suisse Hagia Kyriaki, un chantier de restauration a commencé en 2013. La promenade à pied jusqu'à l'église, en passant par l'église d'Aghios Ioannis, offre une vue plongeante sur la baie de Moutsouna, le petit archipel de Makares et l'île de Donoussa.

MUSÉE D'HISTOIRE NATURELLE

Route Apiranthos-Apollonas

✆ +30 22 85 06 16 22

Tous les jours de mai à octobre de 11h à 17h30, de 10h30 à 19h30 en juillet, de 10h30 à 21h en août. Entrée 3 €.

Créé en 1966, ce petit musée permet de découvrir la flore ainsi que les espèces animales terrestres et marines de l'île. 300 échantillons de plantes séchées sont ainsi visibles, comme le caroubier (dont on fait ici des sirops) et le cédratier (avec lequel on produit la liqueur locale, le *kitron*) venus d'Asie, mais aussi des espèces endémiques comme la consoude de Naxos (*Symphytum naxicola*) et le vélar de Naxos (*Erysimum naxense*), qui pousse seulement sur le mont Zas.

MANOLIS GLEZOS, LE RÉSISTANT D'APEIRANTHOS

Né en 1922 à Apiranthos, Manolis Glezos est un politicien, écrivain et homme de gauche, engagé dans tous les combats qui ont secoué la Grèce depuis huit décennies. Sa mort, en 2020, a suscité un émoi national. En effet, ce personnage populaire et historique est particulièrement connu pour sa participation à la résistance pendant la Seconde Guerre mondiale. Le 30 mai 1941, moins d'un mois après l'entrée des troupes allemandes dans Athènes, il monte avec un camarade sur l'Acropole pour y dérober le drapeau nazi. Ce geste fut le premier acte de résistance en Grèce. Condamné à mort, arrêté et torturé, il s'échappa de prison plusieurs fois avant de rejoindre les mouvements de résistance communistes. Pendant la guerre civile grecque (1946-1949), il est de nouveau condamné à mort plusieurs fois par la junte nationaliste. Ces peines capitales ne furent pas appliquées en raison des réactions à l'étranger et finalement réduites à une condamnation à perpétuité en 1950. Relâché après une grève de la faim en 1954, il est de nouveau arrêté pour espionnage en 1958, un prétexte courant pour persécuter les militants de gauche pendant la guerre froide. Plusieurs fois élu député, y compris lorsqu'il est incarcéré, il est finalement libéré grâce à la pression internationale en 1962. Mais aux premières heures du coup d'Etat mettant en place la dictature des colonels (1967-1974), il est une nouvelle fois conduit en prison, puis exilé jusqu'en 1971. A la chute du régime, il s'engage au sein du Pasok d'Andreas Papandréou, mais quitte tous ses mandats en 1986 pour tenter l'aventure de la démocratie directe dans son village natal. Elu maire d'Apiranthos, il abolit tous les privilèges du conseil municipal et incite ses concitoyens à participer à la vie politique du village. D'abord positive, l'expérience s'arrête en 1989 faute d'intérêt de la part des habitants. Revenu à la vie politique nationale, Manolis Glezos s'engage auprès de Synaspismos, ancêtre du grand parti de gauche actuel, Syriza. Depuis le début de la crise économique de 2009, il est en première ligne dans le combat contre les mesures d'austérité imposées à la population. Outre ses activités politiques, Manolis Glezos a publié des livres sur la géologie et la linguistique, deux sciences apprises, pour l'essentiel, en prison, où il a passé plus de onze années de sa vie.

MUSÉE ARCHÉOLOGIQUE MICHALIS BARDANIS ★★

✆ +30 22 85 06 17 25

Du mardi au dimanche de 8h à 15h toute l'année (sinon, il faut demander aux commerçants). Entrée libre.

Les statuettes cycladiques d'Apiranthos (2700-2300 avant notre ère), aux formes primitives, sont bien connues des spécialistes. Hélas, la plupart ont été pillées et pour voir les plus belles, il faut aller... au Louvre ! On comprend mieux pourquoi ce petit musée porte le nom de Michalis Bardanis, grand défenseur du patrimoine antique de Naxos. Comme dans la plupart des musées archéologiques des îles, celui-ci aurait clairement besoin d'un bon dépoussiérage. Cela n'enlève rien à la grande rareté de certains objets qu'il possède. Des fameuses statuettes dites « schématiques d'Apeiranthos », il ne subsiste ici que des fragments (pieds, bras, torses...). En fait, les deux parties les plus intéressantes de la collection sont les *kantili* de la période protocycladique (lampes à huile taillées dans la pierre, si finement travaillées que la lumière peut passer à travers) et, surtout, les gravures rupestres provenant de la colline de Koryfi t'Aroniou. Datant de 2700-2200 avant J.-C., ces dernières ont été mises à jour par Bardanis en 1962 au sud-est de l'île. Il s'agit de dix pierres gravées de manière primitive représentant des animaux à cornes, des chasseurs, des danseurs et des marins sur un étonnant bateau dont la poupe est surmontée d'une hampe verticale. Ces pétroglyphes pourraient provenir d'un sanctuaire. Uniques dans leur genre, ils sont encore peu connus des spécialistes. Le reste du musée est constitué d'objets de la civilisation cycladique provenant des environs d'Apiranthos.

MUSÉE DES BEAUX-ARTS ★★

Route Apiranthos-Apollonas

✆ +30 22 85 06 17 25

Tous les jours de mai à octobre de 11h à 17h30, de 10h30 à 19h30 en juillet, de 10h30 à 21h en août. Entrée 3 €.

Imaginé par Manolis Glezos et le peintre local Nikos Katsouri, ce musée rassemble les œuvres de 47 artistes (peintres, sculpteurs, graveurs et potiers) ayant un lien avec Apiranthos. Le résultat est bien sûr tout à fait inégal, des tableaux figuratifs du XIXe siècle côtoyant des œuvres conceptuelles contemporaines. On remarquera les tableaux de Nikos Katsouri et, dans un genre plus moderne, ceux de Gregory Christeas, ainsi que les poteries et sculptures de Narkissos. Ce dernier possède d'ailleurs un atelier-galerie dans la rue piétonne.

MUSÉE GÉOLOGIQUE PETROS PROTOPAPADAKIS ★★

Route Apiranthos-Apollonas

✆ +30 22 85 06 17 25

Tous les jours de mai à octobre, de 10h30 à 19h30 en juillet, de 10h30 à 21h en août. Entrée 3 €.

C'est l'un des plus importants musées géologiques de Grèce avec 2 500 échantillons provenant de Naxos, Grèce et du reste du monde. Ouvert en 1964, il a été fermé en 1967 par la dictature des colonels et a rouvert en 1987 par Manolis Glezos. Spécialiste en géologie, il a confié sa collection personnelle à ce musée baptisé en l'honneur d'un Premier ministre grec originaire du village. La collection comprend de nombreux morceaux d'émeri et de marbre qui ont fait la richesse de Naxos.

O PLATANOS €

✆ +30 228 50 61 192

Environ 15 € par personne. Ouvert tous les jours midi et soir, pendant la haute saison.

Une petite taverne familiale qui sert des plats authentiques de cuisine grecque, avec aussi quelques spécialités concoctées par le chef. On mange dehors, en plein milieu du village si calme, sur une terrasse avec vue ou sous un énorme platane, imposant et magnifique. Il y a même une table qui trône, surélevée, à côté d'une petite église blanche ; c'est une place de choix pour profiter de ce cadre hors-du-commun et tout à fait pittoresque. Le service est original : on amène la bouteille d'eau dans une sorte de grand seau. Le personnel est autant efficace qu'amical.

ROTONDA €

Route Apiranthos-Apollonas

✆ +30 22 85 06 12 54

Ouvert tous les jours de 10h à tard le soir. Comptez 15 € par personne. Réservation conseillée.

À la fois restaurant, cocktail-bar et café, cet endroit sert une cuisine grecque et internationale convenable. Accessoirement, c'est surtout la plus belle terrasse de l'île avec une vue à couper le souffle. À découvrir pour un déjeuner ou simplement pour une halte café. Si le dîner se fait un peu frais, on vous apporte même un plaid. La cuisine n'est clairement pas très chère, mais les boissons ne sont pas données. On vous conseille de réserver en août, surtout au moment du coucher de soleil, où l'endroit se remplit à une allure folle.

FILOTI

Filoti est le plus grand village de Naxos, avec environ 1 800 habitants permanents, qui vivent surtout de l'agriculture et de l'élevage. Situé sur le flanc du mont Zas, point culminant de l'archipel (1 004 mètres), en sortant de la vallée de Tragea, à 19 km à l'est de Chora, 2 km au sud de Halki et 5 km au sud-ouest d'Apiranthos. Ici, les maisons cycladiques, toutes blanches, contrastent agréablement avec la couleur terne de la montagne.

Balade

Depuis Filoti, on accède à la très belle et presque sauvage plage de Kalantos, à 19 kilomètres, près de la pointe sud de l'île. En chemin se profile la tour de Himaros (Pyrgos Himarou), à quatre étages, datant de l'époque hellénistique.

Tourisme

Filoti compte de nombreux commerces, cafés et tavernes autour de la Kentriki platia, plus souvent appelée platsa Gefyra (« place du Pont »), ainsi que deux distributeurs de billets, mais pas vraiment d'hébergement, sauf quelques chambres à louer au restaurant Babulas (✆ +30 22850 31426) ou à l'entrée du village chez la famille Gratsias (gratsias-houses.blogspot.gr).

CAVO D'ORO €

Epar.Od. Naxou-Apiranthou
✆ +30 2285 022620
https ://www.cavodoro-naxos.gr/
Ouvert midi et soir. Environ 15/20 € par personne.

Après le désormais célèbre Cavo d'Oro à Paros, ouvert en 1980, voici le nouveau restaurant signé Adonis Vassilas, installé dans le beau village de Filoti, à Naxos cette fois-ci. Côté menu, une cuisine grecque et italienne savoureuse élaborée à partir d'ingrédients frais et locaux (tous les produits sont cultivés sur l'île). Pizza cuite au feu de bois (5 tailles sont possibles !), pâtes fraîches, salades, mezzes, grillades, fruits de mer et plats traditionnels grecs pour satisfaire tous les goûts. Comme à Paros, le pain est excellent et fait maison.

PLATSA €

Place Kentriki
✆ +30 22850 32771
Tous les jours de 8h à minuit, de mars à octobre. A partir de 15 € par personne.

C'est l'une des très bonnes tavernes de l'île, réputée aussi bien pour ses petits prix, ses bons plats à base de produits locaux et bio, son emplacement, sous le grand platane de la « place du Pont », que pour son ambiance, souvent assurée par des musiciens de Naxos ou d'Athènes. On y trouve notamment des poissons et viandes cuits dans du papier sulfurisé (méthode *ladoharto*), des sympathiques assortiments de mezzés et une très bonne salade grecque aux câpres et à la *xinomizithra* (fromage crémeux à base de lait de chèvre et/ou de brebis).

CYCLADES CENTRALES

MONT ZAS ★★

www.cycladen.be/Filoti-ZasTexte.htm

Compter 3 à 4h de marche aller-retour depuis Filoti, 650 m de dénivelé. Chemin bien balisé (en rouge), facile.

Le mont Zas (Ζας, en grec local, « Zeus »), surnommé *Myti tou Za* (« né de Dieu ») par les habitants, est le plus haut sommet des Cyclades, 1 100 à 1 004 mètres selon les sources. Le massif qui l'entoure est classé « zone d'importance communautaire » du projet Natura 2000 de l'Union européenne. Le chemin, bien balisé, passe par la grotte de Zeus où, selon la mythologie, le dieu aurait été élevé. En été, il est conseillé de partir tôt le matin et de penser à prendre de l'eau, même si le sentier est souvent ombragé et passe devant des sources. De bonnes chaussures sont également à prévoir. En lien (ci-dessus), nous vous proposons aussi un autre itinéraire en français sur le site Internet du spécialiste de la randonnée dans les Cyclades, le Belge Raymond Verdoolaege.

Itinéraire. À Filoti, en partant de la taverne Platanos, marcher 15 mètres, puis traverser le petit pont à droite et prolonger la ruelle jusqu'à la place à la fontaine. Il faut prendre la rue à gauche jusqu'en haut du village (10 minutes). Là, il faut suivre le panneau du sentier n° 2 indiquant « Zas ». Dès lors, les balises sont bien indiquées, le long du sentier qui serpente entre entre les cultures en terrasse. Apres 30 minutes, le sentier coupe la route qui mène à Appolonas puis celle qui conduit à Danakos. Il faut suivre cette dernière sur 300 mètres jusqu'à la chapelle d'Aghia Marina. Le chemin très bien balisé, large et ombragé, part sur la droite (panneau « Koryfí tou Za », « sommet du Zas ») et mène en 1h15 au sommet. En chemin, le sentier passe le long de la grotte de Zeus (ou Zas, voir ci-dessous), puis à côté d'un bloc de marbre portant l'inscription en grec ancien « ΟΡΟΣ ΔΙΟΣ ΜΗΛΩΣΙΟΥ » (*Oros Dios Melosiou*) signifiant « montagne de Zeus, le protecteur des ovins ». Au sommet, un poteau trigonométrique indique l'altitude. À côté, une boîte métallique contient un grand cahier où l'on peut laisser son nom et ses impressions. Retour par le même itinéraire.

Grotte de Zas (Spileo tou Za). Située à 600 mètres d'altitude, cette grotte est, selon la mythologie, l'endroit où a été élevé Zeus. L'entrée, en partie murée, donne sur un espace de 10 mètres de large qui se réduit pour s'enfoncer jusqu'à 100 mètres sous terre avec d'impressionnantes stalactites. L'endroit n'est pas dangereux, mais le sol est glissant et il n'y a aucun éclairage (prévoir une lampe de poche). Les archéologues y ont découvert des outils préhistoriques, plus anciennes traces d'habitation de l'île. À gauche de l'entrée, se trouve la petite église de Zoodohos Pighi.

IOS - PORT

Bienvenue à Ios ! Ormos, le port de l'île – Yalos pour ses habitants –, est grand et bien protégé. De plus en plus d'hôtels et de chambres à louer s'y construisent et on y trouve même un camping. Sa plage est assez calme mais pas toujours très propre et très touristique l'été. Elle est considérée comme l'île des bars et des boîtes de nuit. Elle aurait plus de bars, et tous les paradis artificiels y sont accessibles ! En été du moins. Après, c'est une autre histoire…

Transports

En bateau, quasiment une liaison par jour en ferry depuis Le Pirée (à partir de 6h40 de traversée). Et au moins un hydroglisseur par jour (3h45 minimum).

PLAGES

Il y a une plage de sable fin juste à côté du port mais souvent bondée. Nous vous conseillons la plage de Valmas, une petite crique très tranquille où l'eau est très pure. Pour vous y rendre, prenez les escaliers blancs après Ios Camping et suivez le petit chemin pendant 20 minutes environ. Vous y trouverez une taverne qui permet de vous restaurer. Vers le nord de la baie, vous pourrez rejoindre les plages plus *select* de Tzamaria et Koumbara. Là, le très branché bar de plage Erego Beach Club loue transats et parasols et offre de quoi se rafraîchir et se restaurer.

ACTEON TRAVEL AGENCIES

✆ +30 22860 91343

www.acteon.gr

Tout de suite sur le port en sortant du débarcadère, sous l'hôtel du même nom, vous ne pouvez pas la louper, c'est la plus grande agence de voyages sur l'île. Elle propose tous les types d'hébergement mais aussi des excursions, location de voitures, bureau de change, coffres-forts, garde-bagages, borne Internet sans fil, billetterie air et mer, informations aux touristes, cartes, prospectus, service fax… C'est le premier endroit que vous visitez en arrivant et c'est celui qui risque fort de vous dépanner sur bien des sujets.

CORALI RESTAURANT €

✆ +30 22860 91272

www.coralihotelios.gr

22 chambres. La double entre 50 et 95 € avec petit déjeuner selon la période.

Sur Yalos Beach, à gauche de l'embarcadère, un petit hôtel familial avec une large piscine pour les grands et une autre plus petite pour les enfants. Chambres très propres avec, pour certaines, vue sur la mer et grand balcon. Bar et restaurant dans un jardin agréable. Aire de jeux, billard. Internet sans fil gratuit. Chaises longues gratuites sur la plage. Calme, accueillant et très chaleureux. Appartements et studios également disponibles. On y trouvera aussi un restaurant très prisé des touristes pour ses pizzas pas chères.

MARE MONTE HOTEL €

✆ +30 22860 91585

www.hotelmaremonte.gr

23 chambres simple, double et triple. La double de 50 à 90 € avec petit déjeuner selon la période.

Un charmant hôtel sur la plage avec boutiques et restaurants tout autour. La piscine est aussi très agréable. Bien situé à quelques pas du port face à la jolie plage de Yialos et pas trop loin du port (près de l'arrêt de bus), cet établissement modeste, tenu depuis 30 ans par Niki et Popi, propose des hébergements de 1 à 6 personnes à des tarifs attractifs. Petit déjeuner face à la mer. La propriétaire apporte un soin énorme à son jardin qui est splendide et fréquemment photographié par les passants. Un bon rapport qualité-prix.

AGALIA LUXURY SUITES €€€

Tzamaria

✆ +30 2286 091019

http ://agaliahotel.com

Chambre double à partir de 150 € en été, petit déjeuner inclus. Transfert gratuits.

Cet établissement de luxe propose des suites merveilleuses en surplomb de la plage de Tzamaria, à 20 minutes à pied du port. Chambres spacieuses, vues incroyables sur la mer, restaurant gastro de qualité et tous les services attendus d'un hôtel de luxe : spa, cours de yoga, cours de cuisine, dégustation de vins, etc. Décoration recherchée dans un style un peu bohème naïf qui ne sera pas du goût de tout le monde, mais elle a le mérite d'être personnalisée. Très bon petit-déjeuner complet et copieux. Et, au final, un assez bon rapport qualité-prix.

CORALI RESTAURANT €

✆ +30 22860 91272
www.coralihotelios.gr
A partir de 15 € par personne. Ouvert tous les jours midi et soir.

Il s'agit sans doute de la première pizzeria ouverte sur l'île, appréciée des locaux depuis 30 ans pour ses pizzas cuites au four à bois d'origine. Les prix sont plus qu'honnêtes, ce qui rend l'endroit très prisé, voire pris d'assaut par les locaux et les visiteurs. Mais on propose aussi des pâtes, des spécialités grecques, des glaces maison... Le tout sur une terrasse fort agréable, face à la mer évidemment. Côté multiculturel, parmi les pizzas, certaines sont revisitées avec de la feta pour les aventuriers de la gastronomie...

POLYDOROS €€

plage de Koumbara
✆ +30 22860 91132
Ouvert tous les jours de midi à 23h. Comptez 20 € par personne.

Cette taverne située légèrement en retrait de la plage de Koumbara est l'une des meilleures adresses d'Ios. On y mange une cuisine familiale. Ici la devise est de l'ordre du *less is more* : mieux vaut faire simple et bon que compliqué et fade. Depuis 1986, le menu est tourné vers la terre : ragoût de lapin à l'origan, escargots à la crétoise, agneau local… Mais les options de la mer sont également très réussies et d'une fraîcheur incroyable. Installez-vous donc à la terrasse du Polydoros et laissez-vous prendre par le bien-être qui se dégage de ces mets savoureux.

OCTOPUS TREE €

A partir de 15 € par personne. Ouvert midi et soir.

Une Anglaise mariée à un Grec gère ce petit *kafeneion* familial encore typique et apprécié des habitants au pied de l'église qui surplombe le port. Caché au bout du port, ce petit coin tranquille, avec juste quelques tables dehors à l'ombre d'un bel arbre, est une belle surprise. Au menu, une carte simple et efficace composée d'excellentes *kefdedes* (boulettes de viande), du porc au vin et de mezzés à petits prix. Un vrai coup de cœur au milieu d'autres cartes à l'exotisme suspect (l'un des restaurants voisins propose un étrange curry caribéen par exemple...).

TASTE OF JOY €€

Tzamaria
✆ +30 2286 091019
Ouvert tous les jours pour le petit déjeuner, déjeuner et dîner. Comptez 25 € par personne.

Le Taste of Joy est le restaurant gastronomique de l'hôtel Agalia Suites. Il est ouvert à tout le monde et offre une vue magnifique sur la mer et la baie de Yialos. Les tables installées en terrasse, autour de la piscine offrent une expérience culinaire unique, particulièrement appréciable dans le paysage gastronomique terne du port. Vous dégusterez des plats inventifs et savoureux, à l'inspiration italienne. Aménagement élégants, service impeccable, atmosphère unique et ingrédients de qualité. L'idéal pour un dîner romantique.

Ios Chora.

IOS CHORA ★★

Bienvenue dans une charmante capitale cycladique, petite carte postale avec ses 13 moulins à vent, ses maisons blanches accrochées à une colline dominée par l'église d'Aghios Nikolaos et sa citadelle médiévale. Chora est bâtie à l'emplacement d'une cité antique. Vous pouvez distinguer les ruines du temple d'Apollon à côté de l'église Aghia Aikaterini. De nombreux touristes préfèrent s'établir ici, attirés par l'animation nocturne particulièrement riche en émotions fortes... et en décibels ! Si vous voulez pleinement profiter du charme ambiant des petites ruelles, baladez-vous le matin quand les adeptes de la vie nocturne dorment encore.

Sortir

Vous n'aurez que l'embarras du choix pour sortir à Chora. L'alcool y est bon marché et la plupart des bars proposent des *happy hours* jusqu'à 23h. Certains n'ouvrent qu'après 23h et sont indiqués dans la rubrique « Clubs et discothèques ». L'entrée est soit gratuite, soit équivalente à une consommation prépayée. Une mise en garde cependant : tous les bars ne sont pas fiables et certains n'hésitent pas, surtout en haute saison, à servir de mauvais alcools qui font mal à la tête le lendemain matin si vous n'êtes pas vigilant. Les bars respectent à la lettre l'horaire de fermeture imposé (3h30) mais les clubs et autres « after » vous accueilleront jusqu'à l'aube.

CHEZ FRANCESCO €

✆ +30 22860 91223

www.francescos.net

A partir de 15 € par pers. en dortoir ou de 40 à 80 € en chambre double. Ouvert de mars à octobre.

Voilà l'endroit idéal pour bronzer au bord de la piscine et boire des cocktails en terrasse ! Evidemment, c'est plus un endroit où l'on pose ses affaires et où l'on dort (peu) dans une ambiance festive et parfois un peu bruyante. Si vous êtes venu à Ios pour faire la fête, tout est accessible à pied ici. Pas besoin de taxi. Venir chez Francesco, c'est loger dans une petite institution. Les bars sont à côté et les chambres restent agréables (climatisées, avec parfois un petit balcon). Sans surprise, il faut réserver tôt en haute saison !

LOFOS €

✆ +30 22860 91481

www.lofosvillage.com

20 chambres. Chambre entre 65 € et 160 € selon la période et la catégorie.

L'hôtel Lofos (la colline en grec) se situe à 50 m de l'arrêt de bus, un peu sur les hauteurs. C'est une très belle propriété bien entretenue et dans un endroit fantastique. Le service fourni par Elizabeth et Stavros est au top. Ils sont là pour s'assurer que vous passiez un excellent séjour et y parviennent. Côté confort, certaines chambres ont un balcon avec vue sur le village. L'endroit reste assez calme, bien qu'étant assez central. C'est sans doute pour cela que l'hôtel est souvent complet. Il est donc prudent de réserver.

AFRODITI HOTEL €

Place principale.

✆ +30 228 609 1546

www.aphrodite-hotel-ios.gr

Chambre double à partir de 40 € en été. Parking et wifi gratuits.

La majorité des visiteurs logent à Chora. Vous y trouverez de nombreuses options bon marché et pas spécialement charmantes pour la jeunesse festive qui vient ici en masse en juillet et août. Là encore, les nuits ne sont pas calmes en pleine saison... A 100 m du principal arrêt de bus de Chora, ce petit hôtel propose des chambres doubles ainsi que des studios intéressants pour 4 personnes. Simple mais propre, il offre un bon rapport qualité-prix. Une bonne adresse à quelques pas des bars, pour peu que l'on aime l'animation.

AVANTI HOTEL €€

A 150 m de la place principale, sur une colline.

✆ +30 22860 91165

www.ioshotelavanti.gr

Chambre double à partir de 60 € selon la période et la catégorie. Petit déjeuner compris.

Une propriété originale avec un excellent emplacement. Au calme sur les hauteurs de la ville avec une vue magnifique. Il y a une belle piscine avec un bar au milieu des bâtisses cycladiques. Les 17 chambres élégantes et modernes possèdent l'air climatisé et la télévision... Wifi. Transferts aller-retour au port offerts. Restaurants à proximité, à quelques pas du port. Les propriétaires sont aux petits soins, très accueillants et un tantinet excentriques. On aime beaucoup cette ambiance. Vous y trouverez une clientèle d'habitués.

HELLENIC SOCIAL €

Rue principale
✆ +30 2286 092663
Ouvert tous les jours de 11h à minuit. Comptez 15 € par personne.
Suivant la tendance du bio et de la cuisine fusion, trois amis voyageurs se sont arrêtés ici, en plein cœur de Chora pour fonder un restaurant naturel et à leur image : jeune, branché, sain et savoureux. On retrouve les voyages de ces trois-là dans les plats « hipsters », aux saveurs exotiques. Les produits sont tirés autant que possible de leur jardin, garanti bio. Le brunch et le menu du soir sont vraiment réussis (craquez notamment pour les desserts) et on reste en soirée pour boire un ingénieux cocktail, préparé avec brio.

THE MILLS €€

✆ +30 22860 91284
Ouvert tous les soirs pour le dîner. Comptez 20 € par personne.
Situé au niveau des anciens moulins de Chora, The Mills est un restaurant dont la réputation n'est plus à prouver depuis 1969. Dans un décor charmant, vous mangerez une délicieuse cuisine traditionnelle. Nous y avons très bien mangé. Les portions sont copieuses et les plats très savoureux, à l'instar d'un *kleftiko* (viande cuite entièrement à l'étouffée) exceptionnel. Certains plats évoluent évidemment au fil des ans, mais le restaurant est surtout réputé pour sa moussaka cuite au four dans un plat en terre ou encore ses *souvlakis* d'espadon.

LORD BYRON €

✆ +30 22860 92125
www.lordbyronios.gr
Ouvert tous les jours de 7h à 2h du matin. Comptez 15 € par personne.
Ce restaurant nous a été conseillé par des locaux et nous n'avons vraiment pas regretté ce choix. Les plats sont copieux et excellents. Dans cette petite taverne sympathique, la variété des plats grecs proposés n'a d'égale que la diversité des objets décoratifs du lieu. Cuisine de qualité. Et ici, la clientèle est cosmopolite et l'ambiance, décontractée. Le soir, les lieux s'animent d'une joyeuse foule qui aiment la sélection musicale *jazzy* et *lounge* proposée. Une adresse conviviale. Nous recommandons ce lieu avec sa terrasse agréable.

IOS CLUB

✆ +30 22860 28024
www.iosclub.gr
Ouvert tous les soirs en été à partir de 19h et jusqu'à 3h du matin.
Les amoureux de l'île viennent ici en général chaque année, tant le Ios Club passe pour une étape incontournable de tout séjour. Situé sur un site d'exception, ce bar créé en 1970 est une véritable institution. Vous pourrez y siroter l'un des 50 cocktails de Simos et admirer le coucher de soleil en écoutant de la musique classique. Pour ceux qui recherchent un peu de finesse dans ce monde de brutes. Nous vous conseillons deux cocktails merveilleux qui vous permettront de commencer ici la soirée en douceur : *Last Tango in Paris* et *One exciting night*.

THE NEST €

✆ +30 22860 91778
Ouvert tous les jours de midi à 1h du matin. Comptez 15 € par personne.
Un restaurant à découvrir pour savourer des spécialités grecques. Ce restaurant familial est une institution de Chora depuis les années 1960. Repris par les frères Dimitris et George, vous y goûterez une bonne cuisine préparée à base de produits frais du jardin. Bref, c'est frais et naturel, beaucoup plus qu'ailleurs. Les plats sont copieux, de bonne qualité et l'accueil est excellent. L'ensemble est de qualité, production bio et fraîche oblige. Les plats traditionnels comme la moussaka, les *dolmades* ou le *klefitko* sont aussi très réussis.

SLAMMER

✆ +30 69323 04574
www.slammerbar.com
Ouvert tous les soirs en été à partir de 23h.
Ambiance garantie ici. Il porte le nom anglais de *Tequila Paf*. Ce bar s'est spécialisé dans des *upside down* un peu particuliers : couché sur le bar, un entonnoir dans la bouche et un casque de moto sur la tête… nous vous laissons imaginer la suite ! La musique est commerciale avec les plus grands tubes des années 1970 et 1980. Très bien situé avec un personnel sympathique et une bonne musique entraînante. Bref, un incontournable de la ville où vous passerez à un moment ou à un autre de votre soirée si vous venez faire la fête à Ios.

MYLOPOTAS ★★

A 3 kilomètres depuis Chora, un chemin conduit à Mylopotas en 15 minutes, sinon vous pouvez prendre un bus qui fait la liaison toutes les demi-heures environ. C'est aussi un bon plan. De nombreux touristes choisissent en effet de résider à Mylopotas, qui offre l'avantage d'être un site calme et superbe, mais proche de l'animation nocturne. La fête, si je veux, quoi... Ici aussi, la plage est somptueuse mais reste souvent bondée, surtout en haute saison, de jeunes qui se dorent au soleil pour se remettre de leurs exploits nocturnes. Vous aurez ici la possibilité de faire de la planche, du pédalo, mais aussi du ski nautique et de la plongée.

© AUTHOR'S IMAGE

Plage de Mylopotas.

CAMPING FAR OUT €

✆ +30 22860 91468

www.faroutclub.com

123 emplacements. 10 € par personne (avec sa tente) en été, sinon 5 €. Bungalows pour 2 à partir de 20 €.

Le meilleur camping de l'île, ombragé par des pins, à 10 m de la plage. Pour les inconditionnels de la fête, deux piscines, des terrains de sport, du saut à l'élastique, des bars, un restaurant, un mini-market. Avec une telle animation, soit vous restez à vie, soit vous partez en 5 minutes. Vous pouvez aussi bien dormir par terre, louer une tente ou même un bungalow. Tout est possible ici ! A noter que les propriétaires gèrent aussi un hôtel, le Far Out Village, au-dessus de la baie. Sa piscine en fer à cheval se transforme assez rapidement en lieu de fête.

HERMES €

Agios Ioannis.

✆ +30 22860 91471

www.hermesios.com

Chambre double à partir de 50 € en été, sans petit déjeuner.

Voici un endroit très populaire et prisé. A mi-chemin entre Chora et Mylopotas, l'établissement propose 27 chambres avec une vue plongeante sur la mer Egée. En prime, la piscine est aussi très agréable. Attention cependant : les chambres doubles de l'hôtel n'offrent pas de lit double mais deux lits simples, mieux vaut le savoir... Peut-être est-ce pour limiter le bruit que font déjà les jeunes la nuit. A toutes fins utiles, la taverne Piperri Tapas and Meze (derrière la crêperie dans le village) propose des offres spéciales aux clients de l'hôtel.

ROOMS DEEP BLUE €

✆ +30 22860 91742

www.thedeepblue.gr

Chambre entre 40 € et 80 € selon la période et la catégorie.

Accueil très chaleureux avec des hôtes pleins d'attentions. Ils viendront vous chercher au port si nécessaire et vous y raccompagneront le jour de votre départ. On ne peut rêver mieux comme séjour. Un hôtel authentique dans l'esprit grec, comme on l'imagine, avec un bon rapport qualité-prix. Une chambre dispose d'une kitchenette et d'un balcon particulièrement grand. Pour la petite histoire, cet hôtel a été appelé Deep Blue en souvenir du film de Luc Besson, *Le Grand Bleu*, dont une partie a été tournée sur l'île, près de la plage de Manganari.

DIONYSOS RESORT €€

✆ +30 22860 91215

www.dionysos-ios.gr

Chambre double à partir de 80 € en été, avec petit déjeuner.

Au bout de la plage, dans la dernière route sur la gauche, vous trouverez ici un hôtel *resort* tout confort à 50 m de la plage. Idéal pour un couple ou une petite famille. Les 42 chambres sont en effet modernes et élégantes, soigneusement décorées, mais surtout très calmes. Elles sont toutes bien équipées : air conditionné, téléphone direct, TV satellite, terrasses dont certaines donnent sur la mer. Grande piscine avec bar, tennis, fitness, restaurant de cuisine méditerranéenne à la carte, Internet, parking, transfert sur demande.

CYCLADES CENTRALES

HOTEL PETRADI €€

Sur la route principale entre Chora et Mylopotas
✆ + 30 22860 91660
www.hotelpetradi-ios.gr
Chambre double entre 90 et 160 € en été. Petit déjeuner : 9 €.

Cet établissement de charme est construit sur la colline qui surplombe la baie de Mylopotas. La vue y est époustouflante depuis les terrasses et la belle piscine. Ici l'atmosphère est décontractée et réellement amicale. La célèbre plage de Mylopotas est à 10 minutes à pied et il y a un arrêt de bus juste devant l'hôtel. Les chambres immaculées sont spacieuses et confortables. Emplacement idéal entre la plage de Milopontas (10 min à pied avec une petite côte) et le centre-ville (5-10 min à pied). Personnel aux petits soins et vraiment adorable.

DRAKOS TAVERNA €

✆ +30 22860 91281
A partir de 15 € par personne environ. Ouvert midi et soir.

Sans doute le meilleur rapport qualité-prix du village avec des tables au bord de l'eau et des poulpes qui sèchent au soleil. Nous avons essayé ici les crevettes dans leur délicieuse sauce tomate en entrée, des linguine aux oursins en plat de résistance et c'était franchement pas mal. Cette petite institution permet aussi de manger très bien et pas trop cher d'excellents mezzes. Pour les poissons du jour (au kilo), c'est un peu plus onéreux (demandez le poids avant) mais de qualité avec une vue formidable et surtout un peu de tranquillité.

VILLAGE HOTEL €€

✆ +30 22860 92305
http ://faroutclub.com/village
Chambre double à partir de 90 € en été, petit déjeuner inclus.

Joli village de bungalows cycladiques superposés dotés de terrasses isolées. La situation en face de la mer et le joli cadre de l'établissement sont très agréables. Ce charmant hôtel est situé légèrement en retrait de la plage, dans un joli jardin ombragé. Les chambres sont coquettes et tenues avec soin, et possèdent toutes un balcon privé. La piscine sera idéale pour les plus jeunes notamment. Petit-déjeuner copieux, servi à table devant la piscine, avec une vue incroyable. Une bonne adresse avec un service de navettes pour Chora.

ALMYRA BY THE SEA €€

✆ +30 22860 91630
www.almyrabythesea.gr
Ouvert tous les jours de 8h30 à 1h. Comptez 20 € par personne.

Ce bar-restaurant de plage très branché dépend de l'hôtel Dionysos mais demeure quand même ouvert à tous. Une bonne nouvelle. Les pieds dans le sable, on vient y prendre un délicieux petit déjeuner au réveil, on y fait une pause à midi ou au fil de la journée pour casser la croûte d'un petit plat léger ou d'un snack délicieusement préparé, on prend l'apéritif face à la mer et au soleil couchant avec un cocktail bien équilibré à la main et on reste pour un dîner élégant et raffiné. Une excellente adresse pour toutes les occasions !

LEVANTES LUXURY RESORTS €€€

✆ +30 22860 92 588
www.levantes.gr
Chambre double à partir de 150 € en été (mais près de la moitié en septembre), petit déjeuner inclus.

Cet établissement de luxe est composé de petits bâtiments traditionnels avec piscine privée et bains à remous pour les suites. Situé sur les hauteurs entre Chora et Mylopotas, il bénéficie d'une vue magnifique sur la baie en contrebas. Il va sans dire qu'il offre tous les services d'un hôtel de luxe : restaurant, plusieurs piscines, parking, bar, massage, sauna… La plage est à 10 minutes à pied. L'hôtel est très propre, bien décoré et moderne. Le petit déjeuner est bon et les cocktails à déguster au bord de la piscine sont excellents !

ELPIS €€

✆ +30 2286 091626
Ouvert tous les jours pour le déjeuner et le dîner. Comptez 20 € par personne.

Ce restaurant situé juste en contrebas du Ios Palace sert ses clients depuis plus de 30 ans. La nouvelle génération poursuit la tradition familiale : vous y mangerez une bonne cuisine traditionnelle, réalisée avec soin. Goûtez notamment à la *kakavia*, la soupe de poissons ou encore les plats végétariens préparés avec les légumes du jardin. La terrasse qui surplombe la plage de Mylopotas est très agréable. Le service est très bien et le contenu de l'assiette de bonne qualité. Tout cela avec une vue qui mérite quand même d'être soulignée.

HARMONY €€

✆ +30 22860 91613

https ://harmonyios.com

Ouvert tous les jours de 9h à 2h du matin. Comptez 25 € par personne.

Ce bar-restaurant mexicain est un des spots les plus à la mode d'Ios. Le bâtiment qui reprend l'architecture des *haciendas* mexicaines, a été arraché à la colline qui surplombe la plage de Mylopotas. On y jouit d'une vue sans limite sur la baie et l'horizon, idéal notamment pour regarder le soleil se coucher. Ici, les chefs concoctent des plats savoureux et d'une fraîcheur incomparable. Le mélange savant entre saveurs mexicaines et produits locaux produit une carte inventive et très réussie. On vient également pour boire un cocktail face à la mer.

TOMATINI €€

Dans l'hôtel Ios Palace

✆ +30 2286 092000

Ouvert tous les jours pour le déjeuner et le dîner. Comptez 25 € par personne.

Le restaurant de l'hôtel Ios Palace jouit de la même vue incroyable sur Mylopotas et demeure ouvert à tous, au bord de sa piscine. La terrasse et les tables autour de la piscine sont vraiment agréables. Le midi, on y déjeune pour pas trop cher des hamburgers à la grecque et des salades fraîches. Mention spéciale, au passage, au poulpe sur son lit de fava (purée de fèves). Un délice. Le menu du soir est plus raffiné, accueille une clientèle plus chic et mêle encore cuisine traditionnelle avec des influences venues d'ailleurs en Méditerranée.

MANGANARI ★★

L'été, des bus proposent des navettes. Sinon (et hors saison), vous devrez louer une voiture car un taxi revient trop cher. Un bonheur pas si onéreux au vu de la route qui commence à la fin de la plage de Mylopotas et qui vous emmènera au paradis. Serpentez à travers les montagnes et tournez juste avant de rejoindre le monastère de Kalamos pour atteindre la superbe baie de Manganari. Elle se divise en cinq criques de sable fin ou de galets. Mais toutes ont des eaux cristallines émeraude qui ont nourri certaines scènes du *Grand Bleu* de Luc Besson. Plusieurs activités nautiques sont possibles en été. Des tavernes proposent du poisson frais et des chambres à louer.

PLAGES DE LA CÔTE EST

Les plages de la côte est sont adaptées aux visiteurs qui recherchent le calme. Elles ne sont pas desservies par le bus.

Aghia Theodoti est une longue étendue de sable. Les eaux y sont cristallines et seuls quelques transats et parasols sont installés. Dans le village, vous trouverez une taverne et L'Oasis Café avec une superbe vue sur la baie.

Psathi est une plage de sable et de petits galets. Son orientation l'expose au vent, l'idéal pour les amateurs de planche à voile, moins pour les autres. Une petite taverne est située à l'entrée de la plage.

HELENA'S APARTMENTS €

✆ +30 6937189044

http ://elenas.gr

Chambre double à partir de 50 € en été, sans petit déjeuner.

A 1 minute à pied de la plage de Manganari, des chambres lumineuses avec balcon ou terrasse privée. Cet établissement familial légèrement en retrait de la plage propose différentes options : des chambres doubles, mais aussi des studios avec cuisine équipée et un appartement, deux options à privilégier pour pouvoir se préparer à manger. Par ailleurs, ces options sont un peu plus charmantes que les chambres doubles. La propriétaire des lieux possède aussi le restaurant AntonIOS, sur la plage, où vous dégusterez du poisson et des fruits de mer délicieusement frais.

VENUS HOTEL €

✆ +30 22860 92374

http ://venus-hotel.gr

Chambres doubles entre 45 et 80 € en été, petit déjeuner inclus. Transfert de/vers le port gratuit.

Cet établissement familial est situé sur la plage de Manganari. Les chambres sont propres et bien équipées, le wifi fonctionne gratuitement dans tout l'hôtel et la taverne, ouverte à tous, propose une cuisine savoureuse. C'est certainement la meilleure option restauration et hébergement de Manganari. L'ensemble est simple mais confortable et toutes les chambres ont vue sur la mer. Les parasols et transats sur la plage sont à disposition des clients de l'hôtel. A noter qu'il existe encore une formule moins chère, sans petit déjeuner.

ALOPRONOIA

Bienvenue à Sikinos ! De petites habitations et quelques pensions destinées au tourisme sont dispersées sur les flancs qui bordent Alopronoia. Le village en soi n'a rien de spécial : le port, une plage, une petite taverne, un café qui fait aussi des souvlakis et une petite épicerie. Située dans une baie tranquille, la plage de sable est plutôt large et l'une des plus fréquentées de l'île. Proche de la route qui mène au port, elle n'a pas le charme sauvage des autres. Elle reste cependant très sympathique et son eau est d'un bleu impressionnant.

Transports

En bateau, Sikinos est plutôt difficile d'accès avec 4 à 5 liaisons par semaine depuis le Pirée.

KOUNTOURIS TRAVEL

Sur le port

✆ +30 2286051232

Dans une île aussi sauvage et largement dénuée - encore - d'infrastructures touristiques, il est agréable de trouver une telle agence. Nous vous recommandons notamment sa page Facebook bien à jour et en pointe sur les horaires des rotations. Par ailleurs, cette agence fondée en 1996 propose tous les services utiles aux touristes : billetterie (avion, bateau et bus), réservation d'hébergements, informations touristiques, bureau de change, croisières, excursions, services et accès Internet… Idéal quand on veut venir en haute saison et que l'offre est limitée...

RAC RENT A CAR

Sur le port

✆ +30 2236 100001

www.rentacar-sikinos.gr

Ouvert tous les jours de 9h à 22h. Voiture à partir de 50 € par jour.

Le réseau routier n'est pas très développé sur Sikinos, notamment du fait de son relief particulier. La route principale relie Chora au port. Au-delà, il existe quelques rares routes secondaires, accessibles en voiture ou en scooter. Il existe un seul loueur de voiture et vous trouverez des scooters à la station essence. L'unique loueur propose des voitures bien entretenues quoiqu'un peu plus chères qu'ailleurs, absence de concurrence oblige. La voiture est livrée au port. Sinon, une liaison en bus dessert Alopronoia et Chora.

CAMARES GUESTHOUSE €

✆ +30 22860 51281

www.manalis-camares.gr

Chambre double à partir de 60 € en été.

Les propriétaires, Kelly et Christos, sont adorables. Ils viendront vous chercher au port et vous feront sentir les bienvenus tout de suite. Coup de cœur pour cet établissement très charmant, à environ 400 mètres de la plage, dans un large terrain et jardin ombragé. Les chambres sont aménagées avec goût et l'ensemble est très bien tenu. On aime le calme et la convivialité des lieux en surplomb de la baie. Les chambres offrent toutes de très belle vue sur la mer. L'emplacement de l'hôtel est excellent, très proche du port et de l'une des plages.

LUCAS STUDIOS €

Plage d'Alopronia.

✆ +30 22860 51075

www.sikinoslucas.gr

Studio pour 2 à partir de 70 € en été.

Lucas studios, c'est la solution de facilité lorsque l'on n'a pas réservé une chambre à l'avance : c'est le premier que l'on croise à offrir des chambres, non loin du port. Il y a une dizaine de chambres relativement bien équipées et décorées tout en restant simple : cuisine, télévision, et surtout certains appartements donnent directement sur la mer (les autres devant se contenter d'une magnifique vue). Juste en bas, Lucas restaurant sert des souvlaki, des mezzes, quelques plats principaux chauds, des petit-déjeuners et des boissons.

MAISTRALI €

✆ +30 22860 51181

www.maistrali-sikinos.gr

A partir de 60 € la nuit en saison.

Préfèrerez-vous la chambre Faros, Kastro, Malto Pigari ou Spilia ? Cet établissement de bord de mer propose des chambres climatisées avec vue sur la mer ou le jardin. Ce que l'on apprécie le plus ici, c'est la situation : à distance à pied du port et de la plage, avec la vue et le calme, les pieds dans l'eau, quand on rentre. Pour certains, cependant, l'emplacement sera trop loin du débarcadère. Mais les propriétaires sont adorables et viennent vous chercher. Kastro avec ses rues typiques et ses quelques bars pour prendre tranquillement son café ou son ouzo.

O VRAHOS €

✆ +302286051186
www.vrahos-sikinos.gr
A partir de 50 € la chambre pour deux.
En arrivant sur le port, The Rock est un des premiers établissements. Une vue incroyable sur la mer, un emplacement hors du commun et la gentillesse de l'hôte participent à rendre votre séjour à Sikinos le meilleur possible. Chambre propre, bien équipée et décorée. Plus qu'une chambre, c'est un lieu de vie : on adore. La gentillesse et l'efficacité de Maria et de Konstantinos sont pour beaucoup dans le charme de cet endroit. Mais le cadre est vraiment très agréable aussi, avec un jardin luxuriant et une belle terrasse équipée pour déjeuner.

PORTO SÍKINOS €€

✆ +30 22860 51220
www.portosikinos.gr
Chambre standard de 50 à 130 € selon la période et la catégorie. Petit déjeuner compris.
C'est une agréable surprise de découvrir sur une île encore peu habituée au tourisme un hôtel de si bonne qualité. Construit sur six niveaux, dans une architecture cycladique traditionnelle, il est à quelques mètres seulement au-dessus de la plage et à 100 mètres du port. Il propose 18 chambres bleues et blanches, joliment décorées, avec des terrasses donnant sur la mer. Un peu excentré, mais à seulement 10 minutes du village avec bus fréquents et un arrêt de bus à 30 m de l'hôtel. Il y a un balcon pour prendre le petit-déjeuner, grignoter ou boire un verre.

LUCAS €

Sur la plage.
✆ +30 22860 51076
Ouvert de 9h à tard le soir, tous les jours en saison.
Très bon café restaurant tenu par la même famille que les studios éponymes. Les options étant limitées, vous passerez forcément par ici. Mais la halte vaut le coup. Sur la plage, on vous sert ici des plats familiaux traditionnels et des classiques très honorables et abordables (mezzes, calamars, poulpe...) mais vous pouvez aussi vous arrêter juste pour un café. Un menu restreint mais c'est quand même suffisant, honnête et assez agréable. Ambiance très grecque avec, surtout, une vue superbe sur tout. Et la mer n'est jamais loin.

SIKINOS CHORA ★

Chora culmine à quelque 300 mètres d'altitude, une position stratégique qui en a fait la capitale historique de l'île, idéale pour se protéger des invasions pirates et ottomanes. Chora, malgré sa position perchée sur le flanc de la montagne, n'a pour attirer les touristes que le charme sincère du passé qu'on retrouve en s'offrant une petite balade à travers ses ruelles abandonnées. Ses maisons sont en mauvais état, leurs pierres sèches s'effritent : on sent le passage du temps et on aime à savoir l'authenticité qui habite le lieu. Tout en haut, vous trouverez un superbe point de vue sur la mer en contrebas. Le village peut être le départ de quelques agréables balades à pied dans cette direction.

Balade

La pointe sud de l'île est accessible par un autre sentier qui part de l'école (entre Chora et Horio). Cette balade est à déconseiller à ceux qui sont sujets au vertige. Vous atteindrez, par une route de terre battue, le site d'Episkopi. Des fouilles archéologiques ont permis de découvrir des traces de l'antique Sikinos fondée par des colons ioniens. Très intéressant, l'Iroon, un temple ou un monument funéraire du IIIe siècle av. J.-C. a été converti en église au Ve siècle. En continuant vers le sud, vous arrivez au site d'Aghia Marina à la beauté sauvage. Ici aussi, le site a conservé des vestiges du passé, des ruines de maisons, des débris de sculptures, des pierres provenant des murailles.

AGHIA MARINA

En continuant vers le sud, vous arrivez au site d'Aghia Marina à la beauté sauvage.
Le site a conservé des vestiges du passé, des ruines de maisons, des débris de sculptures, des pierres provenant des murailles, à 445 mètres d'altitude. Si l'église est fermée, on dit qu'elle contient de très vieilles fresques. N'oubliez pas de vous munir d'un chapeau et de bouteilles d'eau. Si vous venez pour voir le coucher du soleil sur Folegandros, c'est une très bonne idée mais veillez à ne pas vous faire surprendre par la nuit. Elle tombe très vite, et il pourrait être dangereux de tenter un retour sans visibilité le long des falaises.

CYCLADES CENTRALES

MONASTERE DE ZOODOHOS PIGIS

Datant de 1719, ce monastère avait la fonction de refuge lorsqu'on craignait les invasions de pirates. Abandonné au XIXe siècle, ses ruines côtoient sa jolie chapelle encore en état : vous pouvez la visiter, elle est dédiée à la Vierge et contient quelques icônes. La vue du monastère est impressionnante, tant sur l'île elle-même que sur les alentours (on peut distinguer Santorin). Pour connaître le détail des balades, achetez la carte Anavasi sur place.

KAPARI €

Dans le Kastro.
✆ +30 2286 051070
http ://kapari-sikinos.gr/
Compter 15 €/pers.

Une terrasse aux tables blanches que l'on est bien content de trouver et où l'on voit un peu la mer. Pour beaucoup, c'est, de loin, le meilleur restaurant de l'île où l'offre n'est pas pléthorique. Vous trouverez ici beaucoup de spécialités grecques. La carte est très fournie - sans doute un peu trop - mais nous n'avons pas été déçus et tout était frais et cuisiné à la perfection. Dans le doute, tenez-vous en à des plats simples. De plus le service est parfait et la patronne adorable. Bref, une adresse incontournable, et ce pour plusieurs raisons !

SIKINOS SUNSET €

✆ +30 698 795 4050
http ://sikinos-sunset.gr
Chambre double à partir de 50 € en été.

Dans cette petite île où il est presque impossible de trouver un endroit où dormir, c'est une perle... Quelques chambres sont disponibles dans ce mignon établissement typiquement cycladique. Ici, vous pouvez voir le coucher du soleil depuis votre chambre, voire, mieux encore, depuis de votre lit ! La vue sur la mer est très impressionnante. Cette pension porte vraiment bien son nom ! Chaque chambre possède une très belle terrasse donnant sur la mer Egée. Eirini, la propriétaire, est aussi adorable. Une bonne adresse très chouette.

KLIMATARIA €

✆ +30 693 760 1065
Ouvert tous les jours pour le déjeuner et le dîner. Comptez 15 € par personne.

Cette taverne traditionnelle est une des meilleures options de l'île. Ambiance farniente sous la tonnelle de vignes et de très bon plats typiquement grecs au menu. Sous une tonnelle ombragée, on mange tous les classiques de la cuisine grecque, préparés avec savoir-faire depuis plus de trente ans. Ambiance farniente et bons plats typiquement grecs (moussaka, aubergines grillées avec la feta, tzatziki...). Le service est efficace. Excellent rapport qualité-prix. Le service est de bonne qualité et les prix restent vraiment corrects.

STEGADI APARTMENTS €

✆ +30 2286051305
www.stegadi.com
Chambre double à partir de 50 € en été.

Vous apprécierez l'accueil chaleureux d'Anastasia, votre hôtesse. Celle-ci tient les appartements Stegadi dans un état impeccable. Elle viendra vous chercher, vous indiquera les cafés, les restaurants, les plages, les sites à voir... Ces studios avec cuisine équipée sont très pratiques, notamment pour les familles : certains appartements peuvent accueillir jusqu'à 4 personnes. Très bien placé au centre ville, spacieux et propre, l'endroit est bien climatisé et offre aussi la possibilité de cuisiner. L'ensemble est agréable et très bien tenu.

TO STEKI TOU GARMPI €

✆ +30 2286 051215
Ouvert tous les jours pour le déjeuner et le dîner. Comptez 15 € par personne.

Cette taverne traditionnelle est surtout connue pour ses grillades, notamment de viande. Rien de stupéfiant mais une cuisine honnête, classique et faite maison. Le lieu est très agréable et l'ambiance y est vraiment conviviale. Un service amical, et de bons conseils sur le menu. On vient ici pour les brochettes et les gyros. Au final, une très bonne nourriture dans une ambiance chaleureuse et authentique. Et les prix restent très raisonnables pour la quantité et la qualité de cette nourriture. Pas grand-chose à redire. A essayer !

CYCLADES ORIENTALES

Une promenade et un coucher de soleil sur la caldeira, à Oia, sur l'île de Santorin, ne se refusent pas. Comme une baignade sur la plage volcanique de Red Beach. Mais par ici, chaque île cultive sa différence. Les férus de culture arpenteront évidemment le site archéologique de Délos. Incontournable. A l'inverse, le musée d'Art moderne d'Andros, fondé par Basil et Elise Goulandris, attirera les amateurs de grands artistes contemporains. Les amoureux des plages et des paysages choisiront Amorgos, berceau du *Grand Bleu* de Luc Besson. A Mykonos, la festive, vous vous perdrez aussi entre les maisons cubiques blanchies à la chaux, les moulins à vent, et les pélicans – et la foule en été. Pour vous fondre parmi les vacanciers grecs, choisissez Tinos, l'île natale de l'écrivain Vassilis Alexakis. Ses plages et ses sentiers de traverse sont encore préservés du tourisme de masse.

10 KM
ANDROS ★★★
GAVRIO
BATSI ★
APOIKIA ★
MESARIA
ANDROS CHORA ★★★★
KORTHION
PANORMOS ★★★
TINOS ★★★
ISTERNIA ★★
KARDIANI ★★
SMARDAKITO ★★
KAMPOS ★
KTIKADOS ★★
AETOFOLIA
LOUTRA ★★★
VOLAX ★★
XINARA ★★
KIONIA ★★
TÍNOS ★★★
AGHIOS SOSTIS ★
AGHIOS IOANNIS PORTO ★
YÁROS
ERMOUPOLI ★★★
SYROS ★★
PANORMOS ★★★
AGHIOS STEFANOS
FTELIAS ★★★
AGRARI
ANO MERA ★★
MYKONOS ★★★★
KALAFATIS ★★
RHÉNÉE ★★
ELIA ★★
MYKONOS ★★★
DELOS ★★★★
PARADISE BEACH ★★
PSAROU
IKARIA
Ege Denizi
Aigaion Pelagos
NAOUSA ★★★
PAROIKIA ★★★
PAROS ★★★
ANTIPAROS ★★★
SIFNOS ★★★
APOLLONIA ★★★
NAXOS ★★★
NAXOS ★★★★
Drymalia
DONOUSSA
THOLARIA ★
AEGIALI ★★
POTAMOS ★★
AMORGOS ★★★★
KATAPOLA
AMORG ★★★
ARKESINI
IRAKLIA
IOS ★★
IOS ★
SIKINOS ★
FOLÉGANDROS ★★★
FOLEGANDROS ★★★
SANTORIN ★★★★
OIA ★★★★
BAXEDES ★
IMEROVIGLI ★
FIROSTEFANI ★
MONOLITHOS ★
KARTERADOS
SANTORIN
MESSARIA
KAMARI
MEGALOCHORI ★★
PYRGOS ★
AKROTIRI ★
KALLISTIS
EMBORIO ★★
PERISSA ★
ANAFI ★★★
ANÁFI ★★★
CAP KALAM
Kritiko Pelagos
Cyclades orientales

PAGES

271 ●● ANDROS - ΑΝΔΡΟΣ

Avec ses 380 km² et ses 9 000 habitants, elle offre une incroyable concentration de lieux dédiés à la culture comme peu d'endroits dans le monde. Art contemporain, archéologie, musique classique, patrimoine religieux, histoire maritime : ici, toutes les périodes et tous les styles se déclinent au gré de musées et de paysages qui comptent parmi les plus beaux de la Grèce. Pour les amoureux de nature, l'île possède l'un des meilleurs réseaux de chemins de randonnée des Cyclades. L'absence de communications fluides (peu de voitures, très peu de bus) entre les villes a eu pour effet de freiner l'essor du tourisme de masse et de préserver la nature. C'est donc le plus souvent à pied que les curieux partiront à la découverte des vallées, des rivières et des plages encore intactes.

271 GAVRION

276 ANDROS CHORA ★★★★

Étrange capitale que celle de cette île. Bâtie sur la partie la plus venteuse de la côte nord, Andros-ville n'est que le port secondaire de l'île. Mais quelle beauté ! Lieu de résidence de riches familles grecques, elle est restée très sage, sans réel parc hôtelier et peu de bars pour égayer ses soirées. Côté culture, elle abrite le merveilleux musée Goulandris.

274 BATSI ★

L'endroit est charmant, avec son village accroché à une colline fait qui face à la mer. Son petit port de pêche et son bord de mer sont joliment aménagés. Mais c'est aussi très, très touristique. Si nous préférons la capitale pour davantage d'authenticité, on peut y loger, s'y baigner et y passer de belles journées.

279 MESARIA

279 KORTHION

280 ●● TINOS - ΤΗΝΟΣ

Avec ses 193 km² et ses 9 763 habitants, c'est l'île de la Vierge miraculeuse, des sculpteurs sur marbre et des peintres, une île de beauté, et un lieu d'espérances. Tinos recèle de nombreuses beautés naturelles, de magnifiques villages (au moins une vingtaine) et un vrai patrimoine traditionnel.

La découverte d'une icône de la Vierge après une vision de sœur Pélagie, en 1822, a fait de Tinos une sorte de Lourdes grecque. Le 15 août, des milliers de pèlerins avancent à genoux sur l'avenue Megalohari pour atteindre l'église Panaghia Evangelistria, décorée d'un nombre incroyable d'ex-voto représentant les parties du corps des fidèles que la Vierge a guéries.

Ses villages sont des bijoux ornés avec le marbre du pays, ses habitants ont gardé une authenticité étonnante. Une voiture ou une Mobylette seront bien utiles pour visiter l'intérieur de l'île : Kardiani, entourée d'arbres et de fontaines, Pyrgos et ses cours fleuries, Kionia qui abrite les ruines du sanctuaire de Poséidon et d'Amphitrite. Il y a des années que les artistes grecs ont découvert les charmes de Tinos et y ont acheté des résidences secondaires. Lui-même originaire de Tinos, l'écrivain franco-grec Vassilis Alexakis parle souvent de l'île son enfance, notamment dans *Le Cœur de Marguerite* (1999, Stock).

280 TINOS CHORA ★★★

Sa cathédrale est considérée comme la plus grande œuvre architecturale construite en Grèce depuis son indépendance. Chaque année, elle attire des milliers de pèlerins et à Tinos, les catholiques et les orthodoxes la vénèrent tout autant. Mais la capitale de l'île séduit par bien d'autres délicieux atouts, notamment sur le plan gastronomique...

PAGES

285 **KIONIA ★★**

Une baignade ici se savoure sous les plus beaux auspices : car avant d'être une station balnéaire, Kionia était connue pour son temple, jadis l'un des plus importants des Cyclades. Dès le Vᵉ siècle av. J.-C., Tinos était un important centre religieux, notamment dédié au culte de Poséidon. La puissance de Kionia est considérée comme aussi forte que celle du temple d'Asclépios à Epidaure.

287 **AGHIOS IOANNIS PORTO ★**

288 **AGHIOS SOSTIS ★**

Ombragée de tamaris et gardée par une petite chapelle, cette belle baie est plus tranquille que sa voisine de Porto. Pas trop loin du port, c'est aussi une bonne base pour se loger ou pour passer la journée, sur une plage familiale et agréable.

288 **XINARA ★★**

Voici une étape nécessaire pour explorer la colline d'Exobourgo qui abrite les vestiges de l'antique capitale de l'île. Parmi les curiosités, à l'emplacement de l'acropole, vous trouverez les ruines de la forteresse vénitienne détruite en 1715.

288 **LOUTRA ★★★**

Le village catholique de Loutra est comme endormi au pied du mont Exobourgo. Il est surtout connu pour avoir hébergé un couvent d'ursulines françaises. D'ailleurs l'ancien couvent et le petit musée agricole installé dans un entrepôt du monastère jésuite se visitent.

290 **VOLAX ★★**

290 **SMARDAKITO ★★**

Le minuscule village de Smardakito est l'un des plus authentiques et des plus étonnants de Tinos. Il vaut vraiment la visite pour découvrir la vie endormie qui domine la vallée de Messaria. Le long de la place, la taverne To Katoi est aussi une destination en soi.

291 **KAMPOS – AGHIA PELAGHIA ★**

291 **KTIKADOS ★★**

Le village de Ktikados jouit d'un emplacement idéal : non loin des villages d'Exobourgo, il est situé à flanc de colline et domine la mer Egée et la plage de Koinia loin en contrebas. Les marcheurs peuvent emprunter le sentier qui longe les pigeonniers, jusqu'à la plage de Koinia.

292 **KARDIANI ★★**

292 **ISTERNIA ★★**

293 **PYRGOS ★★★**

294 **AETOFOLIA**

295 **KOLIMBITHRA ★**

Unique plage du nord avec celles de Panormos, Kolimbithra occupe un site unique. Pour vous y rendre, il faudra emprunter la bifurcation au niveau de Komi, grand village aux vieilles maisons de pierre et aux ruelles sinueuses. L'endroit, exposé au vent, est très prisé des surfeurs.

295 **PANORMOS ★★**

PAGES

296

● ● MYKONOS - ΜΥΚΟΝΟΣ

Avec ses 88 km² et ses 9 500 habitants, il faut payer le prix fort pour entrer dans la carte postale. Avec ses magnifiques plages, son cachet typiquement cycladique, ses maisons blanches, ses moulins et ses pélicans, Mykonos est l'une des plus belles îles des Cyclades. Et l'une des plus chères aussi, en raison de son attrait auprès de la jet-set.

Avec ses fêtes homériques, le milliardaire grec Aristote Onassis (1906-1975) a été l'un des premiers à lancer le culte de Dyonysos sur l'île. Dès la fin des années 1950, Mykonos est le symbole d'une liberté de vivre fraîchement acquise. Il faut aimer la foule. On dénombre approximativement 5 700 Grecs et quelque 4 000 habitants d'origine étrangère résidant sur l'île, mais pas moins de 50 000 en haute saison, au point de faire fuir certains habitants ! Et il faut surtout aimer la fête. La communauté gay a élu domicile sur l'île, donnant un nouveau souffle aux fêtes excentriques, aux happenings délirants et aux bars alternatifs.L'île a gardé son ambiance cosmopolite qui donne au visiteur un sentiment de liberté absolue. Qui plus est, grâce au meltemi, on n'a jamais trop chaud et il y a tant de plages qu'on trouve toujours un coin à son goût. Dans tout cela, le mieux reste encore d'y séjourner hors saison. Les rares hôtels (une petite dizaine) ouverts l'hiver cassent les prix et Mykonos et Délos sont à vous. Vous ferez mentir la réputation tapageuse de l'île et vous prendrez alors Mykonos complètement à contre-courant !

296

MYKONOS CHORA ★★★★

Des maisons cubiques d'une blancheur éclatante, des moulins à vent, des pélicans qui se baladent sans être gênés par la foule, un ciel en feu au soleil couchant : ce sont les premières images de la ville. Enfin, le jour du moins. Car le soir, surtout en août, l'île est à la hauteur de sa réputation de ses fêtes homériques. Le milliardaire grec Aristote Onassis (1906-1975) n'a-t-il pas été l'un des premiers à lancer le culte de Dionysos sur l'île ?

303

ANO MERA ★★

L'échappée est belle, à moins de 10 km du port, dans les terres. On ne vient pas ici pour faire la fête mais pour un peu de calme et manger une cuisine souvent plus authentique (et moins chère) que sur le port. Comme l'autre face d'une pièce, le monastère de Panaghia Tourliani invite à la quiétude et au recueillement.

304

PLATYS GIALOS ★★

305

PARADISE BEACH ★★

Paradise Beach et ses voisines les plus proches de Paranga et Super Paradise Beach sont le temple de la fête à Mykonos. Les nuits folles se poursuivent bien après les premières lueurs du matin et s'enchaînent avec des journées à la plage.

306

PSAROU

308

KALAFATIS ★★

309

ELIA ★★

Une des plus belles (et longues) plages de Mykonos où vous pouvez toujours dénicher un coin tranquille. Vous trouverez ici des chaises longues à louer et quelques restaurants de plage pour casser la croûte. C'est une plage tranquille, contrairement à Paradise, Super Paradise et autres.

310

AGHIOS STEFANOS

PANORMOS ★★

311

FTELIAS ★★★

PAGES

● ● DÉLOS - ΔΗΛΟΣ

312

A 30 minutes de la mondaine et turbulente Mykonos, survit un monde de silence et de mémoire. On ne dort pas à Délos, on n'a le droit que de visiter quelques heures. Île et musée de plein air, Délos impressionne profondément le passionné d'archéologie autant que le novice qui découvre la majesté mélancolique d'un monde disparu. Les seuls habitants de l'île sont ses gardiens, et vous pouvez imaginer à quel point il est difficile pour l'État grec de trouver des fonctionnaires consentant à passer leur vie avec, pour seule compagnie, ces ruines porteuses de tant de savoirs, mais si silencieuses.

DELOS ★★★★

312 L'île d'Apollon est tout entière classée au patrimoine mondial de l'Unesco depuis 1990 : c'est un musée à l'air libre de 3,5 km² entièrement dédié à l'archéologie. Pour qui veut se frotter à l'Antiquité grecque, Délos est donc incontournable. Mais autant être prévenu, cette île sanctuaire unique au monde se mérite.

● ● SANTORIN - ΣΑΝΤΟΡΙΝΗ

324

Même quand la Grèce est dans la tourmente, Santorin ne connaît pas la crise. C'est le joyau des îles grecques, visité chaque année par plus d'un million de touristes en été – énorme pour 83 km² et 11 500 habitants. Le paysage, il est vrai, est grandiose. Les scafta, ces maisons troglodytiques blanches suspendues au-dessus de la mer, entretiennent un sentiment de fascination pour cette miraculée, qui semble toujours en sursis. Car au large, le volcan, jadis destructeur, sommeille encore. Avec ses allures de carte postale géante, l'île est devenue l'une des destinations les plus prisées pour les lunes de miel. Toutefois, Santorin c'est aussi des paysans, des vignes, des alternatives aux modes de vie communs, des traditions, des fêtes... Les spécialités culinaires sont précieusement cultivées de nos jours : la fava, les tomates, les câpres, etc. La tomate a, à elle seule, supporté l'économie de l'île pendant des siècles (dix usines de tapenade de tomate !). Et maintenant, le vin a aussi pris le relais.

THIRA ★★★★

324 Capitale de l'île, Thira (Fira) est un passage obligé qui vaut à lui seul le détour. Pour ses ruelles, ses maisons troglodytiques, les blanches accrochées à la falaise, et bien sûr son volcan, au large, mais pas si loin…

331 FIROSTEFANI ★

IMEROVIGLI ★

332 A 15 minutes à pied de Thira, en passant par Firostefani, c'est une autre « banlieue-dortoir » - mais de luxe - pour désengorger Thira. Aucun site d'intérêt particulier à visiter, mais une magnifique promenade sur un sentier à flanc de falaise qui mène jusqu'à une chapelle suspendue dans le vide, la chapelle de Theoskepasti.

OIA – IA ★★★★

336 Ne serait-ce pas le plus bel endroit de l'île de Santorin ? Car c'est sans conteste dans le petit village d'Oia (qui se prononce « I-A ») que la foule se masse tous les soirs pour assister au coucher du soleil. A ne rater sous aucun prétexte.

341 BAXEDES ★

341 KARTERADOS

341 MESSARIA

PAGES

342 PYRGOS KALLISTIS ★

Il est situé au sommet d'une colline, dans les contreforts du mont Profitis Ilias, avec un monastère qui justifie à lui seul le détour. Mais le village Pyrgos Kallistis est aussi entouré de vignobles du célèbre cépage blanc Assyrtiko et de quelques bars à vin et de tavernes.

344 MEGALOCHORI ★★

344 AKROTIRI ★★★

A 12 kilomètres au sud-ouest de Thira, c'est l'un des lieux incontournables de Santorin. La preuve de la présence de l'ancienne population minoenne et son site archéologique rappelle que la ville minoenne d'Akrotiri a été en grande partie détruite par une éruption volcanique et recouverte d'une épaisse couche de cendres vers 1500 avant notre ère. C'est aussi le site de la célébrissime « Red Beach », littéralement « la plage de sable rouge »...

347 EMBORIO ★★

À 10 kilomètres de Thira, dans les terres, ce village adorable, d'une beauté singulière, a vue sur les deux côtés de Santorin. Vous pourrez avoir une pensée pour Jean-Paul Sartre et Simone de Beauvoir, venus ici en vacances, et auraient été très inspirés par le village...

348 MONOLITHOS ★

C'est peut-être par ici que vous arriverez à Santorin, car le village, pas si paisible, a la joie d'accueillir son aéroport. En général, les voyageurs qui arrivent filent vers la capitale. Au passage, le village comprend quand même une plage agréable et pas trop prisée.

348 KAMARI

350 PERISSA ★

A l'opposé de Thira, sur la côte est et sans aucune vue sur la Caldeira, ce village présent d'autres intérêts. Pas culturels, certes. Mais la plage est longue et belle. Et Perissa est extrêmement bien reliée à la capitale avec des liaisons en bus. La base, quoi...

352 ●● ANAFI - ΑΝΑΦΗ

Il vaut mieux, souvent, prendre le bateau à Santorin pour découvrir cette île de pêcheurs, isolée tout au sud des Cyclades. D'après la mythologie, Apollon l'a fait surgir des flots pour sauver les Argonautes d'une tempête. Sa Chora, construite autour d'une forteresse vénitienne, est d'une architecture tout en courbes, rehaussée d'arcades. Volcanique et aride, Anafi a surtout à offrir ses plages de sable, surtout au sud de l'île. Une unique route relie le port à la capitale, et la vie quotidienne satisfera ceux qui rêvent de vacances tranquilles.

352 ANAFI CHORA ★★★

Le village de Chora, capitale d'Anafi, coiffe sans doute l'une des îles grecques les plus préservées. Construit en amphithéâtre à près de 200 m au-dessus du niveau de la mer, ce village perché au sommet d'une colline peu peuplée est un bijou avec ses sentiers naturels, ses grottes, ses vues spectaculaires sur l'île et la mer, ses moulins à vent...

355 CAP KALAMOS

PAGES

356 ## ● ● AMORGOS - ΑΜΟΡΓΟΣ

Le visiteur retient son souffle en débarquant à Amorgos : l'île la plus orientale des Cyclades ressemble à une forteresse naturelle, inaccessible et presque hostile. Ses côtes abruptes tombent dans une eau émeraude : on est forcément impressionné par les crêtes qui partout dominent. Avec ses 117 km² et ses 1 700 habitants, en débarquant dans l'île la plus orientale des Cyclades, le touriste retient son souffle. Plus personne n'ignore que c'est à Amorgos que le réalisateur Luc Besson a en grande partie tourné son film Le Grand Bleu, en 1987. Mais les fans ont aujourd'hui troqué leurs palmes contre des chaussures de randonnée pour découvrir l'intérieur de l'île plus accidenté et rocailleux. Pour l'explorer, il faut lui consacrer quelques jours : l'infrastructure routière est moyenne et les plus belles promenades nécessitent quelques heures de marche. Destination « nature » par excellence, Amorgos n'est pourtant pas en reste en termes de patrimoine. Sa Chora est l'une des plus belles et des plus authentiques des Cyclades et le monastère de Hozoviotissa, incrusté dans la falaise, est un des sites incontournables de tout l'archipel.

356 ### KATAPOLA

AMORGOS CHORA ★★★

358 Avec ses moulins à vent abandonnés et ses ruelles pavées, cette Chora est irrésistible. Mais on y vient aussi pour Hozoviotissa, son éblouissant monastère, emblématique de l'île d'Amorgos. C'est l'un des plus impressionnants de Grèce et l'une des plus anciennes constructions byzantines des Cyclades. Après l'avoir admiré d'en bas, dirigez-vous vers son panorama.

361 ### ARKESINI

361 ### AEGIALI ★★

THOLARIA ★

362 A une altitude de 182 mètres au-dessus de la mer, ce village est construit près de Vigla, l'acropole de l'ancienne ville d'Aegiali. D'ici, la vue est magnifique sur Kampos et Gialos. On peut profiter de la mer scintillante d'Aegiali et aisément descendre s'y baigner…

363 ### LAGKADA ★

363 ### POTAMOS ★★

GAVRION

Bienvenue à Andros ! L'île, et sa capitale en particulier, est plus chic et élégante que sa première impression ne le laisse suggérer. Elle offre une incroyable concentration de lieux dédiés à la culture. Quand on arrive, le port principal de l'île n'offre pas beaucoup d'intérêt a priori mais demeure un passage obligé. C'est ici, notamment, qui vous prendrez votre location de voiture après avoir débarqué de Rafina car les liaisons en bus sont longues et peu fréquentes. De même, prendre un taxi d'ici pour la capitale n'est pas une option très économique. Vous voilà donc arrivé et parti vers d'autres aventures. Malgré tout, le port d'Andros se situe aussi quand même à proximité de la plupart des plages sablonneuses et abritées de l'île et peut s'avérer intéressant avec un voiture. La plage à côté du port n'est pas très tentante, vous feriez mieux de gagner Kypri, Fellos, Aghios Petros. Vitali, aux eaux translucides et aux gros galets, se trouve au bout d'un chemin de terre de 25 km. Autre rare site à visiter alentour : à 2,5 km de Gavrion se dresse également la tour à cinq étages d'Aghios Petros, datant probablement de l'époque hellénistique. Sur le quai, une agence vend des billets de bateau, mais il y a aussi une banque, un bureau de poste et des agences de location de voitures et de mobylettes.

Balade

Andros est l'île idéale pour les randonneurs. D'abord, le réseau routier est volontairement peu développé, laissant de belles opportunités à la marche pour découvrir la deuxième plus grande île des Cyclades. Ensuite, l'île est exceptionnellement verte, grâce à la présence de sources : la marche n'en est que plus agréable, notamment en été. Enfin, des sentiers balisés ont été aménagés un peu partout, grâce à une association de bénévoles, Andros Routes, qui s'occupent d'entretenir les sentiers de l'île. Il existe aujourd'hui un réseau de 160 km de sentiers, de durées et difficultés variées. Informations sur www.androsroutes.gr

Transports

- Vous arriverez en bateau de Rafina : en été, de nombreuses liaisons par jour en ferry et en hydroglisseur (1h55 de traversée). Liaisons avec les autres îles, avec Tinos et Mykonos surtout et Syros.
- Sur place, des bus relient Gavrion à Chora (30 min), via Batsi (15 min). Mais Andros n'assure pas de bonnes liaisons et il est plus pratique, voire indispensable, d'avoir son propre véhicule.

KTEL ANDROS

✆ 30 22820 22316
https://ktelandrou.gr/timetables/

Reconnaissons-le : le bus n'est pas le fort de l'île. Idéalement, Andros, très étirée, se prête à la location de voiture. Cependant, vous n'aurez pas forcément envie - ni l'occasion en haute saison - de trouver un véhicule alors le service a le mérite d'exister. Les horaires sont en anglais sur le site. Tous les jours, weekends compris, 4 bus relient Gavrion à Chora (30 minutes, 3 €), via Batsi (15 minutes, 1,50 €) de 8h à 20h, dans les deux sens. Pour se poser dans sa station préférée, voire partir en excursion, c'est toujours bon à savoir.

TOUR HELLÉNISTIQUE ★

A 2,5 kilomètres de Gavrion se dresse la tour à cinq étages d'Agios Petros qui mérite un petit détour. De forme cylindrique et remarquablement préservée, elle s'élance sur une hauteur de 20 mètres environ et a été construite à la période dite hellénistique (IVe-IIIe siècles av. J.-C.). D'un diamètre de 9,40 mètres à sa base, la tour est entièrement construite en schiste local. A l'intérieur, il subsiste un escalier en colimaçon qui mène à cinq étages - au moins. La tour domine la plaine de Gavrio et offre une vue sur la mer.

TASSOS VOITURES

Sur le port
✆ +30 22820 71040
www.androsrentacar.gr
Voitures à partir de 40 €/jour.

L'île est vaste et longue à parcourir. Des bus relient Gavrion à Chora (30 minutes, 3,50 €), via Batsi (15 minutes, 1,50 €). Mais Andros n'a pas de bonnes liaisons et il est beaucoup plus pratique d'avoir votre propre moyen de locomotion. Vu les transports en commun, le mieux est souvent de louer un véhicule en débarquant à Gavrion. Cependant, en haute saison, mieux vaut s'y prendre à l'avance. Pour être prévoyant, vous trouverez ici des véhicules chez Tassos, l'un des loueurs difficiles à manquer installés à la descente des bateaux.

CYCLADES ORIENTALES

UNE ÎLE D'ARMATEURS

La prospérité et la richesse culturelle d'Andros sont largement le fait des grands armateurs grecs, pour beaucoup originaires de l'île. En effet, les capitaines d'Andros sont les premiers à réaliser l'importance que pouvait prendre le commerce maritime à la fin du XIXe siècle. A cette époque, la sériciculture, qui était la grande source de richesse et de commerce de l'île jusqu'alors, périclite : les mûriers blancs, nourriture exclusive des vers à soie, sont frappés d'une maladie qui décime l'industrie. Les Andriotes doivent se tourner vers une autre activité : un certain nombre d'entre eux se mettent à acheter des bateaux afin de constituer une véritable flotte marchande.

Parmi les plus visionnaires, certains décident de parier sur les bateaux à vapeur et se lancent dans la spéculation, achetant et vendant des titres de propriété sur des bâtiments auxquels ils prédisent un avenir glorieux. Cet avenir se concrétise avec la Première Guerre mondiale : le pari fait sur les bateaux à vapeur s'avère extrêmement rentable.

Les grandes fortunes se forment à ce moment-là : une grande partie des plus belles villas d'armateurs de Chora date ainsi de la fin des années 1910 et des années 1920. Parmi les plus grands armateurs, les dynasties Goulandris, Polemis et Embiricos sont les plus fortunées et les plus prestigieuses encore aujourd'hui. Ces grandes richesses quittent bientôt Andros et s'installent à Athènes et à New York. Elles n'oublient pas leur île d'origine et y construisent musées, hôpitaux et écoles.

CAMPING ANDROS €

✆ +30 22820 71444

www.campingandros.gr

70 emplacements, 7,50 € par adulte, 3,50 € par enfant. 4 € par tente.

En sortant du port, vous tournez à gauche et vous trouvez le camping à 300 m, mais la direction peut aussi venir vous chercher. Le patron est très sympathique, les sanitaires sont propres, la piscine aussi. Coin cuisine pour se faire à manger. On apprécie surtout les emplacements qui sont bien ombragés par les oliviers et la plage à 250 m. Il y a même des tortues qui se baladent dans le camping ! Le propriétaire donne aussi plein de conseils : location de voiture, endroits à visiter... et il vous redescendra au port sans aucun problème.

STUDIOS ALLEGRIA €

Plage d'Agios Petros

✆ +30 22820 72110

www.allegria-andros.com

Chambre double entre 55 et 90 € en été.

Sur la plage d'Aghios Petros, à 2 km du port, ce petit complexe pas désagréable propose des studios et appartements avec de belles vérandas pouvant accueillir de 2 à 5 personnes. Kitchenette et wi-fi gratuit. Vaste jardin et barbecue collectif. Idéal pour les familles. L'hôtel dispose d'un joli jardin assez ombragé et particulièrement agréable pour les petits enfants, avec des jouets et des balançoires. L'hôtel est propre et le personnel est très sympathique et serviable. Il vous aidera si besoin à louer une voiture et à trouver des endroits à visiter.

STUDIOS IRENE €

✆ +30 22820 71675

www.studio-irene.gr

Chambre double à partir de 60 €, petit déjeuner inclus.

Près de la plage d'Agios Petros, voilà des chambres complètement équipées et véritablement charmantes. Irène est un amour et vient vous chercher et vous ramener au bateau. Le petit déjeuner maison est bon et varié, et la literie est très convenable. Studios très bien placés à quelques pas de la mer, d'une petite épicerie et de tavernes. Vue sur mer et jardin alentour. L'ensemble est fait avec soin : décoration réussie qui fait la part belle aux matières brutes, ambiance familiale et conviviale, délicieux petit déjeuner maison… Une bonne adresse.

STUDIOS OSTRIA €

✆ +30 22820 71551

www.ostria-andros.gr

Chambre double à partir de 60 € en été et à peine plus cher pour un vrai petit appartement. Ouvert toute l'année.

Cet hôtel propose 68 chambres sans charme particulier, mais bien entretenues et surtout très économiques. Les balcons ont une jolie vue. Les chambres ont parfois un petit coin cuisine et de quoi s'installer comme à la maison. A 300 m seulement du port. Une petite plage est juste en bas de l'hôtel, sinon la grande plage se trouve à un bon quart d'heure à pied, mais avec une eau magnifiquement transparente. Excellent accueil. Vous trouverez ici une ambiance chaleureuse et un personnel très attentif à vos besoins et réactif si besoin.

PERRAKIS €€

Kypri bay.

✆ +30 22820 71456

www.hotelperrakis.com

Chambre à partir de 60 €, petit-déjeuner compris. Ouvert toute l'année.

A Kypri, à 4 km de Gavrio sur la route de Batsi, bel établissement entre deux plages jolies et populaires, avec vue sur mer, 44 belles chambres, un peu rustiques mais bien équipées, toutes avec vue sur mer. Les chambres sont très propres et confortables et le restaurant propose des plats de qualité, aussi bien à l'hôtel qu'au *pool bar* de la piscine. Des formules intéressantes en demi-pension en septembre et octobre. Situation géographique excellente, devant l'une des plus belles plages de l'île et très proche des deux villes principales Gavrio et Batsi.

VILLA SOFIA €€

✆ +30 22820 71 249

www.villassofia.gr

Maisonnette à partir de 100 € en été. Petit déjeuner inclus.

A 1,5 km du port, sur la plage d'Aghios Petros, un établissement idéal pour passer des vacances en famille. Dans un jardin de 6 000 m² avec des arbres fruitiers et une aire de jeux pour les enfants, 12 maisonnettes de 50 m². L'ensemble est bien tenu et décoré avec goût. La plage (très grande) est à moins de dix minutes à pied et à trois minutes en voiture. Et la piscine est de grande taille. Accès possible pour les personnes à mobilité réduite, une véritable exception dans les Cyclades. Globalement un service très attentionné.

ANDRIAKON PANTOPOLEIO €

Au sud du port

✆ +30 2282 071341

Ouvert tous les jours de 8h30 à 16h et de 19h à 22h.

Cette belle épicerie bio est située au sud du débarcadère. Le propriétaire se donne beaucoup de mal pour trouver des produits bio et artisanaux, des bières de petite brasserie et tous les types d'herbes et d'épices à consommer sur place ou à rapporter. Vous pourrez y acheter tous les meilleurs produits locaux. Quelques tables vous accueillent pour boire un verre d'ouzo, découvrir un vin local et déguster fromages et charcuterie. Une très bonne adresse pour une pause gourmande. Jus de fruits frais et plats végétariens ou végétaliens.

KARAVOSTASI €

Au sud du port

✆ +30 2282 072348

Ouvert tous les jours de midi à 1h. Comptez 15 € par personne.

Vous trouverez un grand nombre de cafés et tavernes traditionnelles sur le débarcadère de Gavrion. Cependant, pour les meilleures options de restauration, nous vous conseillons de vous éloigner légèrement du port. Cette taverne est située au bord du port, vers le sud. Vous y dégusterez de très bon *mezzes* de la mer, notamment des boulettes de moules, du poulpe sous différentes formes et de délicieuses pâtes aux fruits de mer. Le service est agréable et le cadre convivial. Passez-y, c'est vraiment une bonne adresse dans les alentours.

Port d'Andros.

Batsi.

O GIANNOULIS €

Aghios Petros

✆ +30 22820 61093

De 15 à 20 € par personne. Ou un excellent gyros pita à emporter pour 2,50 €.

Le restaurant est situé sur la route principale en face du Agios Petros Beach. Si vous avez l'occasion et le temps de vous éloigner des tavernes du port (par ailleurs très honnêtes), poussez jusqu'à cette taverne sur la plage, ouverte depuis 40 ans, vous ne serez pas déçu. Il y a souvent du monde, mais ce sont davantage des locaux que des touristes, ce qui est toujours bon signe. Au menu, des spécialités grecques, des mezzés à partager, d'excellents souvlakis et poissons, et le bruit des vagues... Et en prime, il y a même des salades bio !

O KOSSIS €€

Ano Fellos

✆ +30 2282 100011

Ouvert tous les jours à partir de 14h en été. Comptez 25 € par personne.

A 10 minutes de Gavros en directions d'Ano Fellos, ce restaurant est réputé dans tout Andros pour ses viandes et ses grillades. Dimitris Kossis, fermier d'origine, a ouvert cette taverne il y a plus de 15 ans et depuis toute l'île s'y presse, malgré son emplacement en rase campagne. Il continue à élever vaches et brebis dont il tire de succulents fromages, ainsi qu'une viande tendre et délicieuse. Les légumes sont également cultivés dans son potager. Essayez les côtes d'agneau, à accompagner de courgettes frites ou d'un bon *saganaki*.

BATSI ★

À 8 km de Gavrion et 27 de Chora, Batsi est le village le plus touristique de l'île, bondé et bordé de cafés. L'animation y est grande le soir. Tavernes et boutiques alternent sur le quai et au bout de la promenade s'étend une longue plage de sable. De Batsi, vous pouvez visiter, à Kapsorahi, le monastère de Zoodohos Pighi (XIVe siècle), à 320 m d'altitude, avec une belle vue, et, à 5 km, le village d'Aghia Anna, sur la montagne. En empruntant la route qui conduit à l'extrémité sud de l'île, vous rencontrerez également plusieurs plages, certaines désertes. La plus proche est Aghia Marina. En barque, vous pouvez vous rendre à Prassini.

PALÉOPOLI ★★

Entrée libre.

Paléopolis fut dans l'Antiquité la capitale, politique et culturelle, de l'île, entre le VIe siècle avant J.-C. et le début de l'époque byzantine. Ce site archéologique accueille, depuis 2003, un musée regroupant quantité de statues, de vases ou encore de bijoux datant, pour les plus anciens, du Ve siècle avant notre ère. Vous pouvez emprunter les 1 039 marches qui descendent vers la plage de galets... Ancienne acropole habitée à l'époque néolithique, au centre de l'île, le village éponyme offre une vue superbe sur la mer Égée.

ZAGORA ★★

Ouvert de 8h30 à 15h. Fermé le lundi. Entrée gratuite.

Une randonnée culturelle : en continuant vers le sud, à 12 km de Batsi. Il faut continuer à pied à partir du village de Stavropeda. Prévoir 45 minutes de marche avant d'atteindre la péninsule de Zagora qui surplombe la mer à 160 m de hauteur. Cette antique cité a été habitée entre les Xe et VIIIe siècles av. J.-C. Si la plupart des objets découverts ici sont exposés au Musée archéologique de Chora, vous pouvez encore y voir les fondations des murs de fortification et les ruines d'un temple sans doute dédié à la déesse Athéna (VIe siècle av. J.-C.).

LEMON TREE HOSTEL €

✆ +306974382637

www.lemontreeandros.com

Double privée à partir de 45 € l'été et lit en dortoir à partir de 18 €.

Miltos et Elena vous accueillent en commençant par une citronnade fraîchement tirée des citronniers de leur jardin, qui ont donné leur nom à l'hôtel. Ici le temps s'allonge, que ce soit le matin en discutant avec la clientèle de backpackers jeune et cosmopolite autour d'un excellent petit déjeuner à base de pancakes maison, la journée en partant à la chasse aux trésors cachés d'Andros ou encore en fin d'après-midi sur la terrasse avec vue, un verre de rosé à la main. Si vous vous y prenez à l'avance, vous pourrez même réserver un lit double dans les arbres.

MELTEMI €

✆ +30 22820 41016

www.meltemi-andros.gr

Chambre double à partir de 50 à 80 € en été. Trois nuits minimum souvent en haute saison.

Les 15 studios et appartements accueillant 2 à 5 adultes disposent d'une kitchenette avec réfrigérateur, bouilloire électrique et plaques de cuisson. Ils comprennent également une climatisation, une télévision, une salle de bains avec un sèche-cheveux… La plupart des chambres donnent sur la mer. Il y a un supermarché à 100 m. Le centre de Batsi est à 3 minutes de marche, en contrebas. A signaler l'accueil extrêmement chaleureux de la propriétaire. Elle vous offrira peut-être une citronnade maison ou ses excellents citrons confits faits avec les agrumes du jardin.

HOTEL ANEROUSSA €€

Sur la plage de Batsi.

✆ +30 22820 41044

www.aneroussabeach.gr

Chambre à partir de 60 € avec le petit déjeuner.

L'emplacement est exceptionnel pour ce bel hôtel, très bien situé au-dessus d'une jolie plage. Elégant complexe de 43 chambres tout confort à proximité de deux plages. Bâtiments aux tons pastel, chambres impeccables et terrasses avec vue sur la mer. Vous apprécierez la vue imprenable sur la baie depuis votre chambre et la terrasse du petit déjeuner. Large choix de produits au réveil. Maria, la responsable, vous réservera un accueil charmant et personnalisé. Elle reste toujours très disponible tout au long du séjour de ses clients.

KRINOS SUITES HOTEL €€€

Plage de Batsi

✆ +30 22820 42038

www.krinoshotel.com

Chambre double à partir de 120 € en été. Il faudra souvent rester au moins 4 nuits.

C'est un bel hôtel récemment restauré avec une vue imprenable sur le port. Cet établissement de luxe propose des suites superbes à 20 mètres de la plage de Batsi. Ancien atelier de soieries au XIXe siècle avant que la sériculture ne périclite à Andros, le bâtiment historique a été transformé en hôtel de luxe dès 1936. Magnifiquement restauré depuis, l'ensemble offre un mélange d'histoire et de modernité avec des intérieurs épurés et au design contemporain d'un goût parfait. Les propriétaires et le personnel nous ont très bien accueillis.

THE DOLPHINS €

Sur le port.

✆ +30 22820 41635

A partir de 10 € par personne. Ouvert de 12h à minuit.

Très bon restaurant familial avec une belle vue sue la baie. Adresse très connue, et donc très courue. Nous avons apprécié l'accueil, l'emplacement comme le digestif offert à la fin du repas. Bondée jusqu'à même assez tard. Pas de la gastronomie très variée mais une salade grecque honnête, d'excellents poivrons farcis, une belle vue sur le port et une ambiance agréable. Proche de la plage, c'est une bonne halte pour un verre, un mezze ou un petit déjeuner. Au final, on retient une nourriture simple, traditionnelle et très savoureuse.

CYCLADES ORIENTALES

OTI KALO €€

✆ +30 22820 41287

A partir de 15 € par personne. De 12h à minuit.

Une taverne avec une belle vue sur le port et protégée du vent. Surplombant le port, dans une ruelle en parallèle légèrement sur les hauteurs (il faut monter un petit escalier dans le virage). Côté assiette, tout est très bon. Nous avons choisi des suggestions du jour : poisson grillé et moules. Cuisine traditionnelle, poissons frais, fromages locaux… et la fameuse omelette d'Andros Fourtalia. Contrairement à ses copains dans la même rue, ce restaurant offre, en plus de la qualité, une vue sur la mer et le port depuis sa terrasse bien aérée.

STAMATIS €€

✆ +30 22820 41 283

Ouvert tous les jours pour le déjeuner et le dîner. Comptez 20 € par personne.

Ouverte en 1965, cette taverne traditionnelle est une institution à Andros. Ses tables sont serrées dans une étroite ruelle et le service peut être un peu lent en cas d'affluence, mais la nourriture excellente. Goûtez la *pikatiko,* la feta cuite locale et ne ratez pas le plat le plus réputé, le *kleftiko* d'agneau ou de poulet. Le poisson est frais est délicieux. Goûtez aussi, si elle est à la carte, à la fava au poulpe, un mezze succulent ! Le restaurant est généralement ouvert hors saison, souvent un signe de qualité, car on ne peut pas tromper la clientèle locale.

ANDROS CHORA ★★★★

Il faudra vous contenter de la grand-place bordée de cafés et de tavernes pour retrouver un peu d'animation. Du coup, la plupart des touristes préfèrent se contenter ici d'une excursion à la journée. Mais avec ses riches villas d'armateurs et ses fortifications vénitiennes, Andros a gardé une beauté altière. Loin du tumulte de la côte sud, vous apprécierez le calme de ses ruelles aux maisons ornées de coupoles et agrémentées de cours fleuries. L'ambiance idéale pour partir à la découverte des musées, fondations et galeries d'art qui assurent la renommée de cette île. Un séjour prolongé à Andros-Chora permettra de visiter les villages des alentours.

FORTERESSE ★★

L'un des principaux monuments de la capitale d'Andros est sa célèbre forteresse. Elle est construite par Marinos Dandolos au XIIIe siècle. Les tours et les casemates, comme les armoiries des seigneurs vénitiens, étaient encore en bon état de conservation jusqu'en 1943. Elle a malheureusement été en grande partie détruite par un bombardement en 1943. Reste cependant le pont de pierre à arcades qui reliait la forteresse à la presqu'île où était située la cité médiévale d'Andros. Dommage, aujourd'hui on en voit surtout ses ruines.

CYCLADES ORIENTALES

Plage d'Andros Chora.

MUSÉE ARCHÉOLOGIQUE ★

Sur la place Kairi.
✆ +30 22820 23664
Ouvert du mardi au dimanche de 9h à 16h (et seulement le vendredi et le dimanche en hiver). Entrée : 4 €.

Créé par la famille Goulandris en 1981, ce musée expose des trouvailles provenant de fouilles effectuées par le Service archéologique de Paléopoli et de Zagora. Il a une façade étonnamment moderne et sa riche collection est très bien exposée, avec des explications claires. Joyau du musée : la magnifique statue d'Hermès, probablement œuvre de Praxitèle. Une partie des salles est consacrée aux objets retrouvés sur le site archéologique de Zagora, au sud de l'île. Les jolies collections du musée vont de la période mycénienne à la période romaine.

PLAGES ★★

Près de la charmante capitale d'Andros se trouve la plage organisée de Nimborio, mais aussi les petites plages isolées avec du sable propre et des eaux cristallines d'Achla, Vori, Platanos et le cap Gria, toutes accessibles par des sentiers pédestres ou en bateau. A part Nimborio et Paraporti des deux côtés de Chora, vous trouverez aussi à Sténiés, une belle plage de galets avec des tavernes. Un peu plus loin, une magnifique crique isolée, Piso Yalia, que vous pouvez atteindre par des marches qui demandent du courage au retour. Munissez-vous d'eau et d'un chapeau.

KARAOULANIS RIVA

✆ +30 22820 24412
http ://androslocation.com

En contrebas de Chora, à droite, avant d'arriver sur la plage principale de Nimborio et la rue piétonne. Ils méritent que vous les cherchiez car ce couple francophone (Caroline, madame, est française) saura vous dépanner. Ils sont installés ici depuis de très nombreuses années. Ils proposent un choix vraiment intéressant de scooters aux tarifs standards. Ils vous aideront aussi à organiser une petite virée le long des côtes. Location de bateaux sans permis pouvant contenir 6 personnes. Ils ont également quelques studios à louer.

MUSÉE GOULANDRIS D'ART MODERNE ★★★

Au bout de la rue piétonne principale.
✆ +30 22820 22650
https ://goulandris.gr/en/
Ouvert tous les jours en été sauf le mardi de 11h à 15h et nocturne (sauf le lundi) de 18h à 21h en été. Entrée : 5 €.

Tellement célèbre qu'il a un acronyme ! Comme beaucoup, appelez-le « MOCA »... en toute simplicité. Ce musée n'a rien à envier à ses cousins athéniens. Créé en 1979, par la Fondation Goulandris - également à l'origine du Musée des Arts cycladiques dans la capitale - il attire chaque année, outre les touristes de passage à Andros, des habitués qui ne manquent aucune de ses prestigieuses expositions. Plus petit par la taille, il surprend immédiatement par son élégance et par le faste de ses collections. Ajoutez à cela une fréquentation forcément limitée du fait de sa situation insulaire dans une ville encore peu gagnée par le tourisme de masse, et vous obtiendrez une adresse élégante et inoubliable que l'on se chuchote volontiers. Si les Goulandris ont choisi Andros pour ce musée, c'est tout simplement parce qu'il s'agit de l'île natale de Vassilis Goulandris, l'héritier d'une longue lignée d'armateurs grecs. Férue d'art, la famille a rassemblé, à Athènes comme dans son île d'origine, des œuvres somptueuses. La construction initiale est signée par l'architecte grec Stamos Papadakis et couvre 200 m² au sol. Rien qu'à Andros, le musée expose une collection permanente composée de 300 œuvres d'artistes grecs : une grande partie des œuvres du sculpteur andriote Michalis Tompros (1889-1974) constitue le joyau de la collection. On croise également d'autres grands noms comme Tsachouris, Gounaropoulos, Bouzianis ou Galanis. Mais - et c'est sa force - le musée voit plus loin que l'horizon national : la collection permanente comporte des œuvres de Picasso, Braque, Matisse et Miró, toutes mondialement connues. Et ce n'est pas tout : une nouvelle aile du musée, œuvre de l'architecte Christos Kontovounisios, accueille chaque été depuis 1986 des expositions temporaires des plus grands artistes contemporains de renommée internationale. Chaque été, une grande exposition fait l'événement avec des conférences et un très beau catalogue.

Enfin, si le musée offre une expérience inoubliable, c'est aussi grâce à la beauté de son écrin. L'élégante bâtisse de marbre blanc a trouvé dans la Chora un emplacement de choix, à flanc de colline, le long d'un dédale d'escaliers qui tombent dans la mer. Dans la cour, un merveilleux jardin abrite un café ravissant. Rien n'est laissé au hasard : même les dessins des jardins réalisés par Miranda Spiliotopoulou-Vazaka, ont gagné des prix internationaux d'horticulture. D'ailleurs, vous ne partirez pas sans un café dans sa cour arborée.

HOTEL EGLI €

A l'angle des rues Emberikou et Goulandris.
✆ +30 22820 22060
www.eglihotel.gr

Chambre double à partir de 80 € en été. Ouvert toute l'année. Petit-déjeuner en supplément à 8 €.

Un vrai coup de cœur pour cet hôtel, caché dans une ruelle sur la droite de la principale rue piétonne. Malgré ses beaux airs, cet élégant établissement néo-classique avec de jolis parquets est très bon marché pour les services offerts. En plus, il a été totalement rénové. Belles chambres et accès wi-fi gratuit. L'emplacement est parfait, dans le centre, dans la rue principale de Chora où sont tous les commerces et restaurants. Le petit-déjeuner se compose de produits locaux frais et de spécialités maison. Et le couple qui dirige l'hôtel est charmant.

STUDIOS KARAOULANIS €

Plage de Nimborio.
✆ +30 22820 24412
www.androsrooms.gr

Studio pour 2 à partir de 50 € ou pour 4 à partir de 60 €. Parking.

Un coup de cœur pour ce vaste choix de studios tous bien placés et équipés. Ceux près de la plage de Nimborio figurent parmi les meilleurs plans qu'on ait trouvés dans une ville où les hôtels (tout court) sont rares. Très belle situation au calme près de la plage, à 15 minutes de la mer et à quelques minutes à pied en bas du centre-ville et des principaux musées. D'autres studios, un peu plus à l'intérieur de la ville, disposent d'un bain bouillonnant et d'un accès à une salle de gym. Tout a été récemment rénové. Yannis loue aussi des scooters.

ELENI MANSION €€

Chora
✆ +30 22820 22270
www.archontikoeleni.gr

Chambre double à partir de 95 € en été.

Dans une maison néoclassique du XIXe siècle, 9 chambres en plein centre de la capitale, aux portes du marché. L'hôtel est idéalement situé, tout près du parking municipal et de la principale rue piétonne de Chora. Cet ancien hôpital, qui servit aussi de lycée, offre des chambres parfaites et élégantes, toutes différentes. Vous apprécierez, dans cette vieille demeure d'un armateur grec, la maquette d'un de ses navires dans le hall. Le petit-déjeuner est très copieux. Maison fraîche en été, et à proximité des attractions principales de la ville.

IRO SUITES & STUDIOS €€

✆ +30 22820 25150
http ://irosuites.com/andros

Chambre double standard à partir de 100 € en été, petit déjeuner inclus.

Une dizaine de logements (studios ou appartements) très bien équipés et pouvant accueillir jusqu'à 6 personnes. Les suites sont situées dans la Chora, à 1 km de la rue principale et des musées. Belle piscine centrale et cadre agréable. Bref, un hôtel familial, une belle piscine, de superbes vues, un délicieux petit-déjeuner fait maison. Les chambres, confortables et propres, sont nettoyées tous les jours. Plus important encore, la famille qui dirige l'endroit : Iro, Anna et Tino sont des gens tellement adorables que vous vous sentirez comme chez vous.

KTIMA LEMONIES €€

Lamyra
✆ +30 22820 23677
www.ktimalemonies.gr
Chambre double à partir de 100 € en été, petit déjeuner inclus.

Un magnifique hôtel isolé avec une poignée de cottages en pierre et une piscine de rêve, cachée parmi les citronniers et les oliviers. Cette ancienne ferme est située sur un grand terrain à 1 km de Chora, dans le village de Lamyra. Cachée dans les citronniers et les oliviers, c'est l'adresse idéale pour se retrouver au calme, dans un océan de verdure. Les quelques chambres sont magnifiquement décorées dans un style qui respecte les origines agricoles des lieux. Un établissement réellement charmant. Haut de gamme et en dehors des sentiers battus.

MICRA ANGLIA BOUTIQUE HOTEL €€€

✆ +30 22820 22207
www.micra-anglia.gr
Chambre double à partir de 140 € en été, avec le petit déjeuner.

Micra Anglia signifie Petite Angleterre car beaucoup d'armateurs de Chora vivaient autrefois entre Londres et Andros. Les différents bâtiments et les 21 chambres qui composent ce magnifique boutique-hôtel. La décoration est grandiose, notamment dans les suites qui sont toutes uniques et personnalisées avec une thématique propre. L'hôtel comprend un restaurant certifié Aegean Cuisine qui ne se fournit qu'en circuit court. Egalement dans l'hôtel, un spa.

HEAVEN €

A partir de 15 € environ par personne.

Tout au long de la journée et plus encore ouvert depuis tôt le matin jusque tard dans la nuit. En haut des marches qui mènent à la plage, cette taverne propose une cuisine honnête, pas chère, et avec une belle vue. Excellents mezzés, salades, et de consistants plats familiaux avec des pommes de terre au four. Pratique pour le petit déjeuner aussi. Situé sur la place principale d'Andros, qui est le principal point de rencontre, c'est l'endroit idéal pour observer la vie du village, se détendre et aussi regarder les gens passer.

O NONAS €

✆ +30 22820 23577
Comptez 15 € par personne. Ouvert tous les jours de 11h à 23h.

Dans une cour dallée, à 20 mètres de la mer, à l'angle de l'ancien port. Taverne de poisson où l'on sert la meilleure langoustine de l'île. La maman, Eleni, prépare aussi d'excellentes sucreries à la cuillère, une autre spécialité d'Andros. O Nonas est une institution de Chora : ne ratez pas le carpaccio de poulpe à accompagner d'une *skordalia* légère et onctueuse. La nourriture est bonne, le poisson est frais, le service est rapide et l'emplacement est agréable, très proche de la mer et juste à côté du cœur de la ville d'Andros. Un choix sûr.

MESARIA

Village situé à l'intérieur des terres, il incarne la partie fertile et « vitale » de l'île grâce à ses abondantes réserves d'eau. L'endroit servait également de lieu de repli lors des raids des pirates au Moyen Âge. En traversant le pont de pierre, vous arrivez à Menites dont les sources impressionnantes sont appelées par les villageois « sources de Dionysos ». Près du village de Fallika, le monastère de Panahrandou, fondé par Nicéphore Phocas en 961 lors de son expédition contre les Arabes de Crète, est perché sur le flanc abrupt du mont Gerakones. Une belle excursion : prévoyez 2h30 de balade pour revenir jusqu'à Chora.

KORTHION

Isolé du reste de l'île, à 24 kilomètres de Chora, ce village pittoresque et peu touristique possède une belle église byzantine du XIIe siècle et une grande plage de sable et de galets. On peut y venir avec un pique-nique. Pour les sportifs, c'est aussi un excellent spot de surf et de planche à voile, plutôt tranquille. Un peu en dehors de Korthi s'étend une plage célèbre pour son immense rocher caractéristique et pour ses eaux limpides : To Pidima tis Grias (le Saut de la Vieille). Il dispose d'un petit hôtel de 15 chambres. L'offre y est plutôt basique. Mais finalement, tout près de la mer, on n'a pas forcément besoin de plus...

TINOS CHORA ★★★

L'arrivée au port de Tinos n'est pas particulièrement spectaculaire : sur le front de mer, des hôtels un peu vieillots et sans grand charme se succèdent. Ils hébergent pour l'essentiel les pèlerins qui viennent des quatre coins de la Grèce pour rendre hommage à la Vierge miraculeuse et faire pénitence.

A ne pas manquer : un long tapis rouge part du port et monte à l'assaut de l'église de la Panaghia Evangelistria en surplomb. Cet édifice imposant, entièrement bâti de marbre blanc, est construit en 1823 sur l'emplacement où l'on découvrit une icône de la Vierge suite à une vision de sainte Pélagie. C'est un spectacle de piété étonnant que de voir tous ces visiteurs, pour beaucoup des femmes d'un certain âge, monter à genoux, et souvent en plein soleil, jusqu'à l'église.

Les environs de l'église sont largement dédiés au culte de la Vierge : boutiques de cierges, d'ex-voto et de souvenirs religieux. Cependant, les ruelles de Chora bruissent aussi d'une autre forme de vie, celle-ci bien terrestre et charnelle, en grande partie dédiée à la gastronomie. Vous y trouverez en effet toute une série de belles épiceries où l'on vend de délicieuses spécialités culinaires locales ainsi que d'agréables restaurants. La ville principale de Tinos est authentiquement vivante car elle vit toute l'année, sans toujours dépendre du tourisme. C'est une vraie petite ville, un port actif et non une station balnéaire.

Transports

- En bateau, départs quotidiens en hydroglisseur ou en ferry, de Rafina et du Pirée. Tinos est aussi reliée à Kéa, Kimolos, Kythnos, Milos, Mikonos, Naxos, Paros, Santorin, Sérifos, Sifnos, Syros.
- Sur place, à partir du port, la compagnie locale KTEL (www.kteltinou.gr) propose un service de bus pour Kionia et un service régulier vers Moundado, Tripotamo, Kambo, Tarambado, Isternia, Pyrgos, Marla, Panormos, Xinara, Loutra, Kroko, Komo, Agapi, Kalloni, Messi, Steni, Myrsini, Ktikado, Koumaro et Ai Yanni Porto.

CATHÉDRALE PANAGHIA EVANGELISTRIA ✝ ★★★

Ouvert tous les jours de 8h à 20h (18h hors saison). Entrée gratuite.

Cette cathédrale est considérée comme la plus grande œuvre architecturale construite en Grèce depuis son indépendance. C'est un événement : chaque année, elle attire des milliers de pèlerins et à Tinos, les catholiques et les orthodoxes la vénèrent tout autant, le 15 août mais pas seulement. Selon la légende locale, une nonne du couvent Kechrovouni prénommée Pélagie rêve, une nuit de 1822, qu'une icône miraculeuse est enterrée par ici. Les habitants commencent à creuser et découvrent les vestiges d'une église byzantine avec ladite icône attribuée à saint Luc. On élève la cathédrale et son célèbre clocher en marbre de Tinos et Paros, à l'endroit où l'icône est découverte. L'église et l'icône font l'objet d'une véritable vénération populaire, proche de ce que l'on connaît à Lourdes. Les pèlerins sont nombreux, font acte de pénitence en montant à genoux jusqu'à l'autel, et dédient un nombre de cierges et d'ex-votos impressionnants à la Vierge. L'intérieur de la cathédrale principale est magnifique et réellement frappant avec ses ex-votos d'argent. Ne manquez pas de monter à l'étage pour avoir une vue d'ensemble de la nef. Sous la cathédrale principale, on visitera l'église d'Evressi (la Découverte), dédiée à Zoodochos Pighi (la Fontaine de Vie). En entrant à gauche, ne manquez pas les restes d'une église paléochrétienne dédiée à Aghios Ioannis. Les recherches archéologiques ont démontré que pendant l'Antiquité, le site abritait déjà un sanctuaire de Dionysos.

MUSÉE ARCHÉOLOGIQUE 🏛

✆ +30 22820 23664

Ouvert du mardi au dimanche de 9h à 16h. Entrée : 2 €.

Collection assez intéressante d'objets découverts sur l'île. Repérez le cadran solaire qui provient du temple de Poséidon, le bas-relief avec la déesse Cybèle, le dauphin en marbre, les mosaïques romaines. L'île est aussi connue pour sa culture de la poterie qui remonte au VIIe siècle avant J.-C. L'existence du laboratoire de pots sur l'île est avérée ici. Observez les décors en relief et le style unique des scènes mythologiques qui mettent en valeur les croyances de l'époque. Longtemps, ces produits ont été exportés vers les îles voisines (Mykonos, Andros).

CYCLADES ORIENTALES

Cathédrale Panaghia Evangelistria, Tinos.

KTEL TINOU

Avenue Tinou
✆ +30 22830 22440
www.kteltinou.gr

A partir du port, la compagnie KTEL propose des liaisons pour Kionia et un service régulier vers Moundado, Tripotamo, Kambo, Tarambado, Isternia, Pyrgos, Marla, Panormos, Xinara, Loutra, Kroko, Komo, Agapi, Kalloni, Messi, Steni, Mysini, Ktikado, Koumaro et Ai Yanni Porto. Il y a aussi un service de bus très fréquent pour les plages (Kionia, Kolimbithra, Porto, Agios Fokas), moins régulier pour les villages (Tripotamos, Kambos, Tarambados, Isternia, Pyrgos, Panormos, Xinara, Loutra, Krokos, Komi, Agapi, Kalloni, Messi, Steni, Myrsini, Ktikado, Koumaro).

AEOLOS BAY €

Iroon Polytexneiou
✆ +30 22830 23410
www.aeolosbayhotel.gr

Chambre double à partir de 60 €, avec petit déjeuner.

Situé à la sortie de la ville en direction des plages, à seulement 500 m du centre, l'établissement propose des chambres charmantes, organisées autour d'un joli jardin. Piscine agréable avec chaises longues sur le gazon, bar. Possibilité de louer une voiture à la réception. Les chambres sont décorées avec sobriété et sont confortables. Une option vraiment agréable dans Chora. Un bel hôtel face à la mer, avec une piscine agréable, un petit déjeuner sur la terrasse face au jardin, très bien placé à 10-15 min à pied du centre-ville.

VIDALIS RENT A CAR & BIKE

✆ +30 22830 24300
www.vidalis-rentacar.gr/fr

A partir de 35 € par jour selon les modèles. Réception des véhicules au port, en agence ou à votre hôtel.

Vidalis est une institution. Avec 4 bureaux autour du port, un service de qualité irréprochable et en français, plus de 200 véhicules comme neufs en location, vous êtes au bon endroit pour louer votre véhicule sur Tinos, et profiter de la beauté de cette île. Cette entreprise familiale bien établie opère depuis 1980 à Tinos avec un service professionnel et amical. Ses véhicules (citadines, cabriolets, scooters...) sont bien entretenus par une équipe de mécaniciens maison.

AVRA €

✆ +30 22830 22242

Chambre double entre 70 € et 120 € en été.

Les hôtels du port de Tinos ne sont pas exceptionnels mais conservent, comme celui-ci, un certain charme rétro. Bâtiment néoclassique au bord du part, l'un des premiers hôtels du genre construits à Tinos en 1921. Un grand escalier en bois vous emmène vers de belles chambres hautes de plafond, confortables, simples mais au charme d'antan. Une adresse réellement charmante qui offre de belles vues sur le port. Fonctionnelle et pas trop chère, elle héberge souvent une clientèle en transit, notamment les pèlerins pour les fêtes religieuses.

CYCLADES ORIENTALES

Tinos.

VINCENZO FAMILY HOTEL & SUITES €

15 Rue du 25-Mars

© +30 22830 25888

www.vincenzo.gr

Chambre double à partir de 80 € en été, avec petit déjeuner. Ouvert toute l'année.

Il y a beaucoup de chance que vous trouviez votre bonheur dans l'une des 14 chambres que propose la famille Vincenzo. Des chambres spacieuses, très propres et récemment refaites. Le propriétaire est aux petits soins pour rendre votre séjour agréable et prodiguer ses meilleurs conseils pour trouver un restaurant ou une plage à proximité. Sur place, le hammam, le bain à remous, les transferts sont gratuits. On apprécie le jardin pour les petits déjeuners et les livres dans les chambres.

ANTHIA BOUTIQUE HOTEL €€

Agios Fokas

© +30 22830 25021

www.anthia.gr

25 chambres. La double à partir de 100 € avec petit déjeuner selon la période.

A 5 min du port en voiture en direction des plages de l'est, l'Agios Fokas est un hôtel discret, confortable et très bien entretenu. La décoration est élégante, aux couleurs pastel raffinées. Les chambres spacieuses sont très bien équipées. Belle piscine avec transats confortables, restaurant, centre de bien-être avec hammam. La plage est à 300 m. Activités proposées : poterie, cours de cuisine locale, balades en bateau de pêche, trekking. Petit déjeuner buffet délicieux en terrasse au bord de la piscine. Transfert du port gratuit. Parking privé.

MARATHIA €€

© +30 22830 23249

www.marathiatinos.gr

Ouvert toute l'année. Chambre double de 60 à 90 €, sans petit déjeuner (supplément). Transfert vers le port.

Entièrement rénové avec beaucoup de goût récemment, ce mini complexe est élégamment posé sur la belle plage d'Agios Fokas, propose 9 appartements de différentes tailles aux standards de confort moderne et tendance, un restaurant savoureux, ainsi qu'un beach bar à l'ambiance décontractée. What else ? Ah si, on apprécie aussi sa cuisine soignée et imaginative basée sur des produits locaux (goûtez aux pois chiches de Falatados par exemple) et une cave remplie de vins locaux, idéale pour prendre un verre, que l'on loge sur place ou pas.

DILES & RINIES €€€

Lagades

© +30 22830 26146

http ://tinosvillas.com

Villa deux chambres pour 4 à 5 personnes à partir de 300 € en été.

Un ensemble de huit villas à louer pour 4 à 10 personnes autour d'une belle piscine à débordement avec vue sur mer. Le petit complexe luxueux est situé en surplomb d'Agios Fokas, à quelques minutes de Chora. Chaque villa dispose de son propre parking, jardin, terrasse, balcon, et certaines sont avec piscine privative. Au final, un rapport qualité-prix relativement accessible à plusieurs. L'hôtel s'est récemment doté d'un restaurant, le Moonrise, qui sert les petits déjeuners mais propose aussi le service en chambre ou devant la piscine toute la journée.

ITAN ENA MIKRO KARAVI €

Trion Ierarchon

© + 30 22830 22818

www.mikrokaravi.gr

Comptez 15 € par personne. Ouvert tous les jours à partir de midi.

« Il était un petit navire » : ce n'est pas seulement une comptine, mais aussi la traduction du joli nom de cette taverne. Ce restaurant se trouve à proximité du port au bout d'une ruelle : un lieu magnifique, on dîne au calme au milieu d'une jolie végétation. Belle recette : une cour intérieure paisible et fleurie, un chef talentueux et une belle carte. Amuse-bouches (gaspacho par exemple) et plats originaux (le poisson en sauce, le poulet farci aux épinards et au gruyère). Sans oublier les pâtes maison. Un bon moment à savourer.

MICHALIS TAVERNA €

7 Gafou

© +30 2283 023498

Ouvert tous les jours pour le déjeuner et le dîner. Comptez 15 € par personne.

Dans une petite ruelle adjacente à la rue Evangelistria, cette taverne traditionnelle est une des bonnes options restauration de Chora. On y mange une cuisine simple et généreuse, préparée à partir de recettes traditionnelles. Mention particulière aux artichauts et carottes aux herbes délicieux. Vous trouverez en effet au menu un certain nombre de plats à base d'artichauts (si vous venez en saison) ou de fenouil ainsi que des plats typiques de l'île comme le lapin en sauce. Ambiance chaleureuse et sans chichis. De la bonne cuisine traditionnelle de l'île de Tinos.

SYMPOSION €

13 Evagelistrias
✆ +30 22830 24368
www.symposion.gr

Autour de 15 € par personne. Ouvert tous les jours pour le déjeuner et le dîner.

Abrité dans un bâtiment néo-classique dans l'une des rues principales du vieux quartier de Tinos, en remontant du port, ce restaurant élégant est une halte agréable. De sa terrasse, vous regarderez tranquillement la vie de l'île s'écouler, en mangeant une salade ou juste pour un café. Wifi et ordinateur à disposition en prime. Avec l'extrême gentillesse de l'accueil, la cuisine de qualité, l'ambiance à la fois simple et raffinée, on passe un très bon moment dans ce restaurant au cœur de Tinos. Et vous verrez, on y revient...

LES PIGEONNIERS DE TINOS

L'île en compterait environ 800 sur tout son territoire, dont les plus beaux et la plus grande densité se trouvent dans la vallée qui s'étale à l'orée du village de Tarambados. Ces constructions blanches décorées d'ardoises frappent le voyageur et semblent comme sorties d'un autre monde. Les premiers pigeonniers sont construits pendant la période vénitienne : l'élevage des pigeons est alors réservé aux seigneurs féodaux qui récupèrent la viande pour se nourrir et les excréments pour servir d'engrais dans les vallées fertiles. Après le départ des Vénitiens, l'élevage s'ouvre à tous et les habitants de Tinos se mettent à construire des pigeonniers un peu partout sur l'île.

TO KOUTOUKI TIS ELENI €

Gafou 5.
✆ +30 22830 24857

Autour de 15 € par personne. Ouvert tous les jours à partir de midi.

Impossible de passer à côté de cette institution ! Voilà une des meilleures tables près du port. Au menu, de merveilleux beignets de courgettes à l'aneth ou des feuilles de chou farcies. Excellent lapin aux oignons, langue de bœuf et épinards à la feta. Cela change de pas mal de tavernes alentour ! Mais on peut aussi juste s'arrêter en journée pour un mezze et un verre. Koutouki est la première d'une lignée de trois tavernes dans cette petite rue étroite, si jamais c'est bondé... Beau choix de plats de saison et cuisine familiale garantie.

FRAGKISKES €€

✆ +30 22830 26148
http ://fragkiskes.gr

Comptez 25 € par pers. Ouvert tous les jours pour le déjeuner et le dîner.

Tout y est excellent : les plats, le service et l'accueil des deux charmantes propriétaires. Avec vue sur le joli port de Tinos, une super déco pour cet établissement spacieux qui a été rénové il y a quelques années à peine. Cuisine grecque de qualité, pizzas au feu de bois, plats du jour. Menu en français disponible, et Fragkiskas, la propriétaire, le parle couramment. Le midi, en sortant, vous pourrez également franchir la porte voisine de la pâtisserie Mesklies, propriété de la même famille, où les gâteaux et glaces sont aussi sublimes.

METAXI MAS €€

Leof. Megalocharis 5
✆ +30 22830 25945
http ://metaximastinos.gr

Ouvert tous les jours de midi à minuit. Comptez 25 € par personne.

Metaxi Mas signifie « entre nous ». Sur les conseils de notre hôtel, nous avons dîné ici. Clairement, nous avons été ravis ! Plats succulents et un très bon service, plutôt proche de celui d'un restaurant gastro dans l'assiette. En effet, on se sent presque entre amis à la maison dans ce petit restaurant qui connaît un véritable succès depuis plusieurs années. Accueil chaleureux et convivial et menu raffiné pour cet établissement qui fait les choses avec passion. Tout y est bon donc n'hésitez pas, vous pouvez y aller les yeux fermés !

SAN TO ALATI RESTAURANT €€

Agios Fokas
✆ +30 22830 29266

Comptez 25 € par personne. Ouvert tous les jours de midi à minuit.

Entre plats traditionnels revisités et recettes originales, Vassilis propose ici une cuisine inventive, raffinée et soignée utilisant de bons produits locaux. Au menu, vous trouverez des poissons frais, évidemment, mais aussi coquillages, tarama, salade d'aubergines et fromages locaux. Décor sobre et élégant, ambiance sympathique, et vue dégagée sur la mer et Mykonos au loin. Le soir, on se laisse volontiers bercer par le doux va-et-vient des vagues. Fort de son succès, l'endroit est souvent plein. Il est donc vivement conseillé de réserver.

TARSANAS €€

✆ +30 22830 24667

Ouvert tous les jours pour le déjeuner et le dîner. A partir de 20 € par personne.

Parfois il faut passer toutes les tavernes du centre et aller jusqu'au bout de la baie pour trouver un si bon restaurant. Loin de l'agitation de la ville, il bénéficie d'une vue splendide sur la mer et sur la ville de Tinos. Les produits locaux sont plutôt fumés et grillés, toujours préparés avec le moins de gras possible, ce qui est appréciable lorsqu'on passe un peu de temps en Grèce… Essayez les sardines grillées, c'est la spécialité de la maison, et la soupe de poisson. Belle carte des vins que l'on peut également prendre au verre.

KARYBU HOME & FASHION

Nikolaou Gyzi 8

✆ +30 22830 23301

www.karybu.com

En saison en saison, ouvert de 10h à 23h (en août).

Les ruelles de la Chora de Tinos regorgent de jolies boutiques artisanales. Vous y découvrirez quelques petites perles dont des boutiques plus contemporaines comme deux très chouettes boutiques où vous trouverez une mode pour femmes, pointue et élégante, ainsi qu'une très belle sélection d'objets et mobilier déco et du linge de maison. Les marques sont internationales, avec des grands noms du luxe comme Eres ou Jean-Paul Gaultier mais également des collaborations avec des artisans des quatre coins du monde. En face, le petit café-bar Karybu est très agréable.

KAKTOS

Près des moulins

✆ +30 22830 25930

Ouvert tous les soirs à partir de 19h et jusqu'au petit matin.

Le caractère religieux de Tinos n'est pas forcément le plus propice à faire naître une palpitante vie nocturne. Pourtant, chaque année, de nouveaux bars s'ouvrent et l'on commence à ne plus s'ennuyer le soir. A côté d'un ancien moulin à vent du XVIe siècle, le Kaktos Bar est le club de Tinos. En été, on y vient pour boire un cocktail en début de soirée avant de danser jusqu'au bout de la nuit avec la jeunesse locale au rythme des tubes grecs de l'été. Ceux qui le veulent pourront visiter l'ancien moulin voisin par la même occasion.

KIONIA ★★

Kionia se trouve à 3 kilomètres du port, en remontant la côte vers l'ouest. Aujourd'hui, la région compte parmi les endroits touristiques les plus développés de l'île grâce à sa belle plage sablonneuse de 2 kilomètres de long, une des plus longues sur l'île, en partie occupée par l'hôtel Tinos Beach. On y vient également pour admirer les vestiges d'un temple antique, l'un des plus importants des Cyclades. Il était si important que des voyageurs venaient des quatre coins de la Grèce pour faire des offrandes au dieu de la Mer et apaiser ses ardeurs en prévision d'un voyage. Le temple était aussi une sorte de passage obligé pour les pèlerins en route pour Délos.

RUINES DU SANCTUAIRE DE POSÉIDON ET D'AMPHITRITE ★★

Ouvert tous les jours sauf le lundi, de 8h30 à 15h. Entrée : 2 €.

© HYDRA VIRIDIS - SHUTTERSTOCK.COM

Ce temple était jadis si important que des voyageurs venaient des quatre coins de la Grèce pour faire des offrandes au dieu de la Mer. Au Ve siècle av. J.-C., Tinos devient un important centre religieux, notamment dédié au culte de Poséidon. Ce sanctuaire faisait aussi office de centre de guérison et la puissance de Kionia est considérée comme aussi forte que celle du temple d'Asclépios à Epidaure. Les patients venaient ainsi de loin pour participer à des rituels de guérison.

CYCLADES ORIENTALES

BIG BLUE €

✆ +30 22830 25027

www.bigbluetinos.gr

Chambre double à partir de 80 € en été avec le petit déjeuner.

Des studios et des chambres immaculées, idéalement situés en bord de mer. Une vue superbe, une belle surface et des équipements incluant une petite installation pour faire des repas simples. Toutes les chambres ont un balcon qui donne sur l'infini de la mer Egée et le coucher du soleil. L'établissement dispose également d'une piscine dans un agréable jardin. Les studios sont très bien équipés. L'ensemble se situe au calme, à mi-chemin entre la sortie du port et le site archéologique de Kionia. Petit déjeuner copieux et jus de fruits frais.

TINOS RESIDENCIES €€€

✆ +306944888255

www.tinosresidencies.com

A partir de 100 € par nuit en saison. Les villas font de 80 à 180 m².

Trois mots pour définir les nombreuses villas louées par Dinos et William : intimité, luxe et confort. Situées sur Triantaros et Aghios Fokas, les villas diffèrent par leur taille mais elles sont toutes très bien équipées, modernes, dotées de piscine et bâties dans un style architectural cycladien en harmonie avec la nature. Le service est irréprochable, le transfert est inclus, et l'accueil aux petits soins. A vous de trouver votre bonheur parmi ces propriétés d'exception qui vous feront vivre un séjour confortable et reposant dans un cadre luxueux.

MYRTIA STUDIOS €

✆ +30 22830 24885

www.myrtiastudios.gr

Studio à partir de 80 € en été.

Sur une colline, à 400 m de la plage de Kionia et à 3 km de la ville. Toutes les chambres ont une vue panoramique sur la mer depuis les balcons. Nous avons aimé le grand lit, la chambre spacieuse et nettoyée tous les jours, la tranquillité de l'endroit, les moustiquaires aux fenêtres, mais aussi la gentillesse de notre hôte. Toutes les chambres possèdent une cuisine équipée. Aire de jeux pour les enfants et machine à laver commune à disposition. Parking privé, cafétéria, snack-bar à l'ombre des pins à proximité. Transferts gratuits en minibus.

BOUROU €

✆ +30 22830 25760

Comptez 15 € par personne. Ouvert tous les jours pour le déjeuner et le dîner.

Vous trouverez une terrasse agréable et une décoration marine dans cet établissement situé sur la route côtière entre le port et Koinia. Ici, vous pourrez prendre aussi votre petit déjeuner. Cuisine expérimentée et recherchée avec des plats cuisinés, au gril ou à la poêle. On y déguste aussi un cochon juteux à l'orange et à la pomme, et des viandes plus classiques. La carte des vins est assez limitée en revanche. Service rapide. Une cuisine raffinée, comme le service, dans un cadre agréable en bord de mer. Bref, une adresse à recommander.

TINOS BEACH €€

✆ +30 22830 22626

www.tinosbeach.gr

Chambre double standard entre 100 € et 180 € en été, petit déjeuner compris.

Gros complexe de 180 chambres. Tinos Beach Hotel est protégé du *meltemi*. Des politiciens et des artistes célèbres fréquentent l'établissement depuis plus de trente-cinq ans. C'est un endroit spacieux où ont lieu de nombreuses fêtes. Néanmoins, le calme est au rendez-vous. La plage est surveillée par un maître-nageur. A disposition : un restaurant, Ammos, plusieurs bars, une grande piscine à l'eau de mer et un bassin plus petit pour les enfants, une *taverna* traditionnelle sur la plage avec des chaises longues. Transfert du port offert.

MAISTRALI €

✆ +30 2283023570

Ouvert tous les jours de 10h à 1h. Comptez 15 € par personne.

Une belle terrasse face à la mer et une carte bien garnie avec tous les classiques. Sur la route côtière, juste devant la plage de Kionia et à côté du temple de Poséidon, cette taverne de plage offre franchement une cuisine locale très raisonnable, à base de produits locaux. Vous pourrez goûter ici à de bons artichauts vinaigrés, ainsi qu'à des anchois marinés et d'autres petits plats à partager. Il y a également des plats traditionnels plus conséquents pour les gros appétits. Bref, idéal pour une pause déjeuner entre deux baignades.

NOSTOS €

✆ +302283026930

Ouvert de 10h à minuit, tous les jours de Pâques à fin septembre. Comptez 15 à 20 € par personne.

Tenu depuis trois générations par la famille Psarros, le Nostos propose ici une cuisine traditionnelle grecque avec des fruits de mer, des plats typiques de l'île, des pâtes, des salades et des grillades. On savoure une cuisine maison, avec au final beaucoup de goût dans l'assiette. Un plat savoureux parmi tant d'autres : le veau cuit dans un pot en terre cuite avec des pâtes, et du fromage frais de Tinos. On peut aussi citer la moussaka, mais jetez plutôt votre dévolu sur les salades ou le poulet à la crème qui sont vraiment réussis.

PORTO'S BELLA VISTA €

✆ +302283025053

www.tinosapartments.com

Studio ou chambre double à partir de 50 € en été.

L'hôtel décoré dans un style un peu suranné n'en reste pas moins un endroit charmant pour séjourner pour pas cher à proximité d'Aghios Ioannis. Deux points rendent l'endroit absolument charmant : la gentillesse de Lucyna, la propriétaire francophone qui tient ce petit hôtel de 12 appartements et studios, et ensuite la vue absolument sublime sur cette baie perdue au sud de Tinos. On en profite depuis la terrasse de tous les appartements et avec, en prime, la grande piscine située au fond du jardin et entourée d'un champ d'olivier.

AGHIOS IOANNIS PORTO ★

Cette plage, à 10 minutes du port de Tinos, est considérée comme une des plus importantes stations balnéaires de l'île. Des hôtels et appartements à louer se situent un peu en retrait de l'étendue de sable et des transats et parasols sont aménagés. Des arbres donnent de l'ombre et les eaux ne sont pas très profondes, donc adaptées aux plus jeunes. Ses eaux cristallines, son sable doux et la nature alentour font d'Agios Ioannis l'une des plages les plus agréables - et bondées - de Tinos. La petite chapelle« qui se dresse dans le paysage sur le côté gauche de la plage est aussi l'une des attractions du site d'Agios Ioannis.

THEA THALASSA €€

Ag. Nikolaos Oros.

✆ +30 6979197151

www.theathalassa.eu

Chambre double de 80 à 150 € en été pour le studio le moins cher.

A l'écart, sur les hauteurs, cet établissement vous offrira une vue à 180° depuis votre terrasse. Rien que pour sa vue époustouflante, cet endroit vaut le déplacement. Mais le confort et l'accueil finiront de vous convaincre. Bâtie sur un versant du Mont Oros, un peu en retrait de la côte mais face à la mer Egée, la maison d'hôtes Thea Thalassa propose quatre logements de charme avec une vue spectaculaire, dans un cadre romantique et calme. Tous disposent d'une kitchenette, sauf la chambre la moins chère, équipée quand même de deux plaques et d'ustensiles.

NOSTOS RESORT €

✆ +30 22830 24632

www.nostostinos.gr

5 studios pour 2/3 pers. à partir de 60 € en été, et 6 appartements pour 5 pers. à partir de 100 € en été.

Situé entre la plage d'Aghios Sostis et de Porto et face au cap d'Agia Kyriaki, ce complexe de studios et appartements climatisés et tout équipés, avec balcon vue mer, possède le charme simple et authentique du tourisme à l'ancienne. Vous vous poserez à 40 mètres de la plage d'Agia Kyriaki. Le Nostos vous propose des logements indépendants, décorés dans le style des Cyclades. Il a été racheté par Antonis, un homme plein d'entrain pour en faire un lieu paisible et relaxant. Vous êtes au bon endroit pour vos balades en bord de mer et du farniente.

LALA LOUZA

✆ +30 694 764 3319

Ouvert tous les jours de 8h à 22h.

Sur la plage de Porto, le Lala Louza est un bar de plage sympathique où vous pourrez louer des transats et des parasols en bambous. Depuis la plage d'Aghios Ioannis, on a une vue sur Mykonos qui devient très intéressante la nuit venue, les lumières de la folle agitation qui y règne contrastant avec la tranquillité de Tinos. Parmi les cocktails, le Lala Louza allie un alcool local, le Rakitini, avec de l'ananas, du citron, de la menthe et du sirop de vanille. Depuis peu, Paola propose des services de massage et ce, toute la saison, toute la journée.

AGHIOS SOSTIS ★

Au-delà d'Aghios Fokas, la plage d'Aghios Sostis est familiale et agréable. Ombragée de tamaris et gardée par une petite chapelle, elle est plus tranquille que sa voisine de Porto. La longue étendue de sable accueille les familles qui recherchent une baie protégée aux eaux claires. Très longue, la plage n'est jamais bondée. Légèrement en retrait de la plage, au niveau du parking, l'hôtel-restaurant Cavos loue des transats et parasols. C'est aussi une bonne base pour se loger.« Il est idéalement situé à quelques mètres de la plage d'Aghios Sostis. Les 24 suites et appartements sont spacieux et confortables.

CAVOS HOTEL & TAVERNA €

✆ +30 22830 24224

www.cavos-tinos.com

Chambre double à partir de 80 € en été.

Belle situation géographique : les pieds dans l'eau. L'hôtel-restaurant Cavos est idéalement situé à quelques mètres de la plage d'Aghios Sostis. Les 24 suites et appartements sont spacieux, propres et confortables. Agréablement aménagés, ils promettent un séjour réussi. La taverne quant à elle propose un menu classique de cuisine grecque. Parfait pour une pause déjeuner au cours d'une journée à la plage. Vous pourrez y prendre le café et y louer des transats pour la plage. La grande terrasse à l'abri du vent et sa superficie sont agréables.

AKTI AEGEOU HOTEL & APARTMENTS €

Laouti

✆ +30 22830 24248

www.aktiaegeou.gr

Studios pour 2 personnes à partir de 55 € en été.

A seulement 6 km du port, ambiance vacances et relaxation dans ce complexe village face à la mer. Accès direct à la jolie plage d'Aghios Sostis, transats et parasols à disposition, piscine à l'eau de mer, jardin, restaurant, bar, WiFi. Les studios et appartements sont spacieux, ont tous un balcon avec vue (préférez la vue sur mer), et sont équipés d'une kitchenette. L'équipe familiale, comme souvent en Grèce, répondra au maximum à vos attentes. Parking gratuit à disposition.

ALBATROSS HOLIDAY APARTMENTS €

✆ +30 22830 24277

www.albatrosstinos.gr

Studio pour deux personnes à partir de 70 € en été.

5 appartements tout équipés proposés par une famille très sympathique. Les lieux sont propres et les prix très attractifs, surtout en juin ou en septembre. Vue dégagée, grands balcons individuels, parking privé gratuit, Internet sans fil... Environnement calme, plage d'Aghios Sostis à proximité immédiate. Vous apprécierez l'emplacement, la propreté, le calme et la proximité immédiate de la superbe plage. Confiture et fruits parfois offerts par la propriétaire.

XINARA ★★

Siège de l'évêché catholique de Tinos, Xinara est une étape nécessaire pour explorer la colline d'Exobourgo qui abrite les vestiges de l'antique capitale de l'île. Ainsi, à l'emplacement de l'acropole, vous verrez les ruines de la forteresse vénitienne détruite en 1715. A proximité, quelques beaux villages valent le détour. Ainsi, Tripotamos est réputé pour son architecture et on visitera Krokos pour ses deux restaurants à vue panoramique. Enfin, du côté de Steni, on ne manquera pas de visiter le monastère de Kehrovouniou. C'est dans l'une des cellules que sainte Pélagie a eu sa fameuse vision de la Vierge.

LOUTRA ★★★

Lassif et hors du temps, le village est surtout connu pour avoir hébergé un couvent d'ursulines françaises qui y dirigeaient également une école pour filles, une des plus importantes de Grèce. Les jésuites choisirent également Loutra pour établir un monastère. Aujourd'hui, on se promène encore dans des rues étroites et magiques, on visite l'ancien couvent et le petit musée agricole installé dans un entrepôt du monastère jésuite où sont exposés les pressoirs à huile du village ainsi que l'alambic utilisé pour distiller le raki et quelques costumes ecclésiastiques brodés à la main par les habitants.

© CORTYN - SHUTTERSTOCK.COM

COUVENT DES URSULINES ★★★

En saison, ouvert tous les jours de 10h à 15h. Entrée et visite guidée gratuites mais donations appréciées.

Le couvent des Ursulines a été fondé à Loutra en 1862 et il est resté en fonctionnement jusqu'à 1991. L'école cessa de recevoir des jeunes filles dès 1984. Le couvent, fondé par une femme originaire d'Istanbul, connaît son heure de gloire au cours de la première moitié du XXe siècle. Très réputée pour son niveau d'exigence académique et l'accent mis sur les arts et l'activité physique, l'école reçoit de riches pensionnaires de tout le pays mais aussi d'au-delà des frontières nationales. Ainsi, des filles de la grande bourgeoise italienne, française ou encore stambouliote sont envoyées pour étudier ici. Les religieuses recueillent également les orphelines les plus pauvres de Tinos.

A l'apogée du couvent des Ursulines, entre 1910 et 1930, on dénombre 150 élèves orphelines ou pauvres de Tinos, 300 élèves de grande famille et 60 religieuses. Tout ce petit monde est bien organisé dans un ensemble de bâtiments qui s'étend autour d'un somptueux jardin. Aujourd'hui, le couvent a vendu une partie des biens, notamment le grand réfectoire et les dortoirs des écolières qu'on ne peut malheureusement plus visiter. La chapelle du Sacré-Cœur (1876) et le bâtiment principal sont quant à eux ouverts à la visite. Ne ratez pas l'occasion de déambuler dans les longs couloirs qui abritaient les cellules des religieuses et d'admirer le travail réalisé par les ursulines pendant des décennies. Les activités de théâtre, tissage, broderie, musique et danse étaient enseignées toute l'année, en plus de la botanique, l'anatomie et la photographie.

© AERIAL-MOTION - SHUTTERSTOCK.COM

Kardiani.

DROSIA €

✆ +30 2283 021070

Ouvert tous les jours de 11h au dernier client.
Comptez 15 € par personne.

Un restaurant familial fréquenté par les locaux et qui sert une bonne cuisine. La taverne de Vassilis est nichée dans les ruelles de Ktikados et offre une terrasse ombragée perchée sur la colline. La vue sur la mer et l'île de Syros est magnifique. Idéal pour « déconnecter » un peu dans le calme du village endormi. Au menu, les classiques de la cuisine grecque et certaines spécialités de Tinos. Goûtez à l'agneau au citron ou au lapin. Toutes les viandes sont élevées ou chassées par le propriétaire. Un peu difficile à trouver, tout en bas à gauche du parking.

KARDIANI ★★

A 20 km de Tinos, un des plus beaux villages de l'île qui offre un panorama somptueux. Ce village pittoresque entouré d'arbres est réputé pour ses fontaines de marbre et ses maisons sublimes. Une seule taverne, mais un accueil particulièrement chaleureux : To Perivoli. Juste en dessous, la plage Paralia Yannaki est entourée de maisons construites par une colonie franco-grecque sur l'initiative de l'auteur de *La Langue maternelle*, Vassilis Alexakis. Les lecteurs de ses livres reconnaîtront le nom de ce village, très présent dans son œuvre. Pour une autre halte, une dégustation de poulpe grillé et d'autres mezzés à la taverne Anemos.

ISTERNIA ★★

A 4 kilomètres de Kardiani, Isternia, agrippé à une colline, offre une vue inoubliable sur la mer Egée et l'île de Syros. C'est un village d'artistes, parmi les mieux préservés de l'île de Tinos. Il s'agit du dernier village de la côte sud, position qui lui a donné son nom car « isterna » en grec signifie la fin. Les ruelles du village sont pavées de marbre et ses maisons blanches sont ornées de magnifiques linteaux qui indiquent le nom du propriétaire de la demeure et l'année de sa construction. Un petit musée expose les œuvres des créateurs locaux : en effet, Isternia est le village natal de nombreux grands sculpteurs, comme Lazare Sochos ou Antonios Sochos qui a donné son nom au petit musée - il a notamment excellé dans l'art de la sculpture sur bois. A la sortie du village, la petite église d'Aghios Athanassios est l'une des plus anciennes de l'île. A 5 kilomètres en contrebas, la route mène à une agréable plage de sable fin, Ormos. Vous y trouverez deux très bons restaurants qui promettent une soirée réussie.

Balade

Vers le nord, en surplomb d'Isternia, les anciens moulins offrent un paysage unique, évidemment en plein vent. Les éléments semblent s'être donné le mot pour s'y rencontrer et c'est un moment fort à ne pas rater.

NAUTILOS €€

Ormos

✆ +30 2283 031642

Ouvert tous les jours pour le déjeuner et le dîner. Comptez 20 € par personne.

Sur le quai qui mène à la plage d'Ormos, le Nautilos est la taverne que l'on attend et espère, les pieds dans l'eau, plus classique que sa voisine du Thalassaki, mais peut-être aussi plus authentique. On y mange très bien et de très bons produits de la mer, notamment de délicieuses pâtes aux fruits de mer. Le service est chaleureux et souriant et l'emplacement réellement idéal, tout au bord de l'eau. Venir pour un verre de vin blanc bien frais face au soleil couchant avant de partager en toute convivialité des plats très savoureux.

TO THALASSAKI TAVERNA €€

✆ +30 22830 31366

Ouvert tous les jours pour le déjeuner et le dîner. Comptez 30 € par personne.

Sur la plage d'Isternia, le restaurant élégant de la chef Antonia Zarpa est considéré comme l'un des meilleurs restaurants de Tinos. Les pieds dans l'eau (attention aux vagues !), vous y dégusterez une cuisine traditionnelle revisitée et originale, à base de produits frais et biologiques autant que possible. La spécialité, à essayer les yeux fermés : le tarama à l'encre de seiche. Nous vous recommandons de venir en fin de journée, pour prendre l'apéritif en regardant le soleil se coucher avant de passer aux choses sérieuses. Un peu plus recherché que la moyenne.

PYRGOS ★★★

Vous ne regretterez pas d'avoir fait 30 kilomètres depuis Tinos pour visiter la petite ville de Pyrgos dont les habitations sont de véritables œuvres d'art : situé à proximité des carrières de marbre, le village intègre le marbre dans sa physionomie avec beaucoup d'ingéniosité. Une école des beaux-arts, ouverte en 1955, encourage la continuation de cette tradition de sculpture sur marbre et participe à maintenir une vie créative, jeune et dynamique. Un musée dédié au marbre accueille également les visiteurs depuis 2008. Plusieurs grands artistes grecs sont originaires de Pyrgos, notamment le sculpteur Yannoulis Halepas (1851-1938) dont la maison a été transformée en musée. Deux magnifiques fontaines ornent l'entrée du village et la place centrale. Agréablement ombragée d'un grand platane, c'est une escale idéale où vous pourrez goûter de bonnes pâtisseries, prendre le café avec les anciens ou casser la croûte dans un petit restaurant local.

Balade

Avant de partir, ne manquez pas de monter à la magnifique église orthodoxe d'Agios Nikolaos : gardée par deux gigantesques cyprès, sa façade de marbre est travaillée dans le plus grand raffinement. A l'arrière de l'église, repérez le cimetière avec ses tombes de marbre et la vue sur le village et l'Egée.

MUSÉE DU MARBRE ★

✆ +30 22830 31290

piop.gr

En saison, ouvert tous les jours sauf mardi de 10h à 18h. Entrée : 3 €.

En surplomb du village, vous apercevrez une construction contemporaine : c'est ici que se trouve le musée du Marbre, ouvert en 2008 pour mettre en lumière l'histoire de l'artisanat de marbre à Tinos. On y découvre les techniques d'extraction du marbre et les outils et équipements nécessaires pour le travailler. Mais on y apprend également dans quel contexte social et économique cet artisanat s'est développé dans la région. La période pré-industrielle est mise en avant, car elle constitue l'apogée de l'artisanat sur marbre de l'île de Tinos.

MYKONOS CHORA ★★★★

Bienvenue à Mykonos ! Dès la fin des années 1950, cette île de carte postale est devenue le symbole d'une liberté de vivre fraîchement acquise et qui perdure encore aujourd'hui. Et depuis vingt ans, la communauté gay a élu domicile sur l'île, donnant un nouveau souffle aux fêtes excentriques, aux happenings délirants et aux bars alternatifs. En haute saison, il faut aimer la foule et surtout aimer la fête ! Autour des rues principales de Matogianni et Zouganeli Florou, il y en a pour toutes les bourses, des enseignes de luxe jusqu'à l'artisan sandalier aux prix doux. En soirée, les nombreux bars et cafés changent la donne mais l'ambiance reste plus tranquille et plus agréable que sur le front de mer ou dans les grands spots de fête. Mais la nature sait aussi reprendre ses droits. Ici, le grand maître est aussi le redoutable meltemi, vent capricieux qui vous oblige rapidement à vous abriter dans le dédale des petites ruelles protégées. La Chora de Mykonos se dévoile à celui qui prendra le temps de déambuler et d'accepter de se laisser guider par le hasard. Vous tomberez alors sur des ruelles où sèche le linge à l'heure de la sieste, comme dans un temps suspendu, et où les plus âgés discutent devant de petites boutiques...

Shopping

Sur les rues principales de Matogianni et Zouganeli Florou, vous trouverez un mélange de boutiques de luxe international, marques branchées grecques, *concept stores* pointus, boutiques de déco et ateliers d'artisan. Les plus grands noms sont ici, comme Balenciaga mais également les petites échoppes. Dans les ruelles qui se cachent autour de Kalogera et Dilou, vous trouverez les boutiques plus *arty* et branchées. Quant aux boutiques de souvenirs, vous les trouverez plutôt à proximité du front de mer. Le shopping est une curiosité à part entière à Chora et cela peut vite se transformer en chasse au trésor : vous tomberez sur des petites perles dans des ruelles cachées.

Tourisme

A 30 minutes, vous êtes sur l'île la plus proche. De passage à Mykonos, vous ne pourrez pas faire l'économie d'une journée sur l'île-sanctuaire de Délos. Bijou archéologique et patrimonial, Délos offre une plongée dans l'histoire, le calme et le sacré. En d'autres termes, une incursion dans l'exact opposé de ce qu'est devenue l'île de Mykonos... Depuis quelques années, celle-ci a réussi à mettre en place une sorte de monopole sur les excursions à Délos : vous trouverez les bateaux au départ du vieux port. Plusieurs départs par jour sont programmés, nous vous conseillons de partir aussi tôt que possible pour éviter les grosses chaleurs et la foule.

Transports

- **En bateau, plusieurs départs par jour** du Pirée (6 heures en ferry) ou de Rafina (4 heures 30 en hydroglisseur). Outre Tinos, Andros et Syros, Mykonos est aussi reliée avec Paros, Sifnos, Santorin, Ios, Naxos, Milos, Folegandros, Samos, Ikaria, Fourni et Heraklion. Attention : les bateaux arrivent généralement au nouveau port, à 4 km du vieux port, d'où il faut prendre un bus ou un taxi.
En effet à cause de l'affluence croissante des voyageurs et notamment des énormes bateaux de croisière, il a fallu transférer certains bateaux vers un nouveau port, situé près de la plage de Tourlos. Normalement, un tampon vous l'indiquera sur votre billet mais vérifiez bien auprès de votre hôtel pour confirmer. Le nouveau port est accessible après 25 bonnes minutes de marche mais sur une route très embouteillée et sans trottoir, pas l'idéal si vous êtes chargé. Mieux vaut prendre une des navettes type water-taxi prévues sur le port. Sinon, vous pourrez opter pour un taxi (10-15 €) sachant que les chauffeurs n'hésitent pas à faire du covoiturage avec d'autres clients.
- **Son aéroport** (www.jmk-airport.gr) accueille des vols depuis Paris en été.
- **Sur place, deux stations de bus** desservent l'île (www.mykonosbus.com). L'une, près du musée archéologique, dessert Agios Stefanos, Tourlos, Ano Mera, Elia, Kalafati et Kalo Livadi. L'autre, place Fabrika, dessert Ornos, Agios Ioannis, Platis Gialos, Paradise Beach, Psarou, Kalamopodi et l'aéroport.

MUSÉE ARCHÉOLOGIQUE ★

✆ +30 22890 22325

Ouvert de 9h à 16h (20h les vendredis et samedis). Entrée 4 €. Fermé le mardi en saison et entre novembre et mars.

Ce petit musée est abrité dans un bel édifice néoclassique datant de 1901. Il comprend des collections et des expositions retraçant une période datant de la Préhistoire à la période hellénistique. Parmi des pièces provenant de la nécropole de Rineia, un très intéressant grand *pithos* (jarre) en terre cuite du VIIe siècle av. J.-C. avec représentations en relief de scènes de la guerre de Troie. La plupart des objets proviennent de l'île voisine de Rineia qui a servi de nécropole lorsqu'il a été interdit de mourir et d'être enterré à Délos.

PLAGES DE CHORA

Dans Chora même, vous trouverez une petite plage de sable où se baignent parfois les plus âgés ou les plus jeunes, mais cette plage en pleine ville n'est pas très agréable. A la sortie du vieux port, Megali Ammos est une plage de sable sans transats ni parasols, relativement agréable si l'on ne souhaite pas trop s'éloigner de Chora. Au nord, la plage de Tournos n'est pas vraiment conseillée : à proximité du nouveau port, on ne peut pas dire que la baignade y soit très tranquille. Au sud, la plage d Ornos est très appréciée des familles.

PROMENADE SUR LA PETITE VENISE

Alefkandra.

Impossible de venir à la Chora sans faire un tour du côté du front de mer et de la « Petite Venise » : ces belles maisons du XVIIIe siècle avec leurs balcons de bois coloré semblent perchées sur les flots. Dès la fin des incursions pirates, les capitaines et armateurs qui commençaient à gagner un peu d'argent s'installèrent là pour bénéficier d'un accès direct à la mer. Le quartier, particulièrement photogénique, s'abandonne aux fêtards la nuit et aux pêcheurs du village au petit matin.

RARITY GALLERY

20 - 22 Kalogera Street
✆ +30 22890 25761
www.raritygallery.com
Ouvert tous les jours de 10h à minuit.

Cette galerie d'art contemporain fait monter le baromètre culturel de Mykonos, par ailleurs bien limité. Depuis 1995, des artistes de renom international sont exposés dans les trois belles salles au calme sur Kalogera. Selon l'exposition du moment, vous pourrez donc voir des artistes comme l'Américaine Carole Feuermann, sculptrice hyper-réaliste, le photographe italien Massimo Listri ou encore le Britannique Patrick Hughes, peintre inspiré du pop art. Depuis quelques années, la galerie a également fait le pari d'exposer de jeunes artistes moins établis.

KARBONI HOTEL €

Mattheou Andronikou.
www.karbonihotel.com
A partir de 50 € la double en hiver mais trois fois plus au moins en été… Ouvert toute l'année.

Il n'est pas aisé de classer un hôtel de Mykonos dans cette catégorie mais celui-ci y mérite sa place, ne serait-ce que pour son ouverture à l'année et ses prix relativement abordables. C'est également probablement le moins cher des hôtels ouverts toute l'année. Sa place centrale dans la Chora l'autorise à une inflation des prix en été, même si les chambres restent simples et forcément un peu bruyantes vu la situation. Mais pour un séjour en décalé, pensez à cette alternative ! En plus, la propriétaire de l'établissement est charmante.

Panorama sur Mykonos Chora.

L'HISTOIRE DE MYKONOS

L'île a emprunté son nom à Mykonos, fils du roi mythique de Délos et demi-dieu Anios – né de l'union du dieu Apollon et de la nymphe Rios. Les monnaies antiques sont frappées à l'effigie des dieux protecteurs de l'île, qui ne sont autres que Dionysos (le dieu du vin et des festivités) et Déméter. Comme d'autres îles des Cyclades, elle est peuplée successivement par les Phéniciens, les Crétois et les Ioniens et s'allie à la Ligue de Délos et à Athènes durant les guerres médiques. Les Vénitiens débarquent sur l'île en 1204 et restent maîtres de l'île malgré les incursions pirates successives. Celles-ci culminent avec l'attaque violente du corsaire Barberousse en 1537 qui marque le passage aux mains ottomanes. Ses habitants participent activement à la guerre de l'indépendance grecque : riches d'une tradition maritime de longue date, ils affrètent leurs navires et leurs vaillants marins et brûlotiers au service de la lutte pour la libération dès 1821. Ils repousseront la flotte turque en octobre 1822, menés par la célèbre Mado Mavrogenous. L'héroïne est aussi connue pour avoir écrit en 1823 *La Lettre aux dames parisiennes*, dans laquelle elle plaidait la cause révolutionnaire. Mykonos rejoint l'Etat grec comme ses voisines cycladiques et retombe dans un calme olympien jusqu'à l'arrivée des fêtards internationaux dans la seconde moitié du XXe siècle. Elle accède ainsi à une nouvelle richesse dont elle vit largement aujourd'hui.

MYCOCOON HOSTEL €

✆ +30 2289 023 168

www.hostelmykonos.com

Lit en dortoir à partir de 30 €, chambres privatives pour 4 à 6 personnes à partir de 35 € par personne.

Voici une auberge de jeunesse à Chora qui offrira un toit aux petits budgets, en plein centre. Cet établissement a décidé de parier sur le design et l'architecture. Le résultat est assez époustouflant, avec des structures cycladiques futuristes : les lits sont logés dans des alvéoles immaculées et conçues avec *brio*. Enfin de quoi se loger de façon abordable ! Possibilité de réserver des chambres privées à 4 ou 6 personnes pour plus d'intimité. Les plus grands dortoirs hébergent plusieurs dizaines de lits, simples ou doubles et plusieurs salles de bains à partager.

ÉGLISE PANAGIA PARAPORTIANI ★★★

C'est la carte postale, par excellence, de l'île. Tout le monde s'y prend en photo et mieux vaut arriver tôt pour profiter d'un horizon dégagé. Mais quelle église étonnante ! Cette bâtisse belle byzantine asymétrique, véritable chef-d'œuvre d'architecture populaire, est à voir absolument. Difficile en effet de rester insensible à cette église immaculée, blanchie à la chaux, aux courbes improbables dans le quartier du Kastro. Les touristes s'y attardent, immanquablement, scrutant l'édifice sous toutes ses coutures et guettant ses formes évoluer selon les différentes lumières du jour. Cela tombe bien, elle est située en plein centre du port. On y vient et on y revient car jamais vous ne verrez deux fois exactement les mêmes formes ni les mêmes reflets. C'est là une partie de son charme. Elle se dresse à deux pas de la petite Venise, si simple et si sophistiquée à la fois. Normal : l'église de la Panagia Paraportiani est unique en son genre même si, en y regardant de plus près, elles sont cinq en réalité à apporter leurs pierres à l'édifice : l'église de la Panagia Paraportiani est en effet constituée en réalité d'un assemblage de cinq chapelles différentes dont l'une est légèrement surélevée. Mais ce qui trouble, émeut est séduit le visiteur reste sa couleur, blanche immaculée. Ici, point de coupole dorée ou bleu grec traditionnels : l'église est surmontée d'un clocher et d'une coupole, entièrement chaulés, qui se dressent face à la mer. Entre ses jeux de courbes et ses effets de lumière, vous ne vous lasserez pas d'y passer à différentes heures de la journée pour en apercevoir toutes les nuances. L'église a été édifiée sur une colline fortifiée par les Vénitiens, dont il reste encore quelques vestiges des remparts, et offre de belles opportunités photographiques : comme sujet, évidement, mais également comme promontoire face à la mer, car elle offre une vue imprenable sur la mer Egée. Sachant que « Panagia Paraportiani » signifie littéralement « Notre-Dame de la Porte de Côté », on comprend que c'est une visite qui ne se refuse pas sur l'île de Mykonos - et ne s'oublie pas non plus… Enfin, Panagia Paraportiani n'est pas qu'un ensemble de belles pierres : elle reste surtout à ce jour la plus importante des 400 églises et chapelles présentes à travers l'île. Construite par un artisan anonyme au XVIIe ou XVIIIe siècle, elle affiche une architecture typique et un mélange d'éléments populaires byzantins et occidentaux.

CYCLADES ORIENTALES

Église Panagia Paraportiani de Mykonos.

ORPHEAS ROOMS €

6 Agios Artemiou
✆ +30 22890 22174
www.artemoulas-orpheas.gr
Chambre double à partir de 90 € en été. Minimum de 2 nuits obligatoire.

Une bonne affaire, du moins en début de saison. Les chambres, encore très abordables en juin, possèdent un réfrigérateur, une télévision satellite, et l'accès au wifi gratuit. Transferts gratuits vers le port ou vers l'aéroport. En très haute saison, les prix montent radicalement. Déco qui se veut un peu branchée. Bien situé à proximité des moulins. C'est une bonne option pour ceux qui veulent profiter de l'animation du front de mer, des boutiques au fil des ruelles blanches et des excursions en bateau, notamment vers Délos.

ADONIS HOTEL €€

A proximité de Megali Ammos
✆ +302289024203
www.mykonosadonis.gr
Chambre double à partir de 130 € avec petit déjeuner.

On apprécie cet hôtel familial, légèrement en retrait de l'agitation du centre-ville. Situé en haut d'une (petite) côte, il offre un magnifique panorama, à 200 m de la plage de Megali Ammos. Les chambres, récemment rénovées, sont impeccables. Elles proposent même une nouvelle literie et des matelas orthopédiques (à composition moléculaire s'il vous plaît) qui s'adaptent parfaitement à la forme du corps. En projet également : la construction d'une maisonnette familiale avec deux chambres, sur le toit, avec un bain à remous en terrasse...

AETHER BOUTIQUE STAY €€

✆ +302289077303
www.aethermykonos.com/
Chambres supérieures à partir de 120 €, petit déjeuner inclus.

Dans un bâtiment d'architecture typiquement myconienne mais rénové avec cachet en 2012, Athina et Athanasios offrent, dans leurs 6 chambres, un cadre chaleureux et amical. L'emplacement est aussi agréable, un peu à l'écart de Chora et suffisamment proche pour la rejoindre facilement en bus. Le petit déjeuner est servi à côté de la chapelle familiale, et quel service ! Pains, brioches, gâteaux, tartes et sandwiches, jus maison... A noter que ce sympathique boutique-hôtel dispose d'un parking et d'un solarium ainsi que d'un service de blanchisserie (en supplément).

CARBONAKI €€

23 rue Panachrantou
✆ +30 22890 24124
www.carbonaki.gr
Chambre double à partir de 60 € en début ou fin de saison. Petit déjeuner : 12 €.

Dans le centre, les 21 chambres de ce petit « village » sont spacieuses et élégantes. On aime cet hôtel familial, rénové en 2010 : le personnel y est attentif et chaleureux. On s'y sent presque comme à la maison. L'emplacement est idéal, à la fois en pleine Chora, mais au calme sur sa cour intérieure. C'est un véritable havre de paix, immaculé, en plein centre de Mykonos avec l'agitation et la fête alentour. Mais aussi les musées, les cafés et les restaurants. Une très bonne adresse qui reste vraiment raisonnable en termes de rapport qualité-prix pour l'île.

LA MAISON KALOGERA €€

Kalogera 38
✆ +30 22890 26697
http ://lamaisonkalogera.com
Chambre double à partir de 150 € en été.

L'un des derniers-nés des boutiques-hôtels de Mykonos relève le défi de se faire une place dans le parc hôtelier déjà développé. Mais la Maison Kalogera n'est pas un ultime établissement qui cherche à reproduire avec plus ou moins de succès le style cycladique. Ici, l'accent est mis sur les belles matières, chaleureuses et travaillées. Les chambres sont *cosy*, on se croirait dans une villa bourgeoise de la campagne française avec des touches contemporaines. L'ensemble est agréable, dans le dédale calme du quartier branché de Chora. Une adresse encore abordable.

CAVO TAGOO €€€

Route de la Côte
✆ +30 22890 23692
www.cavotagoo.gr
Chambre double à partir de 450 €, prix variable selon la période et la catégorie.

Cet hôtel luxueux niché à flanc de falaise au nord de Chora jouit d'une vue irrésistible et figure régulièrement parmi le classement des plus beaux hôtels de Grèce. Sol en marbre, mobilier en bois. Le centre-ville est à 15 minutes à pied si vous parvenez à vous échapper. Il y a aussi un restaurant et une piscine d'eau de mer à débordement et un spa (avec chromothérapie, sauna, hammam, salon de beauté) entièrement équipé avec une piscine intérieure. Sans oublier la salle de sport. Bref, c'est du luxe et tout cela est assez sublime !

BOWL €

Route périphérique
✆ +30 2289 077 659
https ://bowlmykonos.co
Ouvert tous les jours à partir de 9h et jusqu'au dernier client. Comptez moins de 20 €.

Quand les Australiens Victoria et Robert se sont mariés à Mykonos il y a un peu moins de 20 ans, ils ne savaient pas qu'ils finiraient par quitter leur pays pour s'installer sur l'île. En 2017, ils ouvrent ce très branché café-restaurant. Ici, le *healthy eating* est dans l'air du temps : on mange bio, vegan et sans gluten. Enfin, pas exclusivement, mais les vegan et intolérants au gluten seront ravis de voir le large choix disponible parmi tous les grands bols complets proposés. Parfait pour un déjeuner fraîcheur, un petit déjeuner ou une pause saine en journée.

CAPTAIN €

Sur le port.
✆ +30 22890 23283
A partir de 15 € par personne. Ouvert toute l'année.

Vous tomberez peut-être sur cette taverne par hasard en vous égarant dans les lacets de la ville autour de la Petite Venise. Mais la surprise est excellente. Largement fréquenté par des locaux (toujours bon signe), cet établissement mérite le détour pour son choix de fruits de mer… pas forcément à la carte. Demandez quelle est la pêche du jour et laissez-vous tenter. Sinon, c'est ouvert toute la journée pour un petit déjeuner ou un simple café et c'est, selon nous, une bonne opportunité de croiser des locaux et de discuter avec eux, hors saison du moins…

KAZARMA €€

Akti Kampani
✆ +30 2289 028256
Ouvert tous les jours de 9h à tard le soir. Ouvert toute l'année. Comptez 25 € par personne.

Très bien situé, ce restaurant a le bon goût, contrairement à la plupart de ses voisins, de rester ouvert hors saison. Prix corrects et à la hauteur des assiettes et du service, sophistiqués juste ce qu'il faut. Excellent poulpe dans sa *fava*, saucisse de Mykonos et *keftedes* (boulettes de viande) de Maria. On vous conseille de piocher dans les mezzes, excellents, plutôt que de prendre plusieurs plats plus onéreux et moins surprenants. L'endroit est aussi très couru le matin pour ses petits déjeuners (omelettes et yaourts aux fruits).

NICE N' EASY €€

Alefkandra Square
✆ +30 2289025421
http ://niceneasy.gr
Ouvert tous les jours de 9h à 1h30. Comptez 25 € par personne.

Après le succès des deux restaurants Nice n' Easy à Athènes, l'équipe est venue à la conquête de Mykonos. Avec une première adresse sur la place d'Alefkandra, à Little Venice, le Nice n' Easy s'est agrandi en 2017. L'accent est mis sur les produits d'origine biologique et locale. Les intolérants au gluten seront également ravis d'être pris en compte. La grande terrasse peut accueillir de nombreux convives, ce qui est un plus par rapport aux restaurants des ruelles étroites de Chora. Enfin, dernier avantage : le Nice n' Easy est ouvert toute la journée.

INTERNI €€€

Matoyiannia
✆ +30 2289 026333
www.interni-restaurant.gr
En saison, ouvert tous les soirs pour le dîner et le bar. Comptez 45 € par personne.

Ce restaurant très branché est bien caché dans un jardin somptueux, en retrait de la rue principale. Les tables immaculées sont organisées autour d'un bar central où l'on peut venir prendre un cocktail pointu sans forcément rester pour dîner. Au menu, la vedette revient aux plats de poissons, élégamment cuisinés selon l'arrivage. Les amateurs de viande rouge ne seront pas en reste avec quelques propositions vraiment réussies. L'ensemble est très *beautiful people*, dans la droite ligne de ce qu'on imagine lorsqu'on pense à la jet set de Mykonos.

KATRIN'S €€€

1 Nikiou street
✆ +30 22890 22 169
Ouvert tous les soirs pour le dîner de 18h à minuit. Comptez 50 € par personne.

En 1971, La Maison de Catherine ouvre ses portes dans l'idée d'apporter la gastronomie française à Mykonos. Depuis, le nom du restaurant a été anglicisé, mais le menu reste fidèle à ses origines. C'est une institution absolue à Mykonos et il faudra réserver pour espérer avoir une table dans la discrète ruelle chaulée. Pas de déco « bling-bling », mais une adresse de (riches) habitués où l'on ne sera pas forcément reçu avec la même chaleur si on vient pour la première fois. La qualité est là si vous êtes en manque de coq au vin ou de tartare…

REMEZZO €€€

Polikandrioti.

✆ +30 2289 025700

www.remezzo-mykonos.com

Ouvert tous les soirs à partir de 19h. Comptez 40 € par personne.

Sur le front de mer, avec une vue sublime sur le port, le Remezzo est une institution depuis 1967. A l'époque, il reçoit toute la jet set glamour qui découvre Mykonos auprès d'Onassis. Depuis, les gérants ont décidé de rénover les lieux : un restaurant de haute gastronomie, un bar aux cocktails soignés et des DJ pointus. Venez donc ici pour dîner si vous voulez goûter à une cuisine grecque raffinée (et chère). Sinon, profitez de la fin de journée pour venir boire un verre au bar où un petit menu de snacks est plus abordable. Parfait pour une soirée avec vue.

AROMA CAFÉ

Matogianni

✆ +30 2289 027148

En saison, ouvert tous les jours de 9h au dernier client.

Vous trouverez un nombre infini de petits cafés dans les venelles blanches du village et une succession de bars. Ce café-bar est idéalement situé pour faire du *people watching* sur la rue principale de Chora. On y vient dès le matin pour prendre un petit déjeuner, toute la journée pour un café ou un jus frais et le soir pour un des nombreux et savoureux cocktails proposés. Les places en terrasse sont chères : il n'y a que quelques tables et tout le monde veut pouvoir s'y arrêter quelques heures pour regarder le monde passer.

CAPRICE OF MYKONOS

Little Venice

✆ +30 22890 23541

caprice.gr

Ouvert tous les soirs de 18h à 4h du matin.

Mykonos est l'île de la fête : normal donc que sa Chora soit bien fournie en possibilités de sorties ! Ici l'on vient profiter du soleil couchant et des cocktails les pieds dans l'eau. Ce bar bleu pastel et blanc, face à la mer du côté de la Petite Venise, est l'un des bars les plus agréables. La clientèle est majoritairement athénienne et s'y entasse pour voir et être vue. Si le restaurant est cher et ne vaut pas le détour, essayez d'y prendre un cocktail au coucher du soleil. C'est un incontournable réussi de Little Venice.

ASTRA

Tria Pigadia

✆ +30 2289 024767

www.astra-mykonos.com

Ouvert tous les soirs après 21h et jusqu'au matin.

Il y aura de quoi occuper vos soirées. En 2017, l'Astra a fêté ses 30 ans : le club mythique reste fidèle à sa réputation qui mêle glamour, jet-set et rock'n'roll. Un des grands habitués des lieux tout au long des années 1990 n'était autre que Keith Richards qu'on pouvait trouver là à chacun de ses séjours sur l'île. C'est un établissement prisé du monde de la mode et de l'industrie du divertissement dans son ensemble. Malgré son côté très VIP, le club Astra arrive à maintenir l'ambiance un peu *chill* des débuts, notamment pour un verre en début de soirée.

CINE MANTO

✆ +30 22890 26165

www.cinemanto.gr

Ouvert tous les jours de 10h à 1h. Séance cinéma : 9 € l'entrée.

Niché sur une petite place à l'écart de la foule, voici une perle à ne pas rater. Le ciné Manto est tout d'abord un cinéma en plein air qui passe des films en VO tous les soirs en saison. La programmation est large, mais elle reprend surtout les grandes sorties internationales. Au-delà de ce très agréable cinéma, vous pourrez venir en journée pour profiter du calme olympien et totalement inattendu qui règne dans le joli café attenant. Situé dans un grand jardin, à l'ombre d'arbres majestueux, le café sert toute la journée de quoi casser la croûte.

ANO MERA ★★

Cette oasis, à 8,5 km du port, est offerte par l'unique village mykoniote en dehors de la Chora. On apprécie sa place centrale, cernée de petits cafés et restaurants et baignée d'une ambiance plus authentique et traditionnelle que le reste de l'île. C'est d'ailleurs surtout pour se restaurer qu'on viendra faire un tour à Ano Meria. Pendant la période très touristique, le calme qu'on y trouve semble tout simplement incroyable. Et hors saison, nous y avons aussi trouvé de bonnes tables et un peu de verdure appréciable. Le monastère de Panaghia Tourliani, fondé en 1542 et rénové en 1767, a une architecture intéressante et abrite un petit musée.

SEVEN €

Sur la place principale.

✆ +30 2289 071763

A partir de 15 € par pers. Ouvert toute l'année, tous les jours midi et soir (fermé le lundi en basse saison).

Voici une cuisine grecque de qualité et un excellent rapport qualité-prix sur une terrasse agréable de la place d'Ano Mera. A conseiller les yeux fermés. En haute comme en basse saison, cette ouzerie est un ravissement. Sur la place, face au monastère, vous pourrez déguster une belle sélection de plats maison, au soleil en terrasse ou à l'ombre dans sa petite salle. Au menu : poulet à la cannelle, boulettes de viande à la menthe, croquettes de légumes, calmars frais et frites maison (assez rare, ici à Mykonos, pour être souligné !).

MONASTÈRE DE LA PANAGIA TOURLANI

Sur la place principale.

Ouvert tous les jours de 9h à 13h et de 15h à 19h. Musée : 1 €.

Il faut y faire un tour. Le monastère de Panaghia Tourliani, fondé en 1542 et rénové en 1767, a une architecture intéressante (remarquez le clocher) et abrite un petit musée. L'intérieur vaut le détour pour son magnifique clocher en marbre. Il vaut la visite notamment pour son iconostase en bois et ses belles icônes dont celle de la Vierge, protectrice de Mykonos. L'endroit est également prévoyant : notez, à l'entrée, la mention « Ne pas sonner les cloches »...

TO STEKI TOU PROEDROU €

✆ +302289071925

www.steki-proedrou.com/

Environ 15-18 € par personne. Ouvert tous les jours de 10h à minuit, d'avril à octobre.

Ouvert depuis 2000, le nom du restaurant signifie la « place du président » : le père de Théodoros était en effet maire du village d'Ano Mera. En proposant une cuisine authentique myconienne, il offre des plats simples et on en ressent que mieux la qualité des nombreux produits locaux utilisés. Au choix : pâtes, grillades, ou encore le burger du président que l'on ne saurait que trop vous recommander assis en terrasse sur la charmante place animée du village d'Ano Mera, après une journée dans la tumultueuse Chora ou avant une autre folle nuit au sud de l'île.

OTI APOMEINE €

✆ +30 22890 71534

www.otiapomeine.gr

Ouvert tous les jours de midi à 1h. Comptez 15 € par personne.

Accueil très sympathique dans cette taverne où l'on vous présentera les différents mezzés, des plats succulents, le tout pour une addition très raisonnable. Pour cela, cette taverne familiale est l'une des meilleures adresses traditionnelles de Mykonos. D'ailleurs on s'y presse de toute l'île pour déguster la viande au barbecue, réputée auprès des locaux, des jet-setteurs et des connaisseurs. Bref, une maison qui fait l'unanimité, notamment connue pour son cochon de lait à la broche. Une cuisine généreuse, dans la plus grande simplicité.

LA CUCINA DI DANIELE €€

✆ +30 22890 71513

Comptez 35 € par personne environ. Ouvert tous les jours de 13h à 1h.

Voici le restaurant élégant du chef italien Daniele Chiantini. Belle carte aux couleurs méditerranéennes : filet de morue fraîche avec sa croûte de courgettes, escalope à la milanaise... Bonne cuisine italienne - et même des truffes... grecques. Liste impressionnante de vins avec des choix intéressants d'Italie et de Grèce. Coin « deli » où vous pouvez acheter des petits plats italiens à emporter. L'endroit est également très réputé (sans surprise) pour ses risottos mais aussi ses glaces et sorbet maison. Bref, si vous voulez échapper aux tavernes un soir...

PLATYS GIALOS ★★

À 4 kilomètres seulement du port, Platys Gialos est la plus grande station balnéaire de la côte sud. Au-delà de sa large plage de sable populaire mais sans charme réel, elle donne surtout accès aux multiples plages plus intéressantes de la région. En effet, c'est de Platys Gialos que partent les caïques pour les plages de Paranga, Paradise, Super Paradise et Agrari-Elia. La fréquence et les horaires de ces caïques dépendent de la météo et de la saison, mais restent réguliers. Cependant, si vous souhaitez rester dans la baie de Platys Gialos, la plage de Psarou est la plage la plus mondaine de l'île. Ambiance Saint-Tropez, pour voir et être vu.

ROMANTIKA ROOMS €

Sur la plage.
✆ +3022890 23569
Chambre double à partir de 90 € en été.

Si vous évitez le mois d'août, voici 14 chambres plutôt abordables pour Mykonos. L'emplacement est idéal. A 30 m de la mer, ces chambres, simplement meublées, proposent toutefois le minimum nécessaire, dont une kitchenette et l'air conditionné. Très bonne situation, près d'un arrêt de bus qui vous emmènera au port quand nécessaire. Ne pas s'attendre au grand luxe... Mais le quartier est très calme. Les propriétaires sont très sympathiques et professionnels. Ils dirigent également un restaurant à proximité où l'on récupèrera parfois les clés.

CAMPING MYKONOS €

✆ +30 2289025915
www.mycamp.gr
100 emplacements. 10 € par adulte et 5 € par tente en saison. Bungalows entre 15 et 35 € par personne.

La grande station de Platys Gialos a de la diversité à offrir : la gamme va du camping, forcément abordable, jusqu'à la crème de la crème de l'hôtel de luxe. Plus petit mais plus familial que son voisin l'illustre Paradise Beach Camping (sur la plage du même nom), ce camping a bien des atouts. Vous y trouverez des douches, des toilettes et un restaurant. Il y a aussi des bungalows et appartements à louer, intéressants en juin ou septembre. Le camping dispose de sa propre navette régulière desservant la capitale de l'île.

ARTEMOULAS STUDIOS €€

✆ +30 22890 22174
www.artemoulas-orpheas.gr
Chambre double entre 100 € et 150 € en été, avec un minimum de deux nuits.

Une belle affaire. On se sent à la maison, le personnel est très accueillant et vous donnera plein de bons conseils. Les chambres, surtout, sont très propres et confortables. Trois piscines complètent l'offre avec un petit bar très agréable. Les studios Artemoulas, récemment rénovés, sont équipés d'une kitchenette, d'une télévision satellite, d'un accès wifi gratuit. Le petit déjeuner est copieux et très bon. La plage est à 5 min à pied et c'est l'une des plus belles de l'île. Piscine, mer, et transferts gratuits vers le port ou l'aéroport.

CYCLADES ORIENTALES

Plage de Platys Gialos.

KAMARI HOTEL €€

✆ +30 22890 23424

www.kamarihotel-mykonos.com

Chambres doubles à partir de 150 € en été, petit déjeuner inclus.

Un super endroit ! Ici, le personnel est très serviable. L'hôtel est propre, et dispose d'une chouette piscine que les enfants et les adultes apprécieront. L'arrêt de bus est juste devant l'hôtel, super pratique... même si on n'a pas forcément envie de quitter la jolie plage de Platy Gialos ! Piscine, bassin pour enfant, bain à remous, restaurant, services de location de voiture, etc. : cet établissement offre de belles chambres et de belles prestations. Les chambres sont élégantes avec leurs salles de bains en marbre. Télévision et wifi évidemment.

AVLI TOU THODORI €€

✆ +30 22890 78100

www.avlitouthodori.gr

Ouvert tous les jours de 9h à 1h. Comptez entre 20 € et 25 € par personne.

En reprenant la taverne historique tenue par son père, Thanassis Kousathanas a décidé de faire perdurer la tradition d'excellence en cuisine tout en rénovant un peu le style du restaurant. Aujourd'hui, c'est une combinaison idéale entre déco contemporaine, sobre et élégante et une cuisine toujours aussi savoureuse, faisant la part belle aux produits locaux dont les très réputées pâtes aux fruits de mer et son fameux poulet farci. Les pâtes sont fraîches et faites maison et le personnel est d'une grande gentillesse. C'est un incontournable de Platys Gialos.

BONATSA €€

Au bout de la plage.

✆ +30 22890 28048

www.bonatsa-mykonos.gr

A partir de 20-25 € par personne. Ouvert du matin au soir.

Bonatsa est le dernier restaurant qui borde la plage de Platys Gialos. Il est possible de manger sur les chaises longues sous les parasols, les pieds dans l'eau. Au menu ici : poissons frais de Mykonos, cuisine moderne et légère et sushi bar. Patron sympathique, bon personnel et bonne qualité des produits pour une cuisine simple à base de produits frais. Idéal pour manger léger le soir. Et pas très cher pour manger japonais (les dumplings et les nouilles étaient très bons). Bref, la nourriture est aussi bonne que le cadre est enchanteur.

NAMMOS €€€

Psarou Beach

✆ +30 22890 22440

www.nammos.gr

Ouvert tous les jours pour le déjeuner et le dîner. Comptez 40 € par personne.

Le Nammos est le restaurant de plage le plus connu et certainement le plus select de la côte sud. On y vient en connaisseur pour son menu raffiné, centré sur des plats de poissons plus frais que frais, son service professionnel irréprochable et l'ambiance jet set bohème, ou hippie chic qui plaît tant aux stars en vacances. Qui sait ? Vous en croiserez peut-être ici en saison ? Il paraît que c'est un peu leur destination fétiche. Ce n'est pas donné, c'est sûr. Au moins, le bar de plage sert aussi des snacks (un peu) moins onéreux.

PARADISE BEACH ★★

Paradise Beach pourrait se résumer à une combinaison idéale entre fête et farniente. Sa longue plage de sable était autrefois entièrement nudiste, lorsque l'ambiance de Mykonos était encore vraiment plus hippie que jet-set. Aujourd'hui, la plupart des adeptes du naturisme se concentrent à ses extrémités alors que, partout ailleurs, les vacanciers se retrouvent à bronzer sur des transats hors de prix, à l'ombre de parasols. Sachez qu'à l'ouest, Paranga bénéficie d'une sorte de microclimat : ses eaux chauffent en premier et restent plus longtemps chaudes, ce qui explique que la saison ouvre plus tôt et ferme plus tard qu'ailleurs sur l'île.

PARADISE BEACH CAMPING €

✆ +30 22890 22852

www.paradisemykonos.com

68 emplacements. Entre 5 et 10 € par adulte. Cabine de plage double entre 28 et 70 € en été.

Sur une des meilleures plages de l'île, ce camping dispose de sanitaires récents, d'une supérette, de machines à laver et même de ravissantes tonnelles sous lesquelles planter sa tente. Le camping fait partie d'un grand complexe regroupant villas, restaurants, café et café Internet. Particulièrement prisé entre la dernière semaine de juillet et la fin août. Sinon, plus abordable. Navette Ktel tous les quarts d'heure avec Chora et transfert gratuit à l'arrivée. Possibilité de logement en bungalow double avec toilettes et douche privée.

PARADISE VIEW HOTEL €€

✆ +30 22890 26636

www.paradiseview.gr

Chambre double à partir de 140 € en été. Petit déjeuner et transfert de l'aéroport compris.

25 chambres élégantes et bien équipées avec télévision, balcon et accès wifi. L'hôtel est magnifique et refait à neuf, les chambres sont propres et modernes, et disposent d'une vue incroyable. Un cadre magnifique, un service parfait, et un emplacement idéal à 5 min à pied de Paradise Beach. Et pour s'échapper (ou juste arriver), la station de bus se trouve à l'entrée de l'hôtel. Piscine très agréable et petit déjeuner à la carte le matin. A deux pas de la plage, à moins que vous ne vous laissiez plutôt séduire par la piscine de l'hôtel...

JACKIE O' BEACH BAR

Super Paradise

✆ +30 22890 77298

www.jackieomykonos.com

Ouvert tous les jours de 9h jusqu'à tard dans la nuit.

Ce bar de plage de Super Paradise est notamment réputé auprès des vacanciers gays, mais pas uniquement. C'est aussi et surtout l'endroit où il faut être vu à Mykonos ! On s'y prélasse sous les parasols en palmes de cocotiers au bord de la mer, on flirte dans le bain à remous ou autour de la piscine, on goûte à la cuisine fusion méditerranéenne à midi et le soir et on s'enivre de fabuleux cocktails avec vue au 360°. La nuit, les fêtes peuvent prendre des proportions inattendues après le spectacle toujours réussi de la *drag queen* Priscilla.

SANTANNA

Paranga

✆ +30 695 676 2847

santannamykonos.com

Ouvert tous les jours à partir de 11h et jusqu'à 2h du matin.

Voici l'un des derniers-nés des *beach bars* branchés, tout frais et arrivé en 2017. Le SantAnna est bien plus qu'un bar de plage : ce lieu étonnant a fait venir la mer jusque dans ses entrailles avec la plus grande piscine d'eau salée de la Méditerranée qui sinue entre des transats et des îlots où l'on boit un café froid en journée ou un délicieux cocktail. A partir de 17h, des DJ pointus sont aux platines et diffusent une musique *lounge* qui monte savamment en puissance. En cuisine, la carte est élaborée par le chef à qui l'on doit les restaurants Nice n' Easy.

SUPER PARADISE BEACH BAR

Super Paradise

✆ +30 2289 023023

http ://superparadise.com.gr

Ouvert tous les jours de 9h jusqu'à tard dans la nuit.

C'est une institution depuis 1971. On y décuve l'alcool de la veille sur des transats face à la mer turquoise, on s'y restaure au snack de plage, on fait le plein de vitamines avec des cocktails de jus de fruits frais et on attend la nuit pour que la fête reprenne. Au fil des ans, ce temple de la fête est devenu le repaire des foules étudiantes et des plus jeunes fêtards, gays ou hétéro. Sur les sons commerciaux, la règle d'or est de se trémousser presque nu : moins on est habillé, plus on est Super Paradise. Les amateurs seront ravis, les autres, prévenus.

CAVO PARADISO

✆ +30 22890 26124

www.cavoparadiso.gr

Ouvert de minuit à 8h. Entrée payante selon la soirée et le DJ.

Ce lieu mythique est l'endroit où se rendre pour danser sur les meilleurs sons du moment, avec les plus grands DJ mondiaux ! Les stars du genre passent tous par Ibiza, Miami et Mykonos au Cavo ! Surplombant la plage de Paradise Beach, le Cavo Paradiso se réveille quand les autres se couchent vers 3h ou 4h du matin. Des DJ du monde entier s'y succèdent, dont les Français David Guetta et Bob Sinclar, pour faire de ce lieu le club le plus explosif de Mykonos. Des bus assurent la liaison avec le port de Mykonos. Pas de *dress code* mais maillots de bain interdits !

PSAROU

Proche de la Chora, la plage de Psarou, l'une des plages les plus populaires, est encadrée par les montagnes, donc réputée très calme. Cela en fait un site qui convient aussi bien aux bains de soleil et à la détente qu'aux sports nautiques. Sur place, une école de plongée vous permettra de vous initier à la plongée, voire de passer votre diplôme. Enfin, la plage dispose d'un grand ponton pour amarrer les bateaux et les yachts privés, un autre spectacle en soi. Jet-ski, hors-bord, pêche et surf font partie des activités prisées à Psarou. En été, la plage accueille de nombreuses stars de cinéma, de la mode ainsi que des hommes politiques. On est bien à Mykonos, quoi...

Vue sur Psarou et sa baie.

KALAFATIS ★★

Immense plage à 12 kilomètres de Chora, souvent bondée en saison, la plage de Kalafatis est la plus longue étendue de (gros) sable de l'île. Il faut dire qu'elle est assez bien adaptée aux familles, pour les quelques rares visiteurs qui viennent à Mykonos avec leurs plus jeunes enfants... A l'est, la plage de Lia est nichée dans une petite baie aux eaux profondes et d'un bleu incroyable. C'est ici qu'accostent souvent les bateaux des célébrités.

Dans la plage plus familiale de Kalafatis, vous trouverez tous les sports nautiques qu'on peut attendre d'une grande station balnéaire : plongée, ski nautique ou tour en banane. De quoi y passer la journée. Ceux qui voudront un peu moins de monde, mais en profitant des mêmes services, se rendront sur la plage de Kalo Livadi, vers l'ouest. Vous trouverez l'embranchement sur la route, un peu après la sortie d'Ano Meria. Entre les deux, les curieux découvriront une agréable petite plage aux eaux émeraude et moins visitée. Il s'agit de la plage d'Aghia Anna, aussi appelée Divounia Beach. Elle est accessible par la route ou en quelques minutes à pied par un sentier qui part de Kalafatis et elle est réputée pour son sable fin et son bon restaurant.

ANASTASIA €€

✆ +30 22890 71205

www.hotelanastasia.gr

Chambre double à partir de 130 € en été.

Cet établissement a été conçu comme un « village » avec 85 bungalows situés à 20 m de la mer. Directement sur la plage de Kalafatis, l'hôtel respecte l'architecture typique de Mykonos. Même si l'hôtel mériterait sans doute quelques petits rafraîchissements ou rénovations, les chambres demeurent simples mais confortables. Et surtout, il y a une piscine. Il y a même une petite église privée où sont organisés mariages et baptêmes. Assez romantique... Au final, on retient l'emplacement, la plage, la piscine et la gentillesse de son personnel.

PÉNÉLOPE €€

Kalo Livadi

✆ +30 22890 71654

www.penelopevillage.gr

Chambre double à partir de 120 € en été, avec petit déjeuner.

Dans la baie de Kalo Livadi, les 36 chambres sont impeccables. Nous avons apprécié la gentillesse du personnel, la tranquillité de l'hôtel, son restaurant sous forme de buffet ou à la carte. Le petit-déjeuner est très copieux et bon. Avec tennis, piscine et activités nautiques, et un bain à remous dans la piscine. Situé à 5 min à pied de la plage, c'est top ! Et enfin de belles chambres, dans un endroit magnifique, avec une piscine superbe et un personnel aux petits soins. Et surtout, le tout pour un prix assez raisonnable...

Baie de Kalafatis.

NESAEA €€

Aghia Anna

✆ +302289072130

Ouvert tous les jours pour le déjeuner et le dîner. Comptez 25 € par personne à midi, autour de 35 € le soir.

Ce restaurant en surplomb de la plage intimiste d'Aghia Anna offre des vues magnifiques sur la mer qui suffisent à justifier le détour. La décoration intérieure a opté pour la sobriété pour laisser toute sa place à cet horizon qui s'étale et qui se retrouve dans les plats concoctés par le chef Christos Athanasiadis. On y retrouve des produits d'origine biologique, locale et tout un ensemble d'options végétariennes et sans gluten. Pour le déjeuner, la carte est plus abordable que le soir, quand le restaurant se transforme en spot chic et branché.

SPILIA €€

Aghia Anna

✆ +30 6949449729

http ://spiliarestaurant.gr

Ouvert tous les jours de midi à minuit. Comptez 25 € par personne.

Spilia est un restaurant dont la réputation se maintient depuis déjà de nombreuses années. Presque caché derrière les rochers de la petite plage d'Aghia Anna, cet établissement vous reçoit les pieds dans l'eau, dans une crique encastrée dans la roche. Le cadre est unique et la carte vous réserve de très bonnes surprises, dont les incontournables oursins et pâtes aux fruits de mer. Vous passerez un magnifique moment dans ce restaurant. Venir plutôt le midi pour admirer la vue et arriver par la plage, au-dessus des eaux turquoise...

SOLYMAR

Kalo Livadi

✆ +3022890 71745

www.solymarmykonos.com

Ouvert tous les jours de 9h jusqu'à 1h du matin.

Suivez le guide... la foule, en l'occurrence. Voici encore un point de ralliement de la jeunesse dorée par le soleil. Sur la plage de Kalo Livadi, le Solymar allie ici la puissance du soleil et la douceur de la mer... Ou serait-ce la douceur du soleil et la puissance de la mer ? Quoiqu'il en soit, ce restaurant-bar de plage aime ces deux éléments auxquels il rend honneur. On y mange une cuisine fusion méditerranéenne à midi et le soir. Le reste de la journée, on se prélasse ici dans une ambiance à la fois élégante et décontractée.

ELIA ★★

Elia est une grande plage de sable, située à 12 kilomètres de la capitale. C'est la plus longue plage de sable de Mykonos, entièrement organisée, offrant un large choix de tavernes et de bars ainsi que des installations de sports nautiques comme le ski nautique, le parachute ascensionnel et la planche à voile. A l'ouest d'Elia, la plage plus petite d'Agrari est réputée auprès des visiteurs gays et des nudistes. Plus calme que sa voisine, elle est assez agréable. Elia se trouve sur le dernier arrêt du caïque (bateau de pêche traditionnel utilisé comme bateau-taxi) donc la plage peut être moins fréquentée que d'autres. Il y a une belle vue sur la gauche en haut de la colline.

AGRARI HOTEL €€

Agrari Beach

✆ +30 22890 71295

www.agraribeach.gr

Chambre double à partir de 100 € en été, avec petit déjeuner.

13 chambres simples avec télévision, connexion Internet, et une vue sur la montagne ou la mer. Un bâtiment grec blanc et bleu de style cycladique traditionnel offrant de belles vues sur la mer Méditerranée ou les collines. La zone est tellement paisible, sans bruit de foule ni de route fréquentée. Côté accueil, Violetta, Nikos, Eddie, Marina et l'équipe vous font vous sentir comme un membre de la famille. Restaurant à base de produits locaux et biologiques, pour le déjeuner ou le dîner. Petite plage sympathique, fréquentée aussi - parfois - par des naturistes.

SUNRISE AGRARI BEACH €€

Agrari Beach

✆ +30 22890 23160

www.sunrisemykonos.gr

Chambre double à partir de 99 € en été, avec petit déjeuner.

33 chambres en bord de mer et une très bonne situation de l'hôtel quand on recherche la tranquillité à Mykonos. Les infrastructures sont très correctes, le personnel est accueillant. Le petit déjeuner en buffet est complet. L'hôtel se trouve à quelques pas seulement de la plage de sable blanc d'Agrari où vous pourrez pratiquer l'un des sports nautiques proposés. A moins de parfaire votre bronzage au bord de la piscine extérieure de l'hôtel... La situation est belle et le personnel est vraiment adorable. Un très bel emplacement, les pieds dans l'eau et au calme.

ELIA MEDITERRANEAN RESTAURANT & STUDIOS BY THE SEA €€

✆ +30 22890 71204

www.eliamykonos.gr

Comptez 25 € par personne pour le restaurant. 12 chambres et 3 appartements à partir de 120 €.

Le complexe d'Elia se compose d'un excellent restaurant donnant sur la plage. Vous y trouverez des plats de qualité, comme un excellent carpaccio de daurade. Des transats et parasols sont à disposition sur la plage pour une baignade idéale et le *beach bar* est réputé pour ses délicieux cocktails. Enfin, si vous tombez amoureux de l'endroit, un hôtel de 16 chambres et appartements de caractère vous attend, avec vue sur la mer Egée. Ici c'est spacieux et reposant !

AGHIOS STEFANOS

Le joli village de pêcheurs abrite une grande plage à 4 kilomètres au nord de Chora. Cette plage, assez visitée par ceux qui veulent éviter le côté jet-set de Mykonos (et ses prix forts), est idéale en fin de journée pour regarder le soleil se coucher sur Délos. Protégée des vents, elle dispose de diverses installations de sports nautiques ainsi que de quelques tavernes et hôtels. Pour les plus curieux, rendez-vous jusqu'à la plage protégée de Houlakia, toujours plus au nord. Aghios Stefanos pourra constituer une bonne alternative à Chora pour les visiteurs qui cherchent un peu plus de calme et d'espace, et pour un meilleur rapport qualité-prix.

ALKISTIS €€

✆ +30 22890 22333

www.alkistismykonos.gr

Chambre double à partir de 100 € en été, avec petit déjeuner buffet.

Un hôtel récemment rénové qui a décidé de suivre l'architecture sobre typique de Mykonos en rajoutant des éléments graphiques contemporains. Dans un emplacement calme, avec le bus à proximité pour aller à Chora et la plage vraiment tout près. Ici, le personnel de l'hôtel est aux petits soins. Vous apprécierez la très belle vue depuis la piscine et du restaurant. Au final, on salue de bonnes prestations et accessoirement un bon rapport qualité-prix, tout en étant à proximité de Chora... Location de vélos et de véhicules possible.

FLASKOS SUITES €€

✆ +30 22890 23027

www.flaskosmykonos.com

Chambre double à partir de 95 €.

Établissement de petite taille, au personnel très sympathique. Les chambres avec bains à remous sont superbes et les lits très confortables. La vue magnifique depuis l'hôtel offre aussi un panorama de rêve. Difficile de résister à ce petit complexe à taille humaine (11 studios et appartements) avec sa piscine d'eau de mer. Studios aménagés avec goût cycladique et faste (lits à baldaquin). Mention spéciale à la suite n° 4 avec sa douche naturelle. Belles prestations : bar, location de voiture... Impeccable du check-in au check-out.

© SAIKO3P - SHUTTERSTOCK.COM

Plage d'Aghios Stefanos.

CYCLADES ORIENTALES

PANORMOS ★★

Cet adorable village de pêcheurs est préservé des foules : il faut compter une bonne heure pour rejoindre Panormos depuis le port de Tinos par des routes magnifiques mais qui peuvent en dissuader plus d'un. La récompense est à la clef, vous ne serez pas nombreux une fois à Panormos. Le petit port de pêche reste donc dans son jus, tranquille et paisible, et c'est un plaisir d'autant plus grand de se plonger dans ce temps suspendu. On s'installe à la terrasse d'un des cafés qui longent le bord de mer et on regarde passer le monde, avant de s'installer devant un plat de poisson frais ou de fruits de mer. Ne vous inquiétez pas, tous les restaurants de poissons du port sont bons ; choisissez donc les yeux fermés, selon votre envie du moment. De l'autre côté de la baie de Panormos, la route puis un sentier mènent jusqu'à une enfilade de plages toutes tranquilles, loin des foules, réparties de part et d'autre de la petite chapelle Aghios Nikolaos Thalassinos. Ombragées mais sauvages, vous y passerez de belles journées, mais n'oubliez pas d'apporter de l'eau et éventuellement un pique-nique car vous n'y trouverez pas de quoi vous ravitailler. Elles sont complètement désertes hors saison.

FTELIAS ★★★

Facile d'accès depuis la Chora, et pourtant souvent méconnue des touristes, la plage la plus bohème de Mykonos se trouve au nord de la ville, à environ 7 km de route. Cette belle plage reste encore à l'abri de la foule car elle fait surtout la joie des surfeurs avec ses belles vagues. Face au nord, elle reçoit le meltème, d'où sa popularité. On y accède par une petite route asphaltée qui se transforme en piste de sable. Seule une petite partie du bar dispose de transats et vous trouverez généralement de la place pour étendre votre serviette, gratuitement en plus, sans trop de monde autour de vous . Un vrai luxe, quoi...

© NATALIA DOBRYANSKAYA - SHUTTERSTOCK.COM

Sur la plage de Ftelia.

CYCLADES ORIENTALES

PRINCIPOTE

Sur la plage de Panormos
✆ +30 2289 077184
http ://principote.com
Ouvert tous les jours de 9h à 2h du matin.

Si vous entendez : « Principote of Mykonos... », comprenez : « Principauté de Mykonos ! » Un clin d'œil à la Principauté de Monaco, certainement. Tout est réuni pour nous y faire penser : ce bar de plage de luxe se targue d'être exclusif mais pas prétentieux. C'est encore à prouver, mais ce que l'on peut dire, c'est que le luxe est là, les cocktails sont savoureux et bien équilibrés, et la gastronomie est à la fois simple et raffinée. En journée, vous pourrez vous rafraîchir sur les transats, à l'ombre des parasols de la maison.

ALEMAGOU €€

Tarsana Beach
✆ +30 22890 71339
www.alemagou.gr
Ouvert tous les jours à partir de 11h et jusqu'à 2h du matin. Comptez 20 € par personne.

Niché sur la plage sauvage de Tarsana dans la baie de Ftelia, ce restaurant-bar de plage est le préféré de la population bohème hippie chic de Mykonos. Pas de « bling-bling » dans ce petit paradis, mais des couleurs terrestres, de jolies tables en bois clair et un petit menu limité de très bonne qualité. Là aussi, on ne cherche pas le style fusion typique des plages du sud : la carte propose des classiques de la cuisine grecque réalisés savamment à partir de produits délicieux (calamars, boulettes de viandes et tomates, etc.). Un raffinement dans la simplicité.

DÉLOS ★★★★

Les vents et la houle rendent parfois le voyage impossible, même de Mykonos toute proche. Et Délos est carrément fermée aux visites de novembre à mars. En hiver et les soirs d'été, après le départ du dernier bateau, à 19h30, l'île n'est occupée que par des oiseaux, des chats et une dizaine de gardiens qui veillent à ce qu'aucun petit malin n'y passe la nuit (c'est interdit). Autre écueil, Délos ce n'est pas gratos : en plus du billet d'entrée (12 €), il faut payer le bateau, ce qui représente un sacré budget pour une famille s'offrant cette excursion de quelques heures. Et ce n'est pas tout, puisque l'unique café (et lieu public climatisé) de l'île pratique des tarifs vraiment prohibitifs. Mieux vaut donc prévoir pique-nique, mais aussi eau, chapeau et crème solaire car les coins d'ombre sont rares. L'idéal est de pouvoir venir au printemps ou au début de l'automne, histoire d'éviter les mois chauds et les hordes de touristes. Ici, pas de grand temple façon Parthénon ou de fortifications cyclopéennes : Délos est un merveilleux puzzle qui demande un effort d'imagination.

Histoire

Apollon et sa sœur Artémis sont nés ici. Selon une légende, Délos a été ravie à la Sicile et cachée par les vagues. Mais après la requête de Zeus, Poséidon l'a rendue visible (*délon*) pour que Léto, poursuivie par la jalouse Héra, puisse y accoucher en paix. Thésée est venu à Délos avec des jeunes gens de Crète après avoir tué le Minotaure et ils ont honoré Apollon en dansant autour de son autel. L'île est habitée depuis l'époque préhistorique, mais ce sont les Ioniens, vers le Ier millénaire av. J.-C., qui ont fait de Délos un centre panhellénique politique et religieux comparable à Olympie et à Delphes. L'éclat du soleil y est tel qu'on comprend bien pourquoi le dieu de la lumière était adoré ici. Tous les quatre ans avaient lieu les fêtes déliennes, en l'honneur d'Apollon, d'Artémis et de Léto, avec des sacrifices, des processions, des danses et des concours musicaux. Délos est la capitale d'une amphictyonie, c'est-à-dire une confédération d'îles qui, à l'origine, est contrôlée par Naxos mais finalement dominée par les Athéniens. A l'époque de Pisistrate, en 540 av. J.-C., les Athéniens imposent une première purification, en éloignant toutes les tombes de la région du sanctuaire. Peu à peu, Délos devient un important centre commercial et politique. Pendant les guerres médiques, c'est le siège du trésor de l'Alliance athénienne. En 426, les Athéniens, imposant une deuxième purification, transfèrent toutes les sépultures sur l'îlot voisin Rineia et il sera désormais interdit de naître ou de mourir à Délos. A partir de la fin du IVe siècle et jusqu'en 168 av. J.-C., l'île, enfin indépendante, connaît un essor prodigieux. Principal centre commercial de la Méditerranée orientale, elle attire des riches négociants des pays voisins qui s'y installent et développent les quartiers résidentiels. Elle compte alors 25 000 habitants. Mais, dès 166, elle retombe sous la domination des Athéniens qui la colonisent et exilent les autochtones.

En 88 av. J.-C., Mithridate, souverain du Pont, saccage l'île, détruit ses temples et ses monuments, et extermine 20 000 personnes. Les pirates poursuivent cette œuvre destructrice et la décadence de l'île prend un tournant inéluctable. A la fin du IIe siècle apr. J.-C., on n'y trouve plus que quelques habitations ; après le VIe siècle, elle n'est plus visitée que par les corsaires. Les premières fouilles systématiques seront menées par l'École française d'archéologie en 1872.

Transports

- Huit liaisons par jour depuis Mykonos en été. Le *Delos Express*, entre autres, effectue trois rotations« tous les jours sauf le lundi. La traversée dure 30 minutes et les navires repartent au bout de trois heures. Les départs ont lieu le matin, dans le port de Mykonos entre 8h30 et midi. Le voyage coûte 8 € (aller et retour). Le dernier retour a généralement lieu à 15h.
- Excursions à la journée également possibles depuis Tinos et Paros.

DELOS TOURS ☛

Kastro

✆ +30 22 89 02 86 03

www.delostours.gr/fr

Tous les jours en saison 8h-21h. Visite guidée de Délos + traversée : environ 50 €/personne.

Cette agence dispose de bateaux et de guides polyglottes. En saison, elle assure des visites guidées de Délos en français une fois par semaine, en général le vendredi (se renseigner), et en anglais tous les jours. Sachez qu'il est interdit de rester sur l'île pendant la nuit. Un unique snack-bar a le monopole de la restauration, et les prix sont en conséquence... Prévoyez un petit pique-nique. N'oubliez pas également de prendre suffisamment d'eau et de vous couvrir : il n'y a pas d'ombre sur l'île. Par ailleurs, notez bien que le site est fermé le lundi.

MUSÉE ARCHÉOLOGIQUE DE DÉLOS ★★

✆ +30 22 89 02 22 59

Tous les jours sauf lundi 8h-20h – fermé novembre-mars – entrée comprise avec le billet du site archéologique.

Fondé en 1904 et agrandi jusqu'en 1972, le musée expose une partie des 41 000 objets découverts sur l'île depuis le XIXe siècle. Un projet de nouveau bâtiment est à l'étude. En attendant, la visite s'organise de manière chronologique et thématique à travers neuf petites salles.

Période archaïque. Situées face à l'entrée, les salles 1 et 2 abritent les sculptures les plus célèbres du musée : un très beau kouros sans tête (460-450 av. J.-C.) aux muscles saillants réalisé par un atelier Naxos et découvert dans le sanctuaire d'Artémis ; une représentation de la déesse Héra assise sur un trône (vers 500 av. J.-C.), au style athénien mais provenant de Paros ; les fameux cinq lions dressés de la Terrasse des lions (fin du VIIe siècle av. J.-C.), originaires de Naxos.

Période classique. Dans la salle 3, remarquez cette grande pièce de marbre du Ve siècle av. J.-C : elle provint de l'acrotère du fronton du temple des Athéniens. Il s'agit de *L'Enlèvement d'Orithye* : Borée, le Vent du Nord, soulève de terre la princesse d'Athènes du bras droit, tout en levant le bras gauche.

Période hellénistique. Les salles 4, 5 et 6 contiennent différents objets de décor de riches maisons de Délos. Issue de la maison de l'Hermès (quartier de l'Inopos), la statue de nymphe au déhanché élégant date d'environ 300 av. J.- C. Réalisée vers 100 av. J.-C., la mosaïque de la maison des Bijoux (quartier du Lac) a perdu de nombreuses tesselles, mais on reconnaît le casque et la chouette d'Athéna ainsi que le pétase (chapeau rond) d'Hermès. Parmi les deux statues du satyre Silène (IIe siècle av. J.-C.), remarquez celle où il tient son outre de vin et son tympanon, sorte de cithare ronde. Il s'agit en fait d'un acteur représenté sous les traits du vieux précepteur de Dionysos, avec un masque et une peau de mouton.

Vie quotidienne. La plongée dans les belles maisons de Délos se poursuit dans les salles 7 et 8 avec de petits objets en bronze et en ivoire, des bijoux de la période mycénienne ainsi qu'une vitrine regroupant des objets érotiques. Dommage qu'aucune information ne soit fournie sur les fresques, pourtant très expressives. Ces peintures datent sans doute du IIe ou du Ier siècle av. J.-C. et proviennent pour la plupart des quartiers du Théâtre et de l'Inopos.

Céramiques et inscriptions. Dans les vitrines des deux dernières salles (à droite de l'entrée) sont regroupés des objets des périodes différentes, avec notamment des céramiques à figures noires de l'époque archaïque.

AGORA (MARCHÉ) DES COMPÉTALIASTES ★

Appelée aussi agora des Hermaïstes, cette ancienne place dallée est le premier ensemble architectural que l'on découvre en arrivant du port. Ce marché porte le nom d'une confrérie d'affranchis et d'esclaves qui invoquaient les Lares comme patrons, divinités romaines des carrefours. C'était un lieu de passage important. C'est ici que s'échangeaient les céréales et les esclaves. C'est aussi par là que les pèlerins entraient dans le sanctuaire. On peut d'ailleurs voir au sol les trous des pieux en bois des étals des marchands qui proposaient aux pèlerins des ex-voto et des animaux offerts en sacrifice. L'agora constituait un carrefour où convergeaient plusieurs rues. Elle est entourée du quartier du Théâtre (sud) et du portique de Philippe V (ouest), derrière lequel se trouve la Voie sacrée.

Histoire. L'agora a été créée à la fin du IIIe siècle ou au début du IIe siècle av. J.-C., puis agrandie au IIe siècle apr. J.-C. Elle doit son nom actuel à la confrérie des Compétaliastes, des marchands romains qui comptaient de nombreux affranchis. Ils honoraient les lares Compitalia, des divinités d'origine étrusque célébrées à l'occasion de grandes fêtes, en janvier, pour marquer la fin de l'année agricole et auxquelles étaient autorisés à participer les esclaves. En fait, plusieurs confréries de marchands possédaient ici des lieux de dévotion, chacune placée sous la protection d'une divinité : les dieux grecs Hermès et Apollon honorés par les Hermaïstes et les Apolloniastes, ou encore Héraclès et Maïa, la déesse romaine de la fertilité. Ainsi, la place était parsemée de statues et d'autels en marbre dressés par les confréries. Au sud et à l'est de l'agora se trouvaient aussi des boutiques construites en pierre.

Rotonde des Hermaïstes. Datant du IIe siècle av. J.-C., c'est le principal monument qui subsiste sur l'agora. Offert par la confrérie des Hermaïstes, ce monumental autel circulaire en marbre était dédié à Hermès et Maïa. Il est entouré des bases de quatre piliers qui supportaient une toiture recouvrant l'ensemble. Aux abords de la rotonde, on peut voir plusieurs inscriptions gravées sur la pierre. L'une d'elles, rédigée à la fois en grec et en latin, est une offrande faite à Hermès et à Maïa par six Italiens de la guilde des Hermaïstes, dont trois hommes nés libres et trois autres affranchis. Poursuivez vers le nord-est en direction de la Voie sacrée qui longe le portique de Philippe V (à gauche) et d'anciennes habitations (à droite).

CYCLADES ORIENTALES

SITE ARCHÉOLOGIQUE DE DÉLOS ★★★★

✆ +30 22 89 02 22 59

Tous les jours 8h-20h – fermé novembre-mars – 12 € (-18 ans gratuit) – possibilité de visite guidée en français.

Immense champ de ruines de 3,5 km², voici le deuxième plus grand site archéologique de Méditerranée après celui de la Vallée des Temples (13 km²), en Sicile. Toute l'île est classée « musée archéologique » par la Grèce et inscrite au patrimoine mondial de l'Unesco depuis 1990.

L'île est fouillée par les archéologues français depuis 1873 mais seul un tiers a été déblayé. Cela devrait toutefois bien vous occuper pendant une journée complète, voire deux si vous ne voulez pas tout faire au pas de course comme certains groupes de touristes qui expédient l'affaire en 3 heures (cela permet à leur guide de faire deux rotations dans la journée). Dans l'ordre nous vous proposons la visite de Délos du port au quartier de l'Inopos avec, en plus, si vous avez le temps, le mont Cynthe et le quartier du Stade. Vous pourrez facilement vous rendre au Musée archéologique depuis le sanctuaire d'Apollon, le quartier du Lac ou le quartier du Stade.

▶ **1 - Port.** Forcément incontournable : c'est par ici que vous arriverez et que vous repartirez (attention à ne pas manquer le dernier bateau !). C'est un lieu chargé d'histoire.

© ANASTASIOS71 - SHUTTERSTOCK.COM

2 - Agora des Compétaliastes. Ce marché est le premier monument que vous verrez.

3 - Voie sacrée. Pour les pèlerins autrefois et pour les touristes aujourd'hui, c'est un passage obligé vers le nord de l'île (sanctuaire d'Apollon, quartier du Lac, musée, quartier du Stade).

4 - Sanctuaire d'Apollon. Immense, il n'abrite que peu de vestiges parlants. Mais c'était le cœur de l'activité religieuse et il permet de rejoindre les quartiers du Lac et du Stade ainsi que le musée.

5 - Quartier du Lac. À faire absolument, puisque c'est là que se trouve le monument le plus célèbre de l'île, la terrasse des Lions.

6 - Quartier du Théâtre. Au sud de l'agora des Compétaliastes. C'est le plus ancien et le plus dense ensemble résidentiel antique de l'île. Ses ruelles étroites et ses hauts murs bien préservés réservent quelques surprises et débouchent sur les ruines du grand théâtre.

7 - Quartier de l'Inopos. Entre le quartier du Théâtre et le mont Cynthe, il abrite les plus belles mosaïques de l'île.

8 - Mont Cynthe. On peut faire l'impasse. Mais tout de même, l'ascension vaut le coup pour la vue et c'est aussi là que le mythe d'Apollon a commencé.

9 - Quartier du Stade. Au nord-est de l'île, ce n'est pas non plus un incontournable. Mais avec ses installations sportives et sa synagogue, la plus ancienne en dehors de la Palestine, son histoire est riche.

GRAND SANCTUAIRE D'APOLLON ★★

Relié à l'agora des Compétaliastes par la Voie sacrée, le sanctuaire d'Apollon était le centre névralgique de l'île. Aujourd'hui encore, il regroupe une vingtaine de bâtiments à l'état de ruines, ce qui donne une idée de son importance au temps de sa splendeur. Il s'étend sur 4 ha avec à la fois cinq (ou six) temples, mais aussi des portiques, des trésors ou encore les institutions politiques de la cité de Délos. Cet ensemble a été conçu dès l'origine autour de l'Autel de cornes, créé selon la légende par Apollon lui-même.

Atelier des Théandridai. En retrait, à droite des propylées, vous apercevez les vestiges d'une *ergastiria* où l'on fabriquait des poteries vendues aux pèlerins. Édifié au IVe siècle av. J.- C., cet atelier-boutique était géré par l'une des grandes familles de Délos, les Théandridai, descendants d'un certain Théandros.

Maison des Naxiens. À droite, en face des propylées, se trouvent les fondations d'un bâtiment du début du VIe siècle av. J.-C. qui était occupé par une confrérie religieuse de Naxos. De forme allongée et constitué de gros blocs de granit, l'édifice a longtemps été considéré comme un *oikos*, « maison » où étaient entreposés des offrandes et du matériel sacré. Toutefois, depuis les années 1980, de nouvelles recherches ont établi qu'il s'agirait d'un cinquième temple dédié à Apollon.

Colosse des Naxiens. Juste à côté de la « maison » des Naxiens, vous trouverez ici un buste en marbre blanc qui appartenait à une immense statue d'Apollon. Erigé par les habitants de Naxos au début du VIe siècle, ce kouros (« jeune homme ») a longtemps impressionné les voyageurs - et on les comprend - avec ses 9 m de hauteur, la finesse de sa réalisation. Lorsqu'au Moyen Âge, l'ensemble du sanctuaire a été progressivement enseveli, la tête du colosse restait encore visible. Plusieurs expéditions ont tenté, en vain, de redresser cette statue pesant 15 tonnes. Une tâche finalement impossible. En désespoir de cause, vers 1675, des Anglais ou des Vénitiens finirent par la découper, faisant disparaître certaines parties comme la tête. Aujourd'hui, une portion de la jambe gauche du colosse se trouve à Londres, au British Museum, tandis que le musée archéologique de Délos conserve, lui, la main gauche. Sur place, outre le buste, notez l'imposant piédestal de la statue : il pèse 32 tonnes et porte l'un des plus anciennes inscriptions en grec archaïque. Cette dernière indique que l'ensemble de l'œuvre a été réalisé à partir du « même marbre » provenant d'une carrière de Naxos.

Portique des Naxiens. À gauche des propylées, cette *stoa* en forme de L s'étire sur 60 m de longueur au sud-ouest du sanctuaire. Construite à la fin du VIe siècle av. J.-C. par les Naxiens, elle conserve son beau dallage de marbre. Dans l'angle, à côté des propylées, remarquez une base circulaire en granit. Celle-ci accueillait le célèbre « palmier de Nicias », une statue colossale en bronze offerte en 417 av. J.-C. par le général athénien Nicias. Aujourd'hui disparue (la plupart des œuvres en bronze ont été fondues à la fin de l'Antiquité), la statue symbolisait le mythe fondateur de Délos : le palmier du mont Cynthe sous lequel Léto avait mis au monde Apollon et Artémis.

Temple des Déliens. Appelé aussi Grand temple, cet édifice dorique se trouve à gauche de la « maison » des Naxiens. Avec ses 31 m de longueur sur 15 m de largeur, c'est le plus grand des quatre/cinq temples du sanctuaire dédiés à Apollon. Toutefois, il n'a jamais été achevé : financé par le trésor de la Ligue de Délos, sa construction a débuté en 476 av. J.-C., mais celle-ci a été stoppée lorsque le trésor a été transféré à Athènes en 454 av. J.-C. Malgré une reprise des travaux en 314 av. J.-C., les colonnes (6 x 13) aujourd'hui effondrées restèrent sans chapiteaux et sans toiture.

Temple des Athéniens. Situé juste à côté, à gauche, du temple des Déliens, il fut édifié par Athènes entre 421 et 415 av. J.-C. durant une période de trêve lors des guerres du Péloponnèse (la « paix de Nicias »). Complètement effondré, il s'agissait d'un bâtiment dorique amphiprostyle, c'est-à-dire avec des colonnes en façade et à l'arrière (ici, 6 de chaque côté) et des murs pleins sur les côtés longs. Réalisé en marbre pentélique (région d'Athènes), il fut conçu par le grand architecte Callicratès à qui l'on doit le Parthénon et le temple d'Athéna Nikè de l'acropole d'Athènes. Surnommé temple des Sept Statues, il était en effet réputé pour les sept précieuses statues chryséléphantines (« or et ivoire ») posées sur des acrotères en marbre gris-bleu d'Éleusis (région d'Athènes). De remarquables fragments de ces socles sont visibles au musée.

Temple Pôrinos. Placé à la suite des temples des Déliens et des Athéniens, c'est le plus petit et le plus ancien des quatre/cinq temples dédiés à Apollon. La base de 10 m de largeur sur 16 m de longueur est encore bien visible. Il s'agit d'un temple archaïque élevé au VIe siècle av. J.-C. par un tyran athénien qui entendait alors contrôler les Cyclades. L'édifice doit son nom à un tuf calcaire de Délos, le *poros*, utilisé pour sa construction. Il abritait le trésor de la Ligue de Délos ainsi qu'une statue d'Apollon de 8 m de hauteur.

Autel de cornes. En face du temple des Athéniens, un amas de pierre plus ou moins

CYCLADES ORIENTALES

circulaire indique la présence du *Kératôn*. Cet autel « de cornes » aussi appelé autel de Délos constituait le centre du sanctuaire. Il fut édifié au IVe siècle av. J.-C. par les Athéniens à l'emplacement où, selon la légende, Apollon avait, à l'âge de 4 ans, érigé un autel à partir de cornes de chèvres chassées par sa jumelle Artémis sur le mont Cynthe. Le site demeura le lieu le plus sacré de Délos jusqu'à l'avènement du christianisme. C'est là que se déroulaient les grands sacrifices rituels de bœufs. Et c'est autour de l'autel que l'on effectuait le *géranos* (danse) et la course avec flagellations qui avaient lieu lors des Déliades, les fêtes en l'honneur d'Apollon. La position centrale du *Kératôn* est soulignée par un dallage en marbre bleu reliant directement celui-ci aux propylées.

Pythion. Le dallage en marbre bleu se poursuit au nord-est de l'Autel de cornes, jusqu'aux vestiges du quatrième/cinquième temple d'Apollon dans le sanctuaire. Plus précisément, Apollon était ici honoré en tant que dieu pythien : c'est lui qui a tué Python, le serpent protecteur de la pythie de Delphes. Devenu ainsi dieu-devin, Apollon était consulté par les pèlerins par l'intermédiaire d'un oracle. Construit par les Athéniens au IVe siècle av. J.-C., le bâtiment de forme carrée (18 m de côté) devait probablement accueillir, outre l'oracle, un palmier sacré, évocation de la naissance d'Artémis et d'Apollon à Délos. Sur la gauche du Pythion (entre le portique des Naxiens et un abri moderne) se trouve le trésor d'Apollon, un édifice qui servait à recueillir les dons des pèlerins.

Temple et portique d'Artémis. La sœur jumelle d'Apollon et déesse de la chasse disposait d'un sanctuaire entier sur l'île voisine de Rhénée. Mais Artémis n'est honorée à Délos que par un seul temple intégré au sanctuaire de son frère. Il se situe juste derrière le Pythion et est de plus petite taille que celui-ci (15 x 10 m). Les fondations bien préservées permettent de reconnaître un bâtiment prostyle (une seule rangée de colonnes en façade). Il a été construit en 179 av. J.-C. à l'emplacement de deux temples déjà dédiés à Artémis, dont le plus ancien remonte à l'époque mycénienne (XVIe-XIIe siècles av. J.-C.). Le Pythion et le temple d'Artémis sont bordés à l'est par le portique d'Artémis (31 m de longueur du nord au sud) dont quelques colonnes ont été relevées le long du sentier principal.

Trésors. Cinq édifices qui abritaient les trésors de cités grecques sont placés en arc de cercle derrière le temple Pôrinos, à droite après le portique d'Artémis. Contenant des offrandes et des biens précieux, ces trésors étaient sept au total et servaient de « vitrine » pour la propagande des cités. Moins nombreux qu'à Delphes, ils sont aussi moins bien identifiés. Le 2e en partant de la gauche pourrait être l'Hestiatorion des Kéiens, c'est-à-dire le trésor/salle de banquet de l'île de Kéos (aujourd'hui Kéa), qui fut mentionné par Hérodote au Ve siècle av. J.-C.

Bouleutérion et prytanée. Au sud des trésors, à l'arrière des temples d'Apollon, se trouvent les bases rectangulaires de deux bâtiments du milieu du IVe siècle av. J.-C. qui abritaient la Boulè (assemblée restreinte chargée des lois) et le Prytane (comité exécutif de la Boulè) des citoyens de Délos.

Néôrion. Cette immense structure en pierre de 70 m de longueur (axe nord-sud) est située derrière les trésors, le bouleutérion et le prytanée. Elle accueillait une trière géante, le navire amiral de la flotte du roi de Macédoine Antigone II Gonatas. Ce dernier l'offrit au sanctuaire après sa victoire à Kos vers 258 av. J.-C. contre les Ptolémées. En grec, le terme *néôrion* sert aussi bien à désigner un arsenal qu'un monument commémoratif destiné à célébrer une victoire navale. Avec celui de l'île Samothrace, le néôrion commémoratif de Délos est le plus célèbre du genre. Au sud-est se trouvent les blocs de pierre qui appartenaient à l'autel de Zeus Polieus (« protecteur de la cité ») édifié à la fin du VIe ou au début du Ve siècle av. J.-C.

Partie nord du sanctuaire. Dans la partie bordant l'agora des Italiens (quartier du Lac), le sanctuaire d'Apollon accueillait cinq grandes structures antiques dont les traces demeurent visibles. Au nord-ouest, derrière le temple d'Artémis, se trouve le Thesmophorion, vaste édifice (37 m de longueur) lié au culte de Déméter, déesse de l'agriculture. Il est jouxté par l'Ekklésiastérion qui accueillait l'assemblée de tous les citoyens de Délos. Légèrement plus à l'est, à droite du sentier principal, la graphé abritait les bureaux de l'Ekklésiastérion. Et juste à côté commence l'immense portique d'Antigone. Cette *stoa* de 120 m de longueur (axe est-ouest) était soutenue par 48 colonnes doriques en façade. Elle a été édifiée à la même période que le néôrion par Antigone II Gonatas (IIIe siècle av. J.-C.). Richement décorée, elle était doublée par une rangée de statues. Une seule subsiste et elle est assez tardive, c'est celle du proconsul Gaius Villienus, qui fut ambassadeur de Rome à Délos au Ier siècle av. J.-C. Mais elle donne une idée la hauteur de l'édifice et de son alignement de statues. Enfin, entre le portique d'Antigone et les trésors, un long espace accueille les « tombes hyperboréennes », lieu de culte mal connu dédié aux vierges Laudice et Hypéroché, personnages du peuple mythique des Hyperboréens (« tout au nord ») qui, selon la mythologie grecque, transportèrent Apollon de Délos à Delphes.

CYCLADES ORIENTALES

MONT CYNTHE ★

Comme le temps est limité pour parcourir l'île, le point culminant de Délos n'est pas un incontournable : le mont Cynthe nécessite bien une heure de visite. Toutefois, il faut savoir que c'est le point de départ de l'aventure délienne : selon la mythologie grecque, c'est ici que Léto donna naissance à Apollon et à Artémis. Ce petit sommet de 113 m d'altitude abrite aussi les plus anciennes traces d'occupation humaine de l'île. Et puis, il y a cette vue magnifique sur les Cyclades.

Sanctuaire d'Agathé Tyché. Environ 50 m au nord-est de la terrasse des dieux étrangers, l'escalier en pierre tourne brusquement à droite, longeant les ruines de ce petit sanctuaire (20 x 13 m) dédié à Tyché, la déesse grecque de la bonne fortune. Il fut érigé au IIe siècle av. J.-C. par les Ptolémées, dynastie grecque d'Égypte.

Antre d'Héraclès. Nettement plus surprenant, ce temple d'allure archaïque se trouve à l'écart de l'escalier de pierre : après le sanctuaire d'Agathé Tyché, poursuivez sur 60 m, puis prenez le sentier qui descend à droite. Aménagé à la manière d'une grotte, il s'agit en fait d'un temple assez récent, puisqu'il date lui aussi du IIe siècle av. J.-C. Il est installé dans une faille rocheuse couverte d'énormes dalles de granit formant un trapèze. Cet aspect primitif laissa longtemps penser qu'il s'agissait d'une représentation du lieu où Léto se cacha pour donner naissance à Apollon et à Artémis. Plus probablement, l'antre accueillait une statue du héros Héraclès. Reprenez ensuite l'escalier de pierre vers le sommet.

Sanctuaire de Zeus et d'Athéna. Le sommet du Cynthe est occupé par des mini-pyramides de pierre plates composées par les touristes ainsi que par quelques blocs taillés de marbre. Ces derniers sont les vestiges épars d'un sanctuaire du IIIe siècle av. J.-C. qui était dédié à Zeus Kynthos et à Athéna Kynthia (« du Cynthe »). Les trois bâtiments rudimentaires qui le composaient ont disparu et seule la plate-forme des propylées (entrée) demeure visible. Le dieu suprême du panthéon grec et sa fille étaient honorés ici depuis au moins le VIIe siècle. Et, bien avant cela, la beauté du site inspira sans doute d'autres cultes. Le sommet offre en effet une vue magnifique sur tout Délos et son archipel, Mykonos (à l'est), Tinos (au nord-ouest) et Syros (à l'ouest) ainsi que sur l'ensemble des Cyclades quand le ciel est dégagé. En léger contrebas du sanctuaire, au nord-ouest, observez les traces de trous de poteau : ce sont les plus anciennes traces d'habitation de l'île, des huttes remontant à 2 500 ans av. J.-C.

PORT ★

C'est par ici que vous arriverez, à l'emplacement du Port sacré *(Iero Limani)*. Il est émouvant d'imaginer que l'on débarque à son tour ici - même si l'on est un peu plus nombreux - comme les pèlerins de l'Antiquité qui se rendaient au sanctuaire d'Apollon. Juste à côté de ce site, au nord de la digue, se trouvait alors encore l'*emporion*, l'immense port de commerce antique qui faisait de Délos la « Hong Kong du monde grec ». Mais l'arrivée est un peu décevante : les anciens quais, les entrepôts et les bassins de construction navale ont disparu avec la montée des eaux. Désormais, sur la digue moderne, se dresse un *visitor center* où il faut s'acquitter des droits d'entrée et où l'on peut trouver des renseignements.

Histoire. Du IIe siècle av. J.-C au IIe siècle apr. J.-C., l'île fut « le plus grand centre commercial qu'il y eut sur toute la Terre », écrivait le grammairien romain de Narbonne Sextus Pompeius Festus (IIe siècle). Outre les biens nécessaires aux pèlerins de Délos (vivres, encens, etc.), c'est sur l'*emporion* de Délos que transitaient une grande partie des céréales, du bois, de l'huile et le vin entre la Grèce et l'Orient, soit 750 000 tonnes par an au Ier siècle av. J.-C. L'île tirait aussi sa richesse de son grand marché d'esclaves : environ 10 000 hommes, femmes et enfants étaient ici mis à l'encan chaque jour. Le port disposait aussi de ses propres chantiers où étaient construits les navires de la puissante flotte de commerce délienne. Mais la plupart des installations portuaires ne communiquaient pas avec le reste de l'île, les marchandises étant stockées ici avant d'être réexportées.

Fouilles. Les fouilles du rivage entreprises par l'École française d'Athènes à partir de 1897 ont permis de mettre en évidence l'existence de trois ports : le port Sacré où débarquaient les pèlerins, l'*emporion* avec ses entrepôts et ses chantiers navals, mais aussi un port archaïque situé au nord du quartier du Lac et utilisé jusqu'au IVe siècle av. J.-C. Aujourd'hui, rares sont les ruines visibles. Et pour cause, depuis le IIe siècle, le niveau de l'eau a monté de 2,50 m. Toutefois, en 2017, les archéologues grecs et français ont lancé une campagne de fouilles sous-marines. Celles-ci ont révélé l'existence d'un immense brise-lames de 160 m de longueur et de 40 m de largeur au large du débarcadère actuel. Ils ont aussi découvert de nombreuses épaves de navires remontant au Ve siècle av. J.-C. avec des chargements d'amphores de provenances très diverses, attestant ainsi de la forte activité commerciale durant l'Antiquité.

QUARTIER DE L'INOPOS ★★★

C'est l'un des plus beaux et des plus importants du site. Il faut imaginer l'importance de cet espace, adossé au mont Cynthe et légèrement en pente. Réputé pour ses mosaïques, ce quartier mêlant îlots d'habitation et temples orientaux doit son nom au ruisseau sacré, aujourd'hui asséché, qui descendait du mont Cynthe. Cela peut faire sourire, mais les anciens Grecs voyaient l'Inopos comme une résurgence du Nil, donnant même à l'unique petit cours d'eau de Délos le statut de dieu-fleuve. Rien que cela...

Maison aux Masques et maison aux Dauphins. Une première halte de toute beauté vous amène déjà ici. Le sentier venant du quartier du Théâtre passe entre ces deux riches maisons isolées abritant des mosaïques spectaculaires. La plus grande, sur votre droite, est celle dite aux Masques. Il s'agit en réalité d'un îlot d'environ 1 ha regroupant quatre habitations construites entre 150 et 100 av. J.-C. Attardez-vous autour de l'atrium restauré de l'habitation principale : plusieurs salles ici sont ornées de mosaïques. La plupart sont sur le thème du théâtre, avec notamment des masques de comédiens. Cependant, on y verra aussi la danse du satyre Silène et une magnifique représentation d'Apollon apprivoisant une panthère en Inde. En ressortant, tout de suite à gauche du sentier, vous ne manquerez pas la maison aux Dauphins qui s'étend sur 315 m^2 et date elle aussi du IIe siècle av. J.-C. Ses murs conservent des fragments d'enduit et de peinture décorative. Son atrium abrite surtout une très rare mosaïque représentant quatre dauphins portant les attributs de dieux grecs. D'une part, celle-ci est circulaire est non pas rectangulaire. Et, surtout, cette rosace fait partie des six mosaïques de l'Antiquité grecque à être signées. L'artiste qui a réalisé l'œuvre est un Phénicien nommé Asklepiadès d'Arados. Arados, c'est le nom de l'île syrienne aujourd'hui appelée Arouad. Les historiens imaginent donc que le propriétaire de la maison était lui-même un négociant phénicien, ce qui est tout à fait possible dans ce quartier très « oriental ».

Terrasse des dieux étrangers. Au pied du mont Cynthe et 70 m à l'est de la maison aux Dauphins commence une succession de temples et sanctuaires en ruine honorant des divinités orientales. Au cœur de cette terrasse qui s'étire sur 220 m de longueur du sud au nord, un seul petit temple grec, l'Héraion. Il est dédié à Héra, la femme et sœur de Zeus. Datant du VIe siècle av. J.-C., l'édifice est signalé par deux colonnes relevées en façade. Il resta longtemps isolé avant que les marchands syriens, phéniciens et égyptiens viennent s'installer dans le quartier de l'Inopos à partir du IIIe siècle av. J.-C. Les conquêtes d'Alexandre le Grand (334-323 av. J.-C.) avaient alors resserré les liens entre la Grèce et l'Orient, et Délos, plaque tournante du commerce en Méditerranée, attirait une nouvelle population dont les coutumes étaient d'autant bien acceptées que se développait un syncrétisme gréco-oriental. Du sud au nord, se succèdent deux mini-sanctuaires où étaient honorées Isis, Sérapis et Anubis, divinités égyptiennes hellénisées. Le second abrite un temple d'Isis dont la façade a été restaurée. Puis, de part et d'autre du sentier, vous trouverez deux temples dédiés uniquement à Sérapis (Sarapieion B et Sarapieion C). La terrasse s'achève avec le sanctuaire des dieux syriens Atargatis et Hadad. Là, dans un petit théâtre encore bien dessiné, le public assistait à des orgies rituelles données en l'honneur d'Atargatis, déesse de la fertilité assimilée à Aphrodite. Par ailleurs, non loin de là, sur les pentes du mont Cynthe, subsistent les vestiges de deux autres bâtiments religieux « orientaux » : le Samothrakéion, érigé dès le IVe siècle av. J.-C., où étaient honorés les Grands dieux de Samothrace, les Cabires, un vieux culte initiatique mal connu importé par les Phéniciens ; le sanctuaire des dieux d'Ascalon, où la petite communauté arabe de Palestine, installée à Délos vers 170 av. J.-C., honorait Palestinè Aphrodite et Poséidon d'Ascalon.

Vers le musée ou vers le mont Cynthe. Au niveau de la terrasse des dieux étrangers, vous avez le choix : poursuivre à gauche vers le Musée archéologique pour découvrir le reste du quartier l'Inopos ou grimper à droite vers le mont Cynthe. Notez que le mont Cynthe est le point « culminant » de Delos, même s'il toise l'île du haut de ses « seulement » 115 m, au sud-est du sanctuaire d'Apollon. Ce promontoire, où s'élevait un sanctuaire dédié à Zeus et Athéna, a aussi valu à l'île le nom de Cynthia.

Réservoir de l'Inopos. En poursuivant vers le musée, le sentier longe le vallon de l'Inopos où un barrage et un bassin de retenue captaient l'eau du ruisseau intermittent. Le réservoir lui-même date de la fin du Ve siècle. Construit en blocs de poros, le tuf local, et scellé au plomb, il permettait de stocker l'eau en été, lorsque l'Inopos était asséché. L'ensemble fut complété par un aqueduc romain au début de notre ère.

Maison de l'Inopos et maison de l'Hermès. Vous trouverez ici de belles maisons en grande partie restaurées, ce qui en fait une étape particulièrement intéressante sur le site. Construites de part et d'autre du vallon de l'Inopos, ces deux grandes maisons datent du IIe siècle. Celle de l'Hermès comptait trois étages et deux sont toujours existants. Elle fut nommée ainsi suite à la découverte en 1948 d'une tête barbue du dieu. Exposée au musée de l'île, elle est attribuée à Callimaque, grand sculpteur athénien du Ve siècle av. J.-C.

CYCLADES ORIENTALES

QUARTIER DU LAC ★★★

Attention, image d'Epinal ! Ou plutôt de Délos. Ce quartier abrite en effet le monument le plus connu de l'île, c'est-à-dire la terrasse des Lions, très certainement la partie la plus célèbre et la plus photographiée de Délos. Avant d'arriver, vous aurez certainement aperçu ces cinq statues de lions assis sur leurs pattes arrière, leurs pattes antérieures droites et la gueule ouverte, sur quelque guide ou carte postale. Cependant, ce monument iconique ne saurait faire trop d'ombre à la très impressionnante agora des Italiens et… deux paires de testicules. Il doit son nom actuel à l'ancien lac sacré, unique étendue d'eau de Délos aujourd'hui asséchée. Il est aussi appelé quartier de Skardana, puisque c'est dans la baie de Skardana, au nord, que se trouvait l'ancien port. Jusqu'au IVe siècle av. J.-C., c'est dans ce port dit archaïque que débarquaient les pèlerins salués sur leur trajet vers le sanctuaire d'Apollon par les rugissantes statues de la terrasse des Lions.

Salle hypostyle. Cette salle « supportée par des colonnes » *(hypostylos)* se situe à l'extrême sud-ouest du quartier du Lac, 50 m à droite de la sortie nord du sanctuaire d'Apollon. Mesurant 56 m de longueur sur 34 de largeur, soit 1 840 m², c'est le deuxième plus grand monument après l'agora des Italiens. Son usage n'est pas connu avec certitude, même si l'on suppose qu'il s'agissait d'une auberge ou d'un réfectoire pour les pèlerins. L'édifice fut construit en 208 av. J.-C. par les Déliens, mais les Athéniens remplacèrent les noms des donateurs pour se l'approprier en 166 av. J.-C. Et, au IIIe siècle de notre ère, il fut transformé en monastère. La salle était constituée de trois murs pleins et de 15 colonnes en marbre en façade. À l'intérieur, la toiture était soutenue par 44 colonnes en *poros* (tuf local) réparties en neuf rangées de cinq colonnes sauf au centre du bâtiment où une colonne était omise pour dégager un espace plus large.

Dôdékathéon. Datant des environs de 300 av. J.-C., ce temple « des Douze Dieux » est placé juste à la sortie nord du sanctuaire d'Apollon, en face du coin sud-ouest de l'agora des Italiens et à 50 m à l'est de la salle Hypostyle. Il s'agit d'un édifice en marbre amphiprostyle, c'est-à-dire avec une seule rangée de colonnes en façade. Dans un espace modeste (16 x 10 m) étaient honorées trois triades, celle d'Apollon (Apollon, Artémis et leur mère Léto), celle de Zeus (Zeus, sa fille Athéna et son épouse Héra), celle de Déméter (Déméter, sa fille Coré/Perséphone et Eubouleus, une figure du panthéon des mystères d'Éleusis, qui remplace ici Dionysos) ainsi que trois autres divinités sur lesquelles des doutes subsistent (sans doute Poséidon, Aphrodite et Hermès).

Agora des Italiens. Ce centre d'affaires et d'artisanat est inséré entre le sanctuaire d'Apollon (au sud) et le Lac sacré (au nord). S'étendant sur 1 ha, c'est le plus vaste monument de l'île. Installée à Délos depuis le IIIe siècle av. J.- C., une riche communauté de Romains résidait principalement dans le Quartier du lac. Vers 130 av. J.-C., ces banquiers et commerçants originaires du sud de l'Italie et de Sicile créèrent ici leur luxueuse agora, l'un des principaux lieux d'échange de la Méditerranée pour les céréales et les esclaves. Pour cela, ils firent assécher les marais au sud du lac et obtinrent la permission de détruire l'ancien téménos (quartier sacré) dédié à Léto, la mère d'Apollon et d'Artémis. Le résultat, somptueux, est toujours partiellement visible. Au centre de l'agora, la grande place rectangulaire (48 x 68 m) était entourée d'un péristyle à deux niveaux avec des pilastres au 1er étage et 112 colonnes doriques au rez-de-chaussée, dont deux, au nord, ont été relevées avec leurs épistyles. Les archéologues ont également remonté certains murs des bâtiments. En retrait de la colonnade, des alcôves accueillaient toute une série de statues, pour certaines remarquables, comme celle du marchand Gaius Ophellius Ferus, exposée au musée. Les côtés nord et est du péristyle étaient occupés par les « bureaux » des négociants, tandis que les fragments de sculptures et d'instruments de musique retrouvés dans les ailes sud et ouest indiquent que celles-ci devaient accueillir des ateliers. L'entrée principale de l'agora était placée à l'ouest, à côté du Létôon, un petit temple de la période archaïque (vers 540 av. J.-C.), dont la base constituée de gros blocs taillés est l'ultime trace du culte voué autrefois ici à Léto. Le coin nord-ouest de l'agora accueillait quant à lui des bains.

Terrasse des Lions. C'est le passage obligé, et parfois la première étape visée par certains visiteurs. Donc, vous y voilà. À l'extrémité nord-ouest de l'agora des Italiens et face au Lac sacré, voici la partie la plus célèbre, la plus photographiée de Délos. Cinq statues de lions assis sur leurs pattes arrière, leurs pattes antérieures droites et la gueule ouverte. Ils affichent entre 1,64 et 1,80 m de hauteur et le plus imposant mesure 3,21 m de longueur de la tête à la queue. Toutefois, il s'agit de copies. Les originaux, menacés par les éléments, ont été relégués au musée de l'île depuis 1999. Installés ici par les Naxiens à la fin du VIIe siècle av. J.-C., les lions de Délos étaient au départ bien plus nombreux : neuf voire seize répartis face à face en deux rangées sur 50 m de longueur. L'abandon du site puis les pilleurs ont eu raison de la plupart de ces félins en marbre de Naxos. Les survivants ont été mis au jour par les archéologues français entre 1886 et 1906. Leur morphologie étonne : crinières peu fournies et corps maigres. On attribue souvent cela au fait que les sculpteurs n'avaient jamais rencontré de lions. De lions d'Afrique, sûrement, mais ce que les artistes de l'époque archaïque ont ici représenté, c'est le *Panthera leo*, c'est-à-dire le lion d'Europe, un animal plus fin et qui a survécu en Grèce continentale jusqu'au Ier siècle av. J.-C. Le réalisme n'est toutefois pas le souci premier. La rudesse des traits donne de la puissance aux lions qui devaient impressionner les visiteurs. En effet, jusqu'à la création du port actuel, c'est par ici que les pèlerins passaient pour parvenir au sanctuaire d'Apollon en arrivant du port archaïque de la baie de Skardana (200 m au nord), détruit à la fin du IVe siècle av. J.-C.

Lac sacré. En face de la terrasse des Lions et au nord de l'agora des Italiens, ce petit lac est aujourd'hui asséché et couvert d'une végétation dense. De forme ovale (70 m d'est en ouest et 100 du nord au sud), il accueillait, selon la mythologie, les cygnes sacrés d'Apollon et faisait à ce titre partie des lieux de culte dédiés au dieu. Entouré d'un muret et approvisionné par l'Inopos, l'unique ruisseau de Délos, il permettait d'alimenter les nombreux jardins des environs avant la création du quartier du Lac au IIe siècle av. J.-C. Faute d'entretien après l'abandon de l'île, ses eaux stagnèrent et il devint un foyer de paludisme au XIXe siècle, avant d'être comblé et asséché en 1925. Les archéologues français plantèrent alors un palmier au centre du lac, clin d'œil au mythe de la naissance d'Apollon et d'Artémis. Un palmier est toujours visible et accessible par l'un des deux sentiers qui serpentent dans la végétation.

Maisons. Au nord du lac sacré, vers la baie de Skardana, subsistent une dizaine de pâtés de maisons aux murs et ruelles bien conservés. L'ensemble n'est pas sans évoquer les ruines de Pompéi et c'est l'une des parties les plus « parlantes » de l'ensemble du site archéologique de Délos. Toute une série de maisons remarquables sont indiquées par des panneaux et des numéros sur les plans. La plupart ont été incendiées lors d'un raid de pirates en 69 av. J.-C. Parmi ces habitations, ne manquez pas la maison du Diadumène (n° 55), la plus grande de toute l'île. Avec une surface au sol de 958 m^2, elle hébergeait sans doute une confrérie. Elle doit son nom à la découverte sur place, en 1894, d'une copie romaine en marbre de la célèbre statue de bronze du Diadumène (« au bandeau ») réalisée par Polyclète au Ve siècle av. J.-C. Très élégante, la maison du Lac (n° 59) date du IIe siècle av. J.-C. et fut occupée par deux générations de la même famille jusqu'à l'incendie. Elle est typique des belles villas de Délos : un vaste atrium desservait toute une séries de pièces réparties sur deux étages et protégées des bruits de la rue par d'épais murs aveugles. Signalée par un portique dont quatre colonnes ont été relevées près de la terrasse des Lions, la Loge des Poséidoniastes (n° 49) fut érigée au IIe siècle av. J.-C. pour une confrérie de marchands phéniciens adorateurs du dieu oriental Baal, assimilé par eux à Poséidon. Le quartier comprend aussi une agora (marché) et trois palestres, comme la palestre du Lac (n° 61), la plus ancienne, construite au IIIe siècle av. J.-C. Située à côté de la maison du Lac et s'étendant sur 1 300 m^2, elle servait à la fois de salle de sport, d'école et de bains privés. Elle se trouve aussi à proximité de l'hippodrome appartenant au quartier du Stade (au nord-est).

Vers le musée. De la palestre du Lac, un sentier mène, 250 m au sud-est, au Musée archéologique (et au seul café – très cher – de l'île) en longeant le côté oriental de l'agora des Italiens et quatre tronçons du mur de Triarius, ouvrage défensif érigé suite au raid de pirates de 69 av. J.-C. Après la visite du musée, ne manquez pas deux autres monuments du quartier du Lac situés près de l'agora des Italiens et du sanctuaire d'Apollon.

Stibadeïon de Dionysos. Placées dos au sanctuaire d'Apollon et face au musée, les ruines de cet autel vous accueillent avec deux belles paires de testicules trônant sur des colonnettes. Il s'agit des copies de deux statues ithyphalliques (« pénis en érection ») mutilées au début de l'ère chrétienne. Les deux phallus encadraient l'entrée de cet édifice (22 x 14 m) érigé vers 280 av. J.-C. où se déroulaient les banquets sacrés donnés en l'honneur du dieu du vin et de ses excès. Le terme grec *stibadeïon* désigne le lit d'herbes et de joncs sur lequel se tenaient les agapes.

Fontaine Minoé. Aussi appelée fontaine des Nymphes, elle se trouve au sud-est de l'agora des Italiens, derrière le stibadeïon de Dionysos. Creusée dans un rocher sur 7 m de profondeur au Ve siècle av. J.-C. et remaniée en 166 av. J.-C., la seule fontaine publique de l'île forme un carré de 4 m de côté. Cinq larges marches descendent au bassin au milieu duquel se tient une colonne qui supportait une toiture à quatre pans couverts de tuiles. Alimentée par une nappe phréatique, la fontaine permettait aux habitants et aux pèlerins d'y puiser de l'eau. Mais une inscription antique précise : « Ne rien laver dans la fontaine, ne pas s'y baigner, n'y jeter ni ordures ni rien d'autre. Amende : deux drachmes sacrées. » Le site était en effet sacré, la source étant considérée comme le domaine des Nymphes. De toute manière, pour leur usage quotidien, les Déliens semblaient préférer de l'eau de pluie qui était stockée dans des réservoirs dans chaque habitation.

QUARTIER DU STADE ★

Sans surprise, ce vaste « quartier » tient son nom actuel des nombreuses installations sportives qu'il abritait. Projetez-vous un peu dans le passé... C'est en effet ici que se déroulaient les Jeux déliens donnés tous les cinq puis quatre ans, en mai-juin, en l'honneur d'Apollon. L'ensemble des ruines, encore très bien visibles, s'étend entre le quartier du Lac (à l'ouest), le musée (au sud), la baie de Gourna (à l'est) et la colline de Gamilla (au nord). Faiblement habité durant l'Antiquité, il ne possède que peu de vestiges bien conservés, mais on y trouve les ruines d'une des plus anciennes synagogues au monde. La colline de Gamilla elle-même semble ne jamais avoir fait l'objet d'une occupation à travers l'histoire. C'est la raison pour laquelle les gardiens de l'île y ont été récemment installés dans des maisons jaunes, il faut le dire, tout à fait disgracieuses. C'est dommage, mais on oublie vite !

Hippodrome. Le voyage dans le temps se poursuit. Placé 100 m au nord-est du musée, ce champ de course n'est identifiable que par ses murs de soutènement. Commençant au niveau du sentier, il s'étend sur environ 270 m de longueur vers le nord, ce qui en fait un des plus petits hippodromes de la Grèce antique. Du fait des difficultés à acheminer les chevaux par bateau pour les Jeux déliens, les concours hippiques n'y furent organisés que durant un siècle, entre 426 et 314 av. J.-C. Et, entre les épreuves, l'espace était utilisé comme champ d'orge ou lieu de pâture pour les moutons.

Sanctuaire d'Anios. Situé entre l'hippodrome et le sentier menant aux maisons des gardiens, ce complexe est dédié au héros Anios, fils d'Apollon et mythique archégète (fondateur) de Délos à l'époque de la guerre de Troie. Créé au VIIe siècle av. J.-C. et remodelé jusqu'au Ier siècle av. J.-C., il conserve le tracé de son *xeschara*, un foyer circulaire donnant sur une série d'*oikoi* (salles de banquets) où était honoré ce personnage tutélaire des Déliens. Prenez ensuite à droite en direction du stade et de la baie de Gourna.

Gymnase. Juste avant le stade, sur la gauche, le lieu d'entraînement des athlètes est signalé par une triple arche partiellement restaurée donnant sur un exèdre, une salle semi-circulaire munie de bancs qui servait de vestiaires. Le complexe a été érigé au Ier siècle av. J.-C. à l'emplacement d'un précédent gymnase du IIIe siècle av. J.-C. C'est un bâtiment de plan carré. Au milieu se trouve une cour. L'intérieur est composé d'une cour à péristyle carrée de 44 m de côté qui desservait onze salles de tailles variables, dont trois exèdres et deux *loutrons* (bains froids). Au nord-est, un vestibule mène au *xyste*, une double piste de course couverte où les athlètes pouvaient s'exercer à l'abri des éléments. Cette structure est placée en parallèle au stade, et adopte d'ailleurs presque la même longueur : 187 m contre 182 m pour la piste du stade. Autour se trouvaient des bassins en marbre destinés à recueillir les eaux de pluie. De nombreux graffitis ont été découverts lors de fouilles, signe de la grande animation qui pouvait avoir lieu jadis dans ces lieux de rencontres sportives.

Stade. C'est surtout ici que se déroulaient tous les cinq ans les Jeux déliens organisés en l'honneur d'Apollon. Un mur de soutènement et les restes d'une grande tribune en pierre sont préservés. Ils datent du IIIe siècle av. J.- C. La piste, elle aussi visible, correspond à la longueur standard des stades grecs antiques : le *stadion*, soit 600 pieds. Mais comme dans chaque cité le pied était différent (de 29 à 33 cm), le stade de Délos (182 m) n'a pas la même longueur que ceux d'Olympie (192 m) ou de Delphes (177 m). Toutefois, les épreuves des Jeux déliens étaient semblables à celles des Jeux panhelléniques : le *stadion* (sprint sur une longueur de stade), le *diaulos* (demi-fond avec 2 *stadions*), le *dolichos* (endurance avec de 7 à 24 *stadions*) et l'*hoplitodromos* (2 *stadions* en tenue de combat avec lance et armure). S'y déroulaient aussi les épreuves de lancer (disque et javelot), de pugilat (ancêtre de la boxe), de lutte, de *pancrace* (mélange de pugilat et de lutte) ou encore le *pentathle* (course de 24 *stadions*, saut en longueur, lancers du disque et du javelot, lutte).

Zone résidentielle. Placé à droite du stade, ce petit quartier de quelques îlots date également du IIIe siècle av. J.-C. On y découvre les murs de ses habitations, mais aussi les quatre fours d'un atelier de parfumerie où l'huile était cuite au bain-marie avec des pétales de fleurs. Au nord-est a été ajoutée au XIXe siècle la chapelle grecque orthodoxe Agia Kyriaki (Sainte-Dominique) pour les besoins des ouvriers qui travaillaient sur les fouilles aux côtés des archéologues français. Un petite fête s'y déroule chaque année le 7 juillet.

Synagogue. C'est la plus ancienne synagogue érigée à ce jour. Située face à la mer, à 90 m à l'est de la partie sud du stade, sa présence est attestée depuis au moins le Ier siècle av. J.-C. dans les *Livres des Macchabées* (écrits juifs en langue grecque), ce qui en fait la plus ancienne synagogue en dehors de la Palestine. Elle fut érigée à l'écart de la ville par une petite communauté de juifs phéniciens et demeura active jusqu'au IIe siècle apr. J.-C. Orientée à l'est (vers la baie) et presque carrée (26 x 28 m), elle conserve les bases de ses murs, un réservoir destiné au *mikvé* (bain rituel), un siège dit « trône de Moïse », ainsi que quatre inscriptions, dont une en grec, *Theos Hypsistos* (« Dieu Très Haut »), l'équivalent de *Shaddaï* en hébreu.

QUARTIER DU THÉÂTRE ★★★

Construit à partir du Ve siècle av. J.-C., le plus ancien quartier résidentiel de Délos est situé au sud du sanctuaire d'Apollon, en direction du mont Cynthe. S'achevant par le grand théâtre antique, il abrite certaines des plus prodigieuses villas de l'île et de belles mosaïques. Pour les non-spécialistes, ce sera la partie la plus agréable de l'excursion à Délos. Le quartier a été constitué petit à petit et sans plan d'ensemble. Il s'apparente ainsi à un dédale de ruelles étroites où les maisons s'imbriquent les unes dans les autres sans cohérence apparente. Le confort de chaque habitation s'est fait au détriment de l'espace public, la plupart des maisons étant cernées de hauts murs sans fenêtres. Cet aspect austère est renforcé par la perte des enduits qui font du quartier une « ville de pierre » d'allure médiévale. On s'y repère toutefois assez facilement en suivant la tortueuse rue principale, dite rue du Théâtre, qui s'étire sur 200 m.

Maison de Dionysos. Repérable grâce à ses hautes colonnes de marbre qui dépassent des murs, elle se trouve à droite dans la rue du Théâtre. Datant du IIe siècle av. J.-C., c'est l'une des plus vastes (400 m²) et des plus luxueuses habitations du quartier du Théâtre. Au cœur d'un vaste ensemble de pièces et de couloirs, les neuf colonnes de marbre de l'atrium sont des reconstitutions récentes. Elles enserrent une splendide mosaïque, originale, elle, qui représente Dionysos et donne son nom actuel à la maison.

Maison du Trident. Située à un petit carrefour le long de la rue du Théâtre, et peu avant le théâtre, c'est l'une des plus riches maisons de Délos. Construite entre 150 et 100 av. J.-C. pour un marchand syrien, elle conserve trois mosaïques. La plus belle est placée au centre de l'atrium, dont le péristyle a fait l'objet d'une restauration récente. Cette grande mosaïque figure un trident orné d'un ruban et un dauphin enroulé autour d'une ancre, le tout entouré de motifs géométriques.

Théâtre. En suivant la rue principale du quartier, la bien nommée rue du Théâtre, on parvient à cet hémicycle de 64 m de diamètre. Creusé dans une colline, il offre une vue imprenable sur le port et l'île de Rhénée. Conçu à l'époque archaïque, le théâtre de Délos était initialement destiné à des cérémonies religieuses et équipé de tribunes en bois. À partir d'environ 296 av. J.-C., il fut progressivement agrandi et muni de 43 gradins en marbre répartis en deux sections horizontales (26 et 17 gradins). On y jouait alors les auteurs classiques devant 6 500 spectateurs. C'est nettement moins qu'à Épidaure. Le célèbre théâtre du Péloponnèse, bien que moins large (58 m de diamètre), est environ deux fois plus haut (22,50 m) et accueille de nos jours plus de 12 000 personnes. Ici, l'état de conservation ne permet plus d'organiser des représentations. Seuls certains sièges de la *proédrie* (première rangée), dotés de dossiers et réservés aux notables, ont été épargnés par l'histoire. On reconnaît toutefois l'orchestra semi-circulaire (19,60 m de diamètre) où se tenait le chœur, l'estrade du *proskénion*, une colonnade de 2,67 m de hauteur réservée aux comédiens et aux panneaux mobiles du décor, puis la base du bâtiment rectangulaire (15,26 x 6,64 m) qui abritait les vestiaires. Plus bas, un grand réservoir, dit citerne du Théâtre (25,4 x 6,5 m), permettait de recueillir les eaux de pluie s'écoulant des gradins. Le théâtre fut abandonné après le raid du roi Mithridate VI en 88 av. J.-C.

CYCLADES ORIENTALES

Maison de Dyonisos.

THIRA ★★★★

Bienvenue à Santorin ! Thira est le centre névralgique et touristique de l'île. Les petites rues débordent de magasins aux inscriptions en toutes les langues, de fast-foods, hôtels et tavernes. L'ensemble manque un peu de charme, mais la vue est magnifique. La capitale est l'endroit où l'on peut résider si l'on souhaite parcourir l'île, sans voiture notamment. Mais c'est un peu cher et très touristique. En haute saison, la foule, la chaleur, l'agitation et l'accueil ne sont pas toujours agréables. Notez aussi, si vous arrivez en bateau, qu'Athinios, le port de Santorin, est situé en contrebas de Thira. La route sinueuse est parfois un peu bouchée par les autocars. Un bus fait la liaison mais mieux vaut prévoir large.

Tourisme

- **Pass îlien.** Envie de culture ? Comme pour Athènes et la visite de son Acropole, le ministère de la Culture et des Sports a mis en place un ticket groupé à 14 € pour la visite des sites suivants : le musée archéologique, le musée préhistorique de l'ancienne Thira, le musée byzantin de Pyrgos et le site archéologique d'Akrotiri. Attention cependant : ce *pass* dont la validité s'étend sur une durée de quatre jours sera très intéressant pour les visiteurs souhaitant voir l'ensemble ou une partie de ces sites, à commencer par le site d'Akrotiri dont l'entrée simple vaut déjà 12 €. En revanche, le *pass* ne sera pas intéressant si vous excluez la visite des vestiges d'Akrotiri de votre séjour.

Transports

Bien sûr, on peut y venir en avion. Mais vous ne pourrez pas oublier l'arrivée en bateau, à l'heure du crépuscule :

- **En bateau,** des ferrys desservent Santorin tous les jours d'Athènes depuis Le Pirée (de 7 à 10 heures de traversée) avec des escales fréquentes à Naxos, Paros, Ios, et moins régulièrement à Sikinos, Folegandros et Milos. L'île est aussi reliée par hydroglisseur (5 à 6 heures selon les escales) depuis Le Pirée et Rafina.
- **En avion,** le petit aéroport le Monolithos (www.santorini-airport.com) est saturé mais accueille des liaisons de toute l'Europe en été.
- **Sur place, en bus,** bon réseau au départ de la gare routière de Fira, place Théotokopoulou (www.ktel-santorini.gr) vers toute l'île (Oia, Akrotiri et Red Beach, Kamari, Perissa...), le port d'Athinios et l'aéroport y compris.

COUVENT DOMINICAIN ET QUARTIER CATHOLIQUE ✞

Entre les rues Ernithrou Stavros et du 25-Mars
✆ +30 22860 22420
Le dimanche, messes à 8h au couvent dominicain, à 10h à la congrégation lazariste, et entre 9h et 12h30 à la cathédrale.

Intéressant, le couvent dominicain de Sainte-Catherine accueille une petite communauté de douze nonnes, pour la plupart originaires d'Espagne. Fondé en 1596 sur l'îlot de Skaros, le couvent a été réinstallé à Fira au XIXe siècle. De style baroque, il abrite l'église Rozario où l'on peut admirer d'anciens objets de culte. Aux heures des messes, il est possible d'apercevoir les nonnes. Comme elles vivent dans la contemplation du Christ, ce sera uniquement à travers une grille. Mais alors, si la plupart sont de nationalité espagnole, pourquoi les habitants ont-ils donné un nom français à cette partie de la ville ? Il faut remonter à la période turque. A l'époque, seule l'église orthodoxe grecque est tolérée comme religion, avec l'islam. L'église romaine se retrouve hors jeu et la communauté catholique des îles grecques sous domination turque décline. Seule l'intervention diplomatique des puissances catholiques européennes permettra de préserver quelques monastères et églises sous le giron de Rome. A Santorin, ce sont ainsi les Français qui se sont le plus investis dans cette mission. Dans le quartier subsiste encore aujourd'hui, outre le couvent dominicain, une maison lazariste, ainsi que la cathédrale Saint-Jean-Baptiste. Il s'agit du plus grand édifice religieux moderne de Santorin, abritant le siège de l'un des trois évêchés catholiques des Cyclades, les deux autres étant à Tinos et Syros. L'île compte aujourd'hui environ 400 catholiques.

ILE VOLCANIQUE DE NEA KAMENI 📷 ★★★

Des bateaux d'excursion partent d'Ormos pour une visite de 3 heures. Départs à 11h et 14h. Comptez 15 € par personne.

Le fameux cratère se trouve sur l'îlot de Néa Kameni, et vous devrez marcher 30 minutes avant d'atteindre son sommet. Sur place, il offre un panorama exceptionnel : vous observez sur 360° la forme circulaire des îles qui entourent le volcan. Attention, le sol est un peu chaud et il vaut mieux porter des chaussures fermées. Après cette visite, le bateau vous emmène pour une baignade dans des sources chaudes, où l'eau prend des reflets jaunes à cause du soufre.

MUSÉE ARCHÉOLOGIQUE

Rue Dekigala
✆ +30 22860 22217
Ouvert de 8h30 à 15h30. Fermé le mardi. Entrée 3 €.

Hélas, la plupart des découvertes archéologiques de Santorin se trouvent au musée archéologique national d'Athènes. Le musée de Thira n'en abrite qu'une petite partie. Reconstruit en 1960 après le tremblement de terre de 1956. On peut y admirer une collection de vases en terre rouge, des vases noirs aux inscriptions datant du Ve siècle av. J.-C., ainsi que divers objets de la période minoenne. Le musée accueille également des fresques et sculptures impressionnantes de la période hellénistique, des œuvres d'art byzantin et même quelques artefacts préhistoriques.

PORT D'ORMOS ★

Pour les « paresseux », il y a le téléphérique : c'est 4 € dans chaque sens.

En bas des falaises rouges, l'ancien port d'Ormos (ou Gialos) est une attraction en soi. Plutôt sympa de se retrouver avec les pêcheurs qui se réunissent pour déjeuner autour de grillades de poissons à l'ouzerie Anthonis, derrière la petite église, au bout de la jetée. C'est aussi le point de passage obligé des 80 000 passagers des immenses bateaux de croisière qui débarquent ici chaque année. Mais le vrai clou du spectacle, c'est la montée. Pour cela, quatre options : y aller en bus, à pied, en téléphérique ou à dos d'âne (que nous ne recommandons pas).

MUSÉE MEGARO GYZI

Rue Aghios Ioannos
✆ +30 22860 23077
http ://gyzimegaron.gr
En saison, ouvert du lundi au samedi de 10h à 16h. Entrée : 3 €.

Ce bâtiment vénitien du XVIIe siècle mérite notre attention car il abrite plusieurs salles d'exposition sur l'histoire contemporaine de l'île : photos d'avant le tremblement de terre de 1956, relevés géologiques, cartes anciennes, manuscrits, gravures... Bien présenté, le lieu en lui-même est agréable. Chaque année, du 1er au 23 août, se tient ici le Megaro Gyzi Festival dont la programmation regroupe artistes grecs et étrangers pour des concerts de musique classique, du théâtre, de la peinture... Et tout cela est proposé gratuitement au public.

AEGEAN PEARL TRAVEL

✆ +30 22860 22170
www.aptravel.gr
Ouvert toute l'année. Prix spéciaux pour les groupes.

Aegean Pearl Travel organise des excursions dans les îles voisines et propose des hébergements dans différentes régions de l'île. Ces spécialistes prennent en charge voyages de noces, baptêmes, conférences. Vous pouvez également les contacter pour la location de voitures toutes catégories ou la location de bateaux. Ils mettent aussi à votre disposition des billetteries avion et bateau toutes compagnies confondues. Pratique, la réceptionniste d'Aegean Pearl Travel parle un peu le français.

L'HISTOIRE DE SANTORIN

Certes, cette île rocheuse née des convulsions de la terre se décline en plusieurs couleurs : ocre, rouge sang, gris cendre, anthracite. Mais elle renferme aussi des pages d'histoire. L'île s'est formée pendant l'ère tertiaire, lorsqu'une secousse géologique a causé l'effondrement du continent égéen. Les éruptions successives lui ont donné une forme circulaire. C'est pour cette raison qu'elle est nommée Strongyli, c'est-à-dire « ronde », dans l'Antiquité. Après le IIe millénaire av. J.-C., l'île connaît le développement d'une formidable civilisation qui présente beaucoup de points communs avec celle de la Crète minoenne. Mais cet essor est interrompu brutalement vers 1500 av. J.-C. par une explosion volcanique qui engloutit la partie centrale de Strongyli, formant ainsi la caldeira. A la même époque, des vagues gigantesques détruisent des villes crétoises. De nouvelles explosions survenues aux IIIe et IIe siècles cassent la partie nord de l'île et provoquent la scission de Thirassia et l'apparition de Kameni. Selon Hérodote, l'île est habitée par les Phéniciens. Plus tard arrivent les Doriens. Leur chef, Thiras, donne alors son nom à l'île. L'appellation Santorin vient au XIIe siècle en l'honneur de sainte Irène de Salonique. A partir de 1207, l'île appartient aux Vénitiens et une partie de ses habitants embrasse le catholicisme. Les explosions meurtrières du volcan marquent encore son histoire et de grandes catastrophes surviennent en 1866, 1925 et 1926. La dernière en date, en 1956, a fait 50 victimes.

AGENCE SANTO STAR

✆ +30 22860 23082

www.santostar.gr

Nous recommandons cette agence réceptive multiservice fondée en 1989 par la famille Kafieri. Depuis, l'agence est toujours dirigée par les mêmes acteurs dans la bonne humeur et surtout avec un grand professionnalisme. Pour le reste, on y propose évidemment une multitude de services : de l'excursion en bateau, forcément fantastique, autour du volcan, aux billets pour partir de l'île vers toutes sortes de destinations, en passant par la location de voitures, réservation d'hébergement tout style et pour toutes les bourses, garde bagages...

CALDERA'S BOATS

✆ +30 22860 24355

www.santorini-sea-excursions.com

Spécialiste des excursions en bateau, cette agence propose des circuits au départ du vieux port de Thira ou du port d'Athinios : volcan avec son cratère actif et ses sources thermales, baignade dans l'eau à 35 °C de la crique de Palea Kameni, navigation au-dessus du cratère immergé, escale dans la petite île de Thirassia pour nager, manger et visiter le village traditionnel de Manolia, escale à Oia... La fierté de la compagnie est « Afroditi », le plus grand bateau à voile traditionnel en bois dans la Caldeira. Deux excursions en matinée et au coucher de soleil.

BUS KTEL

✆ +30 22860 22221

www.ktel-santorini.gr

Billets entre 1,80 et 2,50 €. Entre le port et Fira : 2,30 €.

Le réseau au départ de la gare routière de Fira, place Théotokopoulou, est assez fiable pour être conseillé. Vers et à partir d'**Athinios (port)**, un service est assuré de 6h45 à 21h avec un bus toutes les 20 minutes environ. De et vers **Monolithos (aéroport)**, une dizaine de bus par jour de 7h à 18h. De Fira à Oia, un service est assuré de 6h50 à 21h pour le coucher du soleil. Pour le reste, Firostefani, Imerovigli, Akrotiri et Red Beach, Kamari, Baxedes et Perissa sont aussi desservies. Il faudra souvent repasser par Fira mais les correspondances sont fluides.

MOTOR INN

✆ +30 22860 31165

www.motorinn.gr

Voitures neuves climatisées de tout type (cabriolet, automatique, etc.) à partir de 45 € pour les plus petits modèles.

Le réseau routier de Santorin est bien entretenu et très développé mais malheureusement très encombré du fait de l'affluence touristique. Si vous louez, soyez plus prudent qu'ailleurs au volant, et en scooter n'oubliez jamais de porter un casque. Soyez patient : les embouteillages ralentissent fortement la circulation. Depuis 1988, cette agence loue des voitures, minibus, motos, scooters, ATV, VTT à des prix compétitifs. Livraison gratuite partout dans l'île (port, aéroport, hôtels). Assurance tout risque sans franchise en option.

BACKPACKERS PLACE FIRA €

✆ +30 22860 31626

www.firabackpackers.com

Dortoirs de 15 à 40 € par personne, selon qu'on loge en chambre double ou en dortoir. Ouvert de mars à fin novembre.

Nouvel établissement petit budget à 150 m du centre-ville et de la gare routière. Deux frères, Vassilios et Mikailes, s'attellent à rendre cet endroit convivial et confortable. Chambres doubles, familiales, dortoirs. Climatisation. Location de vélos. Wifi, cuisine et ordinateurs à disposition. Une bonne adresse. A l'extérieur, petite piscine, chaises longues et des tables pour profiter du soleil. A l'intérieur, une salle commune avec cuisine et canapés pour se mettre au chaud le soir. Transfert aéroport offert à partir de 5 nuits.

LETA HOTEL €

25 Martiou

✆ +30 22860 22540

www.letasantorini.gr

17 chambres. Selon la période, la double entre 50 et 120 €. Café et thé offerts le matin.

Propre, fleuri, et relativement calme pour un établissement central. Ici, pas de vue sur la falaise, mais on est pas loin non plus. Petit hôtel familial avec air conditionné, wifi, télévision, réfrigérateur, salle de bain privée, balcon pour certaines chambres, plus une piscine pour se rafraîchir. Un très bon rapport situation-prix. Bénéficiant d'un emplacement central, à quelques pas des commodités et des services de la ville, cet hôtel confortable est idéal pour les groupes d'amis en quête d'aventure dans la célèbre vie nocturne de Fira.

MILOS VILLAS €

✆ +30 22860 25511

www.milosvillas.gr

En été, chambre double à partir de 70 €, petit déjeuner inclus.

Vrai bon plan, facile à repérer : ce petit complexe n'est pas peu fier de son moulin restauré. Pour cela, il faut sortir un peu du centre, mais cela en vaut la peine. Très proche du centre de Fira, il faut marcher un peu (15-20 minutes), il reste près de la gare routière pour se balader partout à Santorin. Hôtel calme et sympa bien moins cher que tous ses voisins. Et si le confort est plus sommaire, les chambres ont la même vue que dans les villas de luxe qui l'entourent… 9 chambres, 8 appartements et 6 suites. Piscine et centre de massage.

PENSION PETROS €

✆ +30 22860 22573

www.hotelpetros-santorini.gr

16 chambres. La double à partir de 50 € selon la période et la catégorie.

En contrebas de la ville, à 100 m du centre où se trouvent toutes les boutiques et les restaurants, tout près de la station de bus. Les chambres ont été rénovées récemment. Elles sont très fonctionnelles avec leur réfrigérateur, bouilloire, air conditionné, TV, douche privée, balcon et wi-fi gratuit. La proximité des commerces et l'accès rapide au centre-ville sont un vrai plus. Il règne ici une ambiance familiale depuis 1989. Vous glanerez sur place plein de bonnes adresses où manger et de pistes pour de petites excursions pour visiter l'île de Santorin.

AROMA SUITES €€

Agiou Mina

✆ +30 22860 24112

www.aromasuites.gr

Chambre double standard à partir de 140 € en été. Ouvert toute l'année.

Hôtel ouvert en 2006, accroché à la falaise avec d'impressionnants studios et suites troglodytes creusées dans la falaise. Vue plongeante sur la caldeira. L'établissement et les chambres sont magnifiques, la literie très confortable, et l'emplacement est parfait pour visiter le centre ainsi que pour rayonner dans le reste de l'île. Vous aurez peut-être une terrasse avec vue directe sur l'île de Nea Kameni et le coucher de soleil, mais même les chambres qui ne possèdent pas de terrasse peuvent profiter du patio ou du rooftop avec la même belle vue.

ASTIR THIRA HOTEL €€

✆ +30 22860 22585

www.astirthira.gr

23 chambres. La double entre 90 € et 180 € avec petit déjeuner.

Un hôtel à taille humaine avec seulement 23 chambres, confortables, avec télévision satellite, air conditionné, réfrigérateur et baignoire. L'hôtel est un peu à l'écart de la ville - à 5 minutes à pied - ce qui permet d'être au calme tout en étant proche du centre. Neuf chambres ont une vue superbe sur le coucher du soleil et le volcan et les autres ont vue sur le lever de soleil et la piscine mais toutes ont un balcon. Très bon petit déjeuner, complet et varié. Transfert port/aéroport offert. Piscine agréable avec chaises longues sans supplément. Parking à 50 m.

DREAM ISLAND HOTEL €€

Rue du 25 Mars
✆ +30 22860 24122
www.dreamislandhotel.gr
La double à partir de 100 € selon la période. Ouvert toute l'année.

Bonne situation, pour cette vingtaine de chambres toutes neuves et bien au calme avec balcon ou terrasse privés. Pour cela, il faut s'éloigner à 800 m du centre environ. La décoration est chaleureuse, tout comme l'accueil. Les chambres sont dispersées dans des petits bâtiments autour de la piscine d'où vous admirerez le lever du soleil sur la mer. A l'intérieur : air conditionné, hi-fi, réfrigérateur, coffre-fort, TV plasma au mur… Grand jardin lounge fleuri autour de la piscine avec hamac. La piscine a de bonnes longueur et largeur et elle est très propre.

KAVALARI HOTEL €€

25 Martiou
✆ +30 22860 22455
www.kavalari.com
Chambre double standard à partir de 130 € en saison, avec petit déjeuner sur la terrasse surplombant la mer Egée…

Magnifique maison de capitaine à même la falaise restaurée pendant 15 ans. L'emplacement de l'hôtel est exceptionnel avec une vue magnifique sur la caldeira, à couper le souffle. Le petit-déjeuner est copieux et délicieux avec le panorama en prime. Les 19 chambres dégringolent le long d'un escalier dans la roche (certaines chambres troglodytes ressemblent même à des grottes). Un prix qui nous semble justifié, avec une formule possible plus économique en appartements. Excellent rapport qualité-prix et accueil adorable des gérants.

LOIZOS STYLISH RESIDENCES APARTMENTS €€

✆ +30 22860 24046
www.loizos.gr
La double standard de 54 à 140 € en été. Petit déjeuner copieux à 9 €.

23 chambres et appartements à seulement une trentaine de mètres de la caldeira, non loin de l'arrêt de bus. La piscine est neuve et les chambres et appartements ont été récemment rénovés. Certaines chambres jouissent d'un balcon privé avec vue, l'idéal pour admirer le lever du soleil. On apprécie aussi les riches petits déjeuners en buffet au premier étage avec vue et balcon. La supérette et la gare routière sont à proximité. Location de scooters et organisation d'excursions possibles.

THEA STUDIO'S €€

✆ +30 22860 25357
www.theastudios.com
23 chambres et appartements à partir de 75 € en été.

Un groupe moderne de studios, d'appartements et de chambres de style cycladique récemment construit. La particularité de l'endroit réside dans le lever du soleil depuis la piscine ou les balcons que toutes les chambres possèdent. Grande piscine agréable avec transats gratuits. Grand jardin pour les soirées grillades et les petits-déjeuners. Ici au moins, on respire. Certifié ISO « green label » depuis sa rénovation en 2012, dans cet établissement, les animaux domestiques sont les bienvenus. Transfert A/R gratuit de l'aéroport et depuis l'arrêt de bus principal.

ARESSANA SPA HOTEL & SUITES €€€

Mitropoleos.
✆ +30 22860 23900
www.aressana.gr
48 chambres. Chambre double à partir de 150 € en été, petit déjeuner inclus.

Idéalement placé près de la caldeira, cet hôtel spa, unique à Santorin, propose de nombreux services haut de gamme. Décor design, chambres très confortables, restaurant bio, bar, piscine. Idéales pour deux personnes seulement, les chambres doubles standard (environ 17 m^2) sont romantiques et constituent un vrai havre de paix, avec un décor chic déclinant une palette de blanc et de gris. La plupart de ces chambres sont situées au rez-de-chaussée de l'hôtel. Ensuite, les prix montent.

ELIA TAVERNA €

✆ +30 22860 23165
www.eliasantorini.com
A partir de 15 € par pers. Ouvert tous les jours midi et soir.

Voici un endroit convivial et sans prétention pour ceux qui cherchent autre chose que la caldeira. L'établissement et son rooftop viennent d'être rénovés. On y sert des produits frais, des plats grecs bien sûr, mais aussi pâtes, viandes, salades, poissons. C'est copieux, très correct au niveau des prix, et le personnel est très sympathique. Le propriétaire fabrique sa propre huile d'olive dans son village d'enfance. De nombreuses photos d'époque de Santorin en noir et blanc sont exposées. Beaucoup de produits bio, cultivés dans le jardin des propriétaires.

NAOUSSA €

Au bord de la caldeira, près de la cathédrale orthodoxe.
✆ +30 2286 021277
Autour de 20 € par personne.

© NAOUSSA

N'hésitez pas à passer la porte de cette vénérable institution à Fira qu'est Naoussa. En premier lieu, on y court pour sa vue spectaculaire sur la caldeira - essayez de réservez une bonne table, vous ne le regretterez pas - et accessoirement pour ses prix qui savent rester sages. Au menu, on retrouve des plats de facture traditionnelle, dont d'excellents ragoûts et keftedes (boulettes de viande) à la tomate. On apprécie le service agréable toujours au rendez-vous, ce qui n'est pas forcément le cas ailleurs dans cette île touristique.

TAVERNA SIRTAKI €

✆ +30 2286 023340
Environ 15 €. OUvert tous les jours de midi à minuit.

Bienvenue dans une agréable taverne au bord de l'eau face au volcan. Quelle belle surprise de la trouver après avoir descendu les marches pour partager des assiettes goûteuses avec une clientèle grecque accueillante. On y sert de très bonnes spécialités à base de poissons frais. Goûtez aux délicieuses spécialités maison : les boulettes de poissons, le feuilleté d'aubergine, les *tomatokeftedès* et les poulpes. Prix d'autant plus corrects comparés aux restaurants qui longent la caldeira en hauteur et dont la qualité est parfois douteuse.

ARGO €€

marinatou.
✆ +30 2286 022594
www.argo-restaurant-santorini.com
Ouvert tous les jours de midi à minuit. Comptez 30 € par personne.

Le défi du restaurant Argo, est de parvenir à combiner les saveurs traditionnelles de Santorin, ou plus largement de la Méditerranée, avec d'autres types de produits venant d'ailleurs afin de créer des plats uniques. Une super gastronomie qui permet de se familiariser avec l'originalité des arômes de la *fava* (purée de pois cassés), des aubergines blanches, et de la *patatina* – une spécialité qui mélange des œufs et des pommes de terre – parmi d'autres. L'endroit est cosy, fleuri, et dispose d'une terrasse avec une vue impressionnante.

1500 B.C. €€

✆ +30 693 808 4878
www.1500.gr
Entre 20 à 30 € par personne. Ouvert tous les jours de midi à minuit.

© 1500BC

Considéré comme l'un des meilleurs restaurants de poisson de l'île, son nom rappelle la date de l'éruption du volcan de Santorin et de la création de Caldeira, en 1500 av. J.-C. Ce magnifique restaurant à la vue inoubliable propose essentiellement du poisson frais, arrosé d'un large choix de vins grecs minutieusement sélectionnés. Il faut dire que les propriétaires parfaitement francophones sont de grands voyageurs et gastronomes aguerris, il n'y a donc aucun doute sur la qualité des aliments et le service de cet endroit magique.

BAROLO €€

✆ +30 693 808 4878

© BAROLO

Ouvert cette année par les propriétaires du 1500 BC (et situé juste en dessous de ce dernier sur la caldeira), ce restaurant va certainement devenir l'une des adresses les plus prisées de Fira. Nommé d'après l'un des plus grands vins italiens, souvent décrit comme ayant des arômes de goudron et de rose, le Barolo propose une cuisine gastronomique méditerranéenne subtile et raffinée. Surplombant le volcan et entouré de bâtiments traditionnels blanchis à la chaux, le Barolo offre une expérience culinaire envoûtante avec un panorama époustouflant.

FANARI €€

✆ +30 22860 25107

www.fanari-restaurant.gr

A partir de 20 € par pers. Ouvert tous les jours midi et soir.

Avec un peu de chance, vous trouverez ici une table avec vue sur la Caldeira sans réserver, ce qui est quand même difficile car il y a beaucoup de monde. L'atout majeur de Fanari, c'est sa vue panoramique et plongeante sur la Caldeira de l'une de ses 3 terrasses. Côté cuisine, vous goûterez bien sûr des spécialités locales comme les tomates farcies façon Santorin ou le kleftiko d'agneau, mais aussi le poisson grillé ou les spaghettis aux langoustes. Si vous tapez la discute, Loukas, le chef de cuisine et propriétaire, adore Paris.

LITHOS €€

✆ +30 22860 24421

www.lithossantorini.com

A partir de 20 € par pers. Ouvert tous les jours midi et soir.

A 10 m de la place principale de Thira, sur une jolie terrasse avec une vue formidable. On recommande l'établissement, pour le professionnalisme chaleureux du personnel et la qualité des plats servis. Parmi les spécialités de la maison : poulet aux artichauts, spaghettis aux langoustes ou aux ails, câpres et tomates... La carte, variée, propose des plats copieux, essentiellement grecs et italiens, pour des prix raisonnables. En baragouinant un peu en français et en offrant un verre automatiquement, le patron rend l'atmosphère encore plus amicale.

GRAFFITI MUSIC CAFE

Karterados

✆ +30 2286 024248

www.graffiti-santorini.gr/

Ouvert tous les jours de 8h à 2h du matin.

Ouvert depuis 2006, le Graffiti Music Cafe est un endroit où la tranquillité est de mise en journée, sur les poufs installés en terrasse ou en intérieur. Le soir, des concerts ont lieu, le plus souvent de musique électronique bien vibrante. Il n'est pas idéalement situé (au bord de la route qui part de Fira vers le sud de l'île, un peu en dehors de la ville) mais cela permet au moins de faire tout le bruit qu'on veut... La décoration joue sur les codes underground, tout en graffitis. On peut y venir en journée pour un café ou un dessert.

TROPICAL

✆ +30 2286 023089

Happy Hour de 21h à 23h. DJ set à partir de 22h.

Ouvert depuis plus d'une trentaine d'années, c'est toujours la même personne à la tête du lieu, ce qui a fidélisé une bonne clientèle. Au Tropical bar, il y a une petite salle intérieure, aux murs en pierre, mais surtout une jolie terrasse qui donne sur la baie, et qui vous ravira en pleine nuit. On y reste éveillé toute la nuit au rythme des pulsations de vieux tubes, de rock et du soul principalement mais les playlists changent tous les jours. Les cocktails, d'ailleurs, portent les noms des plus grands : vous pouvez par exemple commander un Hendrix.

KOO CLUB

Rue principale de la ville haute
✆ +30 22860 22025
www.kooclub.gr
Ouvert en saison tous les soirs à partir de 23h. Entrée 10 €.

Bondé le samedi soir, plus calme les autres jours. Ici, l'entrée comprend une boisson, mais il arrive aussi que ce soit gratuit - à la tête de la cliente diront quelques mauvaises langues. Club assez sympathique dans l'ensemble, grand, aéré, en plein air. Le club résolument branché possède un agréable espace extérieur où vous pourrez siroter des verres aux trois bars qui se trouvent sous les palmiers et la Voie lactée. Voûtes bleues, rouges et blanches à l'intérieur. Musique dance et tubes. La terrasse est très agréable. La musique est commerciale mais acceptable.

AEGEAN DIVERS

✆ +30 693 709 4036
www.aegeandivers.com
Ouvert de 8h à 22h. Arrêt de bus en face de la boutique.

Dotés d'une longue expérience en plongée récréative de tous niveaux, les profs certifiés d'Aegan Divers reçoivent aussi bien les amateurs débutants que les grands professionnels. Il est vrai qu'ici, les plongeurs s'en donneront le cœur joie, car plonger autour d'un volcan n'est pas donné à tout le monde. Ce centre de plongé propose des expériences inédites sur 32 sites autour de l'île. Sur la page d'accueil d'Aegan Divers sont proposées des formules avec hébergements. Possibilité de transfert gratuit sur rendez-vous. Demander Kostas le propriétaire.

FIROSTEFANI ★

Cette petite « banlieue » de Thira est plus calme que sa voisine, mais elle reste pratique pour découvrir les attractions principales de l'île. Vous serez très rapidement à pied en plein centre de Thira, afin de profiter de temps en temps de l'animation de la ville. Sur place, vous gardez la vue fabuleuse sur la caldeira, mais dans un cadre (un peu) plus serein. Calme et romantique, Firostefani aligne toutefois aussi les établissements. Ici aussi, les hôtels y sont vite complets, donc n'hésitez pas à réserver à l'avance. Au-delà de la vue et des hôtels - ce qui n'est pas rien - Firostefani n'offre aucun site d'intérêt particulier.

HOTEL SOFIA €

Rue Principale
✆ +30 22860 22802
www.sofiahotelsantorini.com
Chambre double standard à partir de 70 € en été. Petit déjeuner : 8 €.

Petit hôtel familial sans prétentions particulières, mais non sans charme. Il a l'avantage d'avoir une position centrale. Son toit, notamment, paraît tout à fait « instagrammable » avec une vue imprenable sur l'église et son dôme bleu juste à côté. D'un point de vue pratique, c'est surtout à 15 minutes seulement à pied de Fira et en plein centre de Firostefani. Parmi ses avantages, vous profiterez peut-être de sa piscine, étroite, certes, mais suffisante pour un petit plouf et un rafraîchissement aux heures chaudes. Pratique, on vous dit.

KAFIERIS APARTEMENTS ON THE CLIFF €

Sur la Caldeira.
✆ +30 22860 25759
www.kafierishotel.com
Appartement à partir de 90 € en été, moins en hiver. Ouvert toute l'année.

Un hôtel simple qui propose quelques chambres dont certaines avec cuisine équipée. Une vue extraordinaire du balcon et surtout de la terrasse, où vous pouvez prendre le petit déjeuner ou utiliser le bain à remous avec une vue inoubliable sur la caldeira. Mais le petit déjeuner peut être aussi pris en chambre. Pour la baignade, il est souvent possible d'utiliser la piscine de l'hôtel Margarita (c'est le même propriétaire). L'ensemble est là aussi sans prétention mais pratique et calme.

GALINI HOTEL & VILLAS €€

✆ +30 22860 22095
www.hotelgalini.gr
12 chambres. La double à partir de 110 € avec un très bon petit déjeuner.

Niché à flanc de falaise avec une vue plongeante et incroyable sur la mer et la caldeira, ce petit hôtel est un endroit charmant et convivial. Les chambres, rénovées il y a peu, sont idéalement agencées et décorées dans le style cycladique. Les suites ont un balcon privé. Christina fera tout pour faciliter votre séjour et votre découverte de l'île. L'hôtel possède également des villas sur la Caldeira, et un café avec terrasse panoramique sur le toit. Le petit déjeuner de grande qualité servi le matin, face à la vue dégagée, est une expérience à ne pas manquer !

AKTAION TRADITIONAL RESTAURANT €€

✆ +30 22860 22336
www.aktaionsantorini.com
A partir de 15 € par personne. Ouvert tous les jours midi et soir.

Une des plus vénérables adresses de l'île, fondée en 1922 et transmise de père en fils. Aujourd'hui, même si cette taverne est la plus ancienne de Santorin, elle n'a absolument rien perdu de son charme. On y sert de bons petits plats typiques sur une terrasse bleue et blanche souvent bondée. L'agneau au four avec pommes de terre et feta est un régal. Quand les touristes sont moins nombreux, le patron et ses clients refont le monde et vous raconteront l'histoire du lieu.

VANILIA RESTAURANT €€

✆ +30 22860 25631
A partir de 20 € par personne. Ouvert tous les jours midi et soir.

Un restaurant romantique et fleuri, avec de belles salles et une vue imprenable sur la caldeira. Comment résister à sa tonnelle face à la caldeira ? Ce restaurant traditionnel est ouvert depuis plus de 20 ans. Cuisine grecque et variée à la carte ou en menu : mezzés, poissons, fruits de mer, viandes, soupes, salades. Nous y avons également goûté des sardines grillées au basilic et aux tomates rôties et un excellent rizogallo (riz au lait). La vue plongeante sur la caldeira, l'atmosphère romantique et la qualité des prestations ne vous laisseront pas indifférent.

IMEROVIGLI ★

A quelques minutes de marche au nord de Thira, Imerovigli est un village ravissant, lui aussi niché sur une falaise qui surplombe la caldeira de Santorin. Ici aussi, place à une enfilade de terrasses de bars, de restaurants et bien sûr d'hôtels, dont certaines chambres troglodytes, pour prolonger l'offre de la capitale. Le village est un autre lieu prisé pour admirer le coucher du soleil. Pour s'échapper, le sentier de randonnée Ekklisia Theoskepasti vous emmène vers les ruines de la forteresse vénitienne de Skaros, édifiée au XIIIe siècle, puis jusqu'au sommet de l'emblématique rocher de Skaros, où se trouve également l'église de Panagía Theoskepasti.

AELIA BY ELTHEON €

✆ +30 22860 24078
www.santorini-hotels.org
Studio double entre 85 € et 100 € en été. Petit déjeuner : 8 €.

Voici un hôtel très propre et pratique, à côté de la capitale Thira. Facile d'accès à pied, l'établissement est au calme, avec une petite supérette pour se ravitailler juste à côté. Ces studios, économiques, offrent un bon rapport qualité-prix. Tous ont une kitchenette et la télévision. Architecture et mobilier traditionnels, chambres spacieuses et rénovées récemment. Et en plus, il y a une piscine avec bassin pour enfants. Et quelques bonnes prestations, comme un service de location de voiture. Une chouette option à recommander.

La tour de l'église Anastasi, Imerovigli.

LUNA ROSSA €€

✆ +30 2286024280
www.santorini-lunarossa.com
De 80 € à 125 € par nuit en basse saison pour un studio avec balcon et jusqu'à 350 € pour un appartement en saison.

© LUNA ROSSA

Bel établissement de style cycladique, disposant de terrasses avec une vue magnifique sur la baie de Santorin et la mer Egée. Les 10 chambres disponibles sont agréables, spacieuses, confortables et bien tenues, et l'appartement Deluxe avec terrasse et vue panoramique 360° vaut le détour. Le petit déjeuner est inclus et servi dans la chambre. Fred, le propriétaire, est très sympathique et parle français, il saura vous accueillir et surtout vous conseiller au mieux pour l'organisation de votre séjour (location de véhicule, lieux à visiter, etc.).

ATHIRI SANTORINI FAMILY FRIENDLY HOTEL €€

✆ +30 22860 36230
www.athirisantorini.gr
Appartements à partir de 140 € la nuit.

Athiri est un tout nouvel hôtel qui propose un hébergement et une hospitalité principalement aux familles et aux parents voyageant avec des enfants. Respectant le style architectural des Cyclades, avec vue mer ou jardin, c'est l'atout majeur de ce nouveau petit établissement (pour les personnes concernées du moins !). Suites familiales avec séjour, cuisine, spa, et terrasse. Salle de jeux adaptée avec option garde d'enfants en prime, piscine extérieure.

CHROMATA UP STYLE HOTEL €€€

Chambre 300 et 650 € la nuit, prix variant selon période et catégorie. Petit déjeuner compris. Bar, restaurant. Piscine extérieure, bain bouillonnant. Clim, wifi. Parking gratuit.

Un hôtel à la hauteur des attentes de ceux qui sont venus chercher le calme des vacances d'été, la vue à couper le souffle de Santorin et la qualité des services d'un établissement de luxe. Le personnel fait tout pour faciliter et améliorer votre séjour, les chambres sont impeccables, très confortable, et l'emplacement ne pourrait pas être mieux. Le restaurant gastronomique, la piscine et son bain bouillonnant, le petit-déjeuner délicieux... vous risquez de rien n'oublier de votre séjour à Santorin, à condition de payer le prix.

KAPARI NATURAL RESORT €€€

✆ +30 22860 21120 - www.kaparisantorini.gr
14 chambres et suites avec petit déjeuner à partir de 400 € en été.

Situé sur le flanc de falaise, le Kapari est un endroit magique. Intégré en 2014 à la liste très sélective des 23 établissements sélectionnés par National Geographic pour leur confort et leur authenticité, ce resort luxueux reste cependant une petite structure à taille humaine, et vous charme dès votre arrivée. Une arrivée qui se fait à pied car ici, on est au coeur de la carte postale : calme, volupté, style architectural cycladique de toute beauté, et vue incroyable sur la Mer Egée. Délivrant tous les services attendus d'un cinq étoiles, les hôtes sont considérés individuellement avec attention, gentillesse et professionnalisme. Petit déjeuner très soigné. Bref, un séjour de rêve vous y attend.

WHITEDECK HOTEL €€€

A côté de l'église orthodoxe maltaise
✆ +30 22860 24547
www.whitedecksantorini.com
A partir de 140 € la nuit, petit déjeuner compris. Avec navette aéroport.

Pas de confusion : si vous connaissiez les Oniro Studios, ils ont changé de nom. Pour le reste, pas de changement : il y a toujours beaucoup d'escaliers, suivez juste les panneaux. Situé sur le point culminant de l'île, avec de véritables caves creusées dans la roche, l'hôtel offre une vue sans égale. Très calme, cosy, ambiance familiale sans prétention particulière. Même s'il propose aussi des suites avec un bain à remous privé... On profite à Imerovigli d'un calme incomparable aux autres emplacements de l'île avec en option le petit déjeuner apporté en chambre.

ANOGI €

✆ +30 22860 21285

www.anogirestaurant.gr/

Réservations conseillées. Comptez 20 € par personne. Ouvert tous les jours le soir, à partir de 17h.

Tout est dans la simplicité mais cependant dans le bon goût, pour ce restaurant situé sur une place du village d'Immerovigli. On y mange très bien, avec à la carte de bons plats grecs cuisinés à base de viande ou poisson. Une taverne iconoclaste puisqu'elle sert, entre autres, de nombreux plats de Thessalie, tels que le veau braisé aux pâtes, avec de l'huile d'olive de Gythio. Il y a aussi des mezzes, copieux. Le service est vraiment rapide même les soirs d'abondance, et il est toujours exécuté avec le sourire et le bavardage chaleureux.

AVOCADO €

✆ +30 22860 36183

www.avocadosantorini.gr

Comptez 15 € par personne. Ouvert tous les jours de midi à minuit.

La cuisine de ce restaurant séduit par sa qualité, sans exagérer sur les prix. Atmosphère apaisante et service sympathique dans un cadre confortable. Plats végétariens, desserts maison et belle carte de vins locaux. Le restaurant est toujours plein en été donc pensez à réserver à l'avance. Autre avantage, l'établissement privilégie des ingrédients locaux et biologiques, principalement originaires de l'île de Santorin, pour préparer ses plats afin de garantir la meilleure qualité. Lesbos (pour son fromage) ou Naxos (huile d'olive) sont aussi à la carte.

ANESTIS €€

✆ +30 22860 25374

Ouvert tous les jours à partir de midi. Compter 15 € par pers.

Mention spéciale à cette taverne très authentique recommandée et fréquentée par les locaux, ce qui est toujours bon signe. Même si les tables sur la rue ne font pas envie, sachez qu'il y a une salle avec vue panoramique sur la côte. Allez voir ! Nous vous recommandons en effet d'aller vous asseoir au fond du restaurant, où l'on a une vue sur la mer superbe. En cuisine, des plats familiaux avec du vin maison. De la qualité à prix modérés. Très bon restaurant, les plats sont vraiment copieux. Le rapport qualité-prix est appréciable. Rien à dire !

ASTRA SUITES €€€

✆ +30 22860 23641

www.astrasuites.com

30 chambres et une villa avec petit déjeuner à partir de 225 €.

Astra Suites, dans le village paisible d'Imerovigli, est perché sur la falaise volcanique la plus exceptionnelle de Santorin. C'est tout simplement splendide. L'hôtel lui-même ressemble à un village pittoresque des Cyclades. Le lieu offre une vue panoramique, où l'alchimie naturelle de la mystérieuse caldeira et de la mer Égée, bleue nature, surprend le regard au fil de la journée. Classé parmi les 25 meilleurs hôtels au monde et déjà primé en « Best Service » pour le savoir-faire du personnel qui est au service de votre détente.

© ASTRA SUITES

© ASTRA SUITES

OIA - IA ★★★★

C'est l'un des plus beaux lieux de Grèce, et plus encore si vous arrivez à l'aborder loin de la foule.« Thira est déjà magnifique, mais ici ça surpasse tout, ce lieu est unique et la vue mystique. Une vue incroyable sur le paysage (volcan, mer, caldeira...). À 11 kilomètres de Thira, la ville d'Oia (prononcez I-a) a été abandonnée par ses habitants en 1956 après un tremblement de terre. Les 600 personnes qui y vivent ont restauré les maisons détruites ou en ont construit de nouvelles, creusées dans la roche. Si la vue est exceptionnelle, le village n'est pas exempt de certains travers touristiques. On pestera souvent contre la foule, les bibelots, les tavernes quelconques... L'heure de la sieste grecque (15h-18h) est peut-être le moment le plus tranquille pour se balader. Le soir, si l'on peut y dormir, l'ambiance est au calme. Il est agréable de vous balader dans les petites ruelles en marbre de la vieille ville, entre les anciennes demeures néoclassiques, passant devant les chapelles blanches et bleues et leurs dômes si singuliers. Au coucher du soleil, c'est superbe et il règne une atmosphère paisible, même si c'est aussi à cette heure de la journée qu'il y a le plus de monde. Oia domine deux baies, celle d'Ammoudi (à l'ouest) et celle d'Armeni (à l'est). Ce sont les ports servant de lieu de départ aux excursions en bateau dans la caldeira. Elles abritent toutes deux quelques tavernes de poissons, dont l'emplacement est idéal pour passer un agréable moment en soirée : on est juste au bord de l'eau, isolé au pied des falaises.

Les fameux dômes bleus de Santorin.

ÉGLISE DE LA SAINTE-VIERGE

Sur la place centrale de Oia

Cette église a été fondée en l'an 1000 par l'empereur byzantin Alexius I. Et fait d'exception, son aspect extérieur est totalement intact malgré les tremblements de terre et autres invasions (turcs, francs) que l'île a subis. Seul un incendie en 1915 l'a fragilisée. Mais cela reste une église majestueuse lorsqu'on la pénètre. Elle est en elle-même classique des églises orthodoxes grecques, mais elle se distingue par son emplacement absolument privilégié, dominant la baie de Santorin.

FINESSE SUITES €

✆ +30 22860 71406

www.finessesuites.com

Studio pour 2 à partir de 100 € en saison.

Perchées au sommet des falaises de Santorin, ces suites sont situées dans l'un des endroits les plus pittoresques des Cyclades. Ce complexe, ouvert toute l'année, permet de s'installer comme chez soi, de façon économique dans de vrais petits appartements troglodytes. Bon plan pour les familles et belle vue. En réservant à l'avance, on a trouvé des charmants studios pas si chers, même en haute saison, comparés au reste de l'offre. En arrivant dans la ville, adressez-vous à l'agence Ecorama située à l'arrêt de bus qui vous négociera un bon prix en saison creuse.

PENSION FLOWER €

✆ +30 22860 71130

http ://flower-santorini.com

Chambre double à partir de 80 € en été.

Cette petite pension familiale propose 10 chambres spacieuses pouvant accueillir de 2 à 4 personnes, chacune avec son magnifique balcon et donnant toutes sur le spectaculaire jardin et la piscine. C'est un très bon rapport qualité-prix pour Oia. C'est notamment dû à son emplacement, un peu en retrait de la caldeira. Chambres confortables et proprettes, avec un réfrigérateur. Et les balcons des chambres donnent malgré tout sur la mer au loin. La piscine centrale est bien agréable également. Une bonne adresse pour les familles aussi.

ATLANTIS OIA

✆ +30 22860 71158
https ://atlantisoia.com/
Cours de plongée et autres activités comme le snorkeling ou bateau-école.

© ATLANTIS DIVE

Probablement l'un des plus connus de Santorin. Apostolos, le fondateur, a plus de 20 ans d'expérience sur l'île et fut le premier instructeur labellisé Cousteau Divers de Grèce. Explorez l'impressionnant paysage sous-marin autour de la caldeira de Santorin et partez à la recherche des vestiges de la cité perdue de l'Atlantis, comme beaucoup d'explorateurs, d'aventuriers et de scientifiques l'ont fait avant vous. Le centre est de plus très actif dans la préservation de l'environnement, et se bat notamment pour créer un espace marin protégé autour de la caldeira.

AETHRIO €€

✆ +30 22860 71040
www.aethrio.gr
Chambre double à partir de 80 € en été, petit déjeuner inclus.

Rénovation aux couleurs locales réussie. Cet hôtel fort sympathique est parfaitement situé au cœur du village mais bien au calme. A seulement 50 m dans une ruelle, on débouche sur la promenade principale de la caldeira. Dans un cadre merveilleux, la grande piscine s'impose et nous appelle à la détente. Bien aménagées, certaines chambres possèdent de grands balcons voire des terrasses privées, mais d'où que l'on se trouve, on n'échappe pas à la vue spectaculaire surtout au coucher du soleil pour lequel on fait le voyage du monde entier.

MUSEUM SPA WELLNESS €€

✆ +30 22860 71515
https ://museumspasantorini.reserve-online.net/
Chambre double à partir de 100 € en été. Petit déjeuner compris. Ouvert toute l'année.

Cette maison traditionnelle située dans la rue piétonne, au centre du village, abritait autrefois le Musée naval. Les logements sont équipés d'air conditionné, d'une vraie cuisine et peuvent accueillir 4 personnes. La cour intérieure abrite un vieil olivier et une belle piscine ainsi qu'un centre de bien-être et de beauté. La terrasse du premier étage offre une vue imprenable sur la mer pour admirer le coucher du soleil. Même s'il manque une vraie vue sur mer, cela autorise de bonnes affaires hors saison ou en réservant bien à l'avance.

VAZEOS CAR & MOTO RENTAL

✆ +30 22860 71200
www.vazeos.gr
Voiture à partir de 27 € par jour selon le modèle, la période et la durée. Ouvert toute l'année de 8h30 à 21h.

© VAZEOS

Structure très professionnelle et sérieuse à Santorin. Location de tous types de véhicules quasiment neufs de très bonne qualité, avec air conditionné et lecteur CD. Expérience remarquable dans l'organisation et la gestion des locations (anciennement AutoEurope). Possibilité de siège bébé. Quads, motos, scooters, et véhicules haut de gamme également disponibles. Livraison-réception des véhicules au port, à l'aéroport, en agence ou à votre hôtel. Parmi les autres services professionnels assurés : une assistance 24h/24, sept jours sur sept.

KRINAKI €

Finakia
✆ +30 2286 071993

© KRINAKI

Vous trouverez ici incontestablement l'une des meilleures adresses de l'île. Dans le calme et reposant village de Finikia, juste derrière le tumulte d'Oia, se trouve cette excellente taverne traditionnelle grecque. Et nous insistons sur l'aspect traditionnel, avec une ambiance détendue et conviviale, une décoration rustique de bon goût et surtout une cuisine locale et extrêmement goûteuse. Andreas, le jeune patron, met un point d'honneur à s'approvisionner avec les meilleurs produits locaux. L'Imam Bayaldi (farci d'aubergines) est tout simplement exquis.

1864 THE SEA CAPTAIN'S HOUSE €€€

✆ +30 22860 71983
www.sea-captains-house.com
Chambre double à partir de 300 €. Ouvert toute l'année. Petit-déjeuner compris.

L'un des rares endroits où séjourner à Santorin où l'on a vraiment l'impression de vivre dans une vraie maison. Sauf que ce manoir de deux étages est en partie creusé dans la falaise. Cette villa, ancienne propriété d'une famille d'armateurs, date vraiment de 1864 et fut classée, jadis, parmi les 50 plus beaux hôtels du monde. On comprend pourquoi : une poignée de suites accrochées à la falaise et décorées avec goût. Pas de piscine, mais un bain à remous sur le toit avec vue.

AMMOUDI FISH TAVERN €

Ammoudi
✆ +30 22860 72298
www.ammoudi-santorini.com
A partir de 15 € par pers. Ouvert tous les jours midi et soir.

Le cadre exceptionnel au bord du port et les poulpes séchant au soleil en feront saliver plus d'un. L'accueil reste en plus très chaleureux pour cette institution sur le petit port d'Ammoudi, en contrebas d'Oia. Poissons frais achetés directement sur le quai aux pêcheurs locaux, homard, salades grecques. Un régal de manger les pieds dans l'eau avec une vue mer exceptionnelle. L'endroit est aussi réputé pour sa terrasse à l'étage et ses apéros au coucher de soleil. Attention juste à l'addition si vous prenez du poisson au kilo. Les prix montent vite.

KYPRIDA €

✆ +30 22860 71979
www.kyprida.gr
A partir de 15 € par personne. Ouvert tous les jours midi et soir.

Un restaurant aux spécialités uniques sur l'île, calme, en retrait de l'agitation de la foule, avec une belle terrasse et une vue sur le coucher de soleil. Le personnel francophone y sert des plats tels qu'ils sont proposés à Chypre, mais aussi beaucoup de plats traditionnels locaux ou grecs. La cuisine est faite maison, utilisant des produits frais et de la meilleure qualité, se partage entre une grande variété d'entrées et de plats végétariens, d'entrées et de plats traditionnels tels que la moussaka, classique de la maison, des produits de la mer et du grill.

TAVERNE DIMITRIS €

baie d'Ammoudi
✆ +302286071606
www.dimitris-ammoudi-restaurant.com/
Ouvert de midi à minuit tous les jours. Environ 15 € par personne.

Jaune et inspirée par le thème des pirates, la taverne Dimitris est le dernier des cinq établissements installés en bord de mer, sur la baie d'Ammoudi. Après avoir descendu les 500 marches d'Oia jusqu'à la baie, profitez d'un repas typique et relaxez-vous en écoutant les remous de l'eau juste sous vos pieds. Le restaurant sert une grande variété de poissons grillés, de fruits de mer... Ce qui a été pêché le jour-même est exposé dans une vitrine, dans la cuisine du restaurant, et vous pouvez venir choisir ce qui finira dans votre assiette.

MARYKAY'S BAR - HASSAPIKO

✆ +30 2286 071244
www.hassapiko.gr
Ouvert tous les jours de 8h jusqu'au dernier client.
C'est le bar qui reste ouvert le plus tard dans le village, parfois jusqu'à l'aube. Dans le cadre des années 1950 de son unique salle, ce bar fondé en 1991 brasse des gens de tous horizons. Pour la petite histoire, c'est une ancienne boucherie, d'ailleurs on y observe encore des crochets de bouchers. DJ et groupes de jazz se relaient tout l'été. Bien pratique, on peut y manger des sandwichs quand le petit creux de minuit se fait sentir. Une adresse conviviale pour faire la fête.

CANDOUNI RESTAURANT & BAR €€

✆ +30 22860 71616
www.candouni.com
Comptez entre 25 et 35 €. Ouvert de 14h à minuit.

© CANDOUNI

Dans le jardin d'une ancienne maison de capitaine datant de 1825, on se retrouve sous un bougainvillier à la lueur des chandelles dans l'un des endroits les plus romantiques du village. Candouni offre une cuisine méditerranéenne défendant les produits frais et locaux. Surtout de ne pas manquer l'agneau cuit au four dans un parchemin en papier. Atmosphère authentique où se rencontrent bonne cuisine et bonne humeur. Les gérants très sympas parlent français couramment.

FEREDINI €€

✆ +30 22860 71825
Ouvert midi et soir. Dîner à partir de 40 € par personne.

© FEREDINI

Feredini est l'endroit idéal pour dîner dans une ambiance romantique sur la caldeira de Santorin face à la mer Egée. Entre intimité et convivialité sur deux niveaux, vous y dégusterez une cuisine semi-gastronomique grecque, créative et de grande qualité, qui revisite les inconditionnels de la cuisine méditerranéenne. Vous apprécierez également une belle carte de vins locaux. Nous vous recommandons de réserver à l'avance pour obtenir les tables les mieux placées avec vue et passer une soirée mémorable. Une adresse à ne pas manquer.

MÉTÉOR

Ouvert tous les jours jusqu'à minuit.
La salle est minuscule (2 tables) et la terrasse ne donne pas sur la mer, et pourtant, c'est sans aucun doute le bar le plus agréable de l'île. Tenu par Costas, un comédien d'Athènes, le lieu est décoré d'antiquités et d'objets de créateurs que vous pouvez acheter. Le vin, les cocktails et les pizzas faites maison sont excellents. Situé dans les petites ruelles d'Oia sur le chemin de la citadelle, on apprécie sa mini-terrasse à l'ombre. Le service est rapide et souriant. Possibilité de prendre des cocktails comme des sandwichs au pain pita.

CYCLADES ORIENTALES

ROKA €€

Botsari 6.
✆ +30 22860 71896
www.roka.gr/
Comptez 20 € par personne. Ouvert de 13h à 23h. Réservations conseillées.

© ROKA

Suivez le guide (les pancartes) pour trouver cette vieille bâtisse aux volets bleus. Une petite cour intérieure joliment décorée et riche en plantes – ainsi que quelques tables dans une salle intérieure, et d'autres sur une superbe terrasse avec vue sur la mer, idéale pour le coucher de soleil sur la caldera. On y mange bien, les plats sont confectionnés avec des produits locaux mais changent un peu de ce que qui est servi dans les tavernes ; on trouve notamment des pâtes et des risotto, mais aussi beaucoup de plats de viande, de poissons et de fruits de mer.

ATLANTIS OIA

✆ +30 22860 71158
https ://atlantisoia.com/
Cours de plongée et autres activités comme le snorkeling ou bateau-école.

Probablement l'un des plus connus de Santorin. Apostolos, le fondateur, a plus de 20 ans d'expérience sur l'île et fut le premier instructeur labellisé Cousteau Divers de Grèce. Explorez l'impressionnant paysage sous-marin autour de la caldeira de Santorin et partez à la recherche des vestiges de la cité perdue de l'Atlantis, comme beaucoup d'explorateurs, d'aventuriers et de scientifiques l'ont fait avant vous. Le centre est de plus très actif dans la préservation de l'environnement, et se bat notamment pour créer un espace marin protégé autour de la caldeira.

SANTORINI PREMIUM SPA

✆ +30 22860 71055
www.santorini.com
Ouvert d'avril à octobre.

Un centre de relaxation et de beauté féminin et masculin incluant toute une variété de traitements pour le corps et l'esprit : massages, maquillage, forfaits pour mariage, spa, manucure, hydrothérapie, soins du corps, du visage, boutique pour cadeaux… dans un décor de rêve au bord d'une piscine calme et reposante enveloppée d'une musique zen.

SKALA €€

✆ +30 22860 71362
A partir de 20 € par personne.

© SKALA

Skala est un restaurant sympathique, installé dans un environnement apaisant. Le personnel est attentif, la cuisine grecque est de très bonne qualité et servie avec un bel effort de présentation. Tous les classiques sont là : moussaka, salades, viandes, et la part belle est faite aux poissons et fruits de mer. Une sélection de vins locaux est également mise à l'honneur, en particulier ceux du réputé Domaine Sigalas, basé à Oia. Certaines tables jouissent d'une belle vue sur mer, et un rooftop est accessible, idéal pour le début de soirée. Pensez à réserver.

BAXEDES ★

À 5 kilomètres seulement de Oia, Baxedes, sur la pointe nord-ouest de l'île, renferme une étonnante plage de sable noir à découvrir. Vous pouvez aussi tester à proximité les vins de l'île. En arrivant de Thira, juste avant d'entrer à Oia sur votre droite, vous apercevrez le panneau « Wine Roads ». Il faut descendre par une route sinueuse en direction de Foinikia pendant 2 ou 3 km avant d'arriver au domaine créé par la famille Sigalas en 1991. C'est là que se produisent, dans le plus grand respect de la tradition sur 24 ha de vignoble, les célèbres vins Sigalas reconnus dans le monde entier. Vous pourrez y dîner jusqu'à 21h.

TAVERNA KYRIA NIKI €

✆ +30 22860 25146

Comptez environ 15 € par personne. Ouvert toute l'année. Tous les vendredis soirée « bouzouki ».

Niki, une enfant du pays, prépare des plats traditionnels avec passion dans une cuisine ouverte aux yeux de tous. Taverne à la bonne franquette, on choisit parmi les plats exposés, une ou plusieurs de ses suggestions du jour. L'endroit est connu des locaux et plébiscité. Le personnel est très accueillant et prévenant. Pour la nourriture, on va choisir son plat dans la vitrine. C'est la cuisine du marché, du jour, et typique (croquettes de tomates, moussaka, boulettes de viande en sauce). Très bon, et très copieux. Et sans addition trop salée !

KARTERADOS

Direction le sud, à 2 km au sud de Thira. L'île accueille toujours plus de touristes, trop sans doute, et sa capitale ne peut plus développer son offre hôtelière. Il faut pourtant pouvoir dormir quelque part ! A l'instar de Firofestani au nord, ce petit village calme et agréable représente une bonne solution de rechange pour vous loger. Il faut reconnaître que les tarifs sont plus attractifs si l'on est prêt à marcher (un peu) pour profiter des attractions de Thira. Il y a des avantages mais pas de véritable charme. En été, il faudra aussi être doublement vigilant : la plupart des hôtels sont en effet souvent remplis par des tour-opérateurs en haute saison.

ALBATROS €

✆ +30 22860 23435

www.albatroshotel-santorini.com

Chambre double à partir de 80 €, avec petit déjeuner.

Voici un bel hôtel avec 38 chambres modernes et bien équipées, plutôt spacieuses. Le petit déjeuner maison est correct. Parmi les plus, il y a une piscine, et vous pourrez facilement vous rendre à pied au centre. D'ici, les attractions, le bus ou encore le port ne sont jamais très loin... Certes, d'aucuns diraient que l'accueil n'est pas des plus chaleureux. Ce n'est pas faux. Mais tout compte fait, si l'on considère toutes les autres possibilités offertes par l'hôtel et son emplacement, alors on peut passer au-dessus de cela...

MESSARIA

A 4 kilomètres au sud de Thira, animée et conviviale, une partie de ce village plus cosy et reposant est construite sur la caldeira, avec vue sur le volcan et la mer Égée. On respire un peu plus ici : entouré de vignes et d'oliviers, cet environnement ajoute aussi à sa beauté. Quelques maisons néoclassiques entourées de vignobles et de jardins y sont implantées, dont une à visiter. En effet, au XIXe siècle, le village était encore le centre industriel de l'île, dardé de maisons troglodytes et d'hôtels particuliers. Pour prolonger la visite, une belle promenade conduit à Vothonas qui abrite d'ailleurs deux églises troglodytes.

KALMA €

✆ +30 22860 31967

www.hotelkalma.gr

A partir de 60 € la nuit en été. Petit-déjeuner compris.

A l'entrée du village, en arrivant de Kertaderos, se trouve ce petit hôtel de 37 chambres (deux bâtiments) que Loukas Velonias tient avec sérieux. Les chambres sont toutes dotées d'un balcon, certaines donnent sur la mer, d'autres sur la vallée, et enfin, les dernières sur la piscine. Leurs tailles varient, mais elles sont toutes confortables, propres, et bien équipées. La piscine est mignonne et pratique, avec deux bains à remous et un bar qui ouvre en fin d'après-midi. Les propriétaires savent comment accueillir et créer un sympathique cadre familial.

VILLA DANEZIS €

✆ +30 22860 33071
www.villadanezis.gr
Chambre double à partir de 60 € en été.

Les chambres peuvent accueillir entre 1 et 4 personnes et sont extrêmement confortables et bien aménagées. Chacune comprend un balcon privé, la télévision, un réfrigérateur, une salle de bain privée. Cette très agréable villa offre un excellent rapport qualité-prix à quelques kilomètres seulement de Thira. Les chambres, confortables et coquettes, disposent toutes d'un balcon avec vue sur la plaine et, au loin, la mer. Idéal pour les familles ou ceux qui recherchent le calme et un peu d'espace à proximité des attractions de l'île. Piscine, *pool bar* et jardin.

TAVERNE KRITIKOS €

✆ +30 228 603 2300
A partir de 10 € par personne. Ouvert midi et soir.

Restaurant typique, portions énormes pour gros mangeurs, service impeccable. Une taverne à l'écart du village. On mange (très) copieux pour pas cher, et les amoureux de viande vont se régaler à coup sûr. Il n'y a pas de stratégie commerciale ou touristique dans ces portions XL, c'est vraiment qu'en cuisine, on a la volonté de satisfaire les grands appétits, et de le faire bien. On ne peut pas dire que des efforts flagrants soient faits en décoration (bien que l'intérieur ait le charme de l'authenticité) mais le service est poli, efficace et souriant.

PYRGOS KALLISTIS ★ ...

À 6 kilomètres au sud de Thira, construit en amphithéâtre sur une montagne, les maisons encerclent la forteresse médiévale Kasteli. Durant l'occupation de l'île par les Vénitiens, ce lieu devint la ville principale de l'île. Les ruelles ombragées de ce village aux multiples clochers mènent au sommet d'une petite colline d'où vous dominez toute l'île. L'église Theotokaki du Xe siècle abrite des icônes de valeur. Le petit café Kasteli, en haut du village, propose des rafraîchissements. À quelques kilomètres, au sommet de la montagne, après avoir été fermé plus de quatre-vingts ans, le monastère Profitis Illias est à lui seul une motivation pour venir jusqu'ici et peut être visité.

MONASTÈRE PROFITIS ILLIAS

Ouvert du mercredi au dimanche de 5h à 10h et de 17h à 19h en été, de 5h à 9h et de 16h à 18h en hiver.

Fondé en 1711, ce monastère accueille de nouveau des touristes pendant les offices. Ne prenez pas de photos à l'intérieur sans autorisation mais consolez-vous avec la vue. Vous êtes en effet sur le point le plus élevé de Santorin, perché à 567 mètres. A part vous, seules des antennes de télévision coiffent cette colline rocheuse. Rien que pour cela, vous ne regretterez pas la montée. De préférence avec un véhicule. Attention, une tenue correcte est exigée.

Pyrgos Kallistis.

CYCLADES ORIENTALES

ORIZONTES €€

+30 22860 27045
www.santorinihotelorizontes.com
Chambre double affichée à partir de 130 € en été, avec petit déjeuner.

Cet hôtel vous propose 26 chambres et suites. Les chambres élégantes disposent d'une vue sensationnelle sur la mer. Télévision par câble et satellite et accès Internet. Balcon, piscine de 350 m² avec bassin pour enfants. Deux bains à remous, un club de sport et un studio de massage sont aussi à disposition. Beau, cher, mais avec de belles réductions sur Internet. Une vue magnifique sur la mer depuis sa chambre, avec une piscine privée, parfois, en plus de la piscine principale. Le personnel est à l'écoute et l'accueil est chaleureux.

MYTHOS €

+30 22860 32444
www.mythostaverna.gr
A partir de 15 € par pers. Ouvert toute l'année midi et soir.

C'est une taverne traditionnelle au rez-de-chaussée de la maison d'une famille grecque, fort sympathique, où l'on peut déjeuner et dîner tous les jours et aussi toute l'année. On y sert des plats du jour pas chers, des « fava » faites maison, des saucisses de Santorin, des grillades au feu de bois, de l'agneau, des pâtes, mais aussi des fruits de mer, des vins locaux en bouteille et un très bon vin maison en pichet. Livraison partout sur l'île. Terrasse sympathique côté rue, et très belle vue panoramique à l'intérieur. Chaleureuse cheminée en hiver.

AROMA AVLIS - FOOD & WINE €€

+30 2286 033395
www.artemiskaramolegos-winery.com
Entre 20 € et 25 € par personne environ. Ouvert tous les jours de 13h à midi.

Dans une jolie cour, l'atmosphère est chargée d'un quelque chose de spécial : tiens, justement, voilà un endroit qui serait parfait pour une soirée entre amoureux ou une occasion spéciale à célébrer. Le restaurant allie cuisine raffinée et sélection des meilleurs vins de l'île. Aroma Avlis est en effet un domaine viticole et a remporté de nombreuses récompenses. Vous pouvez aussi simplement déguster ces vins excellents. Service sérieux et enthousiaste.

DOMAINE HATZIDAKI

+30 698 110 7180
www.hatzidakiswines.gr

© HATZIDAKIS

Au beau milieu des vignes, le domaine, qui existe depuis 1996, offre un bel exemple de l'architecture de Santorin puisque le bâtiment est creusé dans la roche volcanique, permettant ainsi à la cave de jouir d'une fraîcheur naturelle. C'est aussi le seul producteur biologique certifié de l'île et applique les principes de l'agriculture biologique à tous ses vignobles sans exception. De plus, les vins du Domaine Hatzidakis sont sans additifs chimiques. La famille laisse le temps faire son travail et ils mûrissent naturellement. Visite guidée sur réservation.

ROSEMARY €€

+30 2286 031262
www.rosemarysantorini.gr
A partir de 20 € par personne environ. Ouvert de midi à 23h tous les jours.

Après avoir crapahuté dans le village, trouvez dans les hauteurs de Pyrgos ce restaurant mignon qui vous fera profiter d'une vue splendide. C'est chic, élégant, mais sans prétention. La cuisine est simple : des spécialités de Santorin comme la fava ou la « Santorini Salad », délicieuse. Quelques bons vins sont proposés en accompagnement, provenant d'établissements vinicoles locaux.

MEGALOCHORI ★★

A 6 km de Thira, au beau milieu des vignes, ce village médiéval et typique offre un mélange de maisons néoclassiques et d'habitations troglodytes. Une jolie carte postale avec un labyrinthe d'allées en lacets, de maisons blanchies à la chaux et d'églises surmontées de dômes bleus. Allez en quête de son authenticité en vous promenant dans ses jolies ruelles végétalisées. Un eucalyptus centenaire trône sur la place du village. Le village, plus vivant qu'il n'y paraît, vaut le détour. Trouvez dans l'église d'Esodion une curiosité : un calendrier contenant 365 miniatures de saints. Vous pouvez également visiter l'usine de vins de la société Boutari, qui présente l'histoire de l'île.

MOUSIKO KOUTI €€

✆ +30 22860 85282

Ouvert tous les jours de 17h à minuit. Comptez 20 € par personne.

L'ambiance que créent le cadre et la décoration du restaurant vaut à elle seule le coup surtout que, souvent, des petits concerts de musique traditionnelle y prennent place en soirée, pour égayer les repas. Sur la terrasse fleurie ou dans la salle archée, on peut se régaler avec quelques plats locaux, délicieux, pour des prix raisonnables. Le restaurant propose également une grande gamme de cuisine végétarienne, et chaque plat est préparé avec des ingrédients soigneusement sélectionnés et généralement biologiques. L'établissement s'est longtemps appelé Sporos.

LA PONTA

✆ +30 22860 85374

www.laponta.gr

Entrée gratuite pour l'exposition, visites guidées à 12h et 18h. Visites guidées : 7 €. Prix d'un concert : 12 €.

Des instruments traditionnels sont exposés, avec des visites guidées très riches qui prennent place tous les jours. Le clou de l'exposition est les tsabouna, des instruments à vent de folk traditionnel, construit par le gérant du lieu. En soirée, des concerts ont lieu dans l'endroit, qui dispose d'une acoustique naturelle très particulière : c'est magique. Le concert *Odysseus Returns* raconte l'*Odyssée* d'Ulysse en musique, et le concert *Notes of the Centuries* rend hommage à l'héritage musical grec. Il faut réserver car la salle ne peut accueillir que 25 personnes.

AKROTIRI ★★★

A 12 kilomètres au sud-ouest de Thira, c'est l'un des lieux incontournables de Santorin. Le site d'Akrotiri représente en effet à lui seul la preuve de la présence de l'ancienne population minoenne. La ville a été en grande partie détruite par une éruption volcanique et recouverte d'une épaisse couche de cendres vers 1500 avant notre ère. On y court aussi pour sa fameuse plage de sable rouge (Red Beach). Le mot grec Akrotiri désigne le « cap », justement parce que le village est le dernier de la caldeira au sud. Le village est le seul, avec celui d'Oia, à avoir de l'eau potable. Ses habitants sont surnommés « les câpres » en raison de la densité de leur culture.

FEGGERA €€

✆ +30 2286 082930

www.feggera.gr/en/

Environ 20 € par personne. Ouvert du midi jusqu'à tard la nuit.

Loin des restaurants de touristes, à Mégalochori, sur une jolie terrasse fleurie décorée de céramiques, ce restaurant revisite la cuisine grecque traditionnelle et propose des plats de gastronomie raffinée. C'est inventif et succulent, la carte des vins est à l'avenant. Mention aux amuse-bouches apportés en début de repas et qui sont savoureux (pain brioché et olives à la grecque). Au final, les prix restent très raisonnables au vu du cadre sympathique et du service professionnel. Possibilité de prendre des cours de cuisine.

SANTORINI ART FACTORY

Vlychada

✆ +30 22860 85141

www.santoriniartsfactory.gr/en/

Entrée : 10 € (-12 ans gratuit). Ouvert tous les jours sauf le lundi de 10h à 18h.

Dans une ancienne usine, SAF propose tout d'abord un musée qui permet de voyager dans le temps pour découvrir le passé industriel de l'île à travers la culture de la tomate, la spécialité de Santorin. Vous découvrirez les machineries anciennes, de la documentation tant botanique que commerciale. En outre, SAF est un lieu culturel, qui accueille tout l'été des performances et des expositions : théâtre, musique, danse, photo et toutes sortes d'autres arts, réalisés par des artistes grecs. Il y a également des ateliers d'arts visuels qui y prennent place.

RED BEACH ET LES AUTRES PLAGES ★★★

La baignade est agréable autour d'Akotiri. A dix minutes de marche au-delà du parking, elle s'appelle en grec « Kokkini » : c'est la célébrissime **« Red Beach »,** littéralement « la plage de sable rouge ». Vous découvrirez une impressionnante, mais étroite, plage de sable volcanique surplombée de falaises rouges. L'eau y est pure, et il n'y a pas trop de vagues. Un endroit sympathique pour se baigner mais un peu trop bondé l'été d'autant qu'il faut payer son transat. A proximité, la **plage de Cambia** est connue pour son église et la célébration qui y prend place le 21 juillet au soir. La **plage de Mesa Pigadia**, assez difficilement accessible en voiture d'Akrotiri, est d'une propreté qui n'est pas toujours celle qu'on souhaiterait. Plus facile, la **plage de Gyalos** est plus calme, sans parasols, et on y accède à pied ou en voiture. Dans d'autres tons, vous pouvez également vous rendre en caïque à **Aspri Paralia** ou « White Beach » (« plage blanche »), où l'eau est entourée d'impressionnantes falaises blanches. La **plage de Mesa Pigadia** (appelée aussi « Black Beach », avec des cailloux noirs) est moins bondée. Vous la trouverez en partant en direction du phare : prendre à gauche après environ trois kilomètres et suivre une piste. Là-bas, il y a une grotte marine dans la roche, que l'on peut traverser. Enfin, à l'est d'Akrotiri, **Vlichada** est la plage la plus impressionnante : sable noir et hautes falaises aux formes improbables. Elle est assez fréquentée mais elle demeure vraiment formidable.

© ALEKSANDARGEORGIEV

SITE ARCHÉOLOGIQUE D'AKROTIRI ★★★

✆ +30 22860 81939

Entrée 12 €. Ouvert tous les jours de 8h à 20h en été (15h le jeudi).

La preuve de la présence de l'ancienne population minoenne qui a jadis prospéré se trouve ici. La ville minoenne d'Akrotiri a été en grande partie détruite par une éruption volcanique et recouverte d'une épaisse couche de cendres vers 1500 avant notre ère. La gangue de pierre ponce imperméable a remarquablement protégé les ruines partiellement dégagées (seulement 10 000 m² sur 200 000 m²) et elles ont ainsi été parfaitement conservées. Les habitants ont eu le temps de déserter la ville avant la catastrophe car aucun squelette n'a été retrouvé, et ils auraient aussi vraisemblablement eu le temps d'emporter avec eux leurs meubles. La ville apparaît telle qu'elle était il y a 3 500 ans : les maisons à deux ou trois étages décorées de fresques (en passant, impressionnantes), les rues pavées avec des égouts, les magasins remplis de paniers qui sont aujourd'hui exposés au Musée archéologique de Thira et au Musée national d'Athènes. Malheureusement, aucune véritable signalétique ne permet de se rendre compte de ce que pouvait être la vie quotidienne dans cette vaste ville. Les fresques, illustration de l'époque, ont été rapatriées au musée archéologique de Thira.

Prévoyez au moins une heure pour visiter le site. L'achat d'un ticket groupé est aussi possible pour le site archéologique et le musée de Thira, la vieille cité de Thira, le musée préhistorique de Thira, la collection d'icônes et d'objets ecclésiastiques de Pyrgos et le site d'Akrotiri (valable 4 jours).

CARLOS PENSION €

✆ +30 22860 81370

www.carlospension.com/fr

14 chambres. La double à partir de 40 € avec petit déjeuner en début de saison.

Située à Akrotiri, voici une pension familiale très sympathique à l'excellente réputation. Sans surprise, l'accueil y est si chaleureux et amical que les hôtes y reviennent pour certains depuis vingt ans. Eva vous enchantera le palais avec des recettes de cuisine traditionnelle savoureuses. Dînez-y aussi souvent que possible, c'est local et bon marché. Vous pouvez également commander à l'avance un plat spécial, y acheter des produits faits maison, ou demander un cours de cuisine. Les chambres viennent d'être rénovées. Wifi à la réception.

GIORGAROS FISH TAVERN €

✆ +30 22860 83035

www.giorgaros.com

Compter 15-20 €/personne. Ouvert tous les jours midi et soir.

Partageons ici une très bonne découverte, surtout au moment d'une grosse faim, à la fin de la route du Phare d'Akrotiri (Faros). Parfaite, cette taverne familiale propose une cuisine grecque authentique, classique et très réussie. Les ingrédients sont frais et le poisson est de la pêche du jour, contrairement à de nombreux restaurants de Fira. De plus, le cadre est particulièrement agréable avec une grande terrasse et une vue imprenable sur toute la Caldeira. Pour couronner le tout, les prix proposés sont particulièrement abordables.

THE CAVE OF NIKOLAS €€

✆ +30 228 608 2303

www.nikolascave.gr/en

Comptez environ 20 € par personne. Ouvert tous les jours de 9h à minuit.

Une taverne juste au bord de l'eau, dans une maison troglodyte, ce qui rajoute un charme incomparable au lieu. La carte propose une grande variété de plats traditionnels, notamment de copieux plats de viande, poissons frais et fruits de mer. Mais les végétariens ne seront pas de reste puisque de nombreux mezzes, composés avec des produits maison, font aussi partie des choix. Le fromage, par exemple, provient de leurs propres chèvres. En outre, le restaurant a gagné la récompense des meilleures boulettes à la tomate de l'île, qui sont une spécialité de Santorin.

CARMEN

Ouvert tous les jours en été, jusqu'à 20h environ.

Eva, avec son français quelque peu timide, vend ici les produits en provenance de son jardin secret : huile d'olive, câpres, confiture de tomates, tomates séchées, confiture de raisins, safran, fromage, vin de Santorin... Dans C.A.R.M.E.N., chaque lettre représente un membre de sa famille. Eva va aussi cueillir en novembre dans la montagne d'Arhagelos les safrans sauvages pour son miel. Elle vous en fait profiter dans sa boutique sur la route de la plage rouge, après le site archéologique, sur votre gauche. Confitures d'aubergines et de figues, entre autres.

EMBORIO ★★

À 10 km de Thira, en allant vers la côte est, ce village pittoresque a vue sur les deux côtés de Santorin. Ses ruelles, très étroites, datent du Moyen Âge et forment un labyrinthe dans lequel il est agréable de se perdre. On aime s'attarder devant la beauté singulière de l'architecture des maisons, églises et autres bâtiments bien préservés. On repère au loin un bon nombre de moulins à vent, symboles du prestige passé du village. Le nom du village signifie « commerce » et fait écho à l'époque où le village était un important comptoir à marchandises. De l'époque des pirates et des Ottomans, une tour carrée (goulas) subsiste dans sa partie nord : elle servait de refuge en cas d'invasion.

9 MUSES €€

✆ +30 22860 81781

www.santorini9muses.gr

A partir de 80 € la chambre double en début de saison. Petit déjeuner compris.

L'hôtel le plus agréable du coin se situe à Perivolos, en bas du village, sur la côté. Et c'est ravissant. Dans la Grèce antique, les neuf muses ont inspiré la littérature et les arts. Ici, cet étonnant complexe de luxe décline cet esprit et propose neuf bâtiments luxueux, décorés avec des meubles anciens et traditionnels des Cyclades et il est entouré de jardins fleuris colorés. Maisonnettes parfaitement meublées et équipées, vue superbe. Deux piscines, dont une pour enfants, salle de sport. Idéal pour des familles qui veulent se poser...

BAKALIARAKIA €

✆ +30 6948507788

De 15 à 20 € pour un repas avec boisson.

C'est dans une ancienne capitainerie d'Emporio que nous découvrons cette sympathique taverne traditionnelle, qu'on pourrait plutôt qualifier de bistrot (*tsipouradiko* en grec). Sans surprise, en bord de mer, le poisson est à l'honneur ici. Il est absolument délicieux, notamment quand il est servi froid en sauce à l'ail. Mais vous dégusterez également d'excellents barbecues et une authentique cuisine grecque. Kiriakos, le chef, est bien implanté ici. Il est également aux fourneaux du fameux restaurant Naoussa à Fira, et connaît bien son sujet.

BAKALIARAKIA €

✆ +30 6948507788

De 15 à 20 € pour un repas avec boisson.

© BAKALIARAKIA

C'est dans une ancienne capitainerie d'Emporio que nous découvrons cette sympathique taverne traditionnelle, qu'on pourrait plutôt qualifier de bistrot (*tsipouradiko* en grec). Sans surprise, en bord de mer, le poisson est à l'honneur ici. Il est absolument délicieux, notamment quand il est servi froid en sauce à l'ail. Mais vous dégusterez également d'excellents barbecues et une authentique cuisine grecque. Kiriakos, le chef, est bien implanté ici. Il est également aux fourneaux du fameux restaurant Naoussa à Fira, et connaît bien son sujet.

TO KAFENEDAKI TOU EMPORIOU

✆ +306977863307

Ouvert de 10h à 20h en été, et de 10h à 18h en mi-saison.

Une mignonne petite terrasse sous un patio, qui s'étale dans la rue les jours d'affluence. Le patron bavarde tout en courant d'une table à l'autre. Quand on lui a appris que Jean-Paul Sartre et Simone de Beauvoir étaient venus par ici en vacances jadis, il était ravi ! Dans son café, rafraîchissez-vous d'une limonade maison après une balade dans le dédale de ruelles d'Emporio, et dégustez – si l'envie ou la curiosité vous en prend – des yaourts traditionnels, des glaces, des baklavas.

MONOLITHOS ★

À 9 kilomètres de Thira, Monolithos est un village pas si paisible établi au bord de l'eau. Son nom est surtout connu parce qu'il abrite le (trop) petit aéroport de Santorin, ce qui lui vaut un ballet permanent de taxis et de bus. En général, les voyageurs qui arrivent filent en taxi vers la capitale. Néanmoins, le village comprend une plage sympathique et surtout isolée pour ne pas être toujours bondée ! Quelques arbres la bordent, et il n'y a généralement pas besoin de payer pour des transats, preuve que le tourisme de masse n'est pas encore arrivé ! Bref, Monolithos peut valoir une halte, voire un séjour. Un peu plus loin au nord en longeant la côte, allez à Vourvoulos Beach (avant Paradise Beach).

MEMORIES €€

✆ +30 22860 31918

www.memorieshotel.gr/index.php/

Chambre à partir de 80 € en été avec le petit déjeuner.

Vous trouverez ce petit hôtel de vingt-sept chambres juste en face de la plage de sable noir Monolithos. Les chambres doubles sont modernes et spacieuses - il y a aussi quatre chambres triples, et une suite dédiée aux lunes de miel. Elles sont toutes colorées et il y fait bon vivre. En revanche, amateur de tout sauf de tranquillité, passez votre chemin. L'endroit est un peu isolé, ce qui promet un calme absolu, qu'il vous sera sans doute difficile de trouver ailleurs à Santorin. Un endroit idéal pour des vacances reposantes, face aux eaux cristallines.

MARIO RESTAURANT €€

✆ +30 22860 32000

www.santorinirestaurant.gr

Ouvert toute l'année midi et soir. Environ 25 € par personne.

Ouvert en 1982 dans la région de Monolithos, le restaurant Mario est devenu célèbre à Santorin pour sa cuisine grecque authentique et traditionnelle. Ici, on travaille avec amour et respect les meilleures spécialités de toute la région égéenne, avec pour maîtres mots fraîcheur, proximité, authenticité et audace ! De plus le restaurant peut recevoir jusqu'à 450 personnes, faisant de cette adresse un des meilleurs endroits de l'île pour profiter d'un dîner en bord de plage mais aussi pour organiser un événement... comme un mariage. Ambiance garantie !

KAMARI

La belle plage de sable noir de Kamari accueille des touristes qui espèrent plus de confort et de calme qu'à Périssa. Les hôtels (nombreux aussi) et bars qui jonchent la bordure de plage offrent certes un bon standing à des prix raisonnables. Attention néanmoins, cette station balnéaire est également prise d'assaut par les tour-opérateurs en été et, de fait, elle est souvent bondée. Vous y apprécierez une balade sur le front de mer en fin d'après-midi, même si les avions vous passent au-dessus de la tête. À proximité de la mer, vous verrez quelques ruines d'habitations antiques. Sur le mont Elias, l'église byzantine d'Episkopi, fondée au XIe siècle, a des fresques assez bien conservées.

WINE MUSEUM VOLCAN WINES ★

Sur la route de Kamari plage ✆ +30 22860 31322

www.volcanwines.gr

Ouvert tous les jours de 9h à 19h en saison (sinon 17h). Entrée : 9,50 € par personne, visite et dégustation comprises.

La famille Koutsoyannopoulos produit des vins (Volcan Wine) à Santorini depuis quatre générations. C'est le premier musée du vin en Grèce. Ouvert toute l'année, vous pouvez déguster et acheter le vin sur place moins cher qu'en magasin. A 6 m sous sol, la visite dure 25 minutes. Des mannequins en tenue d'époque mettent en scène la vie des tonneliers santoriens. Vous imaginez le pressurage du raisin à cette période, la fabrication des paniers, vous voyez leurs outils depuis 1880 et aussi des machines à broyer manuelles fabriquées par les artisans.

POSEIDON BEACH HOTEL €

✆ +30 22860 31698

www.poseidonhotelsantorini.com.gr

Chambre à partir de 60 € la nuit, avec petit déjeuner compris. Piscine, bar, restaurant. Navette aéroport.

Situé dans la rue principale où vous trouverez restaurants, boutiques et la plage surtout (devant), cet établissement très économique pratique des prix doux en début ou fin de saison. Pour un tarif modeste, vous avez ici des chambres propres, très raisonnables, avec de bonnes prestations et en prime un petit balcon. Et l'hôtel propose aussi une piscine, un restaurant et un bar, ce qui est idéal quand on est venu pour se reposer ! On est en front de mer, à dix mètres littéralement de la plage, et très près des commerces également.

BACCHUS TAVERNA €

✆ +30 22860 31700

A partir de 15 € par personne. Ouvert toute l'année.

© BACCHUS

Ouverte depuis 1958, cette taverne familiale traditionnelle propose des spécialités grecques et locales confectionnées à base de produits frais : tomato *keftedes*, *fava*, salades de feuilles de câpres. Une carte de vins locaux accompagne cette cuisine authentique. Sa terrasse ombragée face à l'église de Kamari, et sa position à l'écart du front de mer, en font un lieu authentique. Les 9 juillet et 24 septembre sont des jours de grosse affluence et un spectacle de danse folklorique se tient en raison des célébrations religieuses des environs.

MELI & THYMARI €€

✆ +30 22860 31835

www.melithymari-santorini.com

A partir de 20 € par pers. Ouvert tous les jours midi et soir.

Malgré une offre générale pas toujours intéressante, un vrai coup de cœur pour ce restaurant à Kamari tenu par un jeune couple plein d'ambition. Apostolos accueille ici ses hôtes avec un enthousiasme formidable. Sa femme, Olga, s'occupe de la cuisine. Formée à Athènes et en Angleterre, elle concocte des plats grecs et méditerranéens avec passion, et des produits du terroir bio. Mention spéciale pour les flûtes farcies au fromage grec servies avec de la tomate de Santorin confite au sirop. Et le couple parle aussi quelques mots de français.

CINÉMA KAMARI [EN PLEIN AIR]

✆ +30 22860 31974

www.cinekamari.gr

Tous les soirs de mai à octobre. Séance à 20h50, film à 21h30. Place : 10 €.

Avec la visite du volcan et le coucher de soleil, le ciné en plein air de Kamari, c'est l'un des incontournables de Santorin. La séance est parfois troublée par le passage d'un avion (on est pratiquement en bout de piste de l'aéroport), mais on vient surtout ici pour l'ambiance. Films récents en anglais (sous-titrés en grec), glaces, boissons et pop-corn. Attention, quand la séance prend fin, le service de bus entre Kamari et Thira ne fonctionne plus. Pensez à réserver un taxi !

ALMIRA RESTAURANT €€

✆ +30 22860 30208

Ouvert midi et soir. Compter une quinzaine d'euros par personne.

Voici un restaurant grec connu entre autres pour son accueil particulièrement chaleureux. Côté fourneaux, il vous proposera une cuisine grecque de qualité. En cuisine, on prépare des plats délicieux, et le tout pour un prix très abordable. Bref, une très bonne adresse traditionnelle à Kamari qu'il serait dommage de rater. Notons également que la décoration est très agréable avec une mention spéciale pour les murs ornés de vieux objets ruraux et à la multitude de plantes et fleurs qui apportent une touche de sérénité bienvenue à ce site.

CYCLADES ORIENTALES

PERISSA ★

De l'autre côté de Thira, cette station balnéaire n'offre aucune vue sur la Caldeira. Mais est-ce forcément le plus grave quand le village, très bien desservi par les bus locaux (à 30 minutes seulement), s'étale le long d'une belle plage de sable noir de 7 kilomètres ? Les visiteurs choisissent avant tout ce spot pour la baignade. Il faut aussi savoir que Perissa est surtout fréquentée par une clientèle jeune, davantage en quête de fête que de confort et de charme. Toutefois, la plage demeure assez sympathique, suffisamment grande pour que l'on ne s'y entasse pas, et représente une base pratique, et souvent moins chère, à l'intérêt insoupçonné.

PORTO PERISSA HOTEL €€

www.portoperissa.com

Chambre à partir de 50 € avec le petit déjeuner.

Situé à Perissa, à seulement 50 mètres de la célèbre plage de sable noir, le Porto Perissa propose des chambres simples et climatisées. Il possède deux piscines, dont une pour enfants. Les chambres sont décorées de façon traditionnelle. Petit hôtel sans prétention, propre et typique. La localisation de l'établissement est idéale à Perissa – et l'on peut être à la plage très rapidement. Les chambres sont relativement bien équipées. Le personnel est très sympathique, disposé à rendre votre séjour agréable. Le petit déjeuner est très convenable.

SANTORINI CAR RENTALS

✆ +30 22860 82880

https ://santorini-rent-a-car.com/

Une agence de location de voitures sérieuse et professionnelle basée à Périssa. Il s'agit certainement du meilleur rapport qualité-prix de l'île. Les réservations se font très simplement via le site Internet, et il est possible de récupérer (et rendre) le véhicule loué partout à Santorin, ce qui est très pratique pour qui veut optimiser son temps de trajet. L'équipe de Santorini Car Rentals propose aussi des tours et transferts privés. Le site fournit quantité d'informations intéressantes pour organiser votre séjour à Santorin.

VILLA SPYROS €€

✆ +30 697 329 6600

www.villaspyros.com/

A partir de 60 € la nuit en début de saison.

Charmant complexe de studios et appartements, géré par une patronne dynamique et à l'écoute, professionnelle et souriante. Petros, l'acolyte de Sophia, est en charge de l'entretien des chambres - tâche dont il s'acquitte avec perfection, discipliné et sympathique. L'hôtel n'est qu'à quelques pas de la grande plage de Perissa, ce qui est idéal pour admirer couchers et levers de soleil dans un paysage à couper le souffle. Le lieu également est idéal pour explorer alentour - mais aussi pour profiter de la proximité avec les commerces, tavernes et bars.

ADELPHI APARTMENTS €€

Près de l'église.

✆ +302286027567

www.adelphi-santorini.com

Appartements entre 80 et 160 € en été. Transfert offert au moment de votre arrivée.

Vous ne regretterez pas d'avoir posé vos valises dans ce complexe d'une dizaine de studios et appartements aménagés avec goût. Contrairement à d'autres studios (par ailleurs très bien !) que nous avons pu visiter, ceux-ci tranchent par le sens du détail des propriétaires (de la machine à laver à la cafetière filtre). On se sent ici vite chez soi et les deux gérants vous feront volontiers partager les bonnes adresses de leur île. La plage est à une centaine de mètres et vous pouvez rentrer ici au calme, voire manger sur la terrasse de façon plus économique.

TRANQUILO €

✆ +30 2286 085230

Comptez 15 € par personne. Ouvert tous les jours de midi à minuit.

Immanquable en arrivant sur la jetée de Perissa : restaurant très coloré, avec des parasols en paille, des hamacs, des canapés bien fournis en coussins, des transats bien rembourrés et pas mal de végétation. On y mange très bien et copieux, pour vraiment peu cher. En plus, le restaurant se vante de soutenir le commerce équitable et les producteurs locaux indépendants. En tout cas, tout est garanti organique et, dans la mesure du possible, grec. Les salades sont copieuses et il y a aussi ici une bonne sélection de plats végétariens et végans.

SITE ARCHÉOLOGIQUE DE THERA ★

✆ +30 22860 81939

Ouvert tous les jours de l'année sauf les lundis, de 8h à 15h. Entrée : 4 €, réduit : 2 €.

Un superbe site archéologique au sommet de la montagne dominant les belles plages de Kamari et Perissa, parfois comparé à un « petit Pompéi ». Depuis Perissa, après 40 minutes de marche à pied ou en voiture depuis Kamari, vous arriverez sur le site de l'antique Théra : vestiges de l'agora, du gymnase, des temples et des sanctuaires de cette cité fondée au VIIIe siècle av. J.-C. et qui a connu son apogée au temps des Ptolémées et son déclin à l'époque romaine. La vue est superbe.

ANAFI CHORA ★★★

Bienvenue à Anafi ! Fouettée par les rafales du meltemi, blottie contre son rocher et dominée par les ruines de sa forteresse vénitienne, la capitale et unique ville d'Anafi semble, au premier abord, assez sauvage. Ses ruelles étroites, ses moulins à vent, ses terrasses ombragées, mais aussi l'église d'Aghios Nikolaos sur la place et ses vieilles icônes : voilà pour l'essentiel ce que vous trouverez dans ce décor très cycladique, à découvrir au rythme lent de la vie au village. Chora se trouve à 2 kilomètres du port par la route, mais un chemin permet de faire le trajet à pied en une vingtaine de minutes. Attention, l'offre hôtelière est encore limitée, mais vous y trouverez quelques commerces et aussi des chambres chez l'habitant.

Balade

Avec ses 18 km de sentiers balisés, l'île d'Anafi s'offre à ceux qui feront l'effort de la découvrir lentement et à pied. Une carte des sentiers est disponible sur l'île, avec le descriptif des six plus belles randonnées. Parmi les immanquables, le sentier qui mène par la côte jusqu'au monastère de Zoodochos Pigi offre de belles possibilités de baignade. Au-delà, le sentier qui monte au rocher de Kalamos, le Gibraltar de l'Egée, est également incontournable. Vous pourrez sinon découvrir le nord de l'île, plus sauvage, en empruntant le sentier n° 5 qui passe par le point culminant d'Anafi à Vigla, avant de redescendre vers la baie de Simiakos où résident quelques phoques de Méditerranée.

▶ **Panaghia Dokari, à Kastelli** (2 heures de marche). A l'extérieur de l'église, il y a un sarcophage romain et le tronc d'une statue de la même époque. Le couvercle du sarcophage est encastré dans la façade de l'église. Toutes les plages de l'île offrent du sable fin. Partout la mer est peu profonde, ce qui lui donne une belle couleur, rappelant celle des lagons du Pacifique.

▶ **Sur les autres plages du sud**, nul besoin de feuille de vigne, à condition qu'il n'y ait pas d'habitation à proximité de votre serviette. Avec un caïque et en 15 minutes ou après une marche d'1 heure, vous pouvez atteindre les plus belles plages : Anafi, Mikros et Megalos Roukounas, 1 km de long et agrémentée d'une taverne.

▶ **En barque, vous pouvez vous rendre également à Monastiri (30 minutes).** De Roukounas, il faut encore 30 minutes de marche pour gagner Katelimatsa, une série de petites criques de sable (taverne).

▶ **En continuant vers l'est,** vous atteignez la gigantesque plage déserte de Kalamos. N'y allez jamais sans suffisamment de vivres et d'eau, car vous ne trouverez rien à plusieurs kilomètres à la ronde, or le soleil tape très fort. Comptez 2 bonnes heures pour rejoindre le port à pied. De cette plage, un chemin mène au monastère de Pano Kalamiotissa.

▶ **En saison, des petits caïques longent la côte,** et font l'aller-retour du port aux plages. Il suffit de les héler comme des taxis. Le tarif varie en fonction du nombre de passagers, de votre gentillesse et de la distance parcourue. Rares cependant sont les caïques qui vont jusqu'à la plage de Kalamos.

Transports

▶ **En bateau,** trois ferries par semaine arrivent en général du Pirée (10 heures) en été. Tous les trois font escale à Santorin.

▶ **Le plus pratique pour rejoindre Anafi** est de passer par Santorin (1 heure 30), qui, elle, est très bien desservie. En plus des trois bateaux hebdomadaires venant du Pirée, quatre autres ferries desservent Anafi depuis Santorin chaque semaine. A noter que certains hôtels et agences de tourisme de Santorin proposent des excursions à la journée à Anafi.

▶ **Sur place, vous aurez besoin d'un véhicule.** Giannis Moto Rent (www.rentalsanafi.gr, + 30 22860 61279) propose par exemple des scooters et quelques voitures à la location. Les véhicules sont bien entretenus.

CAP CALAMOS 📷

En continuant vers l'est, vous atteignez la gigantesque plage déserte de Kalamos. N'y allez jamais sans suffisamment de vivres et d'eau, car vous ne trouverez rien à plusieurs kilomètres à la ronde. Le cap Kalamos est un gros rocher qui plonge à l'extrémité orientale d'Anafi, et au sommet duquel se dresse l'impressionnant monastère de Pano Kalamiotissa. La montée est longue et difficile, mais vous en serez récompensé par une vue extraordinaire sur un paysage époustouflant, dans un calme mystique. Vous pouvez aussi passer au monastère.

MONASTÈRE DE PANAGHIA KALAMIOTISSA ★★

Panaghia Kalamiotissa se trouve au sommet d'une colline de 450 m. Construit à l'emplacement d'un temple d'Apollon, le monastère est fondé lorsqu'une icône de la Vierge est trouvée sur un roseau (*kalami*). Vous pouvez voir, dans les environs, des ruines d'un château vénitien et à la base de la colline vous pouvez visiter le Drakondospilio, une grotte avec des stalactites. Attention ! Il faut aller à l'ancien monastère (Pano Monastiri), et non au nouveau, situé beaucoup plus loin.

GIANNIS MOTO RENT

✆ + 30 22860 61279

www.rentalsanafi.gr

Ouvert tous les jours en été. Scooters à louer à partir de 15 €.

Le réseau routier d'Anafi n'est pas très développé et le système de bus est quasiment inexistant : l'exploration de l'île est donc particulièrement adaptée à la marche. Cependant, vous pouvez toujours louer un scooter pour plus de flexibilité. Parmi vos maigres options, depuis 2015, Giannis Moto Rent propose des scooters et quelques voitures à la location. Les véhicules sont bien entretenus. Sinon, en été, la municipalité affrète un bus qui dessert Chora, le port et le monastère, s'arrêtant à certaines plages au passage.

ROUSSOU TRAVEL

✆ +30 2286061408

http ://anafi.gr/en/travel/pos-tha-ftasete

Roussou Traveil est l'unique agence de l'île où vous pourrez acheter des billets de ferry et trouver de l'aide pour réserver un hébergement. Une agence bien pratique qui vous aidera à faire votre choix, sachant que les prix sont généralement abordables, même en pleine saison. Une exception rare et appréciable dans les Cyclades. Si toutefois votre budget ne vous le permet pas, le camping sauvage est toléré sur les belles plages de sable du sud, notamment sur la plage de Roukounas. La jeunesse grecque s'y retrouve tous les mois d'août.

PORT

✆ +30 22860 61216

Le plus pratique pour rejoindre Anafi est de passer par Santorin (1 heure 30), qui, elle, est très bien desservie. En plus des trois bateaux hebdomadaires venant du Pirée, quatre autres ferries desservent Anafi depuis Santorin chaque semaine. La plupart desservent d'autres îles des Cyclades : Naxos, Paros, Ios, Syros, Sikinos, Folegandros. A noter que certains hôtels et agences de tourisme de Santorin proposent des excursions à la journée à Anafi pour environ 50 €. Enfin, Anafi est aussi reliée à Rhodes deux fois par semaine.

Sur l'île d'Anafi.

APOLLON VILLAGE €

Klissidi

✆ +30 22860 28739

www.apollonvillagehotel.com

Chambre double à partir de 60 € en été, avec parfois 3 nuits obligatoires. Petit déjeuner : 8 €.

Vous trouverez beaucoup de petits studios et chambres à louer à Chora et dans les environs. La plupart du temps, les chambres sont équipées d'une kitchenette. Les établissements misent tout sur des vues exceptionnelles, optant la plupart du temps pour un style simple mais confortable. Sur la colline de Klissidi, en surplomb de la plage du même nom, l'Apollon Village est un joli complexe de studios, chambres doubles et petits appartements. Tous disposent d'un balcon privé avec une vue stupéfiante sur la mer de Crète. Une adresse agréable, dans le calme absolu.

SUNSET ROOMS €

✆ +30 22860 61280

www.sunsetanafi.com

Chambre double à partir de 50 € en été.

Le nom de l'établissement n'est pas usurpé : la vue depuis le balcon est à couper le souffle. Alors pour un coucher de soleil, on vous laisse imaginer ? Enfin, venez voir, plutôt ! Voici une dizaine de chambres doubles avec une vue unique, dans un coin tranquille de Chora. Toutes ont un réfrigérateur et surtout un balcon avec vue sur Santorin. Des studios sont équipés d'une vraie cuisine. Un endroit charmant simple et propre et surtout un accueil chaleureux de Maria. Elle tient aussi un excellent restaurant dans le village. A découvrir !

PANORAMA €

✆ +30 22860 61292

www.panoramarooms.gr

Chambre double à partir entre 40 et 50 € en été (et appartements pour 40 à 60 €). Transfert inclus.

16 chambres parfaitement équipées avec kitchenette et vue sur mer. Flora, la propriétaire, loue aussi des jeeps et des motos. Wifi gratuit. Les clients plébiscitent un accueil formidable et familial, la gentillesse des hôtes et un emplacement idéal, à proximité de l'arrêt de bus et des restaurants, sans compter la vue. Accès facile et à pied aux belles plages, randonnée possible vers l'ancienne Thira et bonne nourriture alentour. La kitchenette, le réfrigérateur et la climatisation facilitent beaucoup la vie. L'endroit rêvé pour déconnecter !

TA PLAGIA BED & BREAKFAST €

✆ +30 22860 61308

www.taplagia.gr

Chambre double entre 40 et 60 € en été, avec petit déjeuner maison.

6 petites chambres, assez basiques mais bien entretenues, et 5 studios mieux équipés qui peuvent accueillir jusqu'à quatre personnes. L'ensemble est situé à la sortie du village. Les chambres disposent d'une terrasse privée dominant la mer : vue imprenable. Franchement, que demander de plus ? Des commerces et restaurants à proximité (ils existent !). Très bon rapport qualité-prix. Antonina viendra vous chercher et vous reconduira au port, même en pleine nuit.

PELAGOS €

✆ +30 22860 61240

www.pelagos-anafi.gr

Chambre double à partir de 50 € en juillet et août. Ouvert toute l'année.

La pension se trouve à l'extrémité de la Chora, donc très calme, mais juste à 5 minutes des tavernes. Ces 8 chambres ouvertes toute l'année offrent une halte agréable. C'est très familial et chaleureux : si votre bateau arrive aux petites heures, le propriétaire vous laissera la clef sur votre porte pour que vous puissiez facilement accéder à votre chambre. Toutes ont un réfrigérateur, et deux ont une cuisine entière et la télévision. Enfin, chaque chambre a son propre balcon ou sa véranda. Une vue à couper le souffle, quel plaisir au réveil...

ARMENAKI TAVERNA €

Sur la place principale

✆ + 30 22860 61234

Autour de 15 €. Ouvert tous les jours pour le déjeuner et le dîner.

Vous trouverez quelques tavernes à Chora et du côté des plages les plus fréquentées, notamment Klissidi. Mais ici, sur la place principale, vous goûterez à une taverne de cuisine grecque tout ce qu'il y a de plus traditionnel : dans cet établissement, les plats sont généreux et servis copieusement. Ne manquez pas le *dakos* crétois, toujours très réussi. Une expérience à ne pas manquer. La vue est tout simplement extraordinaire et l'ambiance chaleureuse, notamment en soirée quand tout le monde se met à entonner des chansons et ballades populaires.

KTIMA ROUKOUNAS €

plage de Roukounas
✆ +30 22860 61206
Comptez 15 € par personne. Ouvert tous les jours de 10h au dernier client.

Même s'il n'y a pas l'embarras du choix, vous ne viendrez pas ici par hasard ou par dépit. Voici une véritable institution sur l'île, sur sa plage éponyme et accessoirement la plus renommée. Bref, on a tout bon et il n'y a jamais foule malgré la beauté du site. Vous trouverez ici des salades, du poisson, et des plats cuisinés, mais essayez surtout le chevreau cuit dix heures au four, un délice que l'on savourera de préférence sous la belle véranda ombragée, en prenant le temps. Très bon pain artisanal ainsi que des beignets de tomate.

MARGARITAS €

Klissidi
✆ +30 22860 61237
www.margarita-anafi.gr
A partir de 15 € par personne. Ouvert tous les jours de 10h jusqu'à minuit.

Un lieu idéal sur l'une des plus jolies plages d'Anafi et une véranda qui offre une vue unique sur la mer Égée. En 1984, il a commencé comme un café traditionnel, mais après plusieurs demandes de clients, il a continué à fonctionner comme un café-restaurant. Cet établissement est réputé pour ses pâtes maison et ses excellentes viandes. Tous les jours, ils utilisent une farine bio pour faire leur pain frais et les œufs frais de leurs poules pour leurs pâtes. Le matin, vous pourrez y prendre le petit déjeuner avec du pain fraîchement sorti du four. A tenter !

TO STEKI €

Sur la place principale.
✆ +30 22860 61380
Autour de 15 € par personne. Ouvert toute l'année.

En plein centre de la Chora, voici une adresse connue des habitués. Le poisson y est frais (le poulpe notamment), le lapin, excellent, comme l'aubergine farcie. Les légumes viennent du jardin des propriétaires. On y vient pour la grande variété de plats, les portions généreuses, les prix raisonnables. Excellent rapport qualité-prix et un service impeccable assuré par un personnel chaleureux. Mention aux spaghettis aux crevettes. Et au-delà de la très belle vue, vous y entendrez certains soirs des concerts de musique. Demandez le programme !

GLAROS BAR

Ouvert tous les jours en été.

Il s'agit du plus vieux bar d'Anafi : le Glaros (la mouette) est une véritable institution. Perché sur les hauteurs de Chora, il offre une vue incroyable sur la mer. A tel point que certains habitués lancent même qu'il s'agit du plus beau bar de toute la Grèce, de toutes les îles, des Cyclades… En tout cas, c'est sans doute le plus beau de l'île. D'aucuns diraient même que c'est un lieu « instagrammable » par excellence, et beau sans filtre ! Quoi qu'il en soit, le lieu est exceptionnel et à ne pas rater. Le soir, musique *live* dans ce cadre unique.

CAP KALAMOS

C'est le gros rocher qui plonge à l'extrémité orientale d'Anafi, et au sommet duquel se dresse l'impressionnant monastère de Pano Kalamiotissa. La montée est longue et difficile, mais vous en serez récompensé par une vue extraordinaire sur un paysage époustouflant, dans un calme mystique. En 1700, le botaniste français de Louis XIV, Joseph Pitton de Tournefort, avait décrit le mont Kalamos comme étant « l'un des plus effroyables rochers qui soit au monde. » En effet, certaines personnes décrivent l'ascension de cette roche comme une expérience unique, presque sacrée. Le monastère est malheureusement fermé, mais il est inconcevable d'aller à Anafi sans y monter.

MONASTÈRE DE PANAGHIA KALAMIOTISSA

Sur le cap Kalamos (2 heures de marche depuis Kastelli).

Attention ! Il faut aller à l'ancien monastère (Pano Monastiri), et non au nouveau (Kato Monastiri) situé beaucoup plus loin. Panaghia Kalamiotissa se trouve à Kalamos, la région la plus abrupte et impressionnante de l'île, au sommet d'une colline de 450 m. Construit à l'emplacement d'un temple d'Apollon, le monastère est fondé lorsqu'une icône de la Vierge est trouvée sur un roseau (kalami). Vous pouvez voir, dans les environs, les ruines d'un château vénitien.

KATAPOLA

Bienvenue à Amorgos ! Le *Grand Bleu* a été tourné ici. Sur le port de Katapola, vous trouverez déjà un bar éponyme qui passe chaque soir le long-métrage en version anglaise. Si l'île dispose de deux ports, Katapola est sans doute le mieux desservi. Il se compose de trois quartiers étalés autour du golfe : Katapola (port), Rahidi (au centre) et Xylokeratidi (port de pêche). Sur une colline au-dessus du port, jouissant d'une vue exceptionnelle, dorment pour toujours les ruines de l'antique Minoa. Notez également l'église de Panaghia Katapoliani, édifiée sur les ruines d'un temple d'Apollon et le magnifique monastère d'Agios Giorgios Valsamitis, situé sur le côté droit de la route reliant la ville à Kato Meria.

ÉGLISE D'AGIOS GIORGIOS VALSAMITIS

Ce magnifique monastère est situé sur le côté droit de la route reliant la ville à Kato Meria. Il faut 1 heure de marche pour atteindre cette basilique du XVIIe siècle, d'autant plus intéressante que sa source sert à l'hydromancie (divination au moyen de l'eau). Les archéologues estiment que la pratique consistant à étudier les particules de l'eau pour prévoir l'avenir a une origine antique et qu'un sanctuaire, probablement dédié à Asclépios, devait exister à cet emplacement.

RUINES DE MINOA ★

Colline de Moundoulia

Ne se visite pas.

Le site n'est pas ouvert au public car les fouilles se poursuivent encore aujourd'hui. Malgré tout, nous vous conseillons de monter ici pour le panorama exceptionnel sur la baie de Katapola. Vous apercevrez également certains vestiges d'un des plus grands centres de civilisation de la période minoenne. Le roi Minos de Crète y avait établi sa résidence d'été. Les fouilles ont montré que le site a été peuplé sans interruption du Xe av. J.-C. jusqu'au IVe siècle de notre ère. On aperçoit encore aujourd'hui les fortifications extérieures de l'ancienne acropole.

THOMAS AUTO MOTO RENTAL

✆ +30 22850 71777

www.thomas-rental.gr

Selon le modèle, la durée et la période, voiture de 25 à 70 €, scooter et quad de 15 à 30 €.

Nous ne saurions que trop vous conseiller de louer une voiture ou un scooter si vous voulez profiter d'un maximum de plages et échapper un peu à la foule. Thomas possède un parc de plus de 100 voitures et 200 scooters de qualité près des ports d'Aigiali et de Katapola. Professionnel et sympathique, c'est l'endroit idéal pour louer un véhicule et visiter par vous-même cette île. Si les routes sont en bon état, elles sont très sinueuses. Faites attention au grand vent et aux chèvres qui s'arrêtent souvent en plein milieu de la route.

CAMPING KASTANIS €

✆ +30 22850 71277

www.kastanisgroup.gr/campingkastanis

49 emplacements. Entre 3,50 et 5 € par pers. par nuit, 3 € par tente.

L'un des deux campings du village avec le camping municipal. Celui-ci est le plus récent, ouvert en 2002, et le plus agréable de l'île. Tout confort, avec même le wifi gratuit. Vous pourrez y louer une tente avec des draps propres et les logements semi-rigides sont aussi économiques et agréables. Prenez une tasse si vous voulez vous faire votre café sur place mais il y a un café-restaurant avec un supermarché. Vous aurez un réfrigérateur et une plaque de cuisson dans la partie commune. Pour info, les propriétaires gèrent aussi la pension Ilias.

TITIKA PENSION €

Xilokeratidi, à 10 m de la mer.

✆ +30 22850 71660

www.titika-pension.gr

Chambre double à partir de 50 € en été, petit déjeuner en supplément. Transfert de/vers le port.

Voici indéniablement une très bonne pension, calme et très bien située en face de la plage. Chambres propres et bien aménagées et accueil très agréable. Toutes les chambres ont un frigo, une bouilloire et des tables sur la terrasse. Un petit hôtel familial avec un charmant jardin, près de la plage de Katapola.Titika accueille des lecteurs du Petit Futé depuis des années avec toujours le même succès. On aime son professionnalisme et sa gentillesse, au-delà de l'emplacement idéal de cette agréable pension dans le quartier Xylokeratidi.

AEGEAN STUDIOS €€

✆ +30 22850 74036

www.aegeanstudios.gr

Chambre double de 50 à 95 € en saison, petit déjeuner non inclus pour les mois de juillet et août.

Les capacités d'hébergement sont limitées à Amorgos, il faut donc réserver bien à l'avance pour la haute saison. Ceci étant dit, vous aurez sûrement plus de chance de trouver à Katapola. Nous vous conseillons d'opter pour une pension comme celle-ci, pratique et proche de l'animation. A 150 m du port, ces studios, rénovés en 2011, sont bien placés et bien équipés, généralement avec kitchenette, réfrigérateur, balcon privatif ou terrasse. Accès wifi. Les bonnes places partent vite. Les prix augmentent vite selon le mois et l'étage souhaité.

THE BIG BLUE PENSION €€

✆ +30 22850 71094

www.amorgos.com/bigbluepension

Chambre double à partir de 50 € en été. Ouvert toute l'année.

Sur les hauteurs de Katapola, à 70 m du port, prenez des escaliers à votre droite pour monter jusqu'à cette petite pension bien utile. Cet appart'hôtel est situé à 250 mètres de la plage de Katapola. Les 17 chambres doubles avec air conditionné et réfrigérateur sont très souvent bondées de touristes du monde entier, ce qui fait de cet endroit une vraie adresse cosmopolite. Une splendide vue sur la baie de Katapola s'étend depuis les terrasses. Et le patron parle français. Un service de location de voitures est également assuré sur place.

PENSION DIOSMARINI €€

Xilikeratidi.

✆ +30 22850 71 636

www.diosmarini.com

Chambre double à partir de 50 €.

Depuis le port, faites le tour de la baie jusqu'au bar Le Grand Bleu et suivez les panneaux « Mycenean Cimetery ». Cette maison fleurie est peut-être la plus haute du villa et c'est ce qui fait son charme ! Petite pension de 9 chambres accueillant jusqu'à 4 lits, et qui propose aussi un appartement. Certains chambres ont une kitchenette bien utile. Nouvelle bâtisse blanche avec des balcons bleu marine dominant toute la baie de Katapola. A 10 minutes du centre et de la plage la plus proche. Et Rania, la propriétaire, parle français…

CORNER TAVERNA €

✆ +30 22850 71191

www.corneramorgos.gr/eng_pages/index.html

A partir de 10 € par pers. Ouvert toute l'année.

Coup de cœur pour cette taverne familiale. Le patron Nikos prépare lui-même ses plats, ne partez pas d'Amorgos sans goûter son agneau façon locale, le poisson frais ou le calamar grillé. Grand choix également de plats végétariens, de pâtes, de pizzas ou de gyros-pita (exceptionnelle) et bien sûr tous les plats traditionnels (dolmades, moules saganaki, moussaka…), exquis. Vous mangerez ici très bien face à la mer, sur fond de musique grecque. Plus de 30 ans de tradition, d'authenticité, et surtout de qualité à des prix encore modestes.

MOURAGIO €

✆ +30 22850 71011

A partir de 15 € par personne.

Restaurant situé face à l'embarcadère, avec un accueil et un service souriants. Une taverne familiale de bonne réputation qui propose une cuisine grecque traditionnelle et surtout du poisson frais en saison. Le poulpe en vinaigrette est extra frais, tendre avec une sauce bien équilibrée. La spécialité est la langouste fournie par les pêcheurs du coin. En fin de soirée, avec un peu chance, le patron se laissera aller à un mini-concert en public. Le cadre ne paie pas de mine, mais l'ambiance est bonne. Et la clientèle est locale, ce qui est toujours bon signe.

MYTHOS RESTAURANT €

✆ 0030 2285 074243

Comptez 15 € par personne. Ouvert tous les jours de 11h à minuit.

Cuisine maison garantie : dans cette taverne, le père et la fille sont au service, et la mère est en cuisine. Ils sont tous les trois d'une gentillesse extrême. Ce restaurant du port d'Amorgos est de bonne tenue. On y mange tous les classiques de la cuisine cycladique avec quelques petites touches originales et bienvenues. Testez notamment le ragoût de chevreau dans sa sauce tomate épicée, s'il y en a. Le service est enthousiaste et professionnel. Une bonne option à Katapola. Excellente nourriture, accueil chaleureux et ambiance décontractée !

VITSENTZOS €€

Xilokeratidi

✆ +30 22850 71518

Environ 15 € par personne. Ouvert tous les jours pour le déjeuner et le dîner.

Très bel emplacement près de la mer et une nourriture délicieuse. Ce restaurant les pieds dans l'eau offre un cadre très agréable sur les bords du petit port de pêche de Xilokeratidi. On y mange une bonne cuisine généreuse en regardant la baie de Katapola et le temps passer en se régalant de viande grillée ou de poisson frais, selon l'arrivage. Bon rapport qualité-prix. Les boulettes de viande sont excellentes, comme le *patatato*, un ragoût de chevreau en sauce tomate. Une bonne adresse. Très bel emplacement, calme, avec une jolie vue et un personnel sympathique.

LE GRAND BLEU

Ouvert jusqu'à minuit.

Une agréable terrasse au bord de l'eau offrant une superbe vue sur la baie : plus de 30 ans après le film éponyme de Luc Besson, tourné en partie dans le Cyclades en 1988, « Le Grand Bleu » fait toujours recette. En hommage aux quelques scènes du célèbre film tourné sur l'île, sa version longue est encore projetée sur la terrasse certains soirs. Après le film, musique et danse toute la nuit. Une halte obligatoire pour les amateurs de l'ivresse des profondeurs. Les sympathiques propriétaires parlent français et n'hésitent pas à vous informer sur les environs.

AMORGOS CHORA ★★★

Sa Chora est l'une des plus belles et des plus authentiques des Cyclades et le monastère de Hozoviotissa, incrusté dans la falaise, est l'un des sites incontournables de l'archipel. Construit sur un rocher autour d'une forteresse du XIIe siècle, avec ses moulins à vent abandonnés et ses ruelles pavées entrecoupées de marches, ce village séduit le visiteur. Au centre de la ville, le pyrgos de Gavras, caractéristique demeure patricienne du XVIIIe siècle, a été converti en musée et expose une collection d'objets, d'inscriptions et de sculptures retrouvés lors des fouilles locales. Ses églises de l'ère post-byzantine méritent également une visite.

PENSION PANORAMA €

✆ +30 22850 74016

www.panorama-amorgos.gr

Studio pour deux personnes à partir de 35 € en juin et jusqu'à 75 € en saison.

Pension simple et propre, divisée en deux bâtiments dont un sur la droite à l'entrée du village, avec de nombreuses chambres offrant une vue panoramique sur la mer et les montagnes. Un hôtel ouvert toute l'année qui propose aussi des appartements très économiques pour 4. La chambre est faite quotidiennement et le petit balcon est très agréable. Logement très bien situé, proche du centre du charmant village de Chora, et permettant d'accéder au célèbre monastère ainsi qu'à la plage Santa Anna à pied. Et accueil des propriétaires au débarcadère du bateau.

Vue sur Chora.

MONASTÈRE DE PANAGHIA HOZOVIOTISSA ★★★

Ouvert tous les jours de 8h à 13h et de 17h à 19h.

Ce monastère, emblématique de l'île d'Amorgos, est l'un des plus impressionnants de Grèce et l'une des plus anciennes constructions byzantines des Cyclades. Après l'avoir admiré d'en bas, dirigez-vous vers son panorama. Pour y accéder, prenez un petit chemin à droite (ouvrir la barrière). Descendez le chemin pour découvrir une vue époustouflante sur la mer et la montagne. Arrivé sur la route prenez à gauche jusqu'au parking. Vous découvrirez alors l'incroyable monastère. Suspendu sur une falaise abrupte au-dessus de la mer. Ce monastère, probablement fondé au IXe siècle, est une intéressante prouesse architecturale puisqu'il représente l'équivalent de plusieurs étages et, de loin, semble ne présenter qu'un seul mur. L'histoire de sa fondation a nourri plusieurs légendes. La plus répandue veut qu'une icône de la Vierge peinte par l'apôtre Luc soit soudainement apparue dans une barque. Les habitants de l'île décident alors de construire un monastère sur la côte, mais tout ce qu'ils construisent le jour se trouve démoli le lendemain. Un prêtre qui implore le ciel a soudain la vision, sur le rocher abrupt, d'une sacoche d'ouvrier pendue à un clou. Ainsi décide-t-on de construire le monastère à cet emplacement. Attention : tenue correcte exigée, à savoir jupe longue pour les femmes, pantalons longs pour les hommes et épaules couvertes pour tous. Cependant, des jupes et pantalons sont prêtés à l'entrée du monastère en cas d'oubli ou de port de bermuda...

L'HISTOIRE D'AMORGOS

Les origines d'Amorgos sont marquées par le développement de la civilisation cycladique qui trouve son apogée sur l'île au IIIe millénaire av. J.-C. Son positionnement stratégique au carrefour de l'actuel Dodécanèse et des Cyclades en fait un centre de commerce important au cours de cette période et plus encore pendant la période minoenne. C'est en effet autour de 1400-1200 av. J.-C. qu'Amorgos connaît sa plus forte croissance, devenant une puissance maritime et navale unique dans la région, comme l'attestent les vestiges de la cité Minoa. Entre le Xe et le VIIe siècle av. J.-C., les Ioniens fondent deux nouvelles cités puissantes : Arkesini et Aegiali. L'ensemble de ces trois cités historiques participe au développement unique d'Amorgos. L'île devient une terre d'exil pendant l'époque romaine, tradition qui perdurera pendant des siècles puisque le dernier exilé politique y a été envoyé par la junte militaire arrivée au pouvoir par le coup d'Etat de 1967... La période byzantine est marquée par le passage des conquérants : les Francs, les Vénitiens, les incursions pirates, les Russes, les Ottomans. Malgré la décadence certaine que l'île vit tout au long de la période, elle conserve sa puissance navale qui s'avère très utile pendant la guerre d'indépendance. Au XIXe siècle, Amorgos rejoint l'Etat grec alors que l'exode rural pousse une partie de sa population à rejoindre la capitale. Bientôt, l'île perd son importance et recouvre son statut de terre d'exil dès la dictature de Metaxas dans les années 1930.

EMPROSTIADA TRADITIONAL GUESTHOUSE €€

✆ +30 22850 71814

http ://emprostiada.gr

Chambre double : 100 € en pleine saison (juillet-août) sinon 50 € le reste de l'année.

Cet établissement est situé en bordure de Chora : un emplacement idéal pour être à la fois à quelques minutes de l'animation tout en profitant du calme unique du village. Les chambres et suites sont très joliment décorées, l'accueil est chaleureux et agréable et c'est une des rares options de charme d'Amorgos. Dans un grand jardin, la maison est magnifique en pleine Chora. La propriétaire et son mari viennent vous chercher au port et vous ramènent sur demande. Une très bonne adresse.

VORINA KTISMATA €€€

✆ +30 22850 71580

www.vorinaktismata.com

Chambre double à partir de 100 €, avec le petit déjeuner.

Très select, ce petit complexe récent ne propose que trois chambres et deux suites avec terrasse. L'ensemble se veut discret et en harmonie avec la nature : architecture bioclimatique, énergie solaire, utilisation de l'eau de pluie, flore locale valorisée... Mais des prestations et un confort impeccables. L'accueil de Nikos et Alexia est tellement attentionné ! Vous ne le regretterez pas pour le lieu, la chambre magnifiquement meublée et décorée, le coucher de soleil sublime. Et aussi, accessoirement, le petit déjeuner incroyable...

ROUTE DES CRÊTES

Amorgos est réputée pour ses magnifiques randonnées et son relief découpé et abrupt. Parmi toutes les marches possibles, le sentier n°1 est un incontournable que l'on vous recommande vivement. Difficile, il suit la route des crêtes qui sillonne toute la partie nord de l'île, entre Chora et Aegiali. Les précautions d'usage tiennent ici comme ailleurs : partez de bon matin pour éviter les grosses chaleurs, partez avec suffisamment d'eau sur vous (2 litres par personne) et de quoi grignoter, car vous ne pourrez rien acheter en route, couvrez-vous et utilisez une protection solaire à indice élevé. Enfin, et surtout, ne partez pas les jours de grand vent, car le meltem souffle avec une force inouïe sur ces sommets. Si vous ne souhaitez pas faire l'aller-retour par le même sentier, prenez un bus qui vous ramènera d'Aegiali à Chora par la route côtière. Cette marche de 5 heures, splendide, offre des vues infinies à couper le souffle vers l'est et l'ouest, part de Chora et fait une première escale au monastère d'Hozoviotissa. Nous vous recommandons de réserver la visite du monastère à une autre fois afin de ne pas prendre trop de retard sur votre marche et ainsi éviter les heures les plus chaudes. Au-delà, le sentier serpente sur la crête en contournant le mont Profitis Ilias, le point culminant de l'île avec ses quelque 700 m. Vous passerez alors par l'église de la Panaghia Theoskepasti et le petit monastère byzantin de Saint-Jean-Chrysostome où vous verrez les ruines médiévales d'une caserne militaire utilisée à l'époque.

ARBARORIZA €

✆ +30 2285 074388

Ouvert tous les jours de 13h à minuit. Comptez 15 € par personne.

A Chora, on se restaure plutôt mieux qu'ailleurs sur l'île. Les équipes, plus jeunes, tentent autre chose que les classiques de la cuisine grecque et les adresses sont plus charmantes, jouissant d'un cadre unique. Encore une illustration ici : un peu en retrait de la ruelle principale, ce joli restaurant végan offre une cuisine bio à base de produits locaux. L'équipe, jeune et dynamique, réussit à créer une ambiance conviviale et décontractée. En extérieur, quelques tables colorées s'étalent sous les arbres et offrent une vue sur la mer Egée.

TRANZISTORAKI €

✆ +30 69828 96420

www.tranzistoraki-amorgos.gr

Ouvert tous les jours de midi à minuit. Comptez 15 € par personne.

Cette petite taverne sous la tonnelle offre une sélection de *mezzes* délicieux pour accompagner des carafes de succulent raki. Le tout dans un cadre qui fait la part belle aux transistors *vintage*. Le service est jeune et agréable, l'ambiance détendue et conviviale et la cuisine vraiment réussie. Choisissez de nombreux petits plats et partagez pour pouvoir goûter à tout. Entrées délicieuses avec des ingrédients locaux, comme les pois cassés aux câpres ou le gruyère poêlé. Essayez aussi les feuilletés au fromage et au miel et les boulettes de viande parfumées.

LIOTRIVI €€

✆ +30 22850 71700

A partir de 15 € par personne. Ouvert midi et soir.

Excellent cadre avec coucher de soleil sur Katapola. Situé dans une rue transversale étroite, vous verrez l'immeuble en pierre, blanchi à la chaux, où les spécialités locales y sont servies depuis 20 ans, à prix doux. Goûtez les *kalogiros* (aubergine avec du veau, du fromage et des tomates) ou *exohiko* (agneau et légumes en croûte). De la terrasse en haut, vous aurez vue sur la mer Egée, les montagnes ou les pittoresques moulins à vent. Une des meilleures adresses de l'île. « Liotrivi », c'est l'ancienne fabrique de l'huile d'olive.

ARKESINI

Ce pittoresque village au sud de l'île fait partie de Kato Meria. À proximité, vous pouvez visiter les ruines de l'antique Arkesini (fragments des murailles, tombes, maisons...). Une balade de 40 minutes conduit au village de Vroutsis. Arkesini est relié par bus à Chora et Katapola (possibilité de venir à la journée). Sur place, une taverne loue des chambres. Vous pouvez vous baigner à Kalotaritissa ou à Paradissia, et à pied vous rendre à Aghioi Saranda (30 minutes), Mouros (20 minutes) ou Mavri Miti. Les nudistes opteront pour Faros. Les plages de cette partie de l'île, même celles accessibles en voiture, ont l'avantage d'être très peu fréquentées.

AEGIALI ★★

Le deuxième port de l'île, où s'arrêtent de plus en plus de bateaux, gagne en popularité auprès des vacanciers. On les comprend : le village est entouré de trois villages perchés tout blancs, Tholaria, Langada et Potamós, qui dominent la vallée encaissée. Tous les ferries font escale dans les deux ports de l'île. Des bus locaux font la liaison entre Aegiali et Tholaria, Langada et Potamós. Les ruelles du village sont décorées de fleurs dessinées à la chaux. Aigiali est bordé d'une longue plage de sable, mais pour avoir plus d'espace, vous pouvez, en vous éloignant un peu, découvrir une série de petites criques. La plus célèbre est celle de Levressos, à 20 minutes à pied du village.

LAKKI VILLAGE €€

✆ +30 22850 73253

www.lakkivillage.gr

70 chambres, studios et appartements. A partir de 50 € pour 2 avec petit déjeuner selon la catégorie et la période.

Une valeur sûre que ce grand complexe constitué de 70 chambres, appartements, bungalows et autres studios dans le style cycladique. C'est aussi et surtout une bonne adresse pour les familles, surtout si vous voyagez en basse saison ou début juillet : les studios pour 4 personnes sont alors facturés à peine plus cher. L'établissement est posé au bout de la plage d'Aegiali avec un agréable jardin à l'ombre de grands arbres et une piscine avec bar. Parking, aire de jeux pour les enfants. La taverne à même la plage de sable est excellente.

12 ACROPOLIS €

✆ +30 2285 073422

www.12acropolis.gr

Ouvert tous les jours pour le déjeuner et le dîner. Comptez 15 € par personne.

Quelques tables sur les marches d'une ruelle, une ambiance tamisée et tranquille, une belle sélection de rakis et un menu qui sort un peu des habitudes grecques. Ici vous mangerez de bonnes salades complètes, à base de quinoa ou de lentilles, des légumes grillés ou encore des desserts généreux. Une adresse conviviale et agréable. Il ne vous échappera pas non plus que l'établissement est particulièrement fier de ses herbes maison qui parsèment ses plats, ses desserts mais surtout son *rakomelo*, un verre de raki tiède parfumé aux herbes et au miel.

FALAFEL €

✆ +30 2285 073553

Ouvert tous les jours de 9h à 1h du matin. Comptez moins de 15 € par personne.

Un petit restaurant légèrement à l'écart et une belle surprise. Dans une ruelle animée un peu en retrait du port, Falafel est un lieu alternatif et branché où la jeunesse végane et adepte des cures holistiques se retrouve pour partager des falafels géants et des cocktails pointus. Avec un accueil très chaleureux et des saveurs fraîches et légères. Tout cela est très au goût du jour mais surtout très réussi ! Les produits sont frais, les cocktails bien équilibrés et l'ensemble savoureux. Au-delà du style affiché, venez donc vous y régaler.

KOSTARAS €€

✆ +30 69366 59080

Compter 15 €/pers. Ouvert tous les jours midi et soir.

Un endroit agréable avec une vue inouïe sur la baie d'Aegiali. Ici, la cuisine traditionnelle de l'île se mélange à la gastronomie italienne. Tout est préparé à l'aide d'ingrédients locaux. Ne pas oublier de goûter aux délicieux *kolokythokeftedes* (boulettes de courgettes), à la célèbre chèvre rôtie d'Amorgos ou encore aux aubergines à la viande, appelées *kalogeros*. Kostas, le sympathique propriétaire, saura vous conseiller. Pas loin du port, un lieu animé de jour comme de nuit où l'on peut manger pour un prix encore très raisonnable.

LIMANI TIS KYRA-KATINAS €€

Dans la ruelle principale.
✆ +30 22850 73269

A partir de 15 € par pers. Ouvert tous les jours de 9h à tard le soir.

Authentique taverne grecque et une des premières à ouvrir à Aegiali (1980). On s'attable soit dans la ruelle sous les oléandres (lauriers-roses) soit sur la terrasse en haut avec vue sur la baie. Cuisine familiale bon marché et d'un grand choix : plats traditionnels et locaux, poisson frais au kilo et fruits de mer (succulents), le tout arrosé d'un bon vin maison. On y vient aussi pour le petit déj. Service souriant. Assez rare pour être souligné : plats thaïs originaux tous les vendredis (eh oui, il y a une Thaïlandaise dans la famille).

AMORGOS DIVING CENTER

Sinodinos Dimitris
✆ + 30 22850 73611
amorgos-diving.com/fr

À partir de 55 € la plongée avec bouteille pour les personnes certifiées. Ouvert tous les jours de 10h à 22h en saison.

Cette école de plongée, une référence, propose une formation tous niveaux (amateur et professionnel) avec diplôme dans les Cyclades. La classe, non, sur l'île du *Grand Bleu* ? C'est le seul centre PADI 5 étoiles avec cours en français de surcroît. Boutique d'équipement de plongée et de pêche, à louer ou à acheter. Découvrez pourquoi c'est à Amorgos que le film *Le Grand Bleu* a été tourné. Pour les débutants, ce centre est aussi une belle opportunité ici pour découvrir la plongée à partir de l'âge de 10 ans. Tous les tarifs des cours sur le site Internet.

THOLARIA ★

Si vous êtes à Aigiali, montez au petit village de Tholaria perché sur votre gauche (dos à la mer). Ce village tranquille offre des vues magnifiques sur la mer Egée et la baie d'Aegiali. Vous pourrez y monter par la route, en bus ou en voiture, mais nous vous conseillons le joli sentier n° 4 qui part du camping et monte en 30 min vers Tholaria. Vous verrez d'en-haut la vallée verte qui se niche au creux d'un amphithéâtre montagneux impressionnant d'aridité. Au village, prenez le temps d'une pause au kafeneio traditionnel au pied de l'église. C'est une terrasse agréable pour voir le soleil se coucher. En journée, vous pourrez vous rendre à pied à la crique de Mikri Vlichada.

DREAM BLUE

✆ +30 22850 73288
https ://www.dreamblue.gr/

Dream Blue est une agence créée en 2019 par les membres de l'hôtel Vigla à Tholaria, offrant des excursions et des séjours à thème sur l'île d'Amorgos et dans les petites Cyclades. L'objectif est de faire découvrir de manière authentique la beauté unique d'Amorgos et de ses environs. Une initiative bienvenue tant l'offre était limitée dans ce domaine. Au programme : randonnées, balades à dos d'âne, excursions en bateau, musique, danse, visite de monastères, cours de cuisine... Un service très professionnel pour une expérience intimiste qu'on garde en mémoire.

EVIS PENSION €

✆ +30 22850 73391
www.amorgos-evis.com

Chambre double entre 60 € et 80 €. Transfert gratuit depuis le port d'Aegiali.

Evi est accueillante et joviale, disponible et à l'écoute de ses clients. Economique mais simple, cette petite pension propose 8 chambres ou studios et un appartement pouvant accueillir entre quatre et huit personnes. Plutôt mignon, cosy, avec de jolis balcons. Les chambres sont très correctement équipées. Au final, la gentillesse de la propriétaire, la magnifique vue sur la montagne et la mer, le coucher du soleil à couper le souffle et le calme du petit village de Tholaria resteront inoubliables ! Une adresse évidemment à partager...

TAVERNA PANORAMA €

✆ +30 22850 73349

Ouvert tous les soirs pour le dîner. Comptez 15 € par personne.

Cette taverne familiale porte bien son nom : située sur les hauteurs de Tholaria, elle offre une vue panoramique sur la baie d'Aegiali et le large. On y vient de toute l'île pour la succulente cuisine traditionnelle, spécialisée dans les mets amorgiens. Si vous n'avez pas réservé, venez assez tôt pour profiter des tables en terrasse. Certains soirs, musique traditionnelle *live*. Bien sûr, c'est un plus de maîtriser un minimum le grec pour comprendre les anecdotes racontées par le patron, mais vous passerez quand même une excellente soirée...

LAGKADA ★

Douceur de vivre, plénitude et sérénité : voici un vrai petit coin de paradis pour les amateurs de calme. À 4 kilomètres d'Aegiali, en face de la plage en hauteur, c'est un village cycladique au charme indiscutable. Vous pouvez rejoindre le village à pied depuis Aegiali par un agréable chemin balisé (comptez 20 à 30 min de marche). Sur la route menant au village, admirez l'exceptionnel cimetière perché à même la roche sur votre droite à l'entrée du village. Vous pouvez visiter quelques églises intéressantes comme Aghia Triada et Panaghia Epanohoriani, non sans faire une halte à la terrasse de la taverne Nikos qui offre une vue saisissante. L'hôtel Pagali loue aussi des chambres et des studios spacieux, calmes et charmants.

HÔTEL PAGALI €€

Dans le village à côté de la taverne du même nom.
✆ +30 22850 73310
www.pagalihotel-amorgos.com
Chambre double de 45 à 75 € en été. Petit déjeuner : 8 €.

L'hôtel pratique avec succès un tourisme alternatif basé sur l'agrotourisme. Vous y trouverez 20 chambres dans un site splendide et des studios avec kitchenette. Toutes les chambres ont un réfrigérateur, une télévision satellite, un balcon et un accès wifi. Possibilité de participer aux activités de la ferme. Si vous y logez, il y a des chambres petites mais agréables (avec climatisation et nettoyées tous les jours) qui donnent sur une grande terrasse partagée. Et Ioanna est toujours prête à aider. Attention, réservation indispensable !

PAGALI €

Dans l'hôtel Pagali.
✆ 30 22850 73310
www.pagalihotel-amorgos.com
A partir de 15 €/pers. Ouvert tous les jours à partir de 9h.

Comme l'hôtel qui l' « héberge », ce restaurant mérite qu'on s'y arrête. Initiative assez rare pour être soulignée : les propriétaires y pratiquent l'agrotourisme. Produits garantis locavores, voire du potager de l'établissement. Au menu : légumes grillés ou en boulettes, viandes... On peut aussi s'y arrêter pour un café. Autre rareté : les gâteaux sont à l'honneur et excellents. Une superbe terrasse au-dessus d'Aigiali avec le son des cigales. Service très sympathique avec une belle huile d'olive locale. Nous recommandons fortement.

POTAMOS ★★

Ce village traditionnel est situé à 18 km de la capitale d'Amorgos. Il est construit sur les pentes d'une colline, surplombant la baie d'Aegialis, au nord d'Amorgos. Il. Au-dessus du port d'Aegiali, c'est celui des trois villages qui offre la plus belle vue sur le large et l'île de Nikouria. Potamos affiche une architecture traditionnelle avec des maisons blanchies à la chaux, des fenêtres bleues et des rues pavées. Légèrement en retrait, Potamos est un endroit idéal pour se détendre loin des foules bruyantes et profiter d'un coucher de soleil spectaculaire sur la mer Égée. Promenez-vous dans ses ruelles étroites en admirant la vue impressionnante sur la mer Égée.«

PANO GITONIA €

✆ +30 22850 73205
www.amorgos-panogitonia.gr
Chambre double entre 70 et 100 €.

L'offre est rare et ces studios aménagés dans une vieille maison de village attireront d'autant plus votre attention. Cet établissement est situé dans le village traditionnel et pittoresque de Potamos et tous ses studios offrent une vue spectaculaire sur la mer (avec des couchers de soleil sans supplément) et la baie d'Aegiali. Tout est conçu avec soin : poutres apparentes, mobilier traditionnel... Chaque studio est unique, bien équipé, avec un coin extérieur paisible. Les chambres sont spacieuses et propres. Pour être tranquille, une bonne option !

KAMARA €

Apno Potamos.
✆ +30 22850 73260
Ouvert tous les jours, de 10h à minuit.

Voilà une adresse qu'il faut connaître, sur les hauteurs du village, avec un panorama que l'on devine exceptionnel (et on vous confirme que c'est exact). Un couple franco-grec vous propose ici son *patatato*, une spécialité de viande de chèvre et de pommes de terre. Pour compléter l'offre hôtelière rare, les propriétaires ont aussi deux chambres à louer pour dépanner. Bref, pour une vue à couper le souffle, un personnel sympathique et un repas très correct. En prime, il y a parfois un dessert très bon fait maison. Prix corrects.

PASSPORT

PETITES CYCLADES DE L'EST

Ces petites îles bien cachées au sud-est de l'imposante Naxos constituent un havre de paix pour le visiteur désireux de découvrir les Cyclades autrement. Les cailloux isolés d'Iraklia, Schinoussa, Koufounissi et Donoussa sont baignés de mythologie et d'une ambiance hors du temps. Belle alternative pour tous ceux qui, fuyant les endroits trop touristiques, rêvent d'une parenthèse idyllique entre ciel et mer. Les plages de sable et les criques sont exceptionnelles, la mer décline toute la gamme de bleu et de transparence, et vous ne serez pas dérangé par les voitures : elles sont quasi inexistantes ! Vous pouvez explorer ces îles en louant un voilier ou depuis Naxos par le *Skopelitis* qui fait la navette tous les jours. De plus en plus de touristes accostent dans ces îles pour des excursions à la journée, notamment à Koufonissi, mais il serait bien dommage de ne pas y rester.

Petites Cyclades de l'Est
Patmos
NAOUSA ★★★
Drymalia
NAXOS ★★★
DONOÚSA ★
DONOUSSA
PAROS ★★★
NAXOS ★★★★
KOUFONISSI
KOUFONISSI
KOUFONISSIA ★★★
KATO KOUFONISSI ★★
IRAKLIA
AGHIOS GEORGIOS ★★
SCHOINOÚSSA ★★
SCHINOUSSA
AMORGOS ★★★★
AMORGOS ★★★
IOS ★
IOS ★★
OIA ★★★★
Fira
THIRA ★★★★
SANTORIN ★★★★
ANAFI ★★★
Astypalaia
Ege Denizi
Aigaion Pelagos
Xirokampos
Leros
Kalymnos
Gündoğan
Yalıkavak
Göltürkbükü
Gümüşlük
Torba
Konacık
Turgutreis
BODRUM
Akyarlar
Umurça
Gökova Körfezi
Kos
Asfendiou
Irakleides
Antimacheia
Kardamaina
Kefalos
IRAKLIA
Livadia
Akdeniz
24 KM

PAGES

369

● ● IRÁKLIA - ΗΡΑΚΛΕΙΑ

Avec ses 16 km² et 150 habitants, l'île de Donoussa est isolée au nord-est, mais fait partie intégrante des Petites Cyclades, malgré sa situation géographique qui la place un peu à l'écart de ses consœurs. Mal desservie par les bateaux, elle conserve tout son calme et son authenticité, même en pleine saison touristique. Une route traverse l'île, desservie par quelques bus. Les voitures restent cependant peu nombreuses. L'île offre à ses visiteurs un accueil familial, de beaux circuits de promenade, de belles plages, et un calme absolu. Vous résiderez sur le port ou sur les plages de Kedros et Livadi si vous optez pour le camping sauvage, toléré sur l'île. C'est d'ailleurs la destination préférée des *free campeurs* grecs qui viennent tous les ans passer de longues semaines pour vivre d'amour et d'eau fraîche. Le nudisme est largement pratiqué.

Il vous faudra utiliser vos jambes pour découvrir les hameaux et belles plages de sable fin, mais quel plaisir de marcher dans des paysages presque intouchés, loin du monde et des foules ! Dans le port de Stavros, il vous faudra flâner dans les venelles pavées embaumant le jasmin et profiter de la vie de village, calme et lente, qui se réveille une fois la nuit venue.

AGHIOS GEORGIOS ★★

369 C'est généralement dans ce petit port que vous arriverez et logerez. Calme garanti. Tous ou quasiment tous les résidents d'Iraklia habitent ici. S'ils ne sont pas à la pêche, ils regardent le temps passer dans la poignée de bars et de tavernes. Pour un tourisme alternatif et contemplatif !

371 **PANAGHIA ★★**

372

● ● SCHINOUSSA - ΣΧΟΙΝΟΥΣΣΑ

Cette île de 8 km² entre Iraklia et Koufonissi est habitée par 250 résidents à l'année, ce qui, comparativement à Iraklia par exemple, est la preuve d'un certain dynamisme. En effet, Schinoussa est une île étonnamment vivante, même en dehors de la saison. Agricole, elle est largement tournée vers la terre qui donne notamment une excellente fava. La pêche est également une ressource importante sur l'île. Autre aspect étonnant à noter : la moyenne d'âge des résidents de Schinoussa est relativement jeune, avec toute une série de trentenaires qui sont venus s'installer ici à l'année et participent à maintenir une vie plus intense qu'ailleurs. Son authenticité, sa vivacité et la beauté de ses paysages naturels ont attiré de riches familles d'armateurs qui ont racheté des péninsules entières sur ce caillou. Vivant dans la discrétion la plus totale lors de leurs visites, ces familles ont malgré tout distillé un certain art de vivre sur l'île qui offre notamment de magnifiques restaurants et bars en saison. Seule une population d'habitués et de connaisseurs athéniens vient passer l'été ici : tout ce beau monde se retrouve en toute tranquillité et sans chichis dans un des secrets les mieux préservés des Cyclades. Comme ailleurs dans les Petites Cyclades, l'île offre aussi des plages somptueuses, entre criques isolées, plages familiales et longues étendues de sable.

Schinoussa a réussi ce pari de rester absolument simple et agricole tout en favorisant un certain goût pour l'esthétique. Ce penchant artistique combiné à un fort ancrage terrestre contribuent à l'ambiance unique que vous trouverez sur l'île. Celle-ci est encore renforcée, dit-on, par la proximité chargée de mysticisme de l'île inhabitée de Kéros.

SHINOUSSA CHORA ★★

372 Même si la population est concentrée à Chora, on aborde Schinoussa par le minuscule port de Mersini. Un chemin piéton (et même éclairé la nuit) permet de relier facilement Chora et Mersini.« Aucun monument ou église notable à visiter à Schinoussa, simplement la vie de village à vivre au jour le jour…

PAGES

374

●● KOUFONISSI - ΚΟΥΦΟΝΗΣΙ

Koufonissi, d'une surface totale de 26 km², est composée de deux îles : Pano Koufounissi compte 260 habitants pour 8 km² tandis que Kato Koufounissi est inhabitée. Lorsqu'on parle de Koufounissi, il est fait la plupart du temps référence à Pano Koufounissi qui abrite le port du même nom et quelques villages. C'est, de loin, l'île la plus visitée des Petites Cyclades. Elle se distingue par son relief relativement plat (point culminant : 110 m) et ses eaux d'une clarté exceptionnelle.

Aujourd'hui, la vie de l'île se concentre au port, enclavé dans une baie naturelle protégée des vagues et du vent par l'île de Kato Koufounissi. En pleine saison touristique, Koufounissi se laisse vivre dans un calme et une tranquillité de plus en plus touchée par le tourisme, particulièrement celui des excursions à la journée. L'île reste toutefois très calme si vous vous éloignez du port. Mais les constructions vont bon train et il y a fort à parier que les années à venir changeront un peu l'île. Les Italiens y viennent déjà depuis de nombreuses années, attirés par ses plages magnifiques et les Français ont commencé à s'y installer pour l'été ces derniers temps. Allez-y alors qu'il est encore temps de profiter du calme loin des foules.

374

KOUFONISSIA ★★★

C'est la plus connue et - toutes proportions gardées - la plus fréquentée des Petites Cyclades. D'emblée, un vrai coup de cœur pour tout touriste qui veut sortir des sentiers battus. Ce port, facilement accessible (liaisons quotidiennes avec Amorgos, Naxos, et les autres Petites Cyclades), vous donnera vite l'impression d'échapper à la foule.

376

KATO KOUFONISSI ★★

377

●● DONOUSSA - ΔΟΝΟΥΣΑ

Avec ses 16 km² et 150 habitants, l'île de Donoussa est isolée au nord-est, mais fait partie intégrante des Petites Cyclades, malgré sa situation géographique qui la place un peu à l'écart de ses consœurs. Mal desservie par les bateaux, elle conserve tout son calme et son authenticité, même en pleine saison touristique. Une route traverse l'île, desservie par quelques bus. Les voitures restent cependant peu nombreuses. L'île offre à ses visiteurs un accueil familial, de beaux circuits de promenade, de belles plages, et un calme absolu. Vous résiderez sur le port ou sur les plages de Kedros et Livadi si vous optez pour le camping sauvage, toléré sur l'île. C'est d'ailleurs la destination préférée des *free campeurs* grecs qui viennent tous les ans passer de longues semaines pour vivre d'amour et d'eau fraîche. Le nudisme est largement pratiqué.

Il vous faudra utiliser vos jambes pour découvrir les hameaux et belles plages de sable fin, mais quel plaisir de marcher dans des paysages presque intouchés, loin du monde et des foules ! Dans le port de Stavros, il vous faudra flâner dans les venelles pavées embaumant le jasmin et profiter de la vie de village, calme et lente, qui se réveille une fois la nuit venue.

377

DONOUSSA – STAVROS ★

C'est l'île (et le port) la plus éloignée de ses « consœurs ». Mais quel plaisir de flâner dans les venelles pavées de sa capitale embaumant le jasmin et comptant à peine 150 âmes ! Une route traverse l'île. Les voitures restent cependant peu nombreuses.

AGHIOS GEORGIOS ★★

Bienvenue à Iráklia ! Ici, la vie tourne autour du port d'Aghios Georgios. C'est dans ce village que vous trouverez à vous loger et à vous restaurer et que vous pourrez également prendre un café ou un verre en soirée. Tous ou quasiment tous les résidents d'Iraklia habitent ici. La vie y est calme, voire très calme : attention ce n'est pas une destination pour faire des rencontres ou faire la fête. En revanche, ceux qui aiment regarder le temps passer seront ravis. Quelques tavernes et quelques bars assurent l'animation en soirée et vous permettent de faire une petite pause en journée. Le mini-market Perigiali, relativement bien achalandé, est situé vers la plage, mais optez surtout pour l'épicerie-billetterie-poste Melissa si vous voulez acheter des produits locaux. Centre de la vie à Aghios Georgios, le Melissa est un passage obligé qui n'a pas changé depuis des décennies. On peut même y prendre le café ou un petit verre en fin de journée, à l'unique table des lieux.

Transports

- En bateau, le plus facile pour arriver sur l'île est d'emprunter le Scoplitis (www.smallcycladeslines.gr), un petit bateau privé qui relie toutes les Petites Cyclades et ce tous les jours en saison entre Naxos et Amorgos.

IRAKLIA SCOOTERS

✆ +30 698 80 00 127
www.iraklia.gr

Une unique route asphaltée relie Aghios Georgios à la plage de Livadi et au village de Panaghia. De là, une bifurcation permet de rejoindre la plage de Tourkopigado. Le reste de l'île n'est pas sillonné de routes mais de sentiers qu'il faudra prendre le temps de découvrir à pied. Il n'y a pas de voiture à louer sur l'île et franchement ce n'est pas nécessaire. Quelques scooters et quads sont disponibles ici, mais au vu du peu de réseau routier, la marche est idéale. Un minibus fait la navette en été entre Aghios Georgios et Panaghia.

AIOLOS HOTEL & RESTAURANT €

✆ +30 22850 71233
www.aiolos-iraklia.gr

Chambre double à partir de 60 € en été, petit déjeuner compris. Transferts de/vers le port gratuits.

En surplomb d'Aghios Georgios, l'Aiolos domine une colline et offre des vues magnifiques sur la mer et les îles à 180 degrés. L'établissement familial vous reçoit avec chaleur. Il propose 12 chambres confortables dans un bâtiment à l'architecture cycladique. Toutes ont la télévision, un frigo et surtout un balcon avec une vue imprenable sur la mer. L'Aiolos abrite également un restaurant ouvert tous les soirs pour le dîner. La cuisine est de qualité et là encore, la vue est magnifique.

ULYSSE ET LE CYCLOPE POLYPHÈME

Une grande page de la mythologie s'est écrite ici. De toutes les aventures d'Ulysse qu'Homère nous a relatées dans son *Odyssée*, l'épisode du cyclope est l'un des plus connus. Polyphème à l'œil unique est le fils de Poséidon et de la nymphe Thoosa. Au chant IX, les deux protagonistes se rencontrent alors qu'Ulysse et ses compagnons, à la recherche de nourriture, tombent sur la cave de Polyphème, remplie de vivres. Lorsque celui-ci s'aperçoit de leur présence, il les emprisonne pour les manger le lendemain. Mais Ulysse est malin et il fait boire du vin au géant qui bientôt s'assoupit d'ivresse. Il a le temps de demander dans un demi-sommeil son nom à Ulysse qui lui répond : « Personne ».

Le héros et ses amis en profitent pour crever l'œil du cyclope à l'aide d'un tronc d'arbre. Polyphème se réveille en hurlant de douleur et de rage. Il crie à l'aide, mais lorsque ses voisins lui demandent par qui il est attaqué, il répond : « par Personne » et ne reçoit donc aucune aide de ses pairs. Ulysse et ses compagnons s'accrochent sous le ventre des moutons de Polyphème. Lorsque celui-ci ouvre la cave pour faire sortir ses bêtes, il leur caresse le dos, aveuglé, pour s'assurer que ses prisonniers ne s'enfuient pas. Ulysse et les autres, bien cachés, arrivent ainsi à s'échapper. Ils rejoignent leur navire et prennent la mer. Polyphème lance des rochers vers les flots et maudit « Personne ». Poséidon, pour venger son fils, fera monter vents et tempêtes contre le héros d'Ithaque.

PLAGES ★★★

La petite plage d'Aghios Georgios est très agréable et fréquentée par les locaux et les familles. De gigantesques tamaris apportent une ombre bienvenue sur la plage de sable. L'eau, turquoise et parfois émeraude, est d'une transparence absolue et n'est que très rarement perturbée par l'arrivée d'un bateau. Ce port naturel est très profond, ce qui crée les conditions pour de belles sessions snorkelling.

Vers le sud, la plage de Livadi (15 minutes à pied, 5 minutes en bus) est une somptueuse étendue de sable aux eaux peu profondes et tout simplement stupéfiantes de clarté. La jolie baie de Livadi ouvre sur l'îlot inhabité de Venetiko. Des tamaris bordent la plage et offrent de l'ombre. Aux deux extrémités, le camping sauvage est autorisé alors que deux tavernes proposent de quoi se restaurer.

Vers le nord, la plage sauvage de Vorini Spilia est accessible par un sentier à la sortie du port (20 minutes à pied). Les eaux sont là aussi d'une clarté incroyable et il s'agit peut-être de la plus belle plage d'Iraklia. Mais elle est également plus exposée au vent et reçoit malheureusement les déchets renvoyés par la mer. Les locaux s'occupent régulièrement de la nettoyer mais vous pourrez rencontrer quelques déchets en début de saison notamment.

Les plages de la côte sud Merichas et Ammoudi sont dominées par d'imposantes falaises où nichent deux couples de vautours fauves (le griffon dans la mythologie) et un couple d'aigles de Bonelli, espèces très rares d'oiseaux de proie. Elles ne sont accessibles que par caïque.

ALEXANDRA ROOMS & TAVERNA TO PEFKO €

✆ +30 22850 71482

Chambre double entre 40 et 95 € en été. Ouvert toute l'année. Restaurant ouvert tous les jours.

Au point culminant du village, à quelques centaines de mètres du port. Les chambres sont simples mais confortables et les studios, plus récents, sont sur deux étages. Propres et bien équipés, ils offrent un très bon rapport qualité-prix. Très belle vue sur le port, la baie et les îles voisines. Martha et son mari tiennent aussi le restaurant To Pefko à 200 m des studios : cuisine grecque traditionnelle, plats du jour savoureux, ambiance chaleureuse, beaucoup d'habitués.

SPEIRES ROOMS & RESTAURANT €€

✆ +30 22850 77015

www.speires.gr

Chambres doubles à partir de 50 € en été. Transfert de/vers le port.

Un des derniers établissements à ouvrir ses portes sur l'île, le Speires a opté pour un style contemporain et branché qui tranche avec ses concurrents et les habitudes d'Iraklia. Très élégant, l'hôtel propose 10 chambres très joliment aménagées. Les balcons ouvrent sur des vues splendides du port en contrebas et de la mer. Le café-restaurant sert un très bon petit déjeuner et reste ouvert toute la journée. À partir de 18h, on vient se régaler d'un bon verre de vin sur la terrasse.

Plages.

AKATHI

✆ +30 2285 071118

Ouvert tous les jours de 9h au dernier client.

Ce joli bar-restaurant en retrait de la mer est situé au cœur du village. Montez à l'étage pour profiter de la vue panoramique sur l'Egée et laissez-vous aller à une longue pause café ou un cocktail savoureux en soirée. Des plats un peu plus recherchés que dans une taverne classique sont aussi proposés le soir pour le dîner. Les mezzes de poissons et de fruits de mer sont très bons. C'est l'adresse qui nous manquait ! L'équipe jeune et créative qui a repris les rênes du bar-restaurant a su apporter un peu de nouveauté dans l'horizon nocturne d'Iraklia.

SURFIN BIRD

Sur la baie de Livadi

✆ +30 693 600 0295

Ouvert tous les jours de 9h à 5h.

Sur le flanc nord de la baie de Livadi, en face de l'îlot de Venetiko, le Surfin Bird est un agréable café-bar assez branché. Des cocktails fantastiques et une cuisine pour des encas. Une équipe jeune et dynamique y sert de copieux petits déjeuners le matin, de bons plats qui sortent un peu de l'ordinaire le midi et le soir, le café toute la journée et un superbe raki aux herbes le soir. C'est l'endroit où venir le soir pour l'apéritif ou boire un verre. Ambiance conviviale et détendue, vues splendides et les lumières de Schinoussa à portée de main.

THALASSA

Plage de Livadi

✆ +30 22850 77710

Ouvert tous les jours de 9h à 2h.

Ce café de plage garde l'entrée de la plage de Livadi. La grande terrasse ombragée est si agréable qu'on y passerait des après-midi entières. C'est d'ailleurs ce que font une partie des campeurs de la plage qui s'y retrouvent pour prendre le café et le petit déjeuner, pour passer le temps en jouant à des jeux de société ou pour surfer sur Internet. On peut évidemment y manger. N'attendez rien d'extraordinaire, mais une cuisine typique simple vous y sera servie. On peut sinon emporter son *freddo* ou son frappé sur la plage, à l'ombre des tamaris.

PANAGHIA ★★

Pour arriver à Panaghia, suivez la route asphaltée à pied (environ 45 min). Après avoir dépassé la baie de Livadi, vous remarquerez sur votre gauche les ruines de la forteresse vénitienne. Au-delà, le paysage devient vite rural, presque bucolique. Le village endormi a presque été intégralement vidé de ses habitants mais il reste encore quelques personnes âgées, une école et le dispensaire. Vous trouverez la boulangerie-pâtisserie traditionnelle, To Steki, à l'ombre de la tonnelle. Une visite à Panaghia offre une plongée dans un autre temps. Le village est minuscule, mais il donne accès à l'intérieur de l'île par de beaux sentiers de randonnée qui contournent le point culminant de l'île, Agios Papas (420 m).

CAVES DE SAINT-JEAN ET DU CYCLOPE ★★

En entrant dans le village de Panaghia, repérez une pancarte en bois qui indique le sentier n° 3 au premier croisement sur la gauche. Cette randonnée d'1 heure 30 vous mènera d'abord sur les hauteurs de l'île d'où vous aurez une vue panoramique sur toutes les Petites Cyclades. Laissez le croisement avec le sentier n° 4 derrière vous et poursuivez vers l'ouest en contournant le mont Papas. Bientôt, le sentier se transforme en chemin empierré que les locaux empruntent tous les 28 août pour rejoindre la cave de Saint-Jean. Cette partie du sentier est magnifique et vous apercevrez des criques turquoise en contrebas dont celle de Vourkaria sur votre droite. Le sentier débouche tout à coup sur une sorte de chaos rocheux entouré de verdure. Puis une large ouverture noire… Vous êtes arrivés à la cave du Cyclope. L'intérieur n'est pas éclairé : si vous souhaitez vous aventurer dans les galeries qui se succèdent, mieux vaut prévoir le matériel adéquat, car une lampe-torche classique ne suffira pas pour dissiper la nuit noire qui y règne. En sortant, repérez la cavité beaucoup plus petite en face, légèrement à gauche. Il s'agit de la cave de Saint-Jean. Il vous faudra ramper pour pénétrer dans cette antre impressionnante, faite de stalactites et stalagmites géantes. Là encore, un matériel adapté est nécessaire pour s'aventurer dans les entrailles de la terre. Si vous avez la chance d'être de passage un 28 août, vous verrez la cave illuminée pour la célébration de la messe annuelle.

SHINOUSSA CHORA ★★

La vie sociale et la population sont concentrées à Chora, sur les hauteurs de l'île. En effet, même si l'on découvre Schinoussa par le minuscule port de Mersini, on le quitte vite pour monter sur le plateau central de l'île où se trouve la chora. Là, une rue principale égrène ses cafés et quelques rares magasins. La vie est calme en journée à Chora : elle se réveille en fin de journée et surtout une fois la nuit tombée. Alors, toute l'île s'y retrouve pour déambuler sans discontinuer dans la rue principale. On s'y salue, on prend des nouvelles, on y boit un verre, puis on continue quelques mètres plus loin où l'on salue une autre connaissance, on prend des nouvelles d'un autre ami et on boit à la santé d'un autre parent. Et ainsi tous les soirs dans un joyeux brouhaha qui reste d'une sérénité absolue, mais qui peut facilement déboucher sur une fête impromptue et généralisée. Par comparaison, le port de Mersini est d'une langueur étonnante. Aucun monument ou église notable à visiter à Schinoussa : simplement la vie de village à vivre au jour le jour et des journées passées à découvrir des plages aussi diverses que magnifiques. Toutes sont accessibles à pied depuis Chora et certaines sont desservies par le bus.

Transports

En bateau, le plus facile pour arriver est d'emprunter le Scopélitis (www.smallcyclades-lines.gr), un petit bateau privé qui relie toutes les Petites Cyclades tous les jours en saison entre Naxos et Amorgos.

LIVADI BEACH STUDIOS & TAVERNA €

Plage de Livadi
✆ +30 22850 71995
www.livadirooms.gr

A partir de 50 € en été pour 2. Taverne ouverte tous les jours. Comptez 15 € par personne le repas.

Sur la plage de Livadi, les pieds littéralement dans le sable, ce chouette établissement offre de jolis chambres et studios pour profiter de la mer et du calme. Décorés simplement mais avec goût, ils offrent tous la vue sur la mer et la plage. La taverne quant à elle est ouverte pour le petit déjeuner, le café en journée ou encore l'ouzo du soir. On y mange une bonne cuisine traditionnelle sur la large terrasse ombragée. Transfert vers le port gratuit.

PLAGES ★★★

Schinoussa compte parmi les plus belles plages des Petites Cyclades, voire au-delà. Elles sont toutes accessibles à pied en maximum 40 minutes de Chora (marche facile).

Tsigouri est la plage la plus proche de Chora. Longue baie de sable, elle est parfois un peu exposée au vent mais est très agréable. Ombragée de grands tamaris, elle abrite également un *beach bar*.

Livadi, de l'autre côté d'un cap qui la sépare de Tsigouri, est une autre grande baie sablonneuse qui offre à peu près les mêmes avantages que sa voisine. Vous y trouverez de l'ombre (grands tamaris) et une taverne agréable.

Almiros, sur la côte opposée, est composée de deux plages successives d'une beauté unique. Sauvages, sablonneuses et aux eaux turquoise, leurs fonds sont peu profonds. Exposées, des vagues peuvent s'y former certains jours. Elles sont ombragées par endroits par de grands tamaris.

Lioliou est la dernière plage de la pointe sud. Peu profonde sur de nombreux mètres, elle ressemble à un lagon. Surtout appréciée des familles pour sa longue étendue de sable, ses tamaris, ses fonds peu profonds et sa taverne. A droite de la plage, un sentier vous mènera vers des criques un peu plus privées.

La petite plage de Kambos, en face de Lioliou, n'offre pas d'ombre et des eaux profondes. En remontant vers le nord en longeant la colline et les champs, vous trouverez plusieurs petites criques sauvages et sablonneuses peu visitées.

Psili Ammos, sur la côte nord-est, est un paradis de sable fin. Sauvage, la plage semble un bout du monde gardé par quelques tamaris géants.

© GEORGIOS TSICHLIS - SHUTTERSTOCK.COM

LIOLIOU BEACH HOTEL & TAVERNA €€

Plage de Lioliou ✆ + 30 22850 71575
www.lioliou-beach.com

14 chambres, la double de 50 à 100 € avec le petit déjeuner. Possibilité de louer l'une des deux maisonnettes.

Des chambres modernes et confortables sur la plage de Lioliou, les pieds dans l'eau. L'hôtel Lioliou Beach est le seul établissement qui ait un accès direct à la plage et c'est un emplacement idéal pour les familles. Les chambres d'ailleurs peuvent accueillir jusqu'à 4 personnes. A la taverne, vous dégusterez tous les classiques de la cuisine locale. Une bonne adresse à midi pour une pause déjeuner entre deux baignades et qui prend des airs romantiques une fois la nuit tombée.

ANATOLI STUDIOS & RESTAURANT €

Plage d'Almiros ✆ +30 69323 71036
www.anatolistudio.com

Ouvert tous les jours de midi à minuit. Comptez 15 € par personne. Chambre double à partir de 50 € en été.

Situé à 250 mètres de la plage d'Almiros et à 400 mètres de la plage de Lioliou, cet établissement kitsch vaut le détour. Serait-ce pour la personnalité un brin loufoque de Nikos, le propriétaire des lieux ou pour la déco hallucinante faite de pseudo statues antiques ? Reste que cet hôtel-restaurant propose une carte originale et des plats qui sortent un peu des habitudes. Nikos est notamment très fier de ses spaghettis aux oursins. Les chambres sont simples et confortables.

PENSION MELTEMI €

✆ +30 22850 71947
http ://pension-meltemi.gr

Ouvert tous les jours de 10h à minuit. Comptez 15 € par personne. Chambre double entre 50 et 80 € en été.

A l'orée du village, la pension Meltemi est réputée pour son restaurant gratifié du label Aegean Cuisine. Les produits sont frais et locaux, la cuisine est traditionnelle et généreuse, plutôt tournée vers la terre que les produits de la mer. C'est délicieux : gigot d'agneau, pâtes maison et autres mets revigorants. Attention, les portions sont très copieuses, n'hésitez pas à partager ! La vue sur les champs de Schinoussa et l'Egée au loin est magnifique sur la grande terrasse ombragée. Quelques chambres, modernes et confortables, sont également disponibles.

DELI RESTAURANT & BAR €€

✆ +30 22850 74278

Ouvert tous les jours de 10h à minuit. Comptez 20 € par personne.

Lorsque Dimitris a ouvert ce café-restaurant sur deux étages, il a misé sur la qualité et sur l'esthétique. A l'étage, le restaurant propose une carte des meilleurs produits locaux préparés avec originalité et créativité. Vous goûterez par exemple à un succulent poulpe grillé présenté avec ses petits légumes locaux et que l'on ne manquera pas d'accompagner d'une excellente *fava*. Les saveurs sont réellement uniques et le cadre n'est là que pour les compléter : vue magnifique sur le vieux moulin et la mer Egée. Au rez-de-chaussée, le café sert des snacks.

MERSINI RESTAURANT & ROOMS €€

Port de Mersini ✆ +30 22850 71159
www.mersini.gr

Ouvert tous les jours de 9h jusqu'au soir. Comptez 25 € par personne. Chambre double à partir de 60 € en été.

Il est réputé depuis son ouverture dans les années 1970. Taverne de poissons, vous y mangerez de bons plats pêchés du matin. C'est meilleur et également un peu plus cher que les tavernes classiques. Le cadre est particulièrement magique en soirée. La grande terrasse ombragée est très agréable en journée et on préférera les tables au bord de l'eau le soir. Vous pourrez loger dans l'une des 5 chambres disponibles à l'arrière du restaurant, dans un joli jardin rempli de vigne vierge.

TSIGOURI BEACH BAR

plage de Tsigouri
✆ +30 22850 76614

Ouvert tous les jours de 9h jusqu'au dernier client.

Sur la plage de Tsigouri, ce bar est un incontournable de Schinoussa. Dans la droite ligne du coup de jeune que connaît l'île depuis quelques années, ce *beach bar* est *cool* et branché. On s'y prélasse sur les transats ou sous la terrasse ombragée toute la journée en sirotant un frappé ou un jus de fruit frais. On peut également y casser la croûte de petits plats, salades fraîches ou plats de poissons et se laisser tenter par une glace au poivre du Sichuan et mastic. Le soir, la jeunesse s'y retrouve pour boire un cocktail savamment concocté.

KOUFONISSIA ★★★

Le village du port ne s'étend pas le long de la jetée ni au bord de la mer, mais plutôt en hauteur, le long d'une seule artère. Koufounissi semble tourner le dos à la mer, un peu comme s'il voulait l'ignorer. De tous les villages des Petites Cyclades de l'Est, c'est le plus « animé » : il compte une poste et quelques boutiques. Du coup, de nombreux Grecs y ont acheté une parcelle de terrain et y construisent des habitations, qu'ils éparpillent autour du port. A quelques minutes en remontant la côte vers le nord-ouest depuis le port, vous trouverez la jolie baie de Parianos avec son petit port, une plage et quelques tavernes. À quelques minutes en longeant la côte de l'autre côté, vous découvrirez Harapokou, un minuscule village à environ 1 km au sud-est du port avec rien d'autre que quelques chambres et une taverne offrant une jolie vue sur la plage de sable fin. De l'autre côté de l'île, vous trouverez des chambres à louer chez l'habitant au village de Finikas. La route y mène mais vous pourrez également vous y rendre en caïque : une belle plage, des tavernes qui servent une délicieuse soupe de poissons et une discothèque artisanale vous attendent dans le calme de ce village.

Transports

- **En bateau,** le plus facile pour arriver est d'emprunter le Scopélitis (www.smallcycladeslines.gr), un petit bateau privé qui relie toutes les Petites Cyclades tous les jours en saison entre Naxos et Amorgos.

PLAGES ★★★

Attention, *photo opportunity* ! Car ce ne sont pas les plages turquoise qui manquent à Koufounissi. Comme le disent les locaux : *Welcome to Paradise !* Et ils ont raison. Les amoureux de mer seront aux anges, car il s'agit là de certaines des plus belles plages de tout l'archipel cycladique.

Ammos beach est la plage la plus proche du port et également la plus grande étendue de sable de l'île. Les eaux sont peu profondes, ce qui explique la couleur turquoise digne des lagons tropicaux. Elle est appréciée des familles pour ses fonds sécurisants et elle est donc très fréquentée.

Harakopou ou Finikas Beach est une autre belle étendue de sable aux eaux cristallines, la première sur la belle côte sud de Koufounissi en partant du port. Protégée du vent, elle est très agréable. Par un sentier côtier vous pourrez rejoindre Fanos Beach avec ses tamaris et sa taverne.

Platia Pounda ou Italida Beach est une plage vierge, sans café ni taverne, au-delà de Fanos Beach en poursuivant sur la côte sud. Elle est très visitée et prend son nom d'un propriétaire italien qui avait racheté du terrain dans la zone. Elle n'est pas ombragée.

Pori beach est la plage la plus proche du village de Finikas. Largement considérée comme la plus belle plage de l'île, elle est aussi l'une des plus fréquentées. Elle est exposée au meltem donc peut être agitée certains jours. Deux tavernes servent de quoi se restaurer et faire une pause. Non loin, la cave de Xylobatis (vers le nord) et celle de L'Œil du Diable (vers le sud) valent une visite.

KOUFONISSIA TOURS

✆ +30 22850 74091

www.koufonissiatours.gr

Cette petite agence efficace vend des billets de bateaux mais vous aidera aussi à trouver un hébergement dans un hôtel ou chez l'habitant. En effet, il est très difficile de trouver un logement en haute saison et vu le peu d'infrastructures hôtelières, les prix sont élevés en été. Il est recommandé de réserver bien à l'avance pour juillet et août. Cette agence vous aidera aussi à vous déplacer d'île en île. En saison, le *Skopelitis* fait la navette plusieurs fois par semaine avec Naxos, Iraklia, Schinoussa, Donoussa et Amorgos.

BICYCLES MOSCHA

✆ +30 22850 71679

www.koufonisia.gr

L'île étant petite et plate, elle se prête particulièrement bien à la marche et au vélo. C'est ainsi que vous pourrez rejoindre certaines des plus belles plages des Cyclades. Par ailleurs, l'île est traversée de routes bien entretenues et aisément praticables. Il n'y a vraiment aucune raison de louer une voiture et le scooter n'est pas forcément nécessaire non plus. En revanche, vous pourrez louer ici un vélo pour accéder facilement à toutes les plages. Depuis le port, vous pourrez vous rendre sur les plages en sea-taxi.

Koufonissia.

TO PETRINO / TO KIMA €

✆ +30 22850 71436

www.koufonisia.gr

A partir de 60 € la chambre double en été.

La famille Prasinos détient un grand nombre des chambres à louer de l'île. Ils sont d'une disponibilité et d'une gentillesse inégalables. Ils vous donneront un grand nombre de conseils précieux pour découvrir l'île. Les chambres sont très convenables, propres, équipées. Certaines ont le petit bonus de bénéficier d'un balcon avec une sublime vue sur la mer mais de toute façon, les eaux turquoise seront toujours la première vision que vous aurez en ouvrant la porte de la chambre, du haut des escaliers. Cette partie du village est plus tranquille qu'ailleurs.

PARADISE RESORT €€

✆ +30 22850 72014

www.paradisekoufonisi.gr

Chambre double de 45 à 120 € en été. Petit déjeuner inclus.

Tout beau, cet hôtel dispose de 30 chambres et de 2 suites. Contrairement à ce que suggère son nom, les chambres sont plutôt simples (mais élégantes). Et l'emplacement est très beau. Il y a aussi une jolie piscine qui crée un cadre très relaxant. Il y a une superbe vue sur la mer et les îles voisines. Les enfants pourront s'amuser avec les quelques balançoires qui sont dans le jardin de l'hôtel. Bon rapport qualité-prix en septembre quand le tarif de la nuit chute de moitié, que les foules sont parties et que la piscine devient accessible !

AEOLOS €€

✆ +30 22850 74206

www.aeoloshotel.com

Chambre entre 126 et 165 € en été. Petit déjeuner compris. Forfait de 3 nuits obligatoire à certaines périodes.

Sans conteste le plus bel hôtel, placé sur les hauteurs de l'île, tenu par une famille depuis 2005, qui propose un élégant complexe d'une trentaine de chambres et suites. Piscine et jardin très agréables pour se relaxer. Un super petit-déjeuner est servi face à la mer. Les prix sont élevés mais (un peu) négociables en hors-saison. Les gérants veulent garantir une hospitalité traditionnelle et elle se traduit très bien dans la gentillesse du quotidien et dans le soin apporté à la décoration, à la propreté et à l'ambiance du lieu. Ouvert à partir du 1er juin.

FOS FANARI €

A partir de 10 € par personne. Ouvert tous les jours midi et soir.

Avec ses deux terrasses, Fos Fanari est idéalement situé dans la rue qui mène au centre du village. Une taverne très authentique, cuisine grecque traditionnelle et familiale garantie. On se régale de notre assiette et on adore l'ambiance, des locaux bavards sur la terrasse aux enceintes qui crachent quelques airs vibrants de rebetiko. On mange pour vraiment peu cher, alors on n'hésite pas à se faire plaisir tant sur les mezzes que sur les plats principaux, sans oublier, bien entendu, l'ouzo qui accompagne. Intéressant aussi pour la vente à emporter.

TO LIMANI €

✆ +30 22850 71851

Comptez 15 € par personne environ. Ouvert midi et soir, en saison.

C'est une petite taverne sur le port qui, certes, en apparence, ne paie pas de mine. Mais sa cuisine est vraiment savoureuse et copieuse pour des prix raisonnables. D'ailleurs les locaux le savent bien. On apprécie d'être sur le port, au plus près de la mer, proche des allées et venues des habitants de l'île, des pêcheurs, des nouveaux arrivants en ferries. Le contexte est surtout, en fait, très authentique : une petite taverne sur le port, ouzo et mezzes, poissons... C'est l'image qu'on se fait d'un repas de midi tardif sur une île grecque.

KALAMIA

Ouvert tous les jours à partir de 8h. A partir de 5 € par personne.

Immanquable de l'île, c'est le lieu branché et jeune. Un agréable petit établissement à l'ombre d'une treille géré par des jeunes où l'on écoute de la bonne musique variée. La cuisine est faite maison. Aménagé pour être un lieu relaxant, coussins et tables basses, musique internationale moderne, on apprécie l'ambiance qui s'en dégage. On peut y manger (burgers, hot-dogs, salades) et c'est plutôt bon. On apprécie d'y venir aussi pour un café en après-midi ou un verre en soirée. Un lieu très animé en été, vraiment très sympathique.

KAPETAN DIMITRIS €€

✆ +30 22850 71695

Comptez 20 € par personne. Ouvert tous les jours midi et soir.

Au-dessus du port, une agréable terrasse abrite ce très bon restaurant familial, avec une superbe vue sur la mer. N'importe quel habitant du coin vous dira de dîner ici - et vous devriez écouter. Le service est impeccable, la nourriture délicieuse et les portions sont à partager. De plus, une très belle vue sur le coucher du soleil. J'ai adoré m'asseoir dans le patio. Poissons frais, pâtés en croûte maison, taramas... Les prix sont très raisonnables pour ce type de plats. Très fréquentée par les locaux, notamment pour la bonne ambiance le soir, tout en musique.

KATO KOUFONISSI ★★

Cet îlot est inhabité depuis des siècles mais, en été, il s'anime soudain pour les visiteurs. Pas - encore - trop, heureusement. Dans les faits, une taverne de saison s'y installe pour servir de quoi manger et boire aux visiteurs qui viennent en excursion à la journée. Sur le quai, vous remarquerez l'église de Panaghia, construite sur des ruines antiques. Les plages désertes permettent une parfaite communion avec la nature et vous pourrez pratiquer le nudisme autant que vous le souhaitez. Le camping sauvage est également toléré sur l'île. La taverne constitue un point de rassemblement nécessaire pour tous les campeurs de l'île.

Kato Koufonissi.

DONOUSSA - STAVROS ★

Bienvenue à Donoussa ! Ici, vous résiderez sur le port, bien entouré. Quelques tavernes proposent du poisson frais et de l'ouzo pour passer la soirée. Vous pouvez nager sans crainte près du port, à la plage de sable de Stavros, la préférée des familles. Ensuite, pour découvrir des plages isolées, il vous faudra marcher. C'est ce qui fait son charme ! L'île offre à ses visiteurs un accueil familial, de beaux circuits de promenade, de belles plages, et un calme absolu. La plage de Kédros est à 15 minutes à pied du port. Le bus s'y arrête également, mais un sentier empierré descend vers cette étendue de sable conséquente qui se transforme en camping géant en été. Il y a un seul bureau de change sur l'île, pas de banque pour l'instant. Prévoyez suffisamment d'espèces pour ne pas tomber en panne, en ne perdant pas de vue que lorsque la mer bouge, vous êtes bloqué (le Scopélitis reste au port). Dans les cas d'extrême urgence, vous pouvez changer (espèces uniquement) à l'office privé du tourisme, mais ce n'est pas très avantageux.

Transports

En bateau, un ferry relie la relie Pirée deux fois par semaine. Mais le plus sûr est d'emprunter le Scopélitis (www.smallcycladeslines.gr), un petit bateau privé qui relie toutes les Petites Cyclades tous les jours en saison entre Naxos et Amorgos.

PLAGE DE LIVADI

Comptez 40 minutes de marche depuis Vathi Limaneri.

Une somptueuse étendue de sable fin qu'on rejoindra à pied depuis le village agricole de Mersini, lui-même desservi par la route et les bus. Un caïque s'y rend également depuis Stavros. Alternativement, vous pouvez poursuivre le sentier n° 4 décrit plus haut pour rejoindre la plage par des sentiers magnifiques. Attention, ils ne sont pas balisés. L'été, la plage se transforme en camping largement nudiste et hippy. Les eaux sont d'une clarté absolue. A quelques minutes au-delà de Livadi, la plage de Fykio est plus calme et moins fréquentée.

ROUSSOS TOURIST AGENCY

✆ +30 22850 51648

Cette agence privée sert d'office de tourisme, tellement l'île est petite ! Comme il n'y a pas d'hôtel à Donoussa, mais quelques studios à louer, elle pourra peut-être vous dépanner. Sinon, de nombreuses maisons proposent des chambres à louer. Frappez aux portes, ou demandez dans les tavernes. Lorsque tout est complet, il reste la solution du camping sauvage sur les plages de Kedros et Livadi. Elle vous aidera aussi à élaborer la suite de votre voyage si besoin, en repartant avec le *Skopélitis* vers Amorgos, Iraklia, Koufonissiou Naxos...

HAMEAU DE KALOTARITISSA

Prêts pour un peu de marche ? Le hameau de Kalotaritissa est situé au pied du point culminant de l'île, le mont Papas (385 m). A proximité se trouvent les plages de Sapounohoma, Messa Ammos et Trypiti que dominent des cavités rocheuses. Vous trouverez une bonne taverne (To Mitsos, +30 22850 51522) dans le hameau pour vous restaurer et attendre le bus qui dessert le village. Sinon, empruntez le sentier n° 1 qui vous mènera dans ce coin de l'île depuis Stavros en passant par des paysages somptueux. Comptez 1 heure 15 de marche.

DONOUSSA BYCYCLE

✆ +30 69829 16627

Il n'y a pas de voiture à louer à Donoussa et ce n'est vraiment pas nécessaire. Vous pourrez louer un vélo à la journée si vous ne voulez pas dépendre des bus. Ceux-ci sont relativement bien organisés et fréquents. Très utilisés, ils desservent tous les sites d'intérêt et villages situés sur la route asphaltée. Départs fréquents du port et arrêts à Kedros, Mersini et Kalotaritissa. Les tickets s'achètent directement dans le bus (à partir d'1,60 €). Au départ de Stavros, le sea-taxi *Magissa* dessert Kedros et Livadi plusieurs fois par jour.

ILIOVASILEMA APARTMENTS & RESTAURANT €

Sur la plage de Stavros
✆ +30 22850 51570
www.iliovasilema-studios.gr
Chambre double de 40 à 60 € en été. Petit déjeuner : 5 €.

A 5 minutes du port à pied, 5 appartements, 5 studios et 5 chambres équipées pour la plupart avec de quoi se faire à manger. Belle vue sur mer et sur la plage de Stavros en contrebas : très bien situé, vous aurez une vue imprenable sur le coucher de soleil. Logements spacieux mais un peu vétustes. L'hôtel est avant tout un restaurant : Christos, le gérant, est un business man très affairé et s'occupe en priorité de ses cuisines. Plats excellents.

ARGALIOS GUESTHOUSE €€

✆ +30 22850 79008
www.argaliosguesthouse.gr
Chambre double à partir de 100 € en été.

Ils ont décoré et aménagé cette maison comme si c'était la leur. Au calme sur les hauteurs de Stavros et dominant la mer, cet ensemble de quatre studios est réellement ravissant. Le jeune couple qui tient les lieux a fait un effort de décoration particulier : ici chaque objet est choisi avec goût, dans une forme de raffinement rustique. Le résultat est vraiment charmant et l'on s'y sent comme dans sa propre maison de campagne. D'ailleurs, ils pourront vous faire goûter les tomates de leur jardin. On se sent comme en famille dans une ambiance authentique.

PETALIDES RESIDENCIES €€

✆ +30 69361 91792
www.petalides.gr
Trois suites à partir de 100 € en été, avec le petit déjeuner.

Parce que les voyageurs d'aujourd'hui attendent plus que le confort standard et davantage une expérience vraie et authentique, ils ont trouvé la bonne idée. Les frères Prassinos ont compris que Donoussa manquait d'options de charme en termes d'hébergement. Ils ont ouvert les trois suites de la résidence Petalides, pleines de raffinement et d'élégance simple sur les hauteurs de Stavros. Ici, tout se joue dans les couleurs taupe et les matières brutes. L'ensemble est très réussi, avec vue sur la mer bien évidemment. Idéal pour les séjours en amoureux.

AVLI €

✆ +30 22850 51557
Ouvert tous les jours de 9h au dernier client. Comptez 15 € par personne.

Donoussa a beau être isolée, elle n'en accueille pas moins une population de visiteurs assez jeunes et branchés et les établissements qui ouvrent leurs portes ces derniers temps répondent à cette nouvelle demande. En surplomb du débarcadère, ce café-restaurant en témoigne. Dans un style un peu plus branché et contemporain que ses concurrents, Avli sert aussi une cuisine un peu différente et légèrement plus recherchée que dans les tavernes traditionnelles. La terrasse sera idéale pour prendre un café en journée ou un verre pour l'apéritif.

I KORI TOU MICHALI €

Mersini
✆ +30 694 307 0932
Ouvert tous les jours pour le déjeuner et le dîner. Comptez 15 € par personne.

Cette taverne familiale est sûrement l'une des meilleures de Donoussa. L'équipe, jeune et dynamique, propose une cuisine rustique et généreuse, qui utilise d'excellents produits du terroir. Vous trouverez de très bons plats de viande notamment, dont un succulent coquelet et un bœuf fondant cuit dans un pot en terre, le *kalogero*. La carte sort un peu de l'ordinaire et c'est vraiment très réussi. D'autant que la terrasse offre une vue magnifique sur la mer. Une très bonne adresse, également prisée par les locaux, ce qui est toujours bon signe.

CORONA BOREALIS

sur la plage de Stavros
Ouvert tous les jours de 9h à 2h du matin.

Sans doute le meilleur café de l'île sur un emplacement « stratégique » au centre de la plage ! Le bar de plage de Stavros est un endroit agréable et décontracté où le village se retrouve en journée, entre deux baignades. On peut évidemment y déjeuner de snacks réussis et qui changent un peu des classiques grecs (bons burgers notamment). Le soir, on vient prendre un verre les pieds dans le sable en regardant la nuit tomber. Toute la journée, il sert un bon café, sur fond de bonne musique. On y sert également un excellent petit déjeuner.

ORGANISER SON SÉJOUR

Même avec la Covid, en 2020 l'été grec a accueilli des foules. Le reste du temps, lors d'une année « normale », la Grèce accueille jusqu'à 30 millions de visiteurs parce que le pays est facile. A titre indicatif, plus d'1,5 million de Français se sont rendus en Grèce en 2018, où ils se sentent dépaysés en gardant des repères familiers. Bien connu et apprécié de tour-opérateurs « historiques » comme Clio ou Héliades, le pays est aussi très pratique à parcourir seul. Partir en individuel n'a rien de compliqué en Grèce, tant les billets d'avion sont devenus abordables, avec même des vols directs vers certaines îles. Quant à l'offre hôtelière, elle est est riche et les moyens de se déplacer sont aisés. Sur place, vous n'aurez aucun mal à trouver un hébergement qui corresponde à votre budget… sauf parfois en été et en particulier entre le 20 juillet et le 20 août, quand les prix peuvent varier du simple au double.

PRATIQUE

ORGANISER SON SÉJOUR

ARGENT

La Grèce fait partie comme la France de la zone euro. Sinon un euro équivalait, début 2021, à 1,19 US$, 1,48 CAN$, et 1,17 CHF.

BUDGET / BONS PLANS

Les prix des hébergements peuvent varier du simple au double entre juin ou septembre et août. Pas la peine de marchander. Mais une ristourne est parfois proposée si vous payez en liquide…

PASSEPORT ET VISAS

Pour les ressortissants de l'Union européenne, la carte d'identité suffit ou le passeport (même périmé depuis moins de cinq ans).

PERMIS DE CONDUIRE

Un permis de conduire national rose à trois volets (à ne pas oublier si l'on a prévu de louer sur place voiture ou moto) ou permis international ainsi que la carte verte d'assurance si l'on vient en voiture.

SANTÉ

Pas de risque particulier en Grèce à part toutefois la chaleur et les piqûres de moustiques à ne pas négliger.

VACCINS OBLIGATOIRES

Au moment où nous bouclions ce guide, l'idée d'un « pass sanitaire » après vaccination contre le Covid était encore très théorique. En période de crise sanitaire, vérifiez les conditions d'entrée et éventuels tests nécessaires sur le site de l'ambassade de France. Sinon, aucun vaccin n'est obligatoire, assurez-vous seulement que votre carnet de vaccination (DT Polio, etc.) est à jour.

SÉCURITÉ

Si la Grèce reste un pays sûr, avec une criminalité ordinaire, le danger vient surtout, selon nous, de la sécurité routière.

DÉCALAGE HORAIRE

GMT +2 : 1 heure de décalage avec la France. Quand il est midi à Paris, il est 13h à Athènes, et ce en hiver comme en été.

© GAFFERA - ISTOCKPHOTO.COM

L'ASSURANCE VOYAGE, LE BON RÉFLEXE POUR PARTIR L'ESPRIT TRANQUILLE

avec CATHERINE DIBOUES, responsable du marché voyage, loisir et mobilités chez Allianz Travel

© ELIZAVETA - STOCK.ADOBE.COM

En cas d'annulation de voyage, peut-on bénéficier d'un remboursement des frais engagés ?

L'assurance voyage propose une indemnisation lorsque l'on doit abandonner son projet de séjour pour une raison indépendante de sa volonté. Contrairement aux idées reçues, les assurances liées aux cartes bancaires ne proposent pas toutes une assurance annulation.

Que se passe-t-il en cas de retard de vol ?

Avec l'assurance voyage Allianz Travel, les frais supplémentaires liés à l'attente sont pris en charge, à partir de 2h de retard. Il peut s'agir des frais de restauration, de transport lors d'un changement d'aéroport ou d'une éventuelle nuit d'hôtel.

L'assurance voyage couvre-t-elle la perte ou le dommage des bagages ?

Allianz Travel indemnise les voyageurs en cas de bagages endommagés ou perdus par la compagnie aérienne. Cela comprend l'indemnisation du bagage et son contenu.

Quelles sont les destinations couvertes par votre zoning Europe svp ? Est-ce uniquement l'UE ou l'ensemble du continent européen ?

Les pays européens ont des accords avec l'administration française. Avant de partir, il faut demander la carte européenne d'assurance maladie. La sécurité sociale et la mutuelle prennent alors en charge les frais médicaux, selon leurs barèmes. Les frais médicaux étant majoritairement plus élevés qu'en France, l'assurance voyage permet de se voir remboursé du reste à charge.

En cas de souci de santé sur place, que faut-il faire ?

En cas de doute ou pour des symptômes légers, nous proposons un service de téléconsultation médicale, par téléphone et en visio, qui permet d'être conseillé et orienté par un professionnel ainsi que d'obtenir une ordonnance si besoin. Pour une situation plus grave, il est nécessaire d'appeler les urgences locales, dont les numéros sont disponibles sur notre application mobile. Une fois à l'hôpital et dans un état stable, on appelle Allianz Travel pour déclencher les procédures de prises en charge. Notre centre d'assistance fonctionne 24h/24, 7j/7.

ET VOUS,

LANGUES PARLÉES

La langue nationale est le grec moderne, mais la plupart des Grecs, surtout dans le tourisme, ont des notions d'anglais. Certains maîtrisent aussi très bien le français.

COMMUNIQUER

Les Grecs sont accros à leur téléphone portable et la couverture est très bonne. Vous trouverez aussi souvent du wifi gratuit dans les cafés et hôtels.

ELECTRICITÉ ET MESURES

La Grèce est branchée sur 220 volts CA, 50 Hz comme le reste de l'Europe continentale. On parle ici aussi en mètres, kilomètres, et en grammes, kilogrammes.

BAGAGES

Ne vous encombrez pas inutilement lorsque vous préparez vos valises pour la Grèce. Le mot d'ordre est « voyager léger », surtout si l'on veut un billet moins cher !

LES PHRASES CLÉS

Bonjour, je voudrais réserver un billet aller/retour pour…
Γεια σας, θα ήθελα ένα απλό/μετ' επιστροφής εισιτήριο για…

J'ai raté mon avion. Je voudrais échanger mon billet s'il vous plaît.
Έχασα την πτήση μου. Θα ήθελα να αλλάξω το εισιτήριό μου.

Mon vol est très en retard. Ma correspondance sera bien assurée ?
Η πτήση μου έχει μεγάλη καθυστέρηση. - Θα προλάβω την ανταπόκρισή μου;

Mes bagages ont été égarés, à qui dois-je m'adresser ?
Χάθηκαν οι αποσκευές μου, με ποιον πρέπει να μιλήσω;

Louez-vous des voitures avec chauffeur ?
Νοικιάζετε αυτοκίνητα με οδηγό;

Je n'ai presque plus d'essence. Où se trouve la station-service la plus proche ?
Η βενζίνη μου έχει σχεδόν τελειώσει. Ποιο είναι το πιο κοντινό βενζινάδικο;

S'Y RENDRE

Partir en individuel n'a rien de compliqué dans les Cyclades, tant les billets d'avion (via Athènes, voire directs) sont devenus abordables, à partir de 150 € A/R. L'offre hôtelière est riche et les moyens de se déplacer sont aisés. En outre, même si le wifi est partout, vous bénéficierez« de votre forfait téléphonique, ce qui vous facilitera le voyage, la route et les réservations de dernière minute. Le pays est tellement facile (et ses habitants sont plutôt chaleureux) que la destination est aussi prisée par les femmes seules et les familles. Ensuite, il suffit de s'organiser : le plus tôt possible si vous partez en haute saison, entre mi-juillet et la fin août, quand les prix flambent et les chambres partent vite et avant que les prix des vols ne soient exorbitants. Ou plus tranquillement, si vous décollez en juin ou septembre : deux mois assez idéals qui vous permettront même d'organiser votre séjour au jour le jour, sur place.

AEGEAN AIRLINES

Aeroport Paris Charles de Gaulle Terminal 1

✆ +33 1 70 03 13 23

fr.aegeanair.com

Aegean Airlines est la plus importante compagnie aérienne grecque depuis son rachat d'Olympic Air en 2013. Elle devient membre du réseau Star Alliance en 2010, premier réseau aérien mondial. Aegean vole vers Athènes toute l'année de Paris, Lyon et Marseille ; 2 à 3 fois par jour au départ de Paris Roissy CDG Terminal 1. En été, de nombreux vols directs vers Athènes au départ de Bordeaux, Lille, Luxembourg, Lyon, Marseille, Nantes, Nice et Toulouse, offrant ainsi de nombreuses correspondances sur l'ensemble du réseau grec, dont Santorin, Mykonos, Paros et Naxos.

AIR FRANCE

✆ 09 69 39 36 54

www.airfrance.fr

Réservations en ligne ou par téléphone, tous les jours de 6h30 à 22h.

Pour partir dans les Cyclades via Athènes, plusieurs aéroports en France sont desservis par la compagnie nationale, en plus de Paris–Charles-de-Gaulle. Air France dessert Athènes avec des vols directs, c'est-à-dire au moins deux ou trois départs chaque jour au moins. Compter 3 heures de trajet pour relier les deux villes. Voyager en classe Economy Classic ou Economy Flex, c'est garantir un tarif avantageux pour vous permettre de découvrir Athènes à moindres frais. Vols directs depuis Marseille, et en pleine saison depuis Toulouse ou Nice. *France is in the air !*

EASYJET

✆ 08 20 42 03 15

La première compagnie aérienne « à petits prix » d'Europe relie au printemps et en été Athènes à partir de Paris Orly (en général d'avril à septembre), à raison de trois vols par semaine en général. Autre bon plan : elle dessert aussi Mykonos en saison, ce qui est un excellent moyen de joindre, après une agréable halte, déjà, le reste des Cyclades. Par ailleurs, Stelios Haji-Ioannou, le fondateur de la compagnie, est un entrepreneur britannique d'origine chypriote, né à Athènes, en Grèce. Raison de plus pour choyer cette destination.

RYANAIR

✆ 08 92 56 21 50

www.ryanair.com

Ses vols décollent de Beauvais, dans l'Oise, avec des navettes assurées en bus depuis Paris, Porte Maillot. On aime souvent ses prix attractifs, mais ses conditions de voyages un peu moins. Pour vous rendre en Grèce sans supplément, par exemple, il vous faudra maintenant voyager avec un sac qui se place sous le siège passager. Et le billet est non-remboursable. Mais ces conditions de transports mises à part, il faut reconnaître à Ryanair des rotations intéressantes à prix très doux, vers Thessalonique, la deuxième ville du pays.

VUELING

✆ 08 99 23 24 00

www.vueling.com

Vueling, la compagnie Low cost espagnole, relie Paris (CDG ou Orly), Bordeaux, Nantes, Marseille, Lille et Toulouse à Santorin et Mykonos en saison. Les vols comptent systématiquement une escale à Rome ou Barcelone. La compagnie est rattachée à Iberia (la compagnie nationale espagnole) et propose des connexions avec Madrid et Barcelone. Ses prix sont très attractifs, mais le coût d'un bagage en soute est assez élevé. Les prix sont intéressants, mais pour vous rendre à Mykonos depuis Paris, il faut parfois compter 10h avec une escale à Rome ou Barcelone.

OPTION WAY

Avenue Maurice Donat

✆ 04 22 46 05 23

www.optionway.com

Option Way est l'agence de voyages en ligne au service des voyageurs. L'objectif est de rendre la réservation de billets d'avion facile en vous faisant économiser. 3 bonnes raisons de choisir Option Way :

- la transparence comme mot d'ordre. Finies les mauvaises surprises, les prix sont tout compris, sans frais cachés ;
- des solutions exclusives qui vous permettent d'acheter vos vols au meilleur prix ;
- le service client, basé en France, joignable gratuitement, composé de véritables experts de l'aérien. Ils sont là pour vous, n'hésitez pas à les contacter.

EASY VOLS

✆ 08 99 19 98 79

www.easyvols.fr

Pour voyager malin, il faut faire ses recherches en toute efficacité, sans perdre trop de temps à jongler d'un site à un autre. Pour trouver le bon vol au bon prix, l'idéal est la plateforme comparatrice de vols. Easyvols permet de comparer en temps réel les prix des billets d'avion chez plus de 700 compagnies aériennes et pas seulement des compagnies low-cost. Vous pouvez économiser jusqu'à 70 % du prix si vous êtes prêts à saisir au vol les meilleures offres. Des avis avisés de clients sont aussi consultables sur le site Internet.

TRANSAVIA

✆ 08 92 05 88 88

www.transavia.com

Filiale low cost de la compagnie Air France/KLM, Transavia assure, au départ de Paris Orly-Sud, des liaisons à bas prix principalement vers des pays du bassin méditerranéen, dont beaucoup de destinations en Grèce notamment Athènes (depuis Nantes et Lyon également) et deux îles des Cyclades (Mykonos et Santorin). Ses liaisons ont cours en saison, d'avril à octobre. Pour l'enregistrement des bagages, ils ne doivent pas excéder 20 kg en portage (supplément pour les sacs en soute). En vol, aucune boisson n'est offerte, mais possibilité de collations payantes.

MISTERFLY

PARIS

✆ 08 92 23 24 25

www.misterfly.com

Ouvert du lundi au vendredi de 9h à 21h. Le samedi de 10h à 20h.

MisterFly.com est le nouveau-né de la toile pour la réservation de billets d'avion. Son concept innovant repose sur un credo : transparence tarifaire ! Cela se concrétise par un prix affiché dès la première page de la recherche, c'est-à-dire qu'aucun frais de dossier ou frais bancaire ne viendront alourdir la facture finale. Idem pour le prix des bagages ! L'accès à cette information se fait dès l'affichage des vols correspondant à la recherche. La possibilité d'ajouter des bagages en supplément à l'aller, au retour ou aux deux... tout est flexible !

MINOAN LINES

www.minoan.gr

Cette option est réservée à ceux qui ne veulent ou ne peuvent pas prendre l'avion, et surtout qui ont du temps ! La compagnie Minoan Lines dessert en effet des destinations en Grèce et à l'étranger. Vous pouvez ainsi rejoindre Le Pirée, Patras, Igoumenitsa, Héraklion ainsi que Trieste et Ancône. Plusieurs liaisons disponibles : Le Pirée-Héraklion-Le Pirée ; Ancône-Igoumenitsa-Patras ; Trieste-Ancône-Igoumenitsa-Patras. Si vous souhaitez voguer jusqu'aux Cyclades, prenez un billet jusqu'à Patras puis un bus jusqu'à Athènes pour reprendre un ferry du Pirée.

SÉJOURS ET CIRCUITS

Entre les prestataires « historiques » qui ont bâti leur réputation sur cette destination comme Héliades, le spécialiste de la Grèce qui propose une très large gamme de voyages pour cette destination, et nombre d'agences locales, dans les Cyclades vous aurez l'embarras du choix. Toutes vous proposeront un service différent. Comme souvent, l'important est de savoir si l'on souhaite voyager seul en formule tout-compris, en groupe, à combien et avec quels centres d'intérêt. Se pose aussi la question du prix, du niveau de confort attendu et de ce que l'on veut voir. En effet, si les îles grecques se présentent comme un livre d'histoire ou de mythologie à ciel ouvert, vous pouvez tout aussi bien pratiquer du farniente pur sur ses plages aux eaux cristallines, des vacances sportives (partir en randonnée par exemple) ou encore goûter aux joies croissantes de l'agrotourisme. A chacun son odyssée !

ALMA VOYAGES

573, route de Toulouse
VILLENAVE-D'ORNON
✆ 05 56 87 58 46
www.alma-voyages.com
Ouvert du lundi au vendredi de 9h à 18h30 et le samedi de 9h30 à 17h30.

Chez Alma Voyages, les conseillers connaissent parfaitement les destinations proposées. Chaque client est suivi par un agent attitré ! Une large offre de voyages avec l'émission de devis pour les voyages sur mesure vous sera proposée. Alma Voyages pratique les meilleurs prix du marché et travaille avec Kuoni, Beachcombers, Jet Tour, Marmara, Look Voyages... Si vous trouvez moins cher ailleurs, l'agence s'alignera sur ce tarif et vous bénéficierez en plus, d'un bon d'achat de 30 euros sur le prochain voyage. Catalogue sur le site Internet.

ARTS ET VIE

251, rue de Vaugirard - **PARIS**
✆ 01 40 43 20 21
www.artsetvie.com
Autres agences : Grenoble, Lyon, Marseille et Nice. Du lundi au vendredi 9h-12h et 13h-17h, non-stop à Paris et à Lyon.

Depuis 60 ans, Arts et Vie, association culturelle de voyages et de loisirs, développe un tourisme ouvert au savoir et au bonheur de la découverte culturelle et humaine. L'esprit des voyages s'inscrit dans une tradition associative caractérisée par une ambiance conviviale, riche en rencontres, en patrimoine et civilisations du monde. Tous les circuits sont conduits par des accompagnateurs passionnés, formés par l'association. A destination des Cyclades, Arts et Vie propose un circuit de 15 jours à la découverte de Paros, Mykonos, Santorin, Naxos et Amorgos.

ATALANTE

36, quai Arloing
LYON
✆ 04 72 53 24 80
www.atalante.fr
Ouvert du lundi au vendredi de 9h à 18h et le samedi de 10h à 13h et de 14h à 18h.

Atalante est spécialisée dans les voyages à pied. Trekking de haut niveau ou promenades dans les campagnes, il y en a pour toutes les conditions physiques. Ils s'attachent à faire découvrir à leurs clients des régions du monde aux modes de vie préservée, riches de traditions et de cultures uniques. La Grèce est une terre propice à la randonnée entre montagne et mer. Atalante vous propose une sélection de treks où l'hospitalité et la gastronomie grecques sont omniprésentes. Entre autres, un trek à vivre en famille entre Naxos, Amorgos et Santorin.

ATHÉNA

204, route de Vourles
SAINT-GENIS-LAVAL
✆ 04 78 16 04 44

L'Association Athéna a plus de 50 ans ! Encore aujourd'hui, elle propose à tous les amateurs de culture de découvrir ou redécouvrir les pays méditerranéens. En Grèce, Athéna propose plusieurs circuits culturels : « Grèce classique » permet une première approche du pays, « Circuit économique Grèce classique » vous fera profiter du plaisir de visiter l'essentiel de la Grèce hors saison, à un rythme équilibré et loin de l'affluence touristique. Au programme aussi : un séjour linguistique et culturel à Paros avec trois niveaux de langues possibles.

CERCLE DES VACANCES

31, avenue de l'Opéra
PARIS
✆ 01 40 15 15 11
www.cercledesvacances.com
Ouvert du lundi au vendredi de 9h à 20h et le samedi de 10h à 18h30.

Les conseillers du Cercle des Vacances sont des spécialistes qui partageront avec vous leurs conseils et leurs petits secrets pour faire de votre voyage une expérience inoubliable et personnalisée. Confiez-leur vos habitudes de voyages, les différentes régions que vous souhaitez découvrir et élaborez ensemble un voyage sur mesure, qui vous ressemble. Leur agence en plein cœur de Paris vous accueille du lundi au samedi pour vous proposer des séjours, des circuits et des vols à prix économiques avec un original service de conciergerie.

CLIO

34, rue du Hameau - **PARIS**
✆ 01 53 68 82 82
www.clio.fr
Agence ouverte du lundi au vendredi de 10h à 18h, le samedi de 10h à 13h et de 14h à 16h.

Le succès des voyages culturels de Clio est basé sur 3 principes : un itinéraire imaginé pour vous faire découvrir les différentes facettes de l'histoire et du patrimoine d'un pays ou vous apporter l'éclairage nécessaire pour mieux apprécier une escapade à l'occasion d'un évènement ; un petit groupe de voyageurs ; et l'accompagnement par un conférencier passionné qui demeure, tout au long du voyage, votre interlocuteur permanent. Un circuit de 8 jours « Croisière dans les Cyclades, Athènes, Naxos, Santorin, Délos, Mykonos » est proposé pour cette destination.

CLUB FAUNE VOYAGES

25-27, Rue Breteuil - **PARIS** ✆ 04 91 15 70 20
www.climatsdumonde.fr
Ouvert de 9h à 19h en semaine. Le vendredi ouvert de 9h30 à 18h et les samedsi de 9h à 13h et de 14h à 18h30.

Spécialiste du voyage sur mesure pour individuels, familles, couples d'amis, petits groupes... Accompagnés et conseillés par un de ses experts passionnés, vous construirez ensemble le « voyage de vos envies » et découvrirez les adresses les plus secrètes au cours d'itinéraires à la carte. Pour découvrir une Grèce authentique sur les chemins des Cyclades avec la mythologie comme prétexte à travers une sélection d'hébergements de charme et des activités telles que des dégustations de produits typiques, des visites guidées privées de sites méconnus.

COMPTOIR DES VOYAGES

2-18, rue Saint-Victor
PARIS
✆ 01 53 10 30 15
www.comptoir.fr
Ouvert du lundi au vendredi de 9h30 à 18h30, et le samedi de 10h à 18h30.

Cette agence de voyages propose des séjours à la carte et des circuits élaborés par des spécialistes originaires ou ayant vécu dans le pays. Pour visiter les Cyclades autrement, le séjour « Triptyque cycladique » propose par exemple un voyage organisé au cœur des Cyclades, avec la découverte de la paisible Amorgos, de la grande Naxos et de l'iconique Santorin. Difficile de choisir où passer ses vacances ? Ce voyage combine donc ici, pendant un circuit de 10 jours, trois îles et ambiances différentes pour que vous viviez trois voyages en un !

HÉLIADES

✆ 0 892 23 15 23
www.heliades.fr
Appeler du lundi au vendredi de 9h à 19h et le samedi de 10h à 18h.

C'est le spécialiste de la Grèce et de ses îles depuis plus de 30 ans. Cette agence offre une très large gamme de voyages vers ces destinations : séjours en hôtels toutes catégories et hôtels-clubs, locations d'appartements, de studios ou de villas... Pour les circuits, plusieurs formules sont proposées : les « classiques », avec des itinéraires très complets et exclusifs, ou les « combinés », au départ de deux hôtels pour un bon équilibre entre détente et découverte. Avec plusieurs options originales pour découvrir deux ou trois îles à votre rythme à vous.

VOYAGEURS DU MONDE

55, rue Sainte-Anne - **PARIS** ✆ 01 84 17 46 76
www.voyageursdumonde.fr
Du lundi au samedi 9h30-19h. Agences dans toutes les grandes villes de France, à Bruxelles, Genève, Montréal et Québec.

Depuis plus de trente ans, Voyageurs du Monde construit pour vous un univers totalement dédié au voyage sur mesure et en individuel, grâce aux conseils pointus transmis par des spécialistes qualifiés sur leur destination de cœur ou d'origine. Vous bénéficiez de leur aide pour la préparation du voyage, mais aussi durant toute la durée du voyage sur place. Tous les circuits peuvent être effectués avec des enfants. Dans les Cyclades, notez qu'il n'y a pas moins de 10 voyages, tel le triptyque « Mykonos, Paros, Santorin, lifestyle raffiné aux Cyclades » en 15 jours.

BRAVO CLUB

✆ 08 21 23 26 26

www.bravoclub.com

Bravo Club propose, dans le monde, une vingtaine d'hôtels très confortables et idéalement situés, avec des formules *all-inclusive* comprenant vols, transports, hébergement, restauration et boissons mais aussi spectacles et activités sportives encadrées par des animateurs enthousiastes. Toujours à taille humaine pour conserver un esprit « club » familial et convivial, les Bravo Clubs sont idéals pour découvrir des destinations traditionnelles en Europe ou plus atypiques et lointaines, avec les enfants, sans stress ni mauvaise surprise.

LASTMINUTE

✆ 08 92 58 61 32

www.lastminute.com

Des vols secs à prix négociés, dégriffés ou publics sont disponibles sur Lastminute, agence de voyage en ligne. créée il y a plus de 20 ans. On y trouve également des week-ends, des séjours, de la location de voiture... Mais surtout, Lastminute est le spécialiste des offres de dernière minute permettant ainsi aux vacanciers de voyager à petits prix sans avoir à s'y prendre plusieurs semaines à l'avance. Que ce soit pour un week-end ou une semaine, une croisière ou simplement un vol, des promos sont proposées et renouvelées très régulièrement.

E.LECLERC VOYAGES

✆ 08 25 88 46 20

www.leclercvoyages.com

E.Leclerc a sélectionné pour vous les offres des meilleurs voyagistes. Un grand choix de formules, vous pouvez payer en plusieurs fois, l'agence s'adapte à votre statut, allant de monoparental, à jeunes mariés, ou encore à spécial enfant. Des conseillers vous aident pour voyager, et petit plus : un carnet de voyages vous sera donné avant le départ en vacances. S'adaptant à chaque voyageur, il vous est proposé des destinations partout dans le monde. En général, niveau prix, vous pouvez trouver des formules plus économiques que chez les spécialistes.

PROMOVACANCES

✆ 08 99 65 48 50

www.promovacances.com

Ouvert du lundi au vendredi de 8h à minuit. Le samedi de 9h à 23h. Dimanche de 10h à 23h.

Promovacances est une agence de voyage en ligne qui propose de nombreux séjours touristiques, des week-ends, ainsi qu'un très large choix de billets d'avion à tarifs négociés sur vols charters et réguliers, des locations, des hôtels à prix réduits. En plus de cette importante offre, n'hésitez pas à guetter en ligne des promotions de dernière minute et les bons plans du jour. Enfin, des informations pratiques sont à consulter en ligne pour préparer votre voyage : santé, formalités, aéroports, voyagistes, compagnies aériennes.

GO VOYAGES

www.govoyages.com

Go Voyages propose le plus grand choix de vols secs, charters et réguliers au meilleur prix au départ et à destination de Dubaï et Abu Dhabi. On y trouve de tout et surtout, facilement. On a la possibilité également d'acheter des packages sur mesure « vol + hôtel » et des coffrets cadeaux. GO Voyages organise deux circuits aux Emirats comme le circuit « Splendeurs des Emirats » pendant 1 semaine, mais aussi un circuit « premiers regards » pour découvrir les Emirats et Oman pendant 1 semaine. GO Voyages propose aussi des séjours à Ras al Khaimah.

ACTEON TRAVEL AGENCIES

IOS – PORT

✆ +30 22860 91343

www.acteon.gr

Tout de suite sur le port en sortant du débarcadère, sous l'hôtel du même nom, vous ne pouvez pas la louper, c'est la plus grande agence de voyages sur l'île. Elle propose tous les types d'hébergement mais aussi des excursions, location de voitures, bureau de change, coffres-forts, garde-bagages, borne Internet sans fil, billetterie air et mer, informations aux touristes, cartes, prospectus, service fax… C'est le premier endroit que vous visitez en arrivant et c'est celui qui risque fort de vous dépanner sur bien des sujets.

AEGEAN PEARL TRAVEL

THIRA

✆ +30 22860 22170

www.aptravel.gr

Ouvert toute l'année. Prix spéciaux pour les groupes.

Aegean Pearl Travel organise des excursions dans les îles voisines et propose des hébergements dans différentes régions de l'île. Ces spécialistes prennent en charge voyages de noces, baptêmes, conférences. Vous pouvez également les contacter pour la location de voitures toutes catégories ou la location de bateaux. Ils mettent aussi à votre disposition des billetteries avion et bateau toutes compagnies confondues. Pratique, la réceptionniste d'Aegean Pearl Travel parle un peu le français.

AEGEAN THESAURUS VOYAGES

APOLLONIA

✆ +30 22840 33151

www.thesaurus.gr

Cette agence de voyage, francophone et anglophone, reste normalement ouverte toute l'année. Sur place ou à distance, elle propose des conseils personnalisés à ses clients et les accompagne volontiers dans l'élaboration de vacances à leur image. Souriant, agréable, le personnel peut tout réserver, du billet d'avion au billet pour faire un tour à dos d'âne. A noter les services suivants : réservation d'hébergements, excursions, croisières, randonnées, cours de danse folklorique et de cuisine régionale, croisières privées en bateau.

AGENCE SANTO STAR

THIRA

✆ +30 22860 23082

www.santostar.gr

Nous recommandons cette agence réceptive multiservice fondée en 1989 par la famille Kafieri. Depuis, l'agence est toujours dirigée par les mêmes acteurs dans la bonne humeur et surtout avec un grand professionnalisme. Pour le reste, on y propose évidemment une multitude de services : de l'excursion en bateau, forcément fantastique, autour du volcan, aux billets pour partir de l'île vers toutes sortes de destinations, en passant par la location de voitures, réservation d'hébergement tout style et pour toutes les bourses, garde bagages...

CALDERA'S BOATS

THIRA

✆ +30 22860 24355

www.santorini-sea-excursions.com

Spécialiste des excursions en bateau, cette agence propose des circuits au départ du vieux port de Thira ou du port d'Athinios : volcan avec son cratère actif et ses sources thermales, baignade dans l'eau à 35 °C de la crique de Palea Kameni, navigation au-dessus du cratère immergé, escale dans la petite île de Thirassia pour nager, manger et visiter le village traditionnel de Manolia, escale à Oia... La fierté de la compagnie est « Afroditi », le plus grand bateau à voile traditionnel en bois dans la Caldeira. Deux excursions en matinée et au coucher de soleil.

DELOS TOURS

Kastro

DELOS

✆ +30 22 89 02 86 03

www.delostours.gr/fr

Tous les jours en saison 8h-21h. Visite guidée de Délos + traversée : environ 50 €/personne.

Cette agence dispose de bateaux et de guides polyglottes. En saison, elle assure des visites guidées de Délos en français une fois par semaine, en général le vendredi (se renseigner), et en anglais tous les jours. Sachez qu'il est interdit de rester sur l'île pendant la nuit. Un unique snack-bar a le monopole de la restauration, et les prix sont en conséquence... Prévoyez un petit pique-nique. N'oubliez pas également de prendre suffisamment d'eau et de vous couvrir : il n'y a pas d'ombre sur l'île. Par ailleurs, notez bien que le site est fermé le lundi.

DIAPLOUS TRAVEL

FOLEGANDROS CHORA - ΧΩΡΑ

✆ +30 22860 41158

www.diaploustravel.gr

Fermé en général entre 14h et 17h.

Une excellente agence de voyages à l'entrée de Chora, vers la place Pounta, qui fait également office de bureau de renseignements touristiques, en l'absence d'office du tourisme à Folegandros. Vous y trouverez des cartes de l'île et toutes sortes d'informations et de services : choisir un hôtel, partir en excursion, transférer de l'argent à l'étranger, naviguer sur Internet, acheter un billet toutes destinations... Avant votre séjour, n'hésitez pas à vous référer au site Internet de l'agence qui propose une mine d'informations.

DREAM BLUE

THOLARIA

✆ +30 22850 73288

https ://www.dreamblue.gr/

Dream Blue est une agence créée en 2019 par les membres de l'hôtel Vigla à Tholaria, offrant des excursions et des séjours à thème sur l'île d'Amorgos et dans les petites Cyclades. L'objectif est de faire découvrir de manière authentique la beauté unique d'Amorgos et de ses environs. Une initiative bienvenue tant l'offre était limitée dans ce domaine. Au programme : randonnées, balades à dos d'âne, excursions en bateau, musique, danse, visite de monastères, cours de cuisine… Un service très professionnel pour une expérience intimiste qu'on garde en mémoire.

POLOS TOURS

PARIKIÁ

✆ +30 22840 22333

www.polostoursparos.com

Situé face à la mer et à 30 m à droite du débarcadère, Polos Tours est une institution à Paros, et d'une efficacité redoutable pour satisfaire vos demandes de services touristiques en tous genres, à Paros et dans toute la Grèce. Outre les services traditionnels d'une agence de voyages (billetterie ferries, avions) et d'un réceptif (logements, hôtels, transports privés, location de véhicules, activités, attractions, excursions), cette agence gère un hôtel éponyme bien situé à Livadia, ainsi que la location d'une villa de luxe sur les hauteurs de Parikiá.

KARAOULANIS RIVA

ANDROS CHORA - ΧΩΡΑ

✆ +30 22820 24412

http ://androslocation.com

En contrebas de Chora, à droite, avant d'arriver sur la plage principale de Nimborio et la rue piétonne. Ils méritent que vous les cherchiez car ce couple francophone (Caroline, madame, est française) saura vous dépanner. Ils sont installés ici depuis de très nombreuses années. Ils proposent un choix vraiment intéressant de scooters aux tarifs standards. Ils vous aideront aussi à organiser une petite virée le long des côtes. Location de bateaux sans permis pouvant contenir 6 personnes. Ils ont également quelques studios à louer.

SIFNOS TRAVEL

KAMARES

✆ +30 22840 33383

www.sifnostravel.com

Loger à Kamares peut se révéler une bonne option, pour les familles notamment : l'accès direct à la plage calme de la baie sera un avantage. Faites-vous conseiller par cette agence de voyage familiale de longue tradition gérée par Sarah et Stavros. Ils proposent un large choix d'hébergements en tout genre, dont trois établissements dont ils sont propriétaires : l'hôtel Stavros, l'hôtel Kamari à la sortie de Kamares, et les 5 appartements Eleonas à Apollonia dans un jardin d'oliviers. Ici, vous pouvez aussi louer une voiture.

NAXOS TOURS

Rue Protopapadhaki - **NAXOS CHORA** - ΧΩΡΑ

✆ +30 22850 24000

www.naxostours.net

Tous les jours en saison de 8h à 22h. Ouvert toute l'année. Location de voiture à partir de 35 €/j. pour une citadine.

Créée en 1977, cette agence est la plus ancienne et la plus expérimentée de l'île. Elle propose à peu près tout en termes de tourisme : vente de billets (avion et bateau), location de voiture, découverte de l'île à pied ou en bus, croisières en voilier au sud de Naxos, dans les Petites Cyclades, excursions à Santorin, Amorgos ou Delos, chambres d'hôtel… Naxos Tours représente de nombreux bureaux touristiques français comme Héliades et Tourmonde. L'agence se trouve accessoirement sur l'île idéale pour rayonner dans les Cyclades, grandes ou petites.

EASYVOYAGE

✆ 08 99 19 98 79

www.easyvoyage.com

Le concept peut se résumer en trois mots : s'informer, comparer et réserver. Des infos pratiques sur plusieurs destinations en ligne (saisonnalité, visa, agenda…) vous permettent de penser plus efficacement votre voyage. Après avoir choisi votre destination selon votre profil (famille, budget…), le site vous offre la possibilité d'interroger plusieurs sites à la fois concernant les vols, les séjours ou les circuits. Grâce à ce moteur performant, vous pouvez réserver directement sur plusieurs bases de réservation (Lastminute, Go Voyages et bien d'autres).

INTERVIEW

LE VOYAGE-SUR-MESURE

AVEC STEVEN LE CHEVALIER ET MATHIEU VALLY DE QUOTATRIP

Quel est le concept de l'agence QuotaTrip ?

Quotatrip est la première plateforme de mise en relation entre voyageurs et agences locales. Grâce à elle, les voyageurs peuvent enfin échanger en direct avec des agences qui sont sur place et concevoir un voyage unique, au meilleur prix et 100% personnalisé.

Pourquoi voyager avec des agences locales ?

À l'inverse des agences traditionnelles, les agences locales sont des expertes de la destination choisie. Ce sont aussi les mieux placées pour concevoir des séjours qui sortent des sentiers battus. Elles sont ainsi en mesure de répondre à l'ensemble des envies, le voyageur rentre dans l'univers de l'équi-tourisme = le tourisme sans intermédiaire.

Quels sont les autres avantages pour les voyageurs ?

Il y a une multitude d'avantages. Cela permet notamment de ne pas voyager comme tout le monde, d'organiser de manière simple et rapide un séjour sur mesure et au meilleur prix. Fini les mauvaises surprises, les voyageurs posent toutes les questions qu'ils souhaitent et bénéficient d'un accompagnement sur mesure, de la conception du projet jusqu'à sa réalisation en toute sécurité car les agences référencées sont sélectionnées et recommandées par les journalistes des guides du Petitfute en toute impartialité.

Les démarches sont-elle simples à effectuer ?

Les sites de voyage en ligne font perdre beaucoup de temps aux internautes sans pour autant répondre entièrement à leurs désirs. QuotaTrip propose un formulaire simple et rapide qui permet de décrire les souhaits, les envies et les besoins. L'internaute reçoit aussitôt gratuitement et sans engagement les offres de trois ou quatre agences locales avec qui il peut ensuite échanger afin de personnaliser son projet grâce à la messagerie mise en place.

Quelles sont les destinations proposées ?

Notre plateforme propose plus de 21 000 projets de voyage sur plus de 100 destinations à travers le monde. De l'Amérique latine en passant par l'Asie et l'Afrique, nos mille agences partenaires sont là pour répondre à vos projets de voyage.

Décrivez votre projet de voyage.
Échangez en direct avec les agences locales et partez au meilleur prix.

Plus d'informations : *quotatrip.com*

©D.R

©D.R

©D.R

EXPEDIA FRANCE

✆ 01 57 32 49 77

www.expedia.fr

Expedia est le site français n° 1 mondial du voyage en ligne. Un large choix de 300 compagnies aériennes, 240 000 hôtels, plus de 5 000 stations de prise en charge pour la location de voitures et la possibilité de réserver parmi 5 000 activités sur votre lieu de vacances. Cette approche sur mesure du voyage est enrichie par une offre très complète comprenant prix réduits, séjours tout compris, départs à la dernière minute… Son algorithme et sa base de données permettent en effet de proposer des formules vol et hôtel à peu près n'importe quand.

LILIGO

www.liligo.com

Un des leaders et des pionniers de la formule. Liligo interroge agences de voyages, compagnies aériennes (régulières et low cost), trains (TGV, Eurostar…), loueurs de voitures, mais aussi 250 000 hôtels à travers le monde pour proposer les offres les plus intéressantes en temps réel. Les prix incluent les frais de dossier, d'agence… Une fois la recherche établie et l'offre sélectionnée par l'utilisateur, le comparateur le met directement en relation avec le site marchand. Quelques astuces sont délivrées en ligne pour bénéficier des offres les plus intéressantes.

ILLICOTRAVEL

www.illicotravel.com

Illicotravel permet de trouver le meilleur prix pour organiser vos voyages autour du monde. Vous y comparerez billets d'avion, hôtels, locations de voitures et séjours grâce à un métamoteur de recherche en temps réel. Ce site offre des fonctionnalités très utiles comme le baromètre des prix pour connaître les prix les plus compétitifs sur les vols à plus ou moins 8 jours. Le site propose également des filtres permettant de trouver facilement le produit qui répond à tous vos souhaits (escales, aéroport de départ, circuit, voyagiste…).

QUOTATRIP

www.quotatrip.com

QuotaTrip est une nouvelle plateforme de réservation de voyage en ligne qui met en relation des voyageurs à la recherche d'expériences authentiques et uniques et des agences de voyages locales sélectionnées pour leurs compétences et leur sérieux. Le réseau de QuotaTrip couvre près de 200 destinations du monde entier. Le but de ce rapprochement est simple : proposer un séjour entièrement personnalisé aux utilisateurs. QuotaTrip promet ainsi l'assurance d'un voyage serein, sur mesure, sans intermédiaires et sans frais supplémentaires.

JETCOST

www.jetcost.com

Jetcost compare les prix des billets d'avion et trouve le vol le moins cher parmi les offres et les promotions des compagnies aériennes régulières et *low cost*. Le site est également un comparateur d'hébergements, de loueurs d'automobiles et de séjours, circuits et croisières. L'interface du site Internet est très simple d'utilisation. Après avoir lancé la recherche, on peut affiner les résultats en fonction de ses choix afin de trouver le vol le plus intéressant, la durée du trajet, les éventuelles escales ou encore l'aéroport d'arrivée.

VIVANODA.FR

www.vivanoda.fr

Vivanoda.fr est un site français indépendant permettant en un clic de comparer et combiner plusieurs modes de transport (avion, train, autocar, ferry et covoiturage) entre deux villes. Vivanoda est né d'un constat simple : quel voyageur arrive à s'y retrouver dans les différents moyens de transports qui s'offrent à lui pour rejoindre la destination de son choix ? La recherche sur Internet de ces informations se révèle en effet souvent très fastidieuse... Grâce à ce site, fini les nuits blanches et bonjour les voyages à moindre coût.

SE LOGER

La Grèce accueille chaque année jusqu'à 30 millions de touristes, une fréquentation qui constitue un des principaux apports de devises du pays. L'infrastructure touristique est par conséquent présente partout. Vous n'aurez aucun mal à trouver un hébergement qui corresponde à votre budget… sauf parfois en été et en particulier entre le 20 juillet et le 20 août. Les prix peuvent alors varier du simple au double, voire au triple dans certaines destinations prisées, notamment dans les Cyclades. En haute saison, mieux vaut réserver ou être motorisé pour changer de village, ce qui a aussi son charme. En revanche, les prix chutent et sont plus négociables hors saison. Par ailleurs, le pays n'échappe pas à la règle et beaucoup de Grecs ont cédé aux sirènes du site Airbnb, n'hésitant pas à aménager des studios à des fins touristiques pour avoir un complément de revenu, au grand dam, souvent, des hôteliers et des habitants.

BEWELCOME €€

www.bewelcome.org

Le système est simple : être hébergé chez l'habitant, partout dans le monde. C'est le site Internet qui se charge de contacter les accueillants et les postulants puis de les mettre en contact, que ce soit en ligne ou dans la vraie vie. Avec leur carte interactive, les profils *des « welcomers »* s'affichent, avec leurs disponibilités. Certains font part de leurs projets de voyage afin de pouvoir trouver des affinités, des opportunités d'action avec les membres du site. Idéal pour un voyage solidaire et plein de belles rencontres !

HELPX €€

www.helpx.net

Plateforme Internet pour séjourner chez l'habitant.

Des fermes biologiques, des B&B, des hôtels où l'étranger aide tout en bénéficiant, selon les hôtes, d'un hébergement, de repas ou de cours de langues selon le travail fourni. Un panel de lieux, partout dans le monde, où vivre durant une année ou moins, afin d'améliorer une langue ou vivre une expérience hors du commun pendant une année de césure. Lors de notre dernière visite sur le site, des propriétaires de *guesthouse* proposaient lit + déjeuner en échange de quelques heures de travail au sein de la *guesthouse*. Peut être une bonne affaire pour les plus jeunes.

COUCHSURFING €€

www.couchsurfing.com

Plateforme internet pour séjourner chez l'habitant. Tarif d'adhésion : 15€ environ.

Couchsurfing est le service d'hébergement gratuit en ligne regroupant le plus d'adhérents. Il suffit de s'inscrire pour accéder aux profils des locaux ou faire sa demande d'hébergement pour quelques jours voire quelques mois. En échange, vous pouvez par exemple inviter votre hôte à manger, lui offrir quelque chose de votre pays ou bien l'accueillir chez vous. Le site Internet met en place des systèmes de contrôle : notation des membres, numéro de passeport exigé à l'inscription, etc. Les participants ont accès à des hébergements volontaires dans plus de 200 pays.

HOME EXCHANGE €€

www.homeexchange.fr

Désormais affilié à HomeExchange, le leader mondial de l'échange hébergement, Troc Maison avait ce slogan : « Échangez… ça change tout ». L'idée reste la même : un site Internet pour échanger son logement (studio, appartement, villa…) moyennant un abonnement annuel (130 €) à l'agence en ligne, qui se charge de la présentation du bien et de la mise en contact des intéressés. Quand 50 % du budget vacances des Français passent dans le logement, le principe ne peut que fonctionner. Le choix est large avec plus de 400 000 offres dans 187 pays.

HOSTELBOOKERS €

www.hostelbookers.com

Depuis 2005, cette centrale de réservation en ligne permet de planifier son séjour à prix corrects dans le monde entier. Afrique, Asie, Europe, Amérique… HostelBookers est spécialisé dans les logements peu onéreux (auberges de jeunesse ou *hostels*…) mais proposant des services et un cadre plutôt soignés. Pour chaque grande ville, le site propose une sélection pointue d'enseignes partenaires et vous n'aurez plus qu'à choisir l'adresse la plus pratique, la mieux située, ou tout simplement la moins chère. Une plate-forme bien pratique pour les baroudeurs.

LOVE HOME SWAP €€

www.lovehomeswap.com

Partir en vacances seul, en famille ou avec un groupe d'amis sans payer le logement, c'est possible si vous avez vous-même un hébergement à proposer. Échanger votre studio, votre appartement à Paris ou Marseille contre une villa en Croatie, un château en Espagne (très rare !), une villa à Sydney, une immense maison avec piscine à Miami ou un superbe appart à Tokyo, c'est l'idée. Tout est permis, mais il faut que cela convienne aux deux parties. Pour bénéficier de tous les avantages, il faut aller sur le site Internet anglais et s'abonner.

WORKAWAY €€

www.workaway.info

Ici, le système est simple : être nourri et logé en échange d'un travail. Des fermes, des maisons à retaper, ou plus simplement des vendanges ou cueillettes… Une expérience unique en son genre où l'on ne paye pas son hébergement avec de l'argent mais en rendant des services. Ce mode de logement alternatif, s'il n'est pas de tout repos, est de plus en plus populaire. Lors de notre dernière visite, des hôtes proposaient le gîte et parfois le couvert, majoritairement en échange de la pratique de l'anglais avec eux… Un bon deal !

SE DÉPLACER

Le choix d'un moyen de transport dépendra de votre île d'arrivée. Après être arrivé en avion ou en bateau, vous ferez rarement l'économie d'une location pour explorer le pays et fuir la foule. Même si les distances ne paraissent pas très grandes sur le papier, la voiture reste un moyen idéal pour sillonner les îles. A moins que vous ne préfériez, en solo ou en couple, opter pour une moto ou un scooter, deux modes de transport iconiques et toujours très populaires. Cependant, la plupart des Cyclades - notamment Santorin, Paros et Naxos - disposent d'un réseau de bus - les « Ktel » - très développé et bien organisé et qui vous permettra facilement de vous rendre à peu près n'importe où dans chaque île. Si vous logez près de la mer, vous pourrez en profiter pour faire des excursions nautiques en empruntant ou en louant un bateau. Enfin, si votre itinéraire vous emmène ailleurs, vous reprendrez forcément une plus grosse embarcation.

AEGEAN AIRLINES

http ://fr.aegeanair.com

Aegean Airlines, la compagnie nationale, dessert au départ d'Athènes de très nombreuses îles grecques des Cyclades comme Santorin, Paros, Naxos, Milos ou Mykonos. Sans compter de nombreuses liaisons avec des villes de Grèce continentale comme Thessalonique, Ionnina et bien d'autres localités intérieures, toujours plus nombreuses chaque année. L'avion est une solution de transport de plus en plus plébiscitée par les Grecs car l'avion est bien souvent plus rapide que les ferrys et étonnamment pas forcément plus onéreux. Pensez-y !

FERRIES.GR

www.ferries.gr/booking/french/

Ce site sera souvent votre meilleur ami. Pour rêver, avant, et prévoir. Mais aussi pour inventer votre séjour au fil de l'eau. Il existe plusieurs moteurs de recherche en ligne, mais celui-ci a déjà fait ses preuves avec nous. Nous apprécions notamment qu'il donne une info rapide, généralement fiable (conditions météo et changements de dernière minute des compagnies mis à part évidemment) et tarifée. Exemple : j'irais bien à Amorgos en juillet. Plouf : un départ d'Athènes en ferry à 27,50 € (5h30 de trajet). Ou le lendemain en hydroglisseur, plus cher. On rêve.

BLUE STAR FERRIES

www.bluestarferries.com/en

Impossible de la manquer, c'est la compagnie la mieux implantée avec la flotte la plus importante. Au port du Pirée, les ferries estampillés Blue Star annoncent la couleur et la destination et font déjà rêver : Paros, Naxos, Santorini… Il est même possible de se laisser porter par les escales pour découvrir les Cyclades. Ces bateaux prennent aussi les voitures et comportent tout le confort nécessaire : bars, restaurants, boutiques et même des distributeurs de billets. Liaisons du Pirée vers les Cyclades mais aussi les îles du Dodécanèse.

AUTO EUROPE

✆ +33 974 592 518

www.autoeurope.fr

Auto Europe, depuis 1954, négocie toute l'année des tarifs privilégiés auprès des loueurs internationaux et locaux afin de proposer à ses clients des prix compétitifs. Les conditions Auto Europe : le kilométrage illimité, les assurances et taxes incluses à tout petits prix et des surclassements gratuits pour certaines destinations. Vous pouvez récupérer ou laisser votre véhicule à l'aéroport ou en ville. La société Auto Europe est présente dans plus de 180 pays dans le monde. Plus non négligeable : le site est très facile d'utilisation.

BSP AUTO

www.bsp-auto.com

Site comparatif accessible 24h/24. Standard ouvert de 9h à 21h30 (20h le week-end).

Il s'agit là d'un prestataire qui vous assure les meilleurs tarifs de location aux conditions les plus avantageuses auprès des grands loueurs de véhicules dans les gares, aéroports et les centres-villes du monde entier. Le kilométrage illimité et les assurances sont souvent compris dans le prix. Avec BSP Auto, vous pouvez réserver dès maintenant et payer seulement cinq jours avant la prise de votre véhicule. Autre bonus du courtier BSP : pas de frais de dossier ni d'annulation (jusqu'à la veille). La moins chère des options zéro franchise.

KARENT

PARIKIÁ

✆ +30 22840 22303

www.karent.gr

Voiture de catégorie A à partir de 30 € par jour, selon le modèle, la période et la durée.

Même si les liaisons en bus sont très bien organisées et nombreuses, pour plus de liberté et de flexibilité vous pourrez évidemment louer une voiture ou un scooter. Parmi les nombreux loueurs, cette petite entreprise familiale spécialisée dans la location de voitures, ouverte en 2008. Professionnel, sympathique, et affichant des prix raisonnables, John, le propriétaire, a une grande expérience dans ce domaine. Le parc est constamment renouvelé et les voitures sont bien entretenues. A n'en pas douter l'une des meilleures adresses sur Paros.

MILOS RENT

ADAMAS

✆ +30 22870 24250

www.milosrent.gr

Agences à Adamas et Pollonia + Livraison aéroport. Voiture de 20 à 100 € par jour selon le modèle, période et durée.

Milos fait partie des îles relativement grandes des Cyclades et vous aurez besoin de vous déplacer souvent pour découvrir l'île, au moins en partie. Le réseau routier est bien développé, sans difficultés particulières mise à part certaines routes secondaires de l'ouest sauvage. Milos Rent est une excellente adresse pour louer un véhicule à Milos. Leur 2 agences sont bien situées et le service est sérieux. Pensez bien à réserver à l'avance, car lorsque la demande est très forte sur l'île, c'est plus difficile de trouver un véhicule au dernier moment.

LOUKIS RENTALS

Main Square Mando Mavrogenous - **PARIKIÁ**

✆ +30 22840 23679

www.loukisrental.gr

Selon la période et la durée, prix par jour à partir de : voiture 25 €, quad et moto 20 €, scooter 15 €, vélo 10 €.

Vous aurez l'embarras du choix en arrivant au port. Cependant, ici, la gentillesse et la satisfaction du client sont la priorité de cette agence familiale tenue par Dora et son frère. Vous y trouverez tous types de véhicules à prix raisonnable pour partir à la découverte de Paros. Parmi les plus de cet établissement, leur site internet est très bien fourni en descriptions. Pour le reste, vous ne les raterez pas : ils sont très bien placés juste en face du débarcadère. Livraison réception des véhicules au port ou à votre hôtel. Assistance 24h/24, 7j/7.

PLUS NIKI RENT-A-CAR & MOTO

KAMARES

✆ +30 22840 33993

Comptez 40 € la journée pour une voiture premier prix.

Ce loueur est situé au bout du front de mer de Kamares. Vous y trouverez un service excellent et professionnel. Depuis plus de 15 ans, la qualité est toujours au rendez-vous. Les véhicules sont neufs et régulièrement renouvelés. Sans doute les meilleurs prix et les meilleures conditions de location. Niki et Sifanos Rentals appartiennent à la même compagnie. Lors de notre passage, il était question de changer le nom de ces agences pour les harmoniser.

VIDALIS RENT A CAR & BIKE

TINOS CHORA - ΧΩΡΑ

✆ +30 22830 24300

www.vidalis-rentacar.gr/fr

A partir de 35 € par jour selon les modèles. Réception des véhicules au port, en agence ou à votre hôtel.

Vidalis est une institution. Avec 4 bureaux autour du port, un service de qualité irréprochable et en français, plus de 200 véhicules comme neufs en location, vous êtes au bon endroit pour louer votre véhicule sur Tinos, et profiter de la beauté de cette île. Cette entreprise familiale bien établie opère depuis 1980 à Tinos avec un service professionnel et amical. Ses véhicules (citadines, cabriolets, scooters...) sont bien entretenus par une équipe de mécaniciens maison.

S'INFORMER

Outre cet excellent guide, d'autres sites vous permettront d'affiner la préparation de votre voyage et, surtout, de vous tenir au courant des différentes sujets d'actualité qui peuvent affecter votre voyage. De quelles sources d'information a-t-on besoin lorsque l'on s'élance vers les Cyclades ? Elles sont variées. Il y a bien sûr le très beau site officiel de l'office de tourisme grec - mais en anglais - pour peaufiner la préparation de son périple et faire quelques réservations. Pour les Français plus spécifiquement, le site de l'ambassade de France à Athènes est incontournable pour vérifier les derniers « conseils aux voyageurs », notamment en période de crise sanitaire. Enfin, les touristes apprécieront de pouvoir aussi suivre l'information locale à travers des sites en français, ciblés pour un public francophone, ou encore des sites d'information en anglais intéressants pour suivre les informations grecques.

I KATHIMERINÍ

www.ekathimerini.com

I *Kathimeriní* est l'un des principaux quotidiens grecs, considéré comme un journal de référence et comme l'un des titres les plus prestigieux du pays. Mais ce quotidien intéresse surtout les voyageurs grâce à sa version abrégée en anglais, distribuée séparément aux États-Unis ainsi qu'en Grèce en supplément du *International Herald Tribune*. Cependant, ses articles en anglais sont également très bien référencés sur son site Internet. Il résume les plus grands titres de l'actualité avec des articles sur la politique, la vie sociale ou encore le tourisme.

VISIT GREECE

www.visitgreece.gr

Le très beau site officiel de l'office de tourisme grec. Disponible uniquement en anglais ou en grec, il regorge quand même d'infos sur les destinations, les hôtels et les différents moyens de transport. On apprécie qu'il permette d'acheter en ligne des billets pour certains sites archéologiques et musées. Il est aussi possible de télécharger des cartes et des guides spécifiques (http ://www.visitgreece.gr/en/downloads/guides). Et les plus hermétiques aux langues pourront toujours télécharger de jolies photos et autres fonds d'écran.

INFO-GRECE.COM

www.info-grece.com

Voici un bon site qui compile toutes les informations sur la Grèce diffusées dans la presse nationale française. A la une, par exemple, la Grèce qui se rêve en Eldorado fiscal pour retraités. Côté santé, un point sur les voyages en Grèce et vaccins et autres tests PCR exigés. Comment se profile l'été 2021. Côté sport, Arsenal ne peut « pas utiliser d'excuses » selon Mikel Arteta après la défaite contre l'Olympiakos. Bref c'est très complet et il y en a pour tous les goûts. Pour aller plus loin (ou rester), une petite communauté en ligne et des annonces diverses.

VIVREATHENES.COM

vivreathenes.com

C'est un autre de nos sites « Coups de cœur ». Créé par deux Françaises, Laure et Sophie, Vivre Athènes s'adresse aux francophones vivant à Athènes ainsi que pour tous ceux qui viennent visiter la capitale grecque : touristes de passage, expatriés, étudiants, etc. Bien qu'il soit centré sur la capitale, il regorge d'infos pratiques pour les voyageurs avec des bonnes adresses, des idées de balades ou d'excursions, ainsi que des informations pratiques et indispensables. Utile, la compilation de leurs sites préférés : vivreathenes.com/nos-blogs-preferes-grece.html.

RESTER

Envie de prolonger votre séjour dans les Cyclades ou en Grèce ? C'est possible grâce à plusieurs options. Quel que soit le pays visé, une première étape consiste à jeter un œil au site du ministère des Affaires étrangères, avant votre départ, pour connaître les formalités de départ et y glaner de bons conseils. Dans la rubrique « Services aux citoyens », vous trouverez un guide de l'expatriation, les démarches à effectuer, les modalités de demande de documents officiels. Si vous avez entre 18 et 28 ans et êtes ressortissant de l'Espace économique européen, vous pouvez partir en volontariat international en entreprise (VIE) ou en administration (VIA). Il s'agit d'un contrat de 6 à 24 mois rémunéré (avec un renouvellement de 24 mois possible) et placé sous la tutelle de l'ambassade de France. Mais vous pouvez aussi vous tourner vers des ONG internationales spécialisées dans la lutte contre la précarité ou pour l'éducation.

ORGANISER SON SÉJOUR

ACTION CONTRE LA FAIM

14, boulevard de Douaumont
PARIS
✆ 01 70 84 70 70
www.actioncontrelafaim.org/
Par téléphone de 9h à 13h et de 14h à 18h.

ONG internationale spécialisée dans la lutte contre la faim dans le monde, active dans les domaines de la nutrition, santé, sécurité alimentaire, de l'eau, de l'assainissement. L'association intervient dans des situations de crise. Le but étant de rendre les populations autonomes d'un point de vue de la nutrition, en apportant une aide concrète et en formant les intervenants locaux qui prendront le relais. Ses missions de volontariat durent de trois mois à un an en Afrique, Asie, Amérique, Europe centrale, dans le Caucase, au Moyen-Orient et dans les Caraïbes.

AGENCE POUR L'ENSEIGNEMENT FRANÇAIS À L'ÉTRANGER

23, place de Catalogne
PARIS
✆ 01 53 69 30 90
www.aefe.fr

Cette agence, sous tutelle du ministère des Affaires étrangères, anime et gère un réseau de près de 500 établissements d'enseignement français à l'étranger, dans près de 140 pays. 370 000 élèves, dont 40 % de Français, fréquentent ces établissements. Offres d'emploi à l'international pour les titulaires de la fonction publique (Education nationale principalement) et informations sur la politique pédagogique, la scolarité et l'orientation émaillent le site Internet de cet organisme.

CIDJ

www.cidj.com

Le Centre d'Information et de Documentation Jeunesse a été créé en 1969, sous la tutelle du ministère de la Jeunesse et des Sports. Le site Internet est bien fait et très complet. La rubrique « Partir à l'étranger » fournit des informations pratiques aux jeunes qui ont pour projet d'aller vivre à l'étranger. Il y a une rubrique spécifique dédiée à chacun des thèmes suivants : travail, étude, stage, volontariat international et séjours linguistiques. Pour vous aider dans vos démarches, vous pouvez avoir un entretien gratuit avec un conseiller du CIDJ.

ÉDUCATION NATIONALE

www.education.gouv.fr
Modalités sur www.france.diplomatie.fr/mfi.

Vous êtes enseignant ou fonctionnaire d'État, vous souhaitez travailler à l'étranger ? Consultez le site du ministère de l'Éducation nationale, il informe sur les conditions de mobilité dans le monde. Cette initiative peut s'inscrire dans un parcours professionnel. Elle permet d'exercer son métier dans des conditions spécifiques, ou un autre métier et diversifier ainsi son expérience en enrichissant ses compétences. Les personnels d'encadrement peuvent aussi postuler dans des organismes internationaux ou de l'Union européenne.

NOURRIR
ÇA VEUT DIRE
SOIGNER
UNE PERSONNE MALADE PEUT RAPIDEMENT SOUFFRIR DE MALNUTRITION.
SAVEZ-VOUS QUE LES MALADIES SONT L'UNE DES PRINCIPALES CAUSES DE LA FAIM DANS LE MONDE, FRAGILISANT ENCORE L'ORGANISME DES PLUS FAIBLES ? ALORS NOUS ŒUVRONS DIRECTEMENT AUPRÈS DES POPULATIONS POUR PRÉVENIR ET SOIGNER, AFIN QU'ELLES PUISSENT RETROUVER UNE VIE ET UNE ALIMENTATION NORMALES.
Action contre la Faim – SIRET 318 990 892 00065 – geometry global – © Guillaume Binet
ACTION CONTRE LA FAIM
C'EST BIEN PLUS QUE NOURRIR.

MINISTÈRE DES AFFAIRES ÉTRANGÈRES

www.diplomatie.gouv.fr

Il est bon d'y jeter un œil avant votre départ pour connaître les formalités de départ et y glaner de bons conseils. Dans la rubrique « Services aux citoyens » vous trouverez un guide de l'expatriation, les démarches à effectuer, les modalités de demandes de documents officiels. Les informations mises à disposition dans l'espace politique, économie et socio-culturel, sont fort utiles pour les personnes qui s'intéressent aux enjeux et réalités du pays.

CAPCAMPUS

www.capcampus.com

CapCampus fut l'un des premiers portails étudiants français en ligne. Dans la rubrique dédiée aux stages et aux premiers emplois, vous trouverez aussi des offres pour l'étranger, classées par pays. Celles pour les Etats-Unis ne sont pas très nombreuses, le mieux est de consulter le site régulièrement pour ne pas passer à côtés des offres intéressantes. Le site est également utile pour se familiariser avec la vie aux Etats-Unis, car il propose également toutes les informations pratiques pour bien préparer son départ et son séjour à l'étranger.

WEP FRANCE

95, avenue Ledru Rollin
PARIS
✆ 01 48 06 26 26
www.wep.fr

WEP propose plus de 50 projets éducatifs et séjours linguistiques dans une trentaine de pays pour une durée allant de une semaine à 18 mois. Quel que soit votre projet d'études aux Etats-Unis, vous trouverez sur le site de WEP une rubrique qui y sera consacrée : étudier au lycée, dans une université, partir en séjour linguistique, faire une expérience professionnelle dans le cadre d'un stage ou vivre en immersion dans une famille américaine. Possibilité également de planifier des programmes combinés (études et projet humanitaire par exemple).

CLUB TELI

Les Clarets
SAINT-PIERRE-D'ENTREMONT
✆ 04 79 85 24 63
www.teli.asso.fr

Le Club Teli est une association d'aide à la mobilité internationale créée voici bientôt 30 ans, forte de 4 000 adhérents en France et dans 65 pays. Si vous souhaitez séjourner à l'étranger, quel que soit votre projet, vous trouverez par le biais de ce club des infos et des offres de stages, de jobs d'été et de travail pour francophones. Si vous avez besoin d'aide pour envoyer des candidatures, le Club peut vous aider à mettre votre CV aux normes du pays où vous souhaitez partir. Pour bénéficier de ces aides et informations, il faut adhérer.

BUSINESS FRANCE

77, Boulevard Saint-Jacques
PARIS
✆ 01 40 73 30 00
www.businessfrance.fr

L'Agence pour le développement international des entreprises françaises travaille en étroite collaboration avec les missions économiques. Le site Internet recense toutes les actions menées, les ouvrages publiés, les événements programmés et renvoie sur la page du Volontariat International en Entreprise (VIE). Fondée en 2015, cette structure est née de la fusion entre Ubifrance et l'Agence française pour les investissements internationaux. Elle est affiliée au Ministère de l'Europe et des Affaires étrangères et au Ministère de l'Économie et des Finances.

VIE - VOLONTARIAT INTERNATIONAL EN ENTREPRISE

www.civiweb.com

Si vous avez entre 18 et 28 ans et êtes ressortissant de l'Espace économique européen, vous pouvez partir en volontariat international en entreprise (VIE) ou en administration (VIA). Il s'agit d'un contrat de 6 à 24 mois rémunéré (avec un renouvellement de 24 mois possible) et placé sous la tutelle de l'ambassade de France. Tous les secteurs et métiers sont concernés et vous bénéficiez d'un statut public protecteur. Offres à consulter sur le site Internet.

INDEX

L

M

EDITION

Directeurs de collection et auteurs : Dominique AUZIAS et Jean-Paul LABOURDETTE

Auteurs : Céline CHAUDEAU-JURY, Nicolas JURY, Joanna DUNIS, Priscilla PARARD, Benoît HOCQUET, Juliette COURTOIS, Baptiste THARREAU, Anne-Claire DUCHOSSOY, Romain RISSO, Cléo VERSTREPEN, Mathias DESHOURS, Jean-Paul LABOURDETTE, Dominique AUZIAS et alter

Directeur Editorial : Stéphan SZEREMETA

Rédaction Monde : Caroline MICHELOT, Morgane VESLIN, Pierre-Yves SOUCHET, Natalia COLLIER

Rédaction France : Elisabeth COL, Tony DE SOUSA, Mélanie COTTARD, Audrey VEDOVOTTO

FABRICATION

Responsable Studio : Sophie LECHERTIER assistée de Romain AUDREN

Maquette et Montage : Julie BORDES, Delphine PAGANO

Iconographie et Cartographie : Anne DIOT assistée de Julien DOUCET

WEB ET NUMERIQUE

Directeur Web : Louis GENEAU de LAMARLIERE

Développeurs : Adeline CAUX et Kiril PAVELEK

Intégrateur Web : Mickael LATTES

Webdesigner : Caroline LAFFAITEUR

Community Traffic Manager : Alice BARBIER, Mariana BURLAMAQUI et Vincent PHAM

DIRECTION COMMERCIALE

Directeur commercial : Guillaume VORBURGER assisté de Manon GUERIN

Responsable Régies locales : Michel GRANSEIGNE

Responsables Développement régie inter : Jean-Marc FARAGUET et Guillaume LABOUREUR

Chefs de Publicité Régie internationale : Camille ESMIEU

Chefs de Publicité Régie nationale : Caroline AUBRY, François BRIANCON-MARJOLLET, Perrine DE CARNE MARCEIN,

Régie CYCLADES : Maurin GUILLERMOU

DIFFUSION ET PROMOTION

Directrice des Ventes : Bénédicte MOULET assistée d'Aissatou DIOP

Responsable des ventes : Jean-Pierre GHEZ assisté de Nelly BRION

Relations Presse-Partenariats : Jean-Mary MARCHAL

ADMINISTRATION

Président : Jean-Paul LABOURDETTE

Directrice des Ressources Humaines : Dina BOURDEAU assistée de Sandra DOS REIS et Eva BAELEN

Directrice Administrative et Financière : Valérie DECOTTIGNIES

Comptabilité : Jeannine DEMIRDJIAN

Recouvrement : Fabien BONNAN assisté de Sandra BRIJLALL et Vinoth SAGUERRE

Responsable informatique : Elie NZUZI-LEBA

PETIT FUTÉ CYCLADES

LES NOUVELLES EDITIONS DE L'UNIVERSITE
18, rue des Volontaires - 75015 Paris.
✆ 01 53 69 70 00 - Fax 01 42 73 15 24
Internet : www.petitfute.com
SAS au capital de 1 000 000 € -
RC PARIS B 309 769 966
Couverture : L'île de Santorin est l'un des principaux lieux touristiques de la Grèce
© John Walker - Shutterstock.com
Impression : IMPRIMERIE CHIRAT -
42540 Saint-Just-la-Pendue
Achevé d'imprimer : juillet 2021
Dépôt légal : 09/09/2021
ISBN : 9782305057897

Pour nous contacter par email, indiquez le nom de famille en minuscule suivi de @petitfute.com
Pour le courrier des lecteurs : info@petitfute.com

IMPRIMÉ EN FRANCE